인지 심리학

이론과 적용

CENGAGE

Cognition: Theories and Applications, 9th Edition

Stephen K. Reed

Original edition © 2013 Wadsworth Learning, a part of Cengage Learning.
Cognition: Theories and Applications, International Edition 9th Edition by Stephen K. Reed
ISBN: 978-1-133-49228-3.

This edition is translated by license from Wadsworth, a part of Cengage Learning, for sale in Korea only.

ISBN-13: 979-89-6218-360-3

Cengage Learning Korea Ltd.
14F, YTN Newsquare 76,
Sangamsan-ro, Mapo-gu
Seoul, 03926, Korea, South
Tel: (82) 2 330 7000
Fax: (82) 2 330 7001

Cengage Learning is a leading provider of customized learning solutions with office locations around the globe, including Singapore, the United Kingdom, Australia, Mexico, Brazil, and Japan. Locate your local office at:
www.cengage.com/global

Cengage Learning products are represented in Canada by Nelson Education, Ltd.

For product information, visit www.cengageasia.com

Printed in Korea
Print Number: 02 Print Year: 2019

Cognition
Theories and Applications

인지심리학
이론과 적용

Stephen K. Reed 지음 | 박권생 옮김

9th Edition

CENGAGE

Andover • Melbourne • Mexico City • Stamford, CT • Toronto • Hong Kong • New Delhi • Seoul • Singapore • Tokyo

옮긴이 소개

박권생

계명대학교 문학사
University of Wisconsin, MS. (심리학)
Texas A&M University, Ph.D. (심리학)
현재 계명대학교 심리학과 교수

인지심리학: 이론과 적용 -제9판-

Cognition: Theories and Applications, 9th edition

제9판 2쇄 인쇄 | 2018년 7월 30일
제9판 2쇄 발행 | 2018년 8월 6일

지은이 | Stephen K. Reed
옮긴이 | 박권생
발행인 | 송성헌
발행처 | 센게이지러닝코리아㈜
등록번호 | 제313-2007-000074호(2007.3.19.)
주 소 | 서울시 마포구 상암산로 76 YTN 뉴스퀘어 14층
전 화 | 02) 330-7000
이메일 | asia.infokorea@cengage.com
홈페이지 | www.cengage.co.kr

ISBN-13: 978-89-6218-360-3

공급처 | ㈜ 피와이메이트
주 소 | 서울특별시 금천구 가산디지털2로 53
도서안내 및 주문 | TEL 02) 733-6771-2 FAX 02) 736-4818
e-mail | pys@pybook.co.kr

값 29,000원

옮긴이 머리말

이 책은 Stephen K. Reed의 "Cognition: Theories and Applications"(9판)를 거의 그대로 번역한 것이다. 그러나 독자의 이해를 돕기 위해 도움이 되지 않는다고 판단된 내용 중 일부는 삭제하기도 하고 또 일부는 다른 말로 표현하기도 했다. 그리고 그림과 표 중에서도 일부 출판 허락을 얻지 못한 것은 제외하거나 말(언어)로 바꾸어 정리하기도 했다.

이 책의 가장 두드러진 특징은 인지 이론이 우리의 일상생활에 적용되고 있고 또 적용될 잠재력이 무한하다는 사실을 강조한 점이라 할 것이다. 인지란 앎(지식)을 일컫는 용어로 간주된다. 따라서 사람들은 인지심리학을 인간이 앎(지식)을 터득하고, 터득한 앎을 보관해두었다가, 필요할 때에 활용하는 정신작업의 과정을 과학적으로 구명하고자 하는 학문의 한 분야로 정의한다.

우리 인간의 의도적 행동 중 많은 부분이 이러한 정신활동에 의해 좌우된다. 그리고 우리의 일상생활에서 중요한 부분은 대부분 이러한 의도적 행동으로 이루어진다. 따라서 인지에 관한 연구도 그 결과를 기초로 수립된 인지에 관한 이론도 우리의 일상생활과 직결된 연구이며 이론이라는 점을 부인할 수가 없다. 그런데도 인지심리학자들이 밝혀놓은 인지 이론이 실생활에 적용되는 일을 두고 특별한 것인 양 떠들어대는 행동 자체가 이상하게 보일 수도 있다.

그럼에도 불구하고 인간의 인지를 탐구하는 인지심리학은 그 이름 때문인지 심리학 내 다른 어떤 분야보다도 더 이론 지향적이고 현학적인 분야로 알려져 있고 또 그렇게 수용되고 있음을 절감할 때가 많다. 이런 연유 때문이겠지만, 많은 학부 학생들이 인지심리학을 자기들과는 관계가 없는데도 졸업 학점을 채우기 위해 어쩔 수 없이 이수해야 하는 성가신 과목 중 하나로 생각하고 있으며, 이수한 후에도 이런 생각은 거의 바뀌지 않는 것 같다. 인지심리학을 전공하며 가르치는 사람들에게는 슬픈 일이 아닐 수 없다.

인지심리학과 우리의 일상생활을 직결시킴으로써 이러한 슬픈 상태를 즐거운 상태로 반전시킬 수 있는 기회를 제공하는 것이 바로 이 책이라는 믿음에서 번역을 결심한 지가 벌써 15년도 더 된 것 같다. 가능한 한 직역을 하려고 노력했기 때문에 매끄럽지 못한 부분이 곳곳에서 발견된다. 그러나 서둘지 않고 차분히 읽어나가면 저자의 의도를 파악하는 데는 큰 어려움이 없을 것으로 믿는다. 저자의 바람처럼, 많은 독자들이 이 책을 통해 인지심리학을 그리고 일상생활을 새로운 눈으로 바라볼 수 있게 되기를 기원한다. 끝으로, 센게이지러닝코리아 송성헌 사장님과 편집 및 교정 작업에 노력을 아끼지 않은 분들에게 감사의 마음을 전하고 싶다.

2014년 6월 박권생

일상생활 속에서의 인지

인지심리학 분야에서 가장 흥미진진한 발전은 특정 이론이나 특정 발견이 아니라 일반적인 추세라 할 것이다. 복합적인 실세계의 과제에 관한 인지심리학자들의 관심은 아직도 점증하고 있으며, 사람들이 이들 과제를 수행하는 방식에 관한 이해도 크게 확장되고 있다. 이러한 추세의 결과로 학부 학생들도 인지심리학이 자신들의 일상 활동 중 많은 부분에 직결되어 있다는 사실을 깨닫게 되기를 바라는 바이다.

필자는 이 책에서 인지심리학의 적용을 어느 교과서보다 더 강조해두었다. 예를 들면, 형태 인식, 주의, 언어, 그리고 글 이해를 다룬 장에서 읽기에 관한 연구를 논의했으며, 장기기억과 심상을 다룬 장에서는 효율적 학습 전략을 주요 주제로 부각시켰다. 전문성과 창의성을 다룬 장에서는 문제해결에 관한 연구가 학생들의 학업 수행에서 발생하는 문제에까지 확장되고 있음을 예시하였다. 그리고 결정짓기를 다룬 장에는 법정 및 위급상황에서 전개되는 의사결정의 과정을 포함시켜 놓았다.

끝으로, 학생들이 자주 접할 것으로 생각되는 일반적인 기사에다 인지에 관한 연구를 학생들 스스로 관련지어보도록 하기 위해 잡지나 신문에서 발견되는 최근 기사도 여러 가지 소개해두었다.

이 책의 접근법

이 책에 소개할 내용을 선별할 때는 다음 세 가지 준거가 이용되었다. 첫째는 그 내용이 인지심리학의 발달에 공헌한 정도였고, 둘째는 학생들이 그 내용을 쉽게 이해할 수 있는 정도였다. 즉, 학생들이 그 내용을 이해하고 또 관심을 가지게 되는지가 선별의 두 번째 준거였다. 세 번째 준거는 다른 내용과 쉽게 통합될 수 있는 정도였다. 통일성 있는 이야기를 하기 위해서는 사고의 전반적 흐름이 분명해야 하기 때문이다. 여러분은 이 책의 전반에 걸쳐 다음 세 가지 주제를 만나게 될 것이다.

1. 연구

인지심리학자들은 머릿속에서 벌어지는 인지의 작용을 추론하기 위해 여러 가지 혁신적인 연구 방법을 개발해왔다. 학생들이 이들 방법을 이해할 수 있도록 많은 실험을 자세하게 서술해두었다.

2. 이론적 작업

학문 분야가 성숙해가면서 이론도 발전하고 바뀌게 된다. 이러한 발달과정을 묘사하기 위해 인지심리학의 기틀로 작용했던 초창기 이론부터 소개하였다. 이 소개에는 Broadbent와 Sperling 각각이 개발한 청각 정보처리 모형과 시각 정보처리 모형, Miller의 단기기억 모형, Atkinson과 Shiffrin의 창고 모형, Tulving 등의 처리-수준 이론과 부호화 구체성 원리, Paivio의 이중부호화 이론, Rosch의 범주화 이론, 다양한 의미 기억 모형, Kintsch의 독해 모형, 문제해결 과정에 관한 Newell과 Simon의 이론, 결정짓기에 작용하는 어림법에 관한 Kahneman과 Tversky의 연구 등을 포함시켰다. 그런 후, 이들 이론이 원래의 주창자에 의해 또는 다른 사람들의 반론에 의해 발달해온 과정을 소개하였다. 이론적 이해의 진화를 이처럼 강조한 것도 이 책의 주요 특징 중 하나라 할 것이다.

3. 인지신경과학

뇌에 관한 연구(인지신경과학)는 이론을 평가하는 데 필요한 또 다른 증거를 제공한다. 이 접근법이 이용된 보기로는 뇌의 구조 및 뇌에 관한 연구 방법(1장), 신경망 모형(2장), 휴대전화 사용을 연구하는 데 이용된 뇌영상 기법(3장), 언어 정보가 뇌의 상이한 영역에 표상되고 암송되고 있음을 검토하기 위해 이용된 PET 스캔법(4장), 암묵적 기억과 명시적 기억에는 뇌의 상이한 영역이 작용한다는 주장(5장), 어문적 암송을 방해하는 뇌 손상(6장), 시각적 심상의 유용성 판단에 이용되는 뇌 연구(7장), 뇌 손상과 기억력 상실과의 관계(8장), 언어 장애의 유형과 뇌 손상 영역과의 관계(10장) 등에 대한 논의를 꼽을 수 있다. 이들 연구를 통해 많은 학생들이 인지신경과학의 기반 지식을 갖출 수 있기를 기대해본다.

이 책의 조직

이 책을 구성하는 14개 장에서는 광범한 주제가 거론된다. 이들 주제는 다음 세 가지로 대분된다: 정보처리의 단계, 지식의 표상과 조직, 복합적 인지 기능. I부는 서론, 형태 인식, 주의, 단기 작업기억, 그리고 장기기억을 다루는 장들로 구성되어 있다.

이들 장에서는 정보처리의 상이한 단계에서 어떤 일이 벌어지는지 그리고 단계들 간에는 어떤 식의 상호작용이 벌어지는지를 묘사한다. II부는 기억 부호, 시각 심상, 범주화, 그리고 의미-기반 조직을 다루는 장들로 구성된다. II부의 전반부 두 장에서는 질적으로 상이한 기억부호가 소개되고 후반부 두 장에서는 장기기억 속에 보관된 지식이 조직된 방식을 소개한다. III부는 언어, 글에 대한 이해와 기억, 문제해결, 전문성과 창의성 그리고 결정짓기를 다루는 장들로 구성된다. 이들 복합적 인지 기능에 관한 논의를 이 책의 앞부분에서 소개된 관념들과 관련시키려 노력했다.

인지를 다룬 책의 구조에는 인지에 관한 우리의 지식이 반영되어 있어야 한다. 많은 연구결과는 지식을 위계적으로 조직하는 것이 특히 효과적이라고 밝히고 있다(9장). 예를 들어, 정보를 범주로 나누고 그 범주를 다시 더 작은 범주로 나누어 놓았을 때 그 정보에 대한 재생이 촉진된다. 위계적 조직은 이런 분할의 가짓수가 2~5가지일 때 특히 효과적이다. 학생들이 이 책에 소개된 내용을 보가 쉽게 접근할 수 있도록 하기 위해, 이 책을 구성하는 14개의 장을 3개의 다발(부)로 묶었고, 각 장은 2~5개의 절로 나누었으며, 각 절 역시 2~5개의 소절로 나누어놓았다. 이 점을 염두에 두고, 각 장을 공부할 때는 먼저, 그 장의 첫 쪽 소개된 목차와 그 다음 쪽에 소개된 개요를 읽어가며, 그 장 속 내용이 조직된 방식부터 파악하기 바란다.

감사의 말씀

이 책의 초판은 필자가 UC 버클리에서 연구년을 보낼 때 집필되었다. 그때 재정적 지원을 제공한 케이스웨스턴리저브(Case Western Reserve) 대학교 그리고 UC 버클리의 Group in Science and Mathematics Education에 감사드린다. UC 버클리의 Group in Science and Mathematics Education은 나에게 고무적인 환경을 제공해주었으며, Institute of Human Learning에서는 빼어난 도서관을 제공해주었다. UC 버클리에 도착한 직후에는 당시 출판사의 심리학 분야 편집장이었던 C. Deborah Laughton을 만나는 행운도 얻었다. 그녀는 책이 출판되기 전부터 그 가치를 인정하고 우수한 직원들과 일급 평론가들을 시켜 이 책의 집필을 도와주었다.

Jaime Perkins와 Jared Sterzer, 그리고 이 9판의 출판에 도움을 아끼지 않은 많은 분들께도 감사드린다. 9판을 읽고 많은 제언을 해주신 다음 분들께도 감사드린다: Stephen L. Chew(스탠퍼드 대학교), Robert J. Crutcher(데이턴 대학교), Kulwinder Kaur-Walker(엘리자베스 시티 주립대학교), LeeAnn Holley Miner(마운트 버넌 나사렛 대학교), Helga Noice(엘름허스트 대학), Sandra Soucie(퀴니피악 대학교), Carol Young(베델 대학교).

지은이 소개

Stephen K. Reed는 현재 샌디에이고 주립대학교의 심리학과 교수로 그리고 샌디에이고 주립대학교의 Center for Research in Mathematics and Science의 구성원으로 활동 중이다. 그는 플로리다애틀랜틱 대학교(1980~1988)에서 그리고 오하이오 주에 있는 케이스웨스턴리저브 대학교(1971~1980)에서도 가르쳤다. 그는 1966년 위스콘신 대학교에서 심리학 전공으로 학사학위(BS)를, 1970년에는 UCLA에서 심리학 전공으로 박사학위(PhD)를 취득했다. Reed는 미국 국립보건연구원(NIH) 박사후 연구원으로 영국의 브라이튼에 있는 서식스 대학교의 실험심리학 실험실에 근무하기도 했다. 미국 국립보건연구원(NIH), 국립과학재단(NSF), 그리고 미국공군 연구처(Air Force Office of Scientific Research) 등의 지원을 받아 수행된 문제해결에 관한 그의 연구결과는 *Cognition and Instruction*; *Cognitive Psychology*; *The Journal of Experimental Psychology*: *Learning, Memory, and Cognition*; *Memory & Cognition* 등 수많은 학술지에 널리 출판되었다. Reed는 많은 논문과 책을 지은 저자이기도 하다. 그의 대표적 저서에는 *Psychological Processes in Pattern Recognition*(Academic Press, 1973), *Word Problems*: *Research and Curriculum Reform*(Erlbaum, 1999), *Thinking Visually*(Taylor & Francis, 2010)가 있다.

차례

PART 1 정보처리의 단계

CHAPTER 1_ 여는 말 17

1.1 정보처리 접근법 **19**

1.2 인지심리학의 성장 **22**
정보처리 접근법의 도약 · 23 고차적 인지과정 · 24

1.3 인지와 다른 분야와의 관계 **26**

1.4 이 책의 구조 **30**
복습문제 | 핵심용어 | 추천도서

CHAPTER 2_ 형태 재인 35

2.1 형태에 관한 기록 **38**
형판 이론 · 38 속성 이론 · 41 구조 이론 · 47

2.2 정보처리 단계 **52**
부분–보고법 · 52 Sperling의 모형 · 53 Rumelhart의 모형 · 56

2.3 단어 재인 **58**
단어우월 효과 · 58 단어우월 효과 : 모형 · 60 신경망 모형 · 63

2.4 요약 **67**
복습문제 | 핵심용어 | 추천도서

CHAPTER 3_ 주의 71

3.1 Broadbent의 여과기 모형 **74**
Treisman의 약화 모형 · 77 Deutsch–Norman의 기억 선별 모형 · 80

3.2 용량 이론 **81**
용량 모형의 보기 · 82 용량과 선별의 단계 · 85

3.3 자동적 처리 **88**
자동적 기능이란? · 89 자동적 부호화 · 90 자동적 처리와 읽기 · 94

3.4 **적용 예 95**
초보 운전자 훈련 · 96 휴대전화 사용 · 98

3.5 **요약 101**
복습문제 | 핵심용어 | 추천도서

CHAPTER 4_ 단기 작업기억 105

4.1 **망각 108**
망각 속도 · 108 소멸 대 간섭 · 109 전진형 간섭으로부터의 해방 · 111

4.2 **최대용량 113**
마법의 수 7 · 113 결집의 개인차 · 115 교육적 함의 · 118

4.3 **기억부호 120**
음향부호와 암송 · 121 단기기억 검색 · 123 읽기에서의 음향부호 · 125

4.4 **작업기억 127**
Baddeley의 작업기억 모형 · 127 Baddeley의 작업기억 모형–수정판 · 130 작업기억 대 단기기억 · 132

4.5 **요약 135**
복습문제 | 핵심용어 | 추천도서

CHAPTER 5_ 장기기억 139

5.1 **Atkinson–Shiffrin 모형 143**
단기기억에서 장기기억으로의 정보 전이 · 143 어문적 암송과 학습 · 144 암송과 계열위치 효과 · 146

5.2 **메타인지 148**
습득 · 151 보관(파지) · 153 인출 · 155

5.3 **목격자의 재생 능력 및 정체확인 능력 제고하기 157**
목격자의 재생 능력 증진 · 159 목격자의 정체확인 능력 · 161

5.4 **간접 기억검사 163**
처리 이론 · 165 중다기억 이론 · 167 뇌의 구조 · 169

5.5 **요약 171**
복습문제 | 핵심용어 | 추천도서

PART 2 지식의 표상과 조직

CHAPTER 6_ 기억부호 175

6.1 **처리–수준 이론 179**
부호화 전략에 대한 강조 · 179 어문적 암송의 함의 · 182

6.2 **처리-수준 이론을 지지하는 증거 184**
Hyde-Jenkins의 실험 · 184 구조, 음운, 의미 처리 · 186

6.3 **처리-수준 이론에 대한 비판과 수정 188**
비판 · 188 기억부호의 정교화 · 190 기억부호의 독특성 · 193

6.4 **부호화 구체성 원리와 인출 198**
부호화 구체성 원리 · 198 부호화 작업과 인출 작업 간 상호작용 · 199 전이 적절 처리 · 201

6.5 **요약 204**
복습문제 | 핵심용어 | 추천도서

CHAPTER 7_ 시각적 심상 207

7.1 **시각적 심상과 학습 209**
그림에 대한 기억 · 210 Paivio의 이중부호화 이론 · 212

7.2 **인지 과제 수행에 시각적 심상이 이용된다는 증거 215**
시각적 심상의 주사 · 215 순차 처리 대 동시 처리 · 218 머릿속 회전 · 220 간섭 · 223
인지신경과학적 증거 · 226

7.3 **심상의 한계 228**
세부사항에 대한 기억 · 228 실재감시 · 232 실재감시의 붕괴 · 234

7.4 **요약 236**
복습문제 | 핵심용어 | 추천도서

CHAPTER 8_ 범주화 239

8.1 **개념 확정 241**
규칙과 속성 발견 · 241 개념 확정 과제에 대한 비판 · 243

8.2 **자연적 범주 245**
범주의 위계적 조직 · 246 범주 지식의 상실 · 251 전형성과 가족 유사성 · 254 사람 지각 · 257

8.3 **새로운 형태의 범주화 259**
범주화 모형 · 260 범주화 모형에 대한 평가 · 264 이론에 기초한 범주화 · 266

8.4 **요약 269**
복습문제 | 핵심용어 | 추천도서

CHAPTER 9_ 지식의 조직 273

9.1 **조직과 재생 275**
위계적 정보의 재생 · 275 의미망 구축하기 · 278

9.2 **진술의 진위 확정 280**
위계적 구조망 모형 · 280 속성 비교 모형 · 284 활성화 확산 모형 · 288

9.3 **스키마 이론 292**
Bartlett의 스키마 이론 · 293 현대의 스키마 이론 · 294 각본: 일련의 사건에 대한 표상 · 295

9.4 **지각 기호 모형 298**
의미 확정 · 300 자서전적 기억 · 302 해결? · 304

9.5 **요약 305**
복습문제 | 핵심용어 | 추천도서

PART 3 복합적 인지 기능

CHAPTER 10_ 언어 311

10.1 **언어의 세 가지 속성 314**
문법(어절 생성하기) · 315 의미(단어와 형태소 조합하기) · 316 소리(음소 생성하기) · 318
위계적 조직의 증거(말실수) · 320

10.2 **심리와 문법 322**
구 구조문법 · 322 변형문법 · 323 문법적 단서로서의 단어 · 326

10.3 **문장 이해와 맥락 328**
맥락과 단어 재인 · 330 맥락과 의미의 모호성 · 332 모호성 해결에서의 개인차 · 336
구절 해석하기 · 337

10.4 **구현 인지 339**
재연을 통한 이해 · 340 재연 행동으로서의 제스처(몸놀림) · 342

10.5 **요약 345**
복습문제 | 핵심용어 | 추천도서

CHAPTER 11_ 글 이해와 기억 349

11.1 **독자의 선행 지식 351**
이해에 미치는 효과 · 351 인출에 미치는 효과 · 354 재인 및 재생에 미치는 효과 · 356

11.2 **글의 구조 358**
이야기의 구조 · 358 인과관계 · 361 세부사항의 통합 · 365

11.3 **Kintsch의 이해 모형 368**
처리에 관한 전제 · 368 구축–통합 모형 · 371 선행 지식의 병합 · 373

11.4 **응용 375**
읽힘성에 대한 예측 · 375 독해 전략 및 평가 · 378

11.5 **요약 380**
복습문제 | 핵심용어 | 추천도서

CHAPTER 12_ 문제해결 385

12.1 **문제의 분류 387**
배열 문제 · 388 구조 도출 문제 · 392 변형 문제 · 394

12.2 **Newell과 Simon의 이론 395**
목표와 방법 · 395 이론적 가정 · 397 수단-목적 분석법 · 398

12.3 **일반적 전략 399**
하위목표 설정하기 · 400 유추법 · 403 다이어그램 · 407 표상 전이 · 409

12.4 **요약 413**
복습문제 | 핵심용어 | 추천도서

CHAPTER 13_ 전문성과 창의성 417

13.1 **전문성과 추리 419**
논리적 추리 · 419 기억기반 추리 대 규칙기반 추리 · 423 유사성기반 추리 · 425

13.2 **전문성 습득 427**
탐색 대 실행 · 428 해결책 학습 · 430 이론과 교수법의 조합 · 432

13.3 **창의성 435**
보기의 구속 효과 · 436 심상을 통한 발명 · 439 생성-탐구 모형 · 440

13.4 **요약 443**
복습문제 | 핵심용어 | 추천도서

CHAPTER 14_ 결정짓기 447

14.1 **선택하기 449**
보완 모형 · 449 비보완 모형 · 451 전략 선택하기 · 453

14.2 **확률 추정하기 454**
가용성 · 455 대표성 · 458 판단의 이중 처리 이론 · 460

14.3 **확률과 가치를 조합하기 462**
기대가치 · 462 기대효용 · 463 주관적 기대효용 · 465

14.4 **모험의 차원 466**
모험 차원의 중요성 · 467 결정의 틀 · 468 지각된 모험 · 470

14.5 **적용 472**
결정 도우미와 훈련 · 472 배심원의 결정 · 475 행동기반 결정과정 · 477
힘의 근원 · 479

14.6 **요약 481**
복습문제 | 핵심용어 | 추천도서

참고문헌*
찾아보기 485

* 참고문헌은 지면 제한상 출판사 홈페이지(www.cengage.co.kr) 자료실에 올렸으니 참고하시기 바랍니다.

PART 1

정보처리의 단계

CHAPTER 1 여는 말

CHAPTER 2 형태 재인

CHAPTER 3 주의

CHAPTER 4 단기 작업기억

CHAPTER 5 장기기억

CHAPTER 1

여는 말

1.1 정보처리 접근법

1.2 인지심리학의 성장

정보처리 접근법의 도약 | 고차적 인지과정

1.3 인지와 다른 분야와의 관계

1.4 이 책의 구조

복습문제

핵심용어

추천도서

인지란 감각 정보가 변형되고, 축소되고, 정교해지고, 저장되고, 인출되고, 활용되는 모든 정신활동을 일컫는 말이다.

_ Ulric Neisser(1967)

대개는 인지를 지식의 습득 및 활용이라고 정의한다. 그래서 인지를 비교적 단순한 정신활동으로 생각하기 쉽다. 그러나 단순해 보이는 것은 겉모습일 뿐이다. 실제로는 지식의 습득과 활용에 수많은 정신 기능(skill)이 관여하기 때문이다. 이 책의 목차를 훑어보면 이런 기능 중 몇 개가 나열되어 있다. 이 목차에서 우리는 인지를 공부하는 심리학자들은 형태 재인, 주의, 기억, 심상, 언어, 문제해결, 의사결정 같은 정신 기능에 관심을 가진다는 것을 알 수 있다.

인지심리학
지식의 습득과 활용에 관여하는 정신적 조작/작업을 연구하는 심리학의 한 분야.

이 책의 목적은 학생들에게 인지심리학(cognitive psychology)의 요점을 소개하는 데 있다. 이 책은 인지심리학자들이 수행한 실험연구를 요약하고, 주요 이론을 소개하고, 연구결과와 이론을 일상생활에서 벌어지는 인지활동(예: 독서, 운전, 공부, 상품 디자인, 증언 평가, 문제해결 및 의학적 의사결정 등)과 연관시키고 있다.

이 장의 초두에 인용된 인지에 대한 Neisser의 정의에서 우리는 인지심리학자들이 인지를 연구하는 방식을 엿볼 수 있다. 강조하는 의미에서 다시 한 번 진술하기로 한다. “인지란 감각 정보가 변형되고, 축소되고, 정교해지고, 저장되고, 인출되고, 활용되는 모든 정신활동을 일컫는 말이다.” 이 정의에는 여러 가지 의미가 함축되어 있다. 감각 정보(input)라는 말에는 인지가 사람과 환경과의 접촉에서 시작된다는 의미가 포함되어 있다. 감각 정보의 변형이란 바깥세상에 대한 표상(representation)이 수동적으로 생성되는 것이 아니라 단순화나 정교화 같은 능동적 정신활동을 통해 구축된다는 의미를 가진다. 축소에는 정보가 상실된다는 의미가 담겨 있다. 다시 말해, 우리는 주변의 물리적 자극 중 일부에만 주의를 기울일 수 있고, 주의를 기울인 것 중에서도 일부만 기억할 수 있다는 뜻이다. 정교화는 주어진 감각 정보에다 다른 것을 추가할 때 일어난다. 예를 들면, 우리는 어떤 친구를 만나면 그 친구와 함께 나눈 과거의 경험을 떠올리며 아름다웠던 추억을 즐길 수도 있다.

정보의 저장과 인출은 기억에 해당한다. 저장과 인출을 구분하는 이유는 어떤 정보가 기억 속에 저장되었다고 해서 나중에 반드시 인출될 것이라는 보장이 없기 때문이다. 설단현상(tip of the tongue phenomenon)을 예로 들어보자. 특정 의미를 가진 단어가 생각날 듯 말 듯하면서도 생각나지 않을 때가 있는데, 이 현상을 설단현상이라 한다. 그러다가 나중에 가서야 생각나는 일이 벌어지기도 하기 때문에 설단현상의 원인은 저장의 문제가 아니라 인출의 문제라고 해석된다. 그 단어가 기억 속에 저장은 되어 있는데도 인출하기가 어려웠다는 뜻이다.

Neisser의 정의에서 가장 중요한 것은 마지막 부분일 것이다. 정보를 지각하고 저장하고 인출한 후에는 그 정보를 적절하게 활용해야 한다. 다시 말해, 결정을 내리거나 문제를 해결하는 데 그 정보를 이용해야 한다. 물론 우리는 그런 일을 보다 잘하기 위해 공부를 하고 있는 것이다. 문제해결과 결정 내리기에 관한 자세한 내용은, 지각과 기억에 관한 연구결과를 살펴본 후, 제Ⅲ부에서 소개될 것이다.

1.1 정보처리 접근법

인간 정보처리(론)
정보처리의 여러 단계(주의, 지각, 단기기억 등)에서 무슨 일이 어떻게 벌어지는지를 밝혀내려 하는 심리학 접근법.

인지심리학을 흔히 **인간 정보처리론**(human information processing)이라고도 한다. 이는 대부분의 인지심리학자들이 인지를 공부할 때 정보처리 접근법을 따르기 때문이다. 정보처리 접근법이란 인간의 마음을 정보처리 시스템으로 간주하는 관점이다. 이 관점을 수용하는 심리학자들은 마음이 하는 일, 즉 정보처리 작업이 주변으로부터 정보를 받아들이는 단계, 받아들인 정보를 저장 또는 보관하는 단계, 보관해두었던 정보를 인출하는 단계, 인출한 정보를 활용하는 단계를 거쳐 전개된다고 가정한다. 따라서 정보처리 접근법을 따르는 인지심리학자들은 이들 각 단계에서 어떤 일이 어떻게 벌어지는지를 밝혀내려고 노력한다(Haber, 1969). 이러한 단계식 접근법이 발달하게 된 것은 컴퓨터의 작동방식을 모형으로 삼으면 마음의 작용방식을 이해할 수도 있을 것이라는 신념에서 비롯된 것이다.

그림 1.1은 거의 모든 정보처리 모형에서 공통적으로 발견되는 단계를 보여준다. 각 단계는 정보가 처리되는 시간적 순서에 따라 배열되어 있다. 하지만 화살촉이 양쪽을 향하고 있다는 사실이 지적하듯, 정보의 흐름은 양방으로 진행된다. 따라서 뒤 단계의 정보가 앞 단계에서 벌어지는 정보처리에 영향을 미칠 수도 있다. 예를 들면, 형태 재인 단계에서 자극의 형태가 재인되기 위해서는 장기기억 속에 저장되어 있는 그 자극의 형태에 관한 정보가 단기기억으로 인출되어야만 한다.

그림 1.1의 모형에 관한 자세한 사항은 후속 장에서 소개될 것이다. 여기서

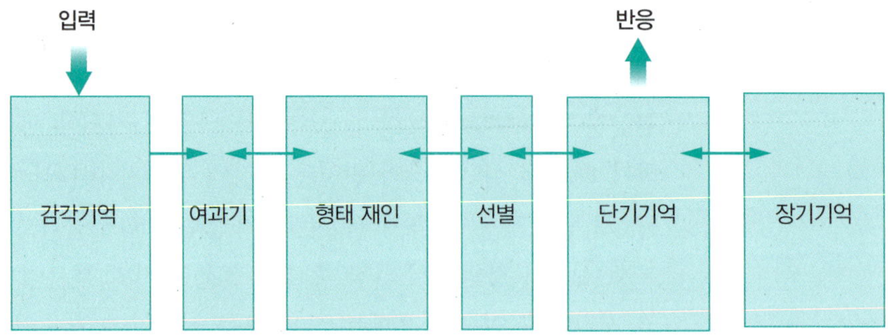

그림 1.1 정보처리 시스템을 구성하는 단계들

감각기억
분석되지 않은 감각 정보를 아주 짧은 시간 동안 보관하는 기억. 자극이 사라진 후에 그 자극을 추가로 분석할 기회를 제공한다.

는 각 단계를 간략하게만 살펴보기로 하자. **감각기억**(sensory store. '감각 저장고'라고도 함)은 처리되지 않은 감각 정보의 원래 모양 그대로를 아주 잠깐 동안만 보관한다. 시각과 청각 감각기억에 대한 연구가 대부분이지만, 각 감각기관마다 별도의 감각기억이 있는 것으로 간주된다. 감각기억은 형태 재인에 필요한 시간을 늘려준다고 할 수 있다. 특정 시각 자극을 5ms(5/1000초)만 제시한 후 지워버렸다고 해보자. 만약 감각기억이 없다면 그 자극에 관한 정보는 자극이 지워짐과 동시에, 즉 5ms 만에 사라지고 말 것이다. 그러나 그 정보가 감각기억에 짧은 시간이나마 보관된다면, 그 정보가 이용될 수 있는 5ms 보다 길어지게 될 것이다. 시각의 경우, 정보가 감각기억에 유지되는 시간은 약 1/4초(250ms)밖에 되지 않지만, 5ms에 비하면 아주 긴 시간이다.

형태 재인
자극의 정체가 확실하게 인식되는 지각의 단계.

감각기억에 저장된 감각 정보의 정체를 형태 재인 단계에서 밝혀내지 못하면, 감각 정보는 이 시간(250ms)이 경과함과 동시에 소멸되고 만다. **형태 재인**(pattern recognition)이란 감각기억 속에 등록된 자극의 형태(모양)에 관한 정보를 장기기억에 보관된 형태에 관한 정보와 비교하여, 눈앞에 있는 시각 자극을 '고양이'라는 동물, 'ㅂ'이라는 문자(낱자), 또는 '사랑'이라는 단어 등으로 분류하는 작업을 일컫는다. 따라서 형태 재인은 기억 속에 저장해두었던 정보를 활용함으로써 이루어질 수밖에 없다. 자극의 형태를 재인하는 데 필요한 정보가 장기기억에 존재하지 않거나 필요한 정보를 장기기억에서 인출해낼 수 없으면, 우리는 그 자극의 정체를 알아낼 수가 없다. 즉, 그 자극을 재인할 수 없다(예: 라틴어를 배우지 않은 사람은 처음 보는 라틴어를 라틴어라고 알아차리지 못한다). 하지만 생전 처음 보는 자극인데도 그 자극이 중요한 것이라면(예: 라틴어를 배워야 한다면) 우리는 이 새로운 자극의 형태를 기억 속에 저장하고 싶어할 것이다(예: 처음 보는 라틴어라도 그 모습을 기억하려 할 것이다).

형태 재인과 주의와의 관계는 많은 논란을 불러일으켰었다. 일부 학자들은 한 번에 재인할 수 있는 자극 형태는 하나뿐이라고 주장한다. 이들은 우리 눈을 자극하는 많은 형태 중에서 어느 것이 재인될 것인지를 결정하는 것은 여과기(filter)이며, 이 여과기로 작용하는 것이 주의라고 주장한다. 그러나 여러 개의 형태가 동시에 재인된다고 보는 학자들도 있다. 이들은 재인된 여러 형태 중 소수만 기억되고 나머지는 즉시 망각된다고 주장한다. 후자의 견해에 의하면, 주의의 역할은 재인될 형태를 선별하는 것이 아니라 기억될 형태를 선별하는 일이 된다. 현재로서는 이 두 이론이 모두 옳다는 견해가 지배적이다. 그래서 그림 1.1에서는 주의가 여과 단계뿐 아니라 선별 단계(selection stage)에도 작용하는 것으로 그려져 있다. 여과기는 한 번에 재인될 수 있는 정보의 양을 제한하고, 선별 단계는 기억에 저장될 수 있는 정보의 양을 제한한다는 뜻이 들어 있다.

여과기
지각 정보 중 주의집중을 받은 것은 재인되는 반면, 나머지 정보는 재인되지 않는데, 이 나머지 정보를 걸러내는 일에 관여하는 주의의 한 부분.

선별 단계
형태 재인 단계 바로 다음 단계로 어떤 정보가 기억될 것인지를 결정하는 단계.

그림 1.1에는 기억을 단기기억과 장기기억으로 나누어 놓았다. 단기기억(short-term memory)은, 예를 들어 전화를 걸려고 할 때 전화번호를 머릿속에 보관하는 일에 이용된다. 단기기억은 그 속에 저장할 수 있는 정보의 양(capacity)도 그리고 그 속에 정보를 저장할 수 있는 기간(duration)도 한정되어 있다. 어른들은 대개 단위수(digit, 0부터 9까지) 7개 정도는 쉽게 기억할 수 있다. 하지만 지역번호 세 자리, 국번 네 자리, 전화번호 네 자리를 합한 것같이, 열 개가 넘는 단위수를 단기기억에 보관하기는 쉽지가 않다. 기억(보관)할 수 있는 범위 내의 숫자들이라도 계속해서 되뇌지 않으면 금방 잊어버리게 된다. 이는 정보가 단기기억에 저장되는 시간이, 그 정보를 되새기지 않는 한, 한정되어 있다는 뜻이다. 이들 두 가지 제약은 단기기억에만 적용될 뿐 장기기억(long-term memory)에는 적용되지 않는다. 장기기억에 보관할 수 있는 정보의 양은 거의 무한에 가까우며, 장기기억의 정보가 망각되는 일은 일어난다고 하더라도 아주 느리게 일어난다.

단기기억
용량이 제한되어 있고, 그 내용에 주의를 기울이지 않으면 내용이 20~30초밖에 보관되지 않는 기억.

장기기억
용량에 한계도 없고, 그 내용이 몇 분에서 평생토록 보존되는 기억.

정보가 감각기억에서 장기기억으로 전이되는 과정을 묘사할 때는 상향처리(bottom-up processing)라는 용어를 쓰고, 그 반대로 정보가 장기기억에서 감각기억 쪽으로 전이되는 과정을 묘사할 때는 하향처리(top-down processing)라는 말을 쓴다. 그림 1.1에서 화살촉이 양쪽에 붙어있는 것은 정보의 전이가 양방으로 진행된다는 뜻이다. 따라서 그림을 왼쪽으로 90도 회전시켜 감각기억이 맨 밑에 가고 장기기억이 맨 위에 가도록 만들면 상향처리와 하향처리의 의미가 보다 분명해질 것이다.

상향처리
감각기억에서 장기기억 쪽으로 진행하는 정보의 흐름.

하향처리
장기기억에서 감각기억 쪽으로 진행되는 정보의 흐름.

그러면, 상향처리와 하향처리와의 차이를 예를 들어 구분해보자. 우선, 이 교과서 37쪽 그림 2.1을 들여다보자. 그림 속 글 토막은 필체가 서로 다른 사람이 쓴 8개의 구절로 구성되어 있다. 첫 줄만 읽은 다음, 둘째와 셋째 줄을 뛰어넘어 넷째 줄을 읽어보자. 대부분의 학생들은 "무슨 말을 쓰고 있는 거야?!"라며 의아해한다. 여러분도 이와 같거나 비슷한 느낌을 가졌었다면, 여러분 머릿속의 정보처리 시스템이 상향처리에만 의존하고 있었다고 봐야 한다. 그림 속에 제공된 감각 정보를 분석한 후, 그 분석결과와 일치하는 정보를 찾아내기 위해 여러분의 장기기억을 검색했을 것이라는 말이다. 정보가 주로 감각기억 쪽에서 장기기억 쪽으로 전송되고 있었기 때문에 이러한 모습의 정보처리를 일컬어 상향처리라 한다. 이제, 첫 줄부터 다시 읽어보자. 아직도 쉽지는 않지만, 그래도 "아! '알아차리지 못한다. ……'를 이렇게 쓰는 사람도 있구나!"라는 느낌을 가졌을 것이다. 넷째 줄 앞뒤의 구절들이 제공하는 맥락 정보, 즉 장기기억 속 정보를 활용하여 그림 속에 제공된 감각 정보를 해석했기 때문에 가질 수 있었던 느낌이다. 이번에는 정보처리의 전반적 흐름이 장기기억 쪽에서 감각기억 쪽으로 진행되었기 때문에 이러한 모습의 정보처리를 일컬어 하향처리라 한다.

1.2 인지심리학의 성장

어떤 학문 분야든 그 시작점을 정확하게 꼬집어내기란 쉽지 않다. 인지심리학이 시작된 연대에 대해서도 학자에 따라 여러 가지 대답을 할 수 있을 것이다. James의 *Principles of Psychology*는 1890년도에 출판되었는데, 이 책에는 주의, 기억, 심상, 추리를 다루는 장이 포함되어 있다. Köhler의 *The Mentality of Apes*(1925)는 복합적인 사고과정을 연구하였다. 그를 위시한 다른 형태주의 심리학자들은 구조에 대한 이해력, 즉 한 문제를 구성하는 여러 부분이 어떻게 조직되어 있는지를 이해하는 형태(the Gestalt) 파악 능력을 강조했다. Bartlett의 저서 *Remembering: A Study in Experimental and Social Psychology*(1932)에 소개된 이야기에 관한 기억 이론은 여러 면에서 현대적 견해와 일치한다. 이 밖에도 내용 면에서는 최근의 것처럼 보이는 논문이나 책도 더러 있다. 그러나 이들은 인지심리학이 현재의 방향으로 전환되는 데는 별 영향을 미치지 못했다.

자극-반응 접근법
자극과 반응 간의 연관성(association)을 강조하는 접근법. 반응을 생성하는 정신적 조작에는 관심을 기울이지 않는 것이 특징이다.

현대 인지심리학의 발달에 부정적인 영향을 미친 책으로는 Watson의 *Behaviorism*(1924)이란 책을 들 수 있다. 이 책의 요점은 '심리학자는 인간의 행동 중에서 직접 관찰할 수 있는 것만을 연구해야 한다'로 압축된다. Watson의 주장은, 여러분이 심리학 입문서에서 배웠을 **자극-반응**(stimulus-response: S-R) **접근법**을 지지한다. 인간 행동의 변화를 설명하기 위해 주로 자극-반응 접근법을 이용한 심리학자들은 자극에 대한 반응은 기록하지만 그 반응을 유발한 정신과정을 분석할 생각은 하지도 않았다. 자극과 반응은 관찰 가능한 것이지만, 반응을 유발한 정신과정은 직접 관찰할 수 없기 때문이다. 이런 점에서 Watson의 견해는 자극-반응 접근법과 일치한다. 그러나 이 접근법의 문제점은 자극 속에 제시된 정보만 가지고는 사람들이 하는 일이 무엇인지를 밝힐 수가 없다는 데 있다.

이와는 달리, 정보처리 접근법에서는 사람들이 주어진 자극에 대해 반응을 할 때까지 그 자극 속의 정보를 어떻게 변형 또는 조작하는지를 밝혀내고자 한다. 반복되는 말이지만, 후자의 접근법을 따르는 심리학자들은 그림 1.1에 제시된 각 단계에서 무슨 일이 어떻게 벌어지는지를 명시하려 한다. 특히, 사람들이 과제 수행에 어려움을 겪을 때는, 이들 각 단계에서 벌어지는 일을 소상히 밝히는 일이 매우 중요한 작업으로 부상한다. 왜냐하면, 그렇게 해야지만 이 어려움의 일차적 근원이 어느 단계에서 벌어지는 일인지를 명시할 수 있고, 또 필요한 경우 그 어려움을 극복할 방법을 모색할 수 있기 때문이다.

정보처리 접근법의 도약

자극-반응 접근법에서 정보처리 접근법으로의 방향 전환은 1950년대 중반에서 후반 사이에 탄력을 받게 되었다. 이 방향 전환을 자극한 것 중 하나는 컴퓨터와 컴퓨터 프로그램의 대중화였다. 컴퓨터 프로그램의 대중화로 컴퓨터가 하는 작업이 여러 가지 조작(operation)으로 구성되어 있다는 사실이 널리 알려지게 되었다. 심리학자들은 컴퓨터의 작업방식이 사람들의 정보처리 방식과의 유사성을 발견하면서 컴퓨터에 많은 관심을 가지게 되었고, 정보처리의 각 단계가 과제 수행에 어떤 영향을 미치는지를 밝히고 싶어 했다.

초창기에 제안된 정보처리 모형 중에는 Broadbent(1958)의 모형이 대표적인 모형으로 꼽히고 있다. 그는 선별적 청취 과제 수행에 관여하는 정보처리 과정을 분석하였다. 그러고는 그 결과를 토대로 이 과제 수행을 설명하기 위한 소위, 여과기 모형(filter model)을 내놓았다. 실험 참여자의 두 귀에다 서로 다른 내용의 전갈을 동시에 제시하고 두 가지 전갈 모두를 청취하라고 요구하였다. 그러면, 참여자들은 이 과제를 수행하기가 매우 어렵다고 말한다. Broadbent는 이 과제를 수행하기 어려운 이유를 이렇게 설명한다: 감각기억에는 많은 감각 정보가 동시에 입력되지만, 이들 정보 중 하나만 형태 재인 단계(감각 정보의 정체를 파악하는 단계)로 입력되기 때문이라고. 이는 Broadbent가 자신의 여과기 모형을 개발할 때 청취자가 한 번에 주의를 기울일 수 있는 전갈은 하나뿐이라고 생각했다는 뜻이다. 즉, 이 여과기를 통제하는 일을 주의의 기능으로 간주한 것이다. 두 귀에 동시에 제시된 두 개의 전갈이 모두 인식될 수도 있다. 하지만 그렇게 되기 위해서는 왼쪽 귀에 집중되었던 주의가 그 쪽 귀로 입력된 감각 정보를 재인 단계로 보낸 후, 오른쪽 귀로 이동하여 오른쪽 귀로 들어오는 감각 정보까지 재인 단계로 넘어갈 수 있게 해야만 한다. 그러나 이 일이 가능하기 위해서는 주의가 오른쪽 귀에 집중될 때까지 오른쪽 귀로 입력된 감각 정보가 소멸되지 않아야 한다. 그런데 앞서도 암시했듯이, 감각기억 속 감각 정보는 금방 소멸되기 때문에 두 귀로 동시에 입력되는 정보를 둘 다 파악하기는 어려울 수밖에 없다. 여과기 모형은 사람들이 두 귀로 동시에 들어오는 두 개의 전갈을 모두 다 이해하지 못하는 이유가 지각의 과정, 즉 정체파악 과정 또는 재인과정의 한계 때문이라고 본다.

Broadbent의 여과기 모형이 발표된 그 다음 해, Sperling은 하버드 대학교에서 박사학위 논문을 마쳤다. Sperling(1960)은 그의 실험에서 영어 알파벳을 구성하는 여러 개의 문자(낱자)를 한 줄에 서너 개씩 서너 줄에 나누어 제시하였다. 제시되었던 낱자를 금방 사라지게 하고는 참여자들에게 특정 줄에 제시되었던 낱자를 모두 회상해 보고하라고 주문했다. 어느 줄의 낱자를 회상해야 할 것인지는 신호음의 높낮이로 알려주었다. 예를 들어, 고음이면 맨 윗줄, 저음이면 맨 아랫줄의 낱자를 회상해야 했다. 아주 잠깐 제시된 여러 개의 자극(낱자)을 정확하게 회상해내기란 누구에게나 어려운 일이다. 그런 줄 알면서도 Sperling이 실험을 이렇게 설계한 데는 이유가 있다. 그는 사람들이 아주 잠깐 제시된 많은 자극을 회상해낼 수 없는 이유가 지각과정의 한계 때문인지, 아니면 기억 과정의 한계 때문인지를 밝혀내고 싶었던 것이다. Sperling은 자신의 연구결과를 기초로 자기의 실험 과제 수행에 미치는 감각기억, 형태 재인, 단기기억의 영향력을 설명하는 정보처리 모형을 개발하였다(Sperling, 1963). Broadbent의 모형과 Sperling의 모형은 둘 다 그 후의 정보처리 이론 발달에 지대한 영향력을 행사하였다. 전자는 주로 청각적 주의집중 모형에, 그리고 후자는 주로 시각적 형태 재인 모형에 막대한 영향을 미쳤다.

고차적 인지과정

인공지능
사람들만 수행할 수 있다고 간주됐던 고차적 지적/정신적 과제를 인간처럼 수행할 수 있는 컴퓨터 프로그램 개발을 그 목적으로 하는 학문 분야.

지각 과제에 관한 정보처리론적 분석에 이어 1950년대 후기에는 복합적인 과제에 대한 접근법이 등장하기 시작했다. 이 새로운 접근법의 등장에 대한 기대와 흥분을 Newell과 Simon(1972)은 이렇게 요약했다: 제2차 세계대전 후 발달한 디지털 컴퓨터는 인공지능(artificial intelligence), 즉 컴퓨터를 프로그래밍

하여 문제를 해결하거나 논리적 추리를 수행하게 하려는 새로운 학문의 초석이 되었다. RAND사의 후원으로 1958년 여름에 개최된 세미나의 목적은 컴퓨터 프로그래밍을 통해서도 인간 행동의 모형을 구축할 수 있음을 사회과학자들에게 보여주기 위함이었다. 이 세미나는 컴퓨터 시뮬레이션에 관한 연구와 인간 정보처리에 관한 연구를 통합하는 데 주된 역할을 수행하게 되었다.

이 RAND 세미나의 주요 성과 중 하나는 스탠퍼드 대학교 행동과학연구소에서 1958~1959학년도를 함께 보낸 세 명의 심리학자에게 미친 영향이라 할 것이다. 이들 세 사람, George Miller와 Eugene Galanter와 Karl Pribram은 그 당시 심리학을 지배하고 있던 행동주의 접근법에 강한 불만을 품고 있었다. Miller는 RAND 세미나에서 많은 자료를 얻었고, 그리하여 이들 세 사람은 이 자료와 인공지능, 심리학, 언어학에서 그 당시 확보된 연구결과의 도움으로 새로운 견해를 개발할 수 있게 되었다. 이 견해는 그들이 지은 책, *Plans and the Structure of Behavior*(Miller, Galanter, & Pribram, 1960)에 발표되었다.

이들은 인간 행동의 대부분이 계획된 것이라고 주장한다. 이들이 말하는 계획(plan)이란 이행될 조작(작업)의 순서를 관리하는 일련의 지시문으로 구성된다. 따라서 이들이 말하는 계획은 근본적으로 컴퓨터 프로그램과 같다. 이들은, 행동주의 심리학자들이 주장했던 행동의 단위(반응)는 계획을 짜기가 어렵다는 사실을 깨닫고, TOTE라는 새로운 단위를 고안해냈다. TOTE는 Test-Operate-Test-Exit(검사-조작-검사-종결)을 줄인 말이다. 그리하여 그들이 말하는 계획은 TOTE가 위계적으로 조직된 것을 의미하게 되었다. 벽에다 망치로 못을 박는 간단한 계획을 고려해보자. 이 계획의 목표는 못의 머리 부분이 벽면에 닿도록 하는 것이다. 이 계획을 구성하는 위계의 꼭대기에는 목표 달성의 여부를 결정하는 검사(test)가 위치한다. 못 머리가 벽면과 평평하면 이 계획은 종결된다(exit). 그러나 못 머리가 튀어나와 있으면, 망치의 위치를 점검해야(test) 한다. 망치의 위치에 따라, 들어 올리거나 내리치는 두 가지 조작(operation) 중 어느 것이 수행될 것인지가 결정된다.

Miller와 Galanter와 Pribram(1960)의 이러한 아이디어는 심리학이 아닌 다른 2개 분야에서 이루어진 연구에 힘입은 바 크다. 하나는 인공지능 분야에서 이루어진 Newell과 Shaw와 Simon(1958a)의 연구였다. 복합적인 과제(예: 장기나 바둑 두기)를 수행할 때 사람들이 이용하는 전략이 Newell 등에 의해 이미 밝혀져 있었다. 또 하나는 Noam Chomsky로부터 받은 영향이었다. Chomsky는 자극-반응 이론으로는 사람들이 문장을 이해하고 생성하는 방식을 설명할 수 없다고 주장하였다(Chomsky, 1957). 말을 배울 때 사람들은 문법이라는 규칙을 학습한다는 Chomsky의 견해는 인간 행동의 계획성을 강조한 Miller 등의 견해와 일치하였다.

행동주의 관점을 따르다가 인지적 관점으로 방향을 전환하는 일은 위험을 감수해야 하는 일이었다(Miller, 2003). Miller(1951)는 자신의 저서 *Language and Communication*의 서문에서 이 책은 행동주의 쪽으로 기울어져 있다고 스스로 지적하였다. 그 당시에는 여전히 행동주의를 신봉한다고 맹세함으로써 자신의 과학적 명성을 유지하고 싶었던 것이다. 그가 행동주의에 불만을 품게 된 것은 1960년 Jerome Bruner와 함께 하버드 대학교에서 인지연구소(Center for Cognitive Studies)를 창립하면서부터였다. 이 연구소에서 인지를 강조하게 됨에 따라 영국의 Frederic Bartlett, 스위스의 Jean Piaget, 러시아의 A. R. Luria와 같은 당시 저명한 심리학자들과의 소통이 재개되었다. 이들 세 사람은 누구도 미국의 행동주의에 영향을 받지 않았었고, 그랬기 때문에 인지혁명[행동을 강조하던 심리학자들의 마음이 정신활동(인지)을 강조하는 쪽으로 뒤집힌 사건]에 필요한 영감을 제공할 수 있었다.

1.3 인지와 다른 분야와의 관계

위에서 언급한 이론가들의 견해는 계속 개발 및 수정되고 있다. Neisser의 *Cognitive Psychology*(1967)는 이들 견해 중 많은 부분을 모아놓은 책이며, 그 뒤를 이어 인지를 다룬 다른 저서도 등장하기 시작했다. 오늘날의 인지심리학은 많은 심리학자들의 호응을 받고 있다. 지각, 주의, 학습, 기억, 언어, 추리, 문제해결, 결정짓기 등의 분야에서 공부하는 심리학자들은 거의 모두 스스로를 가리켜 인지심리학자라고 말할 정도이다. 이들 각 분야에서 활용되는 방법론이나 이론이 판이하다는 사실을 감안하면 인지라는 개념의 포괄성을 충분히 짐작할 수 있을 것이다. 그림 1.2는 인지심리학의 유명도가 높아지고 있는 것을 시각적으로 보여준다. 이 그림은 심리학에서 가장 영향력이 강하고 널리 알려진 네 학파, 즉 정신분석학, 행동주의, 인지심리학, 신경과학을 대조시키고 있다.

그림 1.2에 제시된 유명도는 각 분야의 학술논문이 인용된 횟수로 측정되었다. 구체적으로, 심리학 분야의 선두 주자로 알려진 네 개의 학술지인 *American Psychologist, Annual Review of Psychology, Psychological Bulletin, Psychological Review*에 이들 각 분야의 논문이 인용된 횟수를 측정하였다. 이 학술지들은 심리학 전 분야를 대표하는 학술지로 아주 널리 읽히는 학술지들이다. 그림 1.2를 보면, 인지심리학 관련 논문이 인용되는 횟수가 1977년부터

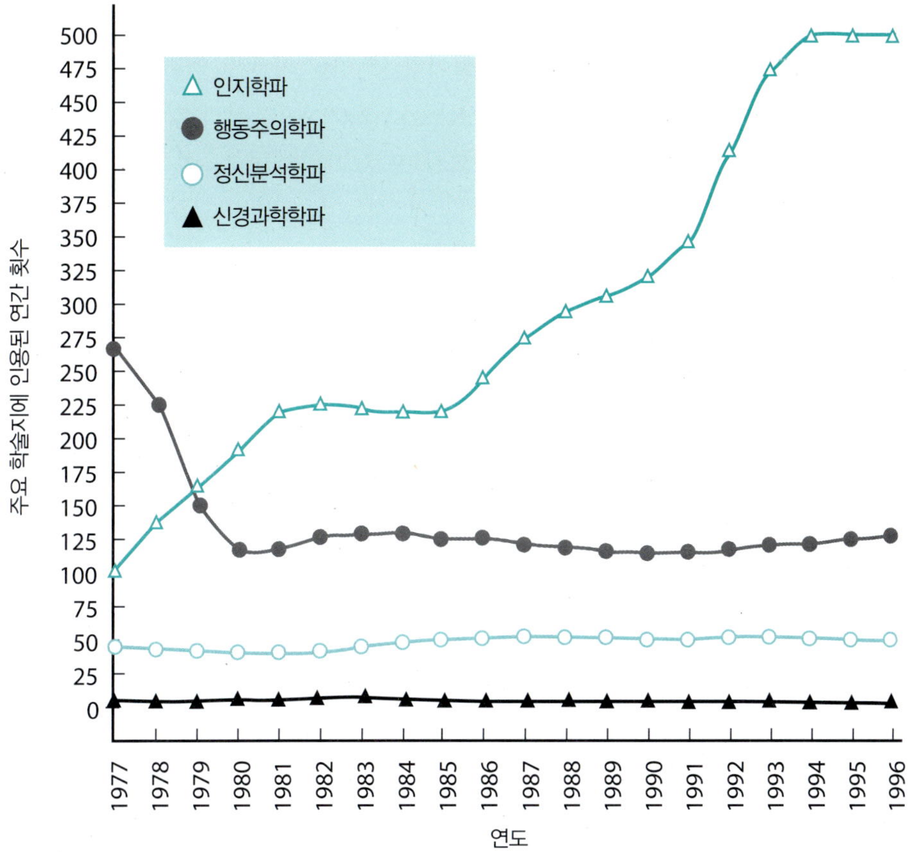

그림 1.2 인지심리학, 행동주의, 정신분석학, 신경과학 학술지에 발표된 논문이 매해 인용되는 횟수 변화 추이

출처: "An empirical analysis of trends in psychology," by R. W. Robins, S. D. Gosling & K. H. Craik, 1999, *American Psychologist*, 54, 117-128. Used with permission.

1996년까지 크게 증가했음을 알 수 있다. 현재 인지심리학이 누리고 있는 유명도는 학위논문 주제의 수 같은 다른 척도에서도 똑같이 나타난다.

인지심리학이 응용심리학에 미치는 영향력도 증가하고 있다(Hoffman & Deffenbacher, 1992; McDaniel, 2007). 지금은 많은 연구비가 응용 과제에 투입되고 있으며, 최근에는 많은 박사학위 취득자들이 응용 분야에서 일하고 있다. *Applied Cognition* 및 *Journal of Experimental Psychology: Applied*와 같은 새로운 학술지가 등장하는 것을 보더라도 인지 이론의 적용이 증가하고 있음은 분명하다. 인지심리학자들의 연구결과를 인용하고 있는 응용 분야의 논문을 읽는 일도 기분 좋은 일이다. 캘거리 대학교에서 의학 교육을 담당하고 있는 일군의 교수들은 모의 훈련이 실제 환자들에게 제공되는 보호의 질에 미치는 영향력을 분석하였다(Teteris, Fraser, Wright, McLaughlin, 2012). 이들의 연구가 인지심리학을 공부하는 우리의 주목을 끄는 이유는 이들이 채택한 연구의 틀이 전이, 전문성, 유추적 문제해결, 기억인출 등에 관한 인지심리학자들의 연구를 바탕으로 구축되었다는 사실이다. 그리고 카네기 멜런 대학교에서 응용 과목을 담당하고 있는 Robertra Klatzky(2009)는 자신의 강좌를 가상현실, 목격자 증언, 읽기 교육, 컴퓨터-교사 프로그램 개발, 음성 인식, 재활훈련 등의 분야에다 인지심리학을 적용하는 과제를 논의하는 과목이라고 소개한다. 수강하는 학생들의 전공도 다양하여 심리학, 공학, 컴퓨터과학, 과학, 디자인을 전공하는 학생들이라고 자랑한다.

이러한 견해의 영향력은 한쪽 방향으로만 흐르지 않는다. 다른 학문 분야도 인지심리학의 발달에 많은 영향을 미쳤다. 그 결과 인지심리학과 관련 분야가 통합되어 인지과학이라는 새로운 분야가 생성되었으며, 새로운 학술단체 및 새로운 학술지가 개발되었고, 많은 대학에서는 인지과학을 별도의 전공분야로 설정하기도 하였다. **인지과학**(cognitive science)이란 인간과 컴퓨터 프로그램과 추상적 이론의 지적 능력을 연구하며, 특히 계산(computation)으로서의 지적 행동을 강조하는 학문 분야이다(Simon & Kaplan, 1989). 인지과학은 심리학, 언어학, 인류학, 철학, 인공지능, 신경과학 등 여러 분야에서 개발된 사상의 관점을 통합하려는 시도이기도 하다(Hunt, 1989).

인지과학
심리학, 철학, 인공지능, 신경과학, 언어학, 인류학을 전공하는 사람들이 인지라는 공통 주제를 공부하기 위해 학문 간 벽을 넘어 함께 노력하는, 소위 학제적 학문 분야.

이러한 통합이 가능한 이유는 지식 표상과 같은 문제는 인지과학의 모든 분야에서 중요하게 다루는 문제이기 때문이다(Davis, Shrobe, & Szolovits, 1993; Stillings et al., 1995). 예를 들어, 인지심리학자들은 사람들이 장기기억에다 개념을 조직하는 방식을 묘사하기 위해 의미 연결망(semantic networks)과 같은 개념을 인공지능이라는 학문 분야로부터 빌려 쓰고 있다. 이에 관해서는 9장에서 다룰 것이다. 인공지능 분야로부터 빌려 쓰는 또 다른 개념(예: 생성 시스템 production systems)은 인지 과제를 수행할 때 사람들이 규칙을 활용하는 방식을 설명하는 데 이용된다. 생성 시스템에 관해서는 13장에서 다루게 될 것이다. 인지과학은 심리학(Gentner, 2010), 인지신경과학(Cooper & Shallice, 2010), 인지생태학(Hutchins, 2010), 교육 및 훈련(Chipman, 2010), 인공지능(Forbus, 2010), 언어(Newport, 2010)에 대한 우리의 이해를 확장하는 데 공헌을 해왔고 또 지금도 하고 있다.

그림 1.2에 소개된 변화가 발생한 이후 연구가 점증하는 중요한 학문 분야 중 하나로 **인지신경과학**(cognitive neuroscience)을 빼놓을 수 없다. 인지신경과학은 인지적 조작(정신적 작업)이 뇌의 어느 부위에서 일어나는지를 밝혀내려 한다. 그림 1.3은 대뇌피질을 구성하는 네 개의 엽(lobes)과 이들 각각의 일차적 기능을 보여준다(Kalat, 1995).

인지신경과학
인지과정/정신활동과 뇌 활동 간의 관계를 연구하는 학문 분야.

일차 시각피질은 **후두엽**(occipital lobe)에 위치하고 있다. 이 부위가 손상될

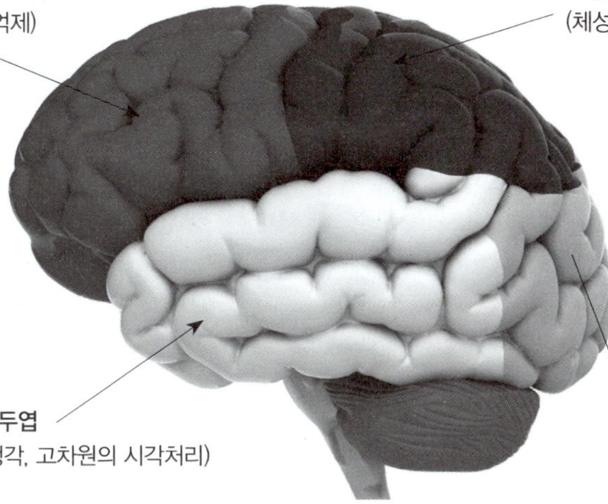

그림 1.3 대뇌피질의 좌반구를 주요 영역으로 나누어 놓은 모습과 각 영역의 주된 기능
출처: © vasabii/Thinkstock

경우, 동공반사와 일부 안구 움직임은 정상적으로 전개되지만, 물체의 모양(형태) 지각은 물론 시각 정보를 인식할 수 없게 된다. **두정엽**(parietal lobe)은 촉각을 위시한 체성 정보처리를 담당하는 영역이다. 이 영역이 손상되면 촉각을 통해서는 물체의 정체를 파악하기가 어렵게 되며, 손상된 부위와는 반대쪽(우반구의 두정엽이 손상되면 몸통의 좌측) 신체활동이 어색해지는 등의 증상이 나타난다. **측두엽**(temporal lobe)은 언어 이해에 필수적이며, 얼굴과 같은 복합적인 시각적 형태를 재인하는 작업에도 관여한다. **전두엽**(frontal lobe)은 모든 감각기관으로부터 감각 정보를 받아들이며 신체 움직임을 계획하는 일에 관여한다. 이 영역이 손상되면 기억장애가 유발되기도 한다.

기술이 발달함에 따라 특정 인지 과제를 수행할 때 뇌의 어느 부위가 활동하는지를 보다 정밀하게 꼬집어낼 수 있게 되었다. **기능성 자기공명영상법**(functional magnetic resonance imaging: fMRI)이나 **양전자방출 단층촬영기법**(positron-emission tomography: PET)과 같은 영상기법들은 뇌의 어느 부위가 가장 활발하게 작용하는지를 밝혀내기 위해 자기성(magnetic) 신호를 감지하거나(fMRI) 소량의 방사선을 감지함으로써(PET) 대뇌의 혈류량을 측정한다(Posner, DiGirolamo, & Fernadez-Duque, 1997).

기능성 자기공명영상법 자기장과 컴퓨터 영상법을 통해 정신적 활동이 진행되는 뇌의 부위를 찾아내는 기법.

양전자방출 단층촬영기법 방사능 추적기를 사용하여 뇌의 각 부위에서 흐르는 피의 양을 측정함으로써 뇌 활동을 연구하는 기법.

인지 과제를 분석하는 일에서는 몇 분의 1초밖에 되지 않는 짧은 시간도 이론적으로 중요한 의미를 갖는 경우가 많다. 그래서 시간적 변화에 관한 정보가 매우 중요한데, 위에서 소개한 공간적 영상기법으로는 이런 정보를 수집할 수 없다. 이 점이 바로 이들 기법이 갖는 중요한 단점이다. 하지만 두개골로부터 뇌의 전기적 활동을 기록하면 보다 정밀한 시간 정보를 수집할 수가 있다. 이러한 전기적 활동 중 하나인 **사건 관련 전위**(event-related potential: ERP)를 활용하면, 특정 과제 수행에 관여한 정신적 조작과 뇌의 활동을 관련지을 수 있다. PET 연구결과와 ERP 연구결과를 조합함으로써, 우리는 이제 정밀한 공간적 위치 정보를 제공하는 영상기법의 장점과 정밀한 시간적 변화정보를 제공하는 전위(전압) 변화 기록법의 장점을 모두 이용할 수 있게 되었다는 뜻이다(Posner & Rothbart, 1994).

사건 관련 전위
인지적(정신적) 과제를 수행하는 동안에 두개골에 부착된 전극을 통해 기록된 뇌파.

인지심리학자들이 인지신경과학에 특별한 관심을 갖는 이유는 이 분야를 통해 자신들이 개발한 인지 이론을 평가할 수 있기 때문이다(Cooper & Shallice, 2010; Yarkoni, Poldrack, Van Essen, & Wager, 2010). 인지 과제 수행에서 시각적 심상이 수행하는 역할은 무엇일까? 이 문제는 인지심리학자들 사이에서 벌어지고 있는 오랜 논쟁 중 하나라는 것을 7장에서 알게 될 것이다. 어떻게 하면 사람들이 특정 과제를 수행할 때 시각적 심상을 이용하는지, 이용하지 않는지를 알아낼 수 있을까? 사람들이 특정 인지 과제(예: 공간적 추리 과제)를 수행할 때 뇌의 어느 부위가 활동하는지를 알려주는 것이 인지신경과학이기 때문에, 인지신경과학은 이런 문제를 해결하는 데도 큰 도움이 된다. 사람들이 눈으로 세상사를 지각하는 동안에 활동하는 뇌의 부위(후두엽)가 공간적 추리 과제를 수행하는 동안에도 활동을 한다면, 이는 시각적 심상이 인지 과제 수행에 이용된다는 증거가 될 것이다.

1.4 이 책의 구조

이 책은 3부로 구성되어 있다: 제 I 부는 정보처리 단계를 다루고, 제 II 부는 지식의 표상과 조직을 논하며, 제 III 부는 복합적 인지 기능을 논의한다. 이 장에서는 인지를 연구할 때 이용되는 정보처리론적 접근법을 간략히 개관하였다. 이 접근법의 일차적 목표는 그림 1.1에서 예시한 것처럼, 정보처리의 주요 단계를 확정하는 것이다. 제 I 부는 이들 각 단계에서 벌어지는 일에 관해 지금까지 밝혀진 내용을 요약한다. 형태 재인 및 주의에 관한 2장과 3장은 모두 지각과정(perception)을 다룬다. 형태 재인 이론은 사람들이 어떻게 형태(예: 글자)를 인식하고(알아차리고), 형태에 관한 기록을 어떻게 기억하는지를 명시하려 한다. 예를 들어, 화면에다 10개가 넘는 문자(낱자)를 한꺼번에 그것도 아주 잠깐 동안 제시한 후, 보았던 것을 회상해내라고 하면, 제시되었던 문자나 낱자를 모두 기억해내는 사람은 거의 없다. 그런가 하면, 낱자는 홀로 제시된 낱자보다 단어 속의 낱자가 더 잘 지각된다. 형태 재인 이론가들은 어떻게 이런 일이 벌어지는지도 명시하고 싶어 한다. 한 번에 한 가지 일은 잘 처리하는 사람도 한 번에 여러 가지 일을 잘 처리할 수는 없다. 이처럼 처리해야 할 과제의 많고 적음에 따라 과제 수행 수준이 달라지는 현상을 설명하는 데 필요한 것이 주의 이론이다. 어느 누구도 동시에 제시되는 많은 정보를 다 처리할 수는 없다. 즉, 우리는 감각기관을 자극하는 많은 자극 중 일부에만 반응한다. 주어진 정보 중에서 처리되는 정보의 양을 측정한 연구결과를 기초로 정보처리의 한계가 특정 단계의 한계 때문이라는 설명과 과제 수행에 요구되는 정신적 노력이 너무 크기 때문이라는 설명이 고안되었다. 주의에 관한 연구결과는 운전 중 휴대전화 사용의 위험성을 밝히는 데 그리고 어린 초보 운전자들의 주의 기능 훈련 등에 응용되고 있다.

4장과 5장은 기억을 다룬다. 4장에서는 단기기억을 5장에서는 장기기억을 논한다. 단기기억을 '작업기억'이라고도 하는데, 그 이유는 주변 환경으로부터 받아들인 감각 정보와 장기기억에서 인출해낸 묵은 정보를 통합시키는 작업을 할 수 있게 하는 것이 이 기억이기 때문이다. 그러나 단기기억은 용량이 한정되어 있고 단기기억에 보관된 정보는 빠른 속도로 소멸된다. 그래서 새로운 정보를 오래 기억하려면 그 정보를 장기기억에다 저장해야 한다. 장기기억에 관해 논의하는 5장에서는 새로운 정보를 학습할 때 활용할 수 있는 다양한 전략(예: 어문적 암송)이 논의될 것이다. 기억에 관한 연구결과는 속독, 정보의 조직화, 공부시간 할당, 목격자 증언 분석 등에 적용되고 있다.

이 책의 제Ⅱ부는 지식의 표상과 조직을 다룬다. 장기기억에 보관된 정보를 인출하는 능력은 그 정보가 기억 속에 부호화된(보관되는) 방식에 따라 달라지기 때문에, 6장과 7장에서는 상이한 종류의 기억부호가 예시될 것이다. 예를 들어, 의미가 강조된 기억부호가 특히 효과적인 것으로 밝혀졌다. 또한 기억부호는 어문적 정보가 강조되었는지 아니면 시각적 정보가 강조되었는지에 따라서도 구분된다. 기억부호에 관한 연구는 정보 인출의 효율성 및 공간적 추리 과제 수행에 중요한 함의를 제공한다.

8장과 9장은 장기기억의 조직을 강조한다. 8장은 이론적인 측면을 다룬다. 이 장에서는 지식이 범주로 조직되는 방식과 범주가 위계적으로 조직되는 방식을 검토한다. 지식이 장기기억에 조직된 방식을 검토할 때는 특정 대상을 범주화하는 데 걸리는 시간을 측정하곤 한다. 9장에서는 심리학자들이 이 기법과 다른 여러 기법을 이용해서 의미기억(장기기억에서 단어의 의미를 표상하는 부분)을 구성하는 개념들 간 관계를 연구하는 방식이 소개된다. 이 분야의 연구는 범주화 전략이 임상적 진단 및 치매 때문에 생기는 망각에 관한 연구에 응용되고 있다.

이 책의 마지막 부분인 제Ⅲ부는 인지 기능을 다루는 다섯 개의 장으로 구성되어 있다. 마지막 부를 시작하는 10장은 언어에 관해 논의한다. 언어에는 단어의 의미뿐 아니라, 문법적으로 정확하고 의도한 바를 올바르게 전달할 수 있도록 여러 개의 단어를 조합하여 문장을 구축하는 일도 포함된다. 글 이해를 다루는 11장에서는 문장 이해 능력보다는 문단 이해 능력에 초점을 맞출 것이다. 글을 읽은 후에 기억에 남는 것은 글 속에 관념(아이디어)이 조직된 방식과 단기기억 및 장기기억의 정보와의 상호작용에 의해 결정된다. 이 사실을 발견한 심리학자들은 이 상호작용을 상당히 세밀하게 묘사하는 모형을 개발해놓았다.

문제해결을 다루는 두 장 중 앞 장인 12장에서는 심리학자들이 이 분야의 문제를 연구하는 방식을 소개한다. 이 장은 여러 종류의 문제를 해결하는 데 필요한 인지 기능 및 문제해결에 이용되는 일반적인 전략을 찾아내고, 문제해결에 작용하는 기억의 역할을 분석하려 한 시도를 소개한다. 전문성과 창의성을 다루는 13장에서는 사전 지식이 추리에 활용되는 방식 그리고 교실에서 다루는 과제 해결의 전문성이 획득되는 방식을 논의한다. 이 장의 마지막 절에서는 창의성 연구에 관한 최근의 이론 및 접근법이 소개될 것이다.

결정짓기(또는 의사결정)는 14장에서 논의된다. 결정짓기에 관한 연구 결과, 사람들은 여러 가지 대안을 평가하기 위해 정보를 조합할 때 최적의 방식을 따르지 않는 것으로 밝혀졌다. **모험성 결정짓기**(risky decision making)란 결정의 결과가 어떻게 나올 것인지를 분명하게는 알 수 없는 장면에서 이루어지는 결정과정을 일컫는 용어이다. 모험성 결정짓기에 관한 대부분의 연구는 사람들이 확률을 추정하는 방식, 새로운 정보를 확보하게 되었을 때 그 추정치를 수정하는 방식, 그리고 추정된 확률을 결정짓기에 활용하는 방식에 관한 연구로 구성된다. 결정짓기에 관한 연구는 결정 도우미 및 훈련 프로그램 제작 및 배심원이나 소방관들의 집단 결정에 응용되고 있다.

복습문제

1장의 분량이 적은 것은 축약이 많이 되었기 때문이다. 이 장은 이 책이 어디로 가는지를 알려주는 일종의 이정표 역할을 하기 때문에, 세심한 주의를 기울여 읽어야 한다. 어디를 향해 가고 있고, 또 그 길을 따라가면서 살펴보아야 할 것이 무엇인지를 알면, 공부라는 여행도 한결 수월해질 것이기 때문이다.

1. 인지심리학을 수강하면서 여러분의 예상했던 것과 Neisser가 정의하는 인지심리학이 일치하지 않을 수도 있다. 그렇다면, 어떻게 다른가?
2. 인지심리학의 여러 가정을 주목하라. 인지심리학을 공부하지 않은 사람도 지식의 습득에 관해 나름대로의 견해를 가지고 있을 것이다. 이런 일반인의 생각과 이들 가정과는 어떤 점에서 일치하고 어떤 점에서 다를 것 같은가?
3. **정보처리**라는 용어와 **단계 모형**이라는 용어를 별개로 보았을 때, 그리고 함께 묶었을 때 각각 어떤 함의를 갖는다고 생각하는가? 정보처리의 각 단계에는 어떤 것이 포함되어야 한다고 생각하는가?
4. 인지심리학의 역사를 간략하게 살펴보는 동안 생소한 이름을 많이 보았을 것이다. 들어본 적이 있는 이름은 어떤 것들인가? 그리고 이들에 관해 알고 있는 것은 무엇인가? James와 Watson을 제외하고 다른 사람의 이름에 관해서는 아직까지 걱정할 필요가 없다. 이름은 몰라도 좋지만, 인지심리학의 발달에 공헌한 이 사람들의 업적은 설명할 수 있어야 한다.
5. 고차적 인지과정이란 무엇인가? 이들 과정을 '고차적(higher)'이라 하는 이유는 무엇인가?
6. 만약 인지심리학이 다른 학문 분야와도 관계를 맺고 있다면, 이 책에 소개된 견해(아이디어)들 중 일부는 다른 교과목에서도 발견될 것이다. 이들 견해가 논의된 교과목을 수강한 적이 있는가? 있다면, 어떤 과목인가?

핵심용어

감각기억(sensory store)
단기기억(short-term memory: STM)
사건 관련 전위(event-related potential: ERP)
상향처리(bottom-up processing)
선별 단계(selection stage)
양전자방출 단층촬영기법(positron-emission tomography: PET)
인간 정보처리(론)(human information processing)
인공지능(artificial intelligence)
인지과학(cognitive science)
인지신경과학(cognitive neuroscience)
인지심리학(cognitive psychology)
자극-반응(stimulus-response: S-R) 접근법
장기기억(long-term memory: LTM)
하향처리(top-down processing)
형태 재인(pattern recognition)

추천도서

정보처리 접근법의 초창기 가정을 살펴보고 싶으면 Haber(1969)를 참고하기 바란다. 사람들은 기억에 관한 자신들의 이해를 돕기 위해 자신들과 친숙한 유추를 활용해왔다는 점을 논의한 Roediger(1980)의 논문은 매우 흥미롭다. Roediger의 논문은 아리스토텔레스와 플라톤이 기억을 밀랍판에 비유한 사실에서 시작하여 오늘날 강조되고 있는 컴퓨터에 관한 유추에 관한 이야기로 끝난다. 여타의 이론적 접근법들이 심리학의 발달에 미친 영향에 관심이 있다면 Heidbreder(1961)를 읽어야 할 것이다. 이 책은 심리학이 과학으로 발달하기 이전에 있었던 이야기, 과학적 심리학의 시작, William James의 심리학, 기능주의, 행동주의, 역동심리학, 형태주의 심리학, 정신분석학을 논의하고 있다. 인지심리학의 진화를 알기 쉽게 설명하는 책으로는 Gardner(1985)를 들 수 있다. Hoffman과 Deffenbacher(1992)는 응용인지심리학의 발달을 상세히 설명하고 있다. 학술지, *Psychonomic Bulletin & Review*(2007)에는 학습에 관한 심리학자들의 이해가 교육에 응용되고 있는 논문을 모아놓은 부분이 있다(Meltzoff, Kuhl, Movellan, & Sejnowski, 2009). Posner(1989)가 편집한 *Foundation of Cognitive Science*, Stillings, Weisler, Chase, Feinstein, Garfild, Rissland(1995)가 집필한 *Cognitive Science: An Introduction*, 그리고 Pinker(1997)의 *How the Mind Works* 등은 인지과학에 관한 출중한 개관을 제시한다. 학술지 *Topics in Cognitive Science*에는 인지심리학(Gentner, 2010), 인지신경과학(Cooper & Shallice, 2010), 인지생태학(Hutchins, 2010), 교육과 훈련(Chipman, 2010), 인공지능(Forbus, 2010), 언어(Newport, 2010)에서 일어난 진척 사항이 평가되어 있다.

CHAPTER 2

형태 재인

2.1 형태에 관한 기록

형판 이론 | 속성 이론 | 구조 이론

2.2 정보처리 단계

부분-보고법 | Sperling의 모형 | Rumelhart의 모형

2.3 단어 재인

단어우월 효과 | 단어우월 효과 : 모형 | 신경망 모형

2.4 요약

복습문제

핵심용어

추천도서

우리는 누구나 창의적인 재주를 가지고 있다. 우리는 이 재주에 너무나 능숙하여 이 재주를 부리는 일이 자신은 물론 다른 사람들에게도 전혀 힘들어 보이지 않는다. 이 재주는 오늘날 가장 빠른 슈퍼컴퓨터가 하는 일보다 훨씬 더 많은 일을 한다.

_ Donald Hoffman(1998)

위의 인용문은 Donald Hoffman의 *Visual Intelligence*라는 책의 첫 단락에서 따온 것이다. 이 인용문은 인간의 형태 재인 능력을 칭찬하고 있다. 이 능력은 세상에서 가장 빠른 컴퓨터도 아직까지 흉내 내지 못할 정도로 놀라운 능력이다. 그런데도 우리는 이 엄청난 능력의 위력을 알아차리지 못한다. 그 이유는 이 능력의 효력, 즉 형태 재인이 아무런 노력 없이 이루어지기 때문이다. 그러면 형태 재인이라고 하는 일이 어떤 일이기에 이 일을 수행하는 능력이 그렇게 위대하다고 칭찬하는 것일까? 인간은 그 일을 어떻게 그렇게 쉽게 수행하는 것일까? 이 두 가지 문제를 해결하기 위해 인지과학자들이 투자한 노력과 그 노력이 진행되는 방향 및 결실을 검토하고 나면, 여러분도 이 능력의 위력을 깨닫게 될 것이다.

형태 재인
자극의 정체가 확인(파악)되는 지각의 단계.

형태 재인(pattern recognition)을 연구하는 학자들이 해결하고자 하는 문제는 '우리는 우리 주변 사물을 어떻게 알아차리는 것일까?'로 진술된다. 형태(pattern)란 사물의 모양을 일컫는다. 우리는 사물의 모양을 보고 그 정체를 알아차린다. 예를 들어, 'ㄱ', 'ㄴ' 또는 'a', 'b' 같은 단순한 형태도 수많은 변형을 취할 수 있다는 사실에 주목해야 한다. 우리의 형태 재인 능력이 정말 엄청난 능력인지를 깨닫기 위해 그림 2.1이 보여주는 다양한 필체를 고려해보기로 하자. 사람들의 필체는 제각각이며, 동일한 낱자(예: ㄱ, ㄴ, ㅏ, ㅑ), 동일한 단어인데도 그 모습이 같은 게 없다. 그중에는 알아보기 쉬운 것도 있고 알아보기 어려운 것도 있다. 하지만 우리는 다양한 필체로 쓰인 이 모든 글을 어렵지 않게 읽을 수 있다. 다시 말해, 모양(형태)이 다양한 낱자 및 단어를 똑같은 낱자와 단어로 재인하고 있는 것이다.

인간의 형태 재인 능력이 컴퓨터보다 우수하다는 점을 이용한 재미있는 감시 장치(컴퓨터 프로그램)가 있다. 인터넷에서 검색을 하다보면, 원하는 사이트에 접속을 허락하기 전에 문자 또는 숫자의 모양을 망가트려 놓고는 그 문자 또는 숫자의 정체를 알아맞혀보라는 요구를 받은 적이 있었을 것이다. 여러분

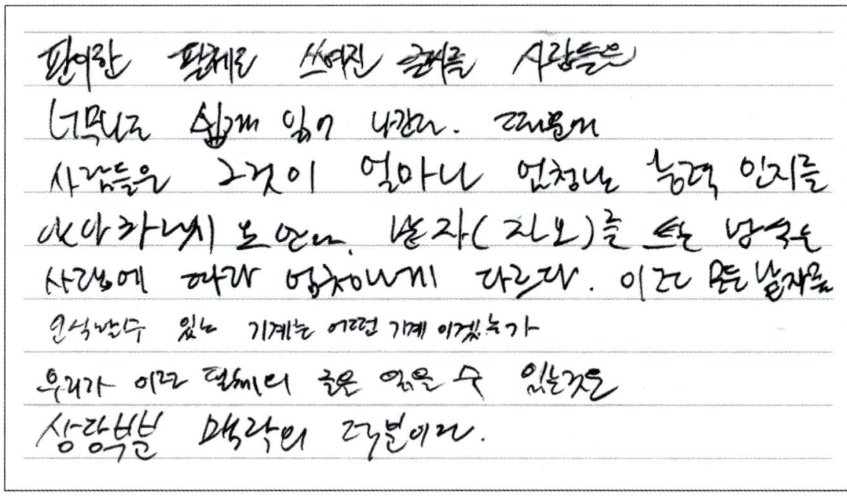

그림 2.1 필체의 다양성

이 경험한 이것이 바로 그 감시 장치인데, 이 장치는 그 사이트에 들어오려는 것이 인간인지 컴퓨터인지를 구분하기 위해 개발된 프로그램이다. 이 장치는 형태 재인 능력을 검사하고 있는 셈이다. 이 검사를 통과하는 일은 인간에게는 쉽지만 컴퓨터에게는 무척 어려운 일에 속한다.

뛰어난 형태 재인 능력 덕분에 우리는 주변의 사물을 너무나 쉽게 알아차린다. 형태 재인이라는 작업이 너무나 쉽게 완수되기 때문에 그 작업이 어떻게 전개되는지를 밝혀내는 작업은 오히려 더 어려워져 버렸다. 따라서 심리학자들은 형태 재인이 벌어지는 과정을 밝혀내기 위해 형태 재인 과제를 어렵게 만들어 오류를 유도하기도 했다. 형태 재인 과제를 보다 어렵게 만들기 위해 심리학자들은 순간노출기(tachistoscope. 아주 짧은 시간 동안만 자극을 제시하는 실험용 장치)라는 도구를 이용하곤 했다. 자극의 형태가 아주 짧은 시간 동안만 제시되기 때문에 사람들은 그 자극의 형태를 잘못 인식하는 오류를 범하게 되고, 심리학자들은 그 오류를 분석하여 형태 재인과정에서 어떤 일이 어떻게 벌어지는지를 명시하려 한다.

형태 재인에 관한 대부분의 연구는 형태가 머릿속에 기록되는 방식에 관심을 쏟고 있다. 이 장의 1절에서는 형태가 기억 속에 기록될 수 있는 세 가지 방식을 논의할 것이다. 2절에서는 시각적 형태가 재인되는 과정에 관한 정보처리 모형을 논의할 것이다. Sperling의 연구와 그 연구의 영향이 상세하게 소개될 것이다. 3절에서는 단어가 재인되는 과정에 관한 논의와 함께 읽기(독서)에 영향을 미치는 요인 몇 가지를 논의할 것이다.

2.1 형태에 관한 기록

먼저, 형태 재인의 과정에 대한 인지심리학자들의 견해부터 살펴보자. 인지심리학자들은 우리가 사물을 재인하는 과정이 다음과 같이 전개된다고 생각한다. 우리가 알고 있는 모든 사물의 형태(모양)에 관한 기록이 우리의 기억 속에 저장되어 있다(아는 것이 많으면 기억 속에 보관되어 있는 기록의 개수도 많다). 눈이나 귀를 통해 어떤 자극을 보거나 들으면, 우리는 그 자극의 형태(모양)를 분석하여 기록한 후, 이 기록을 기억 속에 저장되어 있는 기록과 일일이 비교한다(이 비교 작업이 쉽지 않은 것은 비교해보아야 할 대상, 즉 기억 속에 보관되어 있는 기록의 개수가 엄청나게 많기 때문이다). 그리고 이 비교 작업에서 방금 작성한 기록과 비슷한 기록을 기억 속에서 찾아내면 형태 재인 작업은 성공적으로 끝난다. 즉, 그 자극이 무엇인지를 알아차리게 된다. 그러나 기억 속의 모든 기록을 다 뒤져도 방금 작성한 기록과 같은 것을 찾아내지 못하면 우리의 형태 재인 작업은 실패로 끝난다. 즉, 그 자극이 무엇인지를 알아차리지 못한다. 우리 눈앞의 대상이 무엇인지를 알아차리는 일이 바로 이런 과정을 거쳐 이루어진다는 것이 인지심리학자들의 믿음이었다.

그럴듯한 생각이기는 하지만 아직도 해결되어야 할 문제는 많다. 무엇보다도 이들 기록은 어떤 모양을 취하고 있을까 하는 것이 해결되어야 할 첫 번째 문제이다. 이 문제에 대한 답으로 제안된 세 가지 설명, (1) 형판, (2) 속성의 목록, (3) 속성의 구조에 관한 기록을 차례로 고려해보기로 하자.

형판 이론

형판 이론은 물체의 형태가 먼저 분석되고 그 분석의 결과가 기록된다고 가정하지 않는다. **형판**(template)이란 분석되지 않은 개체를 일컫는다. 예를 들어, 판화를 만들기 위해 판 위에 새겨놓은 대상의 형태가 이런 형판에 속한다. 두 개의 형태를 비교하기 위해서는 각각의 형태가 새겨진 두 개의 형판이 겹치는 정도를 측정해야 한다. 갑과 을, 두 사람이 종이를 오려서 각각 한 세트씩의 낱자('ㄱ', 'ㄴ')를 만들어 두었다고 하자. 갑이 자기가 만든 낱자 하나를 내놓고 그것이 무엇이냐고 물으면, 을은 갑이 내놓은 이 형판과 자신이 만들어 둔 형판을 하나씩 맞추어보며 둘이 겹치는 정도를 가늠할 수 있을 것이다. 그리고는 자신이 만든 형판 중에서 갑이 내놓은 형판과 가장 많이 겹치는 것을 찾아냄으로써 갑이 내놓은 낱자가 무엇인지를 알아차리게 될 것이다. 이제, 종이로 만들어 놓은 낱자를 망막에 투사된 시각 상(visual images)이라고 생각하고,

형판
하나의 자극을 분석하지 않고 다른 자극과 맞추어 볼 때 이용되는 형태. 워드프로세서에 이용되는 각 글꼴은 각각 글자에 대한 상이한 형판을 만들어 이용하는 셈이다.

이들 시각 상이 형태 재인의 비교 작업에 이용된다고 생각해보라. 이 작업에도 위에서 소개한 것과 동일한 원리가 적용된다는 사실을 알게 될 것이다.

형태 재인 작업에 자극 형태와 기억 속 형판이 겹치는 정도를 비교한다는 이 견해에는 여러 가지 어려움이 있다. 첫째, 재인 작업의 일환으로 비교가 가능하기 위해서는 형판의 위치, 정위(orientation), 크기가 자극 형태의 위치, 정위, 크기와 일치해야 한다. 그러므로 자극 형태의 위치, 정위, 크기가 달라짐에 따라 기억 속 형판의 위치, 정위, 크기를 끊임없이 조절해야만 하는 어려움이 발생한다. 두 번째 문제는 그림 2.1이 보여주는 것처럼, 자극의 형태가 다양할 수 있다는 점이다. 하나의 낱자가 여러 가지 형태로 나타날 수 있기 때문에, 이들 각각의 형태에 맞는 형판이 기억 속에 구비되어 있어야만 형태 재인이 가능해진다. 과연 그런 일이 있을 수 있을까? 셋째, 형판 이론은 서로 다른 두 개의 형태가 어떻게 다른지를 따지지 않는다. 형판 이론에 의하면, 낱자 'ㄹ'과 'ㅌ'은 서로 겹치는 정도가 크기 때문에 비슷한 것이 된다. 그러나 이 두 낱자가 어떻게 다른지를 알기 위해서는 이들 낱자를 분석해보아야 한다. 그런데 형판 이론은 이런 분석을 허용하지 않는다. 형판 이론의 네 번째 문제는 하나의 형태에 대한 두 가지 분석을 허용하지 않는다는 점이다. 그래서 형판 이론으로는 하나의 도형이 두 가지로 해석되는 현상(예: 동일한 그림이 노파로 보이기도 하고 숙녀로 보이기도 하는 현상)을 설명할 수가 없다.

이러한 단점 때문에 형판 이론이 일반적인 형태 재인 이론일 가능성은 매우 낮다. 따라서 대개는 형판 이론을 가볍게 취급하고 만다. 그러나 형판 이론이 유용한 경우도 있다. 1장에서 **감각기억**(sensory store)의 기능을 이야기할 때, 자극을 재인하는 데 필요한 시간을 벌어주기 위해 자극에 대한 감각 정보를 잠시 동안 보관하는 일을 하는 것이 감각기억이라고 배웠다. 그러면 감각 정보는 감각기억에 어떻게 보관되는 것일까? 바로 이때, 즉 자극의 형태에 관한 감각 정보가 감각기억에 보관될 때 형판으로 보관될 수도 있다. 형판으로 보관된 감각 정보가 그다음 단계인 형태 재인 단계에서 그 형태를 구성하는 속성들로 분해될 수도 있을 것이다.

감각기억
분석되지 않은 정보를 몇 분의 1초 동안만 보관하는 기억의 한 부분. 자극 제시가 끝난 후에 그 자극에 대한 정보를 분석할 기회를 제공한다.

감각기억을 이런 식으로 해석한 대표적인 인물은 Phillips(1974)였다. Phillips는 네모꼴로 생긴 행렬판을 구성하는 많은 칸 중에서 여러 개를 무선순으로 메워서 다양한 형태를 마련하였다. 그러고는 실험 참여자들에게 이들 형태를 쌍으로 보여주었다. 각 쌍 중 하나를 1초 동안 보여준 후, 다양한 시간 간격을 두고 두 번째 형태를 보여주었다. 두 번째 제시된 형태는 첫 번째 제시된 형태와 동일하거나 유사한 것이었다. 참여자의 과제는 이 두 형태가 같은지, 다른지를 최대한 빨리 판단하는 것이었다. 여러 번의 시행 중 절반은 첫 번째 형태

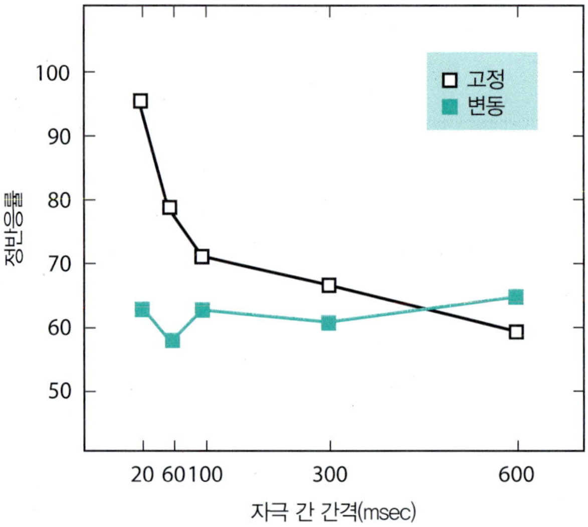

그림 2.2 자극 간 시간 간격과 위치 변동 여부의 함수로 나타낸 정반응률

출처: "On the distinction between sensory storage and short-term visual memory," by W. A. Phillips, 1974, *Perception and Psychophysics*, 16, 283-290. Copyright 1974 by the Psychonomic Society. Reprinted by permission.

가 제시되었던 바로 그 자리에 두 번째 형태가 제시되었다. 이 경우에는 두 번째 형태가 첫 번째 형태의 감각 상(sensory image)과 정확하게 겹치게 되기 때문에, 두 형태가 같은지를 판단하는 작업에 형판 맞추기가 쉽게 이용될 수 있다. 나머지 절반의 시행에서는 두 번째 형태가 첫 번째 형태가 제시된 위치에서 한 칸 옆으로 비켜 제시되었다. 이 경우에는 위치변동 때문에 두 형태는 겹쳐지지 않게 된다. 따라서 두 형태가 같은지를 판단하는 작업에 형판 맞추기(두 개의 형판이 겹치는 정도를 가늠하기)를 이용하기가 어려워질 것이다.

자극 간 간격
앞 자극이 끝나는 순간부터 뒤 자극이 제시되는 순간까지의 시간 간격.

그림 2.2는 Phillips의 실험 결과를 요약한 것이다. 자극 간 간격(inter-stimulus interval. 첫 번째 형태가 사라진 순간부터 두 번째 형태가 제시된 순간까지의 시간 간격)은 20, 60, 100, 300, 600ms였다. 두 개의 형태가 동일한 위치에 제시된 조건에서는(그림 2.2에서 '고정') 자극 간 간격이 길어짐에 따라 정확성이 감소하였다. 이 결과는 참여자들이 빠르게 소멸되는 감각기억을 활용했음을 암시한다. 두 번째 형태의 위치가 첫 번째 형태의 위치와 달랐던 '변동' 조건에서는 자극 간 간격이 변해도 정반응률이 달라지지 않았다. 형판 맞추기에 감각기억을 이용할 수 없었기 때문일 것이다. 감각기억의 활용으로 정확성이 향상된 조건의 자극 간 간격은 300ms 이하였음을 주목하자. 이는 감각기억이 약 1/4 초밖에 유지되지 않는다는 것을 암시한다. 자극 간 간격이 20ms 이하이고 두 형태가 동일한 위치에 제시되었을 때는 형태가 복잡한 조건에서조차 정확성

이 거의 완벽하였다.

두 번째 형태의 위치가 첫 번째 형태의 위치와 달랐을 때는 첫 번째 형태의 감각 상이 아니라 그 형태에 대한 기록이 형태 재인 작업에 이용되었을 것이다. 이 기록이 시각 상(visual image)의 모양일 수도 있다. 그러나 시각 상은 실제의 형태와 동일한 감각 상과는 달리, 기억에서 인출해낸 것이기 때문에 정확성이 감각 상(형판)에 비해 떨어질 수밖에 없다. 또한 형태 두 개에 관한 기록을 비교하는 데는 형판을 맞추어보는 것보다 더 많은 시간이 소요될 것이기 때문에, '고정' 조건보다 '변동' 조건에서의 반응시간이 길어져야 한다. 실제로, '고정' 조건의 반응시간은 '변동' 조건에 비해 짧았으며, 자극 간 간격이 길어짐에 따라 반응시간도 길어지는 것으로 나타났다(아마 자극 간 간격이 길어짐에 따라 비교 작업에 감각 상을 이용하기가 어려워졌기 때문일 것이다). 이에 반해, '변동' 조건의 반응시간은 '고정' 조건에 비해 길었으며, 자극 간 간격이 길어져도 달라지지 않았다. 정확성과 반응시간에 관한 이러한 결과는 두 자극 형태가 동일한 위치에 제시되고 자극 간 간격이 300ms 이하인 경우에는 형판 맞추기에 감각기억이 활용될 수 있음을 암시한다.

속성 이론

Phillips의 실험결과를 형판 이론으로 설명할 수 있었던 것은 첫 번째 자극의 감각 상에 두 번째 자극의 형태를 맞추어볼 수 있었기 때문이다. 감각 상이란 자극의 형태에 관한 정보가 감각기억 속에 보존되는 일종의 잔상(afterimage)에 해당한다. 잔상이 사라짐과 동시에 감각기억 속 정보도 사라진다는 뜻이다. 그러므로 실험실 밖에서도 감각 상이 중요한 역할을 수행할 가능성은 높지 않다. 설혹 그렇다고 하더라도, 형태 재인과정에서 벌어지는 비교 작업, 즉 감각 정보와 기억 정보를 비교하는 작업에서는 감각기억(망막 상)이 이용될 수 없다. 감각기억 속 정보는 곧 소멸되어 버리기 때문이다. 형태 재인과정에서 벌어지는 비교 작업에는 자극의 형태에 관한 기록이 이용될 수밖에 없다는 말이다. 속성 이론(feature theory)을 주창하는 사람들은 이 비교 작업에 형태에 관한 기록이 이용되고, 형태에 관한 기록은 자극의 모양을 분석함으로써 만들어진다고 가정한다. 예를 들어, 어떤 사람이 자기의 친구를 소개할 때, '노란색으로 염색한 장발이며, 코는 높고, 눈썹은 짙다'라고 말했다면, 이 사람의 기억 속에는 자기 친구의 얼굴(형태)에 관한 기록이 이들 속성(feature), 즉 염색한 노란 머리, 장발, 높은 코, 짙은 눈썹 등의 목록으로 저장되어 있다고 가정한다는 뜻이다.

속성 이론
자극의 형태를 구성하는 속성들을 찾아냄으로써 그 자극의 형태를 재인하게 된다고 가정하는 형태 재인 이론.

속성 이론을 지지하는 증거 중 일부는 시각피질을 구성하는 신경세포들의 반응 양상을 기록함으로써 확보되었다. Hubel과 Wiesel(1962, 1963)은 고양이의 시각피질에 있는 신경세포의 반응을 미세전극(microelectrode)으로 기록하였다. 그 결과, 이들 신경세포 중 일부는 일정한 특징을 갖춘 자극에만 반응한다는 사실을 발견하였다. 예를 들어, 어떤 신경세포는 5mm 두께의 직선이 시야의 좌상측 5도 지점에 특정 정위(orientation)를 취하고 있을 때(예: 수직으로 서 있을 때)에만 열심히 반응하고, 어떤 신경세포는 이런 선분의 길이가 1cm 이상일 때만 또는 1cm 이하일 때만 반응하는 것으로 드러났다.

이 발견에는 아주 중요한 의미가 숨어 있다. 이들 특징, 즉 속성(feature)을 다양하게 조합하면 수많은 형태를 만들어낼 수가 있다. 예를 들어, 한글 낱자 '기역', '니은' 등 24자 각각은 수직선분, 수평선분, 우경 대각선분, 좌경 대각선분, 점 등으로 구성되어 있다. 이들 예닐곱 가지 속성을 적절하게 조합하면 우리는 한글 낱자 24자를 어렵지 않게 만들어낼 수 있다. 따라서 한글 낱자 각각의 형태는 수직선분, 수평선분, 우경 대각선분, 좌경 대각선분, 점이라고 하는 속성들이 적절하게 조합되어 구성된 형태인 셈이다. 예를 들어, 'ㅅ'은 우경 대각선분과 좌경 대각선분이 일정한 위치에서 조합되어 만들어진 형태에 속한다.

그런데 Hubel과 Wiesel(1962, 1963)의 발견은 우리의 시각피질에는 시야의 특정 공간에 특정 속성을 갖춘 형태가 나타났을 때만 반응하는 신경세포가 존재한다고 암시한다. 이들 신경세포는 일정한 속성이 나타났을 때에만 반응을 하기 때문에 이들을 속성 탐지기(featur detector)라고도 한다. 즉, 시야의 일정한 위치에 'ㅅ'이 나타나면 우경 대각선분에만 반응하는 신경세포와 좌경 대각선분에만 반응하는 신경세포(속성 탐지기)가 열렬하게 반응할 것이라는 뜻이다. 따라서 이 두 가지 신경세포의 열렬한 반응은 우경 대각선분이라는 속성과 좌경 대각선분이라는 속성으로 구성된 형태가 눈앞에 나타났다는 신호에 해당한다. 이제, 형태 재인 과제는 이 두 가지 속성으로 구성된 형태의 정체가 무엇인지를 밝혀내는 작업이 된다. 물론 이 작업은 기억 속에 있는 여러 속성 목록 중에서 이들 두 가지 속성으로 구성된 목록을 찾아내는 작업이 될 것이다. 그리고 이 작업은 눈앞에 나타난 낱자의 정체가 'ㅅ'이라는 사실을 알아차리는 일로 마무리될 것이다. 요약하자면, Hubel과 Wiesel의 발견은, 우리의 시각기관이 눈앞에 나타난 자극의 형태를 속성으로 분석하여 형태 재인에 필요한 속성 목록을 제공하면, 재인 단계에서 이 속성 목록과 기억 속 속성 목록들과의 비교를 통해 눈앞에 있는 자극 형태의 정체를 알아차리게 된다고 암시한다.

형태 재인 이론에서는 속성이라는 개념이 널리 이용되고 있다. 하지만 속성이 도대체 어떤 것인지를 명시하는 일은 쉬운 일이 아니다. Gibson(1969)은 영어 알파벳 대문자의 속성이 갖추어야 할 준거를 다음과 같이 규정하고 있다.

1. 대문자 중 일부에는 있지만 다른 문자에는 없어서 이들을 서로 대조시킬 수 있어야 한다.
2. 속성의 정체는 문자의 밝기, 크기, 그리고 그 문자를 보는 각도가 달라져도 변하지 않아야 한다.
3. 그 속성의 유무에 따라 각 문자(낱자)의 형태가 특유한 형태로 바뀌어야 한다.
4. 속성의 개수는 적당히 적어야 한다.

Gibson은 이들 준거와 경험적 자료 그리고 직관을 이용하여 알파벳 대문자를 만드는 데 필요한 속성 한 세트를 만들었다. 이들 속성은 주로 문자의 구성요소에 해당하는 직선 및 곡선들로 구성되어 있다. 직선형 속성의 보기로는 수직선분, 수평선분, 대각선분을 꼽을 수 있으며, 대각선분은 다시 대문자 'A'를 구성하는 것같이 우측으로 기운 것과 좌측으로 기운 것으로 구분된다. 곡선형 속성의 보기로는 'O'와 같은 닫힌곡선, 'U'와 같이 위가 열린 곡선, 'C'와 같이 옆이 열린 곡선을 꼽을 수 있다. 닫힌곡선 하나와 좌측으로 기운 대각선분 하나로 구성된 'Q'처럼, 대부분의 문자는 두 가지 이상의 속성으로 구성된다.

지각적 혼동
서로 다른 자극 형태를 동일한 형태라고 판단하는 오류.

속성에 대한 평가를 할 때 대개 이들 속성이 지각적 혼동(perceptual confusions)을 유발하는 정도를 측정한다. 속성 이론의 가정처럼, 우리가 낱자를 읽을 때(낱자를 재인할 때) 그 낱자를 구성하는 속성을 분석한 후, 분석해낸 속성의 목록과 기억 속에 보관된 속성의 목록과 비교한다고 하자. 그러면 'P'와 'R'처럼 서로 공유하는 속성이 많을수록 혼동을 일으키기 쉬울 것이다. 그러나 공통 속성의 개수가 거의 없는 'R'과 'O'를 혼동하는 일은 자주 일어나지 않을 것이다. 시각적 속성으로만 봤을 때 문자 'P'와 'R'의 차이는 'R'에 대각선분이 하나 더 있다는 점뿐이다. 이에 반해 낱자 'R'과 'O'에는 서로 다른 속성이 많다.

지각적 혼동을 유발하기 위해 자주 이용되는 실험 과제 중 하나는 순간노출기를 통해 자극 낱자를 아주 잠깐 동안만 제시하고 그 낱자의 정체를 알아맞혀 보라는 과제이다(Townsend, 1971). 이런 조건에서는 시각적으로 유사한 낱자들을 변별하기가 어려워지기 때문에, 예를 들어 'P'를 'R'로 또는 'R'을 'P'로 혼동하는 일(오류)이 일어나게 된다. 따라서 이 오류를 측정하여 지각적 혼동을 반영하는 수치로 사용할 수 있다. Holbrook(1975)은 속성 모형 2개를 선정한 후, 각각의 모형이 Townsend가 발견한 오류의 형태를 얼마나 잘 예측하는지를 비교하였다. 두 모형 중 하나는 Gibson(1969)의 모형이었으며, 다른 하나는 Geyer와 De Wald(1973)의 모형이었다. Geyer와 De Wald의 모형은 Gibson의 모형을 수정한 모형이었다. Gibson의 모형은 각 낱자에 들어있는 속성의 유무만을 명시한데 반해, Geyer와 De Wald의 모형은 각 낱자에 들어있는 속성의 개수(예: 'H'에 있는 수직선분은 2개)까지 명시했다는 점이 두 모형의 주된 차이였다.

이들 두 모형을 비교한 결과, Geyer와 De Wald의 모형이 어른들을 대상으로 수집된 지각적 혼동(Townsend, 1971)과 4세 아동들을 대상으로 확보된 지각적 혼동(Gibson, Osser, Schiff, & Smith, 1963) 모두를 더 정확하게 예측하는 것으로 드러났다. 각 속성의 중요성을 감안하여 가중치를 부여했을 때는 두 모형 모두 지각적 혼동을 더욱 정확하게 설명할 수 있었다.

독특 속성

어떤 물체의 정체를 파악하기 위해서는 그 물체와 다른 물체의 다른 점을 찾아낼 수 있어야 한다. 예를 들어, 'ㄷ'과 'ㅌ'을 처음 본 아이는 이 둘이 어떻게 다른지를 알아차리지 못할 수도 있다. 이 둘이 다르다는 것을 알아차리기 위해서는 'ㄷ'에는 없는 중간의 수평선분을 'ㅌ'에서 찾아내야 한다. 이 중간의 수평선분이 'ㄷ'와 'ㅌ'을 구분시켜주는 독특 속성(distinctive feature)이라 한다. 이것 때문에 우리는 이 두 형태가 다르다는 것을 알아차리기 때문이다.

독특 속성을 부각시키면 지각 학습이 촉진되는 것으로 밝혀졌다. 독특 속성을 부각시키는 한 가지 방법은 표적 형태의 색깔을 처음부터 다른 형태의 색깔과 다르게 했다가, 차츰 원래의 색깔로 되돌리는 방법이다. Egeland(1975)는 이 방법을 이용하여 유치원 아동들에게 혼동하기 쉬운 낱자인 'R–P', 'Y–V', 'G–C', 'Q–O', 'M–N', 'K–X' 쌍을 가르쳐보았다. 이들 각 쌍 중 하나는 카드의 상단에 제시하고 그 아래에 여섯 개의 낱자를 제시하였다. 이들 여섯 개 중 세 개는 그 위에 제시된 표적 낱자와 같은 것이었고 나머지 세 개는 비교 낱자들이었다. 아동들에게는 이들 여섯 개의 낱자 중에서 표적 낱자와 일치하는 것을 골라내어 보라고 지시했다.

한 집단의 아동들에게는 낱자의 독특 속성을 처음부터 빨간색으로 부각시켜 제시했다. 'R'의 독특 속성인 대각선분을 처음에 빨간색으로 제시했다가, 학습이 진행되면서 차츰 검은색으로 변화시켜, 결국에는 나머지 부분의 색깔과 동일하게 만들었다. 다른 집단의 아동들에게는 독특 속성을 부각시키지 않고 모두가 검은색으로만 인쇄된 낱자를 제시했다. 아동들에게는 자기들이 선택한 것의 옳고 그름에 대한 피드백만 제공했을 뿐 각 낱자의 독특 속성이 무엇인지는 알려주지 않았다. 이들 두 집단은 모두 2회에 걸쳐 검사를 받았다. 첫 번째 검사는 학습 훈련이 끝난 직후에, 그리고 두 번째 검사는 일주일 후에 실시되었다. 물론, 검사에서는 독특 속성을 부각시켜 놓지 않았다. 그런데도, 독특 속성을 부각시켜 제시했던 집단이 두 검사 모두에서 훨씬 적은 오류를 범했다. 학습을 하는 동안에도 이들은 적은 수의 오류를 범했던 것으로 드러났다.

독특 속성을 강조함으로써 얻은 이득은 두 가지였다. 하나는 아동들이 독특 속성을 학습하게 되어, 나중에 그 속성이 부각되어 있지 않을 때도 이 속성을 이용할 수 있다는 점이었고, 또 하나는 학습 기간 동안 많은 오류를 범하지 않고도 속성을 학습할 수 있다는 점이었다. 많은 아이들이 읽기 학습의 초기 단계, 즉 낱자 변별 학습 단계에서 좌절과 실패를 겪고 있으며, 이 고통이 후에 일어나는 교실 학습 자체에 흥미를 잃게 만들 수도 있다는 사실을 감안하면, Egeland(1975)의 연구결과에서 우리는 중요한 교육적 함의를 발견하게 된다.

얼굴

위에서 소개한 Gibson과 그녀의 연구진이 이루어낸 업적은 낱자 및 낱자와 비슷한 형태의 변별 과제에 집중되었다. 하지만 속성 이론은 아주 일반적인 이론이서 문자뿐 아니라 얼굴 등 다양한 대상의 형태 재인에도 적용될 수 있는 이론이다. 사람들은 자기가 잘 아는 사람을 다른 사람들에게 언어로 묘사하고자 할 때 그 사람의 얼굴(형태)을 구성하는 속성, 즉 눈, 코, 입, 머리카락 등을 언급하곤 한다.

Ullman(2007)은 입과 귀 같은 복합적인 속성이 얼굴을 재인하는 작업에 큰 도움이 된다는 사실을 발견하였다. 이 발견은 입과 귀 같은 복합속성을 분류할 때는 직선이나 곡선 같은 하위 수준의 속성이 이용된다고 암시한다. 예를 들어, 사람이 가진 입 중에서 장동건의 입을 찾아내는 작업에는 하위 수준 속성이 이용되는 것 같다는 뜻이다. 따라서 직선이나 곡선 같은 하위 수준 속성은 모든 형태에서 발견되는 일반적인 속성에 속한다. 이에 반해 복합속성(상위 수준의 추상적인 속성)인 입과 귀는 얼굴이라고 하는 보다 구체적인 범주(대상)에서만 발견된다.

위에서처럼 속성을 하위 수준 속성(예: 직선분, 곡선분 등)과 상위 수준 속성(예: 눈, 귀)으로 구분하고 나면, 형태 재인에 관한 중요한 문제, 즉 형태 재인 작업에는 어느 수준의 속성이 이용되는 것일까라는 문제가 제기된다. 우선,

얼굴이라고 하는 형태를 분류(재인)하는 작업도 여러 수준에서 일어날 수 있다는 점부터 유념할 필요가 있다. 다시 말해 우리는 하나의 얼굴을 두고도 아주 일반적인 수준에서는 사람(고릴라가 아닌)의 얼굴로 분류(재인)할 수도 있고, 중간 수준에서는 동양인의 얼굴로, 그리고 구체적인 수준에서는 장동건의 얼굴로 분류할 수도 있다. 그런데 범주 내 개체(동양인 중에서 누구인지)를 분류할 때 이용되는 속성보다 범주 간 개체(예: 동양인인지 서양인인지)를 분류할 때 이용되는 속성을 강조하게 되면, 그 개체의 범주 내 개체(예: 장동건)를 파악하기가 어려워지는 것으로 밝혀졌다(Goldstone, Lippa, & Shiffrin, 2001; Goldstone & Steyvers, 2001). 사람들은 자신과 인종이 다른 사람들(예: 우리에게는 서양인이나 흑인들)의 얼굴을 구별하는 데 큰 어려움을 겪곤 한다. Levin에 의하면, 이런 어려움을 겪게 되는 이유는 우리가 다른 인종의 얼굴을 구별해볼 기회를 갖지 못해서가 아니라, 인종이 다른 사람을 보면 그 사람을 하나의 개체로 지각하려 하지 않기 때문이라고 주장한다. 다시 말해, 우리가 어떤 서양인을 만나면 그 사람을 그냥 서양인으로 분류할 뿐 서양인 중에서 누구인지를 밝혀내려고 하지 않기 때문에 생기는 어려움이라는 뜻이다.

연구결과 역시 이러한 Levin의 설명을 지지하는 것으로 드러났다. Hugenberg, Miller, Claypool(2007)은 실험에 참여한 백인 학생들에게 '사람들은 인종이 다른 사람의 얼굴을 재인해야 하는 과제에서 많은 어려움을 겪는 것으로 밝혀져 있다. 그러니까 실험 과제를 수행할 때, 얼굴에서 나는 차이에 세심한 주의를 기울여야 한다'라고 미리 말해 주었다. 그랬더니 이 학생들은 다른 인종의 얼굴을 정확하게 재인해낼 수 있었던 것으로 드러났다. 구체적으로, 이 학생들은 백인의 얼굴을 변별하는 능력과 흑인의 얼굴을 변별하는 능력에서 차이를 보이지 않았다. 그러나 다른 인종의 얼굴 재인에 관한 정보를 사전에 제공받지 못한 학생들은 자신과 다른 인종의 얼굴을 변별하는 데 어려움을 겪었던 것으로 밝혀졌다. 이 연구의 결과는 얼굴 재인에서 발견되는 인종 간 차이는 정보 제공을 통해 쉽게 제거할 수 있다고 말한다.

독특 속성을 부각시키면 낱자 구분이 용이해지듯이, 독특 속성을 부각시킴으로써 얼굴 재인도 촉진시킬 수 있을까? 이 가능성을 검증하기 위한 실험에서 Brennan(1985)은 컴퓨터로 제작된 풍자화(caricature)를 이용하였다. 이 실험에 이용된 풍자화는 독특 속성을 더욱 두드러지게 만들어 놓은 그림이었다. 예를 들어, 귀는 큰데 코가 작은 사람의 풍자화를 그릴 때, 귀는 실제 귀보다 훨씬 크게 그리고 코는 실제 코보다 훨씬 작게 그렸다. 학생들에게 널리 알려진 사람(예: 노무현)의 얼굴을 그린 선화(線畵)를 자극으로 제시하였다. 그 결과, 정확하게 그린 선화보다는 과장된 선화를 제시했을 때, 그 사람의 정체를 더 빨리 알아차리는 것으로 드러났다(Rhodes, Brennan, & Carey, 1987). 다시 말해, 독특 속성을 보다 두드러지게 했을 때 재인이 촉진되었다.

구조 이론

속성 이론에서는 형태(모양)를 묘사(기록)할 때 그 형태를 구성하는 속성들을 나열만 하는데, 속성을 나열하는 일만으로는 충분하지 않을 때가 많다. 이것이 바로 속성 이론의 한 가지 제한점이다. 사실, 형태를 정확하게 기록하기 위해서는 그 형태를 구성하는 속성들이 조합된 방식까지 명시해야 하는 경우가 많다. 속성들이 조합되어 일정한 구조(형태)를 만들어내는 방식을 찾아내는 일이 형태주의 심리학의 주요 과제였다. 형태주의 심리학자들의 눈에 비친 형태는 그 형태를 구성하는 부분의 단순한 합(속성들을 나열한 목록) 이상이었다. 그러나 형태를 구성하는 속성들 간 관계를 공식적으로 명시하는 일은 인공지능(AI)을 연구하는 사람들에 의해 처음 이루어졌다. 인공지능 연구자들은 특정 형태를 구성하는 속성(예: 선분) 하나를 다른 속성(선분)들과 어떤 관계로 간주하느냐에 따라 그 형태에 대한 해석이 달라진다는 사실을 발견했다(Clowes, 1969).

구조 이론
특정 형태를 구성하는 속성들이 결합되는 방식을 명시하는 이론.

속성 이론을 바탕으로 개발된 구조 이론(structural theory)은 속성들 간의 관계를 중시한다. 그러나 속성들 간의 관계를 명시하기 위해서는 먼저 속성을 찾아내야 한다. 구조 이론은 자극의 형태(모양)를 구성하는 속성들을 찾아낸 후 그들이 조합되는 방식을 명시하려 한다. 예를 들어, 낱자 'ㅁ'은 수직선분 2개와 수평선분 2개로 구성된다. 그러나 2개의 수직선분과 2개의 수평선분으로 만들어질 수 있는 형태는 여러 가지다. 'ㅂ'도 'ㅍ'도 2개의 수직선분과 2개의 수평선분으로 구성되어 있다. 따라서 이들 속성 간 관계를 구체적으로 명시하지 않고서는 눈앞의 형태를 명백하게 묘사할 수가 없다.

그림 2.3에 예시된 동물의 골격은 속성들의 관계(구조)를 기초로 만들어본 것이다. 이 방법은 Blum(1973)이 생물체의 모습을 분류하기 위해 고안해낸 방법이다. Wilder와 Feldman과 Singh(2011)은 Blum의 방법을 이용하여 사람들이 처음 보는 물체를 그 모양을 기초로 '동물'이나 '나뭇잎' 등으로 범주화하는 방식을 검토하였다. Wilder 등의 연구 결과, 사람들은 처음 보는 대상을 분류할 때 골격을 구성하는 속성들 간 관계(속성들의 구조)를 중요하게 생각하는 것으로 드러났다. 이 발견은 구조 이론의 주장과 일치한다. 나뭇잎의 골격은 직선형 가지(사지) 몇 개로 구성되는데 비해 동물의 골격은 비교적 굽은 사지(가지)들로 구성되어 있음을 알 수 있다.

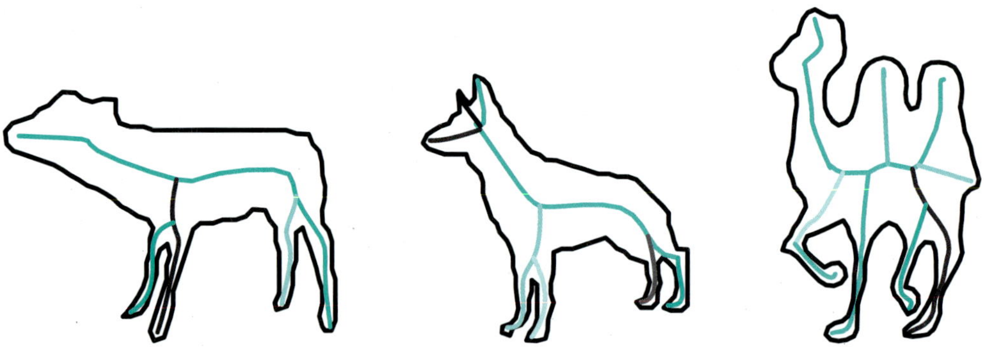

그림 2.3 동물의 골격 구조를 보여주는 보기

출처: "Superordinate shape classification using natural shape statistics," by J. Wilder, J. Feldman, & M. Singh, 2011, Cognition, 119, 167-174. Copyright 2011 by Elsevier. Reprinted by permission.

문자나 숫자나 그림 같은 2차원적 세계에서 실세계의 물체로 구성된 3차원의 세계로 옮아가면, 물체의 속성을 찾아내고 그 속성들 간 관계를 명시하는 일이 더욱 어려워진다. 그림 2.4는 속성을 찾아내는 일이 어렵다는 사실을 예시하고 있다. 그림 속에 제시된 세 개의 형태를 각각 육면체로 지각하려 노력해보기 바란다(Kopfermann, 1930). 왼쪽 것이 가장 어렵고 가운데 것이 가장 쉬울 것이다. 왜 그런 것일까? (힌트: 각각에서 속성을 찾아내야 하는 문제를 생각해 보라.)

Hoffman(1998)의 저서 *Visual Intelligence*의 논지는 우리의 시각 시스템이 자극의 형태를 묘사할 때 일정한 규칙을 준수한다는 믿음이었다. 그러한 규칙 중 하나가 '망막에 맺힌 상이 직선이면 실물도 직선인 것으로 해석하라'는 규칙이다. 이 규칙 때문에, 우리는 그림 2.4의 오른쪽 형태의 중간에 있는 수직 선분을 하나의 선분으로 지각한다. 그런데 이들 형태가 육면체로 지각되려면 이 선분이 앞과 뒤에 있는 두 개의 선분으로 지각되어야 한다. 즉, 규칙에 반하는 일이 벌어져야 한다. 그래서 이 형태를 육면체로 지각하기가 어렵다는 것이 Hoffman의 설명이다. 왼쪽의 형태를 육면체로 지각하기가 더 어려운 이유는, 이 경우 중간의 수직선분뿐만 아니라 두 개의 대각선분도 각각 두 개씩의 짧은 선분으로 지각되어야 하기 때문이다.

중간의 형태가 육면체로 지각되기 쉬운 이유는 이제 여러분도 진술할 수 있을 것이다. 이 육면체를 Necker 육면체라고들 하는데, Necker 육면체가 유명한 것은 그것을 바라보고 있는 동안 앞면으로 보였던 것이 뒷면으로 보이고, 뒷면으로 보였던 것이 앞면으로 보이는 일, 즉 앞면과 뒷면이 바뀌어 지각되는 일이 벌어지기 때문이다(Long & Toppino, 2004). 여기서 우리는 속성은 변하지 않는데도 그에 대한 묘사(기록)는 바뀌는 또 하나의 예를 발견한 셈이다!

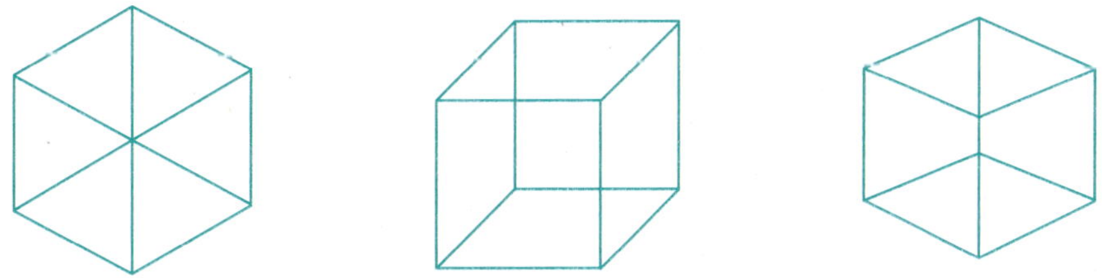

그림 2.4 육면체로 지각되는 그림 자극(Necker 육면체)

출처: *Visual intelligence*, by D. D. Hoffman. Copyright 1998 by W. W. Norton.

Biederman의 요소 모형

그림 2.4에 제시된 육면체의 경우, 각 육면체를 구성하는 선분은 12개나 된다. 따라서 3차원 물체의 형태를 기록하기 위해서는 그 물체의 모양 속에 들어있는 모든 속성(예: 직선이나 곡선)을 찾아내어 일일이 기록해야 하는데, 쉬운 일이 아니다. 하지만 어떤 물체가 3차원일지라도 그 물체의 모양을 기술할 때 원기둥, 네모토막, 쐐기, 또는 원추와 같은 부피(volume)를 가지는 간단한 입방체를 이용하면, 속성을 기술하는 일보다 훨씬 쉬워진다.

직선과 곡선 등의 속성을 다양하게 조합하면 여러 가지 문자(낱자)를 만들어 낼 수 있듯이, 이들 입방체(또는 구성요소)를 다양한 방식으로 조합하면 수많은 물체를 생성해낼 수 있다. 예를 들어, 그림 2.5의 커피 컵과 물통은 동일한 입방체로 구성되어 있다. 다만 이들 구성요소가 조합된 방식만 다를 뿐이다. 형태 지각(재인)에 관한 연구 결과, 자극의 형태가 유사한 것으로 지각되고, 지각되지 않고는 이들 구성요소와 구성요소들 간의 관계에 의해 결정되는 것으로 밝혀졌다(Arguin & Saumier, 2004). 예를 들어, 그림 2.5의 서류가방(a)과 서랍(b)이 비슷해 보이는 것은 이 두 그림 속 구성요소도 동일하고 구성요소들 간 관계 또한 동일하기 때문이다. 그리고 서류가방이 커피 컵보다 물통과 더 비슷해 보이는 것은 구성요소들 간 관계(손잡이가 모두 위에 붙어 있다) 때문이다.

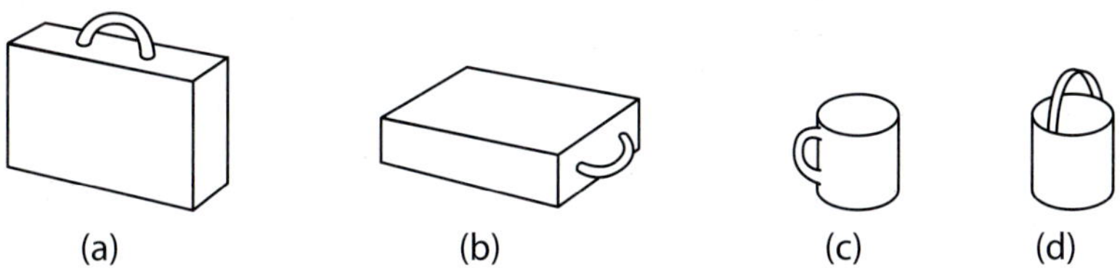

그림 2.5 구성요소는 동일할지라도 그들 간 관계를 달리하면 상이한 물체가 생성된다.

출처: "Human image understanding: Recent research and a theory," by I. Biederman, 1985, *Computer Vision, Graphics, and Image Processing*, 32, 29-73. Copyright 1985 by Academic Press. Reprinted by permission of Elsevier Science.

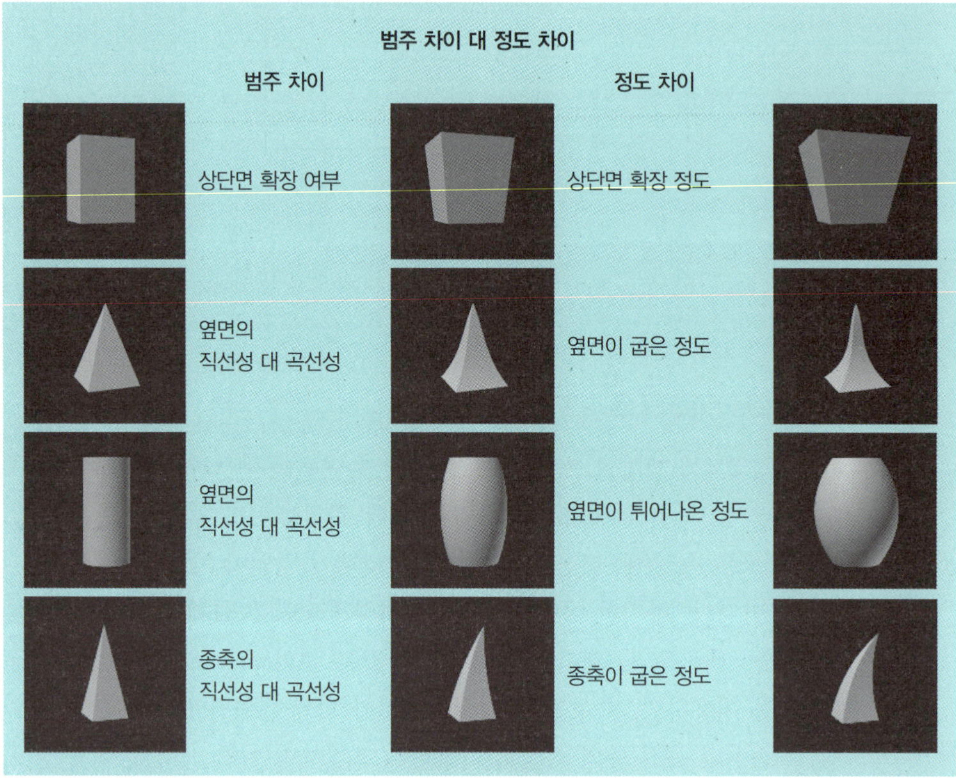

그림 2.6 상이한 지온(중간 것과 왼쪽 것)을 구별하기가 동일한 지온을 변형한 것(중간 것과 오른쪽 것)을 구분하기보다 더 쉽다
출처: "Representation of shape in individuals from a culture with minimal exposure to regular, simple artifacts" by I. Biederman, X. Yue, & J. Davidoff, 2009, Psychological Science, 20, 1437-1442. Copyright: 2009. Reprinted by permission.

지온
Biederman의 요소 모형에서 3차원적 입체 형태를 구성하는 입체적 요소.

구성요소는 많지 않아도 그것들을 조합하는 방식만 많으면, 소수의 구성요소만으로도 수많은 물체를 묘사할 수 있게 된다. Biederman(1985)은 대략 35개의 이러한 구성요소(입방체)만으로도 이 세상의 모든 물체를 묘사/기록할 수 있다고 주장한다. 그는 이런 구성요소를 **지온**(geons)이라 불렀다. Biederman, Yue, Davidoff(2009)는 서로 다른 지온 두 개를 구분하는 일이 동일한 지온을 변형시켜 만들어 놓은 지온 두 개를 구분하는 일보다 쉽다는 사실을 밝혀냈다. 대학생들은 그림 2.6의 중간에 있는 물체가 왼쪽에 있는 물체와 다르다는 사실을 오른쪽에 있는 물체와 다르다는 사실보다 쉽게 판단했던 것이다. 왼쪽 물체는 지온 자체가 중간 물체와 다른데 반해, 오른쪽 물체와 중간 물체는 동일한 지온을 변형시켜 만든 것임을 주목하기 바란다.

위의 연구결과에서 제기되는 한 가지 의문은 지온을 변별하는 능력도 문화에 따라 달라질 수 있을까라는 문제이다. 영어 알파벳을 변별하는 능력을 검토한 연구(Townsend, 1971)에서 밝혀졌듯이, 서구 문화권에서는 직선과 곡선을 구분하는 능력이 기본 능력에 속한다. 이에 반해, 아프리카 남쪽 남비아(Nambia)의 오지에서 반유목민으로 살아가는 힘바(Himba)인들의 경우에는, 식선과 곡선을 구별하는 능력이 그렇게 중요하지 않은 것 같다. 그런데 힘바인들도 미국 대학생들과 같이 서로 다른 지온을 구별하는 일을 동일한 지온의 변형을 구분하는 일보다 더 쉽게 수행하는 것으로 밝혀졌다(Biederman et al., 2009).

위에서는 형태 재인 작업을 소수의 한정된 구성요소를 찾아내고 그들 간 관계를 묘사하는 작업이라고 가정하고 있다. 이 가정이 옳다면, 구성요소들 간 관계를 알려주는 정보를 없애버리면 사람들의 형태 재인 능력이 감소해야 한다. 이 가설을 검증하기 위해 Bierdeman은 물체를 그린 선화에서 윤곽선의 65%를 지워보았다(그림 2.7). 그림 2.7의 왼쪽 그림은 윤곽선의 중간 부분을 지웠기 때문에 지워지지 않은 나머지 조각들 간 관계를 알아볼 수 있다. 그러나 오른쪽 그림은 윤곽선의 꼭짓점들을 지웠기 때문에 남은 조각들 간 관계를 알아볼 수 없다. 이런 식으로 조작한 여러 가지 물체의 그림을 참여자들에게 100ms 동안만 제시하고 물체의 정체가 무엇인지를 맞혀보라고 주문했다. 윤곽선의 중간 부분을 지운 조건에서는 70% 정도 맞혔으나 윤곽선의 꼭짓점을 지운 조건에서는 50% 정도밖에 맞히지 못했다(Biederman, 1985). 예측했던 대로 속성들 간의 관계 정보가 제거되자 그런 속성들로 구성된 물체 재인이 어려워졌던 것이다.

결론적으로, 구조 이론은 속성 이론을 확장시켜 우리의 기억 속에는 형태의 속성뿐 아니라 그 속성들이 서로 관련된 방식에 관한 기록까지 저장되어 있다고 가정한다. 사실 Sutherland(1968)는 사람들의 형태 재인 능력을 제대로 설

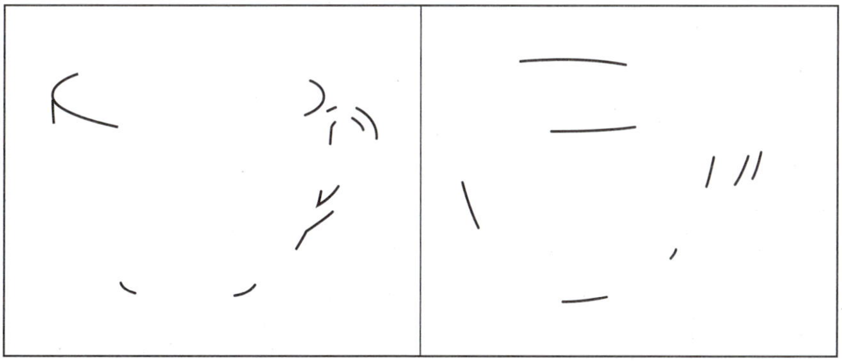

그림 2.7 찻잔 윤곽선의 65%가 제거된 그림(윤곽선의 중간 부분을 제거한 왼쪽 그림과 윤곽선의 꼭짓점을 제거한 오른쪽 그림)

출처: "Human image understanding: Recent research and a theory," by I. Biederman, 1985, *Computer Vision, Graphics, and Image Processing*, *32*, 29-73. Copyright 1985 by Academic Press. Reprinted by permission of Elsevier Science.

명하기 위해서는 구조 이론에서처럼, 자극의 형태를 묘사/기록할 때보다 강력한 접근법을 취해야 한다고 주장한 바 있다. 이 절에서 논의된 실험 결과는 Sutherland의 주장이 옳았다고 말한다. 이제 형태 재인이 전개되는 과정을 살펴보기로 하자.

2.2 정보처리 단계

부분-보고법

형태 재인이 어떻게 이루어지는지를 이해하기 위해서는 1장에서 논의한 정보처리의 각 단계에서 무슨 일이 벌어지는지를 밝혀내야 한다. 시각 자극이 재인되는 과정을 정보처리 모형으로 묘사한 첫 번째 인물은 Sperling이었다. Sperling(1960)은 참여자들에게 순간노출기를 통해 여러 개의 낱자(영어의 알파벳)를 아주 잠깐 동안(대개 50ms) 제시하고는 제시되었던 낱자들의 정체를 보고하라고 지시하였다. 동시에 제시된 낱자가 5개 이하이면, 거의 모두를 정확하게 보고하였다. 그러나 한 번에 제시된 낱자가 5개 이상이면, 제시되었던 낱자의 개수에 관계없이 정확하게 보고할 수 있는 낱자의 개수가 평균 4.5개밖에 되지 않았다.

정보처리 모형을 구축하기 위해서는 이러한 과제 수행에서 왜 이런 한계가 발생하는지를 밝혀내야 한다. Sperling(1960)이 밝혀내고 싶었던 것은 아주 잠깐 동안 제시된 낱자들 중 사람들이 정확하게 재인할 수 있는 개수가 몇 개냐는 것이었다. 그는 참여자들이 정확하게 보고할 수 있는 낱자의 개수 평균이 4.5개밖에 되지 않는다는 사실을 두고, 참여자들의 재인 능력이 부족해서가 아니라 기억 능력이 부족해서 생긴 일이라고 생각했다. 다시 말해, 참여자들은 제시된 낱자를 거의 모두 재인했는데도, 그중 일부를 잊어버렸기 때문에 4.5개밖에 보고하지 못했을 것이라고 생각했다. 이러한 자신의 생각(가설)이 옳은지를 검증하기 위해 Sperling은 전체-보고법 대신 부분-보고법을 이용한 실험을 실시했다. **전체-보고법**(whole-report procedure)은 제시된 자극 중 그 정체를 파악한 모든 자극을 보고하게 하는 실험법인데, **부분-보고법**(partial-report procedure)은 제시된 자극 중 일부만을 보고하도록 하는 실험법이다.

전체-보고법
형태 재인 실험에서 제시된 자극물 중 참여자가 볼 수 있는 모든 것을 보고하도록 하는 기법.

부분-보고법
실험에서 제시된 여러 개의 자극 중 일부만을 보고하도록 하는 기법.

전형적인 부분-보고법 실험에서는 자극 낱자 12개를 한 줄에 4개씩 3줄로 제시한다(그림 2.8). 전체-보고법을 이용했다면, 참여자들은 이들 12개 낱자 중 그 정체를 재인한 모든 낱자를 회상하여 보고해야 한다. 그러나 부분-보고

B M R K

C F G P

R S N Q

그림 2.8 **Sperling(1960) 연구 중 부분-보고법을 이용한 특정 시행에서 제시된 자극 낱자 12개가 화면에 나타난 모습.** 자극 낱자 12개는 시각 잔상만 남길 수 있을 만큼 아주 잠깐 동안(50ms)만 제시되었다. 제시되었던 자극 낱자가 사라진 후, 즉시 또는 일정한 시간 간격(15, 30, 50, 또는 1000ms)을 두고 고, 중, 또는 저음의 신호음을 제시하여 어느 줄의 낱자를 보고해야 할 것인지를 알려주었다.

법을 이용한 실험에서는 3줄 중 한 줄에 있는 4개의 낱자만 보고하면 되었다. 어느 줄을 보고할 것인지는 소리의 높낮이로 알려주었다: 소리가 고음이면 윗줄, 중간 음이면 가운데 줄, 저음이면 아랫줄에 있는 낱자를 보고해야 했다. 신호음은 제시된 자극이 사라지는 순간 또는 사라진 15, 30, 50, 또는 1000ms 후에 들려주었다. 따라서 이 과제를 제대로 수행하기 위해서는 적어도 신호음을 듣기 전까지는 어느 한 줄에만 주의를 기울여서는 안 되고 세 줄 모두를 살펴야만 했다. 그러므로 지적된 그 줄의 낱자 4개를 모두 기억해낼 수 있다면, 실제로는 12개의 낱자 모두를 지각(재인)했다고 할 수 있다. 왜냐하면 참여자들은 어느 줄의 낱자를 기억해내야 할 것인지를 미리 알지 못했기 때문이다. 부분-보고법을 이용한 실험에 참여한 학생들은 한 줄의 낱자 4개 중 3개를 정확하게 보고할 수 있었다. 이는 제시된 낱자 12개 중 9개가 재인되었음을 의미한다.

Sperling의 모형

Sperling은 전체-보고법에서 요구되는 기억 부담을 줄이고 '순수한' 재인(지각) 능력만을 측정할 목적으로 부분-보고법을 고안하였다. 그런데도 Sperling(1960)의 이 연구는 시각 감각기억의 중요성을 밝혀낸 연구로 더 잘 알려져 있다. 어떻게 이런 일이 벌어진 것일까?

참여자들이 지각한 낱자는 9개였다(참여자들은 제시된 낱자들의 3/4을 정확하게 보고했고, 12의 3/4은 9다). 이 값은 50ms 동안 제시되었던 자극 낱자들이 사라지자마자 신호음을 들려준 조건에서 정확하게 보고된 낱자의 개수를 기초

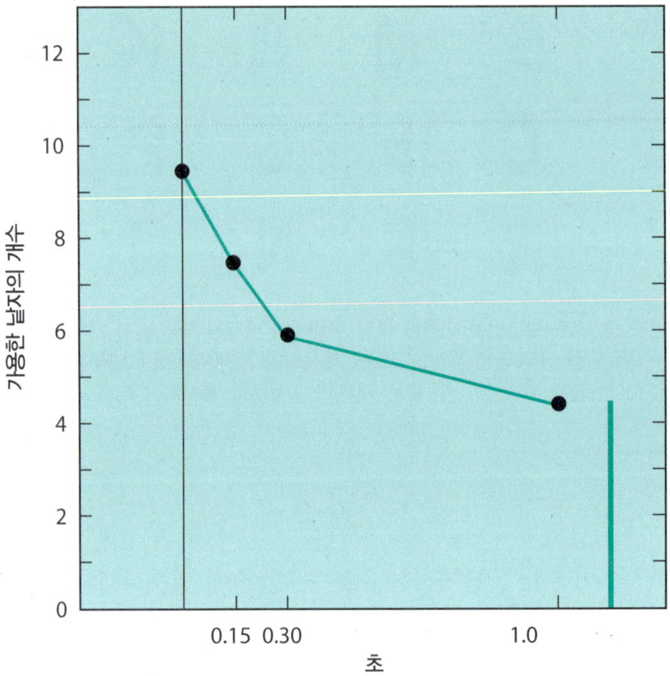

그림 2.9 신호음이 지연된 시간의 함수로 나타낸 재생 정도. 오른쪽 막대는 전체-보고법에서의 정반응 개수를 나타낸다.
출처: "The information available in brief visual presentations," by G. Sperling, 1960, *Psychological Monographs, 74* (Whole No. 498).

로 추정한 값이다. 그런데 신호음을 자극낱자가 사라진 직후가 아니라 1초 후에 들려주었을 때는 정확하게 보고된 낱자의 개수가 평균 4.5개로 떨어져버렸다. 즉, 신호음 제시를 지연시키자 수행 수준이 9개에서 4.5개로 감소해버린 것이다(그림 2.9).

수치 4.5에 관심이 쏠릴 수밖에 없는 이유는 이 수치가 전체-보고법에서 밝혀진 수행의 상한계와 같다는 데 있다. 그림 2.9를 보면, 신호음 제시가 1초 이상 지연되면 부분-보고법에서의 수행 수준이 전체-보고법에서의 수행 수준과 같아짐을 알 수 있다. 신호음 제시가 지연됨에 따라 정확하게 보고된 낱자의 수가 감소하는 이 현상을 설명하기 위해 Sperling은 부분-보고법을 이용한 실험 과제를 분석하였다. 그는 이 분석에 시각 감각기억이라는 개념을 이용했다. 다음은 그가 분석한 과제 수행의 과정이다: (1) 실험 참여자들은 자극으로 제시된 낱자를 시각 감각기억에 보관해둔다. (2) 자극이 사라지고 신호음이 들리면 신호음의 높낮이에 따라 보고해야 할 줄이 어느 줄인지를 결정한다. (3) 그 결정에 따라 시각 감각기억에 보관해 두었던 3줄의 낱자 중 보고해야 하는 줄에만 주의를 쏟는다. 그리고는 (4) 그 줄에 있는 낱자를 읽어낸다. 이 네 단계를 거쳐 실험 과제가 완수된다는 것이 Sperling의 생각이었다. 따라서 보고해야 하는 줄의 낱자를 보고할 수 있고, 없고는 신호음이 제시된 그 순간에 감각기억에 보관되어 있던 낱자들에 대한 기억흔적이 얼마나 선명한지에 따라 결정된다. 자극이 사라지자마자 신호음이 제시되면 낱자들에 대한 감각기억흔적이 선명하기 때문에 그 줄의 낱자를 정확하게 보고할 수 있다. 하지만 시간이 지남에 따라 감각기억흔적의 선명도는 줄어들 것이고, 따라서 보고해야 하는 줄의 낱자를 재인해내는 일도 점점 어려워진다. 신호음 제시가 1초 이상 지연되면, 감각기억흔적은 거의 사라져버려, 참여자들은 감각기억흔적을 이용할 수 없게 된다. 따라서 수행 수준은 제시된 낱자들 중 재인된 낱자가 몇 개이고, 또 재인된 낱자 중 몇 개가 보고해야 하는 줄의 낱자인지에 따라 결정되게 된다. 그러므로 이때의 수행 수준은 제시된 모든 낱자에 주의를 기울여야 하는 전체-보고법을 이용한 실험에서의 수행 수준과 같아지는 것이다.

Sperling이 1963년에 제안한 정보처리 모형은 이러한 그의 실험결과를 기초로 구축된 것이다. 이 모형은 시각 정보 저장고, 주사, 암송, 청각 정보 저장고로 구성되어 있다. **시각 정보 저장고**(visual information store)는 시각 정보를 몇 분의 1초에서 1초까지라는 아주 짧은 시간 동안만 보관하는 시각 감각기억이다. 소멸 속도는 자극의 강도와 대비 및 제시 시간에 따라, 그리고 또 다른 자극이 연이어 제시되는지 제시되지 않는지에 따라 달라진다. 표적자극이 제시된 후 아주 밝은 화면이나 표적자극과는 다른 형태의 자극이 연이어 제시되어 표적자극에 대한 시각 정보가 쇠잔해지는 현상을 두고 시각적 차폐(visual masking)가 일어났다고도 한다.

> **시각 정보 저장고**
> 시각 정보를 약 1/4초 동안 보관하는 감각 저장고.

형태가 재인되기 위해서는 감각기억의 정보를 주사해야 한다. 주사(scanning)라고 하는 인지적 조작이 전개되는 방식을 두고, 처음에는 Sperling(1963)도 마치 구멍이 하나 뚫린 카드를 움직여 그 구멍을 통해 낱자를 하나씩 읽어나가는 것처럼 감각기억 속의 정보가 한 번에 하나씩 순차적으로 주사된다고 생각하였다.

Sperling(1963)의 모형을 구성하는 다른 두 요소는 **암송**(rehearsal, 속으로 외는 것)과 **청각 정보 저장고**(auditory information store, 낱자의 이름에 관한 기억)였다. 참여자들은 제시된 낱자를 보고해야 할 때까지 그 낱자를 암송했다고 말하곤 했다. 암송이 일어난다는 또 다른 증거는 재생 오류가 청각적 혼동으로 나타나는 경우가 많다는 점이었다. 다시 말해, 오류로 잘못 재생된 낱자를 분석해 보면 그 발음이 표적 낱자의 발음과 비슷했다. 청각 저장고는 낱자의 이름을 속으로 되뇌어봄으로써, 즉 암송하게 함으로써 그 기억이 좀 더 오래 유지되게 하는 장치로 작용했다. Sperling의 청각 정보 저장고는 나중에 소개될 단기

> **암송**
> 어문 정보를 단기기억에 유지하거나 장기기억으로 보내기 위해 되뇌기를 반복하는 행위.
>
> **청각 정보 저장고**
> Sperling의 모형에서 어문적 정보를 암송하여 그 결과를 보관하는 단기기억 저장고.

기억의 일부에 해당한다.

Sperling은 자신이 1963년에 내놓은 모형을 1967년에 수정하였다. 이때는 이미 형태 재인이 한 번에 하나씩 주사되는 것이 아니라 동시에 주사되는 것 같다는 증거가 누적되고 있었다. 주사와 같은 인지적 조작이 한 번에 하나씩 수행되는지(순차적 처리: serial processing), 아니면 두 개 이상 여러 개의 조작이 동시에 수행되는지(동시 처리: parallel processing)를 구분하는 일은 인지심리학의 근본적 과제로 간주되고 있다. 따라서 Sperling은 그의 모형을 구성하는 요소 중 하나인 주사(scan component)에 관한 자신의 초기 생각을 수정해야만 했다. 그리하여 1967년 모형에서는 제시된 자극 전체에 대한 형태 재인이 동시에 전개되도록 하였다. 그리고 특정 위치에 제시된 자극이 재인될 확률은 참여자가 어디에 주의를 기울이고 있는지에 따라 결정되도록 하였다.

순차적 처리
단어를 하나씩 말하는 것처럼 인지조작이 한 번에 하나씩 수행되는 처리방식.

동시(적) 처리
예술작품을 보면서 이야기를 나누는 것처럼, 한 번에 하나 이상의 정신 작업이 처리되는 방식.

주사(과정)
Sperling의 모형에서 시각 정보 저장고에 있는 정보 중 무엇이 재인될 것인지를 결정하는 주의의 과정.

1장에서 언급했던 것처럼, 인지심리학이 발달하기 시작한 초창기에는 여러 단계(예: 감각기억, 형태 재인, 단기기억 등)의 인지과정이 시각 정보처리에 미치는 영향력을 명시하기 위한 모형이 많이 개발되었고, Sperling의 모형은 이들 모형 중 하나였다. Sperling의 모형은 그림 1.1에 제시된 일반적인 정보처리 모형을 구축하는 데 많은 공헌을 했으며, 또 낱자가 재인되는 과정에 관한 보다 정교한 모형 개발에 큰 도움을 주기도 했다(Rumelhart, 1970).

Rumelhart의 모형

1970년에는 Rumelhart가 개발한 모형이 발표되었다. Rumelhart의 모형은 위에서 소개한 전체-보고법 및 부분-보고법을 이용한 과제를 포함해 다양한 정보처리 과제의 수행을 묘사할 목적으로 개발된 모형이었다. Rumelhart 모형의 바탕이 되는 기본 가정은 Sperling 모형의 바탕이 되는 가정과 같았다. 즉, Rumelhart도 시각 정보 저장고를 중요하게 생각했으며 형태 재인에 관여하는 주사는 동시에 전개된다고 가정했다. 그러나 그는 형태 재인과정을 보다 구체적으로 묘사했다. Rumelhart는 형태 재인이 그 형태를 구성하는 속성을 찾아냄으로써 이루어진다고 믿었다.

속성 재인 작업은 시각 자극 전체에 걸쳐 동시에 전개되지만, 그 작업이 완료되어 속성이 재인되는 데는 시간이 소요된다는 것이 Rumelhart(1970)의 믿음이었다. 따라서 처리할 시간이 많으면 많을수록 관찰자가 재인할 수 있는 속성은 많아진다. 우리가 들여다보고 있는 컴퓨터 화면에 낱자 'ㅂ', 'ㅎ', 'ㅈ'이 잠깐 떴다가 사라졌다고 상상해보자. 이들이 화면에 나타났던 시간이 아주 짧다면 'ㅂ'의 수직선, 'ㅎ'의 곡선, 'ㅈ'의 대각선밖에 보지 못했을 수도 있다.

이런 상황에서 무엇을 보았는지를 추측이라도 해보라는 지시를 받으면 우리는 이들 정보를 이용할 수밖에 없을 것이다. 따라서 'ㅂ'을 보고도 'ㅁ', 'ㅍ', 혹은 'ㄹ'를 봤다고 보고할지도 모른다. 왜냐하면 이들은 모두 두 개씩의 수직선분을 속성으로 가지고 있기 때문이다. 만약 제시 시간이 조금 더 길어지면 더 많은 속성을 볼 수 있을 것이고, 추측하기도 쉬워지거나 혹은 낱자 자체를 재인할 수도 있을 것이다. 따라서 제시된 낱자들의 정체파악(재인)은 그들이 제시된 시간에 따라서도 달라지지만 각 낱자를 구성하는 속성을 얼마나 빨리 찾아낼 수 있는지에 따라서도 달라진다고 할 것이다.

Rumelhart 모형은 속성이 재인되는 속도가 자극의 개수와 정보의 선명도에 달라진다고 가정한다. 선명도를 중시한 것은 제시 시간이 끝나면 시각 정보에 대한 기억이 소멸되기 시작하여 결국에는 정보의 선명도 또한 감소한다고 보았기 때문이다. 그리고 자극의 개수에 따라 속성 재인 속도가 달라지도록 한 것은 한정된 양의 주의를 제시된 모든 자극에 분산시켜야 한다는 가정 때문이다. 자극의 개수가 많아지면 각 자극에 할당되는 주의의 양은 줄어들어, 결국 각 자극을 재인하는 데 더 많은 시간이 소요된다.

Rumelhart의 모형에서 자극의 개수와 정보의 선명도에 따라 속성 재인 속도가 달라진다고 가정한 것은 Sperling의 발견을 설명하기 위해서였다. Rumelhart는 전체-보고법에서 사람들이 보고할 수 있는 자극낱자의 개수가 4.5개밖에 되지 않는 이유를 기억의 한계가 아닌 지각의 한계에서 찾으려 했다. 낱자의 개수가 12개까지 증가해도 사람들은 계속해서 이들 모두를 동시에 재인하려고 노력한다. 그런데 제시된 낱자가 많아지면서 각 낱자를 재인하는 데 걸리는 시간이 길어진다. 그러므로 재인 가능한 낱자의 수는 증가하지만 각 낱자를 재인할 확률은 낮아지기 때문에, 실제로 재인되는 낱자의 개수는 증가하지 않는다는 것이 Rumelhart의 설명이었다.

한편, 부분-보고법에서는 참여자가 신호음을 듣기 전까지는 제시된 모든 낱자를 재인하려고 노력한다. 그러다가 신호음을 듣는 순간 그 음이 가리키는 줄에만 주의를 기울인다. 그러고는 그 줄에 있는 낱자들만 읽어내려고 한다는 것이 Rumelhart의 생각이었다. 신호음을 들은 후에는 재인 속도가 빨라지는데, 그 이유는 참여자가 12개가 아닌 4개의 낱자에만 주의를 집중하기 때문이다. 그러나 시각 정보 저장고 속 정보가 소멸됨에 따라 선명도는 낮아지고 가용한 시간은 줄어들기 때문에 그 정보를 이용하기가 어려워진다. 그러므로 신호음이 가리키는 줄에 주의를 집중하여 그 줄의 낱자를 읽어내고, 읽어내지 못하고는 신호음 지연 시간에 의해 결정된다(그림 2.9). 이러한 가정을 기초로 Rumelhart는 Sperling의 과제뿐만 아니라 일부 다른 과제의 수행 수준까지 정확하게 예측할 수 있었다.

그 후의 연구(Gegenfurtner & Sperling, 1993)에 의해, 사람들은 처음에는 제시된 모든 것에 주의를 기울이다가 어느 줄의 낱자를 보고해야 하는지를 알게 되면, 그 줄에만 주의를 집중한다는 가정을 포함한 여러 가정이 옳은 것으로 확인되었다. 그러나 사람들은 신호음을 듣기 전까지는 주로 중간 줄에 주의를 기울이며, 따라서 중간 줄의 낱자를 보다 정확하게 보고하는 것으로 밝혀졌다.

Sperling이 처음에 해결하고자 했던 문제는 '아주 잠깐 동안 제시된 자극 낱자들 중에서 사람들이 지각할 수 있는 것은 몇 개나 될까?'라는 문제였다. 하지만 부분-보고법으로는 이 문제를 해결하기가 어렵다는 것을 여러분도 이제는 알았을 것이다. 관찰자들은 처음부터 중간 줄에 주의를 기울이면서 제시된 모든 낱자를 지각하려 한다. 그러다가 신호음을 듣고부터는 주의를 신호음이 가리키는 줄로 이동시키고, 그 줄에 있는 낱자들만 재인하려 한다.

탐지법
현재 제시된 자극물 두 개 중 어느 것이 앞서 제시된 것인지를 결정하도록 하는 실험방법.

Sperling의 문제를 해결하기 위한 보다 나은 방법으로 Estes와 Taylor(1966)가 고안한 **탐지법**(detection paradigm)을 고려해볼 수 있다. 이 방법에서는 참여자들에게 두 개의 낱자를 미리 알려주고, 이 둘 중 어느 것이 제시되는지를 결정하라고 주문한다. 예를 들면, 참여자들에게 'B'나 'F'가 제시될 것이라는 것을 미리 말해준 다음, 여러 개의 낱자를 제시하고서 그 속에 'B'나 'F' 중 어느 것이 들어있었는지를 보고하라고 지시한다. 참여자들은 각 시행에서 낱자 하나만 보고하면 되기 때문에 기억 부담은 거의 없다. 이러한 절차를 통해 Estes와 Taylor는 각 시행에서 지각된 낱자의 평균 개수를 추정할 수 있었다. Rumelhart(1970)도 1960년대 연구된 시각 정보처리 과제의 수행을 놀라울 정도로 잘 설명한 자신의 모형을 구축할 때 이 탐지법을 분석한 바 있다.

2.3 단어 재인

단어우월 효과

1970년대에 와서는 형태 재인에 관한 연구가 그전까지 집중됐던 고립된 낱자 재인에 관한 연구에서 벗어나 단어 속의 낱자 재인에 관한 연구로 탈바꿈하는 일이 벌어졌다. 이 변동은 단어우월 효과(word superiority effect)라는 현상 때문에 촉발되었다. Reicher(1969)는 자신의 박사학위 논문에서 Sperling(1967)의 형태 재인 모형에서 핵심 요소로 간주되었던 주사(scan)의 함의를 검토하였다.

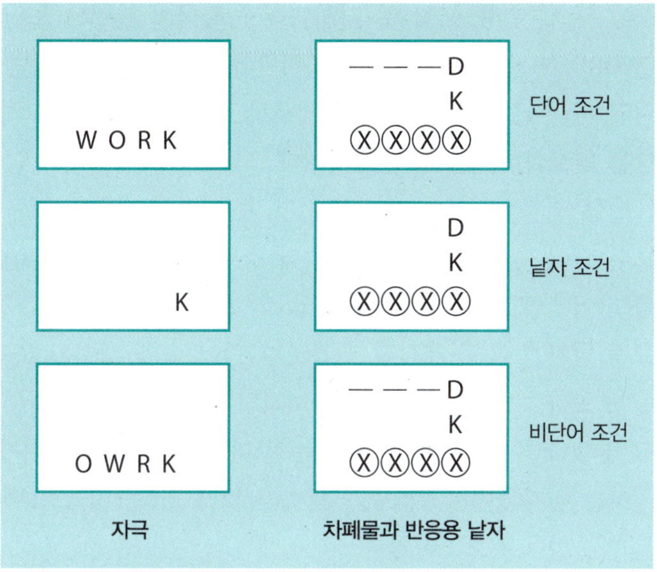

그림 2.10 Reicher(1969)의 실험에서 조작된 세 가지 조건의 보기. 차폐물과 반응용 낱자가 자극이 제시된 일정 시간 후에 자극이 제시되었던 판을 덮었다. 참여자의 과제는 반응용 낱자 둘 중 어느 것이 그 아래에 제시되었던 낱자인지를 판단하는 일이었다.
출처: APA is not responsible for the accuracy of this translation.

참여자들이 자극을 구성하는 낱자 모두를 동시에 재인하려 노력한다고 해보자(Adelman, Marquis, & Sabatos-Devito, 2010). 그러면 4개의 낱자로 구성된 자극 하나를 재인하는 데 소요되는 시간과 1개의 자극 낱자를 재인하는 데 소요되는 시간이 똑같을까?

이 문제를 해결하기 위해 Reicher(1969)는 참여자들에게 1개의 낱자, 4개의 낱자로 구성된 단어, 또는 4개의 낱자로 구성된 비단어를 자극으로 제시하였다(그림 2.10). 참여자의 과제는 낱자 한 개의 정체를 파악하는 일이었다. 자극으로 1개의 낱자, 4개의 낱자로 구성된 단어, 또는 4개의 낱자로 구성된 비단어를 일정한 시간 동안 제시한 후 차폐물로 그 자극을 덮어버렸다. 이때 차폐자극과 함께 두 개의 낱자가 제시되었는데, 이 두 낱자는 표적 낱자 바로 위에 제시되었다. 예를 들어, 낱자 'K', 단어 'WORK', 비단어 'OWRK'가 자극으로 제시되었고, 차폐물과 함께 제시된 두 개의 낱자가 'D'와 'K'였다고 하자. 이 경우 참여자가 보고해야 할 표적 낱자는 'K'이기 때문에 'K' 바로 위에 'D'와 'K'가 제시되었다. 참여자가 수행해야 할 과제는 표적 낱자가 'D'였는지 'K'였는지를 지적하는 것이었다.

이 보기에서 Reicher의 실험설계에 포함된 몇 가지 특징을 주목할 필요가 있다. 첫째, 단어 자극이나 비단어 자극을 구성하는 낱자 4개가 동일하다. 둘째, 표적 낱자의 위치도 단어와 비단어에서 동일하다. 셋째, 반응 선택지로 제시된 두 낱자 중 어느 것을 선택해도 자극이 단어인 조건에서는 단어가 되며('WORD' 또는 'WORK') 자극이 비단어인 조건에서는 비단어가 된다. 넷째, 제시된 자극 낱자가 4개인 조건에서도 1개의 낱자만 보고하게 했다. 기억의 부담을 최소화하기 위한 조작이었다.

실험 결과, 표적 낱자가 비단어 속에 제시되거나 또는 홀로 제시되었을 때보다 단어 속에 제시되었을 때 더 정확하게 재인되는 일이 벌어졌다. 이 현상을 단어우월 효과(the word superiority effect)라고들 한다. 참여자 9명 중 8명이 표적 낱자가 홀로 제시된 조건보다 단어 속에 제시된 조건에서 더 나은 수행을 보였다. 이들 8명은 자극이 4개의 낱자가 아니라 하나의 단어로만 보였다고 말했다. 이에 반해, 이들과는 반대 결과를 보인 참여자 한 명은 자극을 구성하는 낱자들이 4개의 독립된 낱자로 보였고, 자기는 이들을 조합하여 단어를 만들었다고 보고하였다.

단어우월 효과
비단어 속에 제시되거나 홀로 제시된 낱자보다 단어 속에 제시된 낱자의 정체가 더 정확하게 파악되는 현상.

단어우월 효과는 하향처리를 예시하는 또 다른 보기에 속한다. 우리는 앞에서 문맥에 맞는 단어가 어떤 것인지에 관한 지식 덕분에 단어 재인이 촉진된다는 사실을 알았다. 단어우월 효과는 단어에 관한 지식이 그 단어 속의 낱자 재인을 보다 용이하게 만든 결과라고 할 것이다. 그러므로 장기기억에 저장된 지식을 기초로 전개되는 하향처리는 여러 가지 방식으로 우리의 형태 재인을 돕고 있는 셈이다.

단어우월 효과 : 모형

어떻게 단어우월 효과가 관찰되는 것일까? 단어 재인에 관심을 가진 심리학자들을 괴롭힌 가장 어려운 문제 중 하나였다(Pollatsek & Rayner, 1989). 이 문제 해결에 특별한 영향력을 행사한 모형은 McClelland와 Rumelhart(1981)가 개발한 상호활성화 모형(interactive activation model)이었다. 이 모형을 구성하는 몇 가지 기본 전제는 낱자 재인에 관한 Rumelhart(1970) 모형의 전제에 그 기초를 두고 있다. 첫 번째 전제는 시지각(visual perception)은 동시적 처리로 이루어진다는 가정이다. 처리가 동시적이란 말에는 두 가지의 의미가 있다. 하나는 공간적으로 동시에 벌어지는 처리를 의미하는 것으로, 자극 단어 속의 낱자 4개가 모두 동시에 처리된다는 뜻이다. 이 전제는 Sperling의 동시적 주사라는 개념과 일치하며, 사람들이 낱자 열(예: PVQT)을 재인하는 방식에 대한 Rumelhart 모형의 가정과도 일치한다.

상호활성화 모형
자극낱자의 속성에 관한 정보와 그 낱자가 들어있는 단어에 관한 지식과의 통합을 통해 자극(낱자)의 정체파악에 필요한 정보가 확보된다고 주장하는 이론.

시각적 처리가 동시적이란 말의 두 번째 의미는 단어 재인에 관여하는 정보처리가 세 가지 수준, 즉 속성 수준, 낱자 수준, 단어 수준에서 동시에 전개된다는 뜻이다(그림 2.11). 상호활성화 모형의 핵심 전제는 관찰자가 무엇을 지각

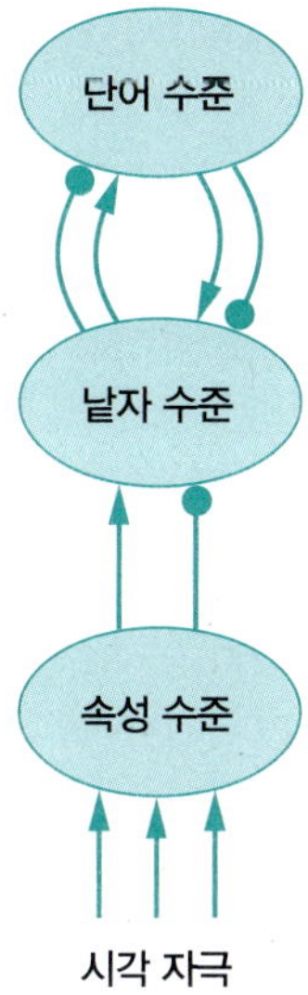

그림 2.11 상호활성화 모형의 세 수준. 화살표는 흥분성 연결을, 앵두표는 억제성 연결을 나타낸다.

출처: "An interactive activation model of context effects in letter perception: Part 1. An account of basic findings," by J. L. McClelland & D. E. Rumelhart, 1981, *Psychological Review*, 88, 375-407, Fig. 2. Copyright 1981 by the American Psychological Association. Reprinted by permission. APA is not responsible for the accuracy of this translation.

흥분성 연결
서로 관련된 개념들 간 정적 연관성을 일컫는 용어. 예를 들어, 형태 분석에서 발견된 수직선분이 자극 형태가 'K'일 가능성을 제공한다고 생각한다면, 그 생각은 수직선분과 낱자 'K'가 흥분성으로 연결되어 있다는 가정 위에 형성된 관념이다.

억제성 연결
서로 무관한 개념들 간 정적 연관성을 일컫는 용어. 예를 들어, 형태 분석에서 발견된 수직선분이 자극 형태가 'C'일 가능성을 감소시킨다고 생각한다면, 그 생각은 수직선분과 낱자 'C'는 억제성으로 연결되어 있다는 가정 위에 형성된 관념이다.

하게 될 것인지는 이들 세 수준의 상호작용에 의해 결정된다는 믿음이다. 단어에 관한 지식과 눈으로 입력되는 속성 정보와의 상호작용을 통해 그 단어를 구성하는 낱자에 관한 증거가 확보된다는 뜻이다. 그림 2.11의 화살표는 이런 상호작용을 나타낸다. 화살표를 보면, 낱자 수준의 처리는 속성 수준의 처리에서도 정보를 받아들이고 단어 수준의 처리에서도 정보를 받아들인다.

수준들 사이의 연결은 흥분성 연결과 억제성 연결로 구성된다. 흥분성 연결은 화살표로 표시되어 있고 억제성 연결은 앵두표로 표시되어 있다. **흥분성 연결**(excitatory connections)은 낱자나 단어의 정체에 관한 가설의 정적 증거를 제공하고, **억제성 연결**(inhibitory connections)은 부적 증거를 제공한다. 예를 들면, 대각선은 낱자가 'K'(그리고 대각선 속성을 가진 모든 낱자)라는 가설에 대해서는 정적 증거인 반면, 낱자가 'D'(그리고 대각선을 속성으로 가지지 않는 모든 낱자)라는 가설에 대해서는 부적 증거가 된다. 흥분성 연결과 억제성 연결은 낱자 수준과 단어 수준에도 나타난다. 어떤 단어의 첫 낱자가 'W'라는 것을 재인하게 되면, 'W'로 시작되는 모든 단어의 활성화는 증가하는 반면, 다른 모든 단어의 활성화는 감소한다는 뜻이다.

앞서도 언급했듯이, 상호활성화 모형은 낱자 재인에 관한 Rumelhart(1970) 모형의 가정을 기초로 구축되었다. 따라서 자극을 구성하는 속성은 모두 탐지될 가능성이 있는데, 각 속성이 탐지될 확률은 자극의 시각적 질(質)에 따라 달라진다. 특정 속성이 탐지되면, 그 속성을 가진 낱자의 활성화 수준은 높아지고 그 속성을 갖지 못한 낱자의 활성화 수준은 낮아진다. 그리고 각 낱자의 최종 활성화 수준은 이러한 흥분성 영향력과 억제성 영향력이 조합되어 결정된다는 게 이 모형의 가정이다. 그러므로 상호활성화 모형에 따르면, 수직선과 대각선이 탐지되면, 이 두 속성을 모두 가진 낱자(예: 'K'와 'R')의 활성화 수준이 매우 높아져야 한다.

물론 모든 심리학자들이 상호활성화 모형이 옳다고 믿는 것은 아니다. 특히, Massaro와 Cohen(1991)은 단어 정보와 낱자 정보가 상호작용하지 않고 상호 독립적으로 조합된다고 주장한다. 그림 2.11에 예시된 상호활성화 모형과는 달리, Massaro와 Cohen의 모형에는 단어 수준에서 낱자 수준으로의 피드백을 제공하는 연결이 없다. 그래서 단어에 관한 정보는 낱자의 활성화에 영향을 미치지 못한다. Massaro와 Cohen은 상호활성화 모형의 예측과 자신들이 제안한 모형의 예측을 세심하게 비교하였다. 그 결과, 단어 수준과 낱자 수준의 정보가 상호 독립적으로 통합된다는 자신들의 모형이 이들 정보가 상호작용한다는 상호활성화 모형보다 더 정확했다고 주장한다.

상호활성화 모형에 대한 보다 최근의 비판은 한 전자우편에 의해 자극되었다. 이 전자우편에 담긴 메시지에는 단어를 구성하는 낱자들의 순서가 뒤바뀌어 있었다(예: "Does the huamn mnid raed wrods as a wlohe?") 그런데도 우리는 이 메시지를 아주 쉽게 읽어낼 수 있다. 이 사실에는 사람들은 단어 속 낱자의 순서가 뒤바뀐 글도 비교적 쉽게 읽을 수 있다는 숨은 뜻이 담겨 있다. 이러한 발견은 상호활성화 모형과 같이 단어의 철자가 정확해야 한다고 가정하는 모든 단어재인 모형에 문제점으로 작용한다. 물론 철자의 정확성을 강조하지 않는 모형의 경우에는 이 사실도 문제가 되지 않는다(Grainger & Whitney, 2004).

지금까지 상호활성화 모형을 비교적 상세하게 논의하였다. 일부 심리학자들은 이 모형이 잘못되었다고 주장한다. 그런데도 그만한 시간을 투자해 공부할 가치가 있는 것일까? 다음 두 가지 사실을 고려해보기 바란다. 하나는 심리학 이론 중 도전을 받지 않은 이론은 없다는 사실이다. 심리학자들은 보다 나은 이론을 세우기 위해 끊임없이 노력한다. 이 과정에서 어느 이론이 더 나은지를 두고 심한 논쟁이 벌어지는 것은 예삿일이다. 다른 하나는 상호활성화 모형이 심리학 이론 정립에 엄청난 영향력을 행사했다는 사실이다. 이 모형은 인지과정을 묘사하기 위한 신경망(neural networks) 모형을 부활시킨 일등공신이다. 사실상 단기기억에의 정보저장(Burgess & Hitch, 1992), 문제해결에서의 유사문제 선별(Holyoak & Thagard, 1989), 글 이해(Kintsch, 1988) 등 많은 인지과정 묘사에 신경망 모형이 이용되고 있다. 그래도 형태 재인과정 묘사에서만큼 신경망 모형이 많이 이용된 곳은 없다. 그러면, 신경망 모형의 일반적 전제를 고려해보기로 하자.

신경망 모형

McClelland와 Rumelhart가 상호활성화 모형을 구축한 것은 신경망 모형을 개발하기 위한 작업의 첫 단계였다. 그들은 자신들이 개발한 신경망 모형을 동시분산처리(parallel distributed processing: PDP) 모형이라고 불렀다. 정보가 신경망 전역에 분산되어 보관되고 또 동시에 처리된다고 보았기 때문이다. 신경망 모형(neural network model)은 다음과 같은 여러 요소로 구성된다(Rumelhart, Hinton, & McClelland, 1986). 이들 중 일부는 상호활성화 모형에서 이미 고려되었던 것들이다.

동시분산 처리
여러 가지 상이한 정보원으로부터 정보를 동시에 수집하고, 이렇게 수집한 정보를 조합하여 결정을 내리는 처리방식.

신경망 모형
신경세포들이 연결된 모습을 기초로 만들어진 신경망이라는 개념을 이용하여 뇌의 활동 및 인지과정을 묘사하려 하는 이론. 이 이론에서는 노드로 표상되는 개념들이 흥분성 및 억제성으로 연결된다.

노드
신경망의 구성요소. 정보처리의 단위를 표상하는 요소로 간주된다.

활성화 규칙
특정 개념이 활성화되어야 할 정도를 결정할 때 흥분성 및 억제성 연결이 조합되는 방식을 명시하는 법칙.

1. 노드(node)라고 하는 한 세트의 정보처리 단위. 상호활성화 모형을 구성하는 각 노드는 하나의 속성이나 하나의 낱자 혹은 하나의 단어를 표상한다. 각 노드의 활성화 수준은 달라진다.
2. 노드와 노드 간 연결(connections) 양상. 노드들 사이의 연결은 흥분성과 억제성 연결로 이루어지며, 이 연결의 강도는 서로 다르다.
3. 활성화 규칙(activation rules). 각 노드가 활성화되는 정도를 관장하는 이 규칙은 각 노드의 현재 활성화 상태와 그 노드로 입력되는 활성화 정도가 조합되는 방식을 명시한다.
4. 활성화(activation) 상태. 각 노드가 활성화되는 정도는 다양할 수 있다. 특정 노드의 활성화 정도가 의식(conscious awareness)의 역치를 넘으면 우리는 그 노드를 의식하게 된다. 예를 들어, 단어 'WORK' 속의 낱자 'K'가 속성 수준과 단어 수준 모두에서 강력한 흥분성 영향을 받으면 우리는 그 낱자 'K'를 재인하게 된다.
5. 노드의 출력 함수(output functions). 출력 함수란 활성화 수준과 출력 간의 관계를 나타낸다. 예를 들어, 어떤 노드가 의식되는 데 필요한 활성화의 역치를 명시한다.
6. 학습 법칙(learning rule). 학습은 노드와 노드를 잇는 연결의 강도가 변하는 과정이다. 학습 법칙은 이런 변화가 일어나는 방식을 명시한다.

신경망 모형에서 가장 중요한 속성 중 하나는 마지막 구성요소인 학습 법칙이다. 이 학습 법칙 덕분에 신경망은 스스로의 수행 수준을 향상시킬 수 있기 때문이다. 예를 들어, 신경망 모형은 독특 속성, 즉 변별에 도움이 가장 많이

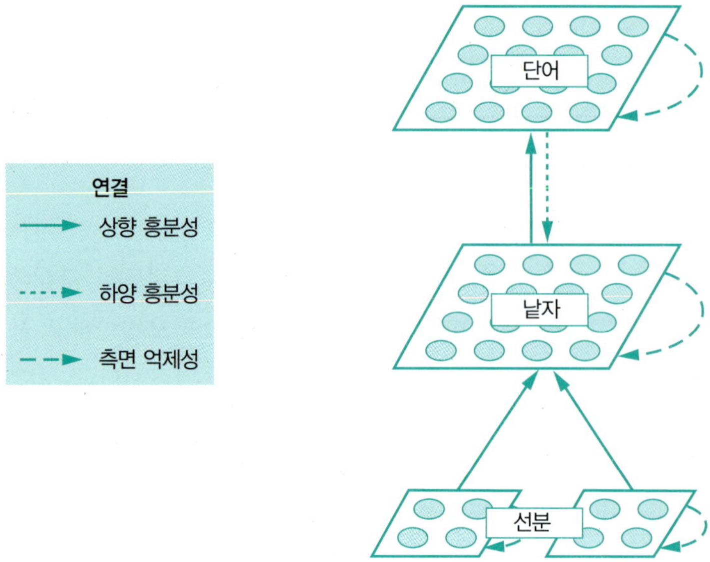

그림 2.12 Huber와 O'Reilly(2003)가 개발한 신경망 모형

출처: Based on Figure 3 from "Immediate priming and cognitive aftereffects," by D. E. Huber, 2008, *Journal of Experimental Psychology: General, 137*, 324-347. Copyright 2008 by the American Psychological Association. Reprinted by permission.

되는 속성의 중요성(무게)을 증가시킴으로써 낱자를 더 쉽게 변별하게 된다.

1992년에 이르러, 신경망 접근법은 수많은 연구 노력을 산출하였으며, 한 산업체에서는 신경망 모형을 개발하기 위한 연구에 매년 수억 달러를 투자하기 이르렀다(Schneider & Graham, 1992). 물론 여기에는 그럴 만한 이유가 있다. 첫째, 신경망 모형이 다른 모형보다 뇌의 작동방식을 더 정확하게 묘사한다고 믿는 심리학자들이 많다. 둘째, 노드를 연결하는 흥분성 및 억제성 고리(이음)를 조절할 수 있게 해놓음으로써 연결망은 스스로 학습을 할 수 있게 되어 있다. 즉, 행동을 스스로 바꿀 수 있게 되었다. 이것이 바로 인간이 학습하는 방식일 수도 있다는 점이다. 셋째, 이 모형은 여러 종류의 계산을 수용한다. 그렇기 때문에 속성 수준으로부터의 증거와 단어 수준으로부터의 증거 등 여러 가지 제약(constraints)이 동시에 고려될 수 있다.

만약 신경망 모형의 기본 가정이 실제로 머릿속에서 벌어지는 작용과 일치한다면 신경망 모형은 매력적인 모형이 될 것이다. Huber와 O'Reilly(2003)가 개발한 모형이 그런 모형에 속한다(그림 2.12). 이 모형은 상호활성화 모형(McClelland & Rumelhart, 1981)의 가정들을 바탕으로 구축되었다. 상호활성화 모형과 Huber와 O'Reilly의 모형은 둘 다 속성 수준, 낱자 수준, 단어 수준으로 구성되어 있다. 그러나 두 가지 점에서 Huber와 O'Reilly의 모형이 뇌의 신경활동과 더 비슷하다. 첫째, 이 모형에서의 연결은 습관이 형성되도록 만들

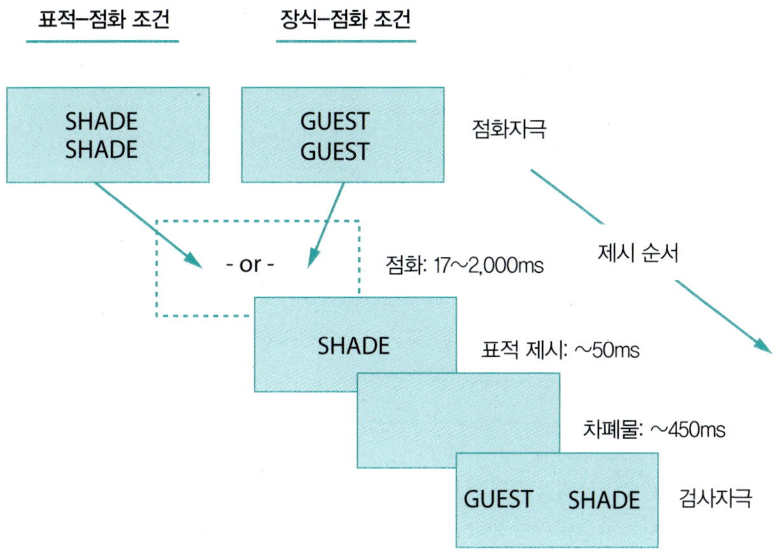

그림 2.13 점화 단어 재인 실험에 이용된 방법

출처: Based on figure 1 from "Immediate priming and cognitive aftereffects," by D. E. Huber, 2008, *Journal of Experimental Psychology: General, 137*, 324-347.

어졌다. 때문에 하나의 자극을 오랫동안 바라보면 발화율이 감소한다. 둘째, 이 모형의 억제성 연결은 수준 간(between levels)이 아니라 수준 내(within levels. 그림 2.12의 측면 억제성)에서 이루어진다. 그래서 차폐 효과(masking effects)가 발생하며 동일 자극에 대한 서로 다른 해석 사이에 경쟁이 벌어지도록 되어 있다.

그림 2.13은 단어 재인 실험에서 표적 단어 'SHADE'가 화면에 50ms 동안 떴다가 사라진 후, 차폐물이 450ms 나타나고, 연이어 검사자극이 제시된 시행을 보여준다. 화면에 검사자극이 뜨면 참여자는 그 속에 들어있는 두 개의 단어(예: 'GUEST'와 'SHADE') 중 어느 것이 표적 단어였는지를 판단해야 한다. 이 실험에서 주목해야 할 부분은 표적 단어가 제시되기 전에 17~2,000ms 동안 점화자극이 제시된다는 점이다. 점화자극 두 가지 중 하나는 표적 단어와 같고(표적-점화 조건) 다른 하나는 표적 단어와 무관한(장식-점화 조건) 단어임을 주목하자. 이 실험의 경우, 누구나 장식-점화 조건보다 표적-점화 조건에서 검사자극을 정확하게 판단할 확률이 높을 것이라고 예측한다. 그러나 그림 2.14의 왼쪽 판을 보면, 실험의 실제 결과는 이런 직관적인 예측보다 훨씬 복잡하고 또 흥미롭기까지 하다.

표적-점화 조건과 장식-점화 조건의 상대적 효과가 점화 단어가 제시된 시간 간격에 따라 달라지고 있음을 주목하자. 점화 단어 제시 시간이 비교적 짧

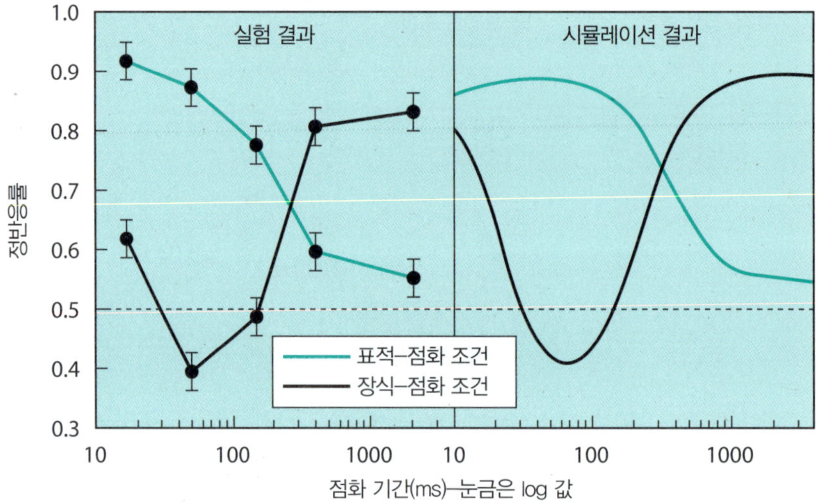

그림 2.14 그림 2.13에 소개된 방법을 이용한 단어 재인 실험의 실제 결과와 재연(시뮬레이션) 결과

출처: Based on figure 2 from "Immediate priming and cognitive aftereffects," by D. E. Huber, X. Tian, T. Curran, R. C. O'Reilly, & B. Woroch. (2008). *Journal of Experimental Psychology: Human Perception and Performance*, *34*, 1389-1416.

은(150ms 이하) 경우에는 표적-점화가 장식-점화보다 더 효과적이지만, 점화 단어 제시 시간이 400ms에 이르자 두 조건의 상대적 효과가 뒤바뀌어버린다. 점화 단어 제시 시간이 50ms인 조건에서 장식-점화의 문제점이 가장 두드러진다. 이는 두 개의 단어가 50ms 동안만 연이어 나타났다 사라졌기 때문에 어느 단어가 먼저였는지를 확정하기 어려워서 생긴 일일 것이다. 그러나 점화 단어 제시 시간이 길어지면서, 'SHADE'와 'GUEST' 중 어느 것이 두 번째 단어였는지가 분명해졌을 것이고, 그 결과 표적 단어를 정확하게 확률이 높아졌을 것이다.

사실, 이 결과에서 쉽게 이해할 수 없는 점은 점화 단어 제시 시간이 길어지면서 표적-점화어의 효과가 사라진다는 점이다. 표적 단어와 동일한 표적-점화어를 바라보는 시간이 길어지는데 왜 표적 단어를 재인하기가 어려워진 것일까? 이 질문에 답하는 데 필요한 것이 습관화라는 개념이다. 특정 단어를 바라보는 시간이 길어지면서 그 단어에 대한 신경성 습관화가 형성된다. 이때 그 단어가 표적 단어로 다시 나타났기 때문에 그 단어를 재인하기가 어려워진다는 설명이다. 그런데 점화 단어에 대한 습관화가 형성되면, 점화 단어와 다른 단어를 재인하기는 더 쉬워진다. 그만큼 억제를 덜 받게 되기 때문이다. 이처럼 Huber-O'Reilly(2003)의 모형을 구성하는 수준 간 흥분성 연결, 수준 내 억제성 연결, 이들 간 상호작용, 습관화라는 개념을 이용하면, 이러한 발견들을 성공적으로 예측할 수 있게 된다(그림 2.14의 오른쪽 판 참조).

결론적으로, 신경망 모형은 인지과정을 요약하려는 방법 중 하나이다. 앞으로는 이들 모형을 인지신경과학적 연구결과(Huber et al., 2008)와 관련지으려는 노력이 전개될 것이고, 그렇게 하다 보면 인지와 뇌에 관한 이해의 폭을 넓힐 수 있는 중요한 계기가 마련될 것이다.

2.4 요약

사람들은 형태 재인이라는 인지 작업을 아주 잘 수행한다. 형판 이론, 속성 이론, 구조 이론은 형태 재인이 이루어지는 과정을 묘사하려는 대표적 이론들이다. 형판 이론은 형태 재인이 두 형태가 겹치는 정도를 측정함으로써 이루어진다고 가정한다. 형태 재인과 관련된 여러 가지 현상을 형판 이론으로 설명하기에는 부족한 점이 많다. 하지만 형판을, 입력 정보가 형태 재인 단계에서 분석되기 전에 그 입력 정보를 잠시 동안 감각 저장고에 보관하는 장치라고 간주하면, 형판도 유용할 수가 있다. 가장 일반적인 형태 재인 이론인 속성 이론에서는 형태 재인과정에서 형태가 그 형태를 구성하는 속성들로 분석된다고 가정한다. 지각적 변별은 한 형태를 다른 형태와 구분시켜주는 결정적인 속성을 찾아낼 수 있어야 수행될 수 있는 기능이다. 구조 이론은 형태를 구성하는 속성뿐 아니라 그 속성들이 조합되는 방식까지 명시해야 한다고 가정한다. 구조 이론은 형태를 보다 완전하게 묘사하기 때문에 서로 교차하는 선분을 속성으로 가진 형태를 묘사하는 데 특히 유용하다.

순간 노출기를 통해 여러 개의 낱자를 아주 잠깐 동안 제시하면 그중 몇 개나 지각될까? 시각 정보처리 모형의 개발은 이 질문에 대한 Sperling의 관심에서 비롯되었다. Sperling은 정보가 시각 정보 저장고에 아주 잠깐 동안 보관되며, 그때 모든 낱자들이 동시에 분석된다고 제안하였다. 그 분석과정에서 재인되는 낱자는 그 이름을 암송하여, 청각 정보 저장고에 보관한다고 보았다.

Rumelhart의 모형은 형태 재인이 그 형태를 구성하는 속성을 찾아냄으로써 이루어진다고 가정한다. 속성을 찾아내는 속도는 시각 정보 저장고에 있는 자극 형태의 선명도와 제시된 자극의 개수에 따라 달라진다고 보았다. Rumelhart의 모형은 Sperling의 실험에서 참여자들은 신호음이 들리는 순간부터 보고를 해야 할 줄에만 주의를 집중한다고 가정함으로써 부분-보고법을 이용한 실험결과를 설명한다. 보고를 해야 할 줄의 낱자를 재인할 수 있는 확률은 시각 정보 저장고의 선명도에 따라 달라진다고 가정한다.

단어 속의 낱자 재인은 지각 정보와 그 낱자를 품고 있는 맥락의 영향을 받는다. 특정 낱자가 비단어 속이나 홀로 제시되었을 때보다 단어 속에 제시되었을 때 더 쉽게 재인되는 현상을 단어우월 효과라 한다. 단어우월 효과를 설명하기 위한 모형 중 그 영향력이 매우 큰 모형은 McClelland와 Rumelhart가 제안한 상호활성화 모형이다. 이 모형의 주요 전제(가정)는 단어에 관한 지식과 새로 입력되는 속성 정보 사이에 전개되는 상호작용을 통해 단어 속 낱자에 관한 증거가 누적된다는 생각이다. 이 접근법은 동시분산 처리라는 일반적인 명칭으로 널리 활용되고 있으며, 신경망 모형에 의해 크게 고무되고 있다. 최근에 개발되고 있는 신경망 모형의 기본 전제(가정)를 평가할 때는 인지신경과학의 연구결과가 이용된다.

복습문제

1. 형태가 무엇인지에 대한 의견은 아직도 일치하지 않고 있다. 그러나 이 말에 기죽지 말고 여러분 스스로 **형태**를 정의해보라. 그리고 좋은 사전이나 책들을 들춰 **형태**의 의미를 찾아내어, 이들을 기초로 자신만의 정의를 만들어보라.
2. 어떤 의미에서 형태 재인을 기능이라 할 수 있을까?(이 문제에 답하기 위해서는 기능(skill)을 스스로 정의할 수 있어야 한다. 여러분은 기능을 어떻게 정의하고 있는가?)
3. 형판 이론, 속성 이론, 구조 이론을 비교해보라.
4. Phillips(1974)의 실험결과로 미루어볼 때 감각기억의 특징은 어떠할 것 같은가? 감각 이미지와 시각 이미지는 어떻게 다른가?
5. 속성 이론을 적용함으로써 비슷한 낱자들 간 차이를 아동들이 쉽게 학습할 수 있도록 도울 수 있다고 하였다. 속성의 집합이 '좋다'는 것을 어떻게 알 수 있을까? 다시 말해, 어떤 사람이 제안한 속성의 집합이 좋은지를 어떻게 평가할 수 있을까?
6. 사람들은 왜 자기와 인종이 같은 사람들의 얼굴을 더 잘 변별하는 것일까? 자신과 인종이 다른 사람들의 얼굴을 변별하는 능력을 향상시키고자 할 때 '독특 속성'이란 개념을 이용할 수는 없을까?
7. 구조 이론이 속성 이론보다 진보된 점은 무엇인가? 여러분이라면 구조 이론이 시각적 형태 재인과정을 가장 잘 묘사한다는 증거로 어떤 것을 제시하겠는가?
8. Sperling의 1960년대 연구가 아직도 대부분의 인지심리학 입문서에 논의되는 이유는 무엇이라고 생각하는가?
9. 시각 차폐는 어떤 작용을 하는가? 이 절차가 단어우월 효과를 연구하는 데 필수적인 이유는 무엇인가?
10. 신경망 모형은 심리학에서 널리 이용되는 주요 이론적 접근법 중 하나이다. 하지만 간단한 용어로 요약하기가 어렵다는 단점이 있다. 이 모형의 주요 전제를 자신의 말로 설명해보라.

핵심용어

감각기억(sensory store)
구조 이론(structural theory)
노드(node)
단어우월 효과(word superiority effect)
동시분산 처리(parallel distributed processing)
동시(적) 처리(parallel processing)
부분-보고법(partial-report procedure)
상호활성화 모형(interactive activation model)
속성 이론(feature theory)
순차적 처리(serial processing)
시각 정보 저장고(visual information store)
신경망 모형(neural network model)
암송(rehearsal)
억제성 연결(inhibitory connection)
자극 간 간격(interstimulus interval)
전체-보고법(whole-report procedure)
주사(과정)(scan component)
지각적 혼동(perceptual confusion)
지온(geon)
청각 정보 저장고(auditory information store)
탐지법(detection paradigm)
형태 재인(pattern recognition)
형판(template)
활성화 규칙(activation rule)
흥분성 연결(excitatory connection)

추천도서

Hoffman(1998)의 저서 *Visual Intelligence*는 사람들이 대상을 묘사하는 방식을 소개하고 있다. Loftus, Shimamura, Johnson(1985)은 시각 정보 저장고의 특징을 잘 묘사하고 있다. Fallshore와 Schooler(1995)는 얼굴을 어문적으로 묘사하면 구조 정보가 무시되기 때문에 나중에 얼굴을 재인하는 일을 어렵게 만든다고 주장한다. 형태 재인에 관한 연구가 이루어지는 그 밖의 영역으로 말(언어) 재인(Poeppel & Monahan, 2008), 얼굴 재인(McKone, Kanwisher, & Duchaine, 2007; Palermo & Rhodes, 2007; Tarr & Cheng, 2003), 풍경 재인(Braun, 2003; Green & Hummel, 2004; Xu & Chun, 2009), 지도 재인(B. Tversky, 2005) 및 읽기 교육(Rayner, Foorman, Perfetti, Psetsky, & Seidenberg, 2001)에 관한 연구를 들 수 있다. 대상 재인에 관여하는 분석적 처리과정과 전체적 처리과정에 대한 탐색은 Peterson과 Rhodes(2003)에서 발견된다. 그리고 Bar(2007)는 이들 과정의 신경학적 요소가 예측을 지지하는 방식을 논의하고 있다. Martindale(1991)의 저서 *Cognitive Psychology: A Neural Network Approach*, 그리고 Pinker(1997)의 저서 *How the Mind Works*는 신경망 모형이 인지 이론에 미친 영향을 알기 쉽게 소개하고 있다. 보다 깊이 있는 개관을 읽고 싶으면 McClelland, Botvinick, Noelle, Plaut, Rogers, Seidenberg, Smith(2010)를 참고하기 바란다.

CHAPTER 3 주의

3.1 병목 이론

Broadbent의 여과기 모형 | Treisman의 약화 모형 | Deutsch–Norman의 기억 선별 모형

3.2 용량 이론

용량 모형의 보기 | 용량과 선별의 단계

3.3 자동적 부호화

자동적 기능이란? | 자동적 부호화 | 자동적 부호화와 읽기

3.4 적용 예

초보 운전자 훈련 | 휴대전화 사용

3.5 요약

복습문제

핵심용어

추천도서

> 누구나 주의가 무엇인지를 안다. 주의는 마음속에 동시에 있을 수 있는 여러 가지 대상 또는 생각 중 하나를 분명하고 생생하게 만드는 일을 하는 것이다. 주의의 핵심은 의식의 집중에 있다.
>
> _ William James(1980)

앞의 인용문은 1890년에 출판된 William James의 저서 *The Principles of Psychology*에서 인용한 것이다. 이 인용문을 보면, James는 있을 수 있는 여러 가지 대상이나 생각 중에서 하나를 선택하는 일을 주의의 핵심 기능으로 간주하고 있다. 즉, **선별**(selection)을 주의의 핵심 측면으로 가정하고 있다는 뜻이다. 주의에 관한 연구의 일차적 목적도 어떤 정보가 선택되고, 그 정보가 어떻게 선택되고, 선택된 정보와 선택되지 않은 정보에서 어떤 일이 벌어지는지를 밝혀내는 것이다(Chun, Golomb, & Turk-Brown, 2011).

Chun의 연구진은 주의에 대한 연구를 외적 주의에 대한 연구와 내적 주의에 대한 연구로 나누고 있다(그림 3.1). 외적 주의란 주변 환경 속에 있는 일정한 대상 또는 그 대상의 특정 속성에다 쏟는 주의를 일컫는다. 주변 대상이 자극하는 감각기관은 시간에 따라 그리고 공간에 따라 달라진다. 주변 대상 각각에 속한 이러한 측면은 모두 외적 주의에 영향을 미친다. 예를 들어, 부분-보고법을 이용한 Sperling(1960)의 실험을 고려해보자. 참여자들은 어느 줄의 문자를 보고해야 할지를 결정하기 위해 신호음을 기다려야만 한다. 신호음의 높낮이에 따라 보고해야 하는 줄(맨 윗줄, 맨 아랫줄, 중간 줄)이 다르기 때문이다. 따라서 참여자들이 신호음의 고저를 확인한 다음에 그 신호음이 가리키는 줄에다 주의를 기울여서, 그 줄의 정보를 인출하려고 노력해야만 한다. 결국, Sperling의 실험 과제를 제대로 수행하기 위해서는 시각 자극의 어느 부분을 보고해야 할지를 결정하기 위해 상이한 시점에서 서로 다른 감각양식(시각 및 청각)에 주의를 쏟아야만 한다.

내적 주의란 내적 정신활동(예: 저녁식사로 무엇을 먹을 것인지를 궁리하는 일)을 제어하는 일을 일컫는다(Chun et al., 2011). 단기 작업기억과 장기기억의 정보를 관리하는 일은 내적 주의의 소관이다. 단기 작업기억과 관련된 보기는 4장에서, 그리고 장기기억과 관련된 보기는 5장에서 소개될 것이다. 이 장에서는 주로 외적 주의에 관심을 집중하기로 하자. 논의의 초점이 생각(thinking)

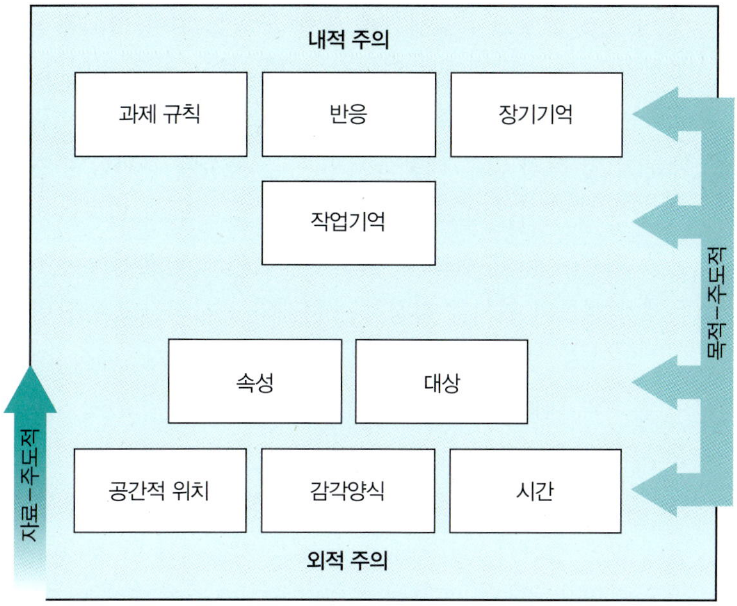

그림 3.1 주의의 유목

출처: “A taxonomy of internal and external attention,” by M. M. Chun, J. D. Golomb, & N. B. Turk-Browne, 2011, Annual Review of Psychology, 62, 73-101. Copyright 2011 by Annual Reviews. Reprinted by permission.

보다는 지각의 대상에 집중될 것이라는 말이다.

외적 주의를 성공적으로 통제할 수 있는 사람들은 마술사들이다. 마술사들은 마술을 할 때 몸놀림, 시선, 그리고 다른 교란법을 동원하여 관람객의 주의를 ‘마술적’ 조작으로부터 떼어놓는 재주를 부린다(Kuhn, Almani, & Rensink, 2008). 우리는 주의를 기울이고 있는 대상만 선택적으로 지각할 수 있고, 그 덕분에 우리의 인지 시스템은 정보의 과부하로부터 벗어날 수 있다. 그러나 정보의 과부하에 대처하는 방식에는 정보를 가볍게 처리해버리는 방식도 있고, 우선순위가 낮은 정보를 무시해버리는 방식도 있으며, 감각 정보의 입력을 아예 차단해버리는 방식도 있다.

이 장의 첫 절은 이러한 선택이 정보처리의 어느 단계에서 이루어지는지에 관한 이론을 다룬다. 감각기관을 통해 받아들인 입력 정보는 형태 재인 단계에 도달하기 전, 즉 그 정보의 정체가 파악되기 전에 선택되는 것일까, 아니면 재인이 이루어진 다음에 선택되는 것일까? 이 질문은 정보를 선택하는 단계가 존재해야만 성립되는 질문이다. 마술사의 이야기에서 봤듯이, 우리는 우리의 감각기관을 자극하는 모든 정보를 처리할 수도 없고 또 처리하지도 않는다. 이것은 우리가 우리의 감각기관을 자극하는 수많은 정보 중 일부를 선택한다는 뜻인데, 이 선택 작업을 돕는 것이 주의라는 것도 알고 있다. 따라서 위에서 제기된 문제는 감각기관을 통해 수집된 입력 정보에 대한 선택 작업이 정보처리의 어느 단계에서 벌어지는지를 묻고 있는 것이다. 이 문제의 답을 제공하는 여러 이론을 흔히들 **병목 이론**(bottleneck theory)이라 한다. 병목은 좁기 때문에 병 속의 많은 내용물이 병목을 동시에 통과할 수가 없다. 따라서 병목이 있는 곳에서는 반드시 선택이 일어날 수밖에 없다. 병목 이론이란 이름이 붙은 이유는 입력 정보가 정보처리의 어느 단계에서 선택되는지를 결정하는 문제가 병목의 위치를 결정하는 문제와 유사하다고 판단되었기 때문이다.

병목 이론
정보처리의 어느 단계에 과부하가 걸렸을 때, 정보가 어떻게 선별되는지를 설명하기 위한 이론.

주의의 두 번째 측면은 **집중**(concentration)이다. 예식장에 제일 먼저 도착하여 혼주와 대화를 나누고 있다고 상상해보자. 주위에 다른 사람이 없을 때는 혼주의 말에 집중(정신적 노력)을 하지 않아도 대화를 쉽게 나눌 수 있을 것이다. 그러나 혼주가 한국말을 잘하지 못하는 사람이라면, 대화를 할 때 혼주의 말에 많은 **정신적 노력**(mental effort)을 기울여야 할 것이다. 한편, 사람들이 몰려들어 많은 대화가 동시에 진행되어도 혼주의 말에 더 집중해야만 대화를 나눌 수 있게 될 것이다. 그리고 혼주와 대화를 나누면서 다른 사람들의 대화도 엿들으려 한다면 더더욱 많은 집중, 즉 정신적 노력이 요구될 것이다.

집중
정신적 노력을 특정 과제에 투자하는 것.

정신적 노력
과제 수행에 요구되는 정신적 자원(용량)의 정도.

이 장의 둘째 절에서는 주의의 **용량 이론**(capacity theory)이 소개될 것이다. 용량 이론은 정신적 노력의 양(용량)이 여러 가지 정신적 활동에 분배되는 방식을 설명하고자 한다. 용량 이론의 기본 가정은 주의의 최대 용량이 제한되어 있다는, 또는 우리가 기울일 수 있는 정신적 노력에는 상한선이 있다는 믿음이다. 따라서 두 가지 이상의 일에 주의를 기울이면(예: TV를 보면서 공부를 하면) 두 가지 일 모두를 효율적으로 수행할 수 없게 된다고 주장한다. 2장에서 논의했던 Rumelhart의 모형도 최대 용량이 제한되어 있다고 가정한다. Rumelhart의 모형에서는 자극의 수가 증가하면 속성 재인이 느려지는 이유를 제한된 용량의 주의가 여러 자극에 배분되기 때문이라고 설명한다.

용량 이론
다양한 과제에 분산시킬 수 있는 정신적 노력(또는 자원)의 최대양이 제한되어 있기 때문에, 동시에 여러 개의 과제를 수행하는 데는 한계가 있다고 주장하는 이론.

3.1 Broadbent의 여과기 모형

Broadbent(1958)의 여과기 모형은 1장에서 정보처리 모형을 논의할 때 이미 소개된 바 있다. 이 모형은 그 당시 수집되었던 주의에 관한 대부분의 실험결과를 설명할 수 있었다. 그러한 실험결과의 한 예로 Broadbent(1954)가 세 쌍의 단위 수(0–9)를 자극으로 제시한 실험의 결과를 고려해보자. 영국해군 병사들을 참여자로 실시한 실험이었다. 각 쌍을 구성하는 두 짝의 단위수를 동시에 들려주었다. 그러나 각 짝을 서로 다른 귀에 들려주었다. 예를 들어, '7–3',

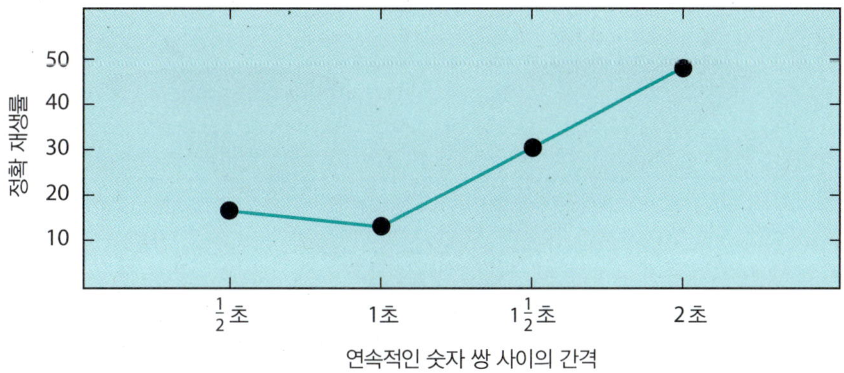

그림 3.2 자극이 쌍별로 제시된 시간 간격의 함수로 나타낸 정확 재생률

출처: "The role of auditory localization in attention and memory span," by D. E. Broadbent, 1954, *Journal of Experimental Psychology, 47*, 191-196. Copyright 1954 by the American Psychological Association. Reprinted by permission. APA is not responsible for the accuracy of this translation.

'4−2', '1−5'가 이 순서대로 제시된 세 쌍의 자극이었다면 참여자는 '7'과 '3'을 들은 다음, '4'와 '2'를 듣고, 그다음 '1'과 '5'를 들었다. 쌍과 쌍 사이의 시간 간격은 1/2초였다.

왼쪽 귀	오른쪽 귀
7	3
4	2
1	5

참여자의 과제는 들은 숫자를 순서에 관계없이 기억해내는 일이었다. 참여자들은 제시된 자극의 65%를 정확하게 기억해낼 수 있었다. 정확하게 기억해낸 숫자를 검토한 결과, 거의 모든 참여자들이 한쪽 귀로 들은 숫자를 기억해낸 다음, 다른 귀로 들은 숫자를 기억해내는 것으로 밝혀졌다. 다시 말하면, 위의 예에서처럼 왼쪽 귀에 '741'이 오른쪽 귀에 '325'가 제시되었다면 참여자는 '741−325' 또는 '325−741'의 순서로 보고하였다.

또 한 집단의 참여자들에게는 숫자를 들은 순서대로 재생해보라고 지시하였다. 즉, 첫 번째 쌍(7−3)을 먼저 기억해내고, 두 번째 쌍(4−2)을 기억해낸 후, 세 번째 쌍(1−5)을 기억해내라고 지시하였다. 앞 쌍을 제시하고 그다음 쌍을 제시한 시간 간격은 0.5~2초 사이에서 다양하였다. 그림 3.2는 쌍 사이의 시간 간격에 따라 정확 재생률이 달라지는 모습을 보여준다. 시간 간격이 길수록 재생률이 높아졌음을 알 수 있다. 그래도 이 집단의 재생률은 한쪽 귀로

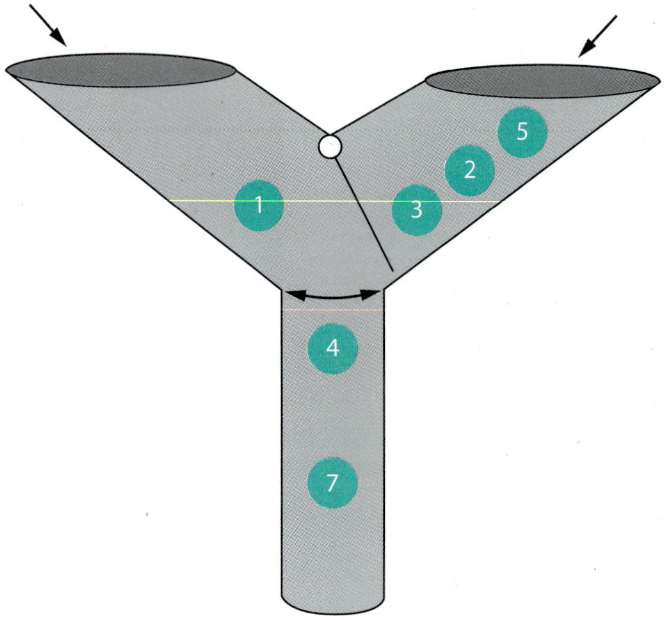

그림 3.3 주의의 기계적 모형

출처: "A mechanical model for human attention and immediate memory," by D. E. Broadbent, 1957, *Psychological Review, 64*, 205-215.

들었던 것을 먼저 재생해낸 다음, 다른 귀로 들었던 것을 재생해내도록 한 집단의 재생률보다 훨씬 못하였다.

Broadbent(1957)는 여과기 모형(filter model)을 이용하여 이 발견을 설명하였다. 여과기 모형을 기계적 모형으로 나타낸 것이 그림 3.3이다. 이 기계형 모형은 Y형 관과 몇 개의 공으로 구성되어 있다. 관에는 한 번에 공 하나밖에 받아들일 수 없는 좁은 줄기(제한된 용량의 지각 채널, limited-capacity perceptual channel)가 하나 있다. 그러나 윗부분의 가지(감각기억)는 넓기 때문에 한 번에 2개 이상의 공을 받아들일 수 있다. 줄기와 가지가 연결된 곳에는 날판이 붙어 있고, 이 날판이 좌우로 왔다 갔다 하며 왼쪽 가지 또는 오른쪽 가지에 있는 공을 줄기로 내보낸다. 이 날판이 정보 선별 작업을 수행하는 여과기인 셈이다.

여과기 모형
병목현상이 형태 재인 단계에서 일어난다고 보며, 어떤 정보가 형태 재인 단계에 도달할 것인지가 주의에 의해 결정된다고 보는 모형.

제한된 용량 지각 채널
Broadbent 모형에서의 형태 재인 단계. 이 단계가 지각 정보가 너무 많아 과부하에 걸리는 일을 여과기(주의)가 예방한다.

이 그림에서 공은 숫자를 나타내고, 두 개의 가지는 두 개의 귀를 나타낸다. 각 가지에 하나씩 두 개의 공이 동시에 떨어질 때, 날판을 한쪽으로 기울어지게 하여 한쪽 가지의 공만 받아들이면, 다른 쪽 가지의 공은 감각 저장고에 보관될 것이다. 한쪽 귀로 들어오는 모든 숫자를 보고하고 싶다면, 그쪽 가지에 있는 3개의 공 모두가 줄기로 떨어질 때까지 날판으로 다른 쪽 가지를 막고 있어야 한다. 이런 모양을 보여주는 그림 3.3은 왼쪽 귀로 들은 숫자를 먼저 보고하는 모습을 그린 것이다. 그런 다음 날판으로 다른 쪽 가지를 막으면, 이제 반대쪽 가지에 있던 공이 줄기로 떨어질 것이다. 숫자가 도달하는 순서대로 보고해야 한다면, 공이 도달하는 순서대로 줄기에 떨어지도록 하기 위해 날판을 좌우로 이동시켜야 할 것이다.

이 모형은 주의, 날판, 또는 여과기가 한쪽 귀에서 다른 쪽 귀로 이동하는 데는 시간이 걸린다고 가정함으로써 Broadbent(1954)의 실험결과를 설명한다. 쌍 간 제시 간격이 너무 짧으면 날개가 왔다 갔다 할 시간적 여유가 없다. 따라서 그 간격이 1초 또는 그 이하인 경우에는 수행 수준이 저하되어야 한다(그림 3.2). 쌍 사이의 간격이 길어서 한쪽 귀로 들어온 숫자를 모두 보고한 후에 다른 쪽 귀로 들어온 숫자를 보고할 수 있게 되면 과제는 쉬워진다. 이 경우에는 주의를 한 번만 이동하면 되기 때문이다. 하지만 주의의 이동은 주의를 기울이지 못한 귀로 들어온 정보가 청각 감각기억에서 소멸되기 전에 이루어져야 한다. 따라서 이 모형이 제대로 작동하기 위해서는 감각기억이 상당한 시간 동안 유지되어야 한다. 그렇지 않으면 주의가 그쪽으로 이동하기 전에 감각기억이 소멸되어버릴 것이기 때문이다. 이 점이 바로 여과기 모형이 갖는 한 가지 제한점이다.

Treisman의 약화 모형

Broadbent(1958)가 제안한 여과기 모형에 따르면, 사람들은 한 번에 채널 하나의 정보만을 처리할 수 있다. 이 가정을 검증하기 위한 실험에서는 각 귀에 서로 다른 전갈을 들려주고 이 두 전갈 중 하나만을 추적(shadowing. 들은 그대로 따라 말하기)하라고 한다. 참여자가 추적해야 할 귀에 들리는 말을 제대로 따라 한다는 것은 실험 참여자가 과제를 제대로 수행하고 있으며 주의를 기울여야 할 귀에다 주의를 기울이고 있다는 증거이기도 하다. 추적 실험이 애용되기 시작한 초창기의 결과는 여과기 모형을 지지하는 것으로 드러났다. 즉, 참여자들은 주의를 기울이지 않은 귀(채널)로 들어오는 전갈을 거의 알아차리지 못하였다(Cherry, 1953).

추적
주의를 기울이고 있는 전갈을 따라 말하도록 하는 실험방법.

그러나 나중의 연구에서는 주의를 기울이지 않은 채널의 정보도 조건에 따라 재인이 되기도 하는 것으로 드러났다. 예를 들어, 사람들은 주의를 기울이지 않은 채널에 제시되는 자신의 이름을 가끔씩은 들을 수 있는 것으로 밝혀진 것이다(Moray, 1959). 또한 Treisman(1960)은 문맥을 제공하면 주의를 기울이지 않은 채널의 단어를 인식할 수 있게 되며, 그 때문에 추적이 제대로 이루어지지 않기도 하는, 이른바 맥락 효과(contextual effects)를 발견하였다. 다음은

맥락 효과
주변 맥락이 형태 재인(인식)을 촉진시키는 현상.

문맥이 추적을 방해하는 보기 두 가지이다.

1. . . . I SAW THE GIRL / song was WISHING . . .

. . . . me that bird / JUMPING in the street . . .

2. . . . SITTING AT A MAHOGANY / three POSSIBILITIES . . .

. . . . let us look at these / TABLE with her head . . .

각 보기에서 첫째 줄은 참여자가 추적해야 하는 전갈이고, 둘째 줄은 주의를 받지 못하는 전갈이다. 대문자로 표기된 단어들이 참여자가 실제로 따라 말했던 단어들이다. 주의를 받지 못한 채널로부터 침습한 단어(예: JUMPING과 TABLE)가 주의를 기울인 채널의 단어(예: song, three)보다 문맥에 더 잘 어울린다는 점을 주목하라. 그러나 문맥(맥락)이 주의를 받지 못한 전갈을 계속해서 따라 말하도록 할 만큼 강력한 단서로 작용하지는 못했다. (추적하지 말아야 할 채널의 단어를 하나만 따라 한 후, 다시 추적해야 하는 첫째 줄의 단어를 따라 말했다.) 그래도 이 결과는 여과기 모형에 문제가 있음을 암시한다. 여과기가 주의를 받지 못한 채널을 완전히 차단해버린다면 참여자가 어떻게 자신의 이름을 들었다고 말할 수 있으며, 주의를 받지 못한 채널의 단어를 따라 말할 수 있겠는가?

이 질문에 답하기 위해 Treisman(1960)은 선별 여과기(selective filter)와 '사전'이라는 두 가지 요소로 구성된 새로운 모형을 제안하였다(우리 각자의 머릿속에 있는 이 사전 속에는 각자가 알고 있는 모든 단어가 수록되어 있는 것으로 간주된다). Treisman이 제안한 모형의 여과기는, 자극으로 제시된 소리의 위치나 강도 또는 고저와 같은 물리적 특징에 따라 전갈을 분류한다. 그러나 이 여과기는 주의를 받지 못한 전갈을 완전히 차단하지 못하고 약화시킨다(attenuate). 따라서 주의를 받지 못한 전갈은 들릴 가능성만 낮아질 뿐이다. 여과기를 통과한 단어는 사전 속에 있는 그에 상응하는 단어를 자극한다. 이 자극의 강도가 식역치(threshold, 의식에 필요한 최소 강도)를 넘어서야만 우리는 그 단어를 인식하게 된다. 이 사전 속 단어의 식역치는 두 가지의 중요한 특징을 가진다. 하나는 단어마다 그 값이 다르다는 점이다. 어떤 단어의 식역치는 낮기 때문에 쉽게 인식된다. 예를 들어, 자기 이름이나 위험을 가리키는 '불이야!'와 같은 중요한 단어의 식역치는 낮다고 가정한다. 둘째, 식역치는 청취자의 기대에 의해 순간적으로 낮아질 수도 있다. 예를 들어, 위의 보기에서 'sitting at a mahogany'라는 말을 듣고 나면 'table'이라는 단어의 식역치가 순간적으로 낮아져서 그 단어가 쉽게 인식될 가능성이 높아질 것이다. (이 예에서 'mahogany'

식역치
자극을 의식하는 데 필요한 활성화의 최저 정도.

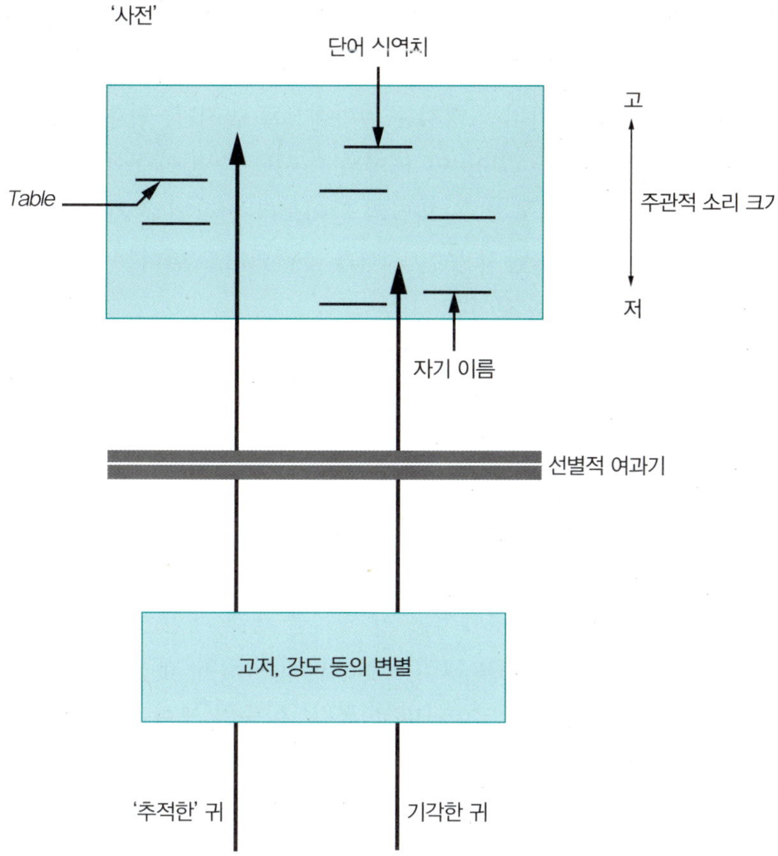

그림 3.4 Treisman의 약화 모형

출처: "Contextual cues in selective listening," by A. M. Treisman, 1960, *Quarterly Journal of Experimental Psychology*, *12*, 242-248. Copyright 1960 by the Experimental Psychology Society. Reprinted by permission.

는 '목재'의 이름이기도 하지만 '식탁'을 의미하기도 한다. '식탁'의 의미는 자주 쓰이지 않는 구어이다. —옮긴이 주)

Treisman이 제안한 이 모형은, 대부분의 경우 주의를 받지 못한 전갈은 잘 인식되지 않는다는 실험결과, 그리고 주의를 받지 못했음에도 어떤 단어는 가끔씩이나마 인식된다는 실험결과 둘 다를 설명할 수 있다. 앞서 언급했듯이, Treisman 모형의 여과기는 주의를 받지 못한 채널의 전갈을 **약화**(attenuation)시키는 작용을 한다. 더 작은 소리로 들리게 만든다는 뜻이다. 주의를 받지 못한 단어는 크게 들리지 않기 때문에, 그 식역치가 매우 낮거나 순간적으로 낮아지지 않는 한 식역치를 넘어서지 못한다. 그렇기 때문에 주의를 기울이지 않은 채널의 전갈은 잘 인식되지 않게 되는 것이다. 그림 3.4는 이러한 효과를 시각적으로 제시하고 있다. 화살표의 높이는 두 전갈(단어)의 주관적 크기를 나타내며 식역치의 높이는 단어를 인식하는 데 필요한 소리 크기를 나타낸다.

약화
주의를 기울이지 않은 채널로 입력되는 전갈에 대한 지각된(주관적) 크기가 작아지는 일.

중요한 단어(예: 자기 이름, '불이야!')는 그 식역치가 영구적으로 낮기 때문에 주의를 받지 못한 채널에 제시되어도 들리는 경우가 있다(Moray, 1959). 'table'과 같은 단어의 식역치는 일반적으로 높지만, 기대(맥락)에 의하여 순간적으로 낮아질 수가 있다. 이 모형의 이러한 측면 때문에, 주의를 받지 못한 채널의 단어가 주의를 받은 채널의 단어보다 전갈의 전체 맥락에 더 잘 부합되면, 때로는 주의를 받지 못한 단어가 추적되기도 한다는 Treisman(1960)의 발견을 설명할 수 있는 것이다.

Deutsch-Norman의 기억 선별 모형

앞에서도 보았듯이, 정보처리 모형을 구축할 때 자주 마주치게 되는 문제 중 하나는 수행의 한계(병목)가 어느 단계에서 나타나는지를 확정하는 일이다. 주의 모형을 구축하는 일에서도 이 문제는 예외일 수 없다. Broadbent의 모형과 Treisman의 모형에서는 이 병목을 형태 재인 단계에 두었다. 그러나 Deutsch와 Deutsch(1963) 그리고 Norman(1968)이 제안한 모형에서는 병목이 형태를 인식한 다음에 일어난다고 본다. 이들의 모형은 주의를 받지 못한 정보가 잘 인식되지 않는 이유를 인식 단계의 문제가 아니라 인식이 일어난 후에 생기는 문제라고 간주한다. 즉, 인식된 정보 중에서 기억할 정보를 선별하는 단계에서 생기는 문제라고 본다. 이 선별이 정보가 인식된 후에 일어난다는 뜻에서 이들의 모형을 흔히 후기-선별 모형(late-selection models)이라고 한다.

후기-선별 모형
자극에 대한 인식이 일어난 후, 기억되어야 할 정보를 선별하는 단계에서 병목현상이 일어난다고 보는 모형.

앞서 소개한 추적 실험에서 두 가지 전갈을 청취해야 하는 과제를 후기-선별 모형으로 설명해보자. 후기-선별 모형은 두 가지 대화가 모두 인식되지만, 중요하지 않은 단어는 곧바로 망각되어 버린다고 가정한다. 주의를 기울이고 있는 채널의 단어가 중요한 이유는 그 채널의 단어를 추적해야 하기 때문이다. 그리고 주의를 받지 못하는 채널의 단어가 중요하지 않은 이유는 주의를 기울이지 말라는 주문을 받았기 때문이다. 따라서 주의를 받지 못한 채널의 단어는 인식은 되지만 중요한 단어(예: 자기 이름)가 아니기 때문에 쉽게 망각되어버린다는 것이 이들 후기-선별 모형의 설명이다.

Broadbent의 모형에서 가장 중요한 두 단계는 여과기와 감각기억이다. 주의를 나타내는 것이 여과기이며, 어느 정보가 인식될 것인지는 여과기에 의해 결정된다. Broadbent의 모형에서도 주의를 받지 못한 전갈이 인식될 수는 있다. 그러나 전갈이 인식되기 위해서는 그 전갈이 감각기억에서 소멸되기 전에 주의가 그 전갈로 옮아가야만 한다. Treisman의 모형에서 가장 중요한 두 단계는 여과기와 형태 인식이다. 여과기는 주의를 받지 못한 정보를 약화시킨다. 따라서 주의를 받지 못한 채널의 단어를 인식하기는 쉽지 않다. 그러나 주의를 받지 못한 전갈도 인식될 수는 있다. 하지만 그 전갈은 이미 약화되어 있기 때문에 인식에 필요한 식역치를 넘어설 수 있을 만큼 식역치가 낮을 때에만 가능한 일이다. Deutsch와 Deutsch의 모형에서 가장 중요한 두 단계는 형태 인식과 선별이다. 주의를 받은 전갈도 받지 못한 전갈도 모두 인식된다. 그러나 인식된 후의 선별 작업에서 선택되어 기억된 전갈만 나중에 재생된다.

이들 세 모형을 평가하기 위해 많은 노력이 투자되었다. 병목의 위치를 결정하기 위한 실험에서 Treisman은 참여자들의 각 귀에다 상이한 목록의 단어를 들려주면서, 어느 귀에서든 표적 단어가 들리면 손으로 탁자를 치라고 지시하였다. 물론 참여자들은 정해진 귀로 들리는 모든 단어를 따라 말해야(추적해야) 했다. 손으로 탁자를 치는 일은 단순한 일이기 때문에 주의를 기울이지 않아도 즉각적으로 수행할 수 있는 반응이다. 만약 병목현상이 반응-선별 단계에서 일어난다면, 주의를 기울이든 기울이지 않든 표적 단어는 정확하게 탐지되어야 한다. 하지만 병목현상이 인식 단계에서 벌어진다면, 주의를 기울인 귀에 제시된 표적 단어가 더 정확하게 탐지되어야 한다는 것이 Treisman의 논리였다. 실험 결과, 주의를 기울인 귀에 제시된 표적 단어는 87%가 탐지된 데 비해, 주의를 기울이지 않은 귀에 제시된 표적 단어는 8%밖에 탐지되지 않았다(Treisman & Geffen, 1967). 이 결과는 병목이 인식 단계에서 일어난다는 가설을 지지한다.

그러나 Deutsch, Deutsch, Lindsay(1967)는 이러한 결과를 자신들의 이론에 반하는 증거로 받아들이지 않았다. 그들은 주의를 기울여 추적한 전갈의 단어는 추적되었기 때문에 더욱 중요해졌고, 이 추가된 중요성 때문에 정반응률이 높아졌을 뿐이라고 주장했다. 또한 사람들은 주의를 기울이지 않은 귀에 제시된 자기 이름이나 기대한 단어를 가끔씩 듣는다고 말하곤 하는데, 이 사실로 보아 주의를 기울이지 않은 전갈 속의 단어 중 적어도 몇 개는 들리는 것이 분명하다는 것이 이들의 주장이다.

3.2 용량 이론

Broadbent의 모형, Treisman의 모형, Deutsch와 Deutsch의 모형, 그리고 Norman의 모형은 병목의 위치에 관한 많은 실험과 논쟁을 야기했다. 어떤 실험 결과는 병목이 지각/인식 단계의 한계 때문에 생긴다는 주장을 지지하는 반면, 다른 결과는 병목현상이 지각/인식 단계 이후에 일어난다는 주장을 지지한다(Johnston & Dark, 1986). 병목의 위치에 관한 의견 불일치는 두 가지 결과를 초래하였다.

첫째, 과제에 따라 병목의 위치가 어느 정도 조절되는 것 같다는 믿음(Johnston & Heinz, 1978)이 일기 시작했다. 자극의 강도나 위치 같은 물리적 특징을 기초로 정보를 선별하는 일보다는 자극의 의미를 바탕으로 정보를 선별하는 일이 더 어려운 게 사실이다. 따라서 우리는 형태 인식(지각) 전에 벌어지는 이른 선별보다는 형태 인식 이후에 벌어지는 늦은 선별에 더 많은 정신적 노력(용량)이 소모될 것이라는 가설을 세울 수 있다.

둘째, 심리학자들의 관심사가 병목의 위치에서 과제 수행에 요구되는 용량(자원)의 차이로 옮겨갔다. 주의의 용량 모형 구축이 관심을 끌기 시작한 것이다. 우선, 용량 이론과 병목 이론 간 차이부터 분명하게 구분할 필요가 있다. 이를 위해, Kahneman(1973)이 제안한 주의의 용량 모형부터 살펴보기로 하자. 그런 후 주의의 유연성을 주장하는 Johnston과 Heinz(1978)의 모형을 살펴볼 것이다. 이 이론은 병목 이론과 용량 이론을 연관시킬 수 있는 가능성을 제시하기도 했다.

용량 모형의 보기

용량 이론은 과제 수행에 요구되는 정신적 노력(mental effort)의 양을 다룬다. 연구자들의 관심을 병목 이론에서 용량 이론으로 옮겨놓는 데 일조한 책 중 하나가 Kahneman의 *Attention and Effort*(1973)이었다. Kahneman은 용량 이론을 제안하면서 정신적 작업을 수행할 수 있는 최대 역량(용량 또는 자원)에는 한계가 있다고 가정한다. Kahneman은 병목 이론을 대체하기 위해서가 아니라 병목 이론을 보완하기 위해 용량 이론을 고안했다.

용량 이론도 또 병목 이론도 동시에 전개되는 두 가지 이상의 활동은 서로를 방해/간섭할 수밖에 없다는 가정을 수용한다. 그러나 이 두 이론은 방해의 원인을 서로 다른 데서 찾는다. 병목 이론은 하나의 기제(예: 음성 인식)로 두 가지 일을 동시에 처리해야 하기 때문에 간섭이 일어난다고 주장한다. 그러나 용량 이론은 두 가지 과제 수행에 필요한 용량(예: 자원)이 가용한 최대 용량(자원)보다 크기 때문에 간섭이 일어난다고 주장한다. 다시 말해, 병목 이론에서는 두 가지 과제가 동일한 기제를 이용하는 정도에 따라 간섭의 정도가 달라진다고 주장한다. 반면, 용량 이론에서는 과제의 개수에 관계없이 과제 수행에 요구되는 정신적 노력이 가용한 최대 용량을 초과하는 정도에 따라 방해의 정도가 달라진다고 주장한다.

또한, 용량 이론에서는 사람들은 자신의 용량을 여러 가지 활동에 적절하게 분배하는 통제력을 가진다고 가정한다. 예를 들어, 우리는 자동차를 운전하면

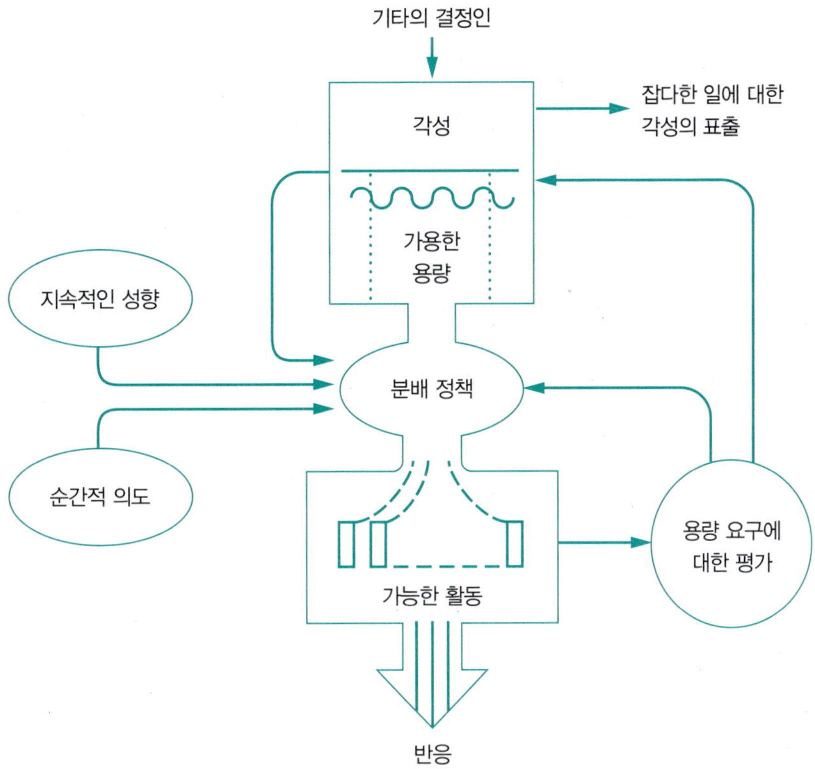

그림 3.5 주의의 용량 모형

출처: Daniel Kahneman, *Attention and effort*, Copyright 1973, p. 10. Reprinted by permission of Prentice-Hall, Inc., Englewood Cliffs, NJ. APA is not responsible for the accuracy of this translation.

서 동시에 대화를 나누곤 한다. 물론, 이런 일이 가능한 이유는 운전과 대화에 요구되는 정신적 노력/자원이 우리가 가진 최대 용량/자원을 초과하지 않기 때문이다. 그러나 교통이 복잡해져서 운전에 부담이 생기면, 그때는 대화에까지 할애할 여유(용량)가 없기 때문에 대화에는 정신적 노력을 분배하지 않고 운전에만 집중하게 된다.

용량 분배
제한된 용량(정신적 자원 또는 노력)을 여러 과제 수행에 배분하는 일.

그림 3.5는 정신적 활동에 **용량이 분배**(allocation of capacity)되는 모습을 모형으로 보여주고 있다. 주의를 요하는 활동이면 어떤 활동이든 이 모형에 끌어넣을 수 있다. 왜냐하면, 이들 활동은 모두 한정된 용량을 분배받기 위한 경쟁관계에 있기 때문이다. 정신활동에 따라 요구되는 주의의 양도 달라진다. 정신적 노력을 거의 요구하지 않는 과제도 있지만 많은 노력을 요구하는 과제도 있다. 주의의 공급이 요구를 충족시키지 못하면 수행 수준이 떨어진다. 특정 활동의 요구를 충족시키는 데 필요한 용량이 충분하지 못하거나 주의가 다른 활동에 집중되어 있으면 그 활동은 완전히 실패로 돌아갈 수도 있다.

각성
정신적 노력(용량)의 배분에 영향을 미치는 생리적 상태.

Kahneman의 모형은 가용한 용량이 **각성**(arousal) 수준에 따라서 달라진다

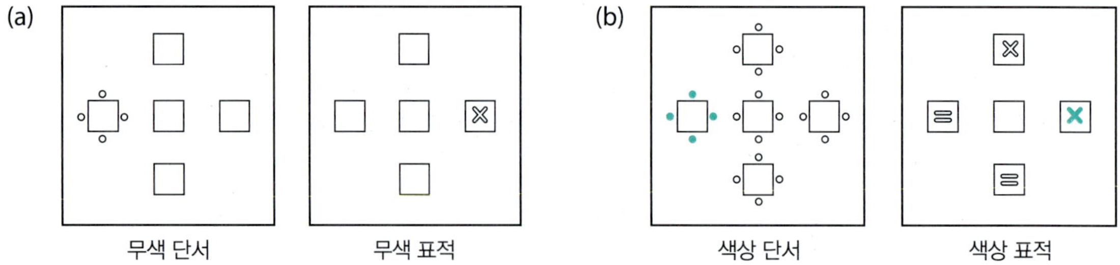

그림 3.6 색이 없는 단서와 표적의 보기(a) 그리고 색이 있는 단서와 표적의 보기(b)

출처: "Involuntary covert orienting is contingent on attentional control settings," by C. L. Folk, R. W. Remington, & J. C Johnston, 1992, *Journal of Experimental Psychology: Human Perception and Performance, 18*, 1030-1044. Copyright 1992 by the American Psychological Association. Reprinted by permission.

고 가정한다: 각성 수준이 낮을 때보다는 적당히 높을 때에 가용한 용량이 더 크다고 가정한다. 그러나 너무 높은 각성 수준은 수행을 간섭할 수도 있다. 이 전제는 각성 수준이 중간 정도일 때 수행 수준이 가장 높다고 하는 Yerkes-Dodson 법칙(1908)과 같다.

각성 수준은 진행 중인 활동에서 제공되는 평가(피드백)에 의해 통제될 수 있다. 물론, 이런 일이 가능하기 위해서는 이들 활동에서 요구하는 정신적 노력의 양이 한계를 넘어서지 않아야 한다. 두 가지 이상의 활동 중 어느 활동을 지지할 것인지는 주의의 두 가지 측면(수의적 측면과 불수의적 측면)에 따라 달라진다. 예를 들어, 우리는 신기한 일이나 갑자기 움직이는 물체 또는 자기 이름 등에 의해 주의를 빼앗기기도 한다. 이처럼 주의를 자신도 모르게 빼앗기는 불수의적 측면을 지속 성향(enduring dispositions)이라고도 한다. 그러나 우리는 빼앗겼던 주의를 되돌려 원하는 곳에 집중시킬 수도 있다. 특정 순간의 구체적 목적이나 목표에 따라 어느 활동에 더 많은 주의를 기울일 것인지를 의도적으로 결정하는 이런 수의적 측면은 주의의 순간적 의도(momentary intention)를 반영한다. 예를 들어, 우리는 교수의 강의에 귀를 기울이기도 하고, 친구를 찾아내기 위해 교실 안을 훑어보기도 한다.

이처럼, 주의를 수의적 측면과 불수의적 측면으로 나누고 보면, 이 두 측면이 상호작용할 가능성이 관심을 끌게 된다. Folk, Remington, Johnston(1992)은 이 둘이 상호작용한다고 주장한다. 즉, 불수의적 주의가 수의적 주의에 따라 달라질 수 있다는 것이다. 다시 말해, 어떤 대상에 주의를 빼앗기는 정도(지속 성향)가 순간적 의도에 따라 달라질 수 있다는 뜻이다. 그림 3.6(a)의 지각 과제를 살펴보자. 참여자에게는 주변의 네모 4개 중 하나에 두 가지 기호 중 하나가 나타날 것이라고 알려주고, 그 기호가 '×'인지 아니면 '='인지를 재빨리 판단해보라고 지시했다. 표적 기호가 나타나기 직전에 4개의 네모 중 하나에다 단서(예: 네모 밖의 작은 점 4개)를 제시했다. 그러나 그 단서는 표적이 나타날 위치와는 무관하게 제시되었기 때문에 정보로서의 가치가 없었다. 단서가 제시된 곳에 표적 기호가 나타날 확률이 25%에 불과했다는 말이다. 따라서 참여자들은 이 단서를 무시해야만 했다. 예를 들어, 그림 3.6(a)는 단서는 왼쪽 네모를 가리키는데 표적은 오른쪽 네모에 나타난 경우를 보여준다. 그런데도 단서가 나타났던 곳에 표적이 제시되면 단서가 나타나지 않았던 곳에 표적이 제시되었을 때보다 참여자들의 반응이 더 빨랐다. 이는 주의가 단서에 포획되었음을 반영한다. 즉, 주의의 불수의적 측면이 작용했음을 반영한다.

그림 3.6(b)도 주의가 단서에 포획되는 현상을 예시하기 위한 것이다. 이 조건에서는 단서와 표적이 동일 색상으로 제시되었다. 참여자들은 색상을 가진 기호가 '×'인지 아니면 '='인지를 재빨리 판단해야 했다. 그림 3.6(b)는 색상 단서는 왼쪽 네모에 나타났었는데 색상 표적은 오른쪽 네모에 나타난 시행을 보여준다. 이처럼, 색상 단서가 색상 표적의 위치에 관한 정보를 제공하지 못하는데도 색상 단서가 제시되었던 곳에 색상 표적이 제시되었을 때 반응이 더 빨랐다. 여기서도 주의가 단서에 포획되는 현상이 벌어진 것이다.

그런데 그림 3.6(b)의 단서 자극을 바꾸어 제시하면, 단서가 무시되는 일, 즉 주의의 수의적 측면과 불수의적 측면 간 상호작용이 벌어진다. 예를 들어, 무색 단서를 상단에 제시한 직후, 색상 표적을 하단에 제시했을 때는 단서의 위치가 수행에 미치는 영향력이 사라져버린다. 단서에 쏠린 불수의적 주의가 표적의 구체적 속성에 쏟은 수의적 주의에 의해 통제된 것이다. 색상을 기준으로 표적을 선별해야 하는 조건에서 단서가 주의를 끌기 위해서는 단서도 색상이어야 한다는 말이다. 이러한 발견은 우리의 모든 주의가 자동적으로만 포획되는 것이 아니고, 우리가 주의를 어떻게 관리하느냐에 따라 불수의적으로 포획되는 정도가 달라진다는 의미를 갖는다.

용량과 선별의 단계

Johnston과 Heinz(1978)는 주의가 유연하다는 것 그리고 병목 이론과 용량 이론 간에 상호작용이 일어난다는 것을 입증하였다. Johnston과 Heinz는 주의 이론을 개발하기 위해 선별적 청취 과제를 이용했기 때문에 병목현상을 관찰할 수 있었다. 그러나 초창기의 병목 이론과는 달리, 그들은 청자가 병목의 위치를 통제할 수 있다고 주장한다. 그들은 병목의 위치가 인식 이전 단계(Broadbent의 이론처럼)에서부터 의미 분석 이후(Deutsch & Deutsch의 이론처럼)

중다양식 이론
정보처리 단계 중 어느 단계의 정보가 선별될 것인지는 과제의 요구와 정보 처리자의 의도에 의해 결정된다고 주장하는 이론.

부차적 과제
주로 표적자극에 대한 반응시간을 측정하는 과제. 일차 과제에 소요되는 용량(자원의 양)을 평가하기 위해 이용된다.

까지 진행되는 연속적 과정 중 어느 곳에서나 발견될 수 있다고 보았다. 병목 위치의 이러한 가변성 때문에, Johnston과 Heinz는 그들의 이론을 중다양식 이론(multimode theory)이라 불렀다. 그들은 과제 수행에 가장 적절한 주의의 양식을 청자가 선택할 수 있다고 생각했던 것이다.

청자는 후기 선별 양식을 채택함으로써 동시에 제시되는 전갈 두 개의 의미를 모두 이해하려고 할 수도 있다. 하지만 선택을 후기로 미루게 되면 대가를 치러야 한다. 인지 시스템이 초기 선별 양식에서 후기 선별 양식으로 이동해 감에 따라 우리는 두 개의 전갈 중 이차적 전갈에 대한 정보를 더 많이 수집할 수 있다. 하지만 이 때문에 일차적 전갈을 이해하는 데 필요한 주의가 감소된다(용량이 한정되어 있기 때문에). 그러므로 이 이론에 따르면, 청자가 이차적 전갈을 보다 완전히 처리하려고 하는 만큼 일차적 전갈에 대한 이해는 감소할 수밖에 없다.

Johnston과 Heinz(1978)는 바로 이 예측을 검증하기 위해 일련의 실험을 실시하였다. 실험 과제 수행에 요구되는 정신적 노력의 양을 측정할 때는 주로 부차적 과제(subsidiary task)를 제시하고, 그 부차적 과제에 대한 반응속도를 측정한다. Johnston과 Heinz는 선별적 청취 과제를 일차적 과제로 그리고 불빛 신호에 반응해야 하는 과제를 부차적 과제로 제시했다. 불빛 신호는 청취 과제를 수행하는 동안에 무작위로 제시되었고 참여자는 최대한 신속하게 단추를 눌러 신호에 반응해야 했다. 선별적 청취 과제에 더 많은 주의가 할애될수록 신호 감시에 이용될 수 있는 주의는 줄어들 것이고, 그 결과 신호에 반응시간이 느려질 것이라고 생각했던 것이다.

그들이 실시한 여러 실험 중 하나에서는 단어 쌍을 양쪽 귀에다 동시에 제시하고, 참여자들에게 말소리의 고저에 따라 또는 단어의 의미에 따라 단어를 추적해야 한다고 지시했다. 한 세트의 자극은 남자 목소리와 여자 목소리로 제시되었고, 참여자들은 남자가 말하는 단어 또는 여자가 말하는 단어만을 추적해야 했다. 이 조건에서는 두 전갈이 물리적으로 달랐기 때문에(남자 목소리와 여자 목소리였기 때문에), 참여자들은 초기의 감각적 선별 양식(후기에 벌어지는 의미 처리가 필요 없는 선별 양식)을 사용할 수 있었다. 다른 집단에 제시된 또 한 세트의 자극은 동일한 목소리로 제시되었는데, 각 귀에 제시된 단어의 의미(범주)가 서로 달랐다. 예를 들어, 왼쪽 귀에 제시된 단어가 도시 이름으로 구성되었다면 오른쪽 귀에 제시된 단어는 직업 이름으로 구성되었다. 참여자들은 이 두 가지 범주의 단어 중 한 범주에 속하는 단어만 추적하고 다른 범주에 속하는 단어는 무시해야 했다. 이 조건의 참여자들은 주어진 과제를 수행하기 위해 후기에 벌어지는 의미 처리에 필요한 선별 양식을 사용해야 했다.

중다양식 이론에서는 후기 선별 양식을 필요로 하는 과제에 더 많은 주의(용량)가 소요된다고 예측한다. 그러므로 의미 선별 양식을 사용해야 하는 조건에서는 불빛 신호에 대한 반응시간은 느려질 것이며, 선별적 청취 과제에서는 더 많은 오류를 범하게 될 것이라고 예측한다. 이 이론은 또한 자극 목록 두 개를 청취하여 추적하는 일이 목록 하나를 청취하여 추적하는 일보다 더 많은 용량을 필요로 하며, 자극 목록 하나만 청취하고 추적하는 일은 아무것도 청취하지 않는 일보다는 더 많은 주의(용량)를 필요로 할 것이라고 예측한다. 불빛 신호에 대한 반응시간, 즉 부차적 과제에 대한 반응시간은 이러한 예측을 지지하는 것으로 드러났다. 신호에 대한 평균 반응시간은 자극 목록이 없을 때는 310ms, 자극 목록이 하나일 때는 370ms, 두 개의 자극 목록이 감각적 단서(남녀 목소리)를 기초로 구분되는 경우는 433ms, 두 개의 자극 목록이 의미를 기초로 구분되는 경우는 482ms였다. 일차적 과제였던 추적 과제의 수행 수준 역시 조건에 따라 달랐다: 오류 백분율은 자극 목록이 하나인 경우 1.4%, 두 개의 자극 목록이 감각 단서를 기초로 나뉘는 경우 5.3%, 두 개의 자극 목록이 의미를 기초로 나뉘는 경우는 20.5%로 드러났다.

Johnston과 Heinz(1978)는 이러한 결과를 자신들의 견해, 즉 선별적 주의집중은 (처리)자원을 요구하며, 요구되는 자원의 정도는 초기 선별 양식에서 후기 선별 양식으로 이동함에 따라 커진다는 가정을 지지하는 증거로 해석했다. 모든 실험에서 자극 목록 한 개만 청취해야 할 때보다 두 개를 청취해야 할 때 반응이 더 느렸고, 이 결과는 첫 번째 가정을 지지한다. 그리고 감각 단서보다는 의미에 주의를 기울여야 할 때 반응시간이 더 길었는데, 이 결과는 두 번째 가정을 지지한다. 이 후자의 결과를 선별적 청취 과제에 대한 수행 결과와 함께 고려하면, 주의의 폭을 넓힐 수는 있지만 폭을 넓히면 자원(용량) 할애 및 선별 정확성 감소라는 대가를 치러야 한다는 결론에 도달하게 된다.

시각 및 청각적 주의에 관한 많은 연구를 고찰한 후, Pashler(1998)는 중다양식 이론과 흡사한 모형을 제안하였다. 그림 3.7에서 알 수 있듯이, Pashler의 모형에서는 선별이 여과(filtering) 단계인 초기에도 또 의미 분석 단계인 후기에도 벌어진다. 그림 3.7에서 S3으로 표기된 자극은 여과기를 통과하지 못하기 때문에 의미 분석 단계에 다다르지 못하게 된다. 예를 들어, 여성의 목소리(S1)로 말하는 단어만 추적하고 남성의 목소리(S3)로 말하는 단어는 무시하라는 지시를 받았다고 하자. 이 경우, 단어의 의미는 분석할 필요가 없고 목소리만으로도 남성이 말하는 단어를 제외시킬 수 있을 것이다. 이제 동일한 목소리로 동시에 말하는 단어 중에서 도시 이름(S1)은 추적하고 직업 이름(S2)은 무시해야 하는 과제를 생각해보자. 이 과제를 수행하기 위해서는 두 단어

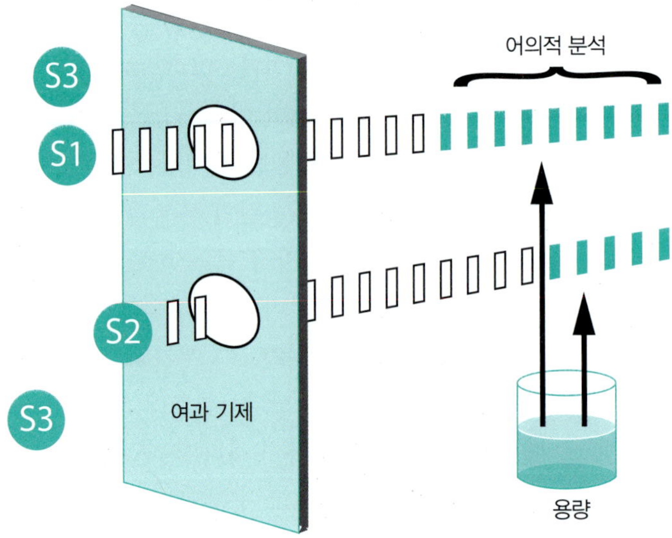

그림 3.7 선별이 초기에도 후기에도 이루어진다고 가정하는 모형
출처: *The psychology of attention*, by Harold Pashler, 1998, p. 227(Cambridge, MA: MIT Press). Reprinted by permission.

모두의 의미까지 분석을 해야만 한다. 이들 두 여과기(S1과 S2)를 통과하는 자극 단어의 의미가 분석되고 되지 않고는, Kahneman의 모형에서처럼 이 분석에 필요한 주의의 용량이 가용한 용량보다 큰지 작은지에 따라 결정된다. Johnston과 Heinz(1978)의 실험에서 두 단어 모두의 의미를 따져봐야 하는 조건에서 오류율이 매우 높게 나타났다는 것은 이런 일이 실제로 벌어지고 있음을 반영한다.

Pashler의 모형에 따르면, 우리 인간처럼 주의의 용량이 극히 제한된 유기체는 많은 정보를 동시에 처리할 수 없게 만들어진 셈이다. 그러나 두 가지의 희망이 있다. 첫째, 만약 주의가 중다양식 이론이 시사하는 것처럼 유연한 것이라면, 적어도 우리는 주의를 활용하는 최선의 방식을 선택할 수가 있다. 둘째, 일부 과제는 연습을 충분히 하면 자동적으로 수행되기 때문에 소중한 주의를 축내지 않고도 완수할 수 있다.

3.3 자동적 처리

과제에 따라 그 과제를 수행하는 데 요구되는 정신적 노력이 크게 달라진다. 이 사실은 Johnston과 Heinz(1978)의 연구뿐 아니라 다른 많은 연구에서도 입

자동적 처리
정신적 노력을 거의 요구하지 않는 정신적 조작(작업).

증되었다. 많은 연습을 통해 숙달된 기능(skills)은 정신적 노력을 거의 요구하지 않기도 한다. 이런 숙달된 기능이 작동하는 방식을 일컫기 위해 **자동적 처리**(automatic processing)라는 용어가 등장했다. 자동적 처리의 한 가지 특징은 저도 모르는 사이에 벌어진다는 점이다. 사실 우리가 수행하는 많은 일은 의도적 선택으로 결정되는 것이 아니라 환경의 속성, 특히 의식 밖의 정신활동을 촉발하는 환경의 속성에 의해 결정된다는 주장도 대두되고 있다(Bargh & Chartrand, 1999).

정보를 자동적으로 처리할 수 있게 되면 주로 장점이 먼저 부각된다. 자동적 처리 덕분에 우리는 일상생활 속의 많은 일을 주의를 기울이지 않고도(정신적 노력을 하지 않고도) 수행할 수 있기 때문이다. 그러나 자동적 처리가 단점으로 작용할 수도 있다. 별 생각 없이 일을 하기 때문에 우스운 실수를 범하기도 하고 또 했던 일을 기억하지 못하기도 한다.

우선, 어떤 처리가 자동적으로 진행되는지 또는 그렇지 않은지를 결정하는 준거부터 살펴보자. 그런 다음, 자동적 처리가 읽기와 같은 복합적인 인지 과제 수행에 어떤 도움을 주는지를 살펴보기로 하자.

자동적 기능이란?

Posner와 Snyder(1975)는 어떤 기능이 자동적인지 아닌지를 결정하는 준거로 세 가지를 제안했다. 어떤 기능이 자동적이기 위해서는, 그 기능이 (1) 의도하지 않아도 일어나야 하고, (2) 의식하지 못하는 사이에 벌어져야 하며, (3) 다른 정신적 활동을 방해하지 않아야 한다.

자전거 타기를 예로 들어 이들 준거의 의미를 살펴보자. 우리들 대부분은 자전거 타는 기술을 배울 때, 처음에는 비틀거리며 몇 미터 못 가 멈추고는 다시 시작하곤 했던 경험을 아직도 기억하고 있을 것이다. 누구나 처음에는 균형을 잡기 위해 의도적인 노력을 해야 하고, 그러한 노력을 의식하고 있어야 하며, 또 다른 활동을 할 생각은 꿈도 꾸지 못한 채 자전거 타는 일에만 모든 정신적 노력을 기울여야 한다. 그러나 일단 균형 잡는 일을 익히고 나면, 그 일이 처음에는 왜 그렇게 어려웠는지를 상상조차 할 수 없게 된다. 이때가 되면 균형을 잡으려는 의도적 노력 없이도 균형을 잡을 수 있으며, 균형을 잡기 위한 노력을 한다는 사실조차 알아차리지 못한다. 그뿐만 아니라 균형 잡는 일에만 집중할 필요가 없어지기 때문에 경치를 즐기거나 다른 생각을 하며 자전거를 탈 수 있게 된다.

단어 읽기도 처음에는 많은 정신적 노력을 요하는 과제이다. 그러나 단어 읽기도 결국에는 자동적인 기능이 되고 만다. 실제로는 너무 자동적인 기능이 되어버려 나중에는 읽지 말아야 하는 경우에도 읽지 않을 수 없게 되어버린다. 빨강, 파랑, 또는 보라색으로 인쇄된 단어를 보고, 그 단어의 잉크 색을 말해야 하는 과제를 생각해보라. 이 과제는 예를 들어, '빨강'이란 단어를 파랑으로 인쇄해 두고, '빨강'이 아니라 '파랑'이라고 말하라고 요구한다. 이 경우 단어를 읽으면 잉크 색을 말하기가 어려워지니까 단어를 읽지 않는 편이 유리하다. 그런데도 우리는 단어를 읽지 않을 수 없다(Stroop, 1935). 이 현상은 발견자의 이름을 따라 **스트룹 효과**(Stroop effect)로 알려져 있다.

> **스트룹 효과**
> 잉크 색의 이름을 대는 과제에서, 잉크 색과 그 잉크로 적힌 단어가 다르면(예: 파란색 잉크로 적힌 '빨강'이란 단어), 예를 들어 '파랑'이라는 단어가 파란색 잉크로 적힌 조건에서보다 반응 시간이 길어지는 현상(이 두 조건 모두에서 참여자는 '파랑'이라고 반응해야 함).

스트룹 효과는 '우리는 마음속에서 벌어지는 정보처리 작업을 마음대로 통제할 수 있을까?'라는 Posner와 Snyder(1975)의 질문에 부분적인 답을 제공하고 있다. 스트룹 효과는 사람들은 눈으로 본 단어를 읽지 않을 수 없다는 사실을 반영한다. 마음속에서 벌어지는 정신활동을 우리 마음대로 통제할 수 없을 때도 있다는 말이다. 이처럼, 자동적 처리는 의도하지 않아도 일어나기 때문에 귀찮은 일이 될 때도 있다. 그러나 앞서도 언급했듯이, 자동적 처리는 대개 이롭게 작용한다. 예를 들어, 글을 읽고 글쓴이의 의도를 파악하는 과정은 아주 복잡한 과정이다. 그 글을 구성하는 단어를 읽는 과정(단어 재인과정)이 자동적으로 처리되지 않으면 우리의 정보처리 기제는 과부하에 걸려 제대로 작동하지 못하게 될 수도 있다. 즉, 글을 읽고도 저자의 마음을 읽지 못할 수도 있다는 말이다. 다행히도 단어 재인까지의 여러 과정이 자동적으로 진행되기 때문에 우리는 지은이의 의도를 파악할 수 있게 되는 것이다.

자동적 부호화

저녁 식탁에서 하루를 어떻게 보냈냐는 질문을 받으면, 대부분의 사람들은 낮에 있었던 일을 비교적 쉽게 기억해낸다. 일상생활에서 벌어지는 일을 기억하려고 애를 쓰는 사람은 없을 것이다. 어떻게 사람들은 낮에 있었던 일을 어렵지 않게 기억해내는 것일까? 의도적 노력 없이도 낮에 있었던 일이 기억되었다면, 그 정보는 자동적으로 기억되었다고(부호화되었다고) 해야 할 것이다.

Hasher와 Zacks(1979)가 제안한 **자동적 부호화**(automatic encoding) **이론**은 기억 활동을 두 가지, 즉 상당한 노력(또는 용량)을 요구하는 기억 활동과 그런 노력을 거의 또는 전혀 요구하지 않는 기억 활동으로 구분하고 있다. 노작적 부호화(effortful processes)에 해당하는 전자에는 시각적 심상, 정교화, 조직화, 어문적 암송 등 다양한 기억 증진 전략이 포함된다. 자동적 처리에 해당하는 후자는 학습하려는 의식적인 노력이 없을 때 일어나는 **우연 학습**(incidental learning)

> **우연(적) 학습**
> 의도적인 노력 없이도 이루어지는 학습.

을 가능케 한다. Hasher와 Zacks는 빈도와 공간 및 시간에 관한 정보는 의식적으로 추적하지 않아도 자동적으로 기억될 수 있다고 제안했다.

빈도 정보(frequency information)는 특정 자극/일이 얼마나 빈번하게 일어나는지를 명시하는 자료이다. 예를 들어, 실험 참여자들에게 여러 개의 사진을 반복적으로 보여주되, 각 사진이 반복 제시되는 횟수를 다르게 한다. 그런 후, 각 사진을 만난 회수를 추정해보라고 했을 때, 참여자들이 이용하게 될 정보가 빈도 정보에 해당한다. **공간 정보**(spatial information)란 어떤 물체가 환경 속의 어디에 위치하는지를 알려주는 정보이다. 이번에는 실험 참여자들에게 사진을 제시할 때 각각 다른 위치에 제시한 후, 나중에 각 사진이 제시되었던 위치를 지적하게 했을 때, 이 과제 수행에 이용될 정보가 공간 정보에 속한다. **시간 정보**(temporal information)는 특정 사건/일이 언제 일어나고 또 얼마나 오랫동안 지속되었는지에 관한 정보이다. 실험 중에 벌어졌던 여러 가지 사건/일을 두고 가장 최근에 또는 맨 먼저 일어났던 일/사건이 어떤 사건/일이었는지를 판단하거나 특정 사건/일이 얼마나 오래 지속되었는지를 결정할 때 이용되는 정보가 시간 정보에 해당한다.

이들 세 가지 정보가 기억에 자동적으로 기록될 수 있다는 주장을 검증하기 위해서는 자동적 부호화의 함의를 구체적으로 명시할 필요가 있다. Hasher와 Zacks(1979)는 자동적 부호화와 노작적 부호화를 구분 짓는 다섯 가지 기준을 제안하였다. 다음은 이들 준거와 거기에서 예측되는 효과를 정리하고 있다. 표 3.1은 이 내용을 요약한 것이다. 예측은 다음과 같다:

1. **의도적 학습 대 우연적 학습**: 의도적 학습은 목적을 가지고 노력을 할 때 일어나며, 우연적 학습은 그런 노력을 하지 않을 때 일어난다. 자동적 부호화의 경우, 우연 학습의 효과도 의도적 학습의 효과에 버금간다. 하지만 노작적 부호화의 경우에는 우연 학습의 효과가 의도적 학습의 효과보다 못하다. 빈도, 공간, 시간에 관한 정보는 노력을 하지 않아도 학습된다(예: 우리는 기억하려 노력하지 않았는데도 'ㄱ'자로 시작하는 단어가 'ㄹ'자로 시작하는 단어보다 많다는 것을 안다).
2. **훈련과 연습의 효과**: 자동적 부호화는 이미 효율적으로 수행될 수 있는 것이기 때문에 과제 수행에 관한 훈련을 받아도 또 과제 수행에 대한 연습을 해도 수행이 거의 향상되지 않는다. 훈련과 연습은 노작적 부호화의 수행만을 향상시킨다.
3. **과제 방해/간섭**: 자동적 부호화는 주의의 용량을 거의 또는 전혀 필요로 하지 않기 때문에 서로 간섭/방해하지 않는다. 노작적 부호화는 상당한 주의

표 3.1 자동적 부호화와 노작적 부호화에서 예상되는 효과

	자동적 부호화	노작적 부호화
의도적 학습 대 우연적 학습	차이 없음	의도적 학습 우위
훈련 및 연습 효과	효과 없음	둘 모두 수행 향상
과제 간섭/방해	방해 없음	방해 발생
우울 또는 흥분	효과 없음	수행 감소
발달 추이	없음	유아기 · 노년기에 수행 감소

를 필요로 하기 때문에 필요로 하는 용량이 가용한 용량을 초과할 때는 서로 방해/간섭을 일으킨다.

4. **우울 또는 흥분**: 우울 또는 흥분 같은 정서적 상태는 노작적 부호화의 효율성을 감소시킬 수 있다. 그러나 자동적 부호화는 정서 상태의 영향을 받지 않는다.
5. **발달 추이**: 자동적 부호화는 연령에 따른 변화가 거의 없다. 자동적 부호화는 일찍 습득되며 나이가 들어도 감퇴되지 않는다. 노작적 부호화는 발달에 따라 향상되며 어린이나 노인의 수행 수준은 별로 높지 않다.

만약 Hasher와 Zacks(1979)가 옳다면, 빈도, 공간, 시간 정보에 관한 기억은 학습이 의도적이든 우연적이든 그에 따른 차이가 없어야 하고, 연습이나 훈련, 우울 또는 흥분, 그리고 발달에 따른 차이도 없어야 하며, 다른 과제의 간섭도 받지 않아야 한다. 이 예측을 지지하는 증거는 사건의 빈도 판단에 관한 연구에서 가장 많이 확보되었다(Hasher & Zacks, 1984). 훈련도, 연습도 그리고 발달에 따른 개인차도 사건의 상대적 빈도를 판단하는 능력에는 별 영향을 미치지 못하였다. 사건의 빈도는 상당 부분 우연히 학습된다는 뜻이다. 빈도를 묻는 기억검사가 실시될 것이라는 사실을 몰랐을 때에도 지난 사건의 상대적 빈도에 관한 판단은 매우 정확했다. 사실 빈도에 관한 지식은 세상사를 예상하는 데 매우 유용한 정보로 활용된다. 그렇기 때문에, 빈도 정보가 자동적으로 부호화(기억)되는 일은 생존에 매우 유용한 작용임에 틀림없다. 빈도에 관한 정보가 활용되는 방식을 보여주는 구체적인 예는 범주화를 다루는 8장과 결정짓기를 논의하는 14장에서 소개될 것이다.

그러나 공간 정보와 시간 정보가 자동적으로 부호화된다는 증거는 명백하지 않다. 과제의 복합성 같은 변인도 이에 영향을 미치는 것으로 밝혀졌다. 흔한 물체를 그린 그림 20개가 6×6 행렬판 위의 36개 칸 중 20개를 채우고 있

뉴스 3.1

쿼터백 훈련시키기

Beth Azur

프로팀의 쿼터백이 실수를 하면, 관중들은 그의 시각이나 머리를 의심한다. 그러나 인간 요인 심리학자인 Arthur Fisk와 Neff Walker는 쿼터백의 이러한 어려움을 '고전적인 시각 탐색의 문제'로 간주하고, 어리석음보다는 훈련 부족 때문이라고 말한다.

기술 훈련 연구를 활용하여, 이들 두 조지아 공과대학 연구원들은 쿼터백으로 하여금 올바른 리시버를 선별하도록 하는 훈련 시스템을 고안했다. 기능 습득에 관한 선행 연구를 통해, Fisk와 Walker는 시각 탐색 과제를 잘 수행하기 위해서는 많은 연습을 해야만 한다는 것을 알고 있었다. 북미프로미식축구 리그의 최고 쿼터백의 평균 연령이 34세이며, 시각 탐색 과제 수행의 차이는 이 정도 나이에서(그리고 아마도 훈련에서)만 발견된다는 사실은 이들의 주장을 뒷받침하고 있다. "만약 결정적 기능의 결정적 요소만 자동화시킬 수 있다면, 빠르고, 실수 없고, 매끄러운 수행을 할 수 있게 될 것이다"라고 Fisk는 말한다. Fisk와 Walker는 쿼터백들에게 올바른 리시버를 선택하는 훈련을 충분히 시켜 이 과정의 각 측면이 자동화되도록 만드는 그런 훈련 시스템을 설계하고자 했다.

이들이 개발한 컴퓨터를 기초로 한 훈련 시스템은 실제 게임을 담은 필름에서 난잡한 장면을 오려내어 디지털 시스템으로 바꾸어 커다란 비디오 화면에 제시한다. 비디오에 보이는 게임 장면은 쿼터백 바로 뒤에서 잡은 장면이어서 공격진과 수비진을 모두 다 볼 수 있다. 쿼터백에게 자기가 경기장에서 본 것과 비슷한 장면을 보여주면, 실제 경기에서 그들이 마주치게 될 시각 자극(수비진의 모습 및 선수들의 움직임)에 자동적으로 반응할 수 있게 된다고 Walker는 설명했다. 대부분의 팀들이 경기 장면을 촬영하는 위치인 사이드라인에서 촬영한 경기를 관찰하면, 선수들은 경기를 이해할 수 있게는 되지만, 시각적 자극에 대한 자동적 반응은 개발시키지 못한다고 그는 말했다.

출처 : "Solving a classic visual search problem," by Beth Azur, *APA Monitor*, July 1996, 20.

는 모습을 보았다고 하자. 그런 후, 그 행렬판 위의 그림 10개의 위치를 바꾸어 제시하면, 위치가 바뀌지 않은 그림 10개를 찾아낼 수 있겠는가?

공간 정보가 자동적으로 부호화되는 것이라면, 이 과제는 비교적 쉬워야 한다. 그리고 의도적으로 학습을 하려고 노력해도 그리고 훈련을 하고 연습을 해도 수행 수준이 달라지지 않아야 한다. 또한 다른 과제의 방해도 받지 않아야 하고 정서 상태나 나이에 따른 수행 수준의 변화가 관찰되지 않아야 한다. 그러나 Naveh-Benjamin(1988)이 검토한 변인들은 모두 이 과제를 수행하는 능력에 영향을 미치는 것으로 밝혀졌다. 즉, 공간 정보에 관한 기억검사 점수의 경우, 우연적 학습보다는 의도적 학습의 영향을 더 많이 받았고, 동시에 수행해야 했던 다른 과제가 있을 경우 점수가 낮아졌으며, 나이 많은 참여자보다는 어린 참여자의 점수가 더 높았고, 훈련 및 연습을 통해 향상되는 것으로 드러난 것이다. Naveh-Benjamin은 비교적 복잡한 과제의 경우, Hasher와 Zacks가 제시한 기준이 준수되기는 하지만 엄격하게 준수되지는 않는다고 주장했다. 나이, 훈련이나 연습, 동시에 처리해야 하는 과제의 유무, 그리고 학습 의도에 따라서도 큰 변화를 보이지 않는 부호화 과정이 있다면 그 과정은 분명 다른 과정보다는 훨씬 자동적이라고 할 수 있을 것이다.

이와는 달리, 자동적 부호화란 대개의 경우, 많은 연습을 거듭한 후에야 성취되는 기능이라고 할 수도 있다. 복잡한 또는 복합적인 과제를 수행하기 위해서는 훈련과 연습이 필수적이다. 특정 기술을 처음 습득할 때는 그 기술을 구성하는 각 하위 기술부터 학습하는 편이 더 효과적일 것이다. 그러나 일단 각각의 요소 기술이 하나의 큰 기술로 통합되고 난 후에는 하위 기술 각각을 따로따로 생각할 수 없게 된다. 실제로 골프나 축구의 특정 기술에서 이런 일이 벌어지고 있는 것으로 확인되었다(Beilock, Carr, MacMahon, & Starkes, 2002).

자동적 처리는 우리가 잘 아는 기술을 습득하는 데도 중요하게 작용한다. 다음 절에서는 자동적 처리가 읽기에서 수행하는 중요한 역할을 살펴보기로 하자.

자동적 처리와 읽기

어린아이들이 직면하게 되는 가장 어려운 인지 기능 중 하나가 읽기이다. 읽기는 많은 하위 기능(요소 기능)을 거느리는데, 이 중 몇 가지는 이미 앞 장에서 논의된 바 있다. 예를 들어, 아이들은 낱자의 속성을 분석해야 하고, 이들 속성을 조합하여 낱자의 정체를 파악해야 하며, 단어를 읽을 때는 이들 낱자를 소리로 변환시켜야 하고, 개개 단어의 의미를 이해해야 하며, 문장을 이해하기 위해서는 여러 단어의 의미를 조합해야 한다. LaBerge와 Samuels(1974)는 읽기와 같은 여러 요소 기능으로 구성된 복합적 기능의 습득은 자동적 처리 덕분에 가능해진다고 주장한다.

LaBerge와 Samuels(1974)에 따르면, 어떤 기능이 자동적인지 아닌지는 주의가 다른 곳에 집중된 상태, 즉 처리 자원(용량)이 할당되지 않는 상태에서 그 기능이 완수되는지를 기초로 결정된다. 이 주장은 요소 기능이 자동화되지 않으면, 각각의 요소 기능을 수행하는 데 일정한 용량을 할당해야 하는데, 이때 각 요소 기능에 할당해야 할 용량의 합이 최대 용량보다 커져버리면, 결국에는 그런 요소 기능 모두를 필요로 하는 복합적 인지 기능(예: 읽기)은 수행할 수 없게 될 것이라는 생각에 근거를 두고 있다.

앞 장에서 본 바와 같이, 읽기 학습의 초기에 갖추어야 할 요소 기능 중 하나가 낱자의 속성을 찾아내는 기능이다. 찾아낸 속성들을 다시 조합해야 낱자가 만들어진다. LaBerge와 Samuels(1974)에 의하면, 속성을 조합하여 낱자를 만들어내는 이 과정도 처음에는 주의를 필요로 한다. 그러나 낱자를 인식하는 연습을 충분히 하고 나면, 속성들을 조합하여 낱자를 만들어내는 기능이 자동적으로 진행되기 때문에, 그때부터는 다른 기능에다 주의를 할애할 수 있을 만큼 용량에 여유가 생기게 된다.

LaBerge와 Samuels(1974)의 주장을 확대시키면, 만약 단어가 개별 낱자의 조합으로 인식되지 않고 하나의 단위로 인식될 수만 있다면 단어 읽기에도 자원(용량)이 훨씬 적게 소요될 것이라는 예측이 가능해진다. Reicher(1969)의 실험에 참가했던 거의 모든 사람들이 네 개의 낱자로 만들어진 단어를 네 개의 독립적인 낱자가 아니라 하나의 단위로 지각했다고 보고했다는 것을 기억할 것이다.

사실, 우리는 자주 만나는 단어를 하나의 단위로 지각하며, 그렇기 때문에 그 단어 속의 개별 낱자에는 주의를 집중하기가 어려운 것으로 알려져 있다(Healy, 1980; Schneider, Healy, & Gesi, 1991). Healy의 연구결과는 LaBerge와 Samuels(1974)가 주창한 이론과 일치한다. 즉, 자주 만나는 단어는 한 개의 단위로 재인될 가능성이 높다. 자주 만나는 단어를 볼 때는 개별 낱자에 주의를 기울일 필요가 없기 때문에 그 단어를 인식하는 데 소요되는 용량이 줄어든다. 친근한 단어 인식에 할당되는 용량이 줄어들면, 문장의 의미를 이해하는 데 배분될 용량이 그만큼 커질 것이다.

그러나 단어 읽기도, 적어도 이중 언어 구사자에게는, 완전히 자동화되지는 않는 것으로 드러나고 있다(Van Assche, Duyck, Hartsuiker, & Diependaele, 2009). 네덜란드어-영어를 구사하는 네덜란드 학생들을 참여자로 실시한 실험에서 모국어(네덜란드어) 단어를 재인하는 데 소요되는 시간이, 자극 단어의 표기법이 그 단어와 동일한 의미를 가진 영어 단어의 표기법과 비슷한 정도에 따라 달라지는 결과가 관찰된 것이다. 다시 말해, 같은 뜻을 가진 영어 단어와 표기법이 비슷한 네덜란드어 단어(예: 영어 단어 sheep과 표기법이 비슷한 schaap)가 표기법이 판이한 단어(예: 영어 단어 duck과 표기법이 판이한 eend)보다 더 신속하게 인식되는 것으로 밝혀졌다. 이 결과는, 모국어 단어를 재인하는 기능 같은 고도로 자동화된 기능까지도 외국어 지식의 영향을 받는다고 시사한다.

3.4 적용 예

지금쯤 여러분도 [뉴스 3.1]과 [뉴스 3.2](p. 100 참조)에 소개되는 과제는 물론, 다른 많은 정신적 과제 수행에 주의가 중요한 역할을 수행하고 있다는 사실을 깨달았을 것이다. 이 마지막 절에서는 주의에 관한 연구가 운전에 적용되는 예를 살펴보기로 하자. 먼저 어린 초보 운전자들의 선별적 주의력 향상방법을 살펴본 후, 운전 중 휴대전화 사용과 관련된 문제를 살펴보기로 하자.

초보 운전자 훈련

선별적 주의력을 향상시키는 일이 가장 중요하게 적용될 수 있는 곳이 초보 운전자를 돕는 일일 것이다. 자동차 100만 대가 160Km씩 주행한 조건을 기준으로 계산했을 때, 16세 초보 운전자가 치명적인 충돌사고를 일으킬 확률은 중년(45~64세) 운전자보다 거의 8배나 높고 18세 운전자가 그런 사고를 일으킬 가능성은 중년 운전자보다 4배나 높은 것으로 집계되었다. 이러한 통계치로 미루어볼 때, 능숙한 운전자가 되기 위해 반드시 필요한 경험을 어린 초보 운전자들에게 제공할 수 있는 훈련 프로그램이 절실한 실정이다

바로 이런 훈련 프로그램이 매사추세츠 대학교의 심리학자들에 의해 고안되었다(Pollatsek, Fisher, & Pradhan, 2006). 이 프로그램은 PC를 통해 훈련받게 되어 있다. 완료하는 데 한 시간도 채 걸리지 않는 이 프로그램은 세 단계로 구성되었다. 첫 단계인 사전검사에서는 컴퓨터 화면에 프로그램 참여자가 운전 중에 만나게 될 도로상황이 그림으로 제시된다. 그러고는 참여자에게 그 상황에서 운전자가 시선을 집중해야 할 곳과 보이지 않는 위험한 장해물이 있을 수 있는 곳을 지적해보라고 한다.

예를 들어, 화면에 그려진 도로상황을 보면, 운전자는 지금 왕복 1차선 도로에서 운전 중이다. 약 10m 전방에는 큰 트럭이 길가에 정차 중이다. 트럭 앞 5m 전방에는 건널목이 있다. 반대편 차선의 약 15m 전방에서는 승용차 한 대가 다가오고 있다. 이 그림을 보고 있는 참여자는 시선을 집중해야 할 곳을 지적하기 위해, 그림 속 특정 위치(예: 트럭의 왼쪽 앞)에다 빨간색 동그라미(그림 속에 그려져 있음)를 끌어다 놓는다. 그리고 보이지는 않지만(앞에 정차된 트럭 때문에) 안전운행을 위협할 수 있는 보행자가 있을 수 있는 위치(예: 트럭 앞 우측 길 옆, 건널목이 있는 곳)를 지적하기 위해 보이지 않는 보행자가 있을 수 있는 곳에다 노란색 동그라미를 끌어다 놓는다.

이들 반응으로 훈련의 첫 단계가 끝나면, 코칭이 실시된다. 코칭은 시선을 집중해야 할 곳과 그 이유를 깨닫게 해준다. 그리고 안전운행을 방해할 수 있는 잠재적 위험과 그러한 위험요소를 취급하는 방법 등을 터득하게 해준다. 그런 다음에는 또 다른 운전상황을 제공하여 사전검사를 실시하고 난 후, 코칭을 제공하는 과정이 반복된다. 이러한 식으로 열 가지 운전 상황에 대한 사전검사와 코칭 제공이 모두 끝나고 나면, 마지막 단계가 시작된다. 마지막 단

그림 3.8 가상 환경에서 주의집중을 연구하기 위해 사용된 운전 시뮬레이터
출처: University of Massachusetts Driving Simulation Lab.

계인 세 번째 단계는 사후검사를 통해 지금까지 학습했던 것을 복습하는 일로 끝난다. 이 사후검사에는 사전검사와 동일한 검사가 이용된다.

이 훈련 프로그램의 성공 여부에 대한 평가는 매사추세츠 대학교 모의 운전 실험실에서 실시되었다. 이 실험실의 모의 운전에 이용된 자동차는 1995년식 새턴(Saturn)이었다. 자동차를 에워싸고 있는 세 개의 화면에는 가상 세계가 투영되고 있었다(그림 3.8). 참여자가 이 차를 운전하여 가상 세계를 돌아다닐 때는 보통 차를 운전할 때와 똑같은 방식으로 운전하게 되어 있었다. 이 가상 세계 속을 운전해 다니는 동안 참여자의 시선이 머무는 곳은 참여자 머리 위에 고정된 안구추적 장치로 기록되었다.

이 모의 운전 실험에 참여한 사람들은 16~17세의 초보 운전자들이었다. 연구자들은 이들이 운전을 하는 동안 결정적인 영역에 주의를 기울이는지(시선을 집중하는지)를 측정하였다. 위에서 소개한 프로그램으로 훈련을 받은 참여자들은 적절한 시간에 중요한 영역에 시선을 집중한 횟수가 필요한 전체 횟수의 58%였다. 이에 반해, 훈련을 받지 않은 참여자들이 같은 곳에 시선을 집중한 횟수는 35%에 불과했다. 훈련을 받고나서 3~5일이 지난 후에 실시한 추수(follow-up) 검사에서도 프로그램의 효과는 줄어들지 않았다. 또한 이 프로그램의 효과는 매사추세츠 주의 앰허스트(Amherst)에서 실시된 실시간 도로 주행에도 이어졌다. 안구추적 장치의 기록을 분석한 결과, 훈련을 받은 참여자들이 결정적인 영역에 시선을 집중한 경우는 64%였는데 반해, 훈련을 받지 않은 참여자들이 같은 영역에 안구를 집중한 경우는 37%였던 것으로 드러났다.

이러한 발견은 비교적 짧은 시간의 훈련만으로도 어린 초보 운전자들의 선별적 주의 집중력을 향상시킬 수 있다는 희소식이다. 그러나 초보자에게도 또 오랜 경험을 가진 운전자에게도 심각한 위험요소로 작용하는 것이 있다. 운전 중 휴대전화 사용이다.

휴대전화 사용

앞 절에서 소개한 모의 운전 검사는 주변 환경의 중요한 측면에 주의를 집중하는 운전자의 능력을 측정하기 위해 이용되었다. 이 검사에 이용된 과제는 주의를 운전에만 집중하고 있을 때조차 초보 운전자들에게는 특히 어려웠던 것으로 입증되었다. 그런데 운전을 하면서 대화를 나누게 되면 주의가 두 가지 과제에 분할되어 그 과제는 더욱 어렵게 된다.

오늘날에는 거의 모든 사람들이 휴대전화를 가지고 다니며, 이들 중 대부분은 운전 중에도 휴대전화를 사용한다. 운전 중 휴대전화 사용을 법으로 금해야 한다는 주장이 제기될 정도로 문제는 심각하다. 물론 사고 때문이다. 사고를 낸 699명 중 24%가 사고 직전 10분 이내에 휴대전화를 사용하고 있었던 것으로 드러났다(Redelmeier & Tibshrani, 1997). 운전 중에 휴대전화를 사용하면 사고를 낼 가능성이 4배나 높아진다. 사고 가능성의 이러한 증가폭은 음주 운전자가 사고를 낼 가능성이 증가하는 정도에 버금간다. 전화기를 손에 들었느냐 들지 않았느냐는 중요하지 않다. 따라서 전화기를 손에 들지 않으면 사고 가능성이 줄어들 것이라는 보통 사람들의 생각은 잘못된 것이다.

Strayer와 Johnston(2001)은 운전 중 휴대전화로 통화를 하면 안전 관련 과제 수행이 어려워질 것이라는 가설을 실험으로 검증하였다. 이들이 실험에 이용한 모의 운전 과제는 컴퓨터 화면에서 움직이고 있는 표적을 조이스틱으로 추적하는 일이었다. 이 과제를 수행하는 동안 화면에는 10~20초 간격을 두고 빨간색 또는 초록색 신호가 제시되었고, 참여자는 빨간색 신호가 나타날 때에만 단추를 눌러야 했다. 참여자들은 라디오만 켜진 조건, 휴대전화를 손에 들고 통화를 하는 조건, 전화기를 손에 들지 않고 통화를 하는 조건에 나누어 배치되었다.

종속 측정치는 신호를 놓치는 확률과 신호를 보고 단추를 누르는 데 소요되는 시간이었다. 휴대전화 관련 사고 보고서에서 전화기를 손에 들었느냐 들지 않았느냐에 따른 수행의 차이는 나지 않는 것으로 집계되었기 때문에, 실험 결과를 검토할 때는 이 두 조건을 하나로 묶은 결과와 라디오만 청취한 조건의 결과를 비교하였다.

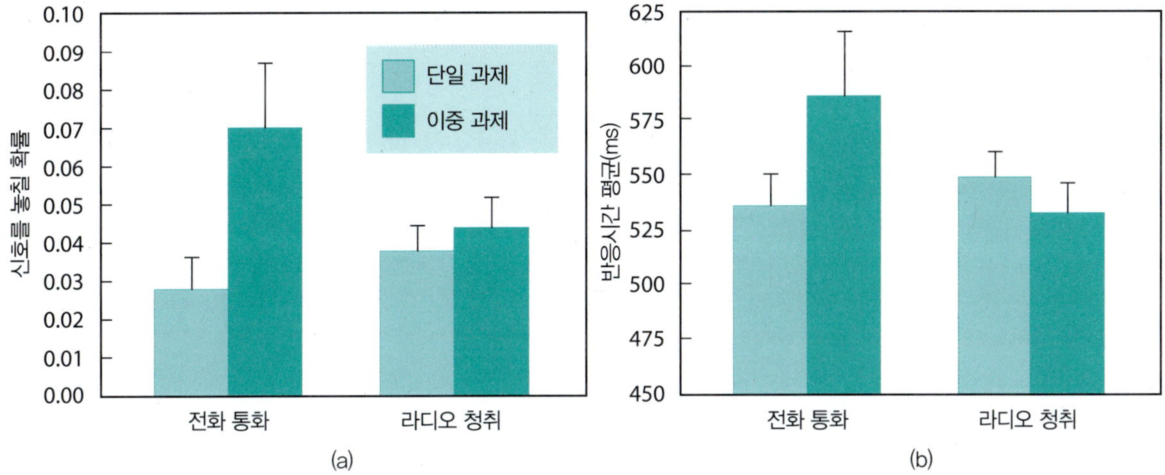

그림 3.9 운전 중 과제가 하나인 조건과 두 가지인 조건에서, 모의 교통 신호를 탐지하지 못할 확률(a)과 모의 교통 신호에 반응하는 시간(b)

출처: "Driven to distraction: Dual-task studies of simulated driving and conversing on a cellular telephone," by D. L. Strayer & W. A. Johnston, 2001, *Psychological Science,* 12, 462-466. Reprinted by permission of Blackwell Publishers.

그림 3.9는 이 결과를 요약한 것이다. 그림 3.9(a)를 보면, 통화를 하지 않을 때(단일 과제) 신호를 놓치는 확률은 3%였는데, 통화를 할 때(이중 과제)에는 7%로 증가하였다. 이와는 대조적으로 라디오를 듣는 일은 신호 탐지를 방해하지 않았다. 그림 3.9(b)에서 볼 수 있듯이, 반응시간도 통화를 할 경우에 훨씬 길었다. 그러나 라디오는 반응시간에도 영향을 미치지 않았다.

이러한 결과는 운전 과제 수행이 어려워지는 것은 주의를 통화에 빼앗기기 때문이라는 가설을 지지한다. 라디오를 듣는 일은 주의(정신적 노력)를 거의 요구하지 않기 때문에 운전 관련 과제 수행을 방해하지 않는다. 그리고 전화기를 손에 들거나 들지 않거나에 따른 수행 차이가 없다는 점은 방해의 주된 원인이 한 손을 못 쓰게 된 데 있는 것이 아니라 정신적 작업의 양이 과해진 데 있다는 뜻이다.

이러한 심리학적 연구결과는 최근에 수행된 신경학적 연구결과에 의해 확증되었다. 사건-관련 전위(event-related potentials: ERP)에서 P300으로 분류되는 요소의 진폭을 측정해보면 특정 과제에 주의가 할애된 정도를 짐작할 수 있다. 실험 참여자들에게 모의 운전용 자동차(그림 3.8)를 몰면서 다른 모의 자동차의 뒤를 따르게 했다(Strayer & Drews, 2007). 그런데 이 앞서 가는 모의 자동차는 시도 때도 없이(randomly) 제동장치(brake)를 밟는 것처럼 만들어 놓았다. 그러고는 참여자의 머릿속에서 변하고 있는 ERP을 측정한 후, P300의 진폭을 분석하였다. 그 결과, 전화기를 손에 들지 않고 통화를 한 조건에서 진폭

뉴스 3.2

손이 자유로운 휴대전화 통화도 위험하기는 마찬가지

Marie McCullough

휴대전화로 통화하는 일은, 손에 휴대전화를 들지 않아도, 음주 운전만큼 위험하다는 게 최근에 수행된 연구결과의 암시이다.

이 영역에 대한 연구는 이전에도 수행된 바 있다. 그러나 카네기멜론 대학교 과학자들은 뇌를 들여다보는 새로운 접근을 시도하였다.

이들은 뇌 영상 기법을 이용하여, 휴대전화 내용을 듣게 되면, 운전만 하는 운전자의 뇌에서 벌어지는 활동이 크게 감소된다는 사실을 발견했다. 그리고 이 뇌 기능의 감소는 운전 실수(예: 차선을 벗어나거나 갓길로 벗어나는 등)를 증가시키는 것으로 드러났다.

캘리포니아에서는 7월 1일부터 성인 운전자의 경우, 운전 중 손을 쓰지 않는 휴대전화 사용이 허용된다. 그러나 18세 이하 운전자의 경우에는 모든 휴대전화 사용 및 노트북이나 문자 메시지 장치까지 운전 중 사용이 금지된다.

운전 중에 대화를 나누는 일과 같은 정신 과제를 수행하면 안전 운전이 위협을 받게 된다고 밝힌 연구는 수십 편에 이른다. 그러나 이 새로운 연구는 뇌에서 벌어지는 일을 들여다봤다는 점에서 첫 연구에 속한다.

휴대전화 관련 사업 관계자는 그 연구를 보지 않았기 때문에, 연구 자체에 대해서는 어떤 평도 할 수 없다고 말했다. 그러나 운전을 방해하는 일, 즉 전화번호를 누르거나 화장을 하는 일 등을 줄여야 한다는 주장은 말이 된다고 말했다.

학술지 *Brain Research*에 발표될 이 연구에는 18세에서 25세 사이의 운전자 29명이 참여했다. 참여자들이 모의 운전을 하는 동안 fMRI를 이용하여 그들의 뇌 활동을 그림으로 잡아냈다. 모의 운전은 2차선 고속도로에서 실시되었다. 도로 상에 다른 자동차는 없었으나 길은 꾸불꾸불했고, 주행 속도는 시속 70Km로 고정되어 있었다.

그런 후, 동일한 모의 운전을 반복했는데 이번에는 일반 상식에 관한 진술문을 청취해야 했다. 각 진술문을 들은 후 5초 내에 그 진술문의 내용이 옳은지 그른지를 판단해야 했다.

MRI는 뇌 속 20,000곳에서 벌어지는 활동의 변화를 순간순간 포착해냈다. 그 결과 진술문을 듣는 동안 두정엽의 활동이 37% 줄어드는 것으로 밝혀졌다. 두정엽은 운전 관련 기능을 제어하는 것으로 알려져 있다. 후두엽의 활동도 감소했다. 후두엽은 시각 정보를 처리하는 중추로 작용한다.

또한 진술문을 듣는 일은 언어처리와 관련된 뇌 영역의 활동은 증가시켰던 것으로 밝혀졌다.

출처: "Hands-free phones still a distraction," by Marie McCullough, *The San Diego Union-Tribune*, March 11, 2008. Copyright 2008 by MCT News Service. Reprinted by permission.

의 크기가 50% 감소한 것으로 드러났다. 이러한 발견에는 운전 중 다른 사람과의 대화 때문에 마음이 혼란스러워지면 운전자는 시각 정보를 제대로 처리하지 못하게 된다는 뜻이 담겨 있다.

[뉴스 3.2]에서 지적했듯이, 언어(대화)를 처리하게 되면 시각 정보를 처리하는 후두엽의 활동이 감소한다는 증거가 fMRI를 이용한 연구에서 확증되었다. 언어처리는 두정엽의 활동도 감소시키는 것으로 드러났다. 두정엽은 운전 중 수행되어야 하는 또 다른 기능을 통제하는 것으로 알려져 있다. 다른 사람이 휴대전화로 통화하는 대화를 처리하는 일은 특히 혼란스럽고 또 짜증까지 나는데, 그 이유는 대화의 절반밖에 들을 수 없어 전개될 대화의 내용을 예측할 수 없기 때문일 것이다(Emberson, Lupyan, Goldstein, & Spivey, 2010). 운전 중 전화를 하는 것도 위험하지만 승객의 전화통화를 듣는 일 또한 운전을 어렵게 만들 수 있다는 뜻이다.

3.5 요약

주의의 두 가지 특징은 선별과 집중(정신적 노력의 투자)이다. 선별은 우리가 너무 많은 정보에 의해 압도당하는(과부하에 걸리는) 일을 예방해준다. 정보처리 접근법에서 개발된 초기의 이론들은 선별이 병목, 즉 한 번에 하나의 전갈만 처리할 수 있는 단계에서 일어난다고 제안했다. Broadbent의 여과기 이론은 병목이 지각 단계(또는 형태 재인 단계)에서 일어난다고 보았다. 이 이론에서는 지각 단계에 들기 전에 작용하는 필터, 즉 여과기를 주의로 간주했다. Treisman은 여과기가 주의를 받지 못한 전갈의 강도를 약화시킬 뿐 완전히 차단하지는 못한다고 주장함으로써 여과기 이론을 수정했다. 그리하여 주의를 기울이지 않은 채널의 단어가 가끔씩 인식되는 현상을 설명할 수 있게 되었다. 중요한 단어나 기대했던 단어는 식역치가 아주 낮기 때문에 그들 자극의 강도가 약화된 상태에서도 식역치를 초과할 수 있고, 따라서 그런 단어는 주의를 기울이지 않은 채널을 통해 입력되어도 인식될 수 있다고 생각했던 것이다. Broadbent나 Treisman과는 달리, Deutsch와 Deutsch는 병목은 지각(형태 재인) 단계가 아니라 그 이후에 발생한다고 생각했다. 그들은 정보가 인식된 후에 인식된 정보 중 어떤 정보를 기억할 것인지를 결정할 때 관여하는 것이 주의라고 주장했다. Norman은 후자의 이론을 더욱 발전시켜 감각 정보의 질과 그 정보의 중요성이 조합되어 무엇이 기억될 것인지가 결정된다고 주장했다.

선별적 청취 과제를 이용한 많은 실험 결과는 적어도 병목의 위치에 관해서는 일치하지 않고 있다. 이 때문에 주의의 선별성보다는 용량 이론이 강조되기 시작했고, 선별이 일어나는 단계, 즉 병목의 위치에 대해서는 보다 융통성 있는 견해를 가지게 되었다. 용량 이론에서는 과제 수행에 요구되는 정신적 노력의 양을 강조하며, 여러 활동에 노력이 배분되는 방식에 관심을 기울인다. 용량 이론은 동시에 전개되는 여러 활동에 소요되는 정신적 노력이 가용한 정신적 노력보다 더 많으면, 그 활동이 방해를 받게 된다고 주장함으로써 병목 이론을 보완하고 있다. 용량 이론과 병목 이론 간의 상호작용은 Johnston과 Heinz의 연구결과에서 예시되었다. 그들은 우리 각자가 선별 단계를 통제할 수 있다고 주장한다. 그리고 초기 단계(예: 재인 작업)에서 벌어지는 선별 작업보다 후기 단계(예: 기억 작업)에서 벌어지는 선별 작업이 더 많은 용량을 필요로 한다고 주장했다. 그러므로 동시에 제공되는 두 개의 전갈을 모두 이해하려고 하면 일차적 전갈에 대한 이해의 정확성은 감소하고, 이차적 과제에 대한 반응은 느려지게 된다.

어떤 과제를 수행하는 데 요구되는 용량이 매우 적을 때는 자동적 처리가 일어난다. Posner와 Snyder는 어떤 기능(skill)이 자동적인지를 결정하는 준거로 다음 세 가지를 제안했다: (1) 기능이 주의 없이도 수행되고, (2) 자신도 모르는 사이에 전개되며, (3) 다른 정신적 활동을 간섭하지 않는다.

선별적 주의집중에 관한 연구는 실험실 밖의 과제 수행에 관해서도 중요한 의미를 가진다. LaBerge와 Samuels는 읽기와 같이 많은 요소 기능을 가진 복합적인 기술을 습득하는 일은 요소 기능 중 일부가 자동화되는지의 여부에 따라 결정된다고 주장했다. 그러나 어떤 요소 기능을 정확하게 수행하는 능력이 있다고 해도, 그런 요소 기능을 수행하는 데 가용한 용량을 모두 사용하게 되면, 새로운 요소 기능을 습득하기가 어려워진다. 운전을 하면서 주변의 중요한 곳에 주의를 기울이는 능력을 도야하면 주의집중 능력이 향상되지만, 휴대전화를 사용하면 그 능력이 감소하는 것으로 밝혀졌다.

복습문제

다른 장들과는 달리, 이 장에서는 여러 개의 이름을 학습해야 할 것이다. 이론을 지칭하는 데 이름보다 더 나은 방법을 찾지 못했기 때문이다. 그러나 그런 이름도 반복해서 만나다 보면 자동적으로 기억될 것이다.

1. 주의와 관련된 흔한 속담이나 표현을 몇 개 생각해보라. 선택성과 관계된 것들인가, 아니면 정신적 노력(용량)과 관계된 것들인가?
2. 주의를 연구하는 데 이용된 과제 및 실험절차를 주목하라. 읽기와 같은 복합적인 행동을 연구하는 인지심리학자들은 특정 과제 수행에 요구되는 기능들이 어떤 것들인지를 결정하기 위해 소위 과제분석을 실시한다. 여러분이 수행하고 있는 일상생활 속의 활동을 몇 가지 생각해보고, 각 활동을 수행하는 데 주의가 어떻게 끼어드는지를 검토해보라.
3. Broadbent의 여과기 모형과 Treisman의 여과기 모형 간의 근본적인 차이는 무엇인가?
4. Deutsch–Norman 모형에서는 형태 재인 후와 단기기억 전에 하나의 단계를 설정하고 있는데, 왜 이 모형이 '기억 선별 모형'이라 불리는가? 선별에 영향을 미칠 수 있는 구체적인 요인들 몇 가지를 꼽아보라.
5. 주의의 선별적 측면에서 용량으로 관심이 바뀐 것에 대한 설명은 얼마나 설득력을 가지는가?
6. 문제 2에서 여러분이 생각해낸 보기 한두 가지를 Kahneman의 용량 모형에 적용시켜보라. 상이한 장면에서의 면도하기나 화장하기는 어떠한가? 하나를 골라 구체적으로 적어보라.
7. 용량은 어떻게 측정되는가?
8. Johnston과 Heinz가 제안한 주의의 중다양식 모형은 어떤 의미에서 상호작용형인가? '선별의 후기에 전개되는 수행에 더 많은 용량이 요구된다'는 그들의 예측은 어디에 근거를 두고 있는가? 이 예측을 검증하기 위해 그들이 사용한 과제는 무엇인가?

9. 자동적으로 수행할 수 있는 몇 가지 기능(술)을 생각해보라. 이때 이용한 준거는 무엇인가?

10. 운전 중 휴대전화 사용이 위험한 일임을 밝혀 낸 연구의 설득력은 어느 정도라고 생각하는가? 선별 모형이나 용량 모형을 적용해볼 수 있는 실생활의 예로는 어떤 것을 들 수 있을까?

핵심용어

각성(arousal)
맥락 효과(contextual effect)
병목 이론(bottleneck theory)
부차적 과제(subsidiary task)
스트룹 효과(Stroop effect)
식역치 (threshold)
약화(attenuation)
여과기 모형(filter model)
용량 배분(allocation of capacity)
용량 이론(capacity theory)
우연(적) 학습(incidental learning)
자동적 처리(automatic processing)
정신적 노력(mental effort)
제한된 용량 지각 채널(limited-capacity perceptual channel)
중다양식 이론(multimode theory)
집중(concentration)
추적(shadowing)
후기-선별 모형(late-selection model)

추천도서

Kahneman의 *Attention and Effort*(1973)는 주의를 포괄적으로 논의한 후, 용량 이론을 제안하고 있다. 보다 최근의 저서로는 Cowan(1995)의 *Attention and Memory: An Integrated Framework* 그리고 Pashler(1998)의 *The Psychology of Attention*을 들 수 있다. 그리고 Olivers(2007)는 주의의 경과 과정을 논의하고 있다. Schneider와 Shiffrin(1977; Shiffrin & Schneider, 1977)은 광범위한 연습을 통한 자동적 부호화의 습득에 관한 자신들의 연구결과를 기술하고 있으며, 여러 가지 실험결과를 통합시킬 수 있는 이론적 골격을 제공한다. Bargh와 Chartrand(1999)는 우리의 일상생활 속에는 자동적 부호화가 널리 퍼져있다는 이론을 소개하고 있다. Atkinson, Thomas, Cleeremans(2000)와 Dijksterhuis와 Nordgren(2007)은 의식에 관한 이론을 대조시키고 있고, Donald(2001)는 인간 의식의 진화를 논의하였다. 형태의 속성을 통합하는 일에서 주의의 중요성을 논하는 Treisman의 연구(Treisman & Gelade, 1980; Treisman & Schmidt, 1982)는 LaBerge와 Samuels(1974)가 제안한 이론 그리고 '대상-기초' 주의에 관한 논의(Scholls, 2001)와 관련되어 있다. 읽기에 있어서 자동적 부호화에 관한 LaBerge와 Samuels의 이론에 대한 평가를 보고 싶으면 Stanovich(1990)를 참고하기 바란다. 주의에 관한 연구를 세밀하게 고찰한 논문(Pashler, Johnston, & Ruthruff, 2001; Chun, Golomb, & Turk-Browne, 2011)은 학술지 *Annual Review of Psychology*에 자주 게재된다. Lachter, Forster, Ruthruff(2004)는 '주의를 기울이지 않은' 자극에도 주의가 주어진다는 것을 발견하였다. 이는 정체확인은 주의를 필요로 한다는 Broadbent의 이론을 지지한다. Tang과 Posner(2009)는 주의 훈련에 관해 논의하였다.

CHAPTER 4 단기 작업기억

4.1 망각

망각 속도 | 소멸 대 간섭 | 전진적 간섭으로부터의 해방

4.2 최대용량

마법의 수 7 | 결집의 개인차 | 교육적 함의

4.3 기억부호

음향부호와 암송 | 단기기억의 검색 | 읽기에서의 음향부호

4.4 작업기억

Baddeley의 작업기억 모형 | Baddeley의 작업기억 모형-수정판

작업기억 대 단기기억

4.5 요약

—

복습문제

핵심용어

추천도서

숫자 하나가 오랫동안 나를 괴롭혀왔다. 이 숫자는 7년 동안이나 나를 따라다니며, 나의 개인적 자료에 침입하고 학술지의 수많은 곳에서 나를 공격해왔다.

_ George A. Miller(1956)

앞의 인용 구절은 Miller(1956)의 논문 "*The Magical Number Seven, Plus or Minus Two: Some Limits on Our Capacity for Processing Information*"의 첫 문단에서 따온 말이다. Miller는 우리가 어떤 자극을 즉각 사용가능한 상태로 기억 속에 보관할 수 있는 개수는 제한되어 있다는 사실, 그리고 이 제한된 용량 때문에 우리의 과제 수행 능력이 달라진다는 사실을 발견하였다. 용량 제한에 관해서는 주의를 다룬 앞 장에서도 논의한 바 있다. 하지만 거기서는 여러 가지 활동에 분배될 수 있는 정신적 노력의 총량이 제한되어 있다는 점, 그리고 그 때문에 다양한 과제를 동시에 수행할 수 없게 된다는 점을 다루었다.

이 장에서 소개되는 과제는 자극을 동시에 제시하지도 않고 또 제시된 자극을 동시에 처리하라고 요구하지도 않는다. 동시에 제시되는 자극의 개수가 많지 않아 지각에서도 과부하는 일어나지 않는다. 각 자극을 인식하고 인식한 것을 단기기억(short-term memory)에 저장할 시간도 충분하다. 문제는 단기기억에 보관할 수 있는 자극의 양(개수)이 한정된 데서 발생한다. 이 문제는 단기기억을 이용해야 하는 거의 모든 과제에 막대한 영향을 미친다. 용량 제한 때문에 생기는 문제는 이 책 전체에 걸쳐, 즉 이 장에서뿐만 아니라 글 이해, 문제해결 및 결정짓기에 관한 후속 장에서도 분명하게 나타날 것이다.

그림 4.1은 Atkinson과 Shiffrin(1968, 1971)이 제안한 기억 모형이다. 이 모형은 감각기억, 단기기억, 장기기억(long-term memroy) 간의 상호작용을 강조한다. 감각기억에는 정보가 수분의 1초 동안만 보관된다는 것을 우리는 2장에서 배웠다. 그때 우리는 시각 정보 저장고의 특징을 밝힌 사람이 Sperling(1960)이라는 사실도 배웠다.

Atkinson과 Shiffrin의 기억 모형에서 두 번째 요소인 단기기억은 용량뿐 아니라 정보를 유지하는 기간도 제한되어 있다. 단기기억의 정보는 암송하지 않으면 20~30초 내에 사라져 버린다. 이에 비해, 장기기억의 용량은 무한정이며 정보를 보존할 수 있는 기간도 훨씬 길다. 하지만 정보를 장기기억에 저장하기 위해서는 그만한 노력을 해야 한다. 거의 모든 인지 과제 수행에는 단기

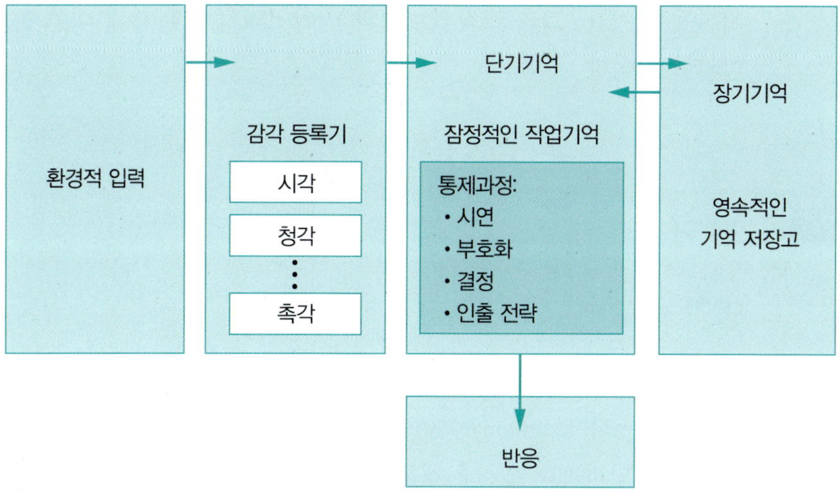

그림 4.1 기억 시스템에서 벌어지는 정보의 흐름
출처: "The control of short-term memory," by R. C. Atkinson & R. M. Shiffrin, 1971, *Scientific American*, 225, 82-90.

작업기억
특정 과제를 수행하는 데 필요한 정보를 잠정적으로 저장하기 위해 단기기억을 이용하는 기억 시스템.

기억이 요구된다. 이 사실에는 단기기억의 중요한 역할 중 하나가 정보를 유지하고 조작하는, 작업기억(working memory)의 역할이라는 뜻이 숨어있다. 그림 4.1은 새로운 정보를 학습하거나 결정을 내리거나 또는 문제를 해결할 때는 언제나 감각기관을 통해 수집한 환경 정보와 장기기억에서 인출해낸 기억 정보가 단기기억에서 조합되고 있음을 보여준다. 예를 들어, 저금통장을 정리할 때 우리는 환경 정보(통장에 적힌 입출금 숫자)와 장기기억 속 기억 정보(덧셈 법칙에 관한 지식)를 동시에 이용하고 있는 셈이다. 통장을 제대로 정리하기 위해서는 이 두 가지 정보가 적절하게 조합되어야 한다는 점을 명심하기 바란다.

이 장의 목적은 단기기억의 주요 특징을 요약하는 것이다. 먼저, 망각의 속도와 원인부터 고려한다. 망각의 일차적 원인은 간섭(interference)임을 알게 될 것이다. 2절에서는 단기기억의 용량을 다룬다. 용량에 대한 Miller(1956)의 통찰력을 먼저 고려할 것이다. 그런 다음, 자극에 관한 우리의 지식(장기기억 속에 있는 자극에 관한 정보)을 활용하면, 단기기억의 용량 제한 때문에 생기는 어려움을 다소나마 극복할 수 있다는 것을 알게 될 것이다. 3절에서는 기억부호를 다룬다. 음향부호가 강조될 것이다. 그 이유는 단기기억의 언어적 정보를 유지하는 일에 음향부호가 이용되는 것 같기 때문이다. 단기기억의 언어적 정보에는 읽기 작업에서 수집된 정보도 포함된다. 그리고 어떤 정보가 단기기억에 있다는 사실을 인식하는 방식이 소개될 것이다. 주로 단기기억의 내용 검색방식이 논의될 것이다. 마지막으로 4절에서는 Baddeley의 작업기억 모형이 거론될 것이다. 그리고 작업기억과 단기기억과의 관계에 대한 논의로 이 장을 마감할 것이다.

4.1 망각

망각 속도

단기기억의 정보는 암송을 통해 보존하지 않는 한 빠르게 상실된다. 이 사실은 Peterson과 Peterson(1959)의 연구에 의해 발견되었다. 그들은 대학생들을 대상으로 알파벳(자음) 세 개를 표적으로 제시한 후, 숫자를 하나 제시하고는 그 숫자에서 3씩 빼나가는 계산을 하라고 지시했다. 이런 계산을 하도록 한 것은 표적 알파벳을 암송하지 못하게 하기 위함이었다. 예를 들어보자. 참여자에게 알파벳 'CHJ'를 들려준 다음, 506이라는 숫자를 제시한다. 그러면 참여자는 그만 하라는 신호가 제시될 때까지 3씩 빼나가는 계산을 해야 했다. 그만 하라는 신호는 불빛으로 제시되었다. 신호가 제시되면, 참여자는 앞서 보았던 표적 알파벳을 재생해야 했다. 불빛 신호는 참여자가 빼기 계산을 시작한 3, 6, 9, 12, 15, 또는 18초 후에 제시되었다.

그림 4.2는 실험결과를 요약한 것이다. 그림을 보면, 자극 알파벳이 정확하게 재생될 확률이 파지기간 18초 동안 급속히 감소한다는 것을 알 수 있다. 단기기억의 망각 속도가 이렇게 빠르다는 것은 우리가 언어적 정보를 단기기억에 간직하고자 할 때는 그 정보를 암송해야만 한다는 함의를 갖는다. 암송으로 되뇌지 않으면 금방 망각하고 말 것이라는 뜻이다. 모르는 사람의 전화번호를 처음 들은 후 잠시 동안 다른 데다 주의를 기울이고 나면, 그 번호를 다시 물어봐야 할 때가 종종 있는데, 이 역시 단기기억의 망각 속도가 빠르다는 것을 의미한다. 그러나 그 번호를 되뇌고 있는 동안은 잊지 않는다는 것도 우리는 안다.

빠른 망각 속도 때문에 새로운 정보를 학습하려고 할 때마다 짜증을 내게 된다. 그러나 빠른 망각이 유익할 때도 많다. 우리에게는 오래 기억해서 좋은 것도 많지만, 잠시 동안만 기억한 후 잊어버려야 할 것도 많다. 여러분이 걸었던 모든 전화번호를 생각해보라. 대부분의 전화번호는 한두 번 걸고 난 후에는 필요가 없는 번호들일 것이다. 이러한 숫자들이 모두 장기기억에 영구적으로 저장되어 있다고 상상해보라. 자주 사용하는 몇 개의 번호를 인출해내기가 무척 어려워질 수도 있을 것이다.

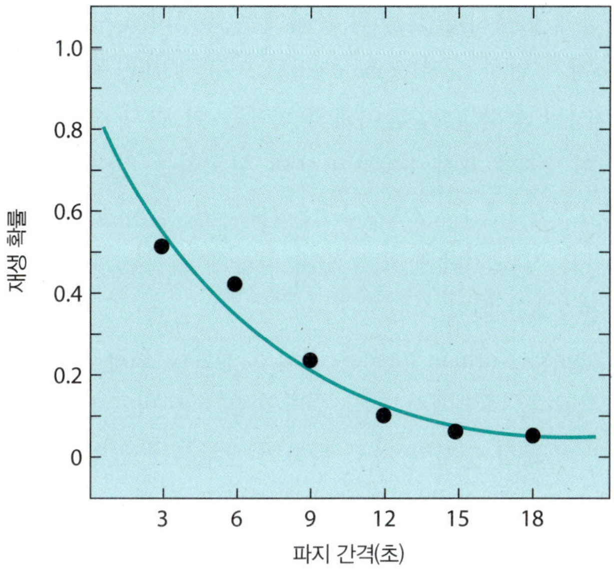

그림 4.2 파지 간격에 따라 정확하게 재생되는 확률이 감소하는 모습. 파지 간격은 자극 제시 후 재생 신호 제시까지의 시간 간격을 나타낸다.

출처: "Short-term retention of individual verbal items," by L. R. Peterson & M. J. Peterson, 1959, Journal of Experimental Psychology, 58, 193-198.

소멸 대 간섭

간섭 이론
다른 재료가 기억 속의 정보를 간섭하기 때문에 망각이 일어난다고 보는 견해.

소멸 이론
다른 재료의 방해가 없는데도 정보가 저절로 상실된다는 주장.

Peterson과 Peterson의 발견은 '단기기억에서의 망각이 소멸 때문인가, 아니면 간섭 때문인가?'라는 문제를 제기하였다. 알파벳 'RQW'를 짧은 시간 동안만 기억하려고 해보라. 다른 할 일이 없으면 이 자극에 대한 생각을 하지 않기가 어렵다. 그래서 기억 실험에서는 참여자들에게 다른 과제를 수행하라고 요구한다. 간섭이론(interference theory)은 다른 재료에 대한 기억이나 다른 과제(예: 주어진 수에서 4씩 빼는 작업)를 수행하는 일이 'RQW'에 대한 기억을 간섭하기 때문에 망각이 일어난다고 주장한다. 이에 반해, 소멸이론(decay theory)은 주어진 재료를 암송하지 않는 한 파지 기간 동안 아무런 일을 하지 않아도 망각이 일어난다고 주장한다.

소멸이론과 간섭이론은 망각의 일차적 원인을 서로 다른 데서 찾고 있다. 전자는 시간의 경과를 그리고 후자는 다른 자극의 침입을 그 원인으로 간주한다. 만약 기억이 단순한 시간경과에 따라 그냥 소멸되는 것이라면 재생 정도는 파지 간격과 반비례해야 한다. 그러나 망각이 간섭 때문에 생기는 현상이라면 재생은 간섭하는 자극의 개수에 반비례해야 한다.

단기기억으로부터의 정보 상실이 소멸 때문인지, 아니면 간섭 때문인지를 검증하고자 한 Waugh와 Norman(1965)은 단위수(digit)로 구성된 자극 목록을 참여자에게 제시하였다. 각 목록에는 16개의 숫자가 나열되었고, 마지막 16번째 숫자가 탐사 숫자(probe digit)로 이용되었다. 탐사 숫자는 앞에서 딱 한 번만 제시된 숫자였다. 참여자의 과제는 이 탐사 숫자 바로 다음에 제시되었던 숫자(이 숫자를 표적 숫자라 했다)를 보고하는 것이었다. 예를 들어, 자극 목록이 '5 1 9 6 3 5 1 4 2 8 6 2 7 3 9 4'라면, 탐사 숫자는 '4'이고 표적 숫자는 '2'가 된다. 이 보기에서 표적 숫자 다음에 제시된 숫자는 7개이므로 간섭자극의 개수는 7개가 된다.

Waugh와 Norman(1965)은 간섭의 정도를 조작하기 위해 간섭자극의 개수를 변화시켰다. 목록에서 표적 숫자의 위치를 바꾸면 간섭자극의 개수가 달라진다. 만약 표적 숫자가 자극 목록의 앞부분에 있었다면 간섭자극의 개수는 많을 것이고 뒷부분에 있었다면 간섭자극의 개수는 적을 것이다. 파지 간격이 표적 숫자 재생에 미치는 영향을 검토하기 위해서는 제시 속도를 변화시켰다. 자극 목록의 숫자 16개를 초당 1개 또는 4개씩 제시하였다. 소멸이론이 옳다면, 자극 제시 속도가 빠르면 속도가 느릴 때보다 정보가 기억에서 소멸될 시간이 짧기 때문에 망각률이 감소해야 한다.

그림 4.3은 이 실험의 결과를 요약한 것이다. 제시 속도가 표적 숫자 재생에 미친 영향은 미약했다. 간섭자극의 개수가 12개인 경우, 초당 1개씩 제시되었다면 파지 간격은 12초가 될 것이고, 초당 4개씩 제시되었다면 파지 간격은 3초가 될 것이다. 파지 간격이 길어져도 재생 확률은 조금밖에 낮아지지 않았다. 그러나 간섭자극의 개수가 파지에 미친 효과는 엄청났다. 간섭자극의 개수가 증가함에 따라 정확 재생 확률이 급격하게 감소한 것이다.

Waugh와 Norman의 이 발견은 망각의 일차적 원인은 소멸이 아니라 간섭이라고 웅변한다. 소멸도 조금씩 일어나기는 하지만(Reitman, 1974), 소멸 때문에 생기는 망각은 간섭 때문에 생기는 망각에 비해 훨씬 적었다. 하지만 Reitman(1974)의 연구를 비롯한 많은 연구에서 밝혀졌듯이, 망각의 정도는 간섭자극의 개수뿐 아니라 간섭자극과 표적자극 간의 유사성에 따라서도 달라진다. 구체적으로, 간섭자극과 표적자극 간 유사성이 증가할수록 표적자극을 재생해내기가 더욱 어려워진다.

망각의 주된 원인이 간섭이라는 사실은 좋은 소식이다. 기억 속의 정보가 저절로 소멸된다면 망각을 예방할 방법이 없을 것이다. 하지만 정보가 간섭 때문에 상실된다면, 가능한 한 간섭이 적게 일어나는 방향으로 학습 내용 및 순서를 조직함으로써 파지를 향상시킬 수 있을 것이기 때문이다. 아래에서 소개되는 **전진형 간섭으로부터의 해방**은 학습 재료들 간 유사성을 줄이면 간섭(망각)이 감소하는 현상을 일컫는다.

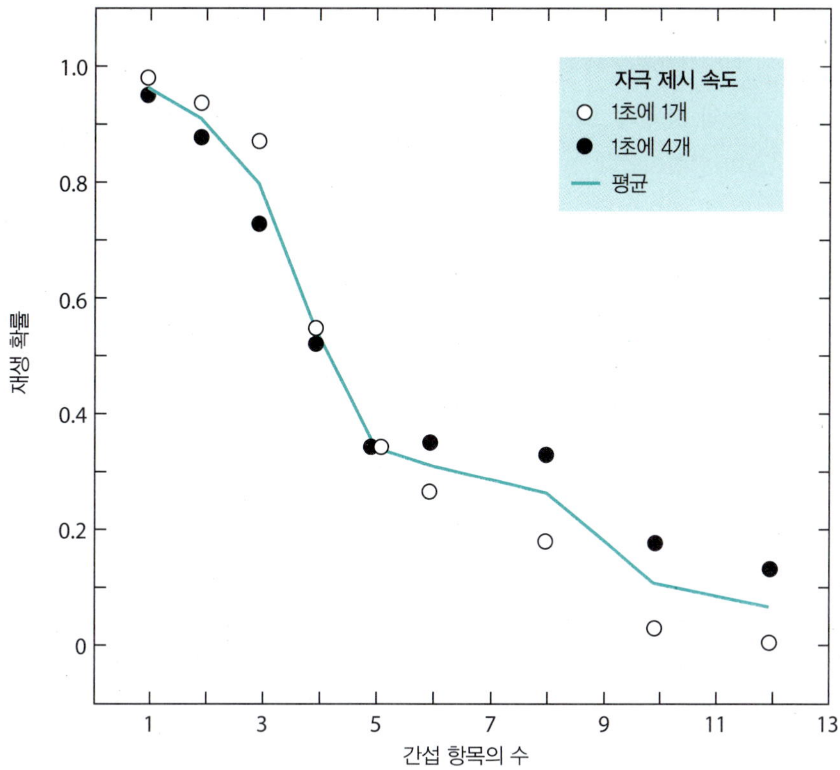

그림 4.3 자극 제시 속도와 간섭자극의 개수가 정확 재생 확률에 미치는 효과

출처: "Primary memory," by N. C. Waugh & D. A. Norman, 1965, *Psychological Review, 72*, 89-104. Copyright 1965 by the American Psychological Association. Reprinted by permission. APA is not responsible for the accuracy of this translation. APA is not responsible for the accuracy of this translation.

전진형 간섭으로부터의 해방

후진형 간섭
학습 후에 마주치는 재료가 그 전에 학습한 재료에 대한 기억을 방해하여 일어나는 망각.

전진형 간섭
전에 마주쳤던 재료가 그 후에 학습한 재료에 대한 기억을 방해하기 때문에 일어나는 망각.

심리학자들은 간섭을 전진형과 후진형으로 구분한다. 후진형 간섭(retroactive interference)은 뒤따르는 학습이 앞서 학습한 내용을 기억하기 어렵게 만드는 현상이다. Waugh와 Norman(1965)의 결과는 탐사 숫자 다음에 나타난 숫자들이 탐사 숫자의 재생을 어렵게 만들었기 때문에 후진형 간섭 효과를 반영한다. 이와는 달리, 전진형 간섭(proactive interference)은 앞선 학습 때문에 뒤따르는 학습 내용을 기억하기 어렵게 되는 현상이다.

Keppel과 Underwood(1962)는 Peterson과 Peterson(1959)의 단기기억 과제를 이용하여 전진형 간섭 효과를 입증하였다. 사람들에게 알파벳 3개를 제시하고 파지 기간을 짧게 하여 재생검사를 실시하면, 처음에는 정확하게 재생할 확률이 매우 높다. 그러나 자극을 제시하고 잠시 후 재생검사를 실시하는 실험의 횟수(이 횟수를 '시행 횟수'라고도 함)가 늘어남에 따라 정확 재생률이 차츰 감퇴하기 시작한다. 왜 이런 현상이 벌어지는 것일까? Keppel과 Underwood는 그 이유를 전진형 간섭 때문이라고 설명한다. 즉, 초기 시행에서 학습(기억)했던 자극이 후기 시행에서 제시된 자극에 대한 기억(학습)을 어렵게 만든다는 해석이다. 현 시행의 자극과 그전 시행의 자극을 구분하기가 점차 어려워진다는 것이 참여자들의 변명이었다. 이 변명은 Keppel과 Underwood의 설명과 일치한다.

전진형 간섭으로부터의 해방
앞서 학습한 재료와 새로 학습한 정보가 서로 다르기 때문에 전진형 간섭 효과가 감소되는 현상.

전진형 간섭으로부터의 해방(release from proactive interference)이란 전진형 간섭 효과가 감퇴되는 현상을 일컫는다(Wickens, Born, & Allen, 1963). Wickens의 연구진은 앞서 제시된 자극과는 판이한 자극을 나중에 제시함으로써 나중에 제시된 자극에 대한 기억이 향상되는 결과, 즉 전진형 간섭으로부터의 해방을 관찰하였다. 이들의 실험은 4회의 시행을 한 단위로 시행되었다. 각 시행에서 참여자들은 제시된 기억자극(숫자 또는 단어 3개)을 20초 동안 기억해야 했다. 파지 기간 20초 동안 참여자들은 또 다른 과제(방해 과제)를 수행해야 했는데, 방해 과제를 수행하게 한 목적은 참여자들이 기억자극을 암송하는 일을 예방하기 위함이었다.

통제집단에 제시된 기억자극은 4회의 시행 모두 동일 범주(숫자 또는 단어)에 속하는 자극이었다. 시행의 횟수가 증가함에 따라 정반응률이 감퇴하는 간섭 효과가 분명하게 나타났다. 첫 시행의 정확 재생률은 86%를 상회하였다. 그러나 두 번째 시행의 재생률은 약 43%, 세 번째 시행은 36%, 마지막 시행은 33%로 줄어들었다. 실험집단에게는 처음 세 번째 시행까지는 동일 범주의 자극이 제시되고, 마지막 시행에서는 다른 범주의 자극이 제시되었다. 예를 들어, 세 번째 시행까지는 단어를 3개씩 기억해야 했다면, 마지막 시행에서는 숫자를 3개 기억해야 했다. 그 반대로, 처음 3회 시행까지 숫자를 3개씩 기억해야 했다면, 마지막 시행에서는 단어를 3개 기억해야 했다. 이처럼, 마지막 시행에서 기억해야 할 자극의 범주를 변동시킨 결과 정반응률이 급격히 향상되었다. 실험집단의 정확 재생률은 첫 3회 시행까지는 통제집단의 정확 재생률과 비슷하게 감소했지만, 다른 범주의 자극이 제시된 네 번째 시행에서는 극적으로 향상되었다. 즉, 첫 시행에서는 86%, 두 번째 시행에서는 43%, 세 번째 시행에서는 36%였으나, 마지막 시행에서는 정확 재생률은 85%로 껑충 뛰었다. 간섭 효과는 동일 범주의 자극이 반복될 때만 관찰되었고, 다른 범주의 자극이 나타나면 거의 사라져버렸다.

전진형 간섭으로부터의 해방은 보다 복합적인 자극을 기억할 때도 일어난다(Gunter, Clifford, & Berry, 1980). 이들이 실시한 실험의 자극은 TV 뉴스로 구성되었다. 참여자들은 각 시행마다 녹화된 세 편의 뉴스를 시청하고, 1분 후에 들은 내용을 기억해내야 했다. 통제집단은 동일 범주(정치 또는 스포츠)의 뉴스를 4회의 시행에 걸쳐 시청했고, 실험집단은 세 번째 시행까지는 동일 범주의 뉴스를 시청했지만 마지막 시행에서는 다른 범주의 뉴스를 시청했다. 따라서 실험집단의 경우, 세 번째 시행까지 스포츠 뉴스를 재생해야 했다면, 마지막 시행에서는 정치 뉴스를 재생해야 했다. 이 실험결과는 Wickens 등(1963)의 결과와 흡사하였다. 통제집단의 경우, 정반응률이 시행횟수가 증가함에 따라 감소했다. 첫 시행에서 87%, 두 번째 시행에서 67%, 세 번째 시행에서 55%, 마지막 시행에서는 43%였다. 실험집단의 재생은 첫 3회 시행까지는 통제집단의 재생률과 비슷하게 감소했지만, 다른 범주의 뉴스를 들은 네 번째 시행에서는 극적으로 향상되었다. 즉, 첫 시행에서는 82%, 두 번째 시행에서는 67%, 세 번째 시행에서는 55%, 마지막 시행에서는 74%의 정반응률이 기록되었다.

이러한 결과의 실용적 함의는 학습 재료를 적절한 순서로 배열하면 간섭을 줄일 수 있다는 것이다. 간섭할 가능성이 높은 학습 재료를 공부할 때는 같은 시간대에 공부하지 않고 다른 시간대에 공부하는 것이 효과적이라는 말이다. 학습 순서를 적절하게 배열함으로써 간섭을 줄일 수 있고, 이렇게 함으로써 단기기억으로부터의 빠른 망각을 다소나마 완화시킬 수 있다. 이제 단기기억의 제한된 용량을 어떻게 하면 다소나마 보충할 수 있는지 살펴보기로 하자.

4.2 최대용량

마법의 수 7

단기기억의 두 번째 제한점은 약 7개의 자극밖에 보관할 수 없다는 점이다. 단기기억의 용량을 측정하기 위해 흔히 사용되는 과제를 숫자폭 과제(digit span task), 보다 일반적으로는 기억폭 과제(memory span task)라고 한다. 기억폭 과제에서는 일련의 자극을 제시하고는 피검자에게 자극이 제시되었던 순서대로 재생해내라고 한다. 기억폭(memory span)은 피검자가 재생해낼 수 있는 가장 많은 자극의 개수로 측정된다. 다음은 기억폭 과제의 보기이다. 아래의 각 줄에 있는 숫자들을 한 번만 읽은 후 눈을 감고, 방금 읽었던 숫자들을 읽은 순서대로 재생해보라.

기억폭
일련의 자극을 읽거나 들은 후 실시된 재생 검사에서 올바른 반응의 개수.

8 6 2 3 7 5 2

5 8 1 6 9 0 4 2 7

6 2 5 4 8 7 3 1 9

9 8 7 1 4 5 6

대부분의 어른들은 숫자가 7개인 첫 줄과 네 번째 줄은 쉽게 기억해낸다. 그러나 9개로 된 둘째 줄과 셋째 줄을 재생하기란 쉽지가 않을 것이다. Miller를 괴롭힌 것이 바로 이 숫자 7이었다.

'마법의 수 7'은 두 가지 종류의 실험, 즉 기억폭 과제를 이용한 실험과 절대 판단 과제를 이용한 실험에서 반복적으로 관찰되었다. **절대 판단 과제**(absolute judgment task)에서는 소리의 크기와 같은 연속 변인을 자극으로 조작한다. 소리를 크기에 따라 여러 개로 나누고는 각각의 소리에다 이름을 붙인다(음고가 다른 피아노 소리에다 '도, 레, 미' 등의 이름을 붙이는 것과 같다). 물론, 각 소리는 쉽게 변별될 정도로 크기가 달라야 한다(음고에 따라 분류되는 '도' 소리와 '레' 소리도 쉽게 구별된다). 각 소리에 부여되는 이름은 대개 숫자이고, 큰 소리일수록 큰 숫자를 붙인다. 예를 들어, 자극을 7개로 나누었다면, 가장 작은 소리에는 1, 가장 큰 소리에는 7이라는 이름이 붙는다. 참여자의 과제는 각 자극(소리)이 제시되었을 때 그 자극(소리)에다 이름을 붙이는 일이다. 완전히 무선적으로 결정된 순서에 따라 실험자가 자극(소리)을 하나씩 제시하면, 참여자는 제시된 그 자극의 이름이 무엇인지를 말해야 한다. 참여자가 바른 이름을 대면 다음 자극이 제시되고, 참여자가 잘못된 이름을 대면 실험자는 바른 이름을 가르쳐준다. 이런 식으로 참여자가 제시된 모든 자극에 바른 이름을 댈 수 있을 때까지 학습은 계속된다.

절대 판단 과제
단일 차원에서 연속적으로 자극을 확정해야 하는 과제.

이 실험의 주된 관심은 이런 학습을 통해 참여자들이 얼마나 많은 자극에다 정확한 명칭을 붙일 수 있을 것인가에 있다. 자극의 종류에 따라 다소 다르기는 하지만 그 상한계가 대개 '7±2'라는 사실이 Miller를 괴롭혔던 것이다. 위에서 소개된 보기, 즉 조작된 자극이 소리의 크기인 경우에는 그 상한계가 약 5, 소리의 고저인 경우에는 약 6, 사각형의 크기인 경우에는 약 5, 그리고 빛의 밝기인 경우에도 약 5였다. 다양한 감각 과제에서 얻은 결과를 평균하면 6.5가 되고, 대부분의 상한계는 5와 9 사이('7±2')였다.

이러한 한계는 인접 자극을 변별할 능력이 없기 때문에 생긴 것이 아니다. 참여자들에게 인접한 두 개의 자극을 제시하고 둘 중 어느 것이 더 큰지, 더 넓은지, 더 밝은지, 또는 더 높은 음인지를 판단하라고 했을 때는 모든 자극을 쉽게 변별할 수 있었기 때문이다. 따라서 사람들의 과제 수행 능력에서 발견되는 이러한 상한계는 단기기억의 (최대)용량이 제한되어, 약 7개 정도의 자극밖에 보관할 수 없기 때문에 생기는 현상으로 봐야 한다는 것이 Miller의 생각이었다. 한편, 여기서 유념해야 할 것은 이러한 결과는 감각자극이 장기기억에 저장되기 전인 초기 학습 단계의 수행을 반영한다는 점이다. 예를 들어, 음악가 중에는 50~60가지의 음고를 정확하게 확인해내는 사람도 있다. 그러나 이 사람의 이런 놀라운 능력은 단기기억의 용량이 크기 때문이 아니라 장기기억, 즉 오랜 경험을 통해 습득된 지식 덕분에 생긴 능력이라는 섬을 유념할 필요가 있다.

이처럼 절대 판단 과제를 이용한 실험에서 발견된 상한계와 기억폭 과제에서 발견된 상한계는 매우 흡사하다. Miller(1956)는 영어 단어(lake, jump, pen, road, sing)의 경우 그 상한계가 5개이고 이진수(0 0 1 0 1 1 1 0 1)의 경우에는 그 상한계가 9개라는 Hayes(1952)의 발견도 소개하였다. Miller가 발견한 숫자 또는 낱자에 대한 기억폭 7은 대략 이들 5와 9의 중간쯤이라는 것을 알 수 있다.

결집
장기기억에 하나의 단위로 저장된 자극의 묶음.

Miller의 논문은 적어도 다음 두 가지 점에서 중요한 의미를 갖는다. 하나는 절대 판단 과제 수행과 기억폭 과제 수행의 상한계가 별로 다르지 않다는 사실을 부각시켰다는 점이다. 또 하나는 정보를 재부호화(recoding)하여 결집을 생성하면 단기기억의 용량 때문에 생기는 한계를 다소나마 극복할 수 있다는 가능성을 시사했다는 점이다. **결집**(chunks)이란 개별적으로 학습된 자극들이 장기기억에 저장될 때는 묶음으로 저장되는 것을 일컫는다. 개별 자극을 결집시키면 단기기억으로부터 재생해낼 수 있는 자극의 수가 증가한다는 사실을 입증하기는 어렵지 않다. 두 명의 친구 중 한 명에게는 다음 12개의 글자를 하나씩 '대, 민, 조, 한, 주, 국, 민, 주, 통, 국, 의, 일'로 읽어주고, 다른 친구에게는 이들 12개의 글자를 '대, 한, 민, 국, 민, 주, 주, 의, 조, 국, 통, 일'로 읽어준 후 들은 순서대로 말해보라고 하라. 아마 두 번째 친구가 더 많은 글자를 재생해낼 것이다. 첫 번째 친구는 12개의 개별적 글자를 재생해야 하지만 두 번째 친구는 4개씩으로 구성된 3개의 결집만 재생하면 된다. 입력 자극을 결집하는 데는 머릿속에 저장된 지식이 이용되었음은 말할 필요도 없다. 따라서 위의 두 번째 친구의 경우에는 단기기억에 저장해야 했던 자극이 12개 아니라 3개였다고 볼 수도 있다. 이러한 발견을 기초로 Miller는 단기기억의 용량은 개별 자극의 개수가 아니라 결집의 개수로 측정해야 한다고 주장했다.

결집의 개인차

기억력에서 나는 개인차는 주로 재료를 결집으로 만드는 능력에 의해 결정된다는 증거가 누적되고 있다. 이 결론의 초기 증거는 체스(chess) 선수가 체스판에 놓인 말의 위치를 복구하는 능력을 분석한 연구에서 확보되었다. 이 과제에 대한 고전적 연구는 1940년대 네덜란드 심리학자 de Groot에 의해 시작되었고, 연구결과는 *Thought and Choice in Chess*(1965)라는 저서로 출판되었다. 이 책의 주된 결론은 체스 전문가와 초보자 사이에서 발견되는 근본적인 차이는 말을 조작하는 사고 기능에서 나는 것이 아니라 지각 및 기억 능력에서 난다는 것이었다.

De Groot는 이 결론을 지지하는 경험적 증거를 자신의 실험에서 확보하였다. 이 실험에는 실력이 판이한 체스 선수들을 참여시켰다. 실제 체스 게임에서 약 20수를 두었을 때 나타날 수 있는 말의 위치를 참여자들에게 5초 동안 들여다보게 하였다. 그런 후, 판 위의 말을 쓸어버리고는 방금 보았던 말의 위치를 그대로 복구시켜보라고 주문했다(de Groot, 1966). 그림 4.4는 실험에 사용된 두 가지의 체스 판을 보여준다. 참여자가 복구 작업을 끝내면, 실험자는 잘못 놓인 말을 들어내고 참여자에게 다시 놓아보라고 주문했다. 이러한 반복은 참여자들이 모든 말을 정확하게 복구할 때까지 또는 12회까지 계속되었다.

그림 4.5의 흰 점은 전문가 5명과 초보자 5명의 평균 수행 수준을 보여준다. 전문가들은 첫 번째 시도에서 말의 약 90%를 정확하게 복구했지만, 초보자들은 40%밖에 복구해내지 못하였다. De Groot는 이러한 차이가 말이 어디에 놓여야만 하는지에 관한 전문가들의 추측 능력 때문일 것이라고 생각했다. 그러고는 이 생각(가설)을 검정하기 위해, 이번에는 전혀 본 적이 없는 체스 판에서 특정 말을 들어낸 후 그 말의 위치가 어디였는지를 추측해보라고 하였다. 그림 4.5의 검은 점을 보면, 이 과제에서는 전문가와 초보자 간 차이가 크지 않았음을 알 수 있다. 또한 초보자들이 추측한 정도는 판을 보았거나 보지 않았

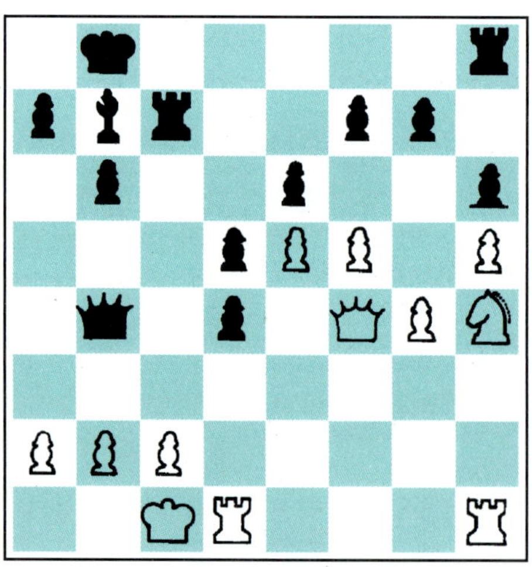

출처: Janosevic–Krisnik; Zenica 1964

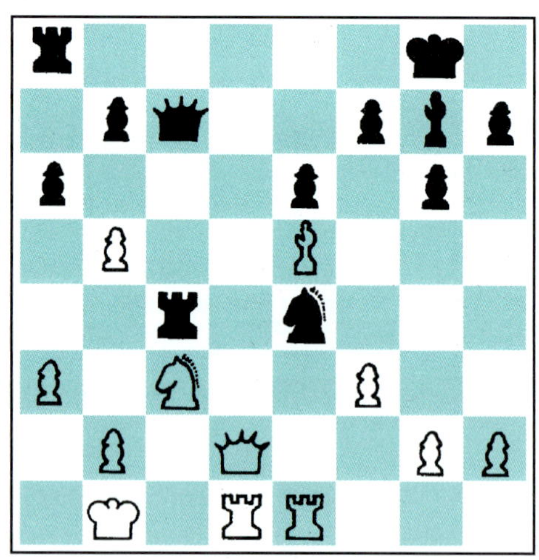

출처: Bannik–Geller Moskou 1961

그림 4.4 추측 및 복구 실험에서 자극으로 이용된 체스 판 위 말의 위치를 보여주는 사례

출처: "Perception and memory versus thought: Some old ideas and recent findings," by A. D. de Groot, in B. Kleinmuntz (Ed.), *Problem solving: Research, method, and theory*. Copyright 1966 by John Wiley & Sons, Inc. Reprinted by permission.

거나 비슷했다는 사실도 알 수 있다. 그러므로 실제 체스 게임의 한 순간에 포착된 말의 위치를 복구하는 능력에서 나는 전문가와 초보자의 차이는 추측 능력의 차이 때문에 생긴 것이 아니다. de Groot는 이러한 발견을 기초로, 전문가와 초보자에서 발견되는 복구 능력의 차이는 전문가들의 뛰어난 결집 능력 때문에 발생한다고 주장했다. 선수들에게 말을 무작위로 배치시켜 놓은 체스판을 보여주고 복구하도록 하면 전문가와 초보자 간의 차이가 없어지는데, 이 발견은 de Groot의 주장을 지지하는 또 다른 증거라고 할 것이다.

Chase와 Simon(1973)은 de Groot의 연구를 확장시켜, 전문가들이 이용하는 결집의 짜임새(말-묶음의 짜임새)를 밝혀내고자 하였다. 체스 고수들이 복구 과제에 이용한 것은 그들의 체스에 관한 지식 속에 조직되어 있는 결집의 짜임새라고 판단했기 때문이다. 전문가 1명, 중견 선수 1명, 초보자 1명을 대상으로 de Groot의 복구 과제를 수행하게 하였다. Chase와 Simon은 결집을 구성하는 말들이 하나의 묶음(단위)으로 복구될 것이라는 가정하에, 참여자들이 말 하나를 판에 올려놓은 후 그다음 말을 올려놓을 때까지의 시간 간격을 측정하였다. 그러고는 그 간격이 2초 이상이면 그 두 말은 서로 다른 결집에 속하는 것으로 간주하였다. 경기 중반쯤의 판을 복구하도록 한 후, 이런 방식으로 결

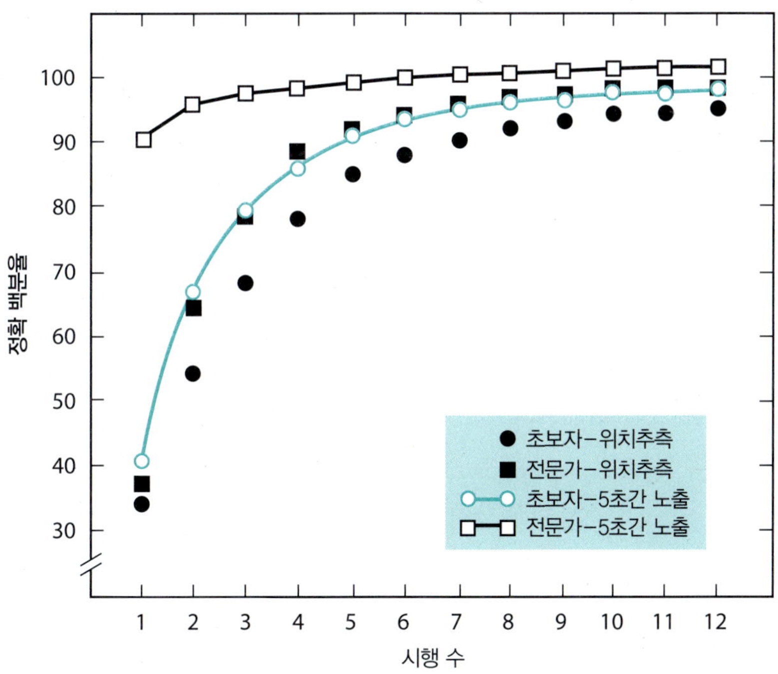

그림 4.5 시행 수에 따라 말의 위치를 정확하게 복구하는 정도가 달라지는 모습

출처: "Perception and memory versus thought: Some old ideas and recent findings," by A. D. de Groot, in B. Kleinmuntz (Ed.), *Problem solving: Research, method, and theory*. Copyright 1966 by John Wiley & Sons, Inc. Reprinted by permission.

집의 개수를 계산한 결과, 각 시행당 평균 개수가 전문가는 7.7개, 중견 선수는 5.7개, 초보자는 5.3개인 것으로 드러났다. 그리고 각 결집당 말의 평균 개수는 각각 2.5개, 2.1개, 1.9개씩이었다. 그러므로 고수들이 더 많은 말을 복구할 수 있었던 것은 그들의 기억(지식) 속에는 더 많은 결집이 구축되어 있었고 각 결집의 크기, 즉 결집을 구성하는 말의 수가 많았기 때문인 것으로 분석된다. 이 결과에서 주목을 끄는 또 하나는 추정된 결집의 개수가 초보자냐 전문가냐에 따라 5개에서 9개 사이라는 점인데, 이는 Miller가 말하는 마법의 수와 일치한다는 사실이다.

교육적 함의

단기기억의 용량이 제한되어 있다는 사실은 강의 재료 설계에 심각한 고민거리로 작용한다. Sweller가 제안한 인지부하 이론에 따르면, 단기기억의 제한된 용량 때문에 우리가 정보를 조합하려 할 때 인지과부하, 즉 관리해야 할 정보의 양이 단기기억의 용량을 초과하는 일이 벌어질 수 있다(Moreno, 2010; Sweller, 2003).

기술자들에게 새로운 전자제품의 안전성을 검사하는 방법을 가르칠 필요가 생겼다. 그 제품을 생산하는 회사로부터 이 교육에 필요한, 즉 기술자들이 전자제품 안정성 검사 기술을 배우는 데 필요한 교재(사용설명서. manual)를 설계해 달라는 주문을 받았다고 하자. 사용설명서에는 저항 측정용 계량기를 이용하여 이 제품의 안정성을 검사할 네 가지 방법에 대한 설명이 들어있어야 한다. 대부분의 사람들은 검사에서 거쳐야 할 단계를 정한 후, 각 단계를 상세하게 묘사하여, 기술자들에게 각 단계별 설명을 읽어보게 한 후, 사용설명서 속에 소개된 절차에 따라 전자제품과 계량기를 다루어보도록 고안하는 것이 가장 합리적인 방법이라고 생각할 것이다. 그러나 이러한 표준적 접근법의 문제는 **주의 분할 효과**(split attention effect)라고 하는 현상 때문에 인지과부하를 초래하는 데서 발생한다.

주의 분할 효과는 두 가지 이상의 일(예: 사용설명서와 전자제품과 계량기)에 다 동시에 주의를 기울여야 할 때 생기는 현상이다. 주의 분할 효과가 발생하지 않게 하는 방법 중 하나는, 그림 4.6이 보여주고 있는 것처럼, 정보를 물리적으로 통합시키는 방법이다. 각 단계에 번호를 붙여 그림 속의 적절한 곳에 배치시킨 점을 주목하기 바란다. 이렇게 하면, 독자는 주의를 사용설명서에 전자제품으로 또 전자제품에서 사용설명서로 왕래시킬 필요가 없어진다.

이렇게 수정된 교재(사용설명서)의 효과는 한 회사의 1년차 견습공을 참여

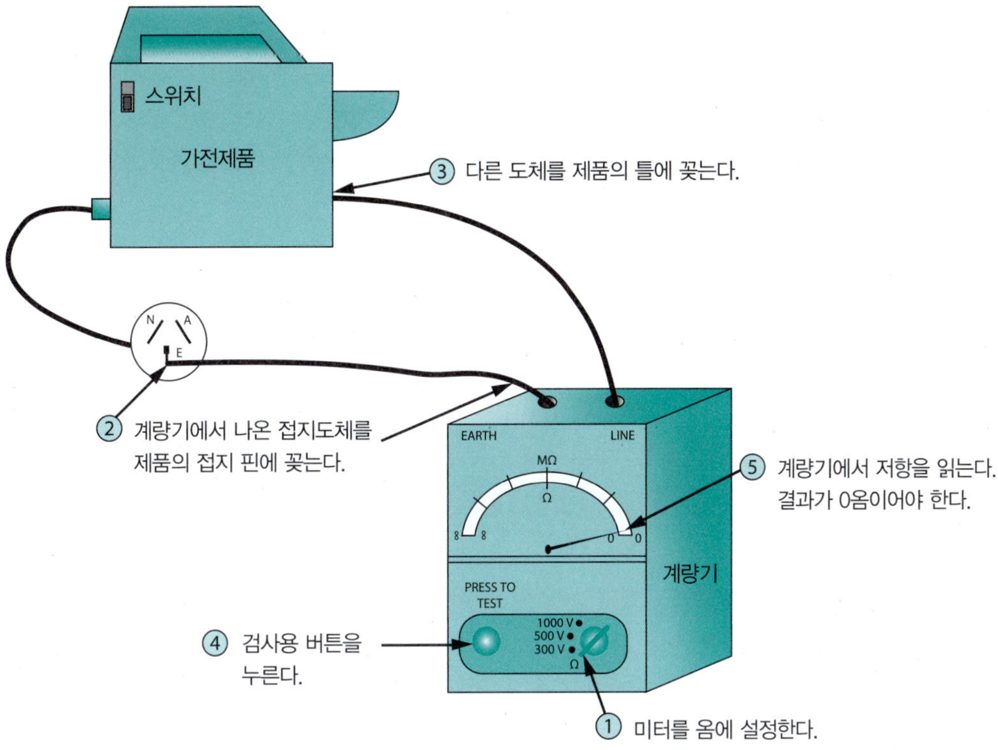

그림 4.6 접지 연속 도체

출처: "Why some material is difficult to learn" by J. W. Sweller & P. Chandler, 1994, Cognition and Instruction, 12, 185-233. Copyright 1994 by Lawrence Erlbaum Associates. APA is not responsible for the accuracy of this translation.

자로 실시한 Sweller와 Chandler(1994)의 실험에 의해 검증되었다. 통제집단의 참여자들은 표준형 교재와 실물(전자제품과 계량기)을 이용해 학습을 했고, 실험집단의 참여자들은 그림 4.6에서와 같은 수정된 교재를 이용해 학습을 했다. 그 결과 표준형 교재를 이용한 학습에 소요된 시간은 6분이었는데 수정된 교재를 이용한 학습에 소요된 시간은 4분으로 드러났다.

보다 중요한 것은 수정된 교재가 훨씬 더 효과적이었다는 점이다. 수정된 교재를 이용해 공부한 기술자들이 지필 검사에서는 물론 실기 검사에서도 더 높은 점수를 받았다. 실기 시험에서 높은 점수를 받았다는 사실이 특히 놀라운 것은 이 집단의 학생들은 실기시험을 치를 때까지 실물(전자제품)을 본 적이 없었다는 사실 때문이다.

기술자들에게 이런 기술을 가르치는 보다 효과적인 방법은 공부를 할 때, 위에서 소개한 것과 같은 수정된 교재를 실물(전자제품과 계량기)과 함께 사용하는 방법일 것이라는 생각을 해볼 수도 있다. 그러나 **과분 효과**(redundancy effect)라는 또 다른 현상 때문에 학생들이 인지과부하를 겪게 될 것이라는 것이 Sweller와 Chandler(1994)의 생각이다. 과분 효과란 동일한 정보가 두 번 이상 제공되면 추가로 제공되는 정보가, 학습에 도움이 되는 새로운 정보가 아닌 그냥 더 많은 정보로 작용하게 되는 현상을 일컫는다. 그러므로 실물을 사용해보는 작업에서 그림 4.6에서 배울 수 있는 것 이외의 다른 것을 배울 수 없다면, 실물을 사용해보는 작업은 시간만 소비하는 군더더기에 불과해진다. Sweller와 Chandler는 자기들의 실험에다 이 조건을 추가해보았고, 그 결과는 위의 예측과 일치하였다. 즉, 학습을 할 때 수정된 교재와 실물을 모두 활용한 이 세 번째 집단의 검사 점수는 표준 교재를 이용해 공부한 통제집단보다 높지 않았다.

위에서 언급한 주의 분할 효과와 과분 효과는 Sweller(2003)가 인지부하 이론을 논의할 때 소개한 11가지 효과 중 2가지이다. 이 2가지 효과는 인지 이론을 기초로 교재 개발 및 설계에 가장 큰 도움을 줄 수 있는 몇 가지 효과에 포함되기도 했다. 이 절을 마감하기 전에, 모든 교수/학습 설계에 적용될 수 있는 다른 효과를 한 가지만 더 살펴보기로 하자. **전문성 반전 효과**(expertise reversal effect)란 초보자의 인지부하를 덜어주는 교재가 전문가의 인지부하를 가중시키는 현상을 일컫는다. 예를 들어, 그림에다 말로 설명을 덧붙이면 초보자의 인지부하는 줄어들 수 있으나, 전문가의 경우에는 다른 설명 없이도 그림을 이해할 수 있기 때문에 첨가된 말이 오히려 인지부하를 늘어나게 만든다. 전문성 반전 효과, 주의 분할 효과, 과분 효과 등 인지부하 이론의 교육적 함의를 반영하는 이들 효과는 모두 다양한 연구에서 지지된 현상들이다(Moreno & Park, 2010).

4.3 기억부호

단기기억과 장기기억을 구분시켜 주는 가장 중요한 특징은 망각 속도와 용량의 크기이다. 단기기억은 용량도 작고 망각 속도 또한 빠른 반면, 장기기억은 용량도 매우 크고 망각 속도도 매우 느리다. 심리학자들은 한때 이 두 기억을 구분시켜 주는 세 번째 특징으로 기억부호의 차이점을 강조하기도 했다. 단기기억의 정보는 주로 **음향부호**(acoustic codes)로 보관되며, 장기기억의 정보는 주로 **의미부호**(semantic codes)로 저장된다고 생각했다. 음향부호가 강조된 두 가지가 이유 중 하나는 단기기억을 연구하는 데 이용된 재료의 본질 때문이었고, 다른 하나는 정보 유지에 암송이 유용했기 때문이었다는 게 일반적인 생각이다. 실험재료가 대개 알파벳, 숫자, 또는 무의미 음절(syllable)로 구성되었

음향부호
자극물의 청각적 특징을 기초로 형성된 기억부호.

의미부호
자극의 의미에 기초를 둔 기억부호.

기 때문에, 이름은 있지만 의미는 거의 없는 것들이었다. 따라서 이런 정보를 단기기억에 보관하기 위해서는 시각부호나 의미부호보다 음향부호를 이용하는 것이 용이했을 것이고, 그 때문에 단기기억의 주된 부호가 음향부호인 것처럼 관찰되었을 것이다.

결국, 다른 종류의 부호를 활용할 수 있는 새로운 재료가 실험에 이용되면서부터 음향부호에 대한 강조가 사라지게 되었다. 예를 들어, 단기기억에서도 의미부호가 활용된다는 증거로 전진형 간섭으로부터의 해방이 자주 인용된다. 그 이유는 기억해야 할 재료의 의미가 바뀌는 조건에서 이 효과가 아주 크게 나타나기 때문이다. 단기기억에 정보를 유지하는 데 시각 이미지를 이용한다는 증거도 있다. 특히, 시각적 형태의 세밀한 것까지 기억하려고 할 때는 시각적 이미지(시각적 부호)가 주로 활용되는 것으로 알려지고 있다.

음향부호가 단기기억 과제 수행에 영향을 미치는 유일한 부호라는 생각은 사라졌지만, 아직도 이에 대한 연구는 계속되고 있다. 심리학자들은 단기기억에 정보를 보관하는 효과적인 방법이 언어적 암송이기 때문에 음향부호가 중요하다고들 한다. 따라서 언어적 암송과 음향부호가 어떤 관계인지를 살피는 것이 순서일 것이다. 아울러, 이 관계가 암송 시 생기는 오류(음향혼동)를 어떻게 설명하는지도 고려될 것이다. 그런 다음에 읽기에서 발견되는 음향부호의 중요성을 검토해보기로 하자.

음향부호와 암송

심리학자들이 음향부호에 관심을 갖게 된 동기는 암송이 단기기억에 정보를 보존하기 위한 수단으로 자주 이용된다는 데 있다. 사실, 기억폭과 암송 사이에는 아주 흥미로운 관계가 있다. 최근의 증거에 의하면, 기억폭에 영향을 미치는 언어처리 속도에는 두 가지가 있다(Cowan, Wood, Keller, Nugent, & Keller, 1998). 하나는 기억폭 측정에 이용되는 자극을 발음(pronounce)하는 속도이고, 다른 하나는 단기기억으로부터 그 자극을 인출하는 속도이다. 단기기억에 활성화 상태로 유지될 수 있는 자극의 개수는 이 두 가지 속도에 따라 달라진다.

Cowan의 연구진은 초등학교 1학년, 3학년, 5학년 학생들에게 일련의 단위수를 재생하도록 하였다. 발음 속도는 학생들에게 1부터 10까지를 최대한 빨리 세어보라고 함으로써, 그리고 또 단위수로 구성된 짧은 목록을 반복 암송해보라고 함으로써 측정하였다. 인출 속도는 기억폭 검사에서 자극을 하나씩 재생할 때 재생되는 두 자극 사이의 시간 간격으로 측정하였다. 이 측정방식은 Chase와 Simon(1973)이 체스 선수들에게 체스 판을 복구하게 한 후 결집의 크기를 결정하기 위해 이용한 방식과 비슷하다는 점을 주목하라. 실험 결과, 발음 속도와 인출 속도는 모두 기억폭과 상관관계가 있었지만, 발음 속도와 인출 속도 간에는 상관관계가 없는 것으로 드러났다. 다시 말해, 발음 속도가 빠른 학생들은 느린 학생들보다 더 많은 자극을 재생하는 경향이 있었고, 인출 속도가 빠른 학생들도 느린 학생들보다 더 많은 자극을 재생하는 경향이 있었다. 하지만 발음 속도가 빠르다고 해서 인출 속도도 빠른 것은 아니었다. 이러한 양상은 참여자를 대학생으로 한 실험에서도 발견되었다.

시각적 자극인데도 그 자극에 이름을 붙일 수만 있으면 암송이 일어나곤 한다. 2장에서 보았듯이, 초기의 정보처리 모형 중에는 시각 정보에서 음향 정보로의 변형을 허용함으로써 자극의 이름을 암송할 수 있게 해놓은 모형(Sperling, 1963)도 있었다. Sperling이 발견한 음향혼동도 시각 정보가 음운 정보로 변형된다는 증거에 포함된다. 음향혼동(acoustic confusions)이란 자극의 소리가 비슷하기 때문에 범하게 되는 오류를 말한다. 그 후 Conrad(1964)도 단기기억에서 음향혼동이 일어난다는 사실을 발견했다. Conrad는 세트 내 혼동 가능성은 높지만 세트 간 혼동 가능성은 낮은 알파벳 두 세트(예: BCPTV와 FMNSX)를 자극으로 선택하였다. 이들 알파벳 10개 중에서 6개씩을 무선적으로 뽑아 알파벳 6개로 구성된 자극 목록을 여러 개 마련했다. 그런 후, 영사기를 통해 각 목록 속의 알파벳을 하나씩 제시하였다. 참여자들은 여섯 번째 알파벳이 제시된 후 정해진 백지 위에다 6개의 알파벳을 제시된 순서대로 적어야 했다.

음향혼동
예를 들어 'B'를 들었는데도 그와 발음이 비슷한 'V'를 들었다고 판단하는 오류.

음향혼동이 일어난다면, 기억검사의 정답이 다른 세트의 알파벳으로 대체되는 오류보다 같은 세트의 알파벳으로 대체되는 오류가 더 많아야 한다는 것이 Conrad(1964)의 예측이었다. 참여자들이 범한 오류를 분석한 Conrad는 오류의 75%가 같은 세트에 속하는 알파벳으로 대체된 것이며, 나머지 25%가 다른 세트에 속하는 알파벳으로 대체된 것임을 밝혀냄으로써 자신의 예측이 옳았다는 사실을 알게 되었다. 목록을 구성하는 알파벳 6개의 발음이 모두 비슷할 때는 음향혼동을 더 많이 일으켰던 것이다. 다음 두 줄에 있는 알파벳을 한 번 읽은 후 그 순서대로 재생해보기 바란다. 첫 줄보다는 둘째 줄의 낱자를 재생하기가 훨씬 쉬울 것이다(Schweickert, Guentert, & Hersberger, 1990).

G Z D B P V C T

M J Y F H R K Q

단기기억 과제에서 일어나는 음향혼동은 음향부호가 중요하다고 말할 뿐, 어떻게 해서 그런 오류가 발생하는지는 아무것도 말해주지 못한다. 음향오류가 발생하는 한 가지 이유는 Laughery(1969)의 주장처럼 이 과제를 수행하는 작업에 청각적 요소(음소)가 이용되었기 때문일 수 있다. 예를 들어, 알파벳 'C'의 이름은 두 개의 음소(s음과 e음)로 구성되어 있다. 음소(phoneme)란 특정 언어를 구성하는 기본음을 일컫는 말이다.

음소
각 언어에 이용되는 소리 중 최소 단위에 해당하는 소리. 이것들을 조합하여 그 언어의 소리 말을 만들어낸다.

발음이 비슷한 단어나 알파벳은 대개 같은 음소를 공유한다. 그래서 음소를 이용하면 음향혼동을 쉽게 설명할 수 있다. Conrad가 사용한 두 세트의 알파벳을 다시 살펴보자. 세트 FMNSX(èf, èm, èn, ès, èx)의 경우, 둘째 음소는 다르지만 첫 음소는 모두 짧은 e음이고, 세트 BCPTV(bē, cē, pē, tē, vē)의 경우에는 첫 음소는 다르지만 두 번째 음소는 모두 긴 e음이다.

음향혼동의 발생 원인에 대한 Laughery(1969)의 설명은 다음과 같은 가정들로 구성된다. 그는 각 자극(알파벳)이 단기기억에 보관될 때는 그 이름을 구성하는 음소의 집합으로 표상되고, 각 음소는 개별적으로 망각될 수 있다고 가정한다. 알파벳 이름이 두 개의 음소로 구성되어 있다면, 둘 중 하나만 기억나고 다른 하나는 기억나지 않을 수도 있다는 뜻이다. 또한 Laughery는 Wickelgren(1965)의 발견을 기초로 각 음소의 망각 속도가 다를 수도 있다고 가정한다. 그리고 특정 알파벳 속의 음소를 모두 재생할 수 없을 경우에는, 생각나는 것은 무엇이든 이용한다고 가정한다.

따라서 Laughery의 이론에 따르면, 기억나는 음소가 ē뿐일 때는 BCPTV 세트의 낱자 중 하나를 추측할 것이고, 기억나는 음소가 è뿐이라면 참여자는 FMNSX 세트의 낱자 중 하나를 추측할 것이다. 어느 경우든 부정확한 추측은 음향혼동으로 나타나게 되어있다.

음향혼동이 가끔씩 일어나더라도 단기기억에 정보를 유지하고 싶을 때는 암송을 사용하는 것이 유리하다. 시각적 자극을 청각적 부호(음향부호)로 번역하는 일은 낱자나 숫자를 기억할 때만 일어나는 일이 아니다. 시각적 재료가 음향부호로 변환되는 가장 흔한 예는 읽기에서 발견된다.

단기기억 검색

단기기억에 관한 지금까지의 논의에서는 주로 재생이 강조되었다. 예를 들어, 알파벳, 낱자 혹은 숫자, 체스 판, 또는 단어가 자극으로 제시되면, 참여자들이 듣거나 본 것(자극)을 기억해내야 하는 과정과 결과에 대한 논의가 주를 이루었다. 그러나 심리학자들은 사람들이 특정 자극이 자기의 단기기억 속에 있는지, 없는지를 판단하는 방식을 연구하기도 했다. 예를 들어, 참여자에게 무작위로 선택한 단위수 4개(예: 3, 8, 6, 2)를 보여준 후, 검사 숫자 하나를 제시하고는 이 검사 숫자가 방금 보았던 4개의 숫자 중 하나인지를 최대한 빨리 판단해보라고 했다. 이 과제를 수행하기 위해서는 참여자의 머릿속에서 어떤 일이 어떻게 전개되어야 하는지부터 고려해보자. 우선, 기억자극으로 제시된 숫자 4개를 단기기억에 저장해야(부호화해야) 할 것이다. 그러고는 검사 숫자를 단기기억에 받아들일(부호화할) 것이다. 그런 후, 검사 숫자의 부호와 기억자극(숫자 4개)의 부호를 비교하고, 즉 기억자극을 표상하는 부호 네 개 중에 검사 숫자를 표상하는 부호와 일치하는 것이 있는지를 점검하고, 그 결과를 기초로 있다/없다는 결정을 내릴 것이다.

위에서 보기로 소개한 이 과제는 사실 Saul Sternberg(1966)가 고안한 것이다. Sternberg는 사람들이 자극을 어떻게 부호화하고, 부호화한 것을 단기기억에 저장되어 있는 다른 자극과 어떻게 비교하는지를 구명할 목적으로 이 과제를 만들었다. 먼저 일련의 숫자(기억 세트, memory set)를 하나씩 보여주고, 참여자에게 이들 숫자를 단기기억에 저장하도록 하였다. 그런 다음 검사 숫자 하나를 제시하고, 검사 숫자가 기억 세트에 있는/없는 것인지를 최대한 신속하게 결정해보라고 지시했다. 기억 세트는 1개부터 6개까지의 숫자로 구성되어 있었다. Sternberg는 결정을 내리는 데 소요되는 시간이 기억 세트의 크기와 정비례한다는 사실을 발견하였다. 기억 세트의 숫자가 하나씩 늘어날 때마다 반응시간은 38ms씩 늘어났다. 이 결과를 두고, Sternberg는 검사 숫자와 단기기억에 저장된 숫자는 하나씩 비교되며, 각 비교에 걸리는 시간은 약 38ms라고 해석하였다.

Sternberg(1966)의 이 발견에서 제기되는 한 가지 의문은 검사 숫자와 일치하는 숫자가 기억 세트의 앞부분에서 확인되어도 비교 작업, 즉 주사과정(scanning process)이 계속될 것인가 하는 것이었다. 예를 들어, 기억 세트로 '5, 3, 7, 1'이 제시되고, 검사 숫자로 '3'이 제시되었다고 하자. 문제는 기억 세트에 '3'이 있다는 사실이 확인되자마자 '예'라고 반응할 수도 있지만, '1'까지 비교한 다음에 반응할 수도 있다는 데서 제기된다. 기억 세트에서 검사 숫자가 발견되자마자 반응하는 방식을 **자동종결 검색**(self-terminating search)이라 하고 기억 세트의 모든 숫자와 비교한 다음에 반응하는 방식을 **완결 검색**(exhaustive search)이라 한다. 여러분은 이 문제의 답이 무엇이라고 생각하는가? 사실 대부분의 사람들은 자동종결 검색을 답으로 생각한다. 그러나 Sternberg는 그 답이 완결 검색이라고 주장한다. 이 주장은 우리의 직관에 반하는 것이기 때문에 이 주장의 증거를 자세히 검토해볼 필요가 있다.

자동종결 검색
검사 자극이 기억 세트에서 발견되자마자 중지되는 검색.

완결 검색
검사자극과 기억 세트 속 모든 자극과의 비교가 완료될 때까지 계속되는 검색 작업.

Sternberg(1966)가 수집한 자료에는 완결 검색을 시사하는 두 가지 양상이 발견된다. 첫째, '있다'는 반응과 '없다'는 반응에 소요된 시간이 거의 같았다. 기억 세트의 숫자가 모두 주사될 때(검사 숫자와 비교될 때)만 이런 결과가 나올 수 있다. 검사 숫자와 일치하는 숫자가 기억 세트에서 발견되자마자 반응한다면 '있다'는 반응에 소요된 시간이 '없다'는 반응에 소요된 시간보다 짧아야 한다. 왜냐하면, '없다'는 반응은 기억 세트를 모두 주사한 후에 할 수 있는 반응이지만, '있다'는 반응은 기억 세트를 모두 주사하지 않아도 할 수 있는 반응이기 때문이다. 둘째, 검사 숫자와 일치하는 숫자가 기억 세트의 앞쪽에 있든 뒤쪽에 있든 반응시간에는 차이가 나지 않았다. 기억 세트를 구성하는 모든 숫자가 주사된다면 이런 결과가 기대되지만, 일치하는 숫자를 발견하자마자 반응한다면 이런 결과가 관찰될 수 없다.

그러나 누가 봐도 완결 검색은 비효율적인 전략으로 보인다. 일치하는 것이 이미 발견되었는데 왜 검색을 계속해야 한단 말인가? 주사는 매우 신속하게 진행되지만, 검사 숫자와 기억 세트 속의 숫자가 일치하는지를 점검하는 데는 상당한 시간이 소요되기 때문이라는 것이 Sternberg의 대답이다(Sternberg, 1967a). 기억 세트의 각 숫자와 검사 숫자를 비교할 때마다 반드시 일치/불일치를 점검해야 한다면, 검색의 효율성은 크게 감소할 것이다. 그러나 기억 세트를 모두 주사할 때까지 점검을 미루면, 시간을 많이 먹는 점검을 한 번만 해도 된다는 장점이 창출된다.

읽기에서의 음향부호

음향부호는 나중에 재생하거나 검색해야 하는 정보를 단기기억에다 보관하는 일에 도움을 준다. 특히 글을 읽을 때는 시각적으로 제시된 단어를 청각적 부호에 해당하는 음향부호로 재부호화(recoding)하는 일이 중요해진다. 문장의 의미를 파악하기 위해서는 문장 속 모든 단어의 의미를 통합해야 한다. 따라서 문장의 앞부분에서 읽은 단어들도 단기기억에 보존되어 있어야 하는데, 바로 이 보존 작업을 용이하게 하는 것이 음향부호이기 때문이다.

읽기 학습과 음향부호와의 관련성이 논란의 주제로 부상하게 된 것도 이러한 이유 때문일 것이다. 이 논란이 심각해지는 이유는 발달성 난독증(학습할 기회가 있었는데도 글을 제대로 읽지 못하는 증상)으로 고생을 하는 사람이 전체 인구의 5~10%에 달한다는 데 있다(Vidyasagar & Pammer, 2009). 난독증 원인을 음운 처리에서 찾으려는 사람들의 주장에 따르면, 난독증으로 고생하는 사람들은 단어를 구성하는 낱자(알파벳)는 정확하게 인식하면서도 단어를 정확하게 발음해내지 못한다. 그러나 이와 대조되는 입장을 취하는 사람들

(Vidyasagar & Pammer, 2009)은 난독증의 원인을 시각적 부호화의 부적절성에서 찾으려 한다.

이 시각적 결함 가설에 따르면, 난독증으로 고생하는 사람들은 단어를 구성하는 낱자의 순서를 제대로 지각하지 못한다. 능숙한 독자들은 단어 속 낱자가 뒤섞여 있어도 그 순서를 바로잡아 읽어낼 수 있다(예: 아릅르디 느티마누). 그러나 능숙한 독자들도 이런 경우를 만나면 읽기 속도를 늦추고 앞뒤 맥락을 고려하여 정확한 낱자의 순서를 바꾸어 정확한 단어를 찾아내야 한다. 그런데 난독증으로 고생하는 사람들은 '아릅르디'를 '아릅드리'로 바꾸어 읽지 않고 그냥 있는 그대로 '아릅르디'로 발음을 한다는 것이 Vidyasagar와 Pammer(2009)의 주장이다. 여러분은 이 두 가지 입장 중 어느 편에 서겠는가? 왜?

음향부호를 둘러싼 논쟁은 음향부호와 이해와의 관계에서도 발견된다. 사실, 읽기에 능숙한 독자인 경우에도 음향부호 생성은 여전히 중요하게 작용하는 것 같다. 대부분의 사람들은 글을 읽을 때 속으로 말을 하기 때문이다. **입속말하기**(subvocalizing)는 읽은 것을 이해하고 기억하는 데는 도움을 줄 수 있다. 하지만 속으로 하는 말은 눈으로 읽은 것보다 느리기 때문에 단어를 읽을 때 입속말을 하면 읽는 속도가 느려진다. 따라서 글로 적힌 단어를 소리말로 변형하지 않으면 읽기 속도가 빨라지게 된다. 그 때문에 대부분의 속독 훈련에서는 읽기 속도를 높이기 위해 입속말하기를 제거하려 한다. 다시 말해, 읽기 속도를 향상시키는 선행요건으로 속으로 말하지 않는 방법을 익혀야 한다. 그러나 속독 훈련을 통해 읽기 속도가 빨라진다고 해도 읽은 내용을 이해하지 못하면 속독의 가치는 사라지고 만다.

입속말하기
소리 없이 자신에게 말하기

결국, 속독 훈련의 가치는 입속말하기를 억제하고 읽은 글의 내용을 얼마나 많이 그리고 얼마나 정확하게 이해할 수 있느냐에 따라 결정된다. 입속말하기는 거의 자동적으로 일어나는 일이기 때문에 그 일을 억제하기 위해서는 정신적 노력(주의)을 기울여야 한다. 따라서 속독에서 이해에 투자할 수 있는 주의의 양은 정독에서 기울일 수 있는 양보다 적을 수밖에 없다. 다시 말해, 입속말을 하지 않고도 글을 이해할 수는 있다고 하더라도 그 양과 깊이는 입속말을 허용할 때보다 줄어들 수밖에 없을 것이다. 입속말 없이도 단어의 의미를 이해할 수는 있지만, 세부 내용 기억에는 입속말을 하는 것이 유리하다는 Levy(1978)의 연구결과는 이 결론은 지지하고 있다.

입속말 억제 효과를 검토하기 위한 실험에서 Levy는 참여자들에게 짧은 문단을 읽게 하고, 글을 읽는 동안 1에서 10까지 반복하여 세도록 함으로써 글을 입속말로 바꾸는 작업을 억제시켜 보았다. 참여자들은 글을 읽는 동안 작은 소리로 쉬지 않고 빠르게 수를 세어야 했으며, 읽은 문장도 모두 기억하도록 노력하라는 주문을 받았다. 문단을 다 읽은 후에는, 앞서 읽은 단락 속의 문장 또는 약간 바뀐 문장을 보고, 그 문장이 앞서 읽은 문장과 동일한 것인지를 판단해야 했다. 바뀐 문장도 변한 것은 조금밖에 없었기 때문에 이 과제를 제대로 수행하려면, 참여자들은 읽은 문장에서 상세한 것까지를 기억하고 있어야 했다. 실험 결과, 글을 읽으면서 수를 세어야 했던 조건의 수행 수준이 더 낮은 것으로 드러났다.

그러나 음향부호는 문장의 세부 정보를 기억하는 데는 도움이 되지만, 문단의 요지를 기억하는 데는 도움이 되지 않는다(Levy, 1978). 이 주장을 지지하는 증거는 두 번째 실험에서 확보되었다. 두 번째 실험에서는 검사 문장의 일반적 의미가 원래 문장의 일반적 의미와 같은지/다른지를 판단해야 하는 요점판단 과제가 이용되었다. 참여자들은 제시된 검사 문장 중에서 원래 문장의 의미가 바뀌지 않은 것과 의미가 완전히 바뀌어버린 것을 구별해야 했다. 검사 문장 중에는 원래 문장과 동일한 것이 하나도 없었기 때문에 읽은 문장을 그대로 기억하지 않아도 된다는 것을 알고 있었다. 따라서 참여자들은 앞서 읽은 단락의 전반적 의미만 파악하고 있으면 이 환언(paraphrase) 과제를 어렵지 않게 해결할 수 있었다. 실험 결과, 수를 세는 과제는 환언 과제 수행을 간섭하지 않는 것으로 드러났다. 이 결과를 기초로 내린 Levy의 결론은 문단의 요지를 기억하는 데는 음향부호가 도움이 되지 않는다는 것이었다.

환언
어떤 문장의 기본 의미를 그 문장 속 단어와는 다른 단어를 이용하여 표현하는 행동.

그러나 학습 재료의 난이도에 따라서도 Levy의 이 두 번째 결론은 달라질 수 있다. 즉, 학습 재료가 복잡한 개념을 다룬 내용일 경우에는 입속말을 하는 것이 도움이 될 수도 있다는 말이다. 언어처리에 관한 이들 연구는 하위발성(입속말)이 이해에 반드시 필요한 것은 아니지만, 세부적인 정보나 복합적인 정보에 관한 기억을 촉진하는 데는 도움이 된다고 시사한다. 이러한 현상이 발견되는 이유는 각 단어가 문장 또는 문단 속의 다른 단어들과 통합될 때까지 단기기억에 유지되도록 돕는 것이 입속말의 기능이기 때문이라는 것이 가장 일반적인 설명이다(예: Conrad, 1972; Kleiman, 1975). 독해에서 단기 작업기억이 어떻게 활용되고 있는지는 11장에서 소개될 것이다.

4.4 작업기억

Baddeley의 작업기억 모형

단기기억을 작업기억이라고도 한다. 이유는 단기기억이 정보를 단기간 보관하는 저장고라고 하는 수동적인 기능뿐 아니라 이해, 추리, 문제해결 같

그림 4.7 Baddeley와 Hitch가 1974년에 제안한 작업기억 모형

출처: "Is working memory still working?" by A. D. Baddeley, 2001, *American Psychologist, 56*, 851-864. Copyright 2001 by the American Psychological Association. Reprinted by permission.

음운 루프
Baddeley의 작업기억 모형을 구성하는 요소 중 하나. 음향 정보를 유지하고 조작하는 일은 한다.

시공 스케치북
Baddeley의 작업기억 모형을 구성하는 요소 중 하나. 시각 및 공간 정보를 조작하고 유지하는 일을 한다.

중앙 관리기
Baddeley의 작업기억 모형을 구성하는 요소 중 하나. 작업기억의 활용을 관장한다.

은 능동적인 정신활동에도 관여하는 것으로 간주되기 때문이다. Baddeley와 Hitch(1974)는 약 40년 전에 작업기억 모형을 개발하기 시작했다. 이 모형은 아직도 진화되고 있는 중이다. Baddeley와 Hitch가 개발한 작업기억 모형은 세 가지 요소로 구성되어 있다: (1) 소리말 관련 정보를 유지하고 조작하는 **음운 루프**(phonological loop), (2) 시각 혹은 공간 정보를 유지하고 조작하는 **시공 스케치북**(visuospatial sketchpad), (3) 정보를 통합하고 전략을 선택하는 **중앙 관리기**(central executive)가 그것이다(그림 4.7).

심리학자들이 가장 많이 알고 있는 것은 음운 루프에 관한 내용이다. 왜냐하면, 앞서도 보았듯이, 단기기억에 관한 초기 연구에는 대부분 어문적 재료가 이용되었기 때문이다. Baddeley의 모형에서 음운 루프는 두 가지 부분으로 구성된다. 하나는 어문적 정보를 저장하는 음운 저장고이며, 다른 하나는 음운 저장고 속 정보를 활성화된 상태로 유지하는 암송기제이다. PET(positron-emission tomography)을 이용한 연구(Awh et al., 1996)를 통해 어문 정보를 암송하는 작업과 보관하는 작업이 각각 뇌의 상이한 영역에서 이루어짐을 암시하는 증거가 확보됨으로써 이러한 구분이 설득력을 얻고 있다.

Baddeley, Gathercole, Papagno(1998)는 음운 루프의 가장 중요한 역할은 단어의 발음법 학습을 돕는 것이라고 주장한다. 음운 루프는 어떤 단어가 장기기억에 영구적으로 저장될 때까지만 그 단어를 보관한다. 6장에서 알게 되겠지만, 음운 루프가 손상되고 나면 새로운 단어를 배우기가 무척 어려워진다. 발음법을 익힐 수 없기 때문일 것이다.

단기기억에 관한 연구에 시각적 혹은 공간적 학습 재료가 자주 사용됨에 따라 단기기억의 모든 재료가 어문적 부호로 변형되지 않는다는 것이 분명해졌다. 체스 선수들이 체스 판을 복구하는 과제를 다시 한 번 생각해보자. 선수들은 이미 알고 있는 결집을 이용하여 말의 위치를 다발로 묶는다. 이 결집은 어문적 정보로 형성되었다기보다는 시각/공간 정보를 기초로 형성되었을 가능성이 훨씬 크다. De Groot(1966)도 훌륭한 선수와 그렇지 못한 선수를 구분하는 데는 시각/공간 정보에 기초한 지각이 중요한 역할을 한다고 믿었다. 그러므로 작업기억에는 시각/공간 정보를 저장할 수 있는, 시공 스케치북 같은 장치도 있어야 할 것이다.

Baddeley(1992)는 자신의 작업기억 모형을 구성하는 세 가지 구성요소 각각이 체스 판 복구에 이바지하는 상대적 공헌도를 검토한 연구결과를 보고하였다. 실력이 상이한 선수들에게 판을 복구하라고 하고는, 특정 구성요소의 작동을 간섭하는 부차적 과제를 수행하도록 하였다. (Levy도 수를 세게 함으로써 참여자들이 속으로 말하는 것을 예방했다는 사실을 기억할 것이다.) Baddeley의 연구에서도 입속말을 억제하기 위해, 즉 음운 루프의 작동을 억제하기 위해, Levy의 실험에서와 비슷한 절차가 이용되었다. 시공 스케치북의 이용을 예방하기 위해서는 참여자들에게 일련의 키를 정해진 패턴에 맞추어 두드리라고 주문했다. 중앙 관리기의 작동을 예방하기 위해서는 참여자들에게 초당 한 개씩의 낱자를 무작위로 생성해야 하는 부차적 과제를 부과했다. 이 과제를 이용한 이유는 낱자를 무작위로 생성하기 위해서는 매초마다 어떤 낱자를 생성해야 할지를 결정해야 하는데, 이 결정 때문에 1차 과제(체스 말의 위치를 기억하는 작업)의 수행 능력이 제한될 것이라고 믿었기 때문이다.

실험 결과, 입속말 억제는 체스 판 복구 능력에 아무런 영향을 미치지 못했다. 그러나 시각/공간 처리를 억제했을 때는 말의 위치를 복구하는 능력이 크게 손상되었다. 이 결과는 어문적 부호화는 체스 판 복구에 중요하지 않지만, 시공 스케치북과 중앙 관리기는 말의 위치에 대한 기억(시각적 과제)에 꼭 필요하다는 뜻으로 해석되었다. 다른 연구에서도 판에 놓인 말의 개수를 세는 과제와 다음 수를 어떻게 둘 것인가를 결정해야 하는 과제는 시각/공간 처리를 간섭하는 부차적 과제의 영향을 받지만, 입속말을 억제하는 부차적 과제의 영향은 받지 않는 것으로 확인되었다(Saariluoma, 1992).

이 두 연구의 결과는 시공 스케치북이 체스 두기에서 중요한 구실을 수행하고 있음을 확인시켜 주었다. 하지만 시공 스케치북의 작동방식에 관해서는 밝혀진 것이 거의 없다(Baddeley, 1992). 한 가지 이유는 어문적 정보에 대한 암송은 입속말을 통해 이루어지는 것이 분명한데, 시각 이미지 되뇌기는 어떻게 이루어지는지가 분명하지 않기 때문이다. 다른 이유는 시각 정보 유지와 공간 정보 유지를 구분하기가 어렵기 때문이다. 예를 들어, 정해진 패턴에 따라 키를 두드려야 하는 부차적 과제는 주로 시각적 간섭이 아닌 공간적 간섭을 유발한다고 봐야 한다. 왜냐하면, 키를 보지 않고도(시각적 정보의 도움 없이도) 두드릴 수 있기 때문이다. 최근의 연구는 시각/공간 정보를 단기기억에 유지하는 데는 공간적 주의가 요구되며, 이 정보는 공간적 주의를 요하는 모든 과제(시각, 청각, 지각, 운동)의 간섭을 받는다고 주장한다(Smyth & Sholey, 1994).

Baddeley 모형의 구성요소 중에서 더 많이 연구되어야 할 또 다른 요소는 중앙 관리기이다. 중앙 관리기는 작업기억에서 결정을 내리는 구성요소로, 체스 판 복구에 중요한 역할을 수행하는 것으로 밝혀졌다. 중앙 관리기의 역할이 체스 판 복구에 결정적인 이유는 이 과제 수행에 필수적인 결집을 체스선수가 스스로 생성해야 하기 때문이다. 중앙 관리기가 중요한 까닭은 그 주된 역할이 결집을 생성하는 일이기 때문이고, 선수 스스로 결집을 생성해야 하는 까닭은 말의 위치가 흐트러진 상태에서 이 과제를 수행해야 하기 때문이다. 또한 중앙 관리기는 논리적 추리 과제에서 결론을 도출할 때도 결정적인 역할을 수행한다(Gilhooly, Logie, Wetherick, & Wynn, 1993). 논리적 추리 작업도 중앙 관리기를 간섭하는 부차적 과제(무작위 수를 생성하는 일)에 의해서는 크게 훼손되었다. 하지만 입속말하기나 시각/공간 처리를 간섭하는 부차적 과제는 논리적 추리를 방해하지 못하였다.

결론적으로, Baddeley의 작업기억 모형은 단기기억은 단지 음운부호나 조작하고 유지하는 데만 이용되는 것이 아니라 그보다 훨씬 많은 일에 관여한다는 것을 보여주고 있다. 하지만 Baddeley와 Hitch(1974)의 모형에서는 주의 관리 임무를 중앙 관리기에 맡김으로써 궁지에 몰리게 되었다. 주의 관리 임무를 중앙 관리기가 맡게 되자 시각 정보와 청각 정보를 통합하는 데 필요한 공간이 사라져 버렸기 때문이다. 시각 정보는 시공 스케치북에 있고 청각 정보는 음운 루프에 있다면 시각부호와 청각부호가 어떻게 통합되느냐는 문제가 발생하게 된 것이다. 이 문제를 해결하기 위해 Baddeley는 그의 모형을 수정하기에 이르렀다.

Baddeley의 작업기억 모형-수정판

낯선 곳을 여행하는 중에 그곳 사람에게 길을 묻게 되었고, 그 사람은 자세하게 설명해주었다고 하자. 길을 묻는 사람은 그 사람이 하는 말을 들으며 가야 할 길을 마음속에 지도로 그려볼 수도 있을 것이다. 사실, 시각적 정보와 어문적 정보를 통합할 수 있는 바로 이러한 능력 덕분에 우리는 보다 정교한 추리까지 할 수 있게 되었다.

그림 4.7을 보면 시공 스케치북과 음운 루프 사이에 중앙 관리기가 자리 잡고 있는데, 그 자리는 아무 생각 없이 설정된 것이 아니었다. Baddeley와 Hitch(1974)도 처음에는 중앙 관리기를 시각적 부호와 어문적 부호를 통합하는 기능을 수행하게 된 것으로 생각하고 중앙 관리기를 그 자리에 위치시켰다. 그런데 주의를 통제하는 일을 중앙 관리기의 주된 기능이라고 간주하면

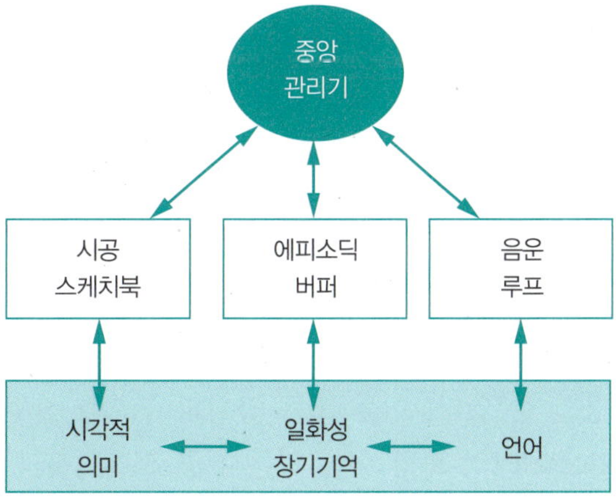

그림 4.8 Baddeley(2000)의 작업기억 모형-수정판
출처: "The episodic buffer: a new component of working memory," by A. D. Baddeley, *Trends in Cognitive Science, 4*, 417-423.

서 이 모형으로는 시각 정보와 청각 정보가 통합되는 방식을 설명할 수 없게 되었다. 이 때문에 Baddeley(2000)는 모형을 수정하여 에피소딕 버퍼(episodic buffer)라고 하는 네 번째 구성요소를 첨가하기에 이르렀다. 에피소딕 버퍼는 상이한 감각양식의 기억 정보를 통합하는 기억장치이다. 이 장치를 이용하면 귀로 들은 설명이 마음속에서 그림으로 그려지는 방식을 설명할 수 있게 된다.

그림 4.8은 Baddeley와 Hitch(1974)의 모형을 수정한 작업기억 모형-수정판을 보여준다(Baddeley, 2000; Baddeley, 2001). 수정판 모형에 새로이 첨가된 에피소딕 버퍼는 제한된 용량의 기억장치로 시공 스케치북의 정보와 음운 루프의 정보를 통합하는 역할을 한다. 이 기억장치는 여러 가지 감각 정보를 바탕으로 **중다양식부호**(multimodal code)를 만들어낸다. 중다양식부호는 주변 세상을 우리의 머릿속에 표상하는 모형 환경, 즉 머릿속 세상을 구축하는 데 이용된다.

중다양식부호
두 가지 이상의 감각 부호(예: 청각부호와 시각부호)가 통합된 것.

그림 4.7에 소개된 Baddeley와 Hitch(1974)의 작업기억 모형과 그림 4.8에 제시된 Baddeley(2000)의 작업기억 모형 수정판 사이에는 또 다른 변화가 발견된다. 수정판 모형에 장기기억을 포함시킨 것은 작업기억과 장기기억과의 상호작용을 더욱 깊이 있게 이해하기 위한 시도로 간주된다. 이러한 시도는 작업기억과 장기기억과의 관계가 훨씬 밀접한 것 같다는 Baddeley와 Andrade(2000)의 발견을 염두에 둔 처사라고 할 수 있다. Baddeley와 Andrade는 낯선 시각 이미지를 떠올리려 할 때는 작업기억의 시공 스케치북이 주로 사용되지만, 낯익은 장면(예: 학교 교실)을 머릿속에 그려보려 할 때는 장기기억이 더욱 중요하게 작용한다는 증거를 확보했다. 그리고 마음속에 그린 이미

지의 선명도를 평정할 때는 가용한 감각 정보의 양을 따지는 것으로 드러났지만, 가용한 감각 정보가 단기기억 정보냐 장기기억 정보냐는 중요하지 않은 것으로 밝혀졌다.

어문적 부호와 시각/공간 부호를 구분한 Baddeley 기억 모형이 위에서 소개한 것과 같은 성과를 거두게 되자, 다른 유형의 기억부호에 관한 질문이 제기되기 시작했다. 그림 4.8에서 볼 수 있듯이, 우리는 사건을 기억할 때, 음운부호, 시각부호, 공간부호, 운동부호, 청각부호 등등 다양한 양식의 부호를 이용할 수 있다. 이들 모든 양식의 부호를 작업기억 속에 표상하기 위해서는 Baddeley의 모형 속에 있는 시공 스케치북과 음운 루프 이외에도 여러 개의 구성요소를 더 첨가해야 하는 문제가 생긴다. 이를 두고 Postle(2006)은 Baddeley(2000)의 모형은 성공을 거두면서 무덤도 함께 팠다고 평가한다. 두 가지 기억부호를 구분하는 것이 중요하다고 강조하다가 다른 많은 유형의 기억부호까지 구분해야 하는 부담을 안게 되었다는 뜻이다.

Postle(2006)은 Baddeley가 그림 4.7에다 또 다른 사각형(에피소딕 버퍼)을 추가한 것을 잘못으로 간주한다. 그보다 Baddeley는 작업기억을 장기기억에 저장되어 있는 여러 가지 기억부호에다 주의를 할애하는 과제를 관장하는 관리 시스템으로 간주했어야 한다는 것이 Postle의 주장이다. 작업기억은 감각 관련 작업, 의미 관련 작업, 운동 관련 작업을 수행하기 위해 진화된 여러 가지 두뇌 장치의 기능을 조정하는 시스템이다. 뇌영상 기법을 이용한 연구를 통해 감각 관련, 의미 관련 및 운동 관련 정보가 저장된 뇌의 영역이 다른 것으로 밝혀지고 있다. 이러한 신경과학적 증거는 그림 4.7과 그림 4.8에 소개된 단기기억, 작업기억, 장기기억 간의 관계를 구명하려는 심리학자들의 노력에도 도움을 제공할 것이다. 이들 상이한 유형의 기억부호에 대한 논의는 후속 장들에서도 계속될 것이다.

작업기억 대 단기기억

한편, Baddeley의 작업기억 모형이 연구자들의 관심을 끌면서, 그러면 작업기억과 단기기억은 어떤 관계에 있는 것일까라는 질문이 제기되었다. 이제 심리학자들은 '단기기억'이라는 말보다는 '작업기억'이란 말을 훨씬 자주 쓴다. '작업기억'을 단지 '단기기억'의 새로운 이름이라고 봐도 좋을까? 다시 말해, 작업기억이란 단기기억의 역동적 활용 방식, 즉 인지 과제 수행에 단기기억이 이용되는 방식을 반영하는 용어일 뿐일까? 아니면, Klapp, Marshburn, Lester(1983)의 주장처럼, 작업기억과 단기기억은 서로 다른 것일까?

이 질문은 앞으로도 논쟁거리로 남아있을 가능성이 높다. 하지만 단기기억을 작업기억의 한 구성요소로 보는 견해(Engle, Kane, & Tuholski, 1999; Engle & Oransky, 1999)가 그래도 그럴듯해 보인다. 그림 4.9는 Engle의 연구진이 제안한 모형을 그려놓을 것이다. Cowan(1988, 1995)의 연구에 영향을 받아 개발된 이 모형은 중앙 관리기와 단기기억을 구분해 놓고, 또 집단화나 부호화 같은 다양한 통제 전략을 따로 열거하고 있다.

Engle의 모형에서는 중앙 관리기의 주된 기능을 주의를 통제하는 일이라고 생각한다. Engle과 Oransky(1999)는 작업기억 용량의 개인차는 통제된 주의에서 나는 개인차를 반영한다고 믿었다. 그래서 작업기억 용량의 개인차는 통제된 주의를 필요로 하거나 통제된 주의가 도움이 되는 장면에서만 관찰될 것이라고 주장했다. 통제된 주의를 필요로 하는 일에는 과제의 목표를 작업기억에 유지하는 일, 행위를 계획하는 일, 과제 관련 정보를 유지하는 일, 과제와 관련 없는 정보를 억제하는 일 등이 포함된다. 따라서 예를 들어 시험 불안을 겪는 사람들은 그 불안을 다스리는 일에 주의를 할애해야 하기 때문에 작업기억의 자원(용량)을 엉뚱한 일에 낭비하게 된다(Aschcraft & Krause, 2007).

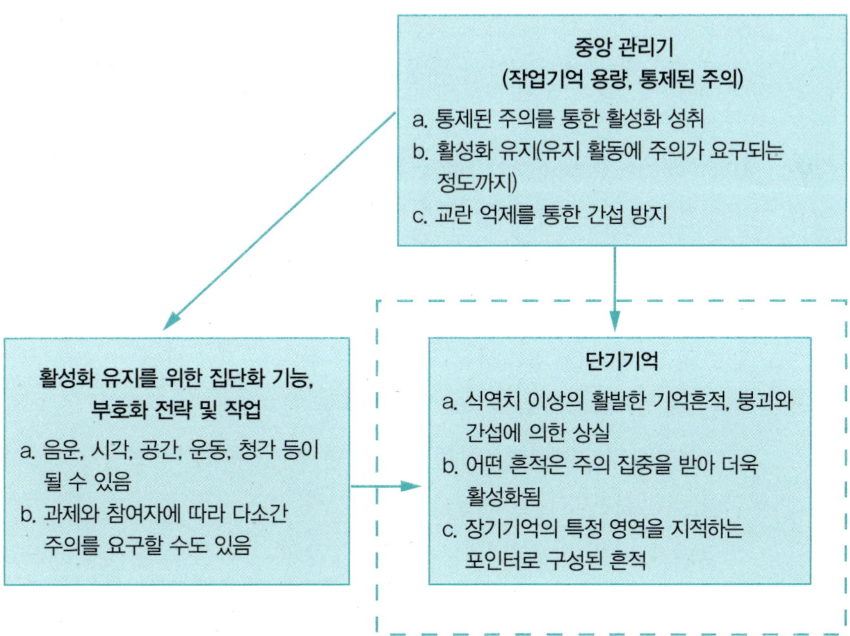

그림 4.9 작업기억 시스템을 구성하는 요소와 그들 간 관계

출처: "Individual differences in working memory capacity and what they tell us about controlled attention, general fluid intelligence, and functions of the prefrontal cortex," by R. W. Engle, M. J. Kane, & S. W. Tuholski, 1998, in A. Miyake & P. Shah (Eds.), *Models of working memory: Mechanism of active maintenance and executive control* (New York: Cambridge University Press). Reprinted by permission.

통제된 주의를 이처럼 강조하는 이유는 주의 용량 모형과 작업기억에서 벌어지는 주의 할당 간 관계가 구명되어야 한다고 보았기 때문이다(Barrett, Tuglade, & Engle, 2004). Kahneman의 모형에서는 통제된 주의가 순간적 의도(주의의 수의적 측면)의 한 요소로 간주되고 있다. 그리고 이 통제는 작업기억의 중앙 관리기에서 시작된다. Cowan(1995)의 저서 *Attention and Memory: An Integrated Framework*는 주의 용량 모형과 작업기억에서 벌어지는 주의 할당 작업을 연관시킨 최초의 노력 중 하나라고 할 수 있다.

주의 통제를 주된 기능으로 하는 중앙 관리기와는 달리, 그림 4.9에 나타나 있는 단기기억의 주된 기능은 활성 상태의 기억흔적을 유지하는 일임을 주목하자. 이들 기억흔적은 대개 음운부호나 시각부호이다. 따라서 그림 4.9의 단기기억은 Baddeley 모형의 음운 루프와 시공 스케치북에서 하는 일을 하고 있는 셈이다. Cowan(1995)과 Engle에 의하면, 작업기억은 단기기억의 내용과 중앙 관리기의 관리를 받고 있는 주의로 구성된다. 이들의 이러한 주장은 Kane 등(2004)의 연구결과와 일치한다. Kane 등은 작업기억의 용량을 반영하는 점수는 어문적 과제를 이용해 측정하든 공간적 추리 과제를 이용해 측정하든 크게 달라지지 않는데, 단기기억의 용량을 반영하는 점수는 공간적 추리 과제를 이용해 측정하느냐 어문적 과제를 이용해 측정하느냐에 따라 달라진다는 사실을 밝혀냈다.

작업기억이 단기기억의 내용과 주의로 구성된다는 생각은 작업기억에서 벌어지는 정보처리 작업과 정보보관 작업 사이에 존재하는 관계와도 일치한다(Barrouillert, Portart, & Camos, 2011). 그림 4.9 속의 도해를 보면, 단기기억은 기억흔적을 보관하는 일을 한다. 그리고 작업기억에서 벌어지는 정보처리에는 단기기억에 보관된 정보(기억흔적)를 갱신하는 일, 그 정보를 인출하는 일, 반응을 선택하는 일이 포함된다. 기억흔적(정보)을 보관하는 작업에도 주의가 필요하고 정보를 처리하는 작업에도 주의는 필요하다. 그러므로 정보를 처리하는 데 할애된 만큼의 주의를 정보를 보관하는 작업에는 사용할 수 없게 된다. 따라서 처리해야할 일이 많아지면 단기기억에 정보를 보관하는 작업이 그만큼 어려워진다.

그림 4.10은 정보처리와 정보보관 간의 이러한 득실관계(trade-off)를 보여주고 있다. 그림을 보면, 정보를 처리해야 하는 부담(인지부하로 측정됨)이 증가할수록 정보 보관/유지 능력(기억폭으로 측정됨)은 감소한다는 것을 알 수 있다. 이 그림에 이용된 자료는 여러 가지 처리 과제(예: 작업기억의 내용 갱신 과제, 반응 결정 과제, 작업기억으로부터의 정보 인출 과제 등)를 이용한 실험에서

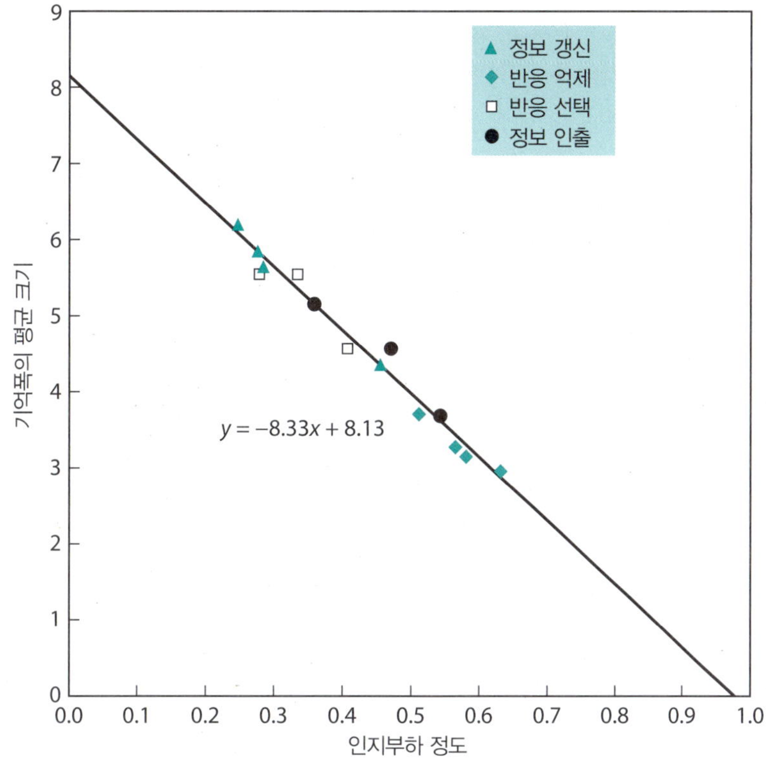

그림 4.10 작업기억 속에서 벌어지는 정보보관과 정보처리 간 득실관계

출처: "On the law relating processing to storage in working memory," by P. Barrouillett, S. Portart, & V. Camos, 2011, *Psychological Review*, 118, 175-192. Reprinted by permission.

확보된 것이다. 이 그림을 통해 우리는 이론과 증거를 조합했을 때 인지심리학에 대한 이해의 폭이 훨씬 넓어진다는 것을 깨닫게 된다.

4.5 요약

단기기억은 장기기억에서는 발견되지 않는 몇 가지의 제한점을 가지고 있다. 첫째, 단기기억에서는 망각이 빨리 일어난다. 적극적으로 암송하지 않으면 자극에 관한 정보가 20~30초 이내에 상실된다. 실험 결과를 검토하면, 단기기억에서 벌어지는 망각의 일차적 원인은 소멸이 아니라 간섭이라는 것을 알게 된다. 간섭은 검사자극 이전(전진형 간섭) 또는 이후(후진형 간섭)에 제시되는 자극 때문에 생긴다. 전진형 간섭으로부터의 해방은 간섭을 감소시키면 기억이 향상된다는 사실을 입증하는 현상이다.

단기기억의 또 다른 제한점은 최대 용량이 작다는 점이다. Miller는 절대적 판단과 기억폭에 관한 많은 연구결과를 고찰한 다음, 단기기억의 최대 용량은 결집을 단위로 7개 정도라고 결론지었다. 결집이란 장기기억에 하나의 단위로 저장되어 있는 한 묶음의 항목을 일컫는다. 예를 들어, '대한민국국화무궁화'라는 글자를 읽으면 한국인은 이들 9개의 글자(항목)를 세 개의 묶음(대한민국, 국화, 무궁화)으로 묶어 기억한다. 이런 일은 우리의 머릿속에는 대한민국, 국화, 무궁화가 각각 하나의 단위로 저장되어 있기 때문에 생기는 현상으로 간주되고, 따라서 이 예에서는 대한민국, 국화, 무궁화가 각각 하나의 결집에 해당한다. De Groot는 체스 전문가들의 뛰어난 체스 판 복구 능력은 체스 판 위의 여러 말을 친근한 구도로 집단화(결집)하는 능력을 반영한다고 주장하였다. 일시 멈춤 행동을 측정하여 결집의 경계로 간주한 Chase와 Simon은 체스 전문가는 초보자보다 장기기억에 더 많은 결집과 더 큰 결집을 가지고 있다고 결론지었다. 단기기억의 용량이 한정되어 있다는 사실의 교육적 함의는 교수-학습을 설계할 때, 교수-학습의 내용이 제한된 용량을 초과하지 않도록 조심해야 한다는 점이다. 이러한 설계의 한 예로 학습 교재를 제작할 때 글과 그림을 통합적으로 제시하고 또 정보를 과분하게 제공하지 않는 일이 소개되었다.

단기기억에 관한 연구에서 자주 이용된 자극이 어문적 재료였기 때문에, 음향부호의 중요성이 강조될 수밖에 없었다. 발음속도와 인출속도는 둘 다 기억폭과 상관이 높은 것으로 드러났다. 정보를 단기기억에 유지/보관하는 데 어문적 암송이 이용된다는 것은 음향혼동에 의해 확인되었다. 음향혼동이란 소리가 비슷하기 때문에 생기는 오류를 일컫는다. Laughery의 시뮬레이션 모형은 음향혼동이 생기는 이유를 자극의 음향부호가 음소를 단위로 구성되어 있고 이들 음소는 각각 독립적으로 망각될 수 있기 때문이라고 설명한다. 우리는 이따금씩 단기기억을 검색할 때도 있는데, 이때 벌어지는 검색방법은 완결검색법인 것으로 밝혀졌다. 다시 말해, 검사 항목을 단기기억 속의 모든 기억항목과 처음부터 끝까지 하나씩 순차적으로 비교한 다음에 검사 항목과 일치하는 기억 항목의 유무를 결정하는 다소 반직관적 전략이 구사된다는 뜻이다. 우리는 글을 읽을 때 음향부호에 의지하는 경우가 많지만, 입속말을 하지 않고도 글의 일반적인 내용은 기억할 수 있다. 그러나 입속말은 세부적인 내용을 재생하고 복합적인 재료를 기억하는 능력을 향상시킨다.

Baddeley의 작업기억 모형은 음향 정보를 유지하고 조작하는 음운 루프, 시각/공간 정보를 유지하고 조작하는 시공 스케치북, 의사결정을 담당하는 중앙관리기를 상정함으로써 단기기억에 대한 보다 완전한 설명을 내놓고 있다. 최근에 수정된 Baddeley의 모형에는 에피소딕 버퍼라고 하는 새로운 요소를 첨가시켜, 상이한 양식의 감각 정보들이 통합될 수 있는 장치를 마련해놓았다. 뇌 영상 기법을 이용한 연구 결과, 장기기억에 저장된 여러 가지의 정보에 주의를 할애하는 일이 작업기억의 핵심 역할로 드러나고 있다. Cowan과 Engle은 단기기억을 작업기억의 구성요소 중 하나로 간주하였다. 단기기억과 작업기억을 구분한 것이다. 그들은 작업기억의 일차적 기능은 이미 활성화된 기억부호를 활성화된 상태로 보존하는 일이라고 가정한다. 중앙 관리기의 주된 기능은 주의를 통제하는 일이다. 정보를 처리해야 하는 부담이 커질수록 단기기억폭이 줄어든다. 이 현상은 작업기억에서 벌어지는 정보보관 작업과 정보처리 작업이 서로 득실관계에 있음을 반영한다.

복습문제

1. Miller가 말하는 마법의 수는 무엇인가? 그 수가 마법인 이유는 무엇인가? 그의 1956년 논문이 유명한 이유는 무엇인가?
2. Peterson과 Peterson의 연구도 고전에 속한다. 이 연구가 거의 모든 개론 책에 인용되는 이유가 무엇이라고 생각하는가? 참여자에게 거꾸로 빼 나가는 셈을 하게 한 이유는 무엇인가?
3. 소멸 이론의 예측과 간섭 이론의 예측의 다른 점은 무엇인가? 이들 예측은 어떻게 검증되었는가?
4. 간섭을 유발하는 주된 요인은 무엇인가? 전진형 간섭과 후진형 간섭에서 배운 사실을 여러분 자신의 공부 전략에 활용할 방법을 강구해보라.
5. 결집을 통해 단기기억의 제한된 용량을 부분적으로나마 보완할 수 있다고 하는데, 여러분의 경험에 비추어 이 주장은 옳은가, 그른가? (여러분이 잘 모르는 분야보다 잘 아는 분야를 택해 생각해보라.) 결집이 작동한다는 연구 증거는 무엇인가?
6. 대학생이라면 읽기에는 숙련가로 간주될 것이다. 속독법이 있을 수 있다고 생각하는가, 없다고 생각하는가? 그 이유는 무엇인가?
7. 음향부호란 무엇인가? 읽은 글의 의미를 파악하는 과정에서 음향부호가 형성된다는 견해와 형성되지 않는다는 견해가 논쟁거리로 부상되는 이유는 무엇인가? 음향부호가 읽을 내용을 기억하는 데 도움이 된다고 생각하는가?
8. 단기기억의 정보 재인에 관한 Sternberg의 연구에서 주된 문제는 무엇이었는가? 왜 그는 이 문제를 해결하기 위해 새로운 실험 절차를 고안해야 했는가?
9. Baddeley는 자신의 작업기억 모형을 어떻게 수정해왔는가? 왜 그는 그 모형을 수정해야만 했는가?
10. Baddeley의 모형을 비판하는 사람들은 왜 Baddeley의 모형에는 양식 구체적 기억 시스템이 충분히 반영되지 않았다고 주장하는가? 그들이 이 모형을 수정한다면 어떻게 수정할 것 같은가?

핵심용어

간섭 이론(interference theory)
결집(chunks)
기억폭(memory span)
소멸 이론(decay theory)
시공 스케치북(visuospatial sketchpad)
완결 검색(exhaustive search)
음소(phoneme)
음운 루프(phonological loop)
음향부호(acoustic code)
음향혼동(acoustic confusion)
의미부호(semantic code)
입속말하기(subvocalizing)
자동종결 검색(self-terminating search)
작업기억(working memory)
전진형 간섭(proactive interference)
전진형 간섭으로부터의 해방(release from proactive interference)
절대 판단 과제(absolute judgment task)
중다양식부호(multimodal code)
중앙 관리기(central executive)
후진형 간섭(retroactive interference)
환언(paraphrase)

추천도서

단기기억과 작업기억에 관한 최근의 실험 연구 및 이론 연구에 대한 개관은 Engle, Kane, Tuholski (1999)와 Engle, Oransky(1999)의 글(장)에서 찾아볼 수 있다. 그들의 모형은 작업기억에서 나는 개인차(Barrett, Tugdale, & Engle, 2004)에 그리고 다른 과제와의 상관연구(Kane et al., 2004)에 성공적으로 적용되었다. Gathercole(1997)은 어문적 단기기억에 관한 4개의 모형을 비교하였으며, Jonides(1995)는 사고(thinking)에서 작업기억의 역할을 논하면서 신경학적 증거도 제시하였다. *Journal of Experimental Psychology: General*에서는 특별 영역을 설정하여 작업기억의 개인차를 집중적으로 다루고 있다(Miyake, 2001). 작업기억의 개인차에 대한 새로운 검토는 산수 불안에 대한 연구에서도 발견된다(Ashcraft & Krause, 2007). Baddeley(2001)는 미국심리학회(APA)의 저명 과학자 강연에서 자신의 작업기억 모형과 일치하는 많은 연구를 제시하였다. Sweller(2003)의 연구에는 작업기억의 용량이 한정되어 있다는 사실에 숨은 교육적 함의가 논의되어 있다. 그리고 Moreno와 Park(2010)은 인지부하 이론의 역사를 고찰하였다. Klingberg(2010)는 훈련을 통해 작업기억의 용량을 확장시킬 수 있다고 주장한다. 기억 연구에 관한 고찰은 *Annual Review of Psychology*에 자주 등장한다(예: Roediger, 2008). 이론적 구성 개념으로서의 단기기억에 대한 비판도 가끔씩 발견된다(예: Crowder, 1982). 장기기억에서와 마찬가지로 표준적 단기기억 모형에서도 인출은 단서를 기초로 이루어진다는 점을 들어 표준적 단기기억 모형을 반대하는 주장을 펴는 학자도 있다(Nairne, 2002). 뇌 영상 기법을 이용한 연구에서 이러한 입장을 뒷받침하는 증거(Postle, 2006) 그리고 단기기억과 장기기억에서도 비슷한 처리가 전개되고 있다는 증거(Nee, Berman, More, & Jonides, 2008)가 누적되고 있다.

CHAPTER 5

장기기억

5.1 Atkinson–Shiffrin 모형

단기기억에서 장기기억으로의 정보 전이 | 어문적 암송과 학습 | 암송과 계열위치 효과

5.2 메타인지

습득 | 보관(파지) | 인출

5.3 목격자의 재생 능력 및 정체확인 능력 제고하기

목격자의 재생 능력 증진 | 목격자의 정체확인 능력

5.4 간접 기억검사

처리 이론 | 중다기억 이론 | 뇌의 구조

5.5 요약

복습문제

핵심용어

추천도서

시간은 화살이라는 말에도 예외가 하나 있다. 시간의 일방성은 가장 근본적 자연법칙 중 하나이다. …… 유일한 예외는 과거사를 기억하는 인간의 능력이다. 어제 있었던 일을 오늘 생각할 때는 시간이라는 화살도 되돌아서고 만다.

_ Endel Tulving(2002)

장기기억(long-term memory)이 정상적으로 작동하지 않는 사람은 어떤 삶을 살고 있을까? 영화 〈메멘토(Memento)〉를 보면 이 질문의 답을 찾을 수 있다. 이 영화는 자신과 아내가 입은 잔학한 상처 때문에 새로 벌어진 일에 관한 정보를 장기기억에 저장할 수 없게 된 한 남자의 이야기를 담고 있다. 이 남자는 자신의 삶(예: 자기 자동차, 그가 머무는 모텔, 친구, 원수 등)을 폴라로이드 사진에 담으며 복수를 다짐한다. 사진에는 메모를 남기고 몸에다가는 문신을 새김으로써 자신의 현재 삶을 기억(기록)으로 남기려 한다. 주인공은 이런 외적 기억장치를 통해 자신의 과거를 회상함으로써 삶의 의미(복수하겠다는 야심)를 되새기려 한다. 이런 주인공의 모습을 보면, 당사자는 물론 관객들도 기억력을 상실한 상태에서 자신의 과거를 기억하는 일이 얼마나 어려운 일인지를 실감하게 된다.

〈메멘토〉의 주인공처럼, 기억력을 잃은 사람들이 겪는 고통을 우리는 가늠할 수가 없다. 하지만 우리는 기억력이 특출한 사람을 부러워하기도 하고, 또 '내 기억력이 조금만 더 나았더라면……' 하고 생각해본 적도 있을 것이다. 학생들의 경우 특히 시험 때, '공부한 것을 모두 기억해낼 수만 있다면 훨씬 더 좋은 점수를 받았을 텐데……'라는 생각을 하곤 했을 것이다. 시험이 끝난 후에는 공부한 것을 기억해야 할 필요성이 줄어들 수도 있다. 그러나 어떤 경우에든 훌륭한 기억력이 주는 이득은 많은 편이다.

기억과 관련된 질문으로 학생들이 자주 하는 질문 중 하나는 수업 중에 또는 교과서에 언급된 사람들의 이름을 기억해야 하느냐는 것이다. 사람들은 이름을 기억하기가 특히 어렵다고 믿고 있으며, 이 믿음이 옳다는 증거도 많다. 인지심리학 과목을 이수한 학생들을 대상으로 실시한 한 연구에서 사람 이름과 일반적 개념을 기억해내는 능력을 검사하였다. 연구자들(Conway, Cohen, & Stanhope, 1991)은 이름과 개념을 묻는 질문에 정답을 재생할 확률이 파지 기간(3~125개월)에 따라 달라지는 모습을 보고 싶었다. 문제는 빈칸 메우기 식으로

출제되었으며, 각 칸에는 첫 문자가 주어져 있었다. 다음은 이 연구에 이용된 문제의 보기이다:

> E______는 초기의 독일 심리학자로서 무의미 음절을 학습하는 과정에 관해 연구하였다. 전______에 의한 망각은 앞서 학습한 것이 나중에 이루어진 학습을 방해하기 때문에 일어난다.

연구 결과, 첫 3년 동안은 이름을 망각하는 속도가 개념을 망각하는 속도보다 빨랐지만, 3년에서 10년이 지날 때까지는 두 가지 지식을 정확하게 기억해내는 능력이 비슷한 것으로 드러났다. 구체적으로, 학습한 정보를 정확하게 기억해낸 정도가 대략 30%를 맴돌았다. 특히, 고무적인 사실은 10년이 지난 후에도 학습한 정보의 25% 이상을 재생해낼 수 있었다는 점이다(그림 5.1).

학습한 재료를 평생토록 기억하는 가장 좋은 방법 중 하나는 그 재료를 학습하는 데 많은 시간을 보내는 것이다(Bahrick & Hall, 1991). 대학에서 미적

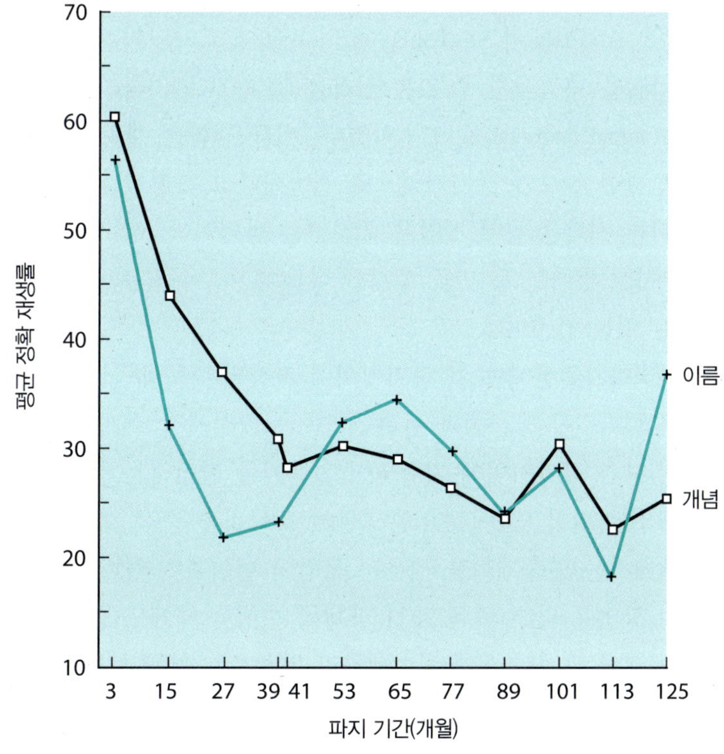

그림 5.1 학습한 이름과 개념을 정확하게 재생할 확률이 파지 기간에 따라 변하는 모습

출처: "On the very long-term retention of knowledge acquired through formal education: Twelve years of cognitive psychology," by M. A. Conway, G. Cohen, & N. Stanhope, 1991, *Journal of Experimental Psychology: General, 120*, 395-409.

분 또는 그보다 높은 수준의 수학 과목을 이수한 학생들은 고등학교에서 배운 수학 지식을 50년 가까이, 그것도 아주 정확하게 기억하고 있는 것으로 밝혀졌다. 고등학교 때의 수학 성적은 비슷했지만 대학에서 수학 과목을 이수하지 않은 학생들의 수학 실력은 그 50년 동안 고등학교 때 수학 공부를 하기 전의 수준으로 떨어지고 말았다. 놀랍게도, 미국 대학입학자격시험(Scholastic Aptitude Test: SAT)의 높은 점수도, 높은 평균평점(GPA)도 학습한 재료를 오랜 시간 기억하는 능력에는 이렇다 할 영향을 미치지 못하였다(Bahrick & Hall, 1991; Semb & Ellis, 1994).

장기기억
용량에 제한이 없고, 정보가 수분에서부터 평생 동안 보존되는 기억.

이 장의 목적은 장기기억에 관한 연구 중 일부를 소개하는 것이다. 정보를 오래도록 파지하고 싶으면, 그 정보를 단기기억에서 빼내어 장기기억(longterm memory)이라고 하는 보다 영구적인 저장고에다 보관해둬야 한다. 어떻게 하면 단기기억의 정보를 장기기억으로 옮겨놓을 수 있을까? 정보가 장기기억에 저장되어 있다는 것을 어떻게 검증할 수 있을까? 이러한 문제에 관한 연구결과를 소개하는 것이 이 장의 목적이다. 1절에서는 정보가 임시 보관소(단기기억)에서 영구 보관소(장기기억)로 전이되는 방식이 소개된다. 장기기억의 기본 특징과 함께 학습 전략이 먼저 고려될 것이다. 이 주제에 관해 알려진 것 중 대부분은 Atkinson과 Shiffrin(1968)의 논문에 요약되어 있다. Atkinson과 Shiffrin은 학습을 촉진시킬 수 있는 전략을 몇 가지 논의하기도 했지만, 주로 어문적 암송(verbal rehearsal)을 연구하였다. 이들은 학습 재료를 암송할 때마다 그 재료에 관한 정보가 장기기억으로 전이된다고 가정했다. 학습에 영향을 미치는 또 다른 전략은 공부 시간을 배분하는 방법이다. 이 전략은 어떤 재료를 더는 공부하지 않아도 될 만큼 충분한 학습이 이루어졌음을 판단할 수 있어야 사용할 수 있는 전략이다.

심리학자들은 정보가 장기기억에 저장된 다음에 어떻게 인출되는지도 알고 싶어 한다. 이 궁금증과 관련된 연구는 2절에서 소개된다. 인출의 첫 단계는 그 정보가 장기기억에 저장되어 있는지를 판단하는 작업이다. 정보가 장기기억에 보관되어 있는 것이 분명한데도 그것을 즉각 재생할 수 없다면, 그다음 단계에서는 인출계획을 세우는 작업이 벌어져야 한다. 적절한 정보를 인출해내는 작업은 다른 많은 재인 과제를 수행할 때에도 중요하게 작용한다. 왜냐하면 재인 과제를 제대로 수행하기 위해서는 어떤 사건이나 어떤 사람을 친근하다고 인식하는 것만으로는 충분하지 않고, 대개는 추가적인 정보, 즉 어떻게 그 사건이나 사람이 친근해 보이는지를 알아야 하기 때문이다. 재생과 재인의 이론적 특징에 관한 논의로 2절을 마감한 다음, 3절에서는 목격자의 재생 능력 및 용의자 확인 능력에 이들 두 가지 아이디어를 적용해볼 것이다.

마지막 절인 4절에서는 두 가지 유형의 기억검사, 간접 기억검사와 직접 기억검사를 구분한다. 그리고 검사 유형에 따라 검사 점수가 변하는 이유가 논의될 것이다. 재생검사와 재인검사는 둘 다 직접 기억검사에 속한다. 우리가 흔히 치르는 학과목 시험에서처럼, 어떤 정보를 기억해내야 하는지를 구체적으로 지적해준다는 뜻이다. 이와는 달리 간접 기억검사는 앞서 학습한 것(그래서 기억하고 있는 것)이 다른 과제를 수행하는 데 도움이 되는지를 결정한다. 예를 들어, 일련의 단어를 학습 재료로 제시하며 참여자들에게 제시된 재료를 학습하게 한다. 그런 다음, 앞서 학습한 단어 중 일부를 손상시켜서 제시하고는 이들 손상된 단어의 정체를 알아내라고 하는 과제를 제시한다. 그러고는 손상된 단어의 정체를 알아내는 데 걸리는 시간을 측정한다. 만약 앞서 학습한 단어에 대한 기억이 조금이라고 남아있다면, 손상된 단어의 정체를 파악하는 데 걸리는 시간이 짧아질 것이라는 논리이다. 이처럼 손상된 단어 재인에 소요되는 시간이 그 단어를 앞서 보았다는 사실 때문에 짧아지는지를 검토하는 검사는 간접 기억검사에 속한다. 재미있는 사실은 기억 장애를 가진 환자들도 간접 기억검사의 점수는 정상인과 다르지 않은 경우가 있다는 점이다. 마지막 절에서는 이 효과를 설명하기 위해 개발된 이론이 검토될 것이다. 그러면, 그림 4.1의 Atkinson–Shiffrin 모형에 제시된 기본적인 사항부터 살펴보기로 하자.

5.1 Atkinson–Shiffrin 모형

단기기억에서 장기기억으로의 정보 전이

Atkinson과 Shiffrin(1968, 1971)이 제안한 모형은 단기기억과 장기기억의 상호작용을 강조한다. Atkinson과 Shiffrin의 주된 관심은 단기기억 속 정보가 장기기억으로 전이되는 방식에 있었다. 여러 차례 언급했듯이, 단기기억에 비해 장기기억은 두 가지 중요한 장점을 가진다. 첫째, 망각 속도가 느리다. 장기기억에서 정보를 인출해내는 능력을 상실할 수는 있어도 장기기억 속 정보가 상실되는 일은 없다는 주장이 있을 정도이다. 정보가 상실되었다는 것과 인출할 수 없다는 것의 실용적 의미는 동일할지도 모른다. 그러나 정보가 상실되지 않았다는 사실을 알면, 언젠가는 그 정보를 인출해낼 수 있을 것이라는 희망을 가질 수 있다. 장기기억의 두 번째 장점은 장기기억의 최대 용량이 거의 무한정이라는 점이다. 장기기억이 꽉 차있기 때문에 새로운 정보를 학습할 수 없게 되는 일은 결코 일어나지 않을 것이라는 말이다.

문제는 새로운 정보를 장기기억에 넣는 일이 만만치 않다는 데 있다. Atkinson과 Shiffrin(1968)은 새로운 정보를 학습할 때, 즉 정보를 단기기억에서 장기기억으로 옮기고자 할 때, 유용하게 사용할 수 있는 몇 가지의 통제과정을 제안하였다. 여기서 말하는 통제과정(control processes)이란 지식 습득(학습)을 촉진하기 위해 사용되는 전략을 일컫는다. Atkinson과 Shiffrin은 암송, 부호화, 심상화를 대표적인 지식 습득 전략으로 꼽았다.

통제과정
정보가 어떻게 처리될 것인지를 결정하는 전략.

암송(rehearsal)이란 정보가 학습될 때까지 소리 내는 또는 조용히 그 정보를 되뇌는 작업을 말한다.

암송
학습할 목적으로 정보를 입속말로 되뇌는 일.

부호화(coding)는 기억하려는 정보를 인출하기 쉬운 맥락(예: 문장) 속에다 앉히려는 시도를 일컫는다. [여기서 말하는 부호화의 의미는 이 책의 다른 부분에서 말하는 부호화(encoding)보다 정교화(elaboration)의 의미에 더 가깝다. 따라서 이후부터는 '정교화/부호화'로 표기하기로 한다. —옮긴이 주]

부호화
기억하기(머릿속에 보관하기) 쉽도록 정보의 의미를 정교화하는 과정.

심상화(imaging)는 언어적 정보를 기억하기 위해 시각 이미지를 만드는 정신 작업을 일컫는다.

심상화
재료를 기억하기 쉽게 하기 위해 시각적 이미지를 창출해보는 과정.

더 많은 전략을 통제과정(정보습득 전략) 목록에 포함시킬 수도 있다. 하지만 Atkinson과 Shiffrin(1968)은 암송, 정교화/부호화, 심상화를 가장 전형적인 세 가지 전략으로 간주하고, 그들이 수행한 연구의 초점을 어문적 암송에만 집중시켰다.

어문적 암송과 학습

일반적으로 어문적 암송은 기계적 학습(rote learning)으로 간주된다. 구구단을 외울 때처럼, 학습이 이루어졌다고 생각할 때까지 단순한 학습 행동을 반복하는 것이 어문적 암송이기 때문이다. 특히, 재료가 추상적일 때는 정교화/부호화나 심상화 같은 전략을 사용하기 어렵기 때문에 암송이 유익한 전략이 되기도 한다. Atkinson과 Shiffrin(1968)은 실험에 참여한 학생들로 하여금 암송 전략을 사용하도록 종용하기 위해, 추상적이고 의미 없는 재료를 학습해야 하는 작업을 실험 과제로 이용하곤 했다.

기계적 학습
이해보다는 단순한 되풀이를 통한 학습.

Atkinson과 Shiffrin(1968)의 실험에 참가한 학생들은 두 자리 숫자(자극)와 문자(반응)를 관련짓는 학습(결합 학습)을 해야 했다. 예를 들어, 참여자들이 관련을 지어야 할 자극은 '31−*Q*', '42−*B*', '53−*A*'같이 숫자 하나와 문자 하나로 구성되어 있었다. 각 자극(한 쌍)을 보여주는 시간은 3초였으며, 자극 제시 간 간격(inter-stimulus interval) 역시 3초였다. 이러한 학습시행의 중간 중간에 검사시행이 끼여있었다. 검사시행에서는 자극 숫자(예: 31)만 제시되었고 참여자들은 그 숫자와 함께 제시되었던 문자(예: *Q*)를 회상해내야 했다. 실험 변인 중 하나는 특정 자극에 대한 학습시행과 그 자극에 대한 검사시행 사이에 일어났던 학습시행의 횟수였다. 어떤 자극의 경우에는 학습시행 바로 다음에 검사시행이 끼여있었고(이 경우, 일어났던 학습시행의 수 = 0), 또 어떤 자극의 경우에는 검사시행 전까지의 시행, 그러니까 학습시행이 17회나 되었다.

실험의 주요 독립변인은 학습시행의 횟수였고 종속측정치는 문자를 정확하게 재생해낼 확률이었다. 여러분도 예상했겠지만, 정확 재생률은 학습시행의 수가 증가함에 따라 감소했다. 보다 구체적으로, 학습시행 수가 0일 때는 정확 재생률이 95% 이상이었고 학습시행 수가 1일 때는 급격히 감소하여 55~60% 정도였다. 그러나 그 후부터 서서히 감소하여, 학습시행이 17일 때까지도 약 40%의 정확 재생률을 유지하였다. 우연히 재생에 성공할 확률이 1/26라는 사실을 감안하면, 정확 재생률이 40%는 사실은 암송도 상당히 위력적인 기억 전략이라고 암시한다.

Atkinson과 Shiffrin(1968)은 이 실험의 결과를 설명하기 위한 기억 모형을 제안하였다. 이 모형은 자극 쌍 간 연관성을 학습(결합 학습)하는 데 어문적 암송이 이용된다고 가정한다. 이 모형에 따르면, 단기기억에는 소수의 자극만 보관되고, 단기기억에 보관된 그 소수의 자극만 암송된다. 암송은 새로운 자극이 아직 제시되지 않았을 때 그리고 검사에 대한 반응을 하지 않아도 될 때에 전개된다. 암송의 목적은 단기기억의 자극 정보를 장기기억으로 전이시키는 것이라고 믿었다. 그러나 새로운 자극이 단기기억에 입력되면, 단기기억의 최대용량이 초과된 상태가 되기 때문에, 단기기억에 있는 자극들 중 일부가 없어져야 한다. 따라서 단기기억에 입력된다고 해서 모든 자극이 동일한 횟수로 암송되는 것은 아니다. 특정 자극이 암송된 횟수에 따라 학습의 정도(자극에 대한 정보가 장기기억으로 전이된 정도)가 증감할 것이다. 그러므로 Atkinson과 Shiffrin이 제안한 이 모형에 따르면, 특정 자극에 대한 정반응률은 그 자극을 암송한 횟수에 따라서 달라져야 한다.

한편, 후속 자극이 입력되면서 단기기억에서 암송되고 있는 자극이 장기기억으로 전이되고 나면, 전이된 자극에 대한 암송은 더 이상 일어나지 않는다. 그렇기 때문에 전이된 자극에 관한 정보의 가용성 역시 감소할 것이라는 것이 Atkinson과 Shiffrin의 생각이었다. 그러므로 이 모형에 따르면, 특정 자극에 대한 정반응률은 그 자극에 대한 암송이 끝난 후부터 그 자극에 대한 검사시행까지의 시행 횟수(시간 간격)에 따라서도 변하게 된다.

위 문단에서 예를 들어 설명한 자극(장기기억으로 전이된 자극)은 암송은 되었지만 검사시행이 제시되었을 당시에는 이미 단기기억에 보관되어 있지 않은 자극에 해당한다. 이런 경우, 검사시행에 반응(답)을 하기 위해서는 그 정보를 장기기억에서 인출하여 단기기억으로 옮겨놓아야만 한다. 그러나 특정 자극이 암송도 되고 또 단기기억에 활성화된 상태에 있을 때 검사시행을 만날 수도 있다. 그리고 어떤 자극의 경우에는 검사시행의 검사자극으로 제시되었을 당시 전혀 암송되지 않은 자극이 있을 수도 있다. 그 이유는 다음과 같다. 앞서도 언급했듯이 Atkinson과 Shiffrin(1968)의 모형에서는 소수의 자극만 단기기억에 보관되며, 단기기억에 있는 자극만 암송된다고 가정한다. 그리고 단기기억에서의 암송은 한 번에 하나씩 차례로 진행된다고 가정한다. 따라서 단기기억에 방금 입력된 자극에 대한 검사시행이 단기기억에 입력된 바로 다음 시행에 실시되었다면, 이 자극은 암송되지 않은 채 검사를 받게 된 경우에 속한다. 그러나 이런 경우의 반응은 정확해야 한다. 왜냐하면, 이 자극은 아직도 단기기억에 보관되어 있기 때문이라는 것이 Atkinson과 Shiffrin의 설명이다.

암송과 계열위치 효과

어문적 암송이 학습을 유발한다는 주장을 검증하는 한 가지 방법은 자극을 소리 내어 되뇌라고 하여 자극 각각이 되뇌이는 횟수를 센 후, 각 자극이 되뇌인 횟수와 그 자극이 재생되는 확률 간 관계를 분석하는 방법이다. 이 방법을 기초로 설계된 실험에서 Rundus(1971)는 대학생들에게 20개의 명사로 구성된 자극 목록을 제시하였다. 목록 속 각 단어는 5초 동안 제시되었다. 학생들은 5초 동안 제시된 단어를 반복해서 되뇌어야 했다. 주어진 5초 동안 되뇌기를 하는 한, 제시된 단어 중 어떤 단어를 되뇌고 어떤 단어를 되뇌지 않을지는 학생들 마음대로 정할 수 있었다. 목록의 단어가 모두 제시된 후에는 학생들에게 순서에 관계없이 학습한 단어를 재생해보라고 요구했다.

계열위치 효과
자극 목록의 중간에 위치한 단어들보다 첫 부분과 끝 부분에 위치한 단어들을 더 잘 재생하는 현상.

초두 효과
자극 목록의 첫 부분에 있는 단어들을 더 잘 재생하는 현상.

최신 효과
자극 목록의 끝 부분에 위치한 단어들을 더 잘 재생하는 현상.

그림 5.2는 Rundus(1971)의 실험 결과를 보여준다. 어떤 단어가 재생될 확률은 그 단어가 자극 목록의 어느 위치에 있었느냐에 따라 달랐다. 목록의 시작 부분에 있는 단어와 끝 부분에 있는 단어들은 중간에 있는 단어들보다도 재생될 확률이 높았다. 이러한 U자형 재생 곡선을 **계열위치 효과**(serial position effect)라 하는데, 이러한 모양의 곡선은 재생 실험에서 흔히 발견되는 곡선이다. 목록의 시작 부분에 있는 단어들이 더 잘 재생되는 것을 **초두 효과**(primacy effect)라 하고 끝 부분에 있는 단어들이 더 잘 재생되는 것을 **최신 효과**(recency effect)라 한다.

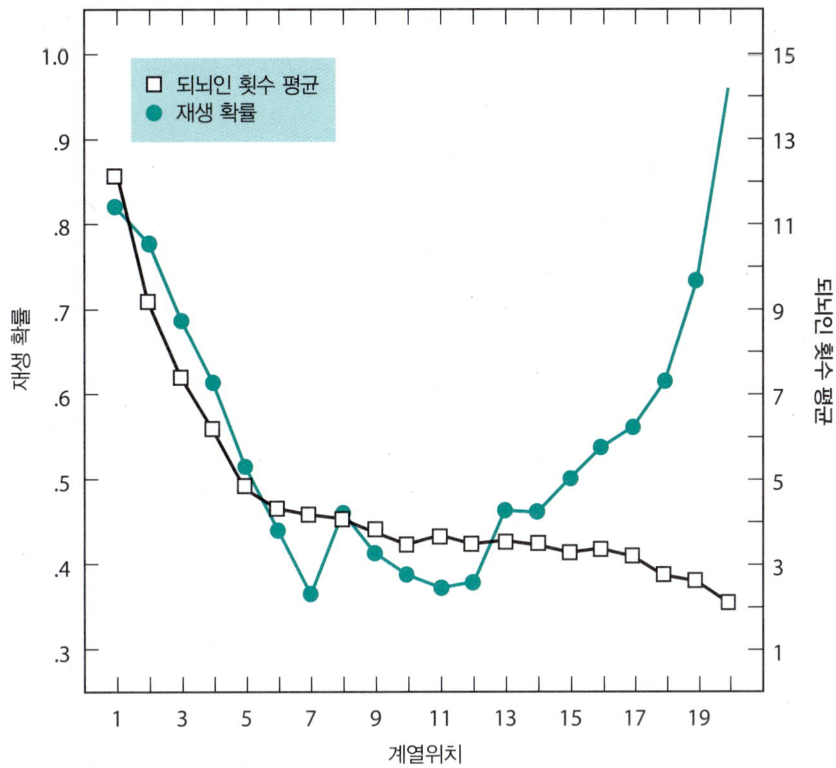

그림 5.2 자극 단어의 목록 내 위치와 그 단어가 명명된 횟수 및 재생될 확률 간 관계

출처: "Analysis of rehearsal processes in free recall," by D. Rundus, 1971, *Journal of Experimental Psychology, 89*, 63.77. Copyright 1971 by the American Psychological Association. Reprinted by permission. APA is not responsible for the accuracy of this translation.

각 단어가 되뇌인 횟수를 그린 곡선을 보면, 목록의 시작 부분에 있는 단어들이 더 많이 되뇌이었다. 되뇌라고 주어진 5초 동안에 실제로 되뇔 수 있는 단어의 개수는 제한되어 있다. 그런데도 목록의 앞부분에는 되뇌어야 할 단어들이 맨 앞에 제시된 단어 몇 개뿐이어서 그들에 대한 되뇔 기회가 많았고, 그 때문에 시작 부분의 단어들이 더 많이 되뇌었을 것이다. 되뇜과 재생 곡선 간 관계에서 드러나는 초두 효과를 두고 Atkinson과 Shiffrin은 앞부분의 단어들은 다른 단어들보다 더 많이 되뇌이기 때문에 장기기억에서 인출될 확률이 높아서 나타난 현상이라고 설명한다. 이러한 설명이 옳다면, 목록에 있는 모든 단어의 되뇌인 횟수를 동일하게 하면 초두 효과가 사라져야 한다. 참여자들에게 제시된 단어만을 되뇌라고 지시하여, 각 단어가 되뇌인 횟수를 같게 했더니, 실제로 초두 효과가 사라져버렸다(Fischler, Rundus, & Atkinson, 1970).

되뇌인 횟수로 초두 효과는 예측할 수는 있지만 최신 효과는 예측할 수 없다. 그림 5.2를 자세히 들여다보면, 목록의 끝에 있는 단어들은 중간에 있는 단어들보다 더 많이 되뇌이지 않았다. 그런데도 재생된 확률은 높았다. 목록의 끝에 있는 단어들은 참여자가 재생하려고 할 때에 아직도 단기기억에 보존되어 있었기 때문에 최신 효과가 발생했다고 설명할 수도 있다. Rundus의 참여자들은 마지막 자극이 제시되고 난 직후에 단어를 재생했다. 그러므로 방금 보았던 단어들이 아직도 단기기억에 보존되어 있었을 것이라는 생각은 그럴듯한 가정이라 하겠다.

우리는 4장에서 논의한 Peterson과 Peterson의 실험을 통해 참여자가 다른 과제를 수행해야 하면, 정보가 단기기억에서 빠르게 상실된다는 사실을 알고 있다. 따라서 최신 효과가 가장 최근에 단기기억에 입력된 자극 항목을 인출하기 때문에 생긴 현상이라면, 그 자극 항목들을 재생하기 전에 다른 과제를 수행하게 하여, 그 항목들이 단기기억에 보관된 시간을 길게 하면 그 효과는 사라져야 한다. Postman과 Phillips(1965)는 참여자들에게 자극 목록을 재생하기 전에 30초 동안 산술 과제를 수행하게 하였다. Postman과 Phillips는 이 산술 과제를 통해 최신 효과를 제거시키는 데 성공하였다. 이는 산술 과제 때문에 목록 끝에 있는 단어들이 단기기억에 유지될 수 없었음을 의미한다.

초두 효과는 장기기억에서의 인출 때문에 생긴 것이고 최신 효과는 단기기억에서의 인출 때문에 생긴 것이라는 아이디어를 지지하는 또 다른 증거는 기억상실증 환자들로부터 확보되었다. 이 환자들은 장기기억으로부터의 정보 인출에는 어려움을 보인다. 하지만, 앞 장에서 논의한 기억폭 검사로 측정한 바에 의하면, 이들의 단기기억은 대개의 경우 정상에 속한다. 따라서 이 환자들은 자극 목록의 앞부분에 나타난 단어들을 재생하는 데는 정상인보다 훨씬 못하지만 목록의 가장 최근에 제시된 단어들을 재생하는 데는 정상인과 다를 바 없어야 한다. 그런데 실제로 이런 결과가 수집된 것이다(Baddeley & Warrington, 1970).

Greene(1986)의 분석에 의하면 최신 효과에 대한 다른 설명도 가능하다. 이들 설명 중 하나는 목록의 끝 부분은 중간 부분보다 두드러지기 때문에 최신 효과가 일어난다는 것이다. 다음 장에서 우리는 두드러진(distinctive) 자극을 재생해내기가 더 쉽다는 것을 알게 될 것이다. 그러나 지금은 '사람들은 새로운 정보 학습에 통제 전략을 어떻게 사용할까?'라는 문제로 돌아가기로 한다.

5.2 메타인지

통제과정(작업)에 관한 Atkinson과 Shiffrin(1968)의 논의는 메타인지에 대한 논의에 속한다. 메타인지(metacognition)의 대표적 기능 중 하나는 정보처리 전략을 운용하는 작업이다. 그러한 운용 작업의 보기로는 시험에 대비한 공부 전

메타인지
정보처리에 필요한 전략을 운용하는 정신 작업.

뉴스 5.1

학습방법 가르치기

Bridget Murray

학생들이 스스로 목표를 설정하고, 그 목표를 달성하기 위한 전략을 개발하고, 또 자신의 학업 성취도를 반성해볼 때 학습이 가장 잘 된다는 것은 이미 비밀이 아니다.

성취 수준이 높은 학생들은 학습해야 할 것이 무엇이며, 어떻게 공부할 것인지를 안다는 것을 입증하는 교육심리학 연구가 점증하고 있다. 스스로를 평가하는 등의 이런 일은 단순해 보이고 대학생이면 누구나 할 수 있는 일인 것처럼 보이지만, 많은 교수들은 자기가 가르치는 학생 중에서 이런 일을 할 수 있을 만큼 스스로를 알고 있는 학생이 별로 없다는 것을 알고 있다.

이런 전략을 개발할 수 있도록 학생들을 가르쳐야 한다고 생각하는 교수들도 있는가 하면, 그렇지 않아도 가르쳐야 할 내용이 많은데 이런 것까지 가르쳐야 하느냐고 반문하는 교수들도 있다. 심지어는 대학생이면 이런 것을 배우기에는 너무 늦은 것 아니냐고 생각하는 교수도 있다.

그러나 자기규제를 연구하며, 미시간 대학교에서 '공부법 배우기'라는 강좌를 동료들과 함께 개설한 Paul Pintrich와 뉴욕시립대학(CUNY)의 교육심리학 교수인 Barry Zimmerman은 그렇게 생각하지 않는다.

자기규제의 핵심이 인지관리 전략이지만, 이들 전략을 이용하려는 동기 또한 중요하다고 Pintrich는 말한다.

그는 이렇게 말한다. "의지와 기술 모두를 가져야 한다."

의지와 기술을 활성화시키는 데 필요한 여러 가지 모형이 제안되어 있다. Zimmerman은 이들 모형 중 가장 잘 알려진 모형을 개발하였고 이 모형을 이용하여 뉴욕시립대학 학생들을 돕고 있다. 그는 자기규제를 세 가지 단계로 생각하는 것이 좋다고 말한다.

- **예견.** 단기적이고 도전적이면서도 달성 가능한 목표를 설정한다. 목표 달성에 필요한 자신의 능력(자기효능감)을 평가한다.
- **수행.** 공부시간 정하기, 기억술 이용하기, 과목내용 요약하기 등의 강력한 학습 전략을 채택한다.
- **회상.** 이들 전략이 학습목표를 달성하는 데 얼마나 도움이 되었는지를 평가하고, 그 결과에 따라 적절히 조절한다.

이러한 자기 감시의 이득은 매우 큰 것으로 드러나고 있다. 예를 들어, Zimmerman은 목표를 설정하고 자신의 효능감을 감시한 학생들은 그때까지의 성적과 SAT 점수를 기초로 예측한 것보다 성취 잠재력이 30%까지 상승한다는 것을 발견하였다.

출처: "Teaching Students How to Learn," by Bridget Murray, *Monitor on Psychology*, June 2000, 62. Copyright 2000 by the American Psychological Association. Reprinted by permission. APA is not responsible for the accuracy of this translation.

략 선별 작업을 꼽을 수 있다. 그리고 그런 공부 전략에는 예상문제 결정, 시간 관리, 교수 및 또래들과 어울리기, 학습 전략 선택, 목표 설정, 자기 감시와 같은 활동 등이 포함된다(Broekkamp & Van Hout-Wolters, 2007).

다음은 UCLA에서 심리학개론 강좌 수강생 472명을 대상으로 실시한 설문조사에서 밝혀진 일이다: 학생들은 많은 공부/학습 전략을 자신만의 경험을 통해 터득한다. "여러분이 사용하고 있는 공부 방법은 혹시 교수들이 가르쳐 준 방법입니까?"라는 문항에 대해 80%의 학생들이 "아니요!"라고 반응했다(Kornell & Bjork, 2007). 대부분의 학생들은 인지심리학자들이 효과적 전략(McCabe, 2011)으로 인정하는 것과는 다른 전략을 이용하는 것으로 드러났다. 뉴스 5.1에서 알 수 있듯이, 효과적인 학습 전략을 학습한 학생들의 시험성적이 그런 전략을 배우지 않은 학생들의 시험성적보다 우수하였다. 이들 결과를

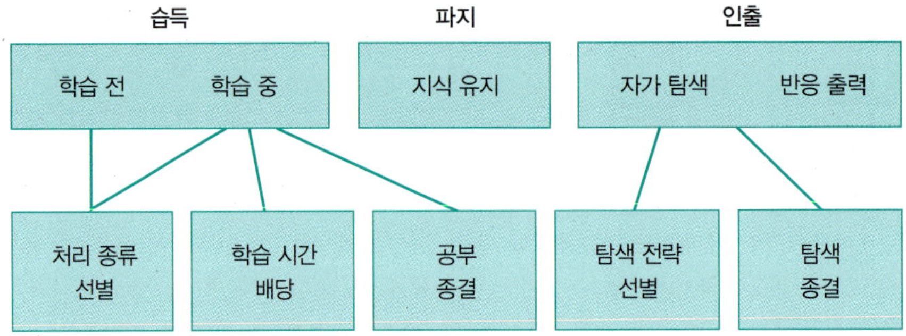

그림 5.3 지식의 습득 및 인출에 영향을 미치는 통제 전략의 사례

출처: "Metamemory: A theoretical framework and some new findings," by T. O. Nelson & L. Narens, in G. Bower (Ed.), *The psychology of learning and motivation*, Fig. 2. Copyright 1990 by Academic Press. Reprinted by permission of Elsevier Science.

종합하면, 효과적인 것으로 밝혀진 학습 전략을 학생들에게 가르쳐야 하는 일이 매우 중요한 과제로 부상한다.

앞 절에서는 어문적 되뇌기라고 하는 통제과정을 검토하였다. 그러나 이 전략(통제 작업)은 우리가 정보를 습득하고 또 인출할 때 이용하는 여러 가지 전략 중 하나일 뿐이다. 그림 5.3은 사람들이 학습할 때 사용하는 여러 가지 전략들을 정리하고 있다(Nelson & Narens, 1990).

한 목록에 있는 영어 단어들을 학습해야 한다고 상상해보자. 먼저, 어떤 처리 전략을 이용할 것인지부터 정해야 한다. 암송(되뇌기), 부호화/정교화, 심상화 중 어느 것을 이용하겠는가? 만약 학습할 재료를 보다 의미 있게 만드는 방법, 즉 정교화/부호화 방법을 생각해낼 수 있거나 또는 시각적 이미지를 쉽게 생성할(심상화할) 수만 있다면, 어문적 암송보다 세련된 전략인 이들 두 가지 중 하나를 이용하려 할 수도 있을 것이다. 둘째, 각 단어를 학습하는 데 할당할 시간을 정해야 할 것이다(Nelson, Dunlosky, Graf, & Narens, 1994). 아마 'grandson'보다는 'grandeur'를 학습하는 데 더 많은 시간이 소요될 것이다. 처리 기법을 선별하는 일이나 학습 시간을 할당하는 일 등에 이용되는 전략은 지식 습득(knowledge acquisition) 전략에 해당한다. 셋째, 이렇게 습득한 정보를 장기기억에 오랫동안 보존할 방법을 정해야 할 것이다. 주기적인 복습은 망각을 줄여준다(Pashler, Rohrer, Cepeda, & Carpenter, 2007). 그런데도 대부분의 학생들은 학습한 것을 주기적으로 재고하는 전략보다는 최대한 빨리 사용할 수 있는 전략에 집중하는 경향이 강하다(Kornell & Bjork, 2007).

끝으로, 학습한 단어에 해당하는 우리말 단어를 재생하기 어려울 때 이용할 인출 전략을 생각해 두어야 할 것이다. 인출 전략(retrieval strategies)은 정보를 장기기억에서 찾아내는 일을 돕는다. 자가 점검(self-testing)을 통해 정보를 주기적으로 인출해보는 것도 효과적인 학습 전략이다(McDaniel, Howard, Einstein, 2009; Roediger & Butler, 2011). 그런데 실제로 대부분의 학생들은 자가 점검보다는 재독을 사용하는 것으로 드러났다(Karpicke, Butler, & Roediger, 2009). 다음 절에서는 정보의 습득, 파지 및 인출 관련 전략에 관한 학생들의 지식을 검토할 것이다.

습득

훌륭한 습득 전략을 터득하기 위해서는 먼저, 여러 전략 중 가장 효율적인 전략이 어느 것인지를 찾아낼 수 있어야 한다. Atkinson과 Shiffrin은 그들의 모형에 암송, 부호화/정교화, 심상화라는 세 가지 전략을 포함시켰지만, 주로 암송 전략을 연구했었다. 과연 암송이 가장 효과적인 전략일까? 다음 두 장에서 알게 되겠지만, 심상화나 부호화/정교화 같은 보다 세련된 전략이 암송보다 더 효과적일 경우가 더 많다.

그러면, 이러한 연구에 관해 모르는 사람들(예: 학생들)도 스스로의 능력만으로 훌륭한 습득 전략을 선택할 수 있을까? 학습은 일시적일 수도 있기 때문에 특정 재료를 학습한 직후에 내린 판단은 정확하지 않을 수 있다. 예를 들어, 어떤 재료의 경우, 그것을 분명히 학습했다고 확신했는데, 나중에 가서는 재생하지 못할 수도 있다(Atkinson, 1972a, 1972b). 그러므로 학습이 비교적 영구적이라는 것이 확실해질 때까지는 학습에 관한 판단을 유보하는 것이 최선의 방책이다.

Dunlosky와 Nelson(1994)의 연구는 이 사실을 여실히 입증하고 있다. 그들은 쌍 결합 과제를 고안하여, 학생들로 하여금 절반의 과제는 암송 전략으로 나머지 절반은 심상 전략으로 학습하도록 했다. 심상 전략이 훨씬 효과적이었다. 심상 전략은 59%의 정반응을 산출한데 비해 암송 전략은 25%의 정반응을 야기했다. 이 두 가지 전략 중 어느 것이 더 효과적인지를 판단해보라고 했다. 각 자극을 학습한 직후에 판단하게 했을 때보다 적어도 30초 이상 지난 후에 판단하게 했을 때의 판단이 보다 정확했다.

학습결과에 관한 정확한 판단은 효과적인 학습 전략을 선택하는 일에만 유용한 것이 아니다. 이후 재생을 위해 어느 자극을 더 공부해야 할지를 결정하는 데도 유용하다. Dunlosky와 Nelson은 지연 판단이 학습된 재료를 확정하는 데 도움이 된다는 것을 발견하였다. 즉각적인 판단은 학습한 재료가 아직도 단기기억에 보존되어 있을 때 이루어질 수도 있다. 그러므로 즉각적 판단으로는 나중에 장기기억으로부터 재생할 때 그 재료가 쉽게 재생될 것인지는 예측하기가 어렵다. 지난 수십 년 동안의 연구결과는 학습 여부에 대한 판단의 경우, 즉시 판단보다는 지연 판단이 더 정확하다고 강변한다.

계열위치 효과로 되돌아가 보자. 이 효과는 어떤 자극을 학습한 직후에 그 정보를 쉽게 인출할 수 있다고 해서 그 정보가 나중에도 재생된다는 보장은 없다고 말한다. 학습한 단어를 재생하라고 하면, 사람들은 대개 그 단어 목록의 마지막 부분에 있는 단어부터 기억해내기 시작한다. 이 단어들을 재생하기가 쉬운 이유는 이들이 아직도 단기기억에 있기 때문일 뿐인데, 사람들은 이 단어들이 나중에도 쉽게 인출될 것이라는 잘못된 생각을 한다(Benjamin & Bjork, 1996). 즉시 재생에서 나타난 강한 최신 효과가 지연 재생에서는 부적 최신 효과(목록의 끝 부분에 있는 단어 재생이 감소되는 현상)로 바뀌었다(Craik, 1970). 단기기억으로부터의 단어 재생은 즉시 재생에 도움이 되지만, 장기기억에서 정보를 인출해야 하는 지연 재생에서는 이 단어들을 재생할 확률이 감소된 것이다. Benjamin과 Bjork(1996)는 이 결과를 기초로 인출유창성(retrieval fluency)은 어느 자극이 가장 잘 학습되었는지를 나타내는 정확한 지수가 되지 못한다고 주장했다. 인출유창성(특정 자극의 재생 용이성)으로 학습을 정확하게 예측할 수 없다는 이 주장의 근거는 즉시 재생에서 쉽게 인출된 자극들이 지연 재생에서는 잘 인출되지 않는다는 데 있다.

인출유창성
특정 자극 항목을 재생하는 일이 용이한 정도.

그림 5.3에 나타나 있는 습득의 또 다른 측면은 공부 시간의 배정이다. 이 절의 시작 부분에서 언급한 영어단어 학습에 관한 보기를 상기하라. 만약 단어를 녹음테이프를 통해 들려준다면 여러분에게는 어떤 단어를 더 공부해야 할지에 관한 결정의 여지가 없다. 그러나 만약 여러분에게 선택의 여지가 주어진다면, 여러분은 학습되지 않았다고 생각되는 단어를 공부하는 데 더 많은 시간을 배정할 것이다.

학생들이 자주 적용하는 효과적인 학습 전략 중 하나는 어려운 과제에 더 많은 공부 시간을 배정하는 것이다. 사실 초등학교 일학년 학생을 제외한 대부분의 학생들은 어려운 과제에 더 많은 시간을 할애하는 것으로 밝혀졌다(Son & Metcalfe, 2000). 그러나 이러한 증거를 확보한 연구에서는 학생들에게 공부할 시간을 충분히 제공했었다. 하지만, 시험을 준비할 때처럼, 가용한 시간보다 읽을거리가 더 많다면 어떻게 하겠는가? Son과 Metcalfe(2000)의 연구 결과에 의하면, 학생들은 시간이 부족할 때는 쉽다고 판단되는 과제에 더 많은 시간을 보내고, 시간이 충분할 때는 어려운 과제에 더 많은 시간을 보내는 것으로 드러났다.

보관(파지)

학습 여부를 성공적으로 판단하려 할 때는 경험이 판단에 미치는 영향과 이론적 이해가 판단에 미치는 영향을 구분할 필요가 있다(Koriat, Bjork, Sheffer, & Bar, 2004). 인출유창성에 기초한 판단은 경험에 영향을 많이 받는다. 우리는 스스로에게 질문을 던져, 그 답을 쉽게 인출할 수 있으면, 나중에 가서도 그 문제의 답을 쉽게 인출할 수 있을 것이라고 믿는다.

이와는 달리, 이론에 기초한 판단은 습득 및 보관에 영향을 미치는 여러 요인에 대한 이해를 기초로 이루어진다. Son과 Metcalfe(2002)의 연구에 참여한 학생들은 어려운 항목에는 더 많은 시간을 할애해야 한다는 것을 알고 있었으며, 또한 시간이 충분하지 않으면, 쉬운 항목을 집중적으로 공부하는 것이 유리하다는 것을 알고 있었다. 그러나 Dunlosky와 Nelson(1994)의 연구에 참여한 학생들은 심상 전략이 암송 전략보다 효과적이라는 것을 알지 못했었다. 그랬기 때문에 그들은 습득에 대한 판단을 늦추었을 때 보다 정확한 판단을 했다. 판단을 늦추었을 때는 경험이 학습 여부에 대한 보다 정확한 예측인으로 작용했던 것이다.

경험-기초 판단과 이론-기초 판단을 구분하게 되면, 과연 학생들이 파지 기간이 재생(인출)에 미치는 영향력을 알고 있을까라는 문제가 제기된다. 수요일 오후에 두 과목의 기말고사를 치러야 하는 학생이 있다고 하자. 이 학생은 한 과목은 화요일에 공부하고 다른 과목은 수요일 오전에 공부하려고 한다. 화요일에 공부하는 과목의 경우 파지 기간이 더 길기 때문에 그 과목을 공부하는 더 많은 시간을 할애해야 하는 것은 아닐까? 여러분이 이 학생이라면 어떻게 하겠는가?

Koriat과 그의 동료들(2004)이 수행한 연구에서는 바로 이 파지 기간이 학습에 대한 판단에 어떤 영향을 미치는지를 검토하였다. 실험 1에서는 학생들에게 60쌍의 연상어를 공부하게 한 후, 그 학생들을 세 집단으로 나누어 즉시, 하루 후, 또는 일주일 후에 검사를 받게 했다. 학습 시간이 끝난 후, 학생들에게는 검사가 즉시 있을 것인지, 내일 있을 것인지, 일주일 후에 있을 것인지에 따라 (1) 지금 당장, (2) 내일, 또는 (3) 일주일 후에 얼마나 많은 단어를 기억해낼 수 있을 것 같은지를 추정해보라고 했다. 그림 5.4는 각 집단의 추정치를 보여준다. 학생들은 평균 약 40%의 단어를 기억해낼 수 있을 것으로 추정했다. 이 결과는 인출유창성 설명과 일치한다. 즉, 학생들은 학습한 것을 얼마나 오래 기억하고 있어야 하는지(보관 기간)를 고려하지 않은 채 그 당시의 경험을 기초로 판단을 내린 것이다. 학생들의 추정과는 달리, 그러나 연구자가 예

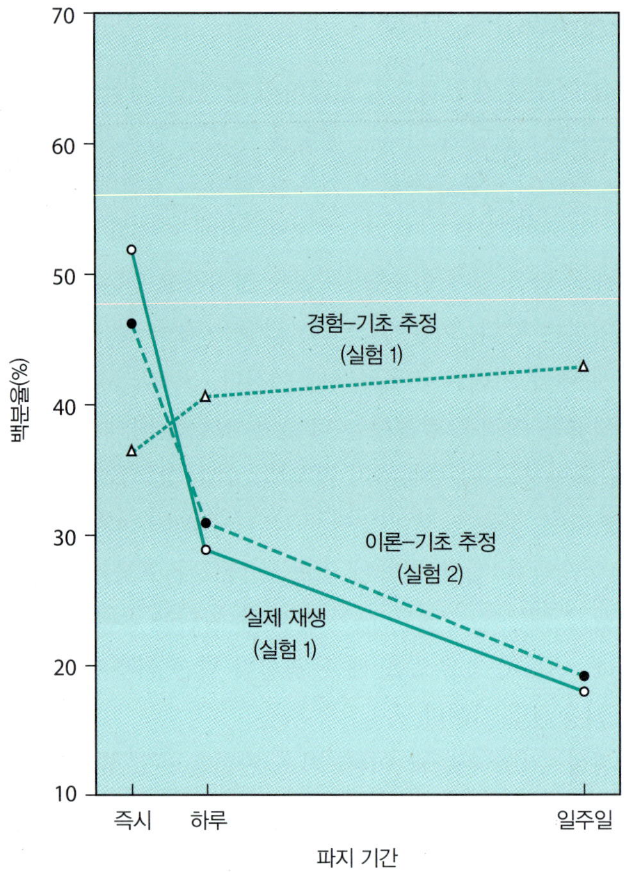

그림 5.4 재생 가능성에 대한 경험–기초 추정과 이론–기초 추정

출처: "Predicting one's own forgetting: The role of experience-based and theory-based processes," by A. Koriat, R. A. Bjork, L. Sheffer, & S. K. Bar, 2004, *Journal of Experimental Psychology: General, 133*, 643-656.

상했던 것처럼, 파지 기간이 길어짐에 따라 재생이 감소하는 것으로 드러났다(그림 5.4).

그러면, 학생들이 시간이 지남에 따라 망각이 일어날 것이라는 점을 고려하지 않은 이유는 무엇일까? 한 가지 가능성은 학생들 각각이 특정 파지 기간에 대한 질문만 받았기 때문이라는 것이다. 실험 2는 이론에 기초한 예측을 유도하도록 고안되었다. 또 다른 집단의 학생들에게 실험 1의 결과를 예측해보라고 주문한 것이다. 이 학생들에게 실험 1의 방법론에 관한 자세한 설명을 들려준 후, 각 집단이 (1) 10분 후, (2) 하루 후, (3) 1주일 후에 각각 얼마나 많은 단어를 재생할 수 있을 것 같은지를 추정하라고 주문했다. 그림 5.4에서 알 수 있듯이, 이들의 추정치는 놀라울 정도로 정확했다. 이 학생들은 시간이 지남에 따라 망각이 일어나고 그래서 재생률이 낮아진다는 것을 알고 있었던 것이다. 이들은 자극 단어를 학습하지 않았기 때문에 이들의 추정은 경험의 영향을 받지 않았다.

인지심리학을 수강하여 생기는 득 중 하나는 이론에 기초한 예측을 보나 많이 할 수 있게 된다는 점이다. Dunlosky와 Nelson(1994)의 실험에 참여한 학생들과는 달리, 이제 여러분은 심상 전략을 이용하면 암송 전략을 이용하는 경우보다 더 많은 것을 기억해낼 수 있다는 것을 알게 되었다. 또한 목록의 마지막에 있는 단어를 재생할 때는 단기기억을 이용한다는 것도 알며, 만약 이들 단어를 장기기억에 저장해두었다가 나중에 기억해내야 한다면 이들 단어에 대해 더 많이 공부해야 한다는 것도 안다.

인출

그림 5.3에 제시된 학습의 세 번째 측면은 인출이다. 장기기억으로부터의 정보인출은 효과적인 학습 전략을 이용하여 저장된 정보를 끄집어내는 일에 의해 결정된다. 어려운 질문을 받게 되면, 여러분은 아마 이 질문에 답하는 데 필요한 정보를 기억하고 있는지부터 결정하려 할 것이다. Glucksberg와 McCloskey(1981)는 사람들은 질문에 답할 적절한 정보를 기억하고 있는지를 결정하기 위해 우선 기억을 탐색한다고 주장했다. 만약 '박근혜 대통령은 전기 칫솔을 사용할까?'라는 질문을 받으면, 대부분의 사람들은 이 질문에 적절한 정보를 찾을 수 없을 것이기 때문에 즉시 '모른다'고 답할 것이다. 그러나 '오클랜드가 호주의 수도인가?'라는 질문을 받았을 경우처럼, 그럴듯한 사실을 인출할 수 있다면, 우리는 이를 확인하기 위해 장기기억을 탐색해야 할 것이다.

장기기억을 탐색해 봐야겠다는 결정을 하게 되면, 사람들은 탐색 방법을 정한다(Atkinson & Shiffrin, 1968). 예를 들어, 전국에 산재한 도시 이름을 기억해내라고 하면, 가나다순이나 지리적 위치에 따라 탐색을 체계화할 수도 있을 것이다.

장기기억으로부터의 정보 재생은 경우에 따라 매우 빨리 일어나기 때문에, 그 정보가 어떻게 인출되는지를 연구할 기회를 잡기가 쉽지 않다. 그러나 장기기억을 천천히 탐색한 후에야 인출에 성공하는 경우도 가끔 있다. 설단현상을 그 예로 들 수 있다. 어떤 단어가 장기기억에 저장되어 있는 것은 확실한데 바로 그 순간에는 인출이 되지 않고 혀끝에서만 맴도는 현상을 설단현상[tip of the tongue(TOT) phenomenon]이라 한다. 이때 그 단어의 길이라든지 첫 문자 같은 부분적 정보를 제공하여 장기기억 탐색의 범위를 좁혀주면, 그 단어가 성공적으로 인출되기도 한다(R. Brown & McNeill, 1966).

설단(현상)
정보를 알고 있다고는 느끼지만 그 당시는 그 정보를 인출할 수 없는 상태.

설단현상을 연구하는 데는 두 가지 방법이 이용되고 있다. 실험실 접근법은 사람들을 실험실로 초대하여 설단현상 상태를 유발할 것 같은 단어를 재생해보라고 한다. 일기 접근법은 일상생활에서 재생에 어려움을 겪을 때마다 어떤 일이 일어나는지를 일기장에다 상세하기 기록하도록 한다.

실험실 접근법을 처음 시작한 사람들은 R. Brown과 D. McNeill(1966)이었다. 이들은 자주 사용되지 않는 단어의 정의를 사람들에게 제시하고 그 정의에 해당하는 단어를 기억해내보라고 하였다. 예를 들어, '항해에 사용되는 도구로 해와 별의 위치를 이용하는 도구의 명칭은 무엇인가?'라는 질문을 던졌다. 물론 이런 질문이 모두 설단현상 상태를 유발한 것은 아니지만, 설단현상 상태를 유발한 단어도 몇 개 있었다. 즉, 사람들은 그 단어를 즉각적으로 생각해낼 수는 없었지만, 곧 그 단어를 기억해낼 수 있을 것이라고 확신하는 그런 단어가 몇 개 있었다. 그 단어의 길이나 첫 낱자 같은 철자법과 관련된 부분적인 정보를 제공해 주면 재생에 성공하는 경우도 종종 있었다. 위의 질문에 대답하려고 할 때, 사람들은 그 단어가 'ㅇ'으로 시작되며, 음절은 세 개라는 것까지 기억해내기도 하였다.[답은 육분의(sextant)]

연예인의 사진이나 그들에 대한 어문적 묘사를 이용한 실험에서도 비슷한 결과가 발견되었다(Read & Bruce, 1982). 예를 들어, 연예인 Ray Bogler에 대한 어문적 묘사는 이러했다: '그는 브로드웨이에서 공연된 〈찰리의 아주머니(Charley's Aunt)〉에서 찰리 역을 맡았다. 그러나 Judy Garland의 영화 〈오즈의 마법사(The Wizard of Oz)〉에서는 허수아비 역을 맡은 사람으로 더 잘 알려져 있을 것이다.' 이름을 재생하는 데 가장 자주 이용되는 전략은 부분 정보를 이용하는 것이었다(Brown & McNeill, 1966). 이런 부분 정보로 이용된 것은 이름의 길이 또는 이름 속의 문자 및 소리 등이었다(James & Burke, 2000).

잘 알려진 다른 두 가지 전략은 그럴듯한 이름을 생성해보는 방법과 맥락 정보를 이용하는 방법이다. 그럴듯한 이름 생성은 주로 탐색을 제한하는 부분 정보를 통해 이루어진다. 맥락 정보란 그 사람과 결합된 정보를 말하는 것으로, 영화나 TV에서 맡은 역할 또는 인종 등이 맥락 정보에 속한다. 표적 인물에 관해 생각을 하지 않았는데도 이름이 자발적으로 머릿속에 떠올랐다고 보고하는 참여자는 극히 드물었다. 그러므로 성공적 인출은 대개 계획적인 기억 탐색으로 이루어진다고 할 것이다.

설단현상에 관한 자연적 연구(naturalistic study)에서는 참여자들이 일기장을 지니고 다니다가 설단현상이 발생하면 그 상태를 기록한다. 참여자들은 표적 단어를 탐색할 때 어떤 정보가 인출되었는지를 기록하고 또 이런 기억 장애현상이 어떻게 해결되었는지를 기록한다. 이런 연구에 관한 문헌을 고찰한 결과(A. S. Brown, 1991), 다음과 같은 일관성 있는 현상이 관찰되었다:

1. 설단현상은 일상생활에서 일주일에 한 번씩은 일어나며, 나이가 많아짐에 따라 더욱 자주 일어난다. 대부분 설단현상은 아는 사람의 이름에서 일어났다.
2. 표적 단어의 의미 관련 단어도 또 표기 관련 단어도 인출되지만, 주로 표기 관련 단어가 인출되었다. 약 50%의 경우 첫 낱자를 추측할 수 있었다.
3. 설단현상 상태 중 약 절반이 1분 이내에 해결되었다.

자발적 인출
정보를 기억해내려는 의식적인 노력이 없는데도 일어나는 인출.

표기 정보의 부분적 인출이 지배적인 인출 전략으로 이용된다는 발견은 실험실 연구에서는 물론 자연적 연구에서도 일관성 있게 보고되는 것이다. 하지만 차이점도 있다. 예를 들어, 자연적으로 발생하는 설단현상의 경우에는, 의식적인 노력 없이도 찾고 있는 단어가 갑자기 머릿속에 떠오르는 일, 즉 **자발적 인출**(spontaneous retrieval)이 상당히 자주(17~41%) 일어난다. 이와는 대조적으로 실험실 연구에서는 자발적 인출이 거의 일어나지 않는다(5% 미만). 자연적 연구에서 자발적 인출이 더 많이 일어나는 이유는 의도하지 않은 단어 인출은 비교적 상투적인 활동(예: 청소나 설거지)을 할 때 일어나는 것이 일반적이기 때문일 것이다(Kvavilashvili & Mandler, 2003). 설단현상에 관한 실험 연구에서는 참여자가 특정 단어를 찾아내기 위해 열심히 노력을 해야 하기 때문에 자발적 인출이 일어날 기회가 거의 없다고 할 것이다.

설단현상을 연구할 때 직면하게 되는 어려움은 문제의 답이 즉각 인출되거나 그렇지 않으면 전혀 인출되지 않는 경우가 많은 데서 발생한다. 하지만 설단현상 유발 가능성을 높이는 기법으로 섹스, 질병, 신체 기능, 폭력, 또는 욕설에 관한 질문을 하곤 한다(Schwartz, 2010). 이런 질문의 보기로는 '정자의 사출을 막는 남성 불임수술은 무엇인가?' 또는 '폴란드에 있었던 가장 큰 나치 수용소 이름은 무엇인가?' 등을 꼽을 수 있다. 정서적인 질문은 그 질문에 대해서도 또 그 질문을 제시한 다음에도 설단현상을 유발할 가능성이 높다. 이러한 사실은 정서적 각성(흥분) 상태는 구체적인 질문을 넘어서까지 지속된다는 뜻으로 해석된다(Schwartz, 2010).

5.3 목격자의 재생 능력 및 정체확인 능력 제고하기

이 장은 기억의 이론적 측면과 응용적 측면을 함께 다루고 있다. 이러한 의도는 이 절에서도 계속된다. 먼저, 목격자의 재생 능력 및 정체확인 능력을 향상시키는 데 기여한 심리학적 연구를 살펴보기로 하자. Kassin, Tubb, Hosch,

표 5.1 목격자 증언에 관한 진술에 대해 전문가들의 의견이 일치하는 정도(%)

주제(진술문)	신뢰할 수 있는가?	증언하겠는가?	연구-기초?	상식-기초?
1. 질문 방식	98	84	97	25
2. 전단지 편파	95	77	97	13
3. 최면 암시	91	76	90	19
4. 확신 정도	87	73	97	5
5. 최면 정확성	45	34	89	55
6. 사건 폭력성	37	29	79	14
7. 장기간 억압	22	20	87	79

주제(진술문)	
1.	목격자의 증언은 질문을 어떻게 하느냐에 따라 달라진다.
2.	전단지에 노출되면 나중의 라인업에서 전단지의 인물을 지적할 확률이 높아진다.
3.	최면은 유도심문에 대한 민감성을 높인다.
4.	확신 정도는 정체확인의 정확성을 예측하는 훌륭한 지표가 못 된다.
5.	최면은 재생된 기억의 정확성을 높인다.
6.	목격자들은 폭력적 사건을 기억해내는 데 더 큰 어려움을 겪는다.
7.	충격적인 경험은 수년 동안 억압되었다가 나중에 기억날 수 있다.

출처: "On the 'general acceptance' of eyewitness testimony research," by S. M. Kassin, V. A. Tubb, H. M. Hosch, & A. Memon, 2001, *American Psychologist, 56*, 405-416. Copyright 2001 by the American Psychological Association. Reprinted by permission. APA is not responsible for the accuracy of this translation.

Memon(2001)의 조사결과를 보면, 이 연구의 영향력이 분명해진다. Kassin 등의 조사연구에서는 64명의 심리학자들에게 그들이 법정에서 겪은 경험 그리고 목격자 증언과 관련된 진술문(표 5.1 하단 참조) 30개에 관한 의견을 물었다. 그 첫 번째 질문은 각 진술문 내용의 신빙성에 관한 의견을 물었다. 즉, 각 진술문의 내용이 얼마나 유의미한지를 판단해달라는 질문이었다. 그런 다음, 각 진술문에 대해 (1) 법정에서 증언으로 제출할 수 있을 만큼 신뢰할 만한 증거라고 생각하는지, (2) 그 주제에 관해 법정에서 증언할 의향이 있는지, (3) 자기들의 판단이 과학적 연구결과에 기초를 둔 것인지, (4) 배심원들이 이 진술을 상식적으로 믿을 것이라고 생각하는지를 묻는 질문에 '예/아니요'로 대답해야 했다.

표 5.1은 이들 중 일곱 가지 주제에 대한 심리학자들의 반응 양상을 정리한 것이다. 진술문에 대한 주관적 신뢰도는 높은 것에서 낮은 것까지 그 범위가 매우 넓다. 예를 들어, 거의 모든 참여자(심리학자)들(98%)이 질문을 어떻게 하느냐에 따라 목격자 증언이 크게 달라질 것이라고 믿는데 반해, 충격적인 경험에 대한 기억이 수년 동안 억압되었다가 되살아날 수 있다고 믿는 심리학자

는 22%밖에 되지 않았다. 연구결과와 상식이 일치하지 않는 경우도 많았다. 예를 들어, 일반 상식을 기초로 생각하는 배심원들은 목격자가 자신이 한 말(진술)에 대해 강한 확신을 가지고 있을수록 그 진술의 정확성도 높을 것이라고 생각한다. 그러나 심리학자들이 알고 있는 연구결과에 의하면 목격자의 확신 정도와 그들이 제시한 진술의 정확성과는 별 상관이 없다(Busey & Loftus, 2008). 다음 절에서는 이 연구에 관한 보다 자세한 것을 소개한다.

목격자의 재생 능력 증진

표 5.1에 제시된 질문 중에는 최면을 이용하여 정보 재생의 정확성을 증진시킬 수 있을까라는 질문이 들어 있다. 연구에 대한 지식을 기초로 대답한 전문가(심리학자)들 중, 최면이 정보 재생의 정확성을 높인다고 믿는 사람은 절반도 못 되었다. 최면이 범행에 관한 보다 자세한 사항을 기억해내도록 돕는다는 사례보고는 많지만, 최면의 사용에도 문제가 있다(M. E. Smith, 1983). 주된 문제는 최면술사의 권장이 부정확한 보고를 유도할 수 있다는 데 있다. 예를 들어, 최면에 걸린 목격자들의 90%가 범인의 셔츠에 적힌 숫자를 기억해내려고 노력하는데 반해, 통제집단의 참여자들이 그런 노력을 하는 경우는 20%밖에 되지 않았다(Buckout, Eugenio, Licitra, Oliver, & Kramer, 1981). 그러나 목격자들 중 아무도 그 숫자를 정확하게 기억해내지 못했다. 최면에 걸린 목격자의 기억이 정확하지 않을 수 있다는 사실 때문에 법정에서는 최면상태에서 확보된 보고의 신뢰성을 의심하기 시작했다.

최면의 효과를 평가할 때 제기되는 또 한 가지 문제는 최면상태에서의 재생 성공이 최면 때문에 야기된 것이 아닐 수도 있다는 점이다. M. E. Smith(1983)는 최면이 아니라 반복되는 검사나 맥락의 복원이 그런 재생 성공의 원인이 될 수 있다고 주장한다. Read와 Bruce(1982)가 밝혔듯이, 검사를 반복하게 되면 추가적 정보를 재생할 가능성이 높아진다. 따라서 최면 때문에 재생률이 높아졌다는 것도 사실은 여러 번 반복되는 재생 노력의 결과라 할 수 있고, 이런 일은 최면이 아니라도 일어날 수 있다. 또한 최면상태의 목격자에게는 범행 장면을 복원해보라고 권장하기 때문에 재생이 향상되었을 수도 있다(Malpass & Devine, 1981).

인지적 재생 전략이 최면만큼 효과적인지를 검토하기 위해 Geiselman, Fisher, MacKinnon, Holland(1985)는 최면상태의 참여자와 정상상태의 참여자에게 모의 범죄에 관한 정보를 재생해보라고 지시했다. 참여자들은 폭행을 촬영한 4분짜리 영화를 관람한 이틀 후에 검찰과 면담했다.

면담은 세 가지 조건에서 이루어졌고, 각 참여자는 이들 중 한 조건에 무작위로 배치되었다. 표준 면담은 일반적으로 검찰에서 통용되는 절차를 따라 진행되었다. 최면 면담은 참여자들에게 최면을 건 후 그들이 영화에서 본 것을 복원해보라고 하였다. **인지적 면담**(cognitive interview)에서는 네 가지 기억 인출 기법이 이용되었다: 참여자들에게 사건의 맥락을 복원하고, 할 수 있는 모든 것을 보고하고, 상이한 순서에 따라 그 사건을 재생해보고, 상이한 관점에서 그 사건을 재생해보라고 주문했다.

인지적 면담
재생을 향상시키기 위해 인지이론에 기초한 기법을 활용하는 면담.

인지적 면담과 최면 면담의 참여자들은 표준 면담 조건의 참여자들보다 더 많은 단서를 정확하게 재생하였다. 연구자들은 이 결과를 이 두 집단에 공통적으로 이용된 기억-유도 기법에 귀인시켰다. 인지적 면담이 최면을 사용한 것보다 더 나은 재생을 야기하지는 않았지만, 이 기법은 배우기도 쉽고 사용하기도 편리하다는 장점이 있다.

인지적 면담 절차를 실제 범죄에 적용한 결과도 고무적이다(R. P. Fisher, Geiselman, & Amador, 1989). 플로리다 주 마이애미의 민완형사 7명에게 이 절차를 훈련시켰다. 훈련을 받기 전과 후에, 이들이 피해자 및 목격자와 면담하는 장면을 비디오테이프에 녹화했다. 훈련을 받은 후의 면담에서 얻은 정보는 훈련 전보다 47% 증가한 것으로 드러났다. 이들이 확보한 정보와 동일한 정보를 여러 사람(목격자 및 피해자)이 제공하는 것으로 보아 이들이 확보한 정보가 정확했다는 것도 알 수 있었다.

면담 절차에 관한 이들 연구의 긍정적인 결과 덕분에 미국 법무부에서는 1999년에 처음으로 목격자 증거 수집을 위한 안내서를 발간하기에 이르렀다(Technical Working Group for Eyewitness Evidence, 1999). 심리학자들이 이 안내서 작성에 참여했으며, 법무부와의 협력에 관한 기록도 남겼다(Wells et al., 2000). 경찰의 면담을 분석한 결과, 피할 수도 있었던 많은 오류가 발견되었다. 이런 오류에는 (1) 너무 많은 닫힌 질문을 하는 일, (2) 목격자의 진술을 자주 방해하는 일, (3) 판에 박힌 순서에 따라 전개되는 질문이 포함되었다. 이에 반해 새로이 권장되는 면담에서는 면담이 서서히 진행되며, 질문도 많이 하지 않고, 주로 열린 질문을 하도록 한다. 또한 새로운 면담에서는 앞서 언급한 맥락 복원 및 상이한 인출 통로 이용 등의 재생 기법도 권장한다.

그러나 인지적 면담을 효과적으로 활용하기 위해서는 범행에 대한 목격자 특유의 마음속 표상에 맞춘 질문을 만들어 이용해야 한다. 틀에 박힌 표준형 질문을 이용해서는 효과를 거두지 못한다는 뜻이다(Fisher, Milne, & Bull, 2011). 인지적 면담 기법을 기술이 들어있는 연장통으로 간주하고, 면담자는 당면 사례에 가장 적절한 연장(기술)을 선별하여 그 사례에 맞게 활용해야 한다는 뜻이다. 인지적 면담 기법을 가르칠 때는 심리학적 이론을 함께 가르쳐야 한다. 그렇게 하면, 이 기법을 배우는 사람들은 면담에 이용되는 다양한 기법을 사례의 특수성에 따라 수정하고 적용하는 데 필요한 기초 지식을 갖추게 된다(Fisher, Milne, & Bull, 2011).

목격자의 정체확인 능력

심리학자들은 목격자들의 정체확인 정확성을 평가하는 일에도 중요한 공헌을 해왔다(Brewer & Wells, 2011). 목격자의 증언을 확보하는 데 필요한 국가 차원의 안내서를 작성하게 된 주된 이유는 DNA 증거를 이용한 결과, 무고한 사람들이 유죄 판결을 받는 사례가 상당한 것으로 드러났기 때문이다. 이들 사례를 검토한 결과, 258개의 사례 중 200개에서 잘못된 목격자 확인을 일차적 증거로 채택했던 것으로 드러났다(Brewer & Wells, 2011).

목격자 확인에서 오류가 발생하는 원인 중 하나는 지각 능력의 한계이다(Brewer & Wells, 2011). 조명이 낮은 조건에서 혐의자를 잠깐 동안 목격하거나 또는 먼 거리에서 목격할 경우, 얼굴의 세밀한 것까지를 보기는 어렵다. 물체를 먼 거리에서 바라보면, 물체가 흐리게 보일 수밖에 없다. 그림 5.5를 보면, 거리가 멀어짐에 따라 얼굴을 확인하기가 어려워진다는 사실을 선명하게 알 수 있다(Busey & Loftus, 2008).

그림 5.5 물체까지의 거리가 멀어짐에 따라 눈에 보이는 얼굴이 흐려지는 정도를 모사한 그림. 왼쪽의 작은 사진 두개는 동일한 대상을 바라보는 거리(13m와 53m)에 따라 상대적 크기가 달라지는 정도를 나타내고, 중간의 사진은 왼쪽에서와 동일한 대상이 거리(13m와 53m)에 따라 흐리게 보이는 정도를 나타낸다. 그리고 오른쪽 큰 사진은 알 수 없는 인물의 얼굴이 거리(눈에서 그 대상까지 거리가 137m) 때문에 흐리게 보이는 정도를 나타낸다.

출처: © Volodymyr Krasyuk/Thinkstock.

목격자가 정체확인 오류를 범하게 되는 다른 이유는 확인과정에 개입되는 편파에 있다. 이런 편파는 특히 목격자가 혐의자를 잠깐만 봤거나 여건이 여의치 않은 상황에서 보았을 때 발생한다(Buckhout, 1974). 표 5.1의 문항 2에서 지적하였듯이, 목격자 증언에 관한 연구에서 가장 신뢰할 수 있는 발견 중 하나는 목격자가 수배 사진을 보고 나면, 나중에 라인업(경찰에서 목격자가 범인을 지목하도록 용의자들을 모아 일렬로 세워 놓은 것)에서 특정 인물을 혐의자로 확인할 가능성이 높아진다는 점이다. 어떤 사람 또는 물건을 재인할 수 있고/없고를 결정할 때 생기는 문제는 그 전에 그 사람이나 물건과 마주쳤던 그 맥락을 기억해내야 하기 때문에 발생한다(G. Mandler, 1980, 2008; Humphreys & Bain, 1983). 예를 들어, 우리는 길을 가다 만난 사람을 본 적은 있는 것 같은데, 왜 본 적이 있는 것 같은지를 모를 수가 있다. 그 이유는 길을 가다 만난 그 사람이 자기 동네의 슈퍼마켓에서 일하는 사람이라는 것과 같은, 적절한 맥락이 재생된 후에야 완료되는 것이 재인이기 때문이다(Mandler, 1980).

목격자의 정체확인 과제에서는 정보의 맥락을 재생하는 일이 특히 중요하다(Brown, Deffenbacher, & Sturgill, 1977). Brown 등은 목격자의 정체확인에서 일어날 수 있는 편파 효과를 검토하였다. 남자 두 명이 중간고사 시험지를 배부하고 있었다. 학생들은 나중에 이들 두 사람의 정체를 확인하라는 요구가 있을 것이라는 사실을 모르고 있었다. 시험이 있은 2일 또는 3일 후에 학생들에게 수배 전단을 보여주었고, 수배 전단을 보여준 4일 또는 5일 후에 라인업이 실시되었다. 그 결과, 수배 전단에 들어 있었던 사람을 이 라인업에서 시험지를 배부한 사람으로 잘못 지목하는 확률이 높은 것으로 드러났다.

얼굴 확인 작업에서 이러한 오류가 발생하는 이유는 수배 전단 속에서 그 사람의 얼굴을 보았고, 그 덕분에 그 얼굴이 친숙해 보였기 때문이다. 그러나 앞서도 언급했듯이, 정확한 얼굴 확인은 얼굴이 친숙해야 할 뿐만 아니라 그 얼굴을 본 맥락까지도 기억해낼 때 가능해지는 것이다. 물론, 이 연구가 실제의 목격자들이 직면하는 장면을 그대로 복원했다고 할 수는 없다. 하지만 이 연구가 피의자를 최종적으로 확인해야 하는 목격자에게 무엇은 보여주고 무엇은 보여주지 말아야 하는지에 관한 중요한 시사점을 제공한다는 점에는 의문의 여지가 없다.

라인업에서 일어날 수 있는 또 다른 편파 효과는 라인업에 포함된 무고한 사람이 혐의자의 독특한 특징(예: 사마귀, 상처, 문신 등)을 가지고 있을 때 발생한다(Zarkadi, Wade, & Stewart, 2009). 목격자들은 이러한 특징만을 기초로 선량한 시민을 범인으로 오인할 수도 있다. 조사자의 몸짓이나 목소리 같은 비의도적 단서 표출도 목격자의 정체확인에 대한 신뢰성을 떨어뜨릴 수 있다.

국가 차원의 면담 안내서 작성에 고문으로 참여한 심리학자들은 라인업을 실시하는 경찰관들은 혐의자가 누군지를 모르는 상태에서 라인업을 실시해야 한다고 강력하게 주장했다(Wells et al., 2000). 지각의 손상 및 편파 효과에 관한 연구는 목격자 정체확인의 정확성을 향상시키는 데 필요한 여러 가지 실질적인 지침을 만들어내고 있다(Brewer & Wells, 2011).

5.4 간접 기억검사

기억을 평가하는 검사에는 재인검사나 재생검사 같은 전통적 검사만 있는 것이 아니다. 우선 그림 5.6 속에 있는 단어의 정체부터 확인해보기 바란다. 무슨 단어인 것 같은가?

이런 단어 조각 검사를 수행하기 전에 그 단어(그림 5.6의 경우, '문장'이라는 단어)를 일련의 단어로 구성된 자극 목록 속에서 보고 나면, 검사에 답하기가 훨씬 용이해진다. 이런 일이 벌어지는 이유는 단어 조각 검사를 받기 전에 보았던 자극 목록 속 단어들에 대한 기억이 어느 정도는 남아있기 때문이라는 게 일반적인 설명이다. 따라서 심리학자들은 이런 과제를 기억검사로 이용하기도 한다.

직접 기억검사
과거에 겪었던 일을 재생 또는 재인해낼 것을 요구하는 기억검사.

외현적 기억
직접 기억검사로 평가되는 기억.

간접 기억검사
과거에 겪었던 일에 대한 기억의 영향은 받지만, 겉으로는 과거에 겪었던 일에 관한 것을 묻지 않는 기억검사.

이런 기억검사는 앞 절에서 논의한 재인검사 및 재생검사와는 많이 다르다. 그래서 심리학자들은 이들 기억검사를 다르게 취급한다. 재생검사나 재인검사를 **직접 기억검사**(direct memory tests)라고 한다. 우리가 겪었던 과거지사를 직접적으로 타진하기 때문이다. 즉, 직접 기억검사에서는 그 전에 피검자에게 일어났던 사건을 재생 혹은 재인해보라고 지시한다. 그런 면에서 보면, 재인검사와 재생검사는 **외현적 기억**(explicit memory)을 측정하는 셈이다. 이와는 달리, 단어 조각 검사 같은 **간접 기억검사**(indirect memory tests)에서는 당면 과제

그림 5.6 단어-조각의 예

만을 언급할 뿐 과거사에 관한 언급은 하지 않는다(Richardson-Klavehn & Bjork, 1988). 다시 말해, 단어 조각 검사에서는 그 단어의 정체가 무엇인지만 보고하면 될 뿐 실험이 진행되는 동안에 그 단어를 본 적이 있는지/없는지는 판단할 필요가 없다. 그러므로 간접 기억검사는 암묵적 기억(implicit memory)을 측정한다고들 한다.

암묵적 기억
간접 기억검사로 평가되는 기억.

이 두 가지 검사를 구분하는 이유는 어떤 기억검사를 이용해 기억력을 측정하느냐에 따라 참여자의 기억에 관해 우리가 배우게 되는 교훈이 많이 달라지기 때문이다. Warrington과 Weiskrantz(1970)의 연구를 살펴보면, 이 사실을 분명하게 알게 된다. Warrington과 Weiskrantz는 기억상실증 환자들(실험집단)과 일반 환자들(통제집단)의 기억력을 비교했다. 통제집단의 환자들은 연령과 지능 면에서 기억상실증 환자들과 대등한 환자들이었다. 두 집단 간 비교는 단어 목록에 관한 네 가지 기억검사를 통해 이루어졌다. 재생검사에서는 앞서 제시된 단어 목록 속 단어들을 회상해내라고 지시했고, 재인검사는 주어진 단어가 앞서 제시된 목록 속에 있었는지/없었는지를 판단하도록 했다. 세 번째 기억검사인 단어 조각 검사에서는 조각난 단어를 제시하고 그 정체를 알아맞혀 보라고 지시했다. 단어 조각 검사에 이용된 단어들은 검사 전에 제시된 단어 목록에 제시되었던 단어들이었다. 물론 검사 전에 제시된 단어 목록에는 조각나지 않은 온전한 상태로 제시되었다. 단어 조각 검사에 들어 있는 단어들은, 검사를 받기 전에 단어 목록에서 그들을 보지 못했더라면, 알아맞히기 어려울 정도로 크게 망가져 있었다. 그리고 네 번째 검사인 단어 완성 검사에서는 앞서 제시된 단어 목록 속의 단어 중에서 일부를 선별하여 각 단어의 앞 글자만 보여주고, 그 글자로 시작하는 단어를 만들어보라고 지시하였다(예: 다음 빈칸을 채워 두 글자 단어를 만들어보세요. 문__).

재인검사와 재생검사의 경우, 기억상실증 환자들의 점수가 통제집단에 비해 훨씬 낮았다. 그러나 단어 조각 검사와 단어 완성 검사의 점수에 있어서는 두 집단 간 차이가 발생하지 않았다. 기억상실증 환자들도 통제집단 환자들과 마찬가지로 앞서 제시된 목록에서 만났던 단어들을 이용할 수 있었다는 뜻이다. 기억상실증 환자들의 경우에는 단어 목록을 읽었다는 사실조차 기억하지 못하는 경우가 많아, 그냥 추측을 하는 식으로 검사에 임하는 경우가 많았다. 그런데도 이 두 검사 점수에서는 통제집단(일반 환자집단)과 차이를 보이지 않았다(Warrington & Weiskrantz, 1968). 앞서 제시된 단어 목록이 기억상실증 환자들의 검사반응에 영향을 미쳤다는 이러한 사실에서 우리는 기억상실증 환자들도 단어 목록에서 만났던 단어에 대해 어느 정도는 기억하고 있다는 것을 알게 된다.

표 5.2 직접 기억검사와 간접 기억검사 간 차이점

	직접 기억검사	간접 기억검사
예	재생검사, 재인검사	단어 조각 검사, 단어 완성 검사
처리 이론	개념 주도적 처리, 인출 전략	자료 주도적 처리, 친숙성
중다기억 이론	일화기억	실행기억
뇌의 구조	측두엽 내측	다양한 영역

처리 이론

직접 기억검사 결과와 간접 기억검사 결과에서 나타나는 이러한 차이는 이 두 검사가 어떻게 다른가라는 문제를 낳게 되었고, 그 후에는 이 문제를 해결하기 위한 많은 연구가 수행되었다(표 5.2). 이 문제를 둘러싼 첫 번째 견해는 이 두 검사에서 **요구하는 정보처리가 서로 다르다**는 점을 강조했다. 예를 들어, Jacoby와 Dallas(1981)는 이 두 검사가 요구하는 차이를 설명하기 위해 G. Mandler(1980)가 제안한 재인기억의 이중-처리 이론을 원용했다. 재인기억(recognition memory)의 이중-처리 이론에 의하면, 재인은 자극에 대한 친숙성을 판단한(1차 처리) 후, 그 자극을 만났던 맥락을 기억해냄(2차 처리)으로써 성취된다. 그런데 간접 기억검사는 주로 자극의 정체를 확인해내는 능력을 타진한다. Jacoby와 Dallas는 재인기억의 이중-처리 이론에서 말하는 친숙성 판단에 관여하는 처리(1차 처리)가 간접 기억검사에서 요구하는 정체확인 과정에 관여하는 처리와 같다고 주장했다. 단어 조각 검사처럼, 감각 정보만으로 자극을 지각하기 어려운 조건(예: 어두운 밤)에서는 자극에 대한 과거 경험(기억)이 지각과정에 관여하게 된다. 자극에 대한 기억 덕분에 자극은 친숙해 보이게 되고 또 자극의 정체를 확인하는 작업(지각)은 용이해진다. 이 사실을 인식하고 나면, Jacoby와 Dallas의 주장을 어렵지 않게 이해할 수 있을 것이다. 하지만 간접 기억검사에서는 재인기억의 두 번째 처리, 즉 언제 어디서 그 자극을 만났었는지를 기억해내는(2차 처리) 작업을 필요로 하지 않는다. 간접 기억검사는 자극을 만난 맥락에 관한 기억을 요구하지 않기 때문이라는 것이 Jacoby와 Dallas의 논리였다.

재인기억
(recognition memory)
특정 자극이 정해진 맥락에서 제시되었는지에 대한 기억.

이 논리가 옳다면, 자극에 대한 친숙성을 변화시키면 재인기억 검사 점수와 지각(확인) 검사 점수가 함께 변해야 한다. Jacoby와 Dallas(1981)는 학습 재료와 검사 재료를 모두 시각 또는 청각적으로 제시하거나(동일 양식 제시) 학습 재료는 시각적으로 제시하고 검사 재료는 청각적으로 제시함으로써(상이 양식 제시) 자극 재료의 친숙성을 조작해보았다. 예측한 대로, 제시 양식을 변화시켜 검사 재료에 대한 친숙성을 바꾸어 놓자, 재인(기억)검사 점수와 지각(확인) 검사 점수 모두 감퇴되었다.

이와는 달리, 자극 단어를 만났던 맥락을 기억해내는 데 도움이 되는 변인을 조작하면, 직접 기억검사인 재인검사 점수만 향상되어야 한다. 이 예측을 검증하기 위해 참여자들에게 자극 단어(문장 같은 단어)로 구성된 목록을 읽게 하거나, 단어 수수께끼(각 글자의 초성이 ㅁ과 ㅈ인 두 글자 단어 찾기)를 풀어보게 하였다. 단어를 그냥 읽어보는 것보다는 단어 수수께끼를 풀어보는 것이 그 단어를 보았다는 기억, 즉 맥락에 대한 기억을 촉진시킨다는 사실은 이미 밝혀져 있었다. 따라서 Jacoby와 Dallas의 논리가 옳다면, 단어 수수께끼를 풀어본 후에는 재인(검사) 점수는 향상되어야 하지만 지각(확인)검사 점수는 향상되지 않아야 한다. 지각(확인)검사 점수가 향상되지 않아야 하는 이유는 앞서도 언급했듯이, 이 검사는 자극 단어의 맥락에 대한 기억을 요구하지 않기 때문이다. 실험의 결과는 이 예측과 일치하였다.

Jacoby와 Dallas의 설명은 각 과제, 즉 직접 기억검사, 간접 기억검사, 정체 확인 과제(지각/확인검사)를 수행하는 데 요구되는 처리를 기초로 직접 기억검사 결과와 간접 기억검사 결과를 비교하는 방법을 예시하고 있다. 단어 수수께끼를 풀어봄으로써 학습한 재료를 정교하게 만들어보면 재생 및 재인검사에 도움이 된다. 한편, 재료와의 친숙성을 높이는 과제는 재인검사와 지각(확인) 검사를 수행하는 데 도움이 된다.

개념 주도적 처리
참여자가 사용하는 전략의 영향을 받는 처리과정.

자료 주도적 처리
자극 재료의 영향을 받는 처리과정.

이 접근법을 일반화하면, 직접 기억검사는 주로 개념 주도적으로 처리되며 간접 기억검사는 주로 자료 주도적으로 처리된다는 주장을 펼칠 수도 있다(Schacter, 1987; Richardson-Klavehn & Bjork, 1988). 개념 주도적 처리(conceptually driven processes)는 정보의 정교화나 조직화 같은 참여자-주도적 정신활동을 일컫는다. 이러한 처리는 재생과 재인검사 모두에 도움이 된다. 그리고 자료 주도적 처리(data-driven processes)는 친숙성같이 재료의 지각적 정보에 의해 시작되고 진행되는 정신활동을 일컫는다. 그러나 이 두 가지 처리는 상호 배타적인 작용이 아니다. 조금 앞에서 보았듯이, 재인검사는 이 두 가지 처리 모두의 영향을 받는다. 그러나 자료 주도적 처리의 역할은 직접 기억검사보다 간접 기억검사에서 훨씬 더 커진다. 즉, 간접 기억검사는 주로 자료 주도적 처리를 요구한다. 그러므로 양식 변동(예: 학습 재료는 시각적으로 제시하고 검사 재료는 청각적으로 제시하는 조작)은 재인검사 같은 직접 기억검사보다는 단어 조각 검사 같은 간접 기억검사에서 훨씬 더 파괴적인 영향을 미친다(Schacter, 1987).

중다기억 이론

Warrington과 Weiskrantz(1968)가 발견한 간접 기억검사 결과와 직접 기억검사 결과 간의 차이점을 설명하기 위해 Jacoby와 Dallas(1981)는 이 두 가지 기억검사가 서로 다른 처리과정을 측정한다고 가정했다. 물론, Warrington과 Weiskrantz의 연구결과는 이들 기억검사가 서로 다른 처리과정을 측정하기 때문에 초래된 것일 수도 있다. 하지만 이들 기억검사가 서로 다른 기억 시스템을 측정하기 때문에 유발된 결과라고 주장할 수도 있다(Schacter, 1987). 이러한 주장은 장기기억이 단일 시스템이 아니라 여러 개의 상이한 하위 시스템으로 구성된 것이라는 견해에 입각한 것이다. 여기서 주목할 것은 이들 기억검사가 서로 다른 기억 시스템을 측정한다는 주장을 한다고 해서 서로 다른 처리과정을 측정한다는 주장이 틀렸음을 뜻하지는 않는다는 점이다. 실제로 상이한 기억 시스템을 옹호하는 학자들 중에는 이 두 접근법은 상호보완적이라고 주장하는 학자도 있다(Tulving, 2002). 검사 점수에서 나는 차이를 처리과정의 차이로 설명할 수도 있고 또 기억 시스템의 차이로 설명할 수도 있다는 뜻이다.

장기기억을 두 가지 하위 시스템으로 구분하는 대표적인 방식은 장기기억을 일화기억과 의미기억으로 나누는 것이다(Tulving, 1972, 1985, 2002). 일화기억(episodic memory)은 개인의 과거 경험이 시간대에 따라 조직된 기억을 일컫는다. 우리 각자의 일화기억은 우리들 각자가 겪은 일에 대한 기록인 셈이다. 예를 들어, 어제 저녁에는 닭고기를 먹었고, 2013년에 고등학교를 졸업했고, 정치학을 수강할 때 옆에 앉았던 학생을 2년 동안이나 열렬히 짝사랑했던 일에 대한 기억 등이 일화기억에 속한다. 의미기억(semantic memory)은 특정 시간 및 맥락과는 무관한 일반적 지식을 담고 있다. 우리는 의미기억 덕분에 제비가 새라는 것, 강릉은 강원도에 있는 도시이며, 7에 8을 더하면 15가 된다는 사실 등을 안다. 일화기억에는 우리 각자의 일기를 쓸 때 기록할 만한 정보가 담겨있는데 반해, 의미기억에는 우리 각자의 경험과는 무관하지만 보다 일반적인 정보, 즉 백과사전에 기록될 만한 정보가 담겨있는 셈이다.

일화기억
각 개인이 겪은 특정 사건에 관한 기억으로, 이 사건이 언제, 어디서 일어났는지에 관한 기억.

의미기억
특정 맥락에 얽매이지 않은 일반적 지식에 관한 기억.

이 구분에 따르면, 직접 기억검사는 일화기억을 측정하는 셈이다. 참여자들은 특정 시간과 장소에서 만난 자극(예: 단어)을 회상해내야 하기 때문이다. 즉, 실험의 앞부분에서 만났던 자극을 재생 혹은 재인해야 한다는 뜻이다. 이에 비해, 단어의 정체확인 과제나 단어 조각 완성 과제 등으로 구성된 간접 기억검사는 의미기억을 측정하는 셈이다. 단어 정체확인 검사나 단어 조각 검사는 단어에 대한 일반적 지식을 타진하는 검사이지 그 단어를 언제 어디에서 봤는지를 묻는 검사가 아니기 때문이다.

기억상실증 환자들의 경우, 직접 기억검사보다 간접 기억검사 점수가 훨씬 높았다는 Warrington과 Weiskrantz(1968)의 발견은 일화기억과 의미기억을 구분하는 주요 증거로 이용되어왔다. 이 논증(argument)에 따르면, 기억상실증이라는 장애는 일화기억에는 영향을 미치지만 의미기억에는 영향을 미치지 못한다. 그러나 일화기억과 의미기억 간 구분을 비판하는 사람들도 많다. 이들은 간접 기억검사와 직접 기억검사 간 차이의 근원을 실행기억에서 찾으려 한다(McKoon, Ratcliff, & Dell, 1986). 실행기억(procedural memory)이란 어떤 일을 어떻게 할 것인지에 관한 기억, 즉 행위, 기술, 조작에 관한 기억을 일컫는다. 이에 반해, 일화기억과 의미기억은 둘 다 사실적 정보에 관한 기억을 일컫는다. 사실을 재생해내는 데는 어려움을 겪으면서도 운동기술을 학습하고 보관하는 데는 큰 어려움을 겪지 않는 기억상실증 환자들을 보면(Warrington & Weiskrantz, 1970), 사실적 정보가 실행성 정보보다 더 쉽게 망각된다는 결론을 내리게 된다.

실행기억
행위, 기능(기술), 조작을 위한 기억.

여러분도 컴퓨터를 이용하고 있다면, 사실에 관한 기억과 실행에 관한 기억에서 나는 차이를 쉽게 경험해볼 수 있다. 컴퓨터의 자판에서 한글 기역 니은이 배열된 방식을 그림으로 그려보라. 대부분의 학생들은 이 과제가 쉽지 않다고 말할 것이다. 자판의 위치에 관한 정보를 재생해내기가 쉽지 않다는 뜻이다. 그런데도 자판을 두들겨 단어를 만들어내는 작업에는 별 어려움을 겪지 않는다. 손가락을 어떤 순으로 어떻게 움직여야 하는지는 기억하고 있고 또 그 기억을 아주 잘 활용하고 있다는 뜻이다.

요약하면, 간접 기억검사와 직접 기억검사에서 발견되는 차이점은 처리 이론으로도 설명할 수 있으며 중다기억 이론으로도 설명할 수 있다(Roediger, 1990). 재생검사나 재인검사 같은 직접 기억검사는 개념 주도적 처리를 강조하며, 자기 주도적 학습 전략의 영향을 크게 받는다. 이에 반해 단어 조각 검사나 단어 완성 검사 같은 간접 기억검사는 자료 주도적 처리를 강조한다. 간접 기억검사 점수는 재료의 친숙성에 따라 달라지며, 학습자극과 검사자극을 제시하는 양식이 바뀌면 검사 점수가 크게 낮아진다. 일화기억을 측정하는 직접 기억검사는 참여자들로 하여금 자신의 과거에 있었던 특정 사건에 관한 정보를 회상해낼 것을 요구한다. 그러나 간접 기억검사는 실행기억을 측정한다. 실행기억은 참여자들에게 과거를 돌이켜보라고 요구하지 않는다.

기억 시스템에 관한 문헌고찰에서는 간접 기억검사와 직접 기억검사 간 차이점과 유사점을 설명할 때, 처리과정 이론과 중다기억 이론을 모두 이용한다(Reder, Park, & Kieffaber, 2009). 단어를 제시하게 되면, 단어의 친숙성과 함께 활성화 수준도 높아진다. 단어의 친숙성과 활성화 수준이 높아지고 나면, 나중에 재인기억 검사에서 그 단어를 재인하거나 단어 조각 검사에서 그 단어의 정체를 확인하는 일이 용이해진다. 직접 기억검사와 간접 기억검사 간 차이는 재인검사 같은 직접 기억검사에서는 자극 단어와 그 단어를 만났던 맥락을 연관시킬(일화기억) 수 있어야 하는데, 단어 조각 검사 같은 간접 기억검사에서는 맥락을 기억해낼 필요가 없다는 점이다.

뇌의 구조

직접 기억검사에서는 기억상실증 환자의 점수가 정상인의 점수에 비해 많이 떨어지지만 간접 기억검사에서는 별로 다르지 않다는 발견은 기억의 생리적 기초에 관한 연구를 자극하였다(Knowlton & Foerde, 2008). 기억상실증 환자들의 외현적 기억검사 점수가 떨어지는 것은 그들 뇌의 특정 부위가 손상되었기 때문에 유발된 효과일까? 암묵적 기억검사에 관여하는 뇌의 영역은 외현적 기억검사에 관여하는 뇌의 영역과 다를까? Larry Squire의 연구진이 수행한 연구에 의하면, 인간의 기억은 단일 시스템이 아니라 여러 개의 시스템으로 구성되며, 이들 각 시스템은 뇌의 상이한 영역에 그 기반으로 두고 있는 것 같다(Squire & Zola, 1996).

그림 5.7은 장기기억을 구성하는 하위 시스템 그리고 각 하위 시스템의 생

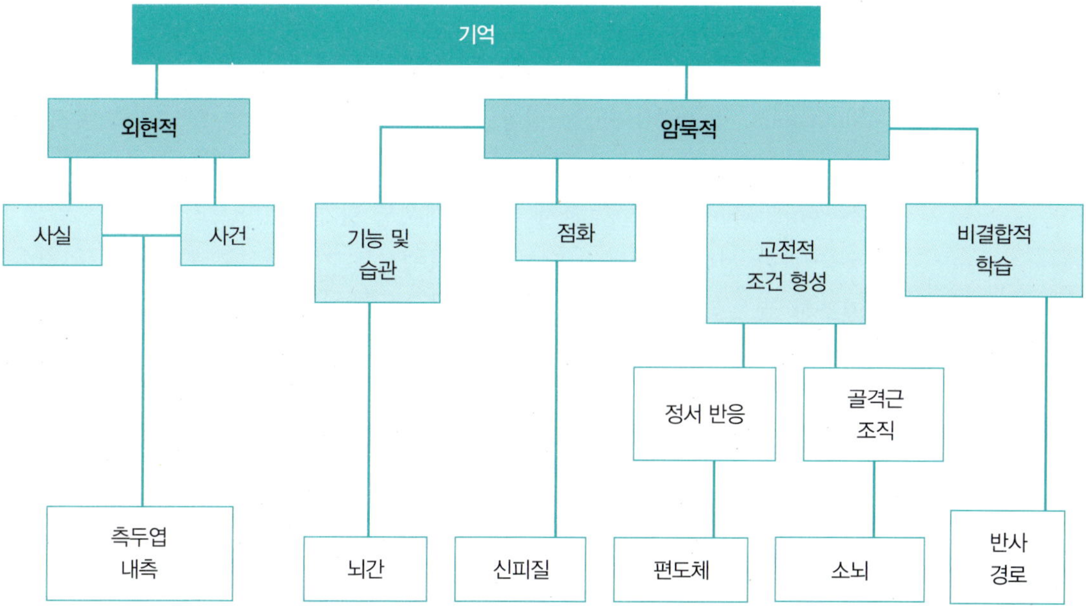

그림 5.7 장기기억 시스템의 유목, 그리고 각 하위 시스템의 생리적 기반(뇌 내 영역)

출처: Adapted from "Memory, hippocampus, and brain systems," by L. R. Squire & B. J. Knowlton, 1994, in M. Gazzaniga(Ed.), *The cognitive neurosciences*(Cambridge, MA: MIT Press). Reprinted by permission.

리적 기반으로 판단되는 뇌의 영역을 그려놓은 것이다(Squire & Knowlton, 1994). 연구결과에 따르면, 외현적 기억검사에서 나타나는 기억상실증 환자의 저조한 수행 능력은 측두엽 내측에 있는 해마가 손상되어 생기는 현상이다. 이에 비해, 측두엽 내측이 관여하지 않는 다른 검사에서는 기억상실증 환자도 정상적인 수행 능력을 보인다. 그림 5.7에서 볼 수 있는 것처럼, 다른 과제를 수행할 때는 측두엽 내측 이외의 다른 영역이 작용하며, 이들 영역은 기억상실증 환자들의 경우에도 온전하게 보존되어 있다.

우리는 기억상실증 환자들의 수행 능력이 재생 및 재인검사에서는 저조한 반면, 단어 조각 검사에서는 정상이라는 발견(Warrington & Weiskrantz, 1970)을 강조하면서 이 절을 시작했었다. 그리고 재생/재인검사는 외현적 기억을 측정하는데, 단어 조각 검사는 암묵적 기억을 측정한다는 것도 알고 있다. 기억상실증 환자들에게서 발견된 단어 조각 검사에서의 높은 점수는 점화라는 현상으로 간주된다. **점화**(촉발, priming)란 동일 자극 또는 관련 자극(이 자극을 '점화자극'이라고 함)에 대한 사전 경험 덕분에 표적자극(target)을 탐지하고 확인하는 능력이 촉진되는 현상(효과)을 일컫는다. 그림 5.7을 보면, 점화 효과는 일종의 암묵적 기억 효과임을 알 수 있다.

점화(촉발)
표적자극과 동일(또는 관련) 정보에 대한 사전 경험 때문에 표적자극의 재인 또는 탐지가 촉진되는 현상.

또 다른 유형의 암묵적 기억으로 학습된 기술(기능)과 실행 능력을 꼽을 수 있다. 앞서 소개했듯이 중다기억 이론에서는 실행기억이 간접 기억검사에 의해 측정된다고 주장한다. 그림 5.7을 보면, Squire와 Knowlton(1994)도 기능학습 및 습관 형성을 암묵적 기억으로 분류하고 있다. 실행기억의 기능으로는 같은 글을 다시 읽으면 읽기 속도가 빨라지는 현상을 꼽을 수 있다. Musen, Shimamura, Squire(1990)는 정상인과 기억상실증 환자를 대상으로 읽기 속도 향상을 연구하였다. 같은 글을 다시 읽게 했을 때 읽기 속도가 빨라지는 현상은 정상인과 기억상실증 환자 모두에게서도 발견되었다. 그러나 읽은 글의 내용을 묻는 선다형 질문에 답하는 능력에서는 기억상실증 환자들이 현저하게 저조한 것으로 드러났다. 간접 기억검사(읽기 속도 향상)에서는 두 집단 간에 차이가 없지만, 직접 기억검사(선다형 문제)에서는 커다란 차이가 난다는 사실이 다시 한 번 확인된 셈이다.

그림 5.7을 보면, 암묵적 기억의 또 다른 유형으로 고전적 조건형성과 반사행동이 포함되어 있다. 암묵적 기억에 이처럼 다양한 유형이 존재한다는 것은 경험에 따라 우리의 수행 능력이 다양한 방식으로 변한다는 것을 의미한다. 하지만 이런 변화가 암묵적으로 이루어지기 때문에 우리는 그 기억의 내용을 전혀 의식하지 못하는 것이다(Squire & Zola, 1997). 경험에 의해 수행 능력이 변한다는 것은 경험에 대한 기억이 형성되고, 형성된 기억이 과제 수행에 이용된다는 뜻이

다. 그런데도 우리는 그런 기억의 생성 및 적용에 관해 아무것도 의식하지 못한다(Knowlton & Foerde, 2008). 물론, 이것이 바로 자신의 기억이 평가되고 있다는 것을 참여자들이 분명하게 의식하는 외현적 기억과 다른 점이다.

5.5 요약

학습은 정보가 단기기억에서 장기기억으로 전이되는 과정이라고 할 수 있다. 장기기억에서의 정보 소멸속도는 단기기억에서의 소멸속도에 비해 매우 느리다. 더욱이, 장기기억은 용량 제한이 없다. 거의 무한한 양의 정보를 장기기억에 저장할 수 있다는 뜻이다. Atkinson과 Shiffrin이 제안한 모형에서는 단기기억과 장기기억과의 구분도 강조하고 또 단기기억에서 장기기억으로의 정보 전이에서 암송이 맡은 역할도 강조했다. Atkinson과 Shiffrin의 모형으로 설명되는 발견 중 하나는 계열위치 효과이다. 이 모형은 자극 목록의 시작 부분에 있는 단어를 더 잘 재생해내는 것은 그 단어들이 장기기억에 저장되어 있기 때문이며, 목록의 끝 부분에 있는 단어를 더 잘 재생해내는 것은 그 단어들이 단기기억에 저장되어 있기 때문이라고 설명한다.

인출해낸 새로운 정보가 단기기억에서 인출된 것인지 아니면 장기기억에서 인출된 것인지를 결정하기가 어려운 경우도 있다. 학습 시 학생들은 아직 장기기억으로 전이되지 않은 재료에 집중해야 하기 때문에, 이들을 구분할 수 있는 능력은 매우 유용한 학습 능력이다. 학습 재료를 얼마나 더 공부해야 하는지에 대한 결정을 내릴 때는 인출유창성 같은 경험이 이용되기고 하고 또는 파지 기간이 길어지면 망각률이 높아진다는 이론적 지식이 이용되기도 한다.

장기기억으로부터 정보를 인출하기 위해서는 먼저, 그 정보가 장기기억에 저장되어 있는지부터 결정해야 한다. 설단현상은 정보가 장기기억에 저장되어 있음이 분명한데도 그 정보를 즉시 인출할 수 없을 때 일어난다. 장기기억의 정보를 검색하는 전략에는 단어 길이나 발음 같은 부분 정보 이용하기, 그럴듯한 이름 생성하기, 그 이름과 관련된 맥락 정보 이용하기 등이 포함된다. 목격자들에게 인지적 면담기법을 가르쳐주면, 범행 장면에 관한 세심한 것까지를 재생해내도록 할 수 있다. 재생 과제와 재인 과제는 서로 다르다. 재인 과제는 특정 자극이 이전에, 대개는 구체적인 맥락 속에서 제시되었던 것인지에 대한 판단을 요구한다. 목격자들에게 수배 사진을 보여주면 용의자 확정 시 오류를 범할 확률이 증가한다. 목격자들은 과거에 그 사람을 만났던 맥락(수배 전단에서 보았다는 사실)을 재생할 수 없기 때문에 그를 범인으로 잘못 지목하는 것 같다.

간접 기억검사는 대개 검사 전에 단어 목록을 읽게 하고, 이 목록에서 단어를 읽었다는 사실(경험)이 나중의 기억검사(예: 단어 조각 검사나 단어 완성 검사)에 도움이 되는지를 결정한다. 기억상실증 환자들은 대개 재인이나 재생 같은 직접 기억검사에서보다 단어 조각 검사나 단어 완성 검사 같은 간접 기억검사에서 더 높은 점수를 받는다. 처리 이론에 따르면 직접 기억검사는 개념 주도적 처리를 요구하는데, 간접 기억검사는 자료 주도적 처리를 요구하기 때문에 이런 차이가 발생한다. 이에 비해, 중다기억 이론에서는 직접 기억검사와 간접 기억검사가 각각 상이한 기억 시스템을 타진하기 때문에 그런 차이가 발생한다고 설명한다. 즉, 직접 기억검사는 일화기억을 평가하고, 간접 기억검사는 실행기억을 평가하기 때문에 이런 차이가 난다고 주장한다. 인지신경과학적 증거는 여러 가지 유형의 기억이 존재하며, 각 유형의 기억은 뇌의 상이한 영역을 기반으로 형성된다는 견해를 지지한다. 직접 기억검사로 측정되는 외현적 기억은 측두엽 내측에 위치한 해마에 그 기반을 두고 있고, 간접 기억검사로 측정되며 기술 습득, 점화, 조건형성 등 다양한 과제 수행에 이용되는 암묵적 기억은 뇌의 다양한 영역에 그 기반을 두고 있다.

복습문제

1. 흔히 말하는 기억은 장기기억을 일컫는다. 어떤 사람의 '기억력이 좋다'라는 말은 무슨 뜻일까? 장기기억의 특징으로 알려진 것에는 어떤 것들이 있는가?
2. 새로운 재료를 학습할 때 이 책에서 논의된 다양한 메타인지 전략 중 여러분은 어떤 전략을 언제 사용하는지를 구체적으로 명시할 수 있겠는가?
3. 어문적 암송을 연구하기 위해 선택된 과제가 '의미 없는' 과제였다는 점을 주목하라. 그런데도 왜 이 과제가 이용되었을까?
4. Atkinson–Shiffrin 모형의 주요 전제를 찾아내어 그들 전제의 직관적 호소력을 평가해보라. 자료(예: 초두 효과)가 이 모형의 예측과 일치하는 정도는 어떠한가?
5. 최신 효과는 어떻게 설명되는가? 최신 효과를 설명한 이 이론은 어떻게 검증되었는가?
6. Koriat의 실험 1에서는 참여자들이 파지 기간의 영향력을 고려하지 못했는데, 실험 2의 참여자들은 어떻게 파지 기간의 효과를 정확하게 예측할 수 있었는가? 이 연구의 결과를 기초로 경험기초 예측과 이론기초 예측의 차이점을 설명해보라.
7. 재인과 재생에 관한 연구에서 맥락(context)이라는 용어의 구체적인 용도를 정확하게 이해하도록 하라. 재생과 재인은 서로 다른 종류의 기억인가?
8. 인지 이론이 목격자 확인에 적용된 결과를 보고 놀란 점은 없는가? 이러한 실험결과를 기초로 범죄 정의 실천 과정에서 바뀌어야 된다고 추천할 만한 것은 없는가?
9. 기억을 간접적으로 검사하기 위해 이용된 기법들은 무엇인가? 간접 기억검사와 직접 기억검사

의 과제에서 다른 점은 무엇인가?

10. 간접 기억검사와 직접 기억검사에서 나는 점수 차에 대한 한 가지 설명은 이들 과제 수행에 요구되는 처리 과정이 다르기 때문이라고 보는 것이나. 이러한 견해를 끌어낸 경험적 증거는 무엇인가?

핵심용어

간접 기억검사(indirect memory test)
개념 주도적 처리(conceptually driven process)
계열 위치 효과(serial position effect)
기계적 학습(rote learning)
메타인지(metacognition)
부호화(coding)
설단(현상)(tip of the tongue: TOT)
심상화(imaging)
실행기억(procedural memory)
암송(rehearsal)
암묵적 기억(implicit memory)
외현적 기억(explicit memory)
의미기억(semantic memory)
인지적 면담(cognitive interview)
일화기억(episodic memory)
자료 주도적 처리(data-driven process)
장기기억(longterm memory)
재인기억(recognition memory)
점화(촉발) (priming)
직접 기억검사(direct memory test)
초두 효과(primacy effect)
최신 효과(recency effect)
통제과정(control process)

추천도서

4장 말미에 소개된 기억에 관한 일반 추천도서들은 단기기억은 물론 장기기억에 관해서도 논하고 있다. Schacter(1989)는 기억 연구의 네 가지 접근법(실험인지심리학, 신경심리학, 생태심리학, 인공지능)의 주요 전제와 연구결과를 요약하고 있다. Schacter(1996)의 *Searching for Memory: The Brain, the Mind, and the Past*는 기억에 관한 인지신경과학적 접근법을 학구적으로 다루고 있다. Hintzman(2011)은 기억을 연구하는 데 이용된 전략을 비판하고 있다. 메타인지에 관한 책으로는 *Metacognition and Cognitive Neuropsychology*(Mazzoni & Nelson, 1998), *Applied Metacognition*(Perfect & Schwartz, 2002), *Thinking and Seeing: Visual Metacognition in Adults and Children*(Levin, 2004)을 꼽을 수 있다. 공부 전략에 관한 여러 평론(Broekkamp & Van Hout-Wolters, 2007; Kornell & Bjork, 2007; Rhodes & Tauber, 2011; Zhao & Linerholm, 2008)이 이들 책을 보완하고 있다. Rohrer와 Pashler(2010) 그리고 McCabe(2011)는 연구에서 확인된 전략보다 전형적 공부 전략의 효과가 떨어진다고 주장한다. Wixted(2004)는 망각에 관한 신경과학적 연구를 요약하고 있으며, Schwartz(2002)의 저서는 설단현상에 관한 문헌을 고찰하고 있다. Fisher, Milne 및 Bull(2011)은 인지-면담 기법에 관한 문헌을 고찰하였다. 목격자 증언과 관련된 기억에 관한 훌륭한 개관은 Busey와 Loftus(2008) 그리고 Brewer와 Wells(2011)의 고찰에서 읽을 수 있다. 심리학과 법에 관한 연구를 다룬 또 하나의 개관은 Spellman과 Busey(2010)의 논문에서도 발견된다. Reder, Park 및 Kieffaber(2009)는 암묵기억과 외현기억에 관한 광범한 연구의 이론적 해석을 제공하고 있다. Mandler(2008)는 재생과 재인을 조합하는 기억 이론을 분석하였다.

PART 2

지식의 표상과 조직

CHAPTER 6 기억부호

CHAPTER 7 시각적 심상

CHAPTER 8 범주화

CHAPTER 9 지식의 조직

CHAPTER 6

기억부호

6.1 처리-수준 이론
부호화 전략에 대한 강조 | 어문적 암송의 함의

6.2 처리-수준 이론을 지지하는 증거
Hyde-Jenkins의 실험 | 구조, 음운, 의미 처리

6.3 처리-수준 이론에 대한 비판과 수정
비판 | 기억부호의 정교화 | 기억부호의 독특성

6.4 부호화 구체성 원리와 인출
부호화 구체성 원리 | 부호화 작업과 인출 작업 간 상호작용 | 전이-적절 처리

6.5 요약

복습문제
핵심용어
추천도서

> 학습한 단어를 기억해내는 능력은 학습의도, 투자한 노력, 지향(orienting) 과제의 난이도, 그 단어에 관한 판단에 소요된 시간, 또는 그 단어를 암송한 횟수에 의해서 결정되는 것이 아니다. 단어에 대한 기억은 이들 요인이 아니라 과제의 본질, 즉 자극 단어에 적용된 조작의 종류에 의해서 결정된다.
>
> _ F. I. M. Craik와 Endel Tulving(1975)

앞의 두 장에서는 기억이 단기기억 저장고와 장기기억 저장고로 구성되어 있다는 이론을 소개하였다. 이 이론은 기억에 관한 많은 연구의 출발점으로 작용했다. 다시 말해, 이 이론은 다음과 같은 많은 의문점을 남겼다: 장기기억 정보의 소멸 속도(보존 기간)가 왜 그렇게도 다양한가? 어문적 암송은 언제나 학습을 유발하는가? 기억부호에도 우열이 있을까? 장기기억 속 정보는 어떻게 조직되어 있을까? 시각적 지식은 어떻게 조직되어 있는가? 그리고 이들 의문점을 해결하기 위한 수많은 연구가 수행되었다.

이들 질문은 지식의 표상 및 조직에 관한 질문에 속한다. 다음 네 개의 장은 이러한 질문에 대한 답을 찾는 노력으로 점철될 것이다. 우리의 일차적 목적은 장기기억의 기억부호는 서로 어떻게 다르며, 기억부호의 다양성과 학습 및 인출 사이에 어떠한 관계가 존재하는지를 이해하는 일이 될 것이다. **기억부호**(memory code)란 학습한 내용을 기억 저장고에 저장할 때 이용되는 표상(representation)을 일컫는다. 쌍-결합 과제(paired-associates task)에서 각 쌍의 단어 2개를 연관(결합)시키고자 할 때, 어떤 기억부호가 생성될 것 같은지를 고려해보자. 이들 단어가 시각적으로 제시되면, 시각적 이미지(시각부호)가 형성될 수도 있고, 그들 단어를 암송하면 음향(음운)부호가 생성되기도 할 것이며, 단어가 의미를 가진 것이라면, 의미부호의 연관성(결합)이 형성될 수도 있을 것이다.

기억부호
학습 후 학습자의 머릿속에 남아있는 (구조, 음운, 의미) 기억흔적.

기억부호를 여러 가지로 창출하는 것이 얼마나 중요한지는 이런 능력을 상실한 한 여인(P.V.)에 관한 연구결과에서 분명해진다. P.V.는 특히, **청각기억폭**(auditory-memory span)만 손상된 사례에 해당한다. 이 여인의 청각기억폭은 청각적으로 제시된 단어를 두세 개 이상은 따라 말할 수 없을 정도로 심각하게 손상된 상태였다. Baddeley의 연구진은 이 장애가 학습에 미치는 영향을 검토하기 위해, 쌍-결합 과제의 특징을 바꾸어가며 P.V.에게 학습을 시켜보

청각기억폭
자극을 청각적으로 제시한 후 단기기억에서 재생되는 자극의 개수.

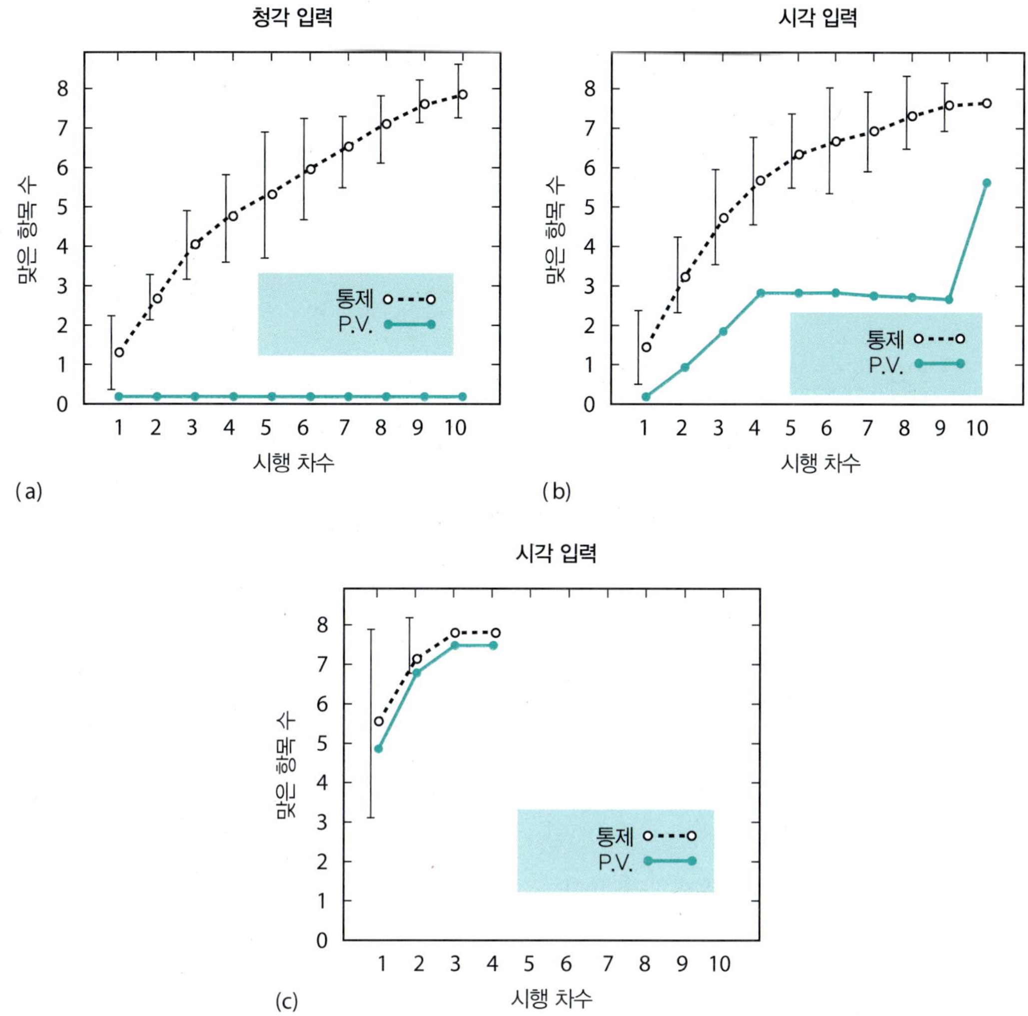

그림 6.1 P.V.와 통제집단의 쌍–결합 과제의 학습 능력 비교. (a) 단어–비단어 쌍이 청각적으로 제시된 조건, (b) 단어–비단어 쌍이 시각적으로 제시된 조건, (c) 단어–단어 쌍이 시각적으로 제시된 조건

출처: "When long-term learning depends on short-term storage," by A. Baddeley, C. Papagno, & G. Vallar, 1988, *Journal of Memory and Language*, *27*, 586-595. Copyright 1988 by Academic Press, Inc. Reprinted by permission of Elsevier Science.

았다(Baddeley, Papagno, & Vallar, 1988). P.V.에게 가장 어려운 과제는 단어–비단어로 구성된 자극 쌍(예: 바탕–쟈즘) 8개를 들은 후, 단서자극으로 제시된 단어(이 예에서는 '바탕')를 듣고 이 단어와 짝지어 제시되었던 비단어(이 예에서 '쟈즘')를 기억해내야 하는 과제였다. 그림 6.1(a)에는 이 과제를 수행하는 P.V.의 능력이 그려져 있다. 연령 및 교육 수준에서 P.V.와 동등한 사람들로 구성된 통제집단의 참여자들은 대부분 10회의 시행을 통해 이 과제를 성공적으로 완성할 수 있었다. 그러나 P.V.는 10회의 학습시행 중 모든 시행에서 단 하나의 자극 쌍도 학습하지 못하였다. 물론, 이 과제의 난이도는 재료 때문에 생긴 것일 수도 있다. 자극을 청각적으로 제시했기 때문에 시각적 부호 생성이 어려웠을 수 있고 또 반응용 자극이 비단어였기 때문에 의미부호 생성도 어려웠을 수 있다.

그렇다면 P.V.에게 단어-비단어 쌍 8개를 시각적으로 제시하면 어떤 결과가 야기될까? 그림 6.1(b)를 보면 그 답을 알 수 있다. 통제집단에 비해 수행 능력은 여전히 저조했다. 하지만 자극이 청각적으로 제시되었던 조건에서보다는 양호했다. 시각적 부호화가 가능한 것이 P.V.의 손상된 청각기억폭을 부분적으로나마 보충해준 것 같다. 그러나 단어-단어 쌍이 시각적으로 제시되었을 때는 P.V.의 학습 능력도 통제집단의 학습 능력과 다르지 않았다. 쌍으로 제시된 두 개의 단어를 관련짓는 일에 의미를 사용할 수 있게 되자 생긴 변화이다. 그림 6.1(c)에서 보이듯이, 두 개의 단어를 의미부호를 이용하여 관련지을 수 있을 때는 수행이 정상 수준으로 되살아났다는 뜻이다.

정상적인 사람들은 학습을 할 때 여러 가지 기억부호를 생성할 가능성이 높다. 그러나 심리학자들은 사람들의 그런 행동을 직접적으로 통제할 재간이 거의 없다. 그렇기 때문에 실험에 참여한 사람들에게 학습하라고 요구하는 대신, 제시된 단어에 대해 판단을 내려보라는 주문을 하기도 한다. 물론 나중에는 그 단어에 대한 재생/재인검사를 실시하지만 그런 검사가 있을 것이라고는 미리 말해주지 않는다. 판단 과제[흔히 **지향 과제**(orienting task)라고 함]를 수행하게 하는 목적은 발음이나 의미 같은 단어의 특정 속성에 관한 판단을 내리게 함으로써 그 단어에 대해 형성되는 기억부호의 종류를 통제하기 위함이다. 단어의 의미나 발음 같은 특정 속성에 대한 판단을 내리게 한 후에 뜻밖의 재생/재인검사를 실시하면, 강조되었던 단어의 속성(의미 또는 발음)에 따라 기억검사 점수가 어떻게 달라지는지를 검토할 수 있게 된다.

지향 과제
자극의 특정 측면(구조, 음운, 의미)에만 주의를 기울이라는 지시문.

이 장의 첫째 절은 **처리-수준**(level of processing)이라는 기억 이론(Craik & Lockhart, 1972)을 검토한다. 이 이론은 특정 단어를 재생하고 못하고는 그 단어를 부호화할 때 이용된 조작의 특징에 의해 결정된다고 주장한다. 둘째 절에서는 이 이론을 지지하는 증거를 검토하고, 셋째 절에서는 의미부호가 보관(파지)을 향상시키는 이유를 설명할 것이다. 부호화가 보관에 미치는 영향을 설명할 때는 부호를 정교하게 하고 독특하게 할수록 기억이 향상된다는 주장이 이용될 것이다. 마지막 절에서는 부호화 구체성 원리가 고려될 것이다. 부호화 구체성 원리에 의하면, 인출 단서의 효과는 그 단서의 특징과 인출 대상 정보(저장된 정보)의 특징이 부합하는 정도에 따라 달라진다.

처리-수준 이론
처리-수준이 '깊을수록' 기억이 향상된다고 주장하는 이론.

6.1 처리-수준 이론

부호화 전략에 대한 강조

Craik와 Lockhart(1972)의 논문은 (1) Atkinson과 Shiffrin(1968)의 기억 모형이 제안된 이유를 검토하고, (2) 그 모형의 적절성을 검토한 후, (3) 처리-수준이라는 개념에 기반을 둔 새로운 기억 이론을 소개할 목적으로 집필되었다. 세 가지 기억 저장고(감각기억, 단기기억, 장기기억)의 주요 특징에 관해서는 이미 앞 장에서 살펴보았다. Craik와 Lockhart는 이들 기억의 특징에서 발견되는 차이 중 널리 수용되는 것을 표 6.1과 같이 요약하였다.

표 6.1의 내용을 간략히 정리해보기로 하자. 먼저, 감각기억은 지각 또는 재인 이전의 정보, 즉 주의를 기울이기 전에 감각기관에 등록된 정보를 보관한다는 의미에서 전-주의적(pre-attentive) 기억이라고 한다. Sperling의 부분-보고법을 이용한 실험을 회상해보자. 관찰자는 특정 음을 들은 후에는 그 음이 요구하는 줄의 문자만 보고하면 된다. 즉, 음이 지적하는 그 줄에만 주의를 쏟으면 된다. 따라서 자극판이 사라진 후부터 그 음을 듣기 전까지는 그 자극판 속 어떤 문자도 주의를 받지 못한 상태, 즉 전-주의적 상태에 있었던 셈이다. 우리는 이 상태의 기억을 감각기억이라고 하기 때문에 감각기억 속 정보는 전-주의적(아직 주의를 받지 못한, 그래서 아직 재인/인식/지각되지 않은) 정보로

표 6.1 어문적 기억의 세 단계에서 발견되는 차이 중 일반적으로 수용되는 것들

속성	감각기억	단기기억	장기기억
정보 기입	전-주의적	주의를 필요로 함	암송
정보 유지	불가능	지속적인 주의	반복
정보 모양새	투입된 대로 복사	암송 음운적 시각적, 어의적일 가능성도 있음	조직화 주로 어의적 약간 청각적이고 약간 시각적
용량	크다	작다	한계를 모름
정보 손실	소멸	치환 소멸 가능성도 있음	손실이 없을 가능성이 큼 간섭에 의한 접근성 혹은 변별성 소실
흔적 보존 기간	1/4~2초	30초까지	몇 분부터 몇 년까지
인출	읽어냄	자동적일 가능성이 있음 항목들이 의식하에 있음 시각적/음운적 단서	인출 단서 검색 과정이 이용될 가능성도 있음

출처: "Levels of processing: A framework for memory research," by F. I. M. Craik & R. S. Lockhart, 1972, *Journal of Verbal Learning and Verbal Behavior, 11*, 671-684

분류된다. 감각기억 속 정보는 입력되는 자극을 있는 그대로 복사한 것이지만 순식간에 소멸되어버린다. 감각기억 속 정보를 오래 유지할 수 있는 전략은 없다. 그렇기 때문에 감각기억 정보를 보다 장기적인 저장고로 옮기기 위해서는 그 정보를 재인 과정을 통해 읽어내어야만 한다.

표 6.1에 소개된 모형에 따르면, 감각기억 속 정보를 단기기억으로 옮겨놓기 위해서는 그 정보에 주의를 쏟아야 한다. 이는 주의를 쏟아야 그 정보의 정체가 파악되기 때문이다. 일단 단기기억으로 옮겨놓은 정보는 그 정보에 주의를 계속 집중하거나 암송을 함으로써 오랫동안 유지될 수 있다. 가장 자주 이용되는 통제 전략이 암송이기 때문에, 단기기억 속 정보의 모양새(format)는 주로 음운형(phonemic)이라고 본다. 하지만 시각 정보나 의미 정보도 단기기억에 보관될 수 있다. 단기기억은 용량이 작고 정보가 빠르게 소멸된다는 단점이 있다. 그러나 검색 대상 자극 항목이 몇 안 되기 때문에 인출이 쉽다는 장점도 가진다.

장기기억으로의 정보 이송은 주로 암송을 통해서 이루어진다는 것도 이 모형의 견해이다. 장기기억은 주로 학습 재료의 의미에 따라 조직된다. 장기기억의 용량이 제한되어 있다는 연구결과는 없다. 만약 장기기억 속 내용을 망각하는 일이 일어난다면, 간섭을 통해 일어난다는 것이 이 모형의 가정이다. 장기기억에 보관된 정보의 경우에는 파지 기간(소멸 속도)이 천차만별이다. 오랜 세월이 지난 후에도 인출해낼 수 있는 것이 있는가 하면 몇 분이 지난 후에는 기억해낼 수 없는 것도 있다. 나중에 알게 되겠지만, 장기기억 속 정보를 인출할 때는 단서가 매우 유용하다. 그러나 인출에는 오랜 검색과 상당한 시간이 요구될 수도 있다.

대부분의 심리학자들은 세 가지 기억의 이러한 특징(표 6.1)을 수용했다. 그러나 Craik와 Lockhart는 단기기억과 장기기억을 구분하는 데 이용되는 증거가 불명료하다고 믿었다. 그들은 첫째, 단기기억의 용량이 Miller가 추정한 5~9개의 결집보다 훨씬 가변적이라고 믿었다. 예를 들어, 자극 목록 속의 단어를 가지고 특정 문장을 만들어낼 수만 있으면 사람들은 단어를 20개까지도 재생할 수 있다. 문장 속의 단어들이 결집으로 형성되고, 각 결집은 약 세 개씩의 단어로 형성된다고 가정하면, 단기기억으로부터 20개의 단어를 재생하는 일도 어려운 일이 아닐 수도 있다. 그럴듯한 생각이다. 하지만 실제로 그러한 결집이 구축된다는 객관적인 증거가 없다. 둘째, 정보의 모양새가 단기기억에서는 주로 음운적이고 장기기억에서는 주로 의미적이라고 하지만 단기기억의 정보도 시각적일 수도 또 의미적일 수 있고(Shulman, 1971), 장기기억의 정보도 시각적 및 음운적일 수 있다. 예를 들어, 단기기억의 제한된 용량은 결집을 통해 다소나마 극복할 수 있는데, 이들 결집 중 어떤 결집(예: KBS)은 의미를 기초로 형성된다. 또한, 우리는 난어의 발음을 기억하고 있는데, 이 사실은 장기기억의 기억부호 중 일부는 반드시 음운적이어야 한다는 의미를 갖는다. 셋째, 단기기억과 장기기억을 구분하는 또 하나의 특징은 단기기억 속 정보는 빠르게 소멸되는데 반해, 장기기억 속 정보의 소멸은 느리다는 점이다. 하지만 이미 알고 있듯이 정보의 소멸 속도는 학습된 재료에 따라서도 크게 다르기 때문에, 이 사실 또한 단기기억과 장기기억을 구분하는 분명한 특징이 되기 어렵다.

그러므로 표 6.1에 요약된 세 가지 기억 간의 차이는 이들 세 가지 기억이 어떻게 달라야 한다는 이상적인 견해일 뿐이라고 할 수 있다. 물론, 이 견해를 지지하는 증거도 많다. 그럼에도 불구하고 잊지 말아야 할 것은 세 가지 기억을 제안하는 이 이론 역시 기억 시스템을 지나치게 단순하게 생각하는 이론이라는 사실이다. 이 이론에서 가장 취약한 부분은 기억된 정보가 소멸되는 속도, 즉 파지 기간이 너무 다르다는 점이다. 어떻게 하여 소멸 속도(파지 기간)에서 이처럼 큰 차이가 발생하는 것일까? 처리-수준 이론의 강점은 바로 이 질문의 답을 만들어내려 했다는 데 있다.

처리-수준 이론에 따르면, 학습 재료는 여러 가지 방식으로 부호화될 수 있다. 그리고 각 방식에 따라 형성된 기억부호는 질적으로 상이하다. 처리의 초기 단계에 벌어지는 예비처리(preliminary processing)에서는 선, 각, 명암, 음의 고저 및 강약 같은 물리적 속성이 분해된다. 형태 재인 및 의미 확인은 후기 단계에서 벌어지는 처리에서 이루어진다. 자극은 재인/지각된 후에도 더욱 정교화될 수 있다. 즉, 단어나 풍경 혹은 냄새가 그 특정 자극과 관련된 과거 경험을 기초로 연상어나 심상 또는 이야기를 생각나게 할 수 있다. 처리-수준 이론은 정보 분석이 일련의 감각 상태(sensory states)를 거친 후, 형태 재인과 관련된 지각적 처리 단계를 통해 의미 관련 단계로 진행된다고 주장한다.

처리-수준 이론에 따르면, 이들 각 분석 수준에서는 서로 다른 기억부호(memory code)가 생성되며, 각 수준에서 생성된 기억부호의 소멸 속도도 달라진다. 그러므로 기억부호는 물론 그것의 소멸 속도에서 나는 차이도 여러 단계에 걸쳐 전개되는 정보처리의 부산물인 셈이다. 구체적으로, 이 이론에서는 자극의 물리적 속성에 대한 분석만으로 생성되는 기억부호는 금방 소멸된다고 가정한다. 자극의 정체가 확인되고 그 이름을 붙일 수 있을 정도로 깊이 있게 분석된 후에 생성된 기억부호는 소멸 속도도 느려진다. 그러나 자극에 대한 분석이 그 자극의 의미를 다른 의미와 연관시켜보는 단계(의미 관련 단계)를 거치면서 생성된 기억부호가 가장 오래 남는다는 것이 이 이론의 가정이다.

결국, 처리-수준 이론은 '사람들은 자극을 어떻게 분석하는가?'라는 문제 그리고 '상이한 분석 수준에서 어떤 기억부호가 생성되는가?'라는 문제에 관한 이론이라 할 것이다. Atkinson과 Shiffrin(1968)의 이론과는 달리, 처리-수준 이론은 기억의 구조적 요소(기억 저장고)나 기억의 단계는 따지지 않는다. 그래서 Atkinson과 Shiffrin의 이론과 처리-수준 이론은 공존할 수 있다. Craik(1979)는 처리-수준에 관한 연구의 목적은 단기기억과 장기기억의 구분을 부인하는 것이 아니고, 장기기억에서 작용하는 기억부호에 대한 이해를 증진시키는 데 있다고 말했다. 이러한 관점에서 보면, 처리-수준 이론은 통제처리(control processes)가 학습 재료의 보관에 어떤 영향을 미치는지를 밝혀냄으로써, Atkinson과 Shiffrin의 구조적 접근법을 확장하려는 이론이 된다.

어문적 암송의 함의

앞 장에서 보았듯이, Atkinson-Shiffrin 모형은 어문적 암송을 단기기억 정보를 장기기억으로 옮기는 수단으로 간주하였다. 우리들 대부분은 공부를 할 때 암송을 사용해왔기 때문에, 암송을 효과적인 공부 수단으로 생각한다. 그러나 Craik와 Lockhart는 암송 자체가 학습을 초래하지는 않는다고 본다. 다른 학습 방법의 효과와 마찬가지로, 암송의 효과도 재료가 분석되는 수준에 따라 달라진다는 것이 그들의 주장이다. 암송이 학습을 초래하기도 하는데, 그 이유는 암송 자체에 있는 것이 아니라 암송을 할 때 학습 재료의 의미에도 주의가 할당되기 때문이라고 생각한 것이다.

Atkinson-Shiffrin의 모형에서 제기되는 또 하나의 의문은 '학습을 할 때 암송을 하지 않으면 어떤 일이 벌어지는가?'라는 것이다. 전화번호를 누를 때처럼, 정보를 잠시 동안만 단기기억에 보관하고자 할 때도 암송이 이용된다. 이처럼 정보를 단기기억에서 장기기억으로 옮길 목적이 아니라 그냥 단기기억에 유지할 목적만으로 암송(유지 암송)을 하는데도 학습이 이루어질까? 암송이 자동적으로 학습을 초래할까? 아니면, 암송에도 여러 종류가 있고 그중 몇 가지만 학습을 초래하는 것일까? 이러한 문제에 답을 하기 위해 Craik와 Watkins(1973)는 학생들에게 다음과 같은 과제를 수행하게 했다. 학생들에게 일련의 단어 목록을 경청하라고 지시하고 목록 제시가 끝난 후에, 그 목록에서 특별한 문자로 시작하는 마지막 단어를 보고해보라고 주문했다. 물론, 각 목록이 제시되기 전에 실험자는 참여자에게 이 특별한 문자가 무엇인지를 말해 주었다. 이렇게 하면, 학생들은 그 특별한 문자로 시작하는 단어를 만나면 그 단어를, 다음에 또 그 문자로 시작하는 단어가 나타나거나 혹은 그 목록이 끝날 때까지 단기기억에 보존하기 위해 암송을 할 것이라고 생각했다. 이 과제는 아주 쉽기 때문에 학생들은 거의 언제나 정납을 보고할 수 있었다.

이 실험의 목적은 특정 단어가 단기기억에 유지되는 시간을 통제하는 데 있었다. 예를 들어, 'ㄱ'이 그 특별한 문자였고, 단어 목록에는 '딸기', '지름', '총', '강아지', '굴비', '책상', '축구', '저울', '기린'이라는 단어가 차례로 나열되었다고 하자. 그러면, '강아지'라는 단어는 '굴비'에 의해 즉시 대체되며, '굴비'는 끝에 가서 '기린'이라는 단어에 의해 대체된다. '강아지'와 '굴비' 사이에는 단어가 하나도 없지만, '굴비'와 '기린' 사이에는 세 개의 단어가 끼어있다. 그러므로 '굴비'가 '강아지'보다 더 오랜 시간동안 단기기억에 유지되어야 한다. 따라서 '굴비'를 암송한 횟수가 '강아지'를 암송한 횟수보다 더 많아야 한다. 이처럼 Craik와 Watkins는 특별한 문자로 시작하는 단어들 사이에 끼어있는 단어의 개수를 0~12개까지 변경시킴으로써 주어진 단어가 단기기억에 유지되는 시간을 조작했다. 만약 유지 암송(maintenance rehearsal)이 학습을 유발한다면, 실험과제를 완료한 후 특정 단어가 재생될 확률은 그 단어가 단기기억에서 유지된 시간에 따라 변해야 한다.

유지 암송
정보를 단기기억에다 활성화된 상태로 보관하기 위한 암송.

학생들에게 27개의 단어 목록을 들려준 후, 그 목록들로부터 재생할 수 있는 단어를 모두 재생해보라고 지시하였다. 그 결과 특정 단어가 재생될 확률과 그 단어가 단기기억에 유지된 시간과는 아무런 관계가 없는 것으로 드러났다. 예를 들어, 다음에 제시된 단어에 의해 즉각 대체된 단어(위의 예에서 '강아지')들은 12%가 재생되었고, 두 단어 사이에 12개의 단어가 끼어있어 비교적 오랫동안 단기기억에 유지되었던 단어(위의 예에서 '굴비')들은 15%가 재생되었다.

12%와 15%라고 하는 근소한 차이는 암송이 자동적으로 학습을 야기하지 못한다는 증거이다. 처리-수준 이론은 이런 결과를 이렇게 해석한다. 학생들은 그 단어를 잠시 동안만 기억하면 된다고 생각한다. 즉, 오래 남을 수 있는 기억부호를 형성하려고 노력하지 않는다. 특히, 단어의 의미를 중요하게 생각하지 않았기 때문에 이런 결과가 산출된 것이다. 이와 비슷한 예로, 무엇에 관해 읽는지를 생각하지 않고 책에 있는 단어만을 줄줄 읽어 내려가는 경우를 생각해보자. 이 경우 단어를 소리 내어 읽는다는 의미에서 보면 단어를 암송하는 것이 된다. 그러나 이런 암송을 하는 동안 읽는 이의 생각은 어젯밤의 축구 경기나 오늘 저녁에 있을 파티에 사로잡혀 있었을 수도 있다. 그러다가 방금까지 글을 읽었으면서도 기억에 남는 것은 하나도 없다는 사실을 알아차리게 된다. 방금 읽은 글의 의미에 대해 생각을 하지 않고 있었기 때문이다.

사고/생각의 과정이 기억에 미치는 영향을 보여주는 또 다른 예는 배우들이 대사를 외우는 방법에 관한 연구에서 발견되었다. 배우들에게 6쪽의 각본을 공부하게 한 후, 학습한 것을 재생하게 하여, 재생한 것을 받아 적은 프로토콜을 분석하였다. 그 결과, 배우들이 대사를 외울 때는 정교화 전략을 애용하는 것으로 드러났다. 즉, 각본에서 자기가 맡은 역과 상대 역 사이에서 벌어지는 상호작용을 기억하려 했던 것으로 드러났다(Noice, 1991). 기계적 암송으로 대사를 외우게 했을 때는 자기들이 평소에 즐겨 쓰던 정교화 전략을 사용하게 했을 때보다 재생된 정보의 양이 훨씬 떨어지는 것으로 나타났다. Noice는 "배우들은 기억 전문가가 아니라 분석 전문가였다. 이 프로토콜 분석을 통해 깨닫게 된 것 중 하나는 각 대사 속에 묻힌 의미를 발견하려고 노력하다보면, 대사를 기억하려는 노력을 하지 않아도 대사가 저절로 기억된다는 사실이었다" (Noice, 1991, p. 456)라고 말하였다.

이제, 학습 재료가 처리되는 방식에 따라 생성되는 기억부호의 유형이 달라지며, 그 결과 학습 재료에 대한 기억 정도도 달라진다는 또 다른 증거를 살펴보기로 하자.

6.2 처리-수준 이론을 지지하는 증거

Hyde-Jenkins의 실험

처리-수준이 파지에 미치는 영향은 Hyde와 Jenkins(1969)의 연구에 의해 멋지게 입증되었다. 이들의 연구결과는 Craik와 Lockhart 이론이 제안되기 전에 발표되었기 때문에 처리-수준 이론을 개발하는 데도 영향을 미쳤을 것이다. Hyde와 Jenkins는 우연 학습 과제를 이용했다. 처리-수준 이론을 검증하려 한 대부분의 후속 연구에서도 이 과제가 이용되었다. 우연 학습 과제(incidental learning task)에서는 학습 재료를 제시하면서도 참여자들에게는 그 재료를 학습해야 한다고 말하지 않는다. 그런 다음 앞서 제시되었던 재료에 대해 재인검사나 재생검사를 실시한다. 이에 반해 의도적 학습(intentional learning) 과제에서는 참여자들에게 학습 재료를 제시하면서 학습을 해야 한다고 분명하게 밝힌다.

우연 학습 과제
나중에 자극에 대한 기억 검사가 있을 것이라는 사실을 모르는 상태에서 그 자극에 관해 판단을 하게 하는 과제.

Hyde와 Jenkins의 첫 번째 실험에서는 7개의 집단을 비교했었다. 하지만 여기서는 논의를 간략하게 하기 위해 4개의 집단만 고려하기로 한다. 네 집단 중 한 집단에게는 24개의 단어를 기억해야 하는 의도적 학습 과제를 부과했다. 이들 24개의 단어는 12쌍의 일차 연상어(primary associates)로 구성되었다. 즉, 서로가 서로를 재빨리 연상시키는 단어 12쌍으로 구성되었다. '빨강-초록',

일차 연상어
서로 간 연관성이 강한 단어들. 대개 특정 단어를 제시하고 제일 먼저 생각나는 단어를 보고하라고 하여 측정한다.

'책상–걸상' 같은 쌍이 이러한 연상어 쌍에 속한다. 자극 단어 24개는 하나씩 무선순으로 제시되었다. 그러나 연상어 쌍이 연이어 제시되는 일은 일어나지 않게 해두었다. '빨강' 바로 다음에 '초록'이 제시되는 일은 일어나지 않도록 했다는 뜻이다. '의도적' 학습 집단에 배치된 학생들은 녹음기를 통해 이들 단어 24개를 들은 후, 회상할 수 있는 모든 단어를 순서에 관계없이 재생해보라는 지시를 받았다.

다른 세 집단은 우연 학습 집단이었다. 이들에게는 단어를 기억해야 한다는 지시를 하지 않았다. 이들 세 집단에게도 테이프에 녹음된 똑같은 단어 24개를 들려주었다. 그런 후, 각 집단별로 다음과 같은 과제를 부과하였다. 한 집단의 참여자들에게는 각 단어가 유쾌한지, 그렇지 않은지를 판단하게 하고, 또 한 집단에게는 각 단어에 문자 'e'가 들어있는지를, 그리고 나머지 한 집단에게는 각 단어에 들어있는 문자의 개수를 추정하게 하였다. 이들 세 가지 지향 과제를 이용한 목적은 처리–수준을 조작하기 위한 것이었다. 첫 번째 집단에게 주어진 과제를 수행하기 위해서는 단어의 의미를 생각해봐야 한다. 그러나 나머지 두 집단에게 주어진 과제는 단어의 철자에 관한 생각만으로 답할 수 있는 과제, 즉 의미에 관한 생각을 할 필요가 없는 과제였다. 처리–수준 이론에 의하면, 의미를 처리하는 것이 의미를 처리하지 않는 것보다 나은 기억을 초래해야 한다. 그러므로 단어의 유쾌/불쾌를 평가했던 집단의 재생 능력이 단어 속 문자를 고려했던 집단의 재생 능력보다 나아야 한다.

결과는 이 예측과 일치하였다. 단어의 유쾌/불쾌를 평가했던 학생들은 평균 16.3개의 단어를 재생했고, 문자의 개수를 추정했던 학생들은 평균 9.9개의 단어를, 단어에 문자 'e'가 포함되었는지를 판단한 학생들은 평균 9.4개의 단어를 재생해냈다. 이 결과에서 놀라운 점은 유쾌/불쾌 집단의 학생들은 단어를 학습하려고 노력했던 '의도적' 학습 집단과 거의 같은 개수의 단어를 재생했다는 점이다(16.3개 대 16.1개). 단어의 의미를 고려하게 했을 경우에는 우연 학습의 효과가 의도적 학습의 효과에 뒤지지 않았다는 뜻이다.

Hyde와 Jenkins처럼, 우리도 재생 점수에서 나는 세 개의 우연 학습 집단 간 차이를 설명할 때, 유쾌/불쾌 집단이 다른 두 집단보다 단어의 의미에 주의를 더 많이 기울였기 때문이라고 설명했다. 여기서 주목해야 할 것은 '유쾌/불쾌 집단이 다른 두 집단보다 단어의 의미에 주의를 더 많이 기울였다'는 것은 가정일 뿐이라는 점이다. 그러므로 이 가정을 정당화하는 증거가 없다면 이 설명은 설득력을 잃게 된다. 사실, 이 가정을 정당화하는 직접적인 증거는 없다. 하지만 이 가정이 무리한 가정이 아니라는 단서가 참여자들의 재생반응에서 발견되었다. 이 실험에 이용된 자극 목록이 일차적 연상어 쌍으로 구성되었다는 점을 기억할 것이다. 참여자들이 자극 단어들 간 의미 관련성을 인식하게 되면 그 단어들이 재생될 가능성이 커질 수 있다. 예를 들어, '초록'을 재생하는 행동이 자극 목록에 '빨강'도 있었다는 사실을 상기시킬 수도 있다는 뜻이다. 따라서 일차적 연상어 쌍이 함께 재생되는 일('빨강'이 '초록' 바로 다음에 재생되거나 혹은 그 바로 앞에 재생되는 일)은 참여자들이 단어의 의미에 주의를 기울였다는 지표가 된다.

Hyde와 Jenkins는 연상어 쌍들이 위의 예에서처럼, 함께 재생된 개수를 재생된 단어의 총수로 나누고, 그 값을 결집률(percentage of clustering)이라고 정의했다. 이렇게 계산된 결집률을 집단별로 분석한 결과, 단어에 문자 'e'가 들어있었는지를 판단한 집단은 26%, 단어를 구성하는 문자의 개수를 추정한 집단은 31%, 단어를 의도적으로 학습한 집단은 64%, 단어의 유쾌/불쾌를 판단한 집단은 68%로 집계되었다. 이 결과는 재생할 때 의미를 이용한 정도가 집단마다 달랐다는 가정을 지지한다. 즉, 의미에 민감했던 집단이 더 많은 단어를 재생할 수 있었다.

구조, 음운, 의미 처리

처리-수준 이론에 대한 검증은 대개 세 가지 수준에 초점을 맞추어왔다. 이 세 수준의 처리 정도는 구조부호화, 음운부호화, 의미부호화의 순서로 증가한다. 표 6.2는 각기 다른 수준의 부호화를 조장하기 위해 이용된 질문을 보여준다. 구조부호화(structural coding)를 조장하는 질문은 주어진 단어가 대문자/소문자로 적혀있는지를 판단하라고 요구한다. 음운부호화(phonemic coding)를 장려하는 질문은 주어진 단어 두 개의 각운이 동일한지를 판단하라고 요구한다. 이 질문은 발음에 주의를 기울여야 대답할 수 있는 질문이다. 주어진 단어가 어떤 범주에 속하는지 혹은 어떤 문장에 부합되는지에 관한 질문은 의미부호화(semantic coding)를 강요한다. 이 질문에 대답하기 위해서는 단어의 의미를 평가해야만 한다는 뜻이다.

구조(적)부호화
자극의 물리적 구조가 강조된 기억부호.

음운부호화
자극 단어의 발음을 강조한 기억부호.

의미부호화
자극의 의미를 강조한 기억부호.

Craik와 Tulving(1975)이 실시한 일련의 실험에서는 표 6.2에 소개된 세 가지 질문 중 하나를 제시하고, 곧이어 정해진 단어를 잠시 동안 제시하였다. 참여자들에게는 지각 및 반응시간에 관한 실험이라고 말해주었다. 질문-단어-반응으로 구성된 시행을 여러 차례 거듭한 후, 각 시행에서 제시되었던 단어에 대한 재인검사를 실시하였다. 물론 이 기억검사는 참여자들에게는 뜻밖의 검사였다. Craik와 Tulving은 기억이 처리-수준에 따라 체계적으로 달라질 것이라고 예상했다.

표 6.2 처리-수준 이론을 검증하기 위한 연구에 이용된 질문의 유형

처리의 수준	질문	예	아니요
구조	이 단어는 대문자로 적혀있는가?	*TABLE*	*table*
운운	이 단어의 각운이 WEIGHT와 같은가?	*crate*	*MARKET*
의미	이 단어를 다음 빈칸에 넣었을 때 말이 되는가? "He met a ________________ in the street".	*FRIEND*	*cloud*

출처: "Depth of processing and the retention of words in episodic memory," by F. I. M. Craik & E. Tulving, 1975, *Journal of Experimental Psychology: General, 104*, 268-294. Copyright 1975 by the American Psychological Association. Reprinted by permission. APA is not responsible for the accuracy of this translation.

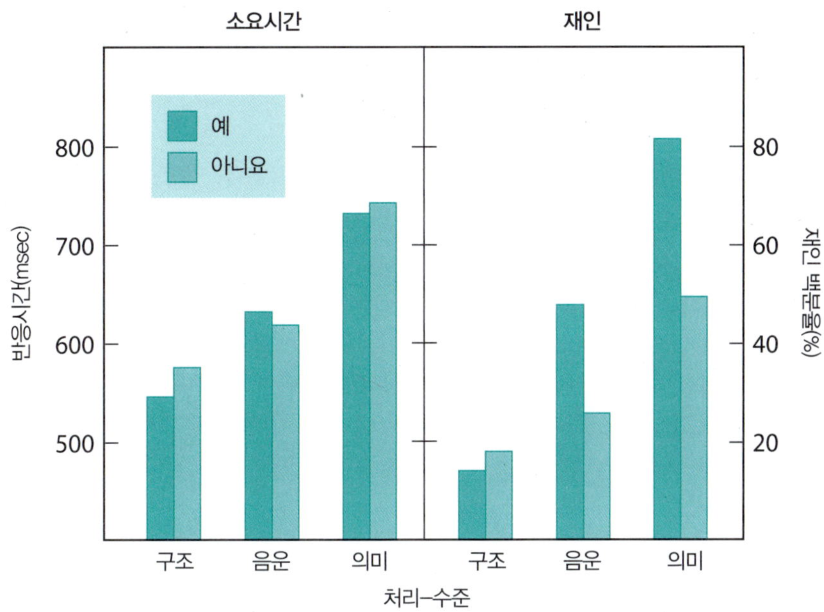

그림 6.2 단어에 대한 반응시간 및 재인검사 점수가 판단 과제 유형에 따라 달라지는 모습

출처: "Depth of processing and the retention of words in episodic memory," by F. I. M. Craik & E. Tulving, 1975, *Journal of Experimental Psychology: General, 104*, 268-294. Copyright 1975 by the American Psychological Association. Reprinted by permission. APA is not responsible for the accuracy of this translation.

그림 6.2는 Craik와 Tulving(1975)의 실험에서 수집된 재인검사 결과를 보여준다. 재인검사에서는 일련의 단어를 제시하고 그중에서 앞서 풀었던 판단 과제에서 만났던 단어들을 고르라고 지시했다. 그 결과, 의미처리 문제, 즉 자극 단어가 특정 문장과 어울리는지를 판단하는 과제에 이용되었던 단어가 재인될 확률이 가장 높았고, 자극 단어가 대문자 혹은 소문자로 쓰였는지를 판단하는 과제(구조처리 문제)에 이용되었던 단어가 재인될 확률이 가장 낮았다. 그리고 자극 단어가 어떤 단어와 각운이 맞는지를 판단하는 과제(음운처리 문제)

에 이용되었던 단어가 재인될 확률은 중간쯤이었다. 이 발견은 처리-수준이 구조부호화에서 음운부호화를 거쳐 의미부호화로 깊어짐에 따라 파지도 증가할 것이라는 예측과 일치한다. 재인검사가 아닌 재생검사에서도 이와 흡사한 결과가 관찰되었다. 즉, 단어의 의미에 관한 질문이 단어의 발음이나 단어를 구성하는 문자의 물리적 특징에 관한 질문보다 나은 기억을 유발하였다.

그러나 후속 연구에서는 처리 수준이 단기 작업기억의 파지에는 아무런 영향을 미치지 못하는 것으로 밝혀졌다(Rose, Myerson, Roediger, & Hale, 2010). 처리-수준을 조작해도 단기기억폭 검사에서 재생해낼 수 있는 단어의 수는 달라지지 않았던 것이다. 그런데 처리-수준을 조작한 바로 이 결과가 동일한 단어에 대한 지연 재인검사 점수에는 영향을 미치는 것으로 드러났고, 그 결과는 그림 6.2의 오른쪽에 소개된 결과와 유사했다. 지향 과제에서는 구조부호나 의미부호가 강조된다고 하더라도 단기기억에서 벌어지는 처리는 여전히 음운부호 위주로 전개된다는 것이 Rose 등의 결론이었다. 학습 재료를 잠깐 동안 유지하는 데는 음운부호만으로 충분할 수 있지만 오랫동안 보관해야 할 때는 의미부호화가 음운부호화보다 더 효과적이라는 뜻이다.

6.3 처리-수준 이론에 대한 비판과 수정

비판

처리-수준 이론에 대한 비판은 처리-수준과 처리에 소요된 시간이 분명하게 구분되지 않는다는 데서 시작되었다. 그림 6.2의 왼쪽은 위에서 소개한 세 가지 과제에 답(예/아니요)을 하는 데 소요된 시간 평균을 보여준다. '대문자/소문자'를 판단해야 하는 과제에 답하는 시간이 가장 짧고, 그다음이 '음운(rhyme)' 관련 과제, 그리고 의미처리를 요구하는 '의미' 관련 과제순으로 길어졌다. 반응시간이 길어지면서 정확 재인률도 향상되었음을 주목하자. 따라서 처리-수준이 달라졌기 때문이 아니라, 처리에 투자된 시간이 길었기 때문에 기억이 향상되었다는 주장을 펼칠 수도 있다. 이러한 주장을 불식시키기 위해서는 구조 판단 과제를 수정하여, 구조 판단에 소요된 시간이 길어져도 파지는 향상되지 않을 수 있음을 입증해야 한다.

Craik와 Tulving(1975)이 고안한 과제를 예로 들어보자. 다섯 낱자로 구성된 'stoop' 혹은 'black' 같은 단어가 적혀있는 카드를 보여준 후, 만약 그 단어의 앞에 있는 낱자 2개는 자음, 중간에 있는 낱자 2개는 모음, 끝에 있는 낱자는 자음으로 된 단어이면 '예'라고 반응하고, 그렇지 않으면 '아니요'라고 반응하라는 지시를 받았다고 하자. 이 과제에 답하는 데 걸리는 시간이 길 것이라는 예상은 누구나 할 수 있다. 사실, 이와 같은 구조 판단 과제에 답하는 데 소요되는 시간은 주어진 단어가 어떤 문장과 어울리는지를 판단해야 하는 의미 결정에 소요되는 시간보다 두 배 정도 길다. 따라서 긴 반응시간 때문에 파지가 향상된다면 이 같은 구조처리는 의미처리보다 나은 파지를 유발해야 한다. 그러나 여전히 의미처리가 훨씬 나은 재인을 보인다. 이 결과는 파지를 결정하는 것은 처리의 수준이지 처리에 소요된 시간이 아니라고 웅변한다(Craik & Tulving, 1975).

처리-수준 이론은 기억 연구에 많은 영향을 미쳤다: 많은 연구자들이 이 이론에 숨은 의미를 검증하기 위한 연구를 수행했고, 이 이론을 자신의 연구결과를 논의하기 위한 골격으로 이용한 연구자도 많았다. 많은 연구에서 이 이론을 지지하는 강력한 결과를 보고했다. 그 결과 심리학자들이 이 이론의 유용성에 의문을 품게 된 것은 Craik와 Lockhart의 논문이 발표되고 약 5년이 경과한 후의 일이었다(Baddeley, 1978; Eysenck, 1978; Nelson, 1977). 주된 비판 중 하나는 다양한 망각 속도(rate of forgetting)가 이 이론에 의해 너무 쉽게 설명된다는 것이었다. 예를 들어, 처리-수준을 측정하지 않고도, 망각 속도에서 나는 차이를 처리-수준의 차이 때문에 생긴 것이라고 주장할 수 있다는 것이다.

이러한 비판을 피하기 위해서는 처리-수준을 파지와 독립적으로 측정할 수 있어야 한다. 구조처리에서 음운처리를 통해 의미처리로 갈수록 처리 정도(깊이)가 증가한다는 주장은 많은 심리학자들의 호감을 샀다. 그 이유는 이 주장이 그림 1.1(1장)에서 보여준 처리 단계의 순서와 일치하기 때문이다. 주어진 자극의 물리적 구조가 분석되면, 그 결과를 기초로 그 자극의 명칭을 인출할(재인할) 수 있게 되고 자극의 이름이 인출되면, 장기기억에 저장되어 있는 연상어들(associates)이 기억나게 될 것이여, 결국에는 그 자극의 의미까지 고려해보게 될 것이라는 생각이다. 그럴듯한 생각이긴 하지만 정보 분석이 반드시 이런 절차를 따라 이루어진다는 보장이 없다(Baddeley, 1978; Craik, 1979). 애초에 Craik와 Lockhart는 부호화에 소요되는 시간이 정보처리의 깊이를 나타내는 독립적인 측정치가 될 것으로 기대했다. 하지만 이 측정치에도 문제가 있는 것으로 드러났다. 앞서 보았듯이, 구조를 부호화하는 일에 걸리는 시간이 의미를 부호화하는 데 걸리는 시간보다 더 길어지는 경우도 있는 것으로 밝혀진 것이다(Craik & Tulving, 1975).

처리 깊이(depth of processing)라는 개념의 또 다른 문제점은 상이한 기억부호의 '깊이'에 대한 객관적인 서열을 매길 수는 있지만, 왜 어떤 부호가 다른 부호보다 기억에 더 효과적인지에 관해서는 아무 말도 하지 못한다는 점이다.

왜 의미부호가 음운부호보다 나은 기억을 초래하고, 음운부호는 구조부호보다 나은 기억을 유발하는 것일까? 이 질문에 대해 심리학자들은 두 가지 답을 내놓았다. 하나는 각 기억부호는 정교화 정도에서 서로 다른데, 보다 정교한 부호가 보다 나은 기억을 유발하기 때문이라는 대답이다. 다른 하나는 기억부호는 그 독특성에서 서로 다른데, 보다 독특한 부호가 보다 나은 기억을 유발하기 때문이라는 대답이다.

기억부호의 정교화

우리의 머릿속에 저장되어 있는 기억부호는 정교한 정도도 또 그 특질도 서로 다를 수 있다(J. R. Anderson & Reder, 1979). 이 견해는 우리의 기억에는 주어진 것보다 훨씬 많은 것이 저장된다고 가정한다. 즉, 주어진 정보를 기억하는 데 도움을 주는 다른 정보(예: 관련된 단어)까지 함께 저장된다는 뜻이다. Anderson과 Reder는 의미를 정교하게 만드는 일은 어렵지 않지만 음운이나 구조를 정교하게 만드는 일은 어렵다고 주장한다. 특정 단어와 관련된 것 중 우리가 기억하고 있는 대부분은 의미와 관련된 것들이지 문자나 철자 또는 발음과 관련된 것이 아니다. 우리는 글을 읽을 때 문자의 모양이 이렇고 저렇고 하는 세부사항보다는 글의 의미를 기억하려고 노력하기 때문이라는 것이 Anderson과 Reder의 생각이다. 사람들의 이러한 경향성 때문에 특정 단어와 관련된 단어 중 기억에 남는 것은 대부분 의미와 관련된 단어일 수밖에 없다는 주장이다. 그 결과 사람들은 의미를 정교하게 만드는 방법을 학습하게 되는데, 그렇게 하는 것이 의미 없는 내용을 정교화하는 것보다 더 유용하기 때문이라고 본 것이다.

이 정교화 가설의 장점은 처리 수준은 같은데도 파지에 차이가 생기는 방식을 설명할 수 있다는 점이다(Craik, 1979). 원래의 처리-수준 이론도 의미처리가 구조처리나 음운처리보다 나은 기억을 유발할 것이라고 예측했다. 하지만 의미처리를 요구하는 과제 때문에 발생하는 파지의 차이는 설명할 수 없었다. 정교화 가설에서는 과제를 수행할 때 의미를 정교화해야 하는 정도가 다르면 파지도 달라진다고 예측한다.

의미를 더욱 정교하게 만드는 한 가지 방법은 보다 풍부하고 보다 정교한 맥락을 제공하는 것이다. Craik와 Tulving(1975)의 연구에서는 바로 이 방법이 이용되었다. 참여자들에게 주어진 단어가 주어진 문장 틀에 어울리는지를 결정해야 하는 과제(의미처리 과제)를 수행하게 한 후 단어 재생검사를 실시하였다. 이 과제에 이용된 문장 틀은 단순한 것도 있었고, 중간쯤인 것도 있었으며, 다음 보기처럼 복잡한 것도 있었다.

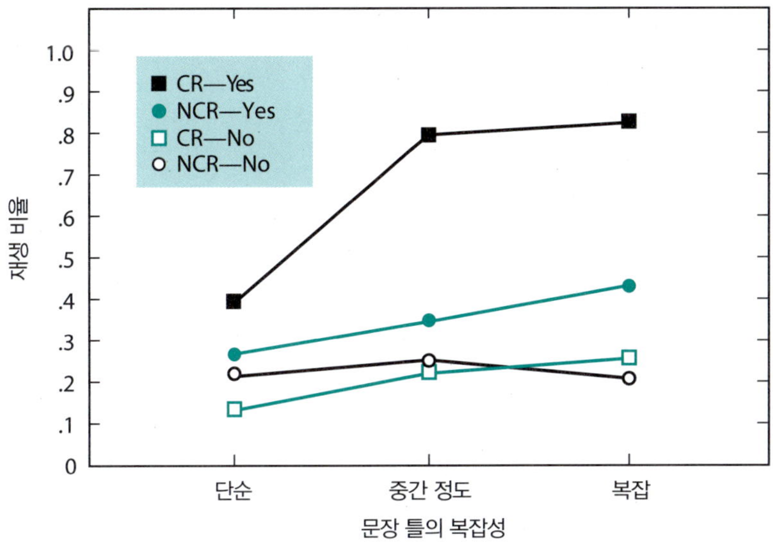

그림 6.3 문장(틀)의 복합성 함수로 나타낸 단어 재생률: CR=단서 재생, NCR=무단서 재생

출처: "Depth of processing and the retention of words in episodic memory," by F. I. M. Craik & E. Tulving, 1975, *Journal of Experimental Psychology: General, 104*, 268-294. Copyright 1975 by the American Psychological Association. Reprinted by permission. APA is not responsible for the accuracy of this translation.

단순한 틀 : 엄마는 ___을(를) 요리했다.
중간쯤인 틀 : 잘 익은 ___은(는) 맛이 좋았다.
복잡한 틀 : 그 자그마한 부인이 붉은 ___을(를) 신경질적으로 집어들었다.

이러한 판단을 60회 수행한 후, 참여자들에게 과제 수행에 이용되었던 단어를 가능한 한 많이 재생해보라고 요구했다. 그런 후 과제 수행 시 이용되었던 문장을 다시 보여주며, 각 문장과 관련된 단어를 재생하도록 하였다. 첫 번째 재생 과제는 인출에 도움을 줄 수 있는 단서가 제공되지 않았다는 뜻에서, 무단서 재생(noncued recall) 과제라 하고, 두 번째 과제는 제시된 문장이 인출 단서로 사용될 수 있기 때문에 단서 재생(cued recall) 과제라 한다. 그림 6.3은 단어가 재생된 확률이 문장 틀의 복잡성에 따라 달라지는 모습을 나타낸 것이다. 문장 틀의 복잡성은 그 틀에 들어맞는 단어 재생을 증진시켰다. 이 효과는 단서 재생(CR-Yes) 조건과 무단서 재생(NCR-Yes) 조건 모두에서 나타났다. 하지만 단서 재생 조건에서 더욱 크게 나타났다. 문장 틀의 복잡성 효과는 문장이 복잡할수록 기억부호가 더욱 정교하게 형성되고 재생도 향상된다는 Craik와 Tulving의 가설을 지지하고 있다.

그러나 단어가 문장에 들어맞지 않는 경우(CR−No, NCR−No 조건)에는 정교화된 부호도 효과가 없었다. 이러한 결과는 정교화가 효과적이기 위해서는 단어의 의미와 일치하는 정교화가 일어나야 한다고 말한다. 정교화가 단어의 일반적 의미와 일치하는 경우일지라도, 정교화가 그 단어의 의미와 관련된 정도에 따라 정교화의 효과는 변한다. '뚱뚱한 사람이 표지판을 바라보고 있었다'라는 문장을 읽었다고 상상해보자. 그러고는 얼마 후 누군가가 이 문장에서 '뚱뚱한'이라는 단어 대신 빈칸을 만들어 놓고 다시 보여주면서 빈칸에 있었던 단어를 재생해보라고 했다고 하자. 만약 정교화가 효과적인 것이라면, 이보다는 다음과 같은 문장을 읽었을 때 더 나은 재생을 할 수 있어야 할 것이다.

1. 뚱뚱한 사람이 높이가 1m도 넘는 표지판을 바라보고 있었다.
2. 뚱뚱한 사람이 얼음이 얇으니 주의하라는 표지판을 바라보고 있었다.

이 두 문장은 모두 '뚱뚱한 사람이 표지판을 바라보고 있었다'라는 문장이 제공하는 정보보다 더 많은 정보를 제공하고 있다. 하지만 정교화라는 관점에서 볼 때 중요한 차이가 있다. 첫째 문장을 비정밀 정교화(imprecise elaboration)라 하는데, 왜냐하면 '뚱뚱한'이라는 형용사와 표지판의 높이 간에는 아무런 관계가 없기 때문이다. 이에 반해 두 번째 문장은 정밀 정교화(precise elaboration)라 하는데, 이는 얼음이 얇기 때문에 일어나는 위험은 그 사람의 몸무게에 달려 있기 때문이다.

비정밀 정교화
기억하고 있는 재료와는 관계없는 재료를 추가로 제공하거나 생성하게 하는 것.

정밀 정교화
기억된 재료와 밀접한 관계가 있는 추가 재료를 생성해보게 하거나 제공하는 것.

Stein과 Bransford(1979)는 정밀 정교화와 비정밀 정교화의 효과를 비교하였다. 우연 학습 과제를 이용하여 네 집단에서의 수행을 분석하였다. 통제집단의 학생들에게는 문장의 난이도를 측정하기 위한 실험이라고 말해준 후, 10개의 짧은 문장을 읽게 했다. 두 번째와 세 번째 집단의 학생들에게도 똑같은 말을 했다. 그러나 이들 두 집단이 읽은 10개의 문장은 첫 번째 집단이 읽은 문장을 정교하게 만든 것이었다. 정교화는 두 가지로 조작되었다. 즉, 추가된 내용과 각 문장 속 표적 단어와의 관계를 정밀하게 또는 비정밀하게 만들었다. 네 번째 집단의 학생들에게는 스스로 문장을 정교하게 만들어보라고 지시했다. 학생들이 실험에 이용된 문장을 정교하게 만들 때는 주로 어떤 구가 이용되는지를 검토하기 위함이었다. 실험의 마지막 단계에서는 모든 참여자들에게 정교화되지 않은 문장(통제집단과 네 번째 집단에게 제시되었던 문장)을 제시하고 그 속에 비어있는 표적 단어를 재생해보라고 주문했다.

재생된 단어의 평균 개수는 통제집단이 4.2개, 비정밀 정교화 집단이 2.2개, 정밀 정교화 집단이 7.4개, 그리고 스스로 정교화시킨 집단이 5.8개인 것으로 집계되었다. 이 결과는 모든 정교화가 효과적인 기억 전략은 아니라고 말한다. 비정밀 정교화 집단이 통제집단에 비해 더 낮은 재생을 보였기 때문이다.

정교화가 효과적인 기억 전략이 되기 위해서는 정교화를 통해 특정 개념(예: 뚱뚱한 사람)이 그 개념이 들어있는 맥락(예: 엷은 얼음) 속에서 가지는 중요성 또는 적절성을 뚜렷하게 부각시킬 수 있어야 한다는 뜻이다.

정교화 작업을 스스로 수행해본 네 번째 집단이 정밀 정교화 집단보다는 낮지만 비정밀 정교화 집단보다는 높은 재생률을 보였다는 사실은 정교화가 두 가지 형태로 이루어졌을 가능성을 시사한다. 두 명의 심판에게 부탁하여 학생들이 생성한 정교화를 정밀한 것과 정밀하지 못한 것으로 구분해보았다. 구분의 기준은 정교화에 이용된 정보가 표적 단어의 문장 내 적절성을 더욱 부각시켰는지에 두었다. 그 결과, 정밀하게 정교화된 문장 속 표적 단어는 91%가 재생되었고, 정밀하게 정교화되지 못한 문장 속 표적 단어는 49%가 재생된 것으로 분석되었다.

두 번째 실험에서는 지시문을 적절하게 조작하면, 정교화를 정밀하게 하도록 유도할 수도 있다는 사실이 밝혀졌다. 비정밀 정교화 집단의 참여자들에게는 '이러한 맥락에서 어떤 다른 일이 일어날 수 있을 것 같은가?'라는 질문을 함으로써 정교화를 권장해보았다. 정밀 정교화 집단의 학생들에게는 '왜 이 사람이 이런 특별한 유형의 활동을 하게 되었을까?'라는 질문을 던져 정교화를 권장해보았다. 두 번째 집단의 학생들이 훨씬 많은 표적 단어를 재생하였다. 이 결과는 적절한 지시(가르침)를 통해 제시된 정보들 간 관계의 적절성을 파악하는 방향으로 정교화를 해보도록 도와주면, 정교화 작업의 효과가 확실하게 나타난다는 의미를 갖는다.

기억부호의 독특성

기억부호는 정교한 정도에서도 다를 수 있지만 독특성에서도 다를 수 있다. 어떤 자극을 기억하려고 할 때 우리는 그것을 독특한 것(distinctive item), 그러니까 기존의 기억을 간섭할 수 없는 독특한 것을 만들고 싶어 한다. 어떤 자극이 독특할 수 있는 방법은 여러 가지이다. 그러나 여기서는 Schmidt(1991)의 분류법을 따르기로 한다. 그는 네 가지의 독특성을 제안하였다.

일차적 독특성(primary distinctiveness)은 인접 맥락에 비추어 정의된다. 보통 명사로 구성된 단어 목록을 보고 있다고 상상해보자. 이 목록 속의 단어 중 하나만 검정색이고 나머지는 모두 빨간색으로 인쇄되었다고 하자. 나중에 그 목록 속의 단어를 기억해내라는 요구를 받았을 때, 재생될 확률이 가장 높은 단어는 어느 것일 것 같은가? 이전의 연구결과에 의하면, 빨간색으로 인쇄된 단어보다 검정색으로 인쇄된 단어가 재생될 가능성이 높다. 검정색으로 인쇄된 단어는 목록 속의 다른 단어들과 색깔(빨간색)이 다르다는 점에서 독특하기 때문이다. 일반적으로는 검정색으로 인쇄된 보통의 단어가 독특할 이유가 전혀 없다는 사실을 유념하기 바란다.

4장에서 논의되었던 전진형 간섭으로부터의 해방이라는 현상을 기억할 것이다. 네 번째 제시되었던 표적자극에 대한 기억이 두드러졌던 것은 그 표적자극이 그 앞에 제시되었던 다른 자극에 비해 독특했기 때문에 생긴 현상이다. 사람들은 비슷한 학습 재료가 반복해 제시되었을 때보다 학습 재료가 단어에서 숫자로 혹은 숫자에서 단어로 바뀌었을 때 더 많은 자극을 재생할 수 있었다. 학습 재료가 정치적인 것에서 운동경기에 관한 것으로 바뀌거나 운동경기에 관한 것에서 정치적인 것으로 바뀌었을 때도 재생은 증진되었다. 학습 재료를 바꾼 결과가 선행자극으로부터 표적자극을 독특하게 만들어 놓았던 것이다.

이차적 독특성(secondary distinctiveness)은 인접 맥락의 정보보다는 장기기억의 정보에 비추어 정의된다. 이차적 독특성의 한 예로 단어 표기법에서 나타나는 특징을 들 수 있다. 한글 단어의 음절은 초성과 중성으로 구성된 것(예: 새)도 있고 초성, 중성, 종성으로 구성된 것(예: 종)도 있다. 그런데도 이 문장에서 볼 수 있듯이, 우리글에서는 모든 글자를 비슷한 크기로 표기함으로써 이 두 가지 음절을 표상하는 글자 간 차이를 묵살해버린다. 그러나 컴퓨터를 이용한 인쇄술이 발달하면서 이들 두 가지 글자 간 차이를 부각시킨 표기법이 나타나기 시작했다(예: 새, 매, 종, 배). 즉, 표기법상 독특한(orthographically distinctive) 단어를 만들어낼 수 있게 된 것이다. 위에서 예로 든 단어 중 여러분이 보기에는 어떤 것이 독특하게 보이는가?

영어의 경우, 표기법상 독특한 것으로 분류되는 단어에는 'lymph, khaki, afghan' 등이 있고 표기법상 평범한 것으로 분류되는 단어에는 'leaky, kennel, airway' 등이 있다. 미국인들이 보기에 뒤의 세 단어는 영어 단어의 전형적인 모양인데 앞의 세 단어의 모양은 이상하게 보인다고 한다. 이들 단어의 모양이 이상해(독특해) 보이는 것은 실험에 이용된 다른 단어들(인접맥락)과 비교했을 때 나타나는 것이 아니고, 장기기억에 저장된 모든 단어와 비교해서 나타나는 것이다.

자극 단어 목록의 절반은 표기법상 독특한 단어로 만들고, 나머지 절반은 표기법상 평범한 단어로 만들어 사람들에게 제시한 후, 나중에 앞서 제시되었던 단어를 재생해보라고 하면, 표기법상 독특한 단어를 훨씬 많이 재생한다(Hunt & Elliot, 1980). 이 결과는 다른 요인 때문이 아니고 단어의 모양 때문에 생긴 것이 분명하다. 왜냐하면, 동일한 단어 목록을 시각이 아니라 청각적으로 제시하면 정확 재생률에서 차이가 나지 않기 때문이다. 표기법상 독특한 단어들을 대문자로 제시해도 정확 재생률에는 차이가 나지 않는 것으로 밝혀졌다. 즉, 'LYMPH, KHAKI, AFGHAN'에 대한 기억이 'LEAKY, KENNEL, AIRWAY'에 대한 기억보다 양호하지 않았다. 그러나 우리말을 이용한 연구에서도 이와 비슷한 결과가 관찰될 것인지는 아직도 알려지지 않고 있다.

세 번째 독특성은 정서적 독특성(emotional distinctiveness)이다. 정서적 독특성은 정서적으로 강한 반응을 야기한 사건이 더 잘 기억된다는 발견에서 유래된 것이다. 이러한 현상의 보기로 섬광기억(flashbulb memories)을 꼽을 수 있다. 섬광기억이란 충격적인 사건이 발생했을 당시의 주변 환경에 대한 생생한 기억을 말한다(R. Brown & Kulik, 1977). 역자는 박정희 대통령이 피살되었다는 소식을 처음 들었던 순간의 내 모습과 내가 한 첫말을 아직도 생생하게 기억하고 있다. 미국에서는 Kennedy 대통령 암살사건 또는 우주선 챌린저호의 폭발사건에 대한 기억(Winograd & Neisser, 1992)이 섬광기억의 보기로 연구되기도 했다.

섬광기억
감정적 반응을 야기한 중요한 사건에 대한 기억.

Schmidt(1991)는 정서적 독특성을 그의 분류에 포함시키기는 했다. 하지만 정서적 기억의 어느 측면이 향상되는지 그리고 정서가 기억에 미치는 영향을 설명하기 위해 '독특성'이라는 개념을 이용하는 것이 적절한 일인지조차 분명하지 않다고 인정한다. 더욱이 최근의 증거에 의하면, 정서적인 사건(섬광기억)이 보통 사건보다 더 잘 기억된다는 생각마저 의심스러워진다. Weaver(1993)는 정서적인 사건(예: 이라크에 폭탄을 투하한 사건)과 보통 사건(예: 친구와의 일상적인 만남)에 대한 학생들의 기억을 비교하였다. 3개월 후와 1년 후에 실시된 기억검사에서 두 기억의 정확성에는 차이가 나지 않았다. 그러나 학생들의 기억에 대한 확신에는 차이가 발견되었다. 즉, 학생들은 이라크에 폭탄을 투하한 사건에 관한 기억이 더욱 정확하다고 확신하고 있었다. 하지만, 그 자신감은 근거 없이 생긴 것으로 드러났다. 뉴스 6.1이 지적하듯이, 미국 국방부와 세계무역관에 대한 테러리스트들의 공격에 대한 사람들의 기억도 오래지 않아 시들해지고 있었다.

Phelps와 Sharot(2008)은 기억의 정확성은 증가하지 않았음에도 정확하다는 자신감을 강해지게 만드는 신경기제를 보고하였다. 이들의 보고에 따르면, 우리 뇌 속에 있는 편도체라고 하는 구조물이 정서적 사건에 대한 강한 회상력을 책임지고 있다. 그런데 이 회상력은 핵심적 사건 몇 가지에 대한 자세한 정보에 그 기반을 두고 있다. 바로 이 회상력, 즉 소수의 세밀한 정보에 대한 강력한 기억력 때문에 우리는 자신의 기억이 정확하다고 믿는다는 것이다. 이에 반해, 일반적인 사건에 대한 부호화 및 인출에는 맥락이 더 중요하게 작용한

뉴스 6.1

잊지 못할 일에 대한 기억도 선명하지 않을 수 있다.

Michele M. Melendez, Newshouse News Service

고속도로 위를 가로지르는 다리에 적어 놓은 경구에서도, 정치적 연설문에서도, 신문 광고에서도, 그리고 일상의 담화에서도 모든 미국인들은 "우리는 결코 잊지 않을 것이다"라는 말을 반복해왔다.

실제로 미국인들은 9·11 테러로 사망한 사람들이나 그 당시의 절망감을 결코 잊지 않을지도 모른다. 그러나 9월 11일의 기억도 머지않아 시들고 말 것이라는 것이 심리학자들의 말이다. 예비 연구 결과, 사람들은 벌써 9·11 관련 사실을 뒤섞고 있으며 자신들만의 실재를 꾸며가고 있는 것으로 드러났다.

이러한 일은 케네디 대통령 암살사건, 우주선 챌린저호의 폭발사건, 오클라호마의 폭탄테러 등 잊을 수 없을 것 같은 사건들에서 이미 일어났다. 전문가들에 따르면, 사람들은 자기들이 기억해낸 것, 소위 '섬광기억'이라고 하는 것과 실제로 일어났던 일을 구분하지 못할 때가 많다.

Kathy Pezdek은 캘리포니아, 하와이, 뉴욕에 사는 사람 700명을 대상으로 바로 이 현상을 연구하고 있다. "9·11 이후 사람들은 '일어날 수 없는 엄청난 일이 벌어졌다. 나는 이 사건과 관련된 모든 것을 기억할 것이다. 하나도 빼놓지 않고 모든 것을 기억할 것이다'라고 생각했다. 그러나 지금 이런 생각은 퇴색되고 있다"라고 Pezdek은 말한다.

9월 11일 사건이 있은 7주 후, Pezdek은 22개 문항으로 구성된 설문지를 배부하여 두 종류의 기억을 묻는 질문에 답해보라고 하였다. 하나는 "국방부가 공격을 받은 것은 첫 번째 건물이 무너지기 전인가? 첫 번째 건물이 공격을 받고 무너질 때까지는 몇 분이나 지났는가?"

두 번째 종류의 기억을 묻는 질문은 9월 11일에 있었던 직접 경험에 관한 질문이었다. "이 사건을 어떻게 알게 되었는가? 그때 무엇을 하고 있었는가?" 등등. 지금까지의 결과를 보면, 그 공격을 실시간 경험했던 뉴욕 사람들도 사건이 벌어진 순서에 관한 기억은 하와이 사람의 기억만큼 선명하지 않은 것으로 드러났다. 하와이는 뉴욕보다 5시간 앞서 가기 때문에, 하와이 사람들이 뉴스를 접했을 때는 이미 사건의 순서와 테러사건이었다는 것이 확정된 상태였다.

연구에 참여한 사람들은 9월 11일 다음 주에 TV 뉴스를 평균 14시간씩 시청했다. 그런데도 사실을 혼동하고 있으며 사건이 벌어진 시간을 축소시키고 있다고 Pezdek은 말했다.

출처: "Memories may not be clear even with 'unforgettable' events," by Michele M. Melendez, *The San Diego Union-Tribune*, December 28, 2001. Reprinted by permission of Newhouse News Service.

다. 결국, 사람들은 자신의 기억력에 관한 확신감을 평가할 때 사건에 따라 서로 다른 정보를 이용하고 있는 셈이다. 정서적인 사건에 대한 기억을 평가할 때는 세밀한 정보의 질이 중요해지고, 일반적인 사건에 대한 기억을 평가할 때는 맥락 정보의 양이 중요해진다는 뜻이다.

네 번째 독특성은 처리 독특성(processing distinctiveness)이다. 처리 독특성은 자극을 어떻게 처리하느냐에 따라 결정된다. 그래서 이 독특성은 자극 자체의 특징이라기보다는 그 자극에 관한 기억부호에서 발견되는 독특성인 셈이다. 예를 들어, 어떤 자극이 별로 독특하지 않아도 그 자극을 기억하는 방법은 독특할 수 있다. 또 그 자극이 독특한 것이라면 그 자극을 보다 독특하게 만들기 위한 처리방법을 생각해낼 수도 있다. 이런 의미에서 정교화도 어떤 자극을 독특하게 만드는 한 가지의 전략이다. 그러나 이러한 정교화 작업에서는 주어진 자극을 다른 자극과 구분시켜주는 특징을 강조해야만 한다(Eysenck, 1979).

사람들이 얼굴을 기억하고자 할 때 풍자화(caricature)를 이용하는 것도 처리 독특성의 한 예에 속한다. 풍자화를 그릴 때는 얼굴을 보다 독특하게 만들기 위해 그 얼굴이 가진 독특한 속성을 과장해 표현한다. 2장에서 독특한 속성을 논할 때, 사람들은 친구의 얼굴을 정확하게 그려놓았을 때보다 풍자화로 그려놓았을 때 더 빨리 알아차린다는 연구결과(Rhodes, Brennan, & Carey, 1987)를 소개했었다. 모르는 사람의 얼굴에 대한 재인검사에서도 실제 얼굴보다 풍자화로 그려진 얼굴이 더 잘 재인되는 것으로 나타났다(Mauro & Kubovy, 1992).

풍자화는 독특한 속성을 더욱 두드러지게 만든 것이다. 재미난 것은 원래의 얼굴보다 풍자화로 그려진 얼굴이 훨씬 더 많이 재인되었다는 사실이다. 이 발견은 처리의 독특성이라는 개념과 일치한다. 즉, 사람들은 얼굴을 부호화할 때, 원래의 얼굴보다 독특한 속성을 더욱 두드러지게 만드는 방식을 택한다는 뜻이다.

처리 독특성과 처리-수준 이론은 둘 다 좋은 기억부호를 생성하는 것이 중요하다고 강조한다. 그래서 처리-수준 효과가 처리 독특성 때문에 생긴 것은 아닐까라는 생각을 해볼 수 있다. 실제로 이런 생각을 쫓아 연구를 하는 사람들도 있다. 독특성 때문에 처리-수준 효과가 발생한다는 것을 증명하기 위해서는, 의미부호가 음운부호보다 더 독특하며, 음운부호는 물리적(구조적) 부호보다 더 독특하다는 것을 밝혀내야 한다. 의미부호가 음운부호보다 나은 파지를 야기하는 것은 전자가 후자보다 더 독특하기 때문이라고 주장하는 심리학자들(Moscovitch & Craik, 1976; Eysenck, 1979)은 음소의 개수가 비교적 적다는 사실에 그 근거를 두고 있다. 음소의 개수가 적기 때문에 음운부호는 다른 음운부호와 필연적으로 중복될 수밖에 없는데 반해, 의미의 영역은 본질적으로 무한정이라는 것이 그들이 펼치는 주장의 배경논리이다.

정교화와 독특성에 관한 실험연구 때문에 처리-수준에 대한 원래의 개념이 수정되었다(Craik, 1979). 그러나 원래의 개념 중 몇 개는 아직도 남아있다. 예를 들어, 기억부호 간에는 질적인 차이가 있다. 지향 과제에 따라 어떤 부호가 강조될 것인가가 결정된다. 그리고 기억부호 간에는 소멸 속도에서 차이가 난다는 세 개의 중추적 관념은 아직도 기억과 관련된 유용한 개념으로 남아있다. 크게 변한 것은 위의 결과들을 설명할 수 있는 이론적 기초 수립이 강조되고 있다는 점이다. 강조점에서 생긴 이러한 변화에 따라 연구자들은 구조부호, 음운부호, 의미부호가 각각 정교화 및 독특성이라는 차원에서 어떻게 다른지를 결정하고자 노력하고 있다.

6.4 부호화 구체성 원리와 인출

부호화 구체성 원리

연구자들의 관심이 '수준'으로부터 '정교화' 및 '독특성'으로 이동함에 따라 처리–수준 이론에 있어서도 또 하나의 정화가 이루어졌다. 원래의 처리–수준 이론(Craik & Lockhart, 1972)에서는 단어가 어떻게 부호화되는지에 관심이 집중된 반면, 단어가 어떻게 인출되는지에 관한 고려는 소홀했었다. 하지만 목격자에게 범행의 맥락을 재구성해보라는 지시처럼, 적절한 인출 단서를 제공하면 재생이 향상된다는 것을 우리는 잘 알고 있다. 적절한 맥락 제공이 인출을 촉진시킨다는 사실은 그림 6.2에 나타난 긍정적 반응과 부정적 반응 간의 차이에서도 쉽게 알 수 있다. 각운이 맞거나 문맥이 맞아 긍정적 반응을 유발한 단어들은 부정적 반응을 유발한 단어들보다 더 많이 재생되었다.

또한 보다 복잡하고 정교한 문장을 이용했을 때도 긍정적 반응을 유발한 단어의 재생은 촉진되었지만, 부정적 반응을 유발한 단어의 재생은 촉진되지 않았다(그림 6.3). 이런 효과는 맥락이 인출 단서로 작용했을 때 특히 현저하게 나타났다. 예를 들어, "그 자그마한 부인이 붉은 ____을(를) 신경질적으로 집어들었다"와 같은 복잡한 문장이 인출 단서로 제공되었을 때는 과제에 대한 부정적 반응을 유발했던 '다람쥐'보다는 긍정적인 반응을 유발했던 '토마토'를 인출하기가 더 쉬웠다. Craik와 Tulving(1975)은 이러한 맥락이 재생을 촉진시키는 것은 검사 단어(예: 토마토)를 그 맥락과 통합될 수 있었기 때문이라고 생각했다. 따라서 그들은 위에서 소개한 결과를 자신들의 견해를 지지하는 증거로 해석했었다.

이러한 결과는 조건에 따라 인출 단서의 효과가 달라진다고 말한다. 인출 단서가 효과적인 이유에 대한 일반적인 대답은 **부호화 구체성 원리**(encoding specificity principle)에서 찾을 수 있다. 부호화 구체성 원리에 따르면, "지각한 것을 부호화하는 일(기억하려는 노력)에 관여한 구체적인 조작(정신활동)에 따라 어떤 것이 기억될 것인지가 결정되며, 기억된 것이 무엇이냐에 따라 어떤 단서가 효과적인 인출 단서일 것인지가 결정된다"(Tulving & Thomson, 1973, p. 369).

부호화 구체성 원리
재인 단서의 효과는 그 단서와 특정 자극에 대한 부호화가 어떤 관계를 맺고 있느냐에 따라 달라진다는 이론.

이 정의를 두 부분으로 나누어보자. 첫 번째 부분은 지각한 어떤 것에 대한 기억흔적은 내구성도 다르고 또 그 속에 포함된 정보의 종류도 다르다고 말한다. 두 번째 부분은 기억흔적 속에 포함된 정보에 따라 효과적인 인출 단서가 달라진다고 말한다. 첫 번째 부분은 근본적으로 처리–수준 이론의 골격과 다르지 않다. 그리고 두 번째 부분은 인출에 관해 좀 더 자세히 살펴보라고 강요한다. 두 번째 부분은 어떤 것을 지각한(부호화한) 조건이 동일해도 인출 조건에 따라 재생 정도가 크게 달라질 수 있다는 의미를 갖는다. 특정 장면에서는 효과적인 단서가 다른 장면에서는 효과적이지 못할 수도 있다는 점에서 부호화 조건과 인출 조건은 서로 상호작용할 수 있다.

부호화 구체성 원리는 대개 인출 단서와 기억부호가 어떤 관계인지를 연구하는 데 적용되어왔다. 하지만 부호화 조건 및 인출 조건에는 학습이 일어난 장소 또는 학습자의 기분과 같은 보다 넓은 맥락까지 포함될 수 있다. 기분-의존 기억(mood-dependent memory)에 관한 연구는 검사 시 기분이 학습 시 기분과 일치하면 정보가 더 잘 재생된다는 가설을 다룬다. 이에 관한 연구에서 수집된 증거는 대개 이 가설을 지지하는 편이다. 하지만 지지하는 정도는 가설 검증에 이용된 실험방법에 따라 달라진다. 예를 들어, 가장 강력한 증거는 자신이 생성했던 정보를 재생해야 하는 과제에서 수집된다. 구체적으로, 참여자들에게 며칠 전에 자기에게 일어났던 일을 재생하라고 지시한 연구에서 기분-의존 기억을 지지하는 강력한 증거가 확보되었다(Eich, Macaulay, & Ryan, 1994). 부호화할 때의 기분과 인출할 때의 기분(유쾌/불쾌)이 같았던 집단이 부호화할 때의 기분과 인출할 때의 기분이 달랐던 집단보다 더 많은 사건을 재생했던 것이다. 부호화 구체성 원리에 대한 검증은 대개 학습이 일어난 장소나 학습자의 기분보다는 학습자들이 재생해야 할 재료에 그 초점을 맞추어왔었다. 이제 이러한 연구를 살펴보기로 하자.

기분-의존 기억
학습할 당시의 기분이 검사를 받을 당시에 되살아나면 학습 내용에 대한 기억이 향상되는 현상.

부호화 작업과 인출 작업 간 상호작용

처리-수준이 두 가지(의미 수준과 음운 수준)일 때, 부호화 구체성 원리가 어떻게 적용되는지부터 살펴보자. 우선, '다음에 제시되는 단어가 날씨와 관련된 단어인가?'라는 질문을 받고, 그 후 제시된 단어를 보고, '예/아니요'라는 대답을 하기로 되어 있다고 하자. 이 경우, '우박'이라는 단어가 제시되면, 여러분은 '예'라고 대답할 것이다. 그러나 '주어진 단어의 각운이 '날씨'와 같은가?'라는 질문을 받은 후에 '종씨'라는 단어가 주어졌을 때도 '예'라고 대답했을 것이다. 이러한 식으로 각운과 관련어에 대한 일련의 과제를 수행한 후, 다음과 같은 인출 단서 중 하나가 주어진다.

1. '날씨'와 관련된 단어
2. '싸락눈'과 관련된 단어
3. '도박'과 각운이 같은 단어

표 6.3 부호화 맥락과 인출 단서의 유사성에 따라 재생률이 변하는 모습

	각운	재생률	의미 관련어	재생률
부호화 맥락				
보기 : '우박'	'도박'과 운이 같은가?		'날씨'와 관련어인가?	
인출 단서				
동일	'도박'과 운이 같음	.24	'날씨'와 관련어	.54
유사	'구박'과 운이 같음	.18	'싸락눈'과 관련어	.36
상이	'날씨'와 관련어	.16	'구박'과 운이 같음	.22

출처: "Interaction between encoding and retrieval operations in cued recall," by R. P. Fisher & F. I. M. Craik, 1977, *Journal of Experimental Psychology:* Human Learning and Memory, 3, 701–711. Copyright 1977 by the American Psychological Association. Reprinted by permission. APA is not responsible for the accuracy of this translation.

이 세 가지 단서 중 '우박'이라는 단어를 인출하는 데 가장 효과적인 단서는 어느 것이라고 생각하는가? 여러분도 첫 번째 단서가 부호화 과정에서 주어진 질문과 동일하기 때문에 가장 효과적인 단서일 것이라고 생각할 것이다. 그러나 단서 2와 단서 3에 대해서는 어떻게 생각하는가? 두 번째 단서는 원래의 맥락과 비슷한데, 이 단서는 애초의 질문에서와 같이 의미의 관련성을 강조하고 있다. 이에 반해, 세 번째 단서는 음운부호를 강조하고 있기 때문에 애초의 맥락과(여기서는 '다음에 제시되는 단어가 날씨와 관련된 단어인가?')는 다르다. 부호화 구체성 원리에 의하면, 애초의 맥락이 최상의 인출 단서이고, 비슷한 맥락이 그다음 좋은 단서이며, 다른 맥락이 가장 비효과적인 단서여야 한다. 표 6.3에 요약된 결과는 이러한 예측과 일치한다(R. P. Fisher & Craik, 1977).

그러면, "'도박'과 운이 같은가?'라는 질문 뒤에 '우박'이라는 단어가 주어지면 어떤 일이 벌어질까? 여기서도 똑같은 원리가 적용된다. 동일한 맥락이 가장 효과적인 단서가 되고 상이한 맥락(이 경우에는 의미 관련어)이 가장 비효과적인 단서가 된다(표 6.3). 인출 단서의 효과성이 주어진 단어가 어떻게 부호화되는지에 따라 달라진다는 사실은 부호화와 인출이 상호작용한다는 증거이다. 학습을 할 때 단어의 의미가 강조되었을 경우에는 의미 단서가 음운 단서보다 더 효과적인데 반해, 단어의 음운 속성이 강조된 경우에는 음운 단서가 의미 단서보다 더 효과적이다. 달리 말하면, 기억된 정보를 인출해내는 작업을 할 때 어떤 단서가 가장 큰 도움이 될 것인지는 자극이 어떻게 부호화(기억)되었느냐에 따라 결정된다(부호화 구체성 원리).

Hertel, Anooshian, Ashbrook(1986)의 연구 결과, 사람들은 인출 단서의 상대적 효과성을 정확하게 예측하지 못하는 것으로 드러났다. 의미 지향

(semantic-orienting) 과제를 이용하여, 참여자들에게 40개의 단어에 대한 유쾌함의 정도를 평정하게 하였다. 그런 후, 자신들이 재생할 수 있는 단어가 몇 개나 되는지를 추정해보라고 하였다. 그러고는 재생할 수 있는 단어를 모두 재생해보라고 하였다. 한 집단에게는 의미 관련 인출 단서를 제공했으며, 다른 한 집단에게는 음운 관련 인출 단서를 제공했고, 통제집단에게는 인출 단서를 제공하지 않았다.

Fisher와 Craik(1977)의 결과에 따르면, 의미 관련 인출 단서가 음운 관련 인출 단서보다 효과적이어야 한다. 실제로 이 예측은 맞아떨어졌다. 사실 의미 관련 인출 단서를 제시받은 집단만이 통제집단보다 더 많은 단어를 재생할 수 있었다.

그러나 참여자들은 의미 관련 단서의 우월성을 예상하지 못했다. 참여자들은 의미 관련 단서와 음운 관련 단서의 효과가 동일할 것이라고 예측했다. 이처럼 그릇된 예측을 하게 된 것은 음운 단서가 효과적이었던 과거 경험 때문인 것 같다. 예를 들어, 검색의 범위를 노래 제목과 같은 특정 범주로 한정시키면 음운 정보가 도움이 되기도 한다. 참여자들은 인출 단서의 효과가 그 단어가 부호화된 방식에 따라 달라진다는 사실을 깨닫지 못했던 것이다. 그런데 Hertel 등(1986)의 연구에서 기억부호를 통해 강조되었던 것은 단어의 의미 관련 특징이었다.

전이 적절 처리

전이 적절 처리
학습한 것을 나중에 어떻게 이용할 것인지에 맞추어 부호화하는 작업.

부호화 구체성 원리에는 전이 적절 처리(transfer-appropriate processing)를 적극 활용하라는 뜻이 숨어있다. 전이 적절 처리는 학습 전략의 가치가 학습목표에 따라 달라지는 점을 강조한다. 학습 후에는 학습의 결과만 기억에 남는 것이 아니라 학습 중 전개된 정신활동도 기억에 남는다고 주장한다. 이 주장에는 학습의 효과가 시험 장면에 따라 결정된다는 뜻이 포함되어 있다. 예를 들어, 시험은 음운 정보를 강조하는데 공부할 때는 의미 정보에 집중한다면, 난처한 입장에 처하게 될 것이라는 말이다.

대개의 경우, 우리에게 요구되는 것은 주로 의미 정보의 재생 및 재인이다. 음운부호가 강조되는 경우는 드물다. 그러므로 전이 적절 처리는 대개 의미처리를 의미한다. 그러나 재료를 의미 있게 처리하는 방식은 여러 가지이기 때문에, 시험의 유형에 따라 공부하는 방법도 달라야 한다는 뜻이다. 예를 들어, 사지선다형 시험이라면 학습 재료의 전반적 조직에 관한 지식보다는 세밀한 것에 관한 지식이 보다 유용할 것이다. 그러나 만약 시험이 서술형이라면 상세한 사항에 관한 지식보다는 학습 재료를 주의 깊게 조직하는 것이 보다 유용할 것이다.

이러한 생각은 연구결과와도 일치한다(Thomas & McDaniel, 2007). 세밀한 것을 강조한 과제를 수행한 학생들은 일반적 개념을 묻는 문제보다 세밀할 것을 따지는 문제를 더 잘 풀었다. 그러나 요소들 간 관계를 강조한 문장 분류 과제를 수행한 학생들은 자세한 것을 묻는 질문보다 개념적 질문을 더 잘 풀었다. 전이 적절 처리는 학생들 자신의 이해 정도를 예측하는 작업에도 영향을 미쳤다. 시험을 치른 학생들에게 자신의 시험 점수가 어떠할 것 같은지를 예상해보라고 했다. 공부방식과 시험의 유형이 부합될 때는 학생들의 예상이 정확했다. 그러나 공부방식과 시험의 유형이 부합되지 않았을 때는 정확한 예측을 하지 못했다.

시험문제를 구분하는 또 다른 기준은 문제가 강조하는 것이 무엇이냐는 것이다. 어떤 문제는 사실의 재생을 강조하고 또 어떤 문제는 문제해결을 강조한다. 교수들이 출제하는 문제 중에도 어떤 문제는 학생들에게 정보 재생을 요구하는데 반해, 어떤 문제는 배운 것을 적용하여 문제를 해결해보라고 요구한다. 전이 적절 처리의 원리에 의하면, 학생들이 문제를 해결해야 할 것 같으면, **문제 지향적 학습**(problem-oriented acquisition)이 **사실 지향적 학습**(fact-oriented acquisition)보다 더 효과적이어야 한다.

문제 지향적 학습
나중에 만나게 될 문제를 해결할 때 도움이 되도록 공부를 하는 방법.

사실 지향적 학습
적용보다는 사실적 지식을 강조하는 부호화 방식.

다음 문제 두 개를 고려해보자.

- 이스라엘의 유명한 심령술사 Uriah Fuller는 어떤 야구경기든 경기가 시작되기 전의 점수를 정확하게 알아낸다. 그 비결은 무엇일까?
- 미국 남부의 한 작은 마을에 살고 있는 이 남자는 마을의 여인 20명과 결혼식을 올렸다. 이들 여인은 모두 아직도 살아있으며, 이 사람은 아무와도 이혼하지 않았다. 그렇다고 이 남자가 법을 어긴 것도 아니다. 어떻게 이런 일이 있을 수 있을까?

이제, 이 실험의 첫 단계에서 다음과 같은 여러 개의 진술문을 읽고 각 진술문의 진위를 평정했다고 가정하자. 여러분이 평정했던 진술문 중에는 위의 질문에 대한 답도 들어있었다고 하자.

- 어느 야구시합이든 시작하기 전의 점수는 0 대 0이다.
- 미국에서는 목사가 매주 여러 사람의 결혼식을 올린다.

놀라운 사실은 이러한 평정 과제는 나중의 문제해결에 별 도움을 주지 못했다(Perfetto, Bransford, & Franks, 1983).

여러분 같으면 이 사실을 어떻게 해석(설명)하겠는가? 심리학자들이 내놓은 설명 중 하나는 진술문을 평정할 때 사람들은 그 진술문을 사실 지향적으로 받아들이기 때문이라는 설명이다. 사실만을 따졌기 때문에 다음에 제시되는 과제(문제해결 과제)와의 관련성을 지각하지 못했다는 것이다(L. T. Adams et al., 1988). 이제, 진술문을 수정하여 문제 지향적 학습이 일어나도록 만들었다고 가정해보자. 그러면 앞뒤 과제 간의 관련성을 지각할 가능성이 높아질까? 문제 지향적 처리를 유도하기 위해 '목사는 매주 여러 사람의 결혼식을 올린다'는 진술문을 '만약 어떤 사람이 목사라면 [멈춤], 매주 여러 사람의 결혼식을 올릴 수도 있다'로 바꾸어보았다. 약 2초 동안 지속된 '멈춤'은 사람들에게 진술문의 문제 지향적 내용을 돌이켜볼 기회를 제공하기 위함이었다. 문제의 답이 되는 이런 진술문 9개를 이러한 식으로 바꾸어보았다. 문제 지향적 진술문을 받은 집단은 나중에 제시된 문제의 56%를 해결한 반면, 사실 지향적 진술문을 받은 집단은 문제의 36%밖에 해결하지 못했다. 관련성을 지각할 가능성이 높아진 것은 사실이지만, 과제 간 관련성을 지각하는 일이 결코 쉬운 일이 아님을 실감하게 하는 결과라 할 것이다.

여러분에게 생각할 양식을 제공하는 일로 이 장을 마감하고 싶다. 위에서 논의한 두 가지 이론적 구성 개념(부호화 구체성과 전이 적절 처리)의 유사점과 차이점은 무엇이라고 생각하는가? 더 읽어나가기 전에 이 질문에 답을 만들어 보기 바란다.

그림 6.4는 위의 질문에 대한 필자의 답이다. 비슷한 점은 두 개념 모두 학습 재료의 부호화와 인출 간 유사성이 높으면 높을수록 수행 수준이 향상된다고 보는 점이다. 그리고 두 개념의 다른 점은 '그 유사성을 어떻게 높일 것인가?'라는 문제에 대한 답에서 발견된다. 전이 적절 처리에서는 유사성을 높이는 작업이 부호화 단계에서 이루어져야 한다고 답한다. 인출조건이 선다형 시험 또는 서술형 시험으로 고정되어 있기 때문에, 이들 각 유형의 시험에 대비

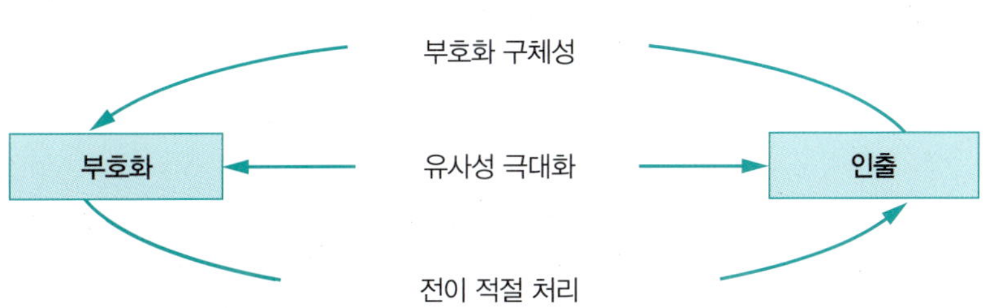

그림 6.4 부호화 구체성 원리와 전이 적절 처리의 비교

한 공부 방법(부호화 방법)은 학생 스스로 결정해야 한다. 한편, 부호화 구체성 원리에서는 유사성을 높이는 작업이 인출 단계에서 벌어진다고 답한다. 부호화는 이미 이루어진 것이기 때문에 그 부호화와 비슷한 인출 단서를 찾을 수밖에 없다는 뜻이다. 따라서 전이 적절 처리는 부호화에서 인출 쪽으로 진행되는데 반해, 부호화 구체성은 인출에서 부호화 쪽으로 진행된다고 하겠다.

6.5 요약

처리-수준 이론은 주어진 학습 재료가 어떻게 부호화되느냐에 따라 그 재료에 대한 기억이 얼마나 오래 보존될 것인지가 결정된다고 주장한다. 이 이론의 타당성을 검증하기 위해 이용되는 우연 학습 과제에서는 사람들에게 단어의 물리적 구조나 발음 또는 의미에 관한 결정을 지어보게 함으로써, 질적으로 상이한 기억부호가 생성되도록 한다. 그러고는 기억검사가 있을 것이라는 예상을 하지 못한 참여자들에게 단어를 재생해보라고 한다. 그러면, 처리-수준 이론의 예측처럼, 의미를 처리한 조건의 재생률이 가장 높고 구조를 처리한 조건의 재생률이 가장 낮게 나타난다. 암송이 학습을 유발하지 못하는 결과도 이 이론을 지지하는 증거이다. 이러한 결과는 자극 단어를 단기기억에서 보존하고자 할 때는 사람들이 그 단어의 의미에 주의를 기울이지 않기 때문에 발생하는 것으로 이해된다.

원래 처리-수준 이론은 정보처리의 정도/깊이(구조, 음운, 의미 처리순으로 그 정도가 증가함)에 따라 파지 정도가 결정된다고 제안했다. 하지만 정보처리 깊이에 대한 독립적인 측정치를 찾지 못했기 때문에, 기억부호의 정교성과 독특성이 강조되기 시작했다. 정교화 가설은 기억부호가 정교할수록 인출이 용이해지며, 다른 수준에서보다 의미 수준에서의 정교화가 더 용이하다고 주장한다. 독특성 가설은 기억부호가 독특할수록 인출이 용이하며, 의미부호가 음운부호보다 더 독특하다고 주장한다. 정교성과 독특성에 관해 연구한 결과, 이 두 가지 중 어느 하나만 증가시키면 재생이 향상되는 것으로 드러났다. 즉, 의미 맥락을 보다 정교하게 하거나(보다 복합적인 문장을 이용함으로써), 단어를 보다 독특하게 만들면(새로운 의미 범주로 변동시킴으로써) 재생되는 단어 수가 증가하는 것으로 밝혀졌다.

부호화 구체성 원리에 따르면 인출 단서의 효과는 그 단서가 기억흔적의 특성과 부합되는 정도에 따라 달라진다. 부호화 및 인출 당시의 기분 같은 폭넓은 맥락에 관심을 보인 연구도 있지만, 대부분의 연구는 자극의 부호화에 그 초점을 맞추고 있다. 기억흔적이 의미 관련 특징을 강조할 때는 의미 단서가 더 효과적이며, 기억흔적이 음운 정보를 강조할 때는 음운 단서가 더 효과적인 것으로 밝혀졌다. 하지만 가장 효과적인 단서는 원래의 맥락을 그대로 복원한 것이었다. 그리고 그 단서가 조금이라도 효과를 발휘하기 위해서는 학습 대상이 맥락과 맞아떨어져야 한다. 전이 적절 처리는 학습 재료에 대한 기억 부호는 그것이 이용될 장면(예: 사지선다형, 서술형, 문제해결식 시험)에 맞게 창출되어야 한다고 주장한다.

복습문제

이 장과 다음 장은 주로 정보의 표상에 그 초점을 맞추고 있다. 표상이란 말에는 정신활동을 통해 물리적 자극이 부호(기호)로 변형된다는 의미가 들어 있다. 이는 실재를 구축하는 것이 우리 자신이라는 뜻을 내포한다. 다시 말해, 실재란 누군가에 의해 우리 머릿속으로 형성되는 그런 것이 아니라는 뜻이다. 처리-수준 이론을 이해하기 위해서는 질적인 차이가 무엇을 의미하는지부터 알아야 한다. 확실하게 모르겠으면, 다시 한 번 살펴보기 바란다.

1. 처리-수준 이론과 단기기억과 장기기억을 구분하는 이론과는 본질적으로 양립할 수 없는 것일까?
2. 기억의 문제인데, 왜 학습 과제를 이용하지 않고 판단 지향 과제를 이용하는 것인가? 처리-수준 이론에서 말하는 이론적 근거를 제시하라.
3. 표 6.1을 꼭 읽어보라. 이 표에는 중요한 정보가 많이 압축되어 있다. 단기기억과 장기기억에 대한 요약은 여러분이 이전의 두 장에서 읽은 것과 일치하는가?
4. 그림 4.1은 기억 시스템에 관한 Atkinson-Shiffrin의 생각을 담고 있다. 이에 대해 Craik와 Lockhart가 반대하는 것은 무엇인가? 이들 주장의 설득력에 대해 어떻게 생각하는가?
5. 기억흔적에 따라 소멸 속도가 다르다는 전제가 처리-수준 이론에 필수적인 이유는 무엇인가?
6. 여러분의 친구 중에 암송이 학습을 야기한다고 굳게 믿고 있는 사람이 있다면, 여러분은 Craik의 연구 중 어느 것을 그 친구에게 소개하겠는가? 여기서 그것이 결정적인 이유는 무엇인가?
7. Hyde와 Jenkins가 우연 학습 과제를 이용한 이유는 무엇인가? 그들이 선택한 실험재료의 어떤 점 때문에 실험자는 참여자들이 과제 수행에서 한 일을 추리할 수 있는가?
8. 표 6.2를 참고로 각 처리-수준에 해당하는 새로운 질문을 만들어보라.
9. 처리-수준 이론이 성립되기 위해서는 처리-수준을 파지와는 독립적으로 측정할 수 있어야만 한다고 했다. 왜 그런가? 정교성과 독특성이라는 개념은 이 문제를 어떻게 극복하는가?
10. 부호화와 인출이 상호작용한다는 말은 무엇을 의미하는가? 상이한 종류의 기억흔적과 인출 단서에 해당하는 보기를 만들어보고, 각 보기별로 부호화 구체성 원리에 기초한 예측을 진술해보라.

핵심용어

구조(적)부호화(structural coding)
기분 의존 기억(mood-dependent memory)
기억부호(memory code)
문제 지향적 학습(problem-oriented acquisition)
부호화 구체성 원리(encoding specificity principle)
비정밀 정교화(imprecise elaboration)
사실 지향적 학습(fact-oriented acquisition)
섬광기억(flashbulb memory)
의미부호(semantic code)
우연 학습 과제(incidental learning task)
유지 암송(maintenance rehearsal)
음운부호(phonemic code)
일차 연상어(primary associates)
전이 적절 처리(transfer-appropriate processing)
정밀 정교화(precise elaboration)
지향 과제(orienting task)
처리-수준 이론(levels of processing theory)
청각기억폭(auditory-memory span)
표기법상 독특성(orthographic distinctiveness)

추천도서

Cermak과 Craik(1979)이 편집한 책에는 처리-수준이라는 개념이 1970년대에 발달된 과정을 훌륭하게 기술하는 장들이 많다. 유지 암송보다는 정교화 암송이 훨씬 효과적이라는 것은 분명하다. 하지만 학생들이 이 차이를 알고 있는 것은 아니다. 따라서 학습의 정도는 기대에 못 미칠지도 모른다(Shaughnessy, 1981). 기억부호를 생성할 때와 인출할 때에 자극의 독특성에 주의를 기울임으로써 기억력을 향상시킬 수 있다(Dodson, Kaustaal, & Schacter, 2000). 처리-수준 및 부호화 구체성이라는 개념과 관계지을 수 있는 또 다른 응용 분야로는 잠수부의 맥락-의존 기억, 얼굴 재인능력 향상, 기억상실증 및 실어증의 특정 측면에 대한 이해 등이 꼽힌다(Baddeley, 1982). Winograd와 Neisser(1992)가 편집한 책에는 정서 및 섬광기억을 소개한 장이 들어있다. M. K. Johnson(1983)이 제안한 기억 모형은 감각, 지각, 그리고 회상 시스템에는 사건에 대한 다양한 기록이 형성될 수 있다고 가정한다. 그녀가 집필한 장에는 이 이론과 처리-수준 이론 간의 차이점과 유사성이 명백하게 명시되어 있다. 언어가 인출에 미치는 효과(Marian & Kaushanskaya, 2007) 그리고 검사에 대한 예상이 인출에 미치는 효과(Thiede, Wiley, & Griffin, 2011)와 같은 주제에 대한 연구는 아직도 계속되고 있다.

시각적 심상

7.1 시각적 심상과 학습
그림에 대한 기억 | Paivio의 이중부호화 이론

7.2 인지 과제 수행에 시각적 심상이 이용된다는 증거
시각적 심상의 주사 | 순차 처리 대 동시 처리 | 머릿속 회전 | 간섭 | 인지신경과학적 증거

7.3 심상의 한계
세부사항에 대한 기억 | 실재감시 | 실재감시의 붕괴

7.4 요약

복습문제
핵심용어
추천도서

심상(mental imagery)은 인지과정 및 지식 표상에 대한 심리학자와 철학자들의 설명에서 핵심적인 역할을 해온 지 오래다. 그러나 심상이라는 구성개념의 경우, 심리학자들이 만족해할 만큼 훌륭한 조작적 정의가 없었다. 따라서 심상은 서구 심리학의 주류에서 사라지곤 했다. 그럼에도 불구하고 그 개념은 완전히 사라진 적이 없을 만큼 큰 매력을 가지고 있었고 오늘날에는 괄목할 만큼 인기를 누리고 있다.

_ Stephen Kosslyn & James Pomerantz(1977)

앞 장까지의 논의에서는 어문적 지식이 강조되었다. 연구에는 대개 단어, 낱자, 숫자, 심지어는 무의미 음절과 같은 어문적 명칭을 붙일 수 있는 자극이 이용되었기 때문이다. 그러나 과연 우리는 우리가 지각하는 모든 것에 어문적 명칭을 붙일 수 있을까? 어떤 것은 어문적으로 기술하기 어려울지도 모르며, 또 어떤 것은 그냥 이미지로 기억하는 것이 더 쉬울지도 모른다. 감각양식(sensory modality)에 따라 각기 다른 이미지가 있을 수 있다. 하지만 심리학자들은 대개 시각적 심상(image)에 주된 관심을 보였다. 이 장에서는 시각적 심상이 지식 습득에 기여하는 방식을 살핀다.

지능검사에서는 어문적 지식과 시각적 또는 공간적 지식이 구분되곤 했다. 어문적 지식(verbal knowledge)은 대개 어휘력 또는 독해력 검사로 측정된다. 공간적 지식(spatial knowledge)은 대개 공간능력 검사로 측정된다. 예를 들어, 종이 위에 펼쳐놓은 여러 개의 사각형을 마음속으로 조작하여 입방체를 만들거나, 어떤 물체를 머릿속으로 회전시켜 그것이 다른 물체와 같은지를 결정하는 과제로 측정된다. 대부분의 검사에서 공간적 지식보다는 어문적 지식에 훨씬 큰 비중을 둔다. 하지만 일부 특화된 검사에서는 공간적 조작 능력이 더 강조되기도 한다. 그 한 예로, 치과대학 입시에 이용되는 검사(Dental Admission Test)를 들 수 있다. 치과에서는 공간적 기능(skills)이 아주 중요하다. 그래서 이 검사에는 공간적 관계를 다룬 매우 어려운 문제도 포함되어 있다. 그림 7.1에 예시된 문제의 경우, 좌단에 주어진 물체의 시각적 심상을 생성한 후, 그 이미지를 회전시켜서 뚫려있는 부분과 맞추어보아야만 답을 할 수 있다.

어문적 지식
말(언어)로 표현되는 지식.

공간적 지식
물체들 간 공간적 관계 또는 한 물체를 구성하는 요소들 간 공간적 관계에 관한 지식.

인지심리학의 발달에 주요 공헌을 한 것 중 하나가 시각적 심상에 관한 연구이다. 그러나 Watson의 행동주의(1924)는 정신적 일/사건(event)에 관한 연구를 배척했다. 때문에 심상은 오랫동안 심리학자들에게 외면당해왔다. Watson

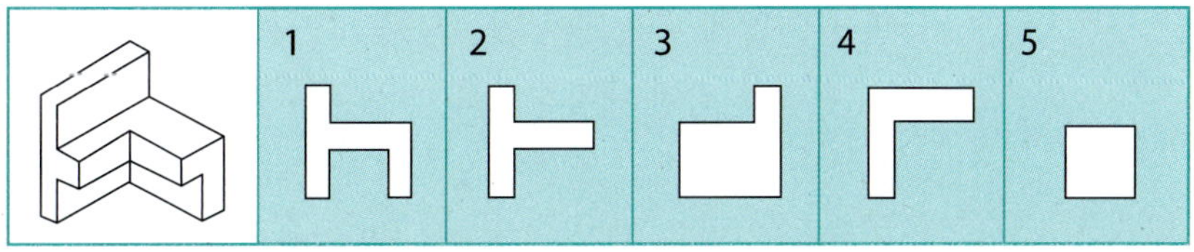

그림 7.1 치과대학 입학시험 문제 중 하나. 가장 왼쪽의 물체가 통과할 수 있는 구멍을 골라야 한다.
출처: Reproduced with permission from the American Dental Association.

은 객관적으로 연구될 수 있는 것은 행동뿐이라고 주장했다. 이 주장에는 장점도 있다. 하지만 시각적 심상 같은 정신적인 노작에 관한 연구를 거의 배척해버리는 단점도 있다. 심리학자들이 지식 습득에 기여하는 시각적 심상의 역할을 이해하려는 또 다른 노력은 1960년대에 와서야 재개되었다. 시각적 심상은 아직도 공부하기가 어렵다. 직접 관찰이 불가능하기 때문이다. 그러나 지난 몇십 년 동안 수행된 연구에 의하면, 많은 종류의 과제 수행에 시각적 심상이 이용되고 있음이 거의 확실하다.

이 장의 첫 절에서 여러분은 시각적 심상을 생성해보는 일이 정보를 기억하는 효과적인 방법임을 깨닫게 될 것이다. 추상적인 재료보다는 구체적인 재료에 대한 심상을 형성하기가 훨씬 용이하다. 이러한 현상이 의미하는 바에 대한 논의를 주목하기 바란다. 사람들은 심상이 기억에 도움을 준다는 사실을 오래전부터 알고 있었고, 기억력 향상 전략의 대다수가 심상에 그 기초를 두고 있다. 둘째 절에서는 대부분의 공간적 추리 과제 수행에 시각적 심상이 이용된다는 증거가 소개될 것이다. 모든 지식이 어문적이라고 가정하면, 이들 실험결과를 설명하기가 어려워진다는 점을 주목하기 바란다. 마지막 절에서는 시각적 심상의 한계를 논한다. 그러나 상세하지 못하다는 한계점 때문에 시각적 심상의 유용성이 줄어들지는 않는다.

7.1 시각적 심상과 학습

여러분도 어떤 재료를 학습할 때 시각적 심상을 이용한 경험이 있을 것이다. 역자의 경우를 예로 들어보자. 자녀 중 한 아이의 전화번호가 981-1595였다. 어떻게 보면 기억하기가 어렵지 않은 번호일 수도 있다. 그러나 나는 번호를 기억하는 데 적잖은 어려움을 겪었다. 상당한 기간 동안 전화를 걸지 않다가 갑자기 전화를 걸 일이 생겼을 때 당황한 적이 한두 번이 아니었다. 이런 고충을 나이 탓으로 돌리며 아이에게 이야기하자, 아이가 하는 말이 1595가 번호

판에 어떻게 나열되어 있는지를 보면서 번호를 눌러보라는 것이었다. 그 번호가 번호판 위에 대각선으로 배열되어 있다는 사실을 그때서야 알아차렸고, 그 후부터는 그 번호 때문에 어려움을 겪는 일이 없어졌다.

학습/기억을 하기 위해 심상을 이용한다는 작업은 일종의 정교화 작업에 속한다. Atkinson과 Shiffirin(1986)도 학습 전략으로 암송, 부호화, 심상 형성을 꼽았다는 사실을 기억할 것이다. 그들이 말하는 부호화는 의미를 정교하게 만드는 작업을 일컫는다. 의미 정교화가 효과적이라는 것은 앞 장에서 보았다. 이 장에서는 시각적 심상을 생성해보는 시각적 정교화도 매우 효과적인 전략이라는 것을 알게 될 것이다.

그림에 대한 기억

시각적 심상이 효과적인 기억부호가 될 수 있다는 한 가지 증거는 단어보다 그림을 재인하는 일이 더 쉽다는 사실이다. 시각 재료에 대한 재인 정확도가 높다는 사실은 일찍이 Shepard(1967)에 의해 입증되었다. 그의 실험에 참여한 사람들은 612장의 사진을 자신만의 속도에 맞춰 살펴본 후, 사진에 대한 재인 검사를 받았다. 재인검사에서는 사진이 쌍으로 제시되었다. 각 쌍의 한 짝은 앞에 보았던 사진이고 다른 짝은 새로운 사진이었다. 2시간 후에 실시된 재인 검사(각 쌍에서 어느 짝이 앞에서 봤던 것인지를 판단하는 검사)의 점수는 완벽에 가까웠다. 일주일 후에 검사를 받은 또 한 집단의 재인 성공률은 87%에 이르렀다. 사진이 아닌 단어를 이용해 이와 같은 검사를 했을 때의 재생 성공률은 그렇게 높지 않았다. 자극 단어들을 살펴본 직후에 검사를 받았을 때도 각 쌍에서 어느 단어가 앞서 제시되었던 것인지를 정확하게 선별할 수 있었던 쌍은 88%에 불과했다(Shepard, 1967). 이 수행 수준은 일주일 후에 실시되었던 사진에 대한 재인검사 점수와 거의 같다.

사진에 대한 사람들의 기억이 놀랍다는 사실은 Standing(1973)의 실험에서도 입증되었다. 참여자들에게 10,000장의 사진을 닷새를 주고 관찰하게 하였다. 5일째 되는 날에는 학습이 끝난 직후, Shepard(1967)의 실험에서와 유사한 재인검사를 실시하였다. Standing은 자신의 실험결과를 기초로 참여자들이 파지하고 있어야만 하는 사진의 개수를 추정했다. 그 추정에 의하면, 참여자들은 6,600장의 사진을 기억하고 있었다. 물론 참여자들이 사진 속의 모든 것을 기억하고 있었다는 뜻은 아니다. 그러나 그들은 새로운 사진과 전에 봤던 사진을 구별하는 데 필요한 정도의 세부사항은 기억하고 있었다고 하겠다.

Standing(1973)의 연구에서는 10,000개의 단어를 제시하지는 않았다. 그러

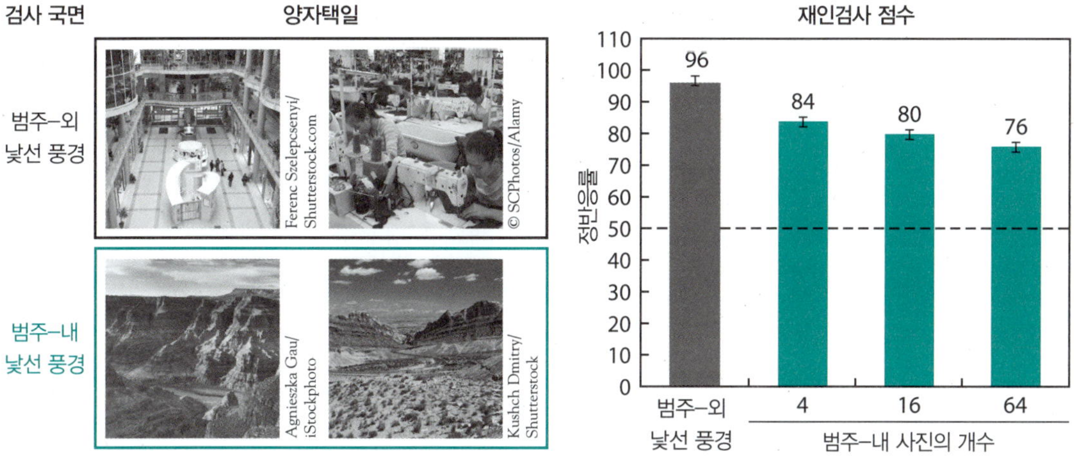

그림 7.2 풍경에 대한 기억을 검토한 실험 절차와 실험 결과

출처: "Scene memory is more detailed than you think: The role of categories in visual long-term memory" by T. Konkle, T. F. Brady, G. A. Alvarez, & A. Oliva (2010). *Psychological Science, 21*, 1551-1556.

나 다른 집단의 참여자들에게 단어 1,000개 또는 평범한 사진(고양이 사진과 같은) 1,000장 또는 희화된 사진(고양이가 입에 담뱃대를 물고 있는 것과 같은) 1,000장을 관찰하게 하였다. 그러고는 이틀 후에 위에서와 같은 재인검사를 실시하였다. 그 결과를 기초로 참여자들이 기억하고 있을 자극의 개수를 추정하였다. 이 추정에 따르면, 참여자들은 희화된 사진의 경우 880장, 평범한 사진의 경우 770장, 단어의 경우는 615개를 파지하고 있었다. 단어보다는 사진에 대한 재인기억이 우수하다는 Shepard(1967)의 연구결과가 다시 한 번 확인된 셈이다.

사진 속 세부사항(details)에 대한 사람들의 기억 역시 놀라울 정도다. 참여자들은 2,912장의 사진을 장당 3초씩 살펴보았다. 사진 속에 담긴 풍경의 범주는 128가지였고, 각 범주는 1개, 4개, 16개 또는 64개의 풍경으로 구성되었다(Konkle, Brady, Alvarz, & Olivia, 2010). 모든 사진을 살핀 후에는 휴식시간 20분을 가졌다. 그런 후, 제시된 두 개의 사진 중 앞서 보았던 풍경을 담은 사진을 선별해야 하는 재인검사를 받았다(그림 7.2). 범주-외 오답 조건의 경우, 제시된 두 장의 사진 중 하나에는 앞서 보았던 풍경이 들어있었고(정답), 다른 하나에는 앞서 본 적이 없는 범주, 그러니까 앞서 본 128개 범주 이외의 범주에 속하는 풍경을 담고 있었다. 이 조건에서 정반응률은 96%에 이르렀다. 한편, 범주-내 오답 조건에서는 두 장의 사진 모두 동일 범주에 속하는 풍경을 담고 있었다. 이 조건의 정반응률은 각 범주를 구성하는 풍경의 개수(1, 4, 16, 64개)에 따라 달랐다. 그러나 범주를 구성하는 풍경의 수가 64개인 경우에도 정반응률은 76%에 달했다.

Paivio의 이중부호화 이론

사진이 더 잘 기억된다는 사실을 기초로 우리는 심상(마음속 그림)을 형성하면 기억이 향상될 것이라는 생각을 하게 된다. 사실 Allan Paivio의 연구에 의해 실제로 그런 일이 일어나고 있음이 확인되었다. 많은 연구결과를 기초로 Paivio(1969)는 학습에 이용되는 재료를 정교화할 때 사람들은 주로 두 가지의 방법을 이용한다고 주장했다. 한 가지는 어문적 관련성을 강조하는 정교화이다. '시(詩)'라는 단어는 이 단어를 다른 단어와 구분시켜주는 많은 일을 생각나게 할 수 있다. 예를 들어, '시'라는 단어를 보면 다양한 양식의 시나, 특정한 한 편의 시, 아니면 국어시간에 시에 관해 배울 때 경험했던 일을 생각하게 될지도 모른다. 앞 장에서 다룬 Hyde와 Jenkins(1969)의 실험에서도 어문적 관련어(associates)가 단어 재생에 도움을 준다는 사실이 입증되었다. 단어의 의미를 고려해 본 사람들은 그 단어의 일차 관련어도 함께 재생했는데, 아마 한 단어를 재생한 것이 그와 관련된 단어까지 상기시켰기 때문일 것이다.

두 번째 형태의 정교화는 시각적 심상을 만들어보는 것이다. '요술쟁이(juggler)'라는 단어를 기억하려 한다면, 세 개의 공을 가지고 요술을 하는 사람의 심상을 그려볼 수도 있을 것이다. 그러나 '진실'이란 단어를 기억하려 하면, 심상을 형성하기가 어려울 것이다. 첫 번째 단어는 구체적인 대상을 지칭하는데, 두 번째 단어는 추상적인 개념을 지칭한다. 일반적으로, 구체적인 물체의 심상을 형성하기는 쉽지만 추상적인 개념의 심상을 형성하기는 어렵다. Paivio(1969)는 바로 이 구체성-추상성 차원(concrete-abstract dimension)이 심상 형성의 난이도를 결정하는 가장 중요한 요인이라고 주장했다. 구체성과 추상성을 잇는 연속선상에서 구체성 쪽의 끝에 놓이는 것이 그림이다. 그림은 그 자체가 시각적 심상으로 기억될 수 있기 때문에 심상을 만들어낼 필요조차 없다. 일반적으로 그림은 구체적인 단어보다 더 잘 기억되고, 구체적인 단어는 추상적인 단어보다 더 잘 기억된다.

구체성-추상성 차원 개념이 그림으로 표상될 수 있는 정도.

시각적 심상 형성과 어문적 관련어 생성이 중요한 정교화 전략이라면, 이 둘 중 어느 것이 더 효과적일까? 이 질문에 대답하기 위해서는 먼저 특정 단어의 심상을 형성해보는 일과 어문적 관련어를 생성해보는 일 중 어느 것이 더 쉬운지부터 알아야 한다. 단어의 심상 가능성(imagery potential)은 단어를 제시하고, 그 단어에 대한 심상 형성의 난이도를 주어진 척도 위에 평정하게 함으로써 측정된다. 대개 구체적인 단어의 심상 가능성은 높게, 그리고 추상적인 단어의 심상 가능성은 낮게 평정된다. 단어의 관련어 생성이 얼마나 용이한지를 판단할 때는 그 단어의 연상가(association value)가 측정된다. 연상가는

심상 가능성 개념에 대한 심상 형성의 난이도.

연상가 특정 개념에 대해 생성된 어문적 관련어의 개수.

단어를 제시하고, 주어진 시간(대개는 1분) 내에 그 단어와 관련된 단어를 얼마나 많이 산출해낼 수 있느냐로 측정된다. Paivio의 연구신은 심상 가능성이 연상가보다는 학습의 용이성을 더 정확하게 예측한다는 사실을 발견하였다. 즉, 심상을 생성하기 어려운 단어보다 심상을 생성하기 쉬운 단어를 학습하기가 더 쉽지만, 연상가가 높은 단어를 학습하기는 연상가가 낮은 단어를 학습하기보다 반드시 쉽지는 않았다(Paivio, 1969).

Paivio, Smythe, Yuille(1968)의 연구는 심상이 학습에 유익함을 보여주었다. 대학생들에게 16개 쌍으로 구성된 관련어 목록을 학습시켰다. 목록에 포함된 단어의 절반은 심상가가 높은 단어(예: 요술쟁이, 옷, 편지, 호텔)였고 나머지 반은 심상가가 낮은 단어(예: 노력, 의무, 본질, 필요)였다. 목록 속의 단어 쌍 16개는 고-고, 고-저, 저-고, 저-저로 분류되는 4개의 조건 각각에 4쌍씩 배치되었다. 각 조건의 명칭에서 첫 항은 자극으로 제시된 단어의 심상가를 나타내고 두 번째 항은 반응해야 할 단어의 심상가를 나타낸다. 예를 들어, '요술쟁이-옷'(고-고), '편지-노력'(고-저), '의무-호텔'(저-고), 그리고 '본질-필요'(저-저) 조건으로 분류되었다.

재생검사에서는 쌍으로 제시된 자극 단어 중 하나를 단서로 제시하고, 그 단어와 쌍으로 제시되었던 단어를 회상해내야 했다. 정확 재생률을 분석한 결과, 심상의 강력한 효과가 아주 선명하게 나타났다. 고-고 쌍이 최고(약 96%)의 재생을 초래하고, 고-저 쌍은 약 82%, 고-저 쌍은 약 60% 그리고 저-저 쌍은 최저(약 53%)의 재생을 초래하였다. 쌍 중 한 짝만이 높은 심상가를 가졌을 때는, 높은 심상가를 가진 단어가 자극으로 주어진 조건(고-저)이 보다 나은 재생을 보였다. 쌍을 이루는 두 개의 단어 모두에 대해 심상을 형성할 수 있을 때는 두 심상이 상호작용하는 하나의 심상으로 통합될 수도 있다. 예를 들어, '옷'과 '요술쟁이'라는 단어를 관련짓기 위해, 특정 옷을 걸친 요술쟁이의 심상을 만들어 볼 수 있을 것이다.

학생들에게 심상을 생성해보라는 지시를 하지 않았는데도 심상가가 높은 단어가 심상가가 낮은 단어보다 쉽게 학습되었다는 사실을 주목하자. 학생들이 심상을 형성할 수만 있다면 언제나 심상을 생성했다는 암시이다. 학습 활동이 끝난 후 실시한 설문조사의 결과는 이 가설을 지지했다. 설문에서는 목록에 실렸던 단어 쌍 16개 각각에 대해, 자기들이 각 쌍을 학습할 때 다음 다섯 가지 전략 중 어느 전략을 이용했는지를 지적해달라고 요구했다. 다섯 가지 전략이란 '전략 없음', '반복 전략'(암송), '어문 전략'(두 단어를 관련짓는 구나 운을 만들어보기), '심상 전략'(두 단어를 포함하는 그림을 마음속에 그려보기), 그리고 '기타'였다. '전략 없음'과 '기타'는 자주 이용되지 않은 것으로 드러났다.

나머지 세 가지 전략에 대한 반응의 분포는 그 쌍을 구성하는 단어의 심상가에 따라 달랐다. 심상 전략은 심상가가 고–고인 조건에서 가장 많이 이용되었고, 저–저인 조건에서 가장 적게 이용되었다. 재생검사에서 확보된 조건별 정확 재생률과 설문조사에서 확보된 심상 이용 횟수 사이에서 이처럼 뚜렷한 유사성이 나타난다는 사실에는 심상이 매우 효과적인 학습 전략이라는 뜻이 숨어있다.

이중부호화 이론
학습 재료를 시각부호와 어문부호로 표상하면 기억이 향상된다는 이론.

심상이 효과적인 이유는 심상이 어문적 부호와는 독립적으로 존재하는 기억부호이기 때문이라는 것이 Paivio(1975)의 주장이다. Paivio의 이 이론을 **이중부호화 이론**(dual coding theory)이라 한다. 각 자극별로 따로따로 재생될 수 있는 두 개의 기억부호가 생성된다고 가정하기 때문이다. '고양이'라는 단어뿐 아니라 고양이의 심상까지도 기억하고 있는 사람은 심상이나 단어 중 하나만 인출해도 그 자극을 재생할 수 있다. 이 두 개의 기억부호가 상호 독립적이라는 증거로는 한 가지 기억부호를 잃지 않은 채 다른 기억부호만 잃어버릴 수 있다는 점이다(Paivio, 1975). 특정 자극을 표상하는 기억부호가 두 개 형성되면, 기억부호가 하나만 형성되는 것보다 그 자극을 재생할 확률은 증가하기 마련이다.

이중부호화 이론은 사람들이 관계 정보(relational information)에 주의를 기울일 때에만 적용된다는 비판을 받고 있다(Marschak & Hunt, 1989). Marschak과 Hunt는 구체적 단어 쌍 12개와 추상적 단어 쌍 12개를 참여자들에게 제시하였다. 한 집단의 참여자들에게는 각 쌍의 단어 두 개를 하나로 통합하기가 용이한 정도를 평정하도록(관계 정보에 주의를 기울이도록) 하였다. 그러고는 나중에 이들 단어를 재생해보라고 하였다. 그 결과 추상적 단어보다는 구체적 단어가 더 많이 재생되었다. 다른 집단의 참여자들에게는 단어가 쌍으로 제시된 사실을 무시한 채(관계 정보를 무시한 채), 각 단어별로 심상을 생성하기가 용이한 정도를 평정하도록 하였다. 그러고는 나중에 이들 단어를 재생해보라고 하였다. 이중부호화 이론이 옳다면, 이 집단도 추상적 단어보다는 구체적 단어를 더 많이 재생해야 한다. 그러나 예측과는 달리 구체적 단어가 더 많이 재생되는 일은 벌어지지 않았다. 관계 정보의 부호화가 중요하다는 사실은 상표 이름(brand name)에 대한 기억을 검토한 연구에서도 발견된다. 상표 이름에 대한 기억이 상표와 상품이 상호작용하는 그림을 그릴 때만 향상되는 것으로 드러난 것이다(Lutz & Lutz, 1977). 예를 들면, 로켓을 등에 지고 소포를 배달하는 사람을 그린 그림을 본 사람들은 '로켓 택배 회사'라는 이름을 더 잘 기억했다. 만약 Marschark과 Hunt가 옳다면, 즉 구체성의 이득이 관계 정보처리 때문에 생기는 현상이라면 이중부호화 이론의 적용 범위는 줄어들 수밖에 없다. 그러나 제한되었다 할지라도 그 범위는 매우 넓다. 왜냐하면, 많은 학습활동이 자극 항목들 간 연관성(예: 상표 이름과 상품, 얼굴과 이름, 영어 단어와 한글 단어 등) 구축을 요구하고, 이런 경우에는 심상이 재생을 촉진시키기 때문이다. 따라서 기억력 향상 전략에서 심상이 핵심적인 역할을 수행한다는 주장은 자연스러운 일이라 할 것이다.

7.2 인지 과제 수행에 시각적 심상이 이용된다는 증거

심리학자들 중에서 심상의 존재를 의심하는 사람은 별로 없다. 하지만 심리적 현상을 설명하기 위한 구성개념으로서의 심상에 대해서는 의심을 갖는 학자도 있다. 그런 학자 중 한 명이 Pylyshyn이다. Pylyshyn(1973)은 그의 논문에서 심상의 유용성에 대한 강한 의심을 표명하였다. 그는 심상을 머릿속의 그림과 유사한, 해석되지 않은 사진으로 생각하는 것은 잘못이라고 주장한다. 그는 심상이 어떤 장면을 담은 사진이라기보다는 그 장면에 대한 기술(묘사)에 훨씬 가깝다고 주장한다. 심상의 감각적 특징보다는 기술적 특징을 강조하는 것이 **명제 이론**(propositional theory)의 중심 요지이다.

명제 이론
공간적 지식을 포함한 모든 지식을 의미에 기초를 둔 명제로 표현할 수 있다고 보는 견해.

Kosslyn과 Pomerantz(1977)도 심상이 해석되고 조직된 것이라고 하는 Pylyshyn의 생각에는 동의했다. 그러나 그들은 심상도 지각 정보가 처리되는 방식과 동일한 방식으로 처리되는 경우가 많다고 주장한다. Pylyshyn의 주장에 대한 반박으로, 그들은 비감각적 정보보다는 심상에 기초한 설명이 더 낫다고 판단되는 실험결과 5개를 요약하였다. 다섯 가지 결과 중 두 가지는 시각적 주사(visual scanning)에 관한 것인데, 이 과제는 Kosslyn의 연구진에 의해 개발된 것이었다. 먼저 주사 시간에 영향을 미치는 변인(예: 두 물체 사이의 거리)을 살펴본 후, 시각적 짝 맞추기, 머릿속 회전, 선택적 간섭을 차례로 살펴보기로 하자.

시각적 심상의 주사

어떤 현상을 설명하기 위해 시각적 심상을 이용하는 사람들은 심상을 공간적 표상으로 간주한다. 그리고 그 표상은 특정 대상을 눈으로 볼 때 마음속에 형성되는 지각경험을 닮았다고 생각한다. 또한 시각적 자극의 형태를 분석할 때 이용되는 조작 중 많은 것들이 시각적 심상을 분석하는 데도 이용된다고 가정한다(Kosslyn & Pomerantz, 1977). 그러한 조작 중 하나로 **시각적 주사**(visual scanning)가 꼽힌다. 심상을 그림에 비유하면, 심상 속의 두 물체를 주사하는

시각(적) 주사
시각 자극이나 시각 심상에서 주의를 변동시키는 작업.

그림 7.3 거리와 마음속에서 벌어지는 주사 시간과의 관계를 연구하는 데 이용된 지도

출처: "Visual images preserve metric spatial information: Evidence from studies of image scanning," by S. M. Kosslyn, T. M. Ball, & B. J. Reiser, 1978, *Journal of Experimental Psychology: Human Perception and Performance, 4*, 47-60. Copyright 1978 by the American Psychological Association. Reprinted by permission. APA is not responsible for the accuracy of this translation.

데 소요되는 시간은 두 물체 간 거리의 함수로 나타나야 한다. Kosslyn, Ball, Reiser(1978)가 수집한 증거는 이 예측과 일치하고 있다.

그들이 실시한 실험 중에는 대학생들에게 그림 7.3과 같은 지도를 보여주고, 지도 속 물체들의 정확한 위치를 기억해두라고 지시한 실험이 있다. 그런 지시를 한 후, 지도를 치워놓은 상태에서 학생들에게 다음과 같은 과제를 수행하게 했다. 먼저, 학생들에게 지도 속에 있었던 물체의 이름을 들려주면, 학생들은 지도에 대한 정신적 심상을 형성한 후, 방금 언급된 그 물체에 마음의 초점을 맞추고 있어야 했다. 그때 참여자들에게 두 번째 물체의 이름을 들려주고는, 검은 점이 첫 번째 물체로부터 직선을 따라 두 번째 물체로 움직인다고 상상하면서 지도를 주사해보라고 했다. 주사가 두 번째 물체에서 끝나는 순간 학생들은 단추를 눌러야 했다. 단추를 누르면 주사를 시작하는 순간 작동된 시계가 멈추도록 되어있어 주사하는 데 걸린 시간을 측정할 수 있었다. 지도에 그려진 물체가 7개였기 때문에, 그들 사이에는 주사에 필요한 거리가 21개가 있을 수 있고, 가장 먼 거리는 가장 가까운 거리보다 9배나 멀었다. 물체 간 거리에 따라 주사 시간이 달라진다면, 반응시간은 두 물체 간 거리의 직선 함수로 나타나야만 한다. 그림 7.4는 이 예측이 얼마나 근사하게 들어맞는

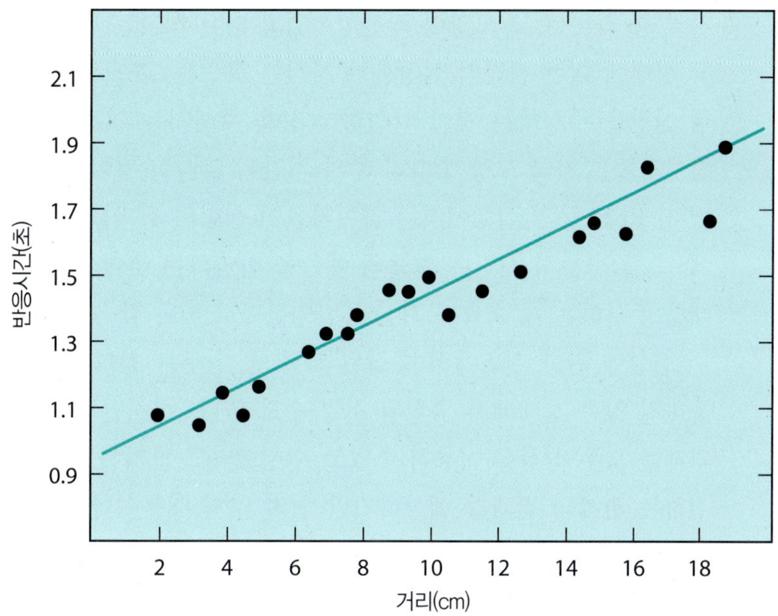

그림 7.4 마음속에 그려진 지도 위의 지점들 간 거리에 따라 주사 시간이 변하는 모습

출처: "Visual images preserve metric spatial information: Evidence from studies of image scanning," by S. M. Kosslyn, T. M. Ball, & B. J. Reiser, 1978, *Journal of Experimental Psychology: Human Perception and Performance, 4*, 47-60. Copyright 1978 by the American Psychological Association. Reprinted by permission. APA is not responsible for the accuracy of this translation.

지를 보여주고 있다.

이 결과는 우리가 그림을 주사하는 것과 동일한 방식으로 시각적 심상을 주사할 수 있다고 시사한다. 그러나 이 과제에서 참여자들은 실제로 시각적 심상을 이용하지 않았을 수도 있다(Intons-Peterson, 1983; Pylyshyn, 1981). 다시 말해, 참여자들은 실험자가 기대하는 것이 무엇인지를 추측하고, 실험자를 즐겁게 해주기 위해 그 추측에 맞는 적절한 반응을 했을 수도 있다는 뜻이다. Mitchell과 Richman(1980)은 사람들이 주사 시간과 주사 거리 간의 관계를 정확하게 예측할 수 있다고 밝혔다. 참여자에게 그림 7.3에 그려진 두 물체 사이를 주사하는 데 소요될 시간을 예측해보라고 했을 때, 예측된 주사 시간이 두 물체 간 거리의 직선 함수로 나타났던 것이다. 그러므로 Kosslyn 등(1978)의 실험에서도 참여자들은 실제로 시각적 심상을 정신적으로 주사하지 않고, 두 물체 간의 거리가 증가함에 따라 좀 더 오랜 시간을 기다렸다가 단추를 눌렀을 가능성을 배제할 수가 없다.

이러한 비판을 면하는 방법 중 하나는 참여자들이 실험결과를 예측할 수 없게 만드는 것이다. Reed, Hock, Lockhead(1983)는 참여자들이 실험결과를 예측하지 못하게 하기 위해 자극의 모양을 바꾸어보았다. 그들이 이용한 실험

자극 중 하나는 그 모양이 직선형이었고 다른 하나는 나선형이었다. 이 두 자극 형태에 대한 시각적 심상을 주사하는 속도는 그 모양에 따라 달랐다. 직선형 심상을 주사하는 것이 나선형 심상을 주사하는 것보다 더 빨랐다. 그러나 참여자들은 자극 모양에 따라 주사 시간이 달라질 것이라는 점은 예측하지 못했다. Reed 등의 실험에서는 참여자들이 실험의 결과를 예측하지 못했기 때문에, 그들의 주사 시간은 그들의 예측을 반영하는 것이 아니라 실제로 자극 형태를 주사하는 데 소요된 시간을 반영한다고 해야 할 것이다.

심상에 관한 실험에서 수집된 자료 중 일부는 참여자가 실제로 심상을 이용하지 않은 상태에서 수집된 것일 수도 있다. 하지만 사람들이 그 많은 공간 과제를 모두 심상을 이용하지 않고 수행했다고 보기는 어렵다. 왜냐하면 처음 접하는 과제의 결과를 예상하기란 쉽지 않기 때문이다(Finke, 1980). 이제, 시각적 기억부호와 어문적 기억부호를 구분시켜주는 과제를 살펴보기로 하자.

순차 처리 대 동시 처리

시각적 심상과 어문적 부호 간 차이 중 하나는 어문적 부호 속 정보는 하나씩 순차적으로 비교해야 하는데 반해, 시각적 심상 속 정보는 동시에 비교할 수 있다는 점이다. 그림 7.5의 얼굴을 쳐다볼 때, 우리는 얼굴의 여러 속성을 동시에 지각할 수 있다. 그렇지만 이들 속성을 어문적으로 묘사하려 할 때는, 언어의 계열적 특성 때문에 모든 속성을 동시에 접근할 수가 없다. 따라서 이들 속성을 언어로 기술하기 위해서는 기술하고자 하는 순서를 정해야만 한다.

병행적 표상
한 번에 두 개 이상의 항목이 처리되도록 구성된 지식 표상.

순차적 표상
한 번에 한 개의 자극만 처리되도록 형성된 지식 표상.

공간 정보의 **병행적 표상**(parallel representation)과 어문 정보의 **순차적 표상**(sequential representation)은 지각된 형태가 기억된 형태와 일치하는지를 비교,

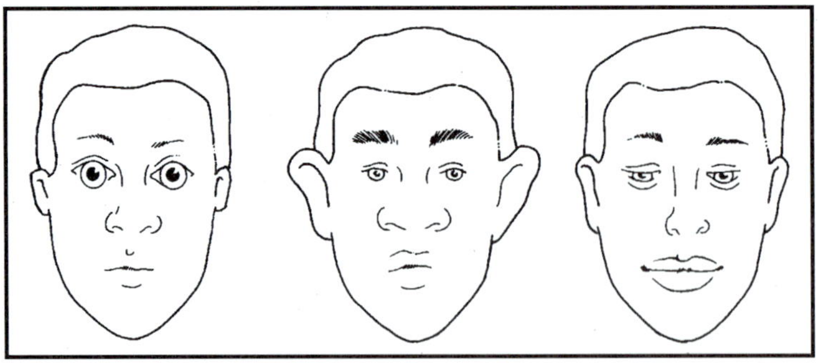

그림 7.5 속성의 크기에서 차이가 나는 얼굴 세 개

출처: "Representation and retrieval processes in short-term memory: Recognition and recall of faces," by E. E. Smith & G. D. Nielsen, 1970, *Journal of Experimental Psychology, 85*, 397-405. Copyright 1970 by the American Psychological Association. Reprinted by permission.

판단하는 속도에 영향을 미친다. 만약 기억 속 형태가 시각적 심상으로 저장되어 있다면, 시각을 통해 지각한 형태와 기억 속 형태를 비교하는 일은 어렵지 않을 것이며, 속성의 개수는 비교 속도에 큰 영향을 미치지 못할 것이다. 그러나 형태가 어문적 표상으로 저장되어 있다면, 비교는 보다 서서히 일어날 것이며, 비교되어야 할 속성의 개수에 따라 속도가 달라질 것이다.

Nielsen과 Smith(1973)는 학생들에게 얼굴을 그린 그림을 제시하거나 얼굴에 관한 어문적 묘사를 제시함으로써 이 예측을 검증하였다. 얼굴의 여러 속성 중 이 실험에서 중요한 것은 눈, 귀, 코, 입, 눈썹이었다. 이들 속성의 크기를 큰 것, 중간쯤인 것, 작은 것으로 변화시켰다(그림 7.5). 학생들에게 얼굴에 대한 어문적 묘사 또는 얼굴을 그린 그림을 4초 동안 공부하게 하였다. 그러고는 4초 또는 10초가 지난 후, 검사용 얼굴을 보여주며, 검사용 얼굴이 앞서 그림 속에서 본 얼굴 또는 언어로 묘사된 얼굴과 같은지를 판단해보라고 지시했다.

Nielsen과 Smith(1973)가 검증하고자 한 것은 속성의 개수와 반응시간 간의 관계였기 때문에, 과제 수행에서 고려해야 할 속성의 수를 3개에서 5개로 늘려보았다. 고려해야 할 속성이 5개일 때는 눈, 귀, 코, 입, 눈썹의 크기를 모두 비교해야 과제를 수행할 수 있었다. 고려해야 할 속성이 3개일 때는 귀와 눈썹이 변하지 않았다. 학생들도 이 사실을 알고 있었다. 즉, 귀와 눈썹을 고려하지 않아도 과제를 수행할 수 있다는 사실을 알고 있었다. 그리고 과제 수행에서 고려해야 할 속성이 4개인 경우에는 귀를 무시해도 좋았다. 그림 7.6은 처음에 제시된 자극이 그림이었을 때(그림-그림 과제)와 그것이 언어적 묘사였을 때(언어-그림 과제)의 반응시간을 보여주고 있다. 이 자료는 지연간격이 4초인 조건에서 수집된 것이지만, 지연간격이 10초인 조건에서도 같은 양상의 자료가 수집되었다. 반응에 소요된 시간을 살펴보면, 처음 제시된 자극이 그림(시각적 형태)이었을 때만 속성의 개수와 반응시간이 무관했다는 것을 알 수 있다. 즉, 처음 학습한 자극이 언어적 묘사였을 때만, 비교해야 할 속성이 많아짐에 따라 반응시간도 늘어났다.

이 결과는 주어진 형태에 대한 시각적 심상을 단기기억에 유지할 수 있을 때는 그것과 두 번째 제시된 시각적 형태를 재빨리 비교할 수 있다는 의미를 갖는다. 그것은 마치 두 개의 패턴을 포개어 모든 속성을 동시에 비교하는 것과 같다. 그러나 자극 형태의 속성이 어문적 묘사로 기억되어 있을 때는, '큰 귀', '작은 눈썹', '작은 눈', '중간 크기의 코', '큰 입'과 같은 식으로 정보를 하나씩 인출한 후, 인출된 속성을 검사용 얼굴의 속성과 한 번에 하나씩 비교해야만 한다. 따라서 반응시간은 과제 수행에 필요한 속성의 개수가 증가함에 따라 증가할 수밖에 없었다고 할 것이다. 그림-그림 과제를 수행하기 위해서

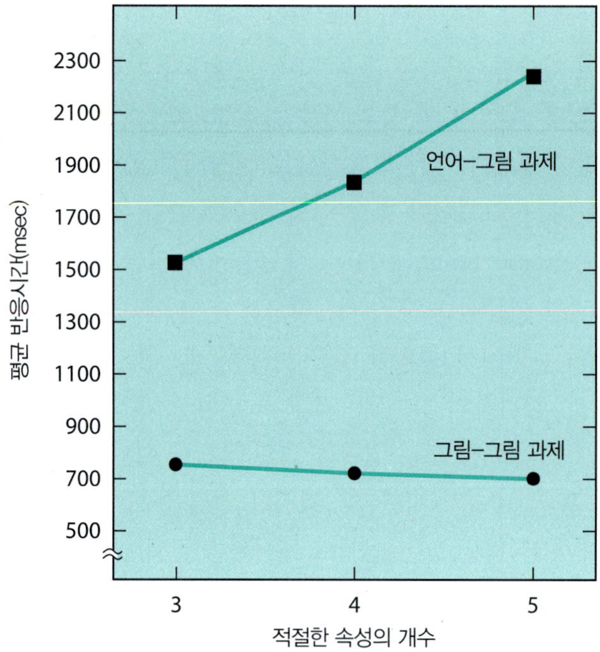

그림 7.6 과제 수행에 중요한 속성의 개수와 과제의 특성에 따라 두 자극이 동일했다는 정반응에 소요된 시간이 변하는 모습
출처: "Imaginal and verbal representations in short-term recognition of visual forms," by G. D. Nielsen & E. E. Smith, 1973, *Journal of Experimental Psychology, 101*, 375-378. Copyright 1973 by the American Psychological Association. Reprinted by permission.

는 심상을 유지해야 하고, 이 심상은 여러 속성이 하나의 형태로 통합된 것이기 때문에 이들 속성은 따로 분리되지 않는다. 이렇게 통합된 형태가 다른 시각적 형태와 비교될 수 있다는 것이 바로 시각적 심상과 어문적 묘사 간의 중요한 차이인 것이다.

머릿속 회전

두 개의 형태가 취하고 있는 정위(orientation)가 서로 다르면 이 둘이 같은 것인지를 결정하기가 훨씬 어려워진다. 그림 7.7에 제시된 과제에서는 쌍으로 제시된 두 자극이 동일한 형태의 물체인지를 판단해야 한다(Shepard & Metzler, 1971). 쌍 (a)와 (b)는 동일한 형태의 자극이 정위를 달리한 것들이고 쌍 (c)는 상이 한 형태의 자극으로 구성되어 있다. 두 개의 형태가 동일한지를 결정하는 한 가지 방법은 한 형태를 머릿속으로 회전시켜 다른 형태와 동일한 정위를 취하도록 해보는 것이다. 두 개의 형태가 같은 정위를 취하면 두 형태가 동일한지를 결정하기가 더 쉬워지기 때문이다.

Shepard와 Metzler(1971)는 자극 쌍을 구성하는 두 짝의 형태가 취한 정위의 차이를 0도(동일한 정위를 취하도록 한 상태)에서부터 20도 간격으로 180도까지

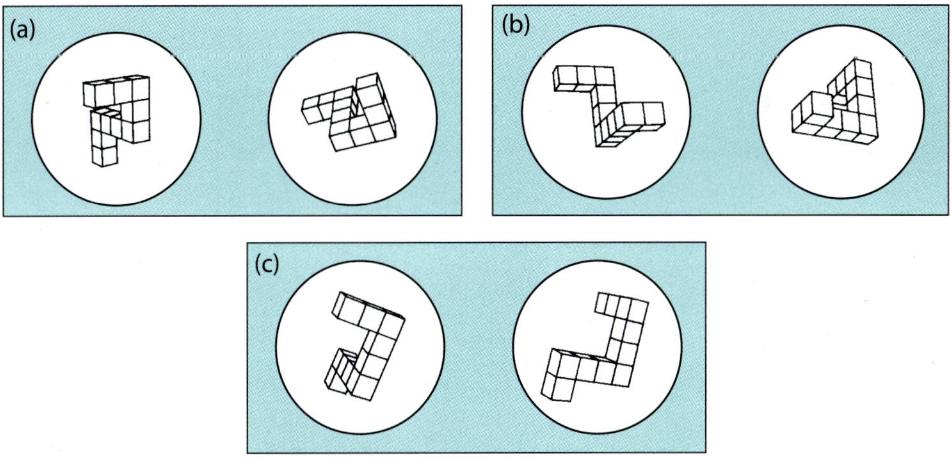

그림 7.7 각 쌍의 형태가 서로 다른 정위를 취하고 있는 모양
출처: "Mental rotation of three-dimensional objects," by R. N. Shepard & J. Metzler, 1971, *Science, 171*, 701-703. Copyright 1971 by the American Association for the Advancement of Science. Reprinted by permission.

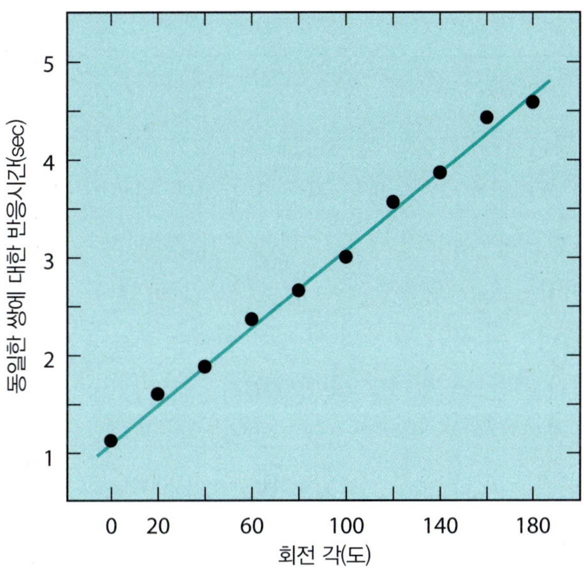

그림 7.8 두 형태에 대응하는 입방체의 모양이 같은지를 판단하는 데 소요된 시간
출처: "Mental rotation of three-dimensional objects," by R. N. Shepard & J. Metzler, 1971, *Science, 171*, 701-703. Copyright 1971 by the American Association for the Advancement of Science. Reprinted by permission.

조작해보았다. 여러 쌍 중 절반은 하나를 회전시키면 다른 하나와 동일한 형태가 되는 것이었고, 나머지 절반은 회전시켜도 두 형태가 동일하게 되지 않는 것들이었다. 그림 7.8을 보면, 판단에 소요된 시간은 두 형태의 정위가 서로 다른 정도에 정비례한다는 것을 알 수 있다. 이러한 결과는 참여자들이 이 과제를 수행할 때, 자극 쌍을 구성하는 두 짝의 형태 중 한 짝의 시각적 심상을, 다른 짝의 정위와 동일해질 때까지 머릿속으로 회전시켰다는 의미를 갖는

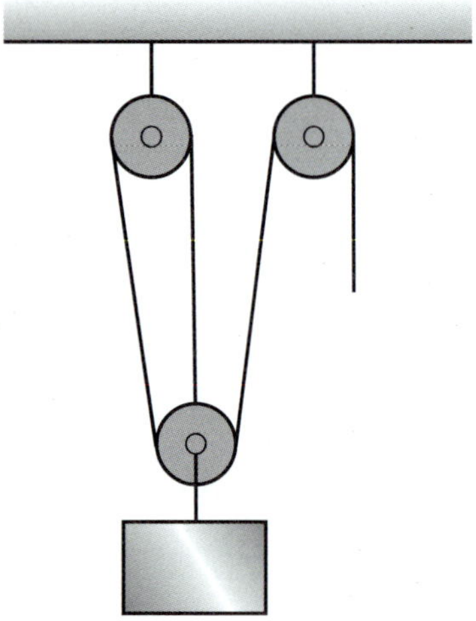

정적 진술: 왼쪽 위의 도르래는 천장에 부착되어 있다.
동적 진술: 왼쪽 위의 도르래는 시계 반대 방향으로 돈다.

그림 7.9 도르래 시스템과 도르래들 간 관계에 대한 정적 진술문과 동적 진술문
출처: "Mental animation: Inferring motion from static displays of mechanical systems," by M. Hegarty, 1992, *Journal of Experimental Psychology: Learning, Memory, and Cognition, 18*, 1084-1102. Reprinted by permission.

다. 참여자들의 실험 후 보고도 이 해석과 일치하였다. 즉, 참여자들은 한 물체의 정위가 다른 물체의 정위와 같아질 때까지 자극의 심상을 머릿속에서 회전시켰으며, 심상의 구조가 망가지지 않게 하기 위해 회전 속도를 일정한 수준 이상으로는 증가시킬 수 없었다고 보고했다. 또한 머릿속 회전이 머릿속에서 벌어지는 공간 표상의 연속적 변형이라는 증거는 뇌 영상(neuroimaging) 연구에서도 확보되었다(Zacks, 2008).

고정된 그림을 머릿속으로 움직일 수 있는 능력은 과학적 추리 문제를 해결하는 데도 도움을 줄 수 있다(Hegarty, 2004). 그림 7.9에 제시된 도르래 시스템을 살펴보자. 오른쪽의 밧줄을 잡아당기면 왼쪽 도르래가 어느 방향(시계방향, 아니면 그 반대 방향)으로 회전할 것 같은가? 이 질문에 답을 하기 위해는 이 도르래 시스템이 움직이는 방식을 머릿속에서 그려봐야 한다고 생각할 것이다. 먼저, 오른쪽 도르래의 움직임을 머릿속에 그려보고, 중간에 있는 도르래의 움직임을 거쳐, 왼쪽 도르래의 움직임에 대한 심상으로 끝나는 '인과관계(causal chain)'를 창출하게 될 것이라는 생각이다. 이것이 바로 Hegarty(1992)의 생각이었다. 즉, 사람들이 이 장치가 작동하는 방식을 이해하고자 할 때 바로 이런 인과관계에 따라 각 도르래의 움직임을 머릿속에 그려볼 것이라는 생각이 Hegarty의 가설이었다.

이 가설을 검증하기 위해 그림 7.9와 같은 그림을 학생들에게 제시하고, 그림과 함께 제시된 진술문의 내용이 '참'인지 '거짓'인지를 재빨리 결정해보라고

지시했다. 그림과 함께 제시된 진술문 두 개 중 하나(위에 있는 것)는 움직임을 언급하지 않고(정적 진술), 다른 하나(아래에 있는 것)는 움직임을 언급하고 있다(동적 진술).

만약 사람들이 동적 진술문을 평가할 때 도르래를 머릿속으로 움직여본다면, 앞서 언급하였듯 인과관계가 길어지면 반응시간도 길어져야 한다. Hegarty(1992)의 결과는 이 예측과 일치했다. 즉, 시작하는 도르래(오른쪽 위에 있는 것)에 관한 진술문에 대한 반응이 가장 빨랐고, 마지막 도르래에 관한 진술문에 대한 반응이 가장 느렸다. 오반응도 시작하는 도르래에서 가장 적었고 마지막 도르래에서 가장 많았다. 이와는 대조적으로, 정적 진술문에 대한 평가의 경우, 반응시간은 물론 오반응도 진술문에 소개된 도르래의 위치에 따라 달라지지 않았다. 결국, 평가 과제가 도르래의 움직임을 요구할 때에만 도르래의 위치가 중요한 변인으로 작용한 것이다.

간섭

망각의 주된 원인은 간섭이라는 사실을 우리는 앞에서 배웠다. 전진적 간섭으로부터의 해방에 관한 연구(Wickens, 1972)는 앞 자극이 속한 범주와 뒤이은 자극이 속한 범주의 의미가 서로 다르면 그런 간섭이 약화된다는 것을 입증했다. Brooks(1968)는 학습 재료를 시각적인 것에서 어문적인 것으로 바꾸어도 간섭이 감소한다는 사실을 밝혀냈다.

Brooks(1968)의 시각 과제에서는 그림 7.10과 같은 문자 도형이 이용되었다. 참여자들에게는 이 도형을 보여준 후 치워버렸다. 참여자들은 이 문자 도형에 대한 기억을 이용하여, '예' 또는 '아니요'로 반응해야 하는 과제를 수행해야했다. 구체적으로, 도형의 가장 위에 있는 모서리와 가장 아래에 있는 모서리에 대해서는 '예'라고 반응하고, 그 외의 모서리에 대해서는 '아니요'라고 반응해야 하는 과제였다. 위에서 보기로 제시한 도형에는 모두 8개의 모서리가 있다는 사실을 상기하기 바란다. 참여자가 과제를 수행할 때, 왼쪽 맨 아래 모

그림 7.10 블록으로 만든 문자

서리에서 시작하여 위로, 그리고 거기서 오른쪽으로 간 다음, 아래, 왼쪽, 다시 아래쪽, 오른쪽, 아래쪽으로 진행한다고 가정하면, 정반응은 '예, 예, 예, 아니요, 아니요, 아니요, 아니요, 예'가 될 것이다.

Brooks(1968)의 실험에 이용된 어문적 과제에서는 참여자들에게 문장 속 단어 중 명사에 대해서만 '예'로 반응하고 나머지 단어에 대해서는 '아니요'로 반응하도록 주문했다. 예를 들어, 'A bird in the hand is not in the bush'라는 문장을 들은 참여자의 경우, 정반응은 '아니요, 예, 아니요, 아니요, 예, 아니요, 아니요, 아니요, 아니요, 예'이었다.

Brooks(1968)는 문장에 대한 기억은 어문적 부호로 유지되고, 문자 도형에 대한 기억은 시각적 심상으로 유지될 것이라고 생각했다. 만약 이 생각이 옳다면, 다음 두 가지 반응방식에 따라 그 반응이 과제 수행을 간섭하는 정도가 달라져야 한다. 예를 들어, 위의 과제에서 반응을 할 때 '예'나 '아니요'라고 말을 해야 한다면, 도형의 모서리를 분류할 때보다 문장의 단어를 분류할 때 더 큰 간섭이 일어나야 한다. 이와는 반대되는 간섭을 유발하기 위해 Brooks는 또 하나의 반응방식을 고안했다. 문자 'Y'와 'N'이 들쭉날쭉하게 두 열로 배열된 답지를 제시하고, 각 과제에서 '예'라고 반응해야 할 경우에는 'Y'를, '아니요'라고 반응해야 할 경우에는 'N'을 손가락으로 지적하도록 했다. 이 반응은 시각적 주의집중을 요구하기 때문에 어문적 문장 과제보다는 시각적 도형 과제를 수행하는 데 더 많은 간섭을 일으켜야 한다.

각 과제 완수에 소요되는 평균 반응시간을 분석한 결과, 간섭이 선별적으로 일어나고 있음이 확인되었다. 즉, 반응 '예' 또는 '아니요'를 말로 해야 했을 때는 단어 분류에 더 많은 시간이 소요되고, 손가락으로 지적하는 반응을 해야 했을 때는 모서리 분류에 더 많은 시간이 소요된 것으로 드러났다. 다시 말해, 언어적 반응은 시각적 재료(문자 도형)보다는 어문적 재료(문장)의 기억에 더 많은 간섭을 일으키고, 시각적 반응은 어문적 재료보다는 시각적 재료의 기억에 더 많은 간섭을 일으켰다.

간섭은 동일 양식의 정보에서만 일어난다고 하는 간섭의 선별성은 단기기억에 보관될 수 있는 자극의 개수에 관한 중요한 함의를 갖는다. 4장에서 소개된 단기기억의 용량에 관한 연구에서는 한결같이 동일 양식의 자극만 제시되었었다. 예를 들어, 기억폭 검사에 이용된 문자도, 절대적 판단 과제에 이용된 소리의 높낮이나 빛의 밝기도 모두 동일한 양식으로 제시된 자극이었다. 만약 어문적 부호로 유지될 수 있는 자극과 시각적 부호로 유지될 수 있는 자극이 조금씩 섞인 기억폭 과제를 고안한다면 어떤 일이 일어날까? Baddeley(1992)가 제안한 작업기억 모형에 의하면, 어문 정보는 조음(또는 음운) 루프(articulatory loop)에 보존되며, 시각 정보는 시공 스케치북에 보존되어야 한다. 만약 자극의 속성에서 나는 이러한 차이가 간섭을 줄인다면 사람들은 생각보다 더 많은 자극을 기억/재생할 수 있을 것이다.

이러한 가능성이 실제로 구현될 수 있음은 네덜란드 심리학자 Sanders와 Schroots(1969)에 의해 확인되었다. 과제를 수행할 때 상이한 감각양식(sensory modality)을 이용하게 하면 기억폭이 커진다는 사실이 이들에 의해 밝혀진 것이다. 그들은 어문적 양식을 이용해야 하는 과제와 시각적 양식을 이용해야 하는 과제를 따로따로 고안하였다. 어문적 양식을 요구하는 과제에서는 알파벳을 자극으로 이용했고, 시각적 양식을 요구하는 과제에서는 널빤지에 배열된 전구를 자극으로 이용했다. 참여자들은 널빤지 위에 널려 있는 전구가 하나씩 점멸하는 것을 지켜본 후, 불이 켜졌던 순서대로 전구를 지적해야 했다.

상이한 양식 간에는 간섭이 일어나지 않는다면, 알파벳은 어문적 부호로 저장하고 전구의 배열은 시각적 부호로 저장하면 기억폭이 커져야 한다. 즉, 기억폭을 측정하는 자극에 알파벳과 전구 점멸이 모두 포함되어 있으면, 재생해낼 수 있는 자극 수가 많아져야 한다. Sanders와 Schroots(1969)는 이 예측과 일치하는 결과를 확보했다. 예를 들어, 알파벳만 11개 제시한 후, 재생검사를 했을 때는 평균 5.4개를 재생할 수 있었다. 그런데 알파벳 6개를 제시하고 나서 전구 5개의 점멸을 제시한 후, 재생검사를 했을 때는 평균 8.3개의 항목(item)을 재생할 수 있었다. 이 같은 재생 증진은 공간적 위치를 기억하는 일이 알파벳을 기억하는 일보다 쉬워서 생긴 것이 아니다. 공간적 위치를 기억하는 일이 실제로 더 어렵다는 것은 이미 밝혀진 사실이다. 그러므로 이들이 발견한 기억력 향상 현상은 시각적 부호와 어문적 부호 간에는 간섭이 거의 일어나지 않기 때문에 생긴 현상이라고 봐야 한다. 따라서 이 결과는, 다른 많은 결과와 더불어 상이한 양식을 이용하면 간섭은 줄고, 수행은 증진된다는 사실을 보여주고 있다.

이상의 논의에서 우리는 시각적 심상을 이용하면 여러 가지 과제의 수행 수준을 높일 수 있다는 사실을 알았다. 예를 들어, 그림 속 부분 부분들 간 상대적 관계에 대한 기억이 향상되고, 공간 정보처리의 속도가 빨라지며, 시각부호와 어문부호 간 간섭은 줄어든다. 이러한 발견은 명제이론의 주장, 즉 인지활동을 설명하는 일에 심상은 필요하지 않다는 주장(Pylyshyn, 1973)과는 상충되는 결과라 할 것이다. 시각적 심상이 이용되고 있는 또 다른 증거를 살펴보기로 하자.

인지신경과학적 증거

Kosslyn(1995)은 정신적 심상에 관한 논쟁을 세 단계로 나누어 소개하였다. 첫 단계는 모든 지식이 명제형으로 표상될 수 있느냐는 문제에 관한 논쟁이었다. 모든 지식이 명제형으로 표상될 수 있다면, 시각적 심상에 바탕을 둔 지식을 가정할 필요가 없어진다. 인지 과제 수행에 심상이 이용된다는 증거를 다룬 이 절을 시작할 때도 바로 이 쟁점이 제기되었었다. 두 번째 단계는 심상에 관한 실험결과를 과제의 요구특성으로 설명할 수 있느냐는 문제에 관한 논쟁이었다. 이미 살펴본 것처럼, 이 논쟁은 애당초 Kosslyn의 시각-주사 실험에 관한 비판으로 제기되었다. 그러나 Kosslyn은 심상의 이론적 중요성에 관한 논쟁이 사라지게 된 것은 인지신경과학적 증거가 제시된 세 번째 단계라고 생각한다.

많은 인지 과제 수행에 심상이 이용된다는 강력한 인지신경과학적 증거를 한 곳에 모은 최초의 심리학자 중 한 명은 Farah(1988)였다. 그녀는 심상 이용을 지지하는 신경심리학적 증거를 (1) 시각적 심상과 시각적 지각에 뇌의 동일 부위가 관여한다는 결과와 (2) 뇌의 특정 부위가 손상되어 시각에 장애가 일어나면 시각적 심상에도 그와 동일한 장애가 발생한다는 결과로 나누어 정리하였다.

대뇌혈류
뇌 속의 각 영역에서 전개되는 혈액의 흐름. 특정 영역의 활동량에 따라 혈액의 흐름이 증감하는 정도를 측정하여 그 당시 그 영역에서 전개된 인지작용이 무엇인지를 밝혀내는 데 이용된다.

사건 관련 전위
전극을 머리에 부착한 후, 참여자가 특정 인지 과제를 수행하는 동안 그 전극에 포착되는 뇌파의 변화.

시각적 지각과 시각적 심상에 뇌의 동일한 부위가 관여한다는 증거는 대뇌혈류를 측정하거나 전기생리적 활동을 측정함으로써 수집된다. **대뇌혈류**(cerebral blood flow)의 증가는 뇌 속 특정 부위의 활동량이 증가함을 반영한다. **사건 관련 전위**(event-related potentials: ERP)는 자극이 처리될 때 일어나는, 그래서 자극 처리와 관련된 것으로 보이는, 뇌의 전기적 활동을 측정한다. 이 두 가지 측정치를 살펴보면, 시각적 심상이 이용될 것이라고 판단되는 많은 인지 과제를 수행할 때는 시각적 지각을 담당하는 후두엽의 1차 및 2차 시각피질의 활동이 증가한다는 것을 알 수 있다(Farah, 1988).

Roland와 Friberg(1985)는 참여자들이 암산을 하거나, 음계에 대한 기억을 주사하거나, 또는 마을길을 산보하는 모습을 마음속에 그려보는 일을 하는 동안 그들의 대뇌혈류를 측정해보았다. 시각적 심상 과제에서는 시각피질의 활동이 증가했지만, 암산이나 음계에 대한 기억을 주사하는 과제에서는 그런 변화가 없었다. 이보다 더 단순한 심상 과제에서도 비슷한 결과가 발견되었다(Goldenberg, Podreka, Steiner, & Willmes, 1987). 실험에 참여한 사람들에게 물질명사로 구성된 단어 목록을 읽어주었다. 한 집단에게는 그냥 듣는 대로 기억하라고 지시하고, 다른 집단에게는 기억할 때 시각적 심상을 형성해보라고 지시하였다. Paivio의 이중부호화 이론에서 예측한 것처럼, 심상 집단의 재생이 월등하였다. 후두엽의 혈류량도 심상 집단에서 높게 나타났다. 그리고 추상명사와 물질명사에 대한 ERP 분포도 서로 다른 것으로 드러났다. 이 결과 역시 이중부호화 이론과 일치한다(Kounios & Holcomb, 1994).

이상에서 소개한 정상인의 대뇌 활동에 관한 연구 이외에, 환자를 대상으로 한 연구에서도 심상에 관한 많은 것을 알게 되었다(Farah, 1988). 그 한 예로, 우리는 물체의 정체파악 능력과 물체의 위치파악 능력이 서로 단절된(dissociation) 능력이라는 것을 뇌 손상 환자에 대한 연구를 통해 알게 되었다. 이 두 능력이 단절되었다는 말은, 시각피질의 특정 부위가 손상되면 자극을 지각(정체를 확인)하는 능력에만 장애가 나타나는데 반해, 시각피질의 또 다른 부위가 손상되면 자극의 위치를 파악하는 능력에만 장애가 나타난다는 뜻이다. 환자들의 뇌가 손상된 부위가 어디인지에 따라 시각 능력에서도 또 심상 능력에서도 일부는 보존되고 일부는 손상되는 일이 벌어진다. 그런데 여기서 중요한 것은 보존/손상된 능력이 시각과 심상에서 서로 비슷하다는 사실이다(D. N. Levine, Warach, & Farah, 1985). 예를 들어, 물체의 정체파악 능력이 손상된 환자의 경우, 잘 알고 있던 물체의 모양을 기억만으로는 그릴 수도 없고 말로 묘사할 수도 없었다. 하지만 자기 동네에 있는 이정표의 상대적 위치, 국내의 도시, 그가 입원한 병실에 있는 가구의 위치 등은 상세하게 묘사하거나 그림으로 그릴 수 있었다. 한편, 물체의 위치파악 능력이 손상된 환자의 경우, 기억을 이용해서 공간적 위치를 파악해야 하는 과제는 수행할 수 없었지만, 다양한 물체의 모습에 대한 묘사는 상세하게 할 수 있었다.

시각(적) 무시
손상을 입은 뇌와 반대쪽 시야에 제시된 시각 자극에 대한 반응을 하지 못하는 현상.

시각적 지각 능력과 시각적 심상 능력이 동시에 손상되는 또 다른 예는 **시각적 무시**(visual neglect)에 관한 연구결과에서 발견된다. 특히, 우반구 두정엽에 손상을 입은 환자들 중에는 시야의 좌측에 제시된 자극을 지각하지 못하는 경우가 많다. 이 경우, 시각적 심상에서도 동일한 문제가 발생한다. 시각적 무시로 고통을 겪는 환자 두 명에게 이탈리아의 밀라노에 있는 유명한 광장을 특정 관점(예: 동쪽)에서 바라보고 있다고 상상을 하면서 그 광경을 묘사해 보라고 주문했다. 두 명 모두 그 위치에서 바라본 풍경의 좌측에 위치한 이정표는 묘사하지 않았다. 그다음에는 그 광장을 앞에서와는 반대쪽(예: 서쪽)에서 바라본다는 상상을 하도록 함으로써, 시야의 좌측과 우측이 뒤바뀌게 만들어보았다. 이번 묘사에서는 앞에서는 생략되었던 부분이 들어 있었지만, 앞선 묘사에서 들어있었던 부분은 포함되지 않았다.

심상에 관한 신경과학적 연구의 주요 성과는 이들 연구의 결과가 인지 모형 구축에 미치는 영향력이 증가하고 있다는 점이다. 심상 연구의 선두주자라 할 수 있는 Kosslyn(1994)은 심상 과제 수행에 관여하는 여러 하위 시스템들이 상호작용하는 모형을 구축하고자 하였다. 그는 우선, 시각적 심상과 시각적 지각이 동일한 하위 시스템의 작용에 의해 이루어진다고 가정한다. 예를 들면, 심상은 시지각을 담당하는 후두엽에 위치한 시각 버퍼(visual buffer)에서 활성화된다는 것이 그의 믿음이다. 대개 시각 버퍼에는 당장에 처리될 수 있는 것보다 더 많은 정보가 대기하고 있다. 그렇기 때문에 대기중인 정보 중에서 처리해야 할 것을 선별해야 하는 문제가 발생하는데, 이 선별작업을 수행하는 것이 주의 창(attention window)이라고 Kosslyn은 생각한다. 앞서 소개된 Kosslyn 등(1978)의 실험에 참여한 사람들은 섬에 대한 심상을 시각 버퍼에 보관하면서, 주의 창을 이용하여 섬 위의 특정 물체에 초점을 집중시킬 수 있었다는 것이 Kosslyn의 주장이다. Kosslyn(1994)은 그의 모형에서 이들 및 다른 하위 시스템의 작용을 행동적 증거 및 신경학적 증거와 밀접하게 연계시켜 놓았다. 시각적 심상에 관여하는 인지과정에 관한 정보 그리고 그 인지과정의 배후에서 작용하고 있는 뇌 속 구조물에 관한 정보를 수집하기 위한 연구는 아직도 계속되고 있다(Thompson, Slotnick, Burrage, & Kosslyn, 2009).

7.3 심상의 한계

이 장에서는 시각적 심상이 학습 및 공간적 추리 과제 수행에 유용하다는 점이 강조되었다. 이 점에 대해 의아하게 생각하는 사람도 있을 것이다. 자기는 생생한 심상을 만들어낼 수가 없다고 느끼는 사람도 있을 것이며, '도대체 사람들이 심상이라는 것을 정말로 이용하는 것일까?'라는 의문을 제기하는 사람도 있을 수 있다. 다음 질문에 답을 만들어보라. 축구공의 무늬는 5각형일까, 6각형일까? 축구공의 심상을 마음속에 형성한 후 이 질문에 답을 해보라. 사람들 중에는 심지어 그 형태를 보고 난 직후에도, 심상을 이용하여 방금 본 형태의 부분을 알아내는 데 어려움을 겪는 사람도 많다(Reed & Johnson, 1975). 심상의 유용성에 관한 많은 결과가 제시되었으니까, 심상의 한계점에 대한 논의도 마땅히 있어야 할 것이다.

세부사항에 대한 기억

공간 관계에 관한 추리, 즉 공간적 추리에서 심상의 유용성에 관한 많은 연구를 수행한 Barbara Tversky(2005)는 추론에서 심상 때문에 생길 수 있는 왜곡

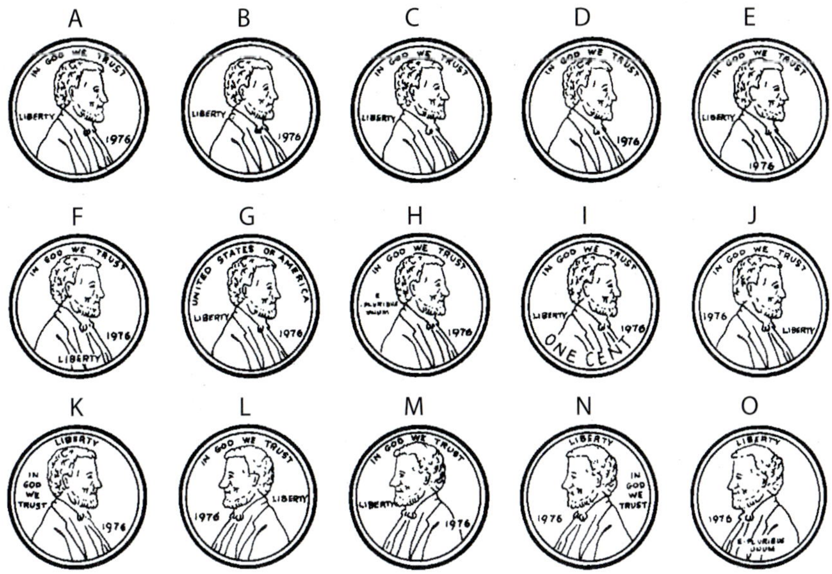

그림 7.11 재인 기억검사에 이용된 1센트짜리 동전을 그린 15개의 그림

출처: "Long-term memory for a common object," by R. S. Nickerson & M. J. Adams, 1979, *Cognitive Psychology, 11*, 287-307. Copyright 1979 by Academic Press, Inc. Reprinted by permission of Elsevier Science. APA is not responsible for the accuracy of this translation.

에 관한 논의도 잊지 않았다. 그렇게 생기는 오류 중 하나는 우리가 지리적 영역에 관한 판단을 내릴 때 생기는 오류이다. 예를 들어, 사람들은 북미 대륙과 유럽이 동일한 위도 상에 위치한 것으로 생각하는 편이며, 북미 대륙과 남미 대륙은 동일한 경도(또는 자오선) 상에 위치한 것으로 판단하곤 한다. 경도를 기준으로 봤을 때 제주와 서울이 제주와 부산보다 가깝다는 사실을 알고 놀라는 사람들이 많을 것이다.

문제는 심상이 지각만큼 상세하지 못하다는 데 있다. Nickerson과 Adams (1979)는 시각적 정보가 얼마나 완벽하게 그리고 얼마나 정확하게 기억되는지를 밝혀내기 위해, 아주 흔한 물건인 동전에 대한 재인검사를 해보았다. 미화 1센트짜리 동전의 한 면의 내용을 정확하게 그린 그림 하나와 그 내용을 조금씩 바꾼(빼거나 추가하거나 위치를 변경하거나) 그림 14개를 만들어 자극으로 이용하였다(그림 7.11). 이 자극을 하나씩 제시하고 실제 동전과 같은지 다른지를 결정하고, 다르면 무엇이 다른지를 말해보라고 하였다. 대부분의 참여자들은 정확한 그림을 선택하지 못했다. 우리 돈 100원짜리 동전의 한 면에는 사람의 초상이 들어있다는 사실쯤은 알고 있을 것이다. 그러면, 이 초상에서 귀를 볼 수 있을까? 미국 학생들은 1센트짜리 동전을 여러 번 보고도, 우리는 100원짜리 동전을 여러 번 보고도, 동전의 세부사항은 학습하지 못한 것이다. 그 이유

그림 7.12 (a) 오리로도 보이고 토끼로도 보이는 모호한 그림, (b) 오리의 부리를 수정한 그림, (c) 토끼의 코를 수정한 그림
출처: "What an image depicts depends on what an image means," by D. Chambers & D. Reisberg, 1992, *Cognitive Psychology, 24*, 145-174.

는 아마 그런 세부사항에 대한 기억은 일상생활에 필요하지 않았기 때문일 것이다. 색깔이나 크기만 보고도 우리는 100원짜리 동전과 다른 동전을, 그리고 미국 학생들은 1센트짜리 동전과 다른 동전을 쉽게 구별할 수 있기 때문에 굳이 자세한 것까지 학습할 필요가 없었을 것이다.

심상에 관한 증거를 보면, 사람들은 자기들이 만드는 심상을 얼마나 세밀하게 만들어야 할 것인지를 고민을 해보는 것 같다. 먼저, 시각적 심상을 조작하는 우리의 능력부터 점검해보자. 그림 7.12(a)에 있는 동물의 심상을 마음속에 그려보라. 이제, 책은 덮어놓고 마음속에 있는 심상만을 검토하면서, 그 그림을 다른 동물을 그린 그림이라고 바꾸어 해석하려고 노력해보라. 이번에는 책 속의 그림을 들여다보며, 그 그림을 재해석하려고 노력해보라. 심상을 재해석하는 것보다는 그림을 재해석하는 것이 훨씬 쉬웠을 것이다(Chambers & Reisberg, 1985). 사실, Chambers와 Reisberg의 실험에 참여한 학생 15명 중 심상을 재해석할 수 있는 사람은 단 한 명도 없었다. 그러나 15명 모두 그림은 재해석할 수 있었다.

Chambers와 Reisberg(1992)는 심상 재해석이 어려운 이유를 검토하였다. 심상에는 대상의 중요한 측면만 포함되기 때문에 재해석이 어렵다는 것이 그들의 생각이었다. 위에서 소개한 연구의 경우, 동물의 얼굴인 머리의 앞면만 심상에 보존된다는 가설을 세웠다. 다시 말해, 그림 7.12(a)를 오리로 지각한 사람들의 심상에는 이 형태의 왼쪽만 상세하게 표상되고, 토끼로 지각한 사람들의 심상에는 이 형태의 오른쪽만 상세하게 표상되어 있을 것이라고 생각했다. 이 가설을 검증하기 위해, 그림 7.12(a)를 자극으로 제시한 후, 참여자들에게 그림 7.12(a)와 그림 7.12(b)(이 그림은 오리의 부리만 조금 다름)를 보여주며 앞서 본 것이 어느 것인지를 지적해보라고 하였다. 그 결과, 그 자극을 오리로 지각한 사람들의 정반응률(그림 7.12(a)를 지적할 확률)이 그 자극을 토끼로 지각한 사람들의 정반응률보다 높았다. 그러나 그림 7.12(a)와 그림 7.12(c)(이 그림은 토끼의 코만 조금 다름) 중에서 선택하게 했을 때는 결과가 반대로 나타났다. 즉, 자극을 오리로 지각한 사람들의 정반응률이 그 자극을 토끼로 지각한 사람들의 정반응률보다 낮았다. 이 결과는 심상에 대한 재해석이 어려웠던 이유가 심상을 다르게 해석하는 데 필요한 바로 그 부분이 세밀하게 표상되지 않았기 때문이라는 가설의 예측과 일치한다.

심상에서 상세한 것이 누락되는 원인 중 하나는 일단 어문적 부호가 형성되면 상세한 심상을 보존할 수 없게 된다는 점이다. 참여자들에게 그림을 부호화할 때 어문적 부호를 생성하지 말라고 주문하면, 모호한 그림(예: 그림 7.12(a))의 심상을 재해석하는 능력이 향상되는 것으로 밝혀졌다(Brandimonte & Gerbino, 1993). 이들은 실험집단의 참여자들에게 모호한 그림을 관찰하는 동안 계속 '라–라–라'라고 중얼거리게 하는, 조음억압 과제(articulatory suppression task)를 수행하게 하였다. 그러고는 이들이 심상을 바꾸는 작업에 성공할 확률을 측정한 결과, 조음억압 과제를 수행하지 않은 통제집단보다 성공 확률이 높게 나타났다. Brandimonte와 Gerbino는 심상만 활용하게 되면 심상 속의 세부사항들을 더 잘 보존하게 된다고 결론지었다.

다행스런 점은 심상의 유용성이 이러한 제한점 때문에 줄어들지 않는다는 점이다. 대개의 경우 단어기억에 이용되는 심상은 세밀할 필요가 없다. 즉, '동전'이라는 단어를 기억하는 일에 동전에 대한 심상이 자세하거나 정확해야 할 필요는 없다. 그 심상을 인출했을 때 올바른 단어를 재생할 수만 있으면 된다. 2주 전에 보았던 그림의 이름까지 재생할 수 있을 만큼 기억력이 우수한 사람들의 심상도 기억력이 그들보다 못한 사람들의 심상보다 더 상세하지는 않은 것으로 밝혀졌다(Bahrick & Boucher, 1968).

예를 들어, 컵을 보았다는 사실을 재생할 수 있는 사람들도 그림 7.11에 예시된 것과 비슷한 재인검사에서 그 컵에 대한 많은 자세한 것을 기억하지는 못했다. 이러한 증거에는 사람들이 심상을 생성하는 목적은 재생을 촉진시키기 위함이라는 뜻이 담겨있다. 그 물체에 대한 기억은 그 이름을 재생하는 데 충분할 만큼만 상세하면 되는 것이다. 따라서 과제가 상세한 것에 대한 기억을 요구하지 않는 한 시각적 심상도 불완전할 수 있다.

시각적 심상의 한계를 보여주는 이들 연구결과에는 좋은 면과 좋지 않은 면이 모두 들어있다. 좋지 않은 면은 시각적 심상을 이용한다고 해서 모든 기억이 향상되는 것은 아니라는 점이다. 좋은 면은 자기의 심상은 형편없다고 믿는 사람들의 심상도 아주 세밀한 것을 요구하는 과제를 제외한 많은 과제를 수행하는 데는 충분하다는 점이다.

실재감시

물체나 사건에 대한 심상이 실제만큼 정확하고 상세하면, 우리는 실상과 상상을 구분할 수 없게 될 것이다. 우리가 기억하는 정보는 지각을 통해 생성될 수도 있고 상상/생각을 통해 생성될 수도 있다. 지각을 정보의 외적 출처라 하고 상상을 내적 출처라 한다. 그리고 이 두 출처의 정보를 구분하는 일을 실재감시(reality monitoring)라 한다(Johnson & Raye, 1981).

실재감시
실제 사건과 상상된 사건을 변별하는 일.

사람들은 실상과 상상을 얼마나 잘 구분할 수 있을까? 즉, 사람들의 실재감시 능력은 어느 정도일까? 이 문제를 해결하기 위해, Johnson, Raye, Wang, Taylor(1979)는 흔한 물체를 찍은 사진을 참여자들에게 보여주었다. 참여자들은 각 물체를 찍은 사진을 2, 5, 8회씩 보았고, 각 물체의 이름도 2, 5, 8회씩 보았다. 참여자들에게는 물체의 이름을 볼 때마다 그 이름이 지칭하는 물체의 심상을 생성해보라고 지시하였다. 마지막에는 참여자들에게 뜻밖의 검사를 실시하였다. 각각의 사진을 몇 회쯤 보았는지 추정해야 하는 검사였다.

실제로 본 것과 상상한 것을 잘 구별할 수 있다면, 사진을 본 횟수에 대한 추정치는 그 사진에 찍힌 물체의 이름을 보고 그 물체를 상상해본(그 물체의 심상을 그려본) 일에 영향을 받지 않아야 한다. 정확한 심상을 생성할 수 있는 능력은 공간적 과제 수행에는 중요한 자산이지만, 이 과제를 수행하는 데는 불리할 수도 있다. 심상 능력이 훌륭한 사람들은 본 것과 상상한 것을 제대로 변별하지 못할 수도 있다. 이 가능성을 검증하기 위해 이 연구에서는 참여자의 심상 능력도 측정해보았다.

그림 7.13은 이 실험결과를 보여준다. 왼쪽 그림은 심상 능력이 높은 참여자들의 평균 추정치를, 그리고 오른쪽 그림은 심상 능력이 낮은 참여자들의 평균 추정치를 보여준다. 추정치를 보여주는 각 선분에 붙어 있는 8, 5, 2라는 숫자는 그림이 제시된 횟수를 나타낸다. 그림을 살펴보면, 사진을 본 횟수가 증가하면 그에 따라 추정치도 증가하고 있음을 알 수 있다. 그러나 상상해본 횟수와 더불어 추정치도 함께 증가하고 있다. 상상해본 일 때문에 사진을 본 횟수에 대한 판단이 달라진 것이다.

그림 7.13의 왼쪽과 오른쪽을 비교해보면, 심상 능력이 높은 집단이 낮은 집단에 비해 상상을 해본 일에 더 많은 영향을 받았다는 것을 알 수 있다. 상상 능력이 우수한 사람들이 본 것과 상상한 것을 구분하는 일에서 더 큰 어려움을 겪었다는 뜻이다.

상상을 해본 일이 실상에 대한 판단에 영향을 미치는 것은 사실이다. 하지만 전반적으로 볼 때, 참여자들의 추정치는 상당히 정확했다. 따라서 Johnson

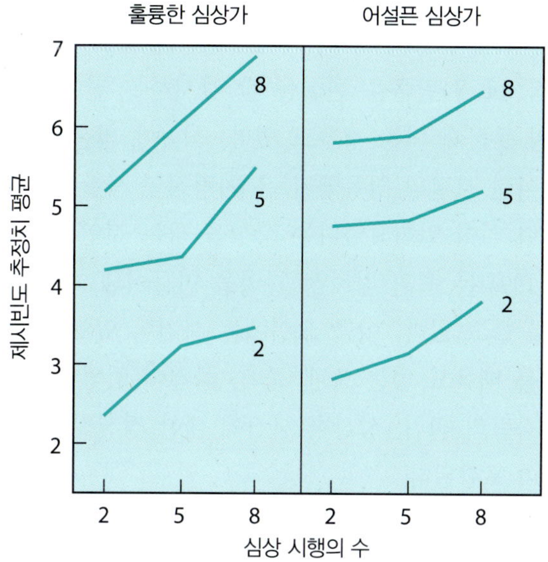

그림 7.13 사진을 본 횟수에 대한 추정치가 사진이 실제로 제시된 횟수와 사진을 상상해본 횟수에 따라 변하는 모습

출처: "Fact and fantasy: The roles of accuracy and variability in confusing imaginations with perceptual experience," by M. K. Johnson, C. L. Raye, A. Y. Wang, & T. T. Taylor, 1979, *Journal of Experimental Psychology: Human Learning and Memory, 5*, 229-240. Copyright 1979 by the American Psychological Association. Reprinted by permission.

등(1979)의 연구결과를 기초로 지을 수 있는 결론 중 하나는 일반적으로 사람들은 정보의 출처(외적 대 내적)를 매우 정확하게 기억한다가 될 것이다. 이 결론에서 우리는 또 다른 궁금증을 품게 된다. 사람들은 무엇을 단서로 이 둘을 구분하는 것일까?

Johnson과 Raye(1981)는 유용한 단서로 여러 가지를 꼽을 수 있다고 주장했다. 감각 정보가 그 첫 번째 단서이다. 감각기관을 통해 수집된 정보의 양이 개인에 따라 다르다. 하지만 지각한 것이 상상한 것보다 더욱 세밀하다는 사실은 부정할 수 없을 것이다. 두 번째 단서는 맥락 정보이다. 지각은 다른 정보가 산재한 외적 맥락 속에서 일어난다. 맥락 정보가 정보 재생에 중요하다는 것을 우리는 앞장에서 보았다. 맥락 정보는 어떤 정보의 출처가 내적 출처인지 아니면 외적 출처인지를 구분하는 데도 중요하게 이용된다.

세 번째 단서는 심상 생성에 관여했던 인지작용에 대한 기억이다. 만약 심상이 우리가 의식하지 못하는 사이에 자동적으로 생성된다면, 우리는 그 심상 생성에 관여한 인지작용을 기억하지 못할 것이다. 잠잘 때 꾸는 꿈이 이러한 종류에 속한다. 꿈을 꾸고 있다는 것을 우리가 모르고 있기 때문에 꿈은 실제와 흡사해 보인다. 그러나 백일몽은 실제와 거리가 많이 멀어 보인다. 그 이유는 우리가 백일몽을 의식적으로 통제할 수 있기 때문이다.

실재감시의 붕괴

일반적으로 사람들은 현실을 잘 감시하는 편이다. 그러나 실상과 상상을 구분하지 못하게 되는 경우도 있다. 최근에 많은 관심을 끌고 있는 문제 중 하나는 어린 시절의 성폭행 같은 치명적인 사건이 실제 일어났던 것인지, 아니면 그런 일이 일어났었다는 상상을 하는 것인지에 관한 문제이다. Lindsay와 Read(1994)는 허위/착각성 기억을 만들어낼 가능성을 높이는 요인으로 여러 가지를 들고 있다. 이들 요인에는 사건이 있었던 때와 그 사건을 기억해내려는 때를 메우고 있는 오랜 공백, 사건이 있었다는 반복된 암시, 이런 암시를 하는 사람의 권위, 상상한 사건에 대한 정신적 시연, 최면, 또는 유도된 심상화 등이 포함된다.

지시에 따라 심상 생성작업을 반복하다 보면 어린 시절의 사건에 대한 착각성 기억이 증가한다(Hyman & Pentland, 1996). Hyman과 Pentland는 대학생을 둔 학부모들에게 자기 자녀들이 어렸을 적에 있었던 사건 중에서 아직도 그들이 기억하고 있을 법한 사건을 기술해달라고 부탁했다. 그리고 학생들에게는 세 번에 걸친 면담을 통해 그 사건을 기억하는지 물어보고, 추가 정보를 제공해달라고 요구했다. 면담에서는 과거에 실제로 있었던 사건(실제 사건)과 함께 실험자가 꾸며낸 사건(허위 사건)을 하나 더 포함시켜 두었다. 추가된 허위 사건의 내용은 다음과 같았다: '네가 다섯 살 때 결혼 피로연에 참석한 적이 있었단다. 그때 너의 실수로 음료수가 담긴 그릇이 넘어졌고, 그 결과 신부의 부모가 입고 있던 옷이 엉망이 되고 말았지.'

이 연구(Hyman & Pentland, 1996)의 목적은 재생을 돕기 위한 지시문이 허위 사건 재생에 미치는 영향력을 검증하는 것이었다. 따라서 심상 조건과 통제 조건에 서로 다른 지시문이 제공되었다. 심상 조건에서는 학생들이 관련 정보를 기억해내지 못하는 사건(실제 사건이나 허위 사건)이 있을 때, 그 사건에 대한 상상을 해보라고 지시했다. 그리고 통제집단의 참여자들에게는 그 사건에 관해 조용히 생각해보라는 지시와 함께 45~60초를 생각해볼 시간을 제공했다. 그러고는 학생들이 그 사건에 대한 기억이 난다고 말하면서 어떤 일이 있었는지에 관한 추가 정보를 제공하면 그 사건을 재생한 사건으로 간주하였다. 세 번째 면담의 말미에서 참여자들이 재생해낸 사건을 분석한 결과, 심상 조건의 경우 참여자 32명 중 12명이 허위 사건(음료수 그릇 사건)을 재생해낸 것으로 밝혀졌다. 그러나 통제 조건의 참여자 33명 중에서 이 오류를 범한 사람은 4명뿐이었다. 실험자가 어떤 도움을 제공했는지에 따라 없었던 일을 있었던 일로 기억해내는 놀라운 일이 벌어진 것이다.

지시에 따라 심상을 생성하게 할 때 허위 사건에 관한 사진이 이용되면, 그 상상이 실상으로 오인될 가능성이 훨씬 커진다(Wade, Garry, Nash, & Harper, 2010). 대학생들의 가족에게 부탁을 하여 학생들이 어릴 적에 찍은 사진 3장씩을 수집했다. 각 사진에는 그 사진과 관련된 사건에 대한 다음과 같은 설명문이 붙어있었다: '네가 일곱 살 때, 너의 삼촌과 함께 음악회에서 연주를 마친 후…….' 네 번째 사진은 꾸며낸 사건이었고, 설명문은 다음과 같았다: '네가 다섯 살 때, 너의 아빠와 열기구를 타고…….'

학생들은 일주일 동안 세 번의 면담에 참여했다. 세 번의 면담 중 하나에서는 사건에 대한 이야기를 했고, 다른 하나에서는 사진에 대한 이야기를 했다. 그리고 마지막 면담에서는 학생들에게 어릴 적에 있었던 그 사건들이 기억이 나는지, 기억이 나면 좀 더 자세하게 이야기해달라고 주문했다. 그 결과, 첫 번째 면담에서 사건에 관해 이야기하고 두 번째 면담에서 사진을 본 학생들이 허위 기억과 심상을 더 많이 보고하는 것으로 드러났다. 사건에 관한 이야기를 먼저 한 것이 꾸며낸 사건에 대한 상상을 해볼 기회를 제공했기 때문에 야기된 결과라는 것이 Wade 등(2010)의 결론이었다. 이 연구에서 재미있었던 사실은 실제로 학생들은 자기들이 상상했던 것과 사진이 부합되지 않는다는 말을 자주 하면서도 허위 기억을 만들어냈다는 점이다.

환상
실제라고 믿는 상상된 사건 혹은 상상 그 자체.

실재감시의 붕괴로 유발되는 비극 중 하나가 **환상**(hallucinations)이다. 가용한 증거를 종합해보면, 환상은 상상한 일이 너무나 선명하여 실상과 상상을 구분할 수 없을 때 생기는 장애일 가능성이 크다(Bentall, 1990). 정신분열병(조현병) 환자들의 경우, 모든 감각양식에서 상상력이 특출하다는 증거가 확보된 것이다(Sack, van de Ven, Etschenberg, & Linden, 2005). Sack 등은 정신분열병 환자 50명과 나이 및 성을 기준으로 이들 환자들과 대등한 건강한 사람 50명에게 일군의 심리검사를 실시하였다. 이들 검사 중 하나는 심상의 선명도를 측정하는 질문지였다. 질문지는 모두 35문항으로 구성되었다. 각 문항은 7가지 감각양식에서 벌어질 수 있는 사건(가죽 냄새, 고양이 울음소리) 각각에 대한 심상 능력을 평정하도록 고안된 것이었다. 질문지 속 각 문항에 답을 할 때, 참여자들은 자신의 심상 능력을 평정하여 7점 척도에 지적해야했다. 척도의 최고점을 나타내는 눈금은 '나는 그것을 실상처럼 선명하게 지각한다(7점)'였고, 최저점을 나타내는 눈금은 '그것에 관해 생각은 할 수 있어도 상상은 할 수가 없다(1점)'였다. 참여자들의 반응을 분석한 결과, 정신분열병 환자들의 선명도 평정치가 모든 감각양식에서 통제집단보다 높았다.

그러나 잊지 말아야 할 중요한 사실도 있었다. 그중 하나는 환상을 경험하는 사람들은 아무 관련 없는 사건들에 대한 두서없는 환상을 경험하는 것이 아니라는 점이다. 환상의 내용은 환자의 성격 또는 겪고 있는 스트레스와 관련이 깊어, 환상과 심상 점수 간에는 상관이 낮은 것으로 알려져 있다(Sack et al., 2005). 환상의 유형이 다르다는 것은 실재감시 능력이 붕괴되는 원인도 다양하다는 의미를 가진다. 남은 일은 손상된 실재감시 능력의 종류와 환상 내용의 유형 사이에 존재하는 관계를 정립하는 일이다(Bentall, 1990). 계속되는 연구 덕분에 사람(보통 사람과 환자)들의 실재감시 능력 기저에 깔려있는 인지적 기반 및 신경적 기반을 밝혀줄 정보가 날로 증가하고 있다(Johnson, 2006; Mitchell & Johnson, 2009).

7.4 요약

사람들은 보통 그림을 물질명사보다 더 잘 기억하고, 물질명사를 추상명사보다 더 잘 기억한다. 이러한 결과는 그림의 심상을 형성하기가 가장 쉽고 추상적인 단어의 심상을 형성하기가 가장 어렵다는 사실과 일치한다. 이들 연구결과는 학습에 심상이 유용하게 이용될 수 있다는 의미를 내포하고 있다. 자극쌍을 학습할 때는 쌍을 구성하는 자극이 조합되어 상호작용하는 심상을 만들어보면 학습이 용이해진다. 이중부호화 이론에서는 시각적 심상이 재생에 도움을 주는 이유를 시각적 심상과 어문적 부호가 상호 독립적인 기억부호로 생성되기 때문이라고 설명한다. 주어진 자극에 대해 어문적 부호와 시각적 심상이라는 두 가지 부호가 생성되기 때문에 우리는 그 둘 중 하나에만 접근할 수 있어도 그 자극에 대한 기억을 되살릴 수 있게 된다. 그러니까 우리는 주어진 단어를 재생할 기회를 한 번이 아니라 두 번 갖게 되는 셈이다.

시각적 심상이 기억을 향상시킨다는 것은 옛날부터 알려진 사실이고, 많은 종류의 기억력 증진 전략에 심상이 이용되고 있다. 여러 가지 전략 중에서도 심상 형성 전략이 가장 효과적인 전략으로 인정받고 있다.

심상의 유용성은 공간 추리 과제에서도 발견된다. 시각적 심상에는 물체들 간 공간적 관계나 속성들 간의 공간적 관계가 있는 그대로 보존된다. 그러므로 심상 속의 물체 사이를 정신적으로 주사하는 데 소요되는 시간은 두 물체 간 거리의 함수로 나타난다. 또한 두 개의 자극 형태가 일치하는지를 판단하고자 할 때, 시각적 심상을 이용하면 두 형태 속의 모든 속성을 동시에 비교할 수 있다. 그리고 정위(orientation)가 서로 다른 두 개의 형태가 동일한 형태인지를 판단하고자 할 때에도 우리는 심상을 이용하는 것으로 알려졌다. 이때 사람들은 두 형태의 심상을 형성하고, 그중 하나를 마음속에서 회전시켜 두 형태의 정위를 일치시킨 후, 둘을 비교하는 것으로 밝혀졌다. 어문적 부호와 시각적 부호는 서로를 간섭하는 일이 별로 없다. 이러한 결과는 이 두 부호가 다르다는 증거로 해석된다. 이밖에, 신경학적 연구는 사람들이 언제 심상을 이용하는지에 관한 증거를 제공한다. 뇌 활동에 대한 전기생리학적 분석결과와 혈류량 분석결과에 의하면, 시각적 지각과 시각적 심상에 관여하는 뇌의 부위는 동일하다. 뇌 손상 환자의 경우, 시각에 결함이 있으면 심상에서도 그와 흡사한 결함이 발견되는 것으로 밝혀져 있다.

시각적 심상이 학습 및 공간 추리 과제 수행에 유용한 것은 사실이다. 그러나 사람들의 심상은 그 상세함이나 명료함에 한계가 있다. 미화 1센트짜리 동전을 여러 개 그려 놓고, 그중에서 정확한 그림을 골라보라고 했을 때 대부분의 사람들은 정확한 그림을 골라내지 못했다. 상세한 것을 기억하지 못하는 이유는 상세한 것 중에서도 중요한 것에만 주의를 기울이기 때문인 것으로 밝혀졌다. 때문에 사람들에게 심상을 적극 활용하도록 권장하면 상세한 사항을 이용할 능력도 증가한다. 다행스러운 것은 대부분의 경우 상세한 심상을 필요로 하지 않는다는 사실이다. 심상에 상세한 감각 정보가 결여되었기 때문에, 실제로 경험한 일과 상상만 해본 일을 구분(실재감시)하기가 쉬워지기도 한다. 실재감시에 관한 연구는 환상과 권위 있는 인물의 암시를 통해 생성된 착각성 기억에 관한 이해의 폭을 확장시켜주고 있다.

복습문제

1. 이 장을 시작할 때 제시한 인용문에는 심상이라는 구성개념을 조작적으로 정의해야 하는 문제를 언급하고 있다. 여러분은 심상이라는 구성개념을 직접 관찰하기가 다른 정신활동을 관찰하기보다 더 어렵다고 생각하는가?
2. 심상 연구에 이용된 조작이나 처리에는 어떤 것들이 있는가?
3. Kosslyn의 정신적 주사에 관한 결과는 과제의 요구특성으로 설명될 수도 있다는 비판을 받고 있다. 여러분은 Reed의 연구진이 이 비판을 제거하는 데 성공했다고 생각하는가? 어떻게?
4. 병행적 처리의 의미를 분명히 알고 있도록 하라. 왜 이것이 짝 맞추기 과제에 장점으로 작용하는가? 시각 이외의 다른 감각양식에서 병행적 처리가 가능한 것은 어느 것일까?
5. 여러분은 어떤 문제를 해결하기 위해 시각적 심상을 변형하거나 재배열해본 적이 있는가? 어떤 문제 상황에서 그런 정신적 노력이 도움이 되었는가?
6. 두 개 이상의 기억부호나 감각양식을 이용하면 학습이 향상된다는 사실을 Paivio는 어떻게 설명하고 있는가? 단어와 심상을 관련짓는 최선의 방법은? 단어와 단어를 관련시키는 최선의 방법은?

7. 어떤 것을 기억할 때 심상이 유용하다는 것을 알고 있다. 그 한계는 없는 것일까?

8. 정확한 심상이 때로는 불리할 수도 있다는 점을 설명해보라.

핵심용어

공간적 지식(spatial knowledge)
구체성-추상성 차원(concrete-abstract dimension)
대뇌혈류(cerebral blood flow)
명제 이론(propositional theory)
병행적 표상(parallel representation)
순차적 표상(sequential representation)
사건 관련 전위(event-related potential: ERP)
시각(적) 무시(visual neglect)
시각(적) 주사(visual scanning)
심상 가능성(imagery potential)
실재감시(reality monitoring)
어문적 지식(verbal knowledge)
연상가(association value)
이중부호화 이론(dual-coding theory)

추천도서

Paivio(1971)는 심상을 실험심리학의 주요 주제로 복귀시킨 1960년대의 연구들을 소개하고 있다. Kosslyn(1983)은 심상의 생성과 이용에 관한 연구를 알기 쉽게 소개하였다. Kosslyn의 보다 최근 저서(Kosslyn, Thomson, & Ganis, 2006)는 심상에 관한 연구가 어디까지 왔는지를 보여준다. 그러나 Pylyshyn(2003)은 이에 대해 아직도 비판적이다. Finke(1985)의 논문과 Thomas(1999)의 논문은 심상에서의 정보 표상 및 심상과 지각 간의 관계를 논하였다. 심리학자들은 심상의 실용적 함의를 연구하기 위해, 스포츠(Driskell, Copper, & Moran, 1994), 공간 지식 습득(Tversky, 2005), 기계적 추리(Hegarty, 2004)에서 심상의 역할에 관한 연구를 계속하고 있다. 그 외에, 실재감시(Johnson, 2006), 충격(외상) 후 스트레스 장애(Kosslyn, 2005)에서 시각적 심상의 작용에 관한 연구도 계속되고 있다. *Memory Distortion*(Schacter, 1995)이라는 책과 *Memory Distortions and Their Prevention*(Intons-Peterson & Best, 1998)이라는 책은 기억이 왜곡될 수 있는 다양한 방식을 논의하고 있다(E. F. Loftus, 1997 참조). Mitchell과 Johnson(2009)은 정보의 출처 감시에 관여하는 신경기반에 관한 연구결과를 폭넓게 고찰하였다. 시각적 사고에 관한 전반적인 개관은 *The Cambridge Handbook of Visuospatial Thinking*(Sha & Miyake, 2005), *Thinking Visually*(Reed, 2010)에서 찾아볼 수 있다.

CHAPTER 8

범주화

8.1 개념 확정

규칙과 속성 발견 | 개념 확정 과제에 대한 비판

8.2 자연적 범주

범주의 위계적 조직 | 범주 지식의 상실 | 전형성과 가족 유사성 | 사람 지각

8.3 새로운 형태의 범주화

범주화 모형 | 범주화 모형에 대한 평가 | 이론에 기초한 범주화

8.4 요약

복습문제

핵심용어

추천도서

우리는 역설적으로 보이는 것에서 시작한다. 사람이 경험하는 세상은 수많은 상이한 물체, 사건, 사람, 인상으로 구성되어 있다. 그러나 사물의 차이를 등록하는 일에 우리의 모든 능력을 이용하고 또 마주치는 모든 사건을 각각 특유한 것으로 반응해야 한다면, 우리는 환경의 복잡성에 의해 금방 압도당하고 말 것이다. 이 같은 '역설'(우리는 엄청난 변별 능력을 가지고 있지만, 이 능력을 온전히 발휘하면 우리는 자세한 사실들의 노예가 되고 말 것이다)은 인간의 범주화 능력으로 해결된다. 범주화한다는 것은 변별 가능한 서로 다른 사물을 동등한 것으로 간주하고, 주위의 물체나 사상을 유목으로 집단화한 후, 그들 각각의 특유성에 반응하는 것이 아니라 그들을 묶고 있는 유목에 반응하는 것을 말한다.

_ J. S. Bruner, J. J. Goodnow & G. A. Austine(1956)

이 장과 다음 장은 사람들이 지식을 조직하는 방식을 논한다. 지식을 조직하는 방식 중 하나는 범주를 생성하는 것이다. 어떤 식으로든 관련되어 있다고 느끼기 때문에, 함께 묶어 놓은 사건 또는 물건을 범주라고 한다. 범주(category)를 생성할 수 있는 능력 덕분에 우리는 환경과 상호작용할 수 있게 되었다. 다음은 Bruner, Goodnow, Austin(1956)이 그들의 저서 *A Study of Thinking*에서 열거한 범주 생성의 이점 다섯 가지이다.

1. **범주 생성, 즉 범주화는 환경의 복잡성을 줄여준다.** 과학자들의 추정에 의하면 우리가 변별할 수 있는 색깔의 수는 700만 가지가 넘는다. 만약 우리가 이들 각각의 색깔을 모두 다른 이름으로 불러야 한다면, 색깔의 이름을 학습하는 일에 평생을 보내야 할지도 모른다. 비슷한 색상을 함께 묶어 하나의 범주로 취급함으로써, 즉 색깔 각각에 대해서가 아니라 색깔의 범주에 반응함으로써 우리는 그런 수고를 줄일 수 있게 되었다.
2. **범주화는 세상사의 정체를 확인하는 수단이다.** 우리가 어떤 형태를 '개', '의자', 'ㅂ'과 같은 범주로 분류할 수 있을 때 우리는 그 형태가 무엇인지 안다고 말한다.
3. **범주를 생성하고 나면 학습의 필요성이 감소한다.** 처음 보는 물체라도 일단 분류를 하고 나면, 그 물체에 대해서는 더 이상 공부할 필요가 없다. 그 범주에 속하는 구성원들에 관한 지식을 이용하여 그 물체에 반응할 수 있기 때문이다.

4. **범주화는 어떤 행위가 적절한 행위인지를 결정할 수 있게 해준다.** 야생의 버섯을 먹는 사람들은 독이 있는 것과 독이 없는 것을 구별할 수 있어야 한다. 독버섯을 먹는 것은 적절한 행위가 아니다.
5. **범주화는 사물을 분류하고 관계를 설정할 수 있게 해준다.** 분류(classification), 즉 범주화(categorization)는 그 자체로서도 지식을 조직하는 중요한 수단이다. 하지만 범주를 다시 상위 관계와 하위 관계로 나누는 일도 범주화에 해당한다. 예를 들어, '의자'를 '가구'의 일종으로 분류하고, 또 '회전의자'를 일종의 '의자'로 분류하고 나면, 가구와 의자와 회전의자는 위계적 관계로 조직된다.

개념 확정
어떤 대상이 특정 범주의 보기(구성원)가 되는지를 결정하는 과제. 여기서의 개념은 대개 논리적 규칙에 의해 정의된다.

논리적 규칙
논리적 관계에 기초를 둔 규칙.

심리학자들은 사람들이 사물을 분류/범주화하는 방법을 연구하기 위해 여러 가지 실험법을 이용해왔다. 이 장의 첫 절에서는 개념 확정(concept identification) 과제를 소개한다. 개념 확정 과제는 실험자의 마음속에 정해놓은 논리적 규칙(logical rule)을 참여자가 찾아냄으로써 완수된다. 이 규칙은 특정 개념을 정의하는 규칙이다. 참여자는 자극으로 제시된 여러 도형 중 어떤 것들이 그 개념(범주)의 보기(구성원)에 해당하는지를 알아냄으로써 실험자의 마음속에 정해놓은 그 규칙을 찾아내야 한다. 두 번째 절에서는 자연적 범주의 특성을 논한다. 지식을 조직하는 작업에 자연적 범주의 특성이 이용되는 방식이 강조될 것이다. 마지막 절에서는 사람들이 처음 보는 물건을 범주화하는 방법이 논의될 것이다.

8.1 개념 확정

규칙과 속성 발견

Bruner, Goodnow, Austin(1956)이 *A Study of Thinking*이라는 책을 집필했을 때, 심리학자들은 개념 확정 과제를 이용하여 사람들이 범주를 생성하는 방식을 탐구하고 있었다. 이 과제에 주로 이용된 범주는 기하학적 도형이었다. 실험자가 특정 범주를 정의하는 규칙을 마음속에 정하면, 참여자는 학습을 통해 실험자가 마음속에 둔 규칙을 찾아내야 했다. 다시 말해, 참여자들은 자극으로 제시된 도형이 특정 범주의 구성원인지 아닌지를 학습하여 실험자의 마음속에 있는 규칙을 알아맞혀야 했다(스무고개와 비슷함).

이접법칙
대상의 속성들 간 관계를 맺을 때 '또는(or)'이라는 논리적 관계를 이용하는 규칙. (예: 작은 것 또는 직사각형)

예를 들어, '크기가 **크거나** 모양이 **둥근** 도형'이라는 이접법칙(disjunctive rule)으로 정의된 범주의 경우, 주어진 자극이 이 두 가지 속성 중 하나만 가지면

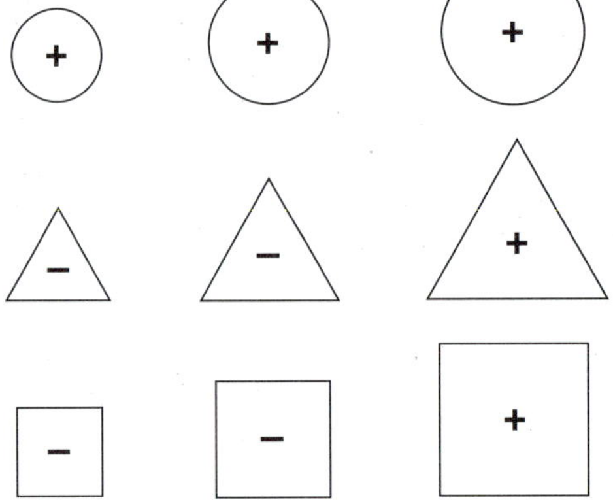

그림 8.1 '크거나 둥근'이라는 이접법칙으로 정의된 범주의 구성원(+)과 비구성원(−)

구성원이 된다. 그러므로 그림 8.1에서 '+' 부호가 들어있는 도형은 모두 이 범주의 구성원이 된다. '−' 부호가 붙은 도형은 비구성원을 나타낸다.

이러한 개념 확정 과제가 주어지면, 사람들은 일종의 가설 평가 과정을 거쳐 과제를 해결한다, 즉 범주를 형성한다는 것이 Bruner 등(1956)의 생각이었다. 예를 들어보자. 실험을 시작할 때, 실험자는 마음속에다 '크기가 **크거나** 모양이 **둥근** 도형'이라는 이접법칙으로 정의된 범주를 설정했다고 하자. 그런데 참여자는 실험자가 '크기는 **작고** 모양은 **네모**인 도형'이라는 **공접법칙**(conjunctive rule)으로 정의된 범주를 마음속에 두었을 것이라는 가설을 세웠다고 하자. 그러면 참여자는 크기가 **작은 네모**를 선택할 것이다. 그러면 실험자는 참여자에게 그 선택(가설)이 틀렸다고 알려준다. 이제 참여자는 기존의 가설을 버리고, 새로 학습한 사실(실험자가 알려준 사실)을 기초로 새로운 가설을 설정한다. 새로 설정한 가설이 '크기는 **크고** 모양은 **네모**인 도형'이라는 또 다른 공접법칙으로 정의된 범주였다고 하자. 이번에는 큰 네모를 선택할 것이다. 물론, 틀렸다는 피드백이 제공될 것이다. 그러면 참여자는 또 새로운 가설을 설정한 후, 그 가설과 일치하는 도형을 선택하고, 실험자는 그 선택이 옳고 그름을 알려주는 절차가 반복된다. 물론, 이러한 절차의 반복은 이 실험의 경우, 참여자가 '크기가 **크거나** 모양이 **둥근** 도형' 모두를 선택하면 종결된다.

공접법칙
대상의 속성들 간 관계를 진술할 때 '그리고(and)'라는 논리적 관계를 이용하는 규칙. (예: 작고 직사각형인 것)

실제 개념 확정 과제에서는 그림 8.1에 제시된 것보다 훨씬 많은 자극 도형이 제시되기 때문에 정확한 규칙을 찾아내기가 꽤 어려울 수 있다. 이 과제가 어려워지는 이유는 규칙과 동시에 속성(예: 모양, 색상, 크기)도 고려해야 하기 때문이다. 따라서 특정 속성을 참여자들에게 미리 알려주면 과제는 쉬워진다.

이때는 이미 알고 있는 속성을 기초로 범주를 정의하는 규칙만 찾아내면 되기 때문에, 이런 과제를 규칙 학습(rule learning) 과제라 한다(Haygood & Bourne, 1965). 규칙 학습 과제에서는 속성에 대한 걱정을 할 필요가 없다. 따라서 이 과제를 이용하면 각 규칙을 학습하기가 얼마나 어려운지 그 상대적 난이도를 결정할 수 있다(Bourne, 1970). 이러한 실험 과제를 변화시키면 소위 속성 학습(attribute learning) 과제가 만들어진다. 속성 학습 과제에서는 참여자들에게 규칙을 알려주고 그 규칙에 맞는 속성을 찾아내도록 한다(Haygood & Bourne, 1965). 속성 학습 과제와 규칙 학습 과제를 이용함으로써 심리학자들은 사람들이 개념/범주 확정 과제에서 가설을 설정하고 평가하는 방식에 대해 많은 것을 알게 되었다.

개념 확정 과제에 대한 비판

모든 인지심리학자들이 개념 확정 과제를 만족스럽게 생각하지는 않았다. 어떤 학자들은 이 과제가 지나치게 인위적이라고 비판한다. 실세계에서 만나는 과제와는 무관하다는 뜻이다. 하지만 이러한 비판이 개념 확정 과제에서 요구되는 기능과 다른 과제에서 요구되는 기능이 전혀 무관하다는 의미는 아니다. 예를 들어, 개념 확정 과제에서 정확한 법칙을 학습하기 위해서는 많은 가설을 평가해야만 한다. 많은 가설을 동시에 평가할 수 있는 능력은 개념 확정 과제에서만(M. Levine, 1966) 아니라 의학적 진단(Elstein, Schulman, & Sprafka, 1978)과 같은 실세계 과제에서도 찾아볼 수 있다. 그럼에도 불구하고, 실세계의 과제는 개념 확정 과제와는 여러모로 다른 경우가 많다. 때문에 일반화를 할 때는 특히 조심해야 한다.

개념 확정 과제에 대한 가장 치명적인 비판은 실세계의 범주와 실험실에서 연구되는 범주가 같지 않다는 것이다. 이러한 비판은 오래된 비판이다. 사실 특정 범주의 구성원 모두가 동일한 속성을 공유해야 할 필요는 없다(Wittgenstein, 1953). Wittgenstein은 특정 범주의 구성원 일부가 공유하는 속성은 있어도 구성원 모두가 공유하는 속성은 전혀 또는 거의 없다고 주장한다. 그리고 범주 구성원의 이러한 속성을 가족 유사성이라 불렀다.

실세계의 범주에 대한 심리학자들의 견해가 극적으로 변한 것은 1970년대였다. 이때 Rosch는 자연적 범주의 특징에 관한 연구를 시작했다(Rosch, 1973). 개념 확정 과제에서 Rosch가 발견한 단점 중 하나는 개념 확정 과제의 주된 연구대상이 범주(물체)의 비연속적 속성이었다는 점이다. 실험실에서 연구된 물체의 속성은 비연속적인 경우가 많지만 실세계에 존재하는 자연물의 속성은 대부분 연속적으로 변한다. 예를 들어, 빨간색이 조금씩 변하여 주황색이 되고 주황색이 조금씩 변하여 노란색이 되듯 색상은 연속적으로 변한다. 그래서 사람들은 빨간색 물건과 주황색 물건이 한 범주에 속할 가능성이 빨간색 물건과 노란색 물건이 한 범주에 속할 가능성보다 더 크다고 생각한다. 그러나 규칙 학습 과제에서는 이들 세 가지 색(빨간색, 주황색, 노란색)의 서로 간 차이를 모두 동등하게 간주한다. 즉, 색상의 변화를 비연속적인 변화로 취급하고 있는 것이다.

위계적 조직
큰 범주가 작은 범주들로 분해되도록 만들어진 구조.

개념 확정 과제의 두 번째 단점은 범주의 위계적 조직(hierarchical organization)이 연구되지 않았다는 점이다. 개념 확정 과제에 이용된 범주에서는 위계가 발견되지 않는다. 그런데 자연적 범주는 위계적으로 조직되어 있다. 즉, 실세계에서 발견되는 범주는 그보다 작은 범주를 포함하고 또 그보다 큰 범주에 포함될 때가 많다. 예를 들어, '의복'은 '바지'와 '셔츠'라는 작은 범주로 나뉘며, '셔츠'는 '정장 셔츠'와 '운동 셔츠'라는 더 작은 범주로 나뉜다. 그리고 위계적 조직은 사람들이 지식을 조직하는 데 특히 유용하게 이용되는 것으로 밝혀져 있다.

개념 확정 과제의 세 번째 단점은 이 과제에서는 범주의 모든 구성원이 동등한 자격을 가진다고 간주하다는 점이다. 그림 8.1에서 '크거나 둥근'이라는 이접법칙을 만족시키는 보기 다섯 개를 살펴보자. 이들 보기 다섯 개는 모두 이 법칙을 만족시키고 있기 때문에 모두가 똑같이 '좋은' 구성원으로 간주된다. 그러나 자연적 범주의 보기는 똑같이 좋은 구성원으로 간주되지 않는다. 사람들에게 다양한 '빨간색'을 보여주면, 사람들은 이들 모두를 빨간색의 좋은 보기로 생각하지 않는다는 뜻이다. 사람들은 어떤 것이 다른 것보다 빨간색을 더 잘 대표한다고 생각한다('훌륭한' 빨간색 대 '좀 거리가 먼' 빨간색).

전형성
특정 구성원이 그가 속한 범주를 얼마나 잘 대표하는지를 나타내는 정도.

일정한 규칙에 의해 정의되는 수학적 범주에도 구성원의 전형성(typicality)은 서로 일치하지 않는 경우가 많다. 예를 들어, 짝수와 홀수는 특정 규칙에 의해 분류된다. 그러므로 여러분도 어떤 수가 짝수인지 아닌지는 규칙에 의해 결정된다는 점에 동의할 것이다(Malt, 1990). 또한 어떤 수를 두고 그것이 전형적인('좋은') 짝수인지를 평정한다는 것은 있을 수 없는 일이라는 점에도 동의할 것이다(Armstrong, Gleitman, & Gleitman, 1983). 그럼에도 불구하고, 사람들은 어떤 짝수(예: 4)는 다른 짝수(예: 38)보다 짝수의 '더 좋은' 보기라고 평가한다.

'물'이라는 개념(범주)도 규칙만으로는 그 전형성을 평정할 수 없다. 사람들은 물을 H_2O라는 화학적 성분으로 정의하곤 한다. 만약 사람들이 이 규칙을 이용한다면, H_2O의 백분율이 높은 물을 더 전형적인 물이라고 평정해야 한다(Malt, 1994). 그러나 Malt의 연구에 참여한 사람들이 평정한 물의 전형성과 여

표 8.1 판단된 H_2O 백분율이 물의 전형성 판단에 미치는 영향

전형성	보기	H_2O 백분율
1	식수	89
	수돗물	88
2	빗물	91
	분수 물	89
3	정수된 물	95
	병에 담은 물	92
	얼음 물	90
4	순수한 물	98
	바닷물	79
	부엌 수돗물	90

출처: "Water is not H_2O," by B. C. Malt, 1994, *Cognitive Psychology, 27*, 41-70. Reprinted by permission of Elsevier Science.

러 가지 물에 포함된 H_2O의 백분율은 정비례하지 않았다(표 8.1). 예를 들어, 식수와 수돗물이 가장 전형적인 물로 평정되었고, 순수한 물, 바닷물, 부엌 수돗물이 가장 덜 전형적인 물로 평정되었다. 그러나 사람들이 이들 물에 들어있는 것으로 평정한 H_2O의 백분율은 식수가 89%, 수돗물이 88%이었고, 순수한 물, 바닷물, 부엌 수돗물이 각각 98%, 79%, 90%이었다. 물속에 들어있는 것으로 판단된 H_2O의 백분율로는 물의 전형성을 제대로 예측하지 못하고 있음이 분명하다.

물의 가장 좋은, 즉 가장 전형적인 보기인 식수와 수돗물에 포함된 H_2O의 백분율이 다른 물에 포함된 H_2O의 백분율보다 낮은 것으로 평가되었다. 그러나 식수와 수돗물은 우리 생활에서 가장 핵심적인 역할을 수행하는 물의 보기들이다. 이 발견은 실세계의 범주와 그 구성원들은 추상적인 규칙보다는 우리가 그것들을 어떻게 이용하느냐에 따라 조직되는 경우가 많다고 말한다. 많은 사람들이 미처 생각하지 못한 중요한 사실을 강조하고 있는 것이다(Malt, 1994; Ross, 1996).

8.2 자연적 범주

이미 살펴본 것처럼, 실세계에서 발견되는 범주(자연적 범주)의 특징 중 하나는 위계적이라는 점이다. 한 범주 속에 다른 범주가 포함된다는 뜻이다. 예를

들어, '가구'라는 범주에는 '의자'가 포함되고 '의자'라는 범주에는 '회전의자'가 포함된다. 그리고 이들 각 수준의 범주에는 다양한 구성원이 포함된다. 그러나 범주의 규모가 작아질수록 그 구성원의 다양성은 줄어든다. 가구의 종류(침대, 소파, 탁자, 의자)는 많지만, 의자의 종류(거실 의자, 식당 의자, 높은 의자)는 가구의 종류만큼 많지 않으며, 회전의자의 종류는 더욱 적다. 이 절의 첫 부분에서는 범주의 위계적 조직이 우리 행동에 미치는 영향을 살펴볼 것이다.

자연적 범주의 두 번째 특징은 범주의 구성원 중에는 그 범주를 대표하는 구성원이 있는 것 같다는 점이다. 제비가 새(조류)를 대표하는 구성원이라는 점에 대해서는 누구나 동의할 것이다. 그러면 타조는? 셔츠는 분명히 의복의 좋은 구성원이다. 그렇지만 넥타이는? 이 절의 뒷부분에서는 범주 구성원들의 자격이 동일하지 않은 것 같은 이런 사실에 내포된 의미를 살펴볼 것이다.

범주의 위계적 조직

Rosch의 연구진은 표 8.2에 나타난 세 가지 수준의 범주를 이용하여 범주의 위계적 조직을 연구했다(Rosch, Mervis, Gray, Johnsen, & Boyes-Braem, 1976). '악기'와 같은 큰 범주를 **상위 범주**(superordinate category)라 하고, 상위 범주(악기) 중 하나인 '장구'를 **기초 범주**(basic-level categories)로 정했다. 그리고 그 기초 범주(장구) 중 하나인 '큰북'은 **하위 범주**(subordinate)로 분류했다. Rosch는 이 셋 중 기초 범주가 가장 중요하다고 생각했다. 왜냐하면, 기초 범주 간 구분이 가장 분명하며, 그래서 사람들이 제일 먼저 학습하게 되는 범주가 기초 범주이고, 또 우리의 언어생활에도 가장 중요하게 작용하는 것이 기초 범주라고 판단했기 때문이다.

상위(수준) 범주
가구, 연장, 운송도구와 같이 위계의 맨 위에 위치한 큰 범주.

기초(수준) 범주
탁자, 톱, 트럭과 같이 위계의 중간에 위치한 범주.

하위(수준) 범주 (subordinate category)
식탁, 쇠톱, 픽업트럭과 같이 위계의 제일 아래에 위치한 범주.

범주의 변별성은 그 범주의 구성원들이 공유하는 속성의 가짓수로 측정된다. 이 측정에는 다른 범주의 구성원들은 갖지 않는 속성들만 포함된다. 상위 범주의 경우, 그 구성원들이 공유하는 속성이 거의 없다. 가구를 예로 들어보자. 가구의 구성원인 '탁자', '램프', '의자' 같은 물건의 경우, 서로 공유하는 속성이 거의 없다. 때문에 상위 범주의 변별성을 측정하기는 쉽지가 않다. 이에 반해, 하위 범주의 경우에는 구성원들이 공유하는 속성이 너무 많다. 예를 들어, 회의실 탁자와 식당용 탁자는 동일한 속성을 너무 많이 공유한다. 그러므로 하위 범주의 변별성도 측정하기가 어렵다. 그러나 기초 범주에는 이와 같은 극단적인 경우가 없다. 예를 들어, '의자'라고 하는 기초 범주에 속하는 다양한 의자는 많은 속성을 공유할 뿐만 아니라 '램프'나 '탁자'와 같은 다른 기초 범주에 속하는 물체들에서는 찾아 볼 수 없는 속성도 많다.

표 8.2 하위 수준, 기초 수준, 상위 수준의 범주에 속하는 보기들

상위 수준	기초 수준	하위 수준	
악기	기타	통기타	클래식 기타
	피아노	큰 피아노	직립 피아노
	북	큰북	작은북
과일	사과	부사	국광
	복숭아	천도복숭아	프린스톤 복숭아
	포도	청포도	씨 없는 포도
연장	망치	볼핀 망치	장도리
	톱	쇠톱	가로절단 톱
	스크루드라이버	필립스 스크루드라이버	보통 스크루드라이버
의복	바지	청바지	겹바지
	양말	무릎 양말	발목 양말
	셔츠	정장셔츠	T-셔츠
가구	탁자	식탁	부엌용 탁자
	램프	마루 램프	책상 램프
	의자	식탁 의자	거실 의자
운송도구	차	경기용 차	세단
	버스	시내버스	시외버스
	트럭	픽업 트럭	트레일러 트럭

출처: "Basic objects in natural categories," by E. Rosch, C. B. Mervis, W. D. Gray, D. M. Johnsen, & P. Boyes Braem, 1976, *Cognitive Psychology, 8*, 382-440. Copyright 1976 by Academic Press, Inc. Reprinted by permission of Elsevier Science.

기초 범주의 변별성이 가장 높다는 증거는 Rosch 등(1976)의 연구에서 확보되었다. Rosch 등은 연구에 참여한 사람들에게 상이한 수준의 범주에 속하는 물건/구성원의 속성을 열거해보라고 요구했다. 참여자 중 일부는 상위 범주(예: 악기, 과일, 연장, 의복 등)의 속성을 열거했고, 다른 사람들은 기초 범주(예: 기타, 사과, 망치, 바지 등)의 속성을 열거했으며, 또 다른 사람들은 하위 범주(예: 클래식 기타, 부사, 장도리, 청바지 등)의 속성을 열거했다.

자료를 분석할 때는, 예를 들어 악기라는 범주의 경우, 모든 참여자들이 악기의 속성이라고 동의하는 속성의 개수만 계산했다. 이렇게 정리된 각 범주의 공통 속성 평균치가 표 8.3에 요약되어 있다. 표 8.3을 보면, 공통 속성의 수는 상위 수준에서 하위 수준으로 가면서 증가하고 있다. 상위 범주의 경우, 하위 범주의 구성원들에 비해 공유하는 속성이 매우 적다. 그러나 기초 범주와 하위 범주 간에는 별 차이가 없다.

표 8.4는 범주의 위계 간 차이를 예시하고 있다. 상위 범주인 '의복'의 경우, 공통 속성으로 지적된 것은 두 가지뿐이다. 즉, 의복은 입는 것이고, 입은 사람을 따뜻하게 해준다. 기초 범주인 '바지'의 경우, 이 두 가지 외에 여섯 가지

표 8.3 범주의 각 위계에 따라 공유 속성의 수량이 변하는 모습

		원 자료			수정 후 자료		
범주	위계 :	상위	기초	하위	상위	기초	하위
악기		1	6.0	8.5	1	8.3	8.7
과일		7	12.3	14.7	3	8.3	9.5
연장		3	8.3	9.7	3	8.7	9.2
의복		3	10.0	12.0	2	8.3	9.7
가구		3	9.0	10.3	0	7.0	7.8
운송도구		4	8.7	11.2	1	11.7	16.8

출처: "Basic objects in natural categories," by E. Rosch, C. B. Mervis, W. D. Gray, D. M. Johnsen, & P. Boyes Braem, 1976, *Cognitive Psychology, 8*, 382-440. Copyright 1976 by Academic Press, Inc. Reprinted by permission of Elsevier Science.

주: 원자료는 참여자들이 나열한 속성의 개수이고 수정 후 자료는 7명의 심판관 모두가 위계의 다른 수준이 더 적절하다고 판단했을 때 수정된 결과임.

속성이 더 열거되었다. 즉, 바지는 가랑이가 있고, 단추가 있고, 주머니가 있고, 허리띠 고리가 있고, 가랑이는 두 개이고, 천으로 만들어진다. 그리고 하위 범주인 '청바지'의 경우에는 이것들 외에 또 하나의 속성(푸른색)이 더 열거되었고, '겹바지'의 경우에는 두 가지 속성(편리하고 탄력적이다)이 더 열거되었다. 하위 범주의 물건은 기초 범주의 물건보다 약간 많은 속성을 공유하고 있지만, 그중 상당수가 중복된다는 점을 주목하라. 청바지와 겹바지는 두세 가지 속성에서 다르지만, 서로 공유하는 속성이 많기 때문에, 청바지와 겹바지를 구분하기보다는 바지와 셔츠를 구분하기가 더 쉽다는 것이 Rosch의 생각이다.

Rosch는 기초 수준에 속하는 물체를 범주화하는 작업이 가장 빠를 것이라는 자기의 주장을 검증하고 싶었다. 이를 위해, 참여자들에게 위계의 각 수준에 속하는 물체의 정체를 확정해보라고 주문했다. 예를 들어, 거실 의자의 사진을 보여주기 전에, 한 집단의 참여자(상위 범주 집단)에게는 다음 사진 속 물건이 '가구'인지를 확정하라고 주문했고, 또 한 집단(기초 범주 집단)에게는 '의자'인지를 확정하라고 했으며, 세 번째 집단(하위 범주 집단)에게는 '거실 의자'인지를 확정하라고 주문했다. 그 결과 가장 빨리 확정한 집단은 기초 수준의 물건을 확정한 기초 범주 집단으로 드러났다(Rosch et al., 1976). 이러한 연구결과를 기초로 Rosch는 사람들은 애당초 물건을 기초 수준의 범주로 지각하며, 그런 다음 추리(예: 의자는 일종의 가구이다)를 통해 그 물건을 상위 수준의 범주로 분류하거나, 또는 독특한 속성(이 경우, 거실 의자와 다른 의자를 구분하는 속성)을 살펴 찾음으로써 그 물건을 하위 수준 범주로 분류한다고 주장했다.

표 8.4 각 위계 수준에서 공유되고 있는 속성의 보기

연장	의복	가구
물건을 만든다	입는다	공유 속성 없음
물건을 고친다	체온보호	**의자**
금속	**바지**	다리
		앉는다
톱	가랑이	등
손잡이	단추	팔
이빨	허리띠고리	편안하다
날	주머니	목재
자른다	가랑이 두 개	사람이 그 위에 앉는다
가장자리		
나무손잡이		
가로절단톱	**청바지**	**식당 의자**
건축에 쓰인다	푸른색	추가 속성 없음
쇠톱	**겹바지**	**거실 의자**
추가속성 없음	편안하다	크다
	탄력 있다	부드럽다
		푹신하다

출처: "Basic objects in natural categories," by E. Rosch, C. B. Mervis, W. D. Gray, D. M. Johnsen, & P. Boyes Braem, 1976, *Cognitive Psychology, 8*, 382-440. Copyright 1976 by Academic Press, Inc. Reprinted by permission of Elsevier Science.

그러나 Rosch는 전문가의 경우, 적어도 자기 분야의 물건에 대해서는 하위 수준의 범주로도 신속하게 분류해낼 수 있을 것이라고 믿었다. 예를 들어, 가구 판매원은 거실 의자를 '거실 의자'로 분류하는 일을 거실 의자를 '의자'로 분류하는 일만큼 빨리 해낼 수 있을 것이라고 생각했다. 이 가설은 Tanaka와 Taylor(1991)에 의해 확증되었다. 개 전문가와 새 전문가에게 개를 그린 그림과 새를 그린 그림을 제시하고, 상위 수준(동물), 기초 수준(개 혹은 새), 또는 하위 수준(삽살개 또는 참새)으로 분류해보라고 지시하였다.

개 전문가가 새를 분류하고 새 전문가가 개를 분류했을 때는 그 결과가 Rosch 등(1976)이 수집한 결과와 같았다. 즉, 기초 수준에서의 분류가 가장 빨랐다. 그러나 개 전문가가 개를, 새 전문가가 새를 분류했을 때는 그 결과가 다르게 나타났다. 즉, 하위 수준에서의 분류 속도가 기초 수준에서의 분류 속도와 같게 나타났던 것이다. 전문가들은 개의 종류나 새의 종류를 아주 잘 알고 있었기 때문에, 개나 새의 종류에 대한 분류를 개나 새라고 분류하는 것만큼 빨리 해낼 수 있었던 것이다.

범주의 또 한 가지 중요한 특징으로 원형을 꼽을 수 있다. 특정 범주를 구성

그림 8.2 각 행의 그림은 기초 수준에서는 서로 다른 범주에 속하지만 상위 수준에서는 동일 범주에 속하는 물체를 그린 것들이다.

출처: "Basic objects in natural categories," by E. Rosch, C. B. Mervis, W. D. Gray, D. M. Johnsen, & P. Boyes Braem, 1976, *Cognitive Psychology, 8*, 382-440. Copyright 1976 by Academic Press, Inc. Reprinted by permission of Elsevier Science.

원형(prototype) 범주에 속한 구성원의 전형. 그 범주를 대표하는 데 이용된다.

하는 구성원의 '평균'적인 형태를 그 범주의 **원형**(prototype)이라고 한다. 원형이란 범주 속 대상의 집중 경향성을 나타내는 개념이다. 그러나 범주 구성원의 평균 모습을 상상할 수 있고 없고는 어떤 수준의 범주에 관한 이야기인지에 따라 달라진다. 구체적으로, 범주의 원형을 쉽게 생성할 수 있는 것도 기초 수준에서 벌어지는 일이라는 뜻이다.

그림 8.2의 물체는 각각 기초 범주에 속하는 대상을 그린 것이다. 각 행의 그림 4개는 상위 수준에서 동일 범주에 속하는 대상을 그린 그림이다. 사람들은 기초 수준에서는 서로 다른 범주에 속하지만 상위 수준에서는 같은 범주에 속하는 두 가지 대상(예: 저고리와 바지)의 평균 모양을 잘 찾아내지 못한다. 의자와 탁자의 경우에도 평균 모양은 의자 같지도 않고 탁자 같지도 않은 그 중간의 어떤 모양을 취하겠지만, 그 모양을 찾아내기란 쉽지가 않다. 여러분 같으면, 상위 범주인 '의복' 또는 '동물'의 '평균' 모양을 그려낼 수 있겠는가? 사람들은 각 범주의 좋은 보기/구성원을 생각해내는 작업은 어렵지 않게 수행한다. 하지만 이 작업과 그 범주 속 모든 구성원들의 평균 모양을 상상해내는 작업과는 별개의 일이다.

그러나 기초 범주에 속하는 물건만을 생각하면, 평균적인 구성원(보기)이라는 개념도 의미를 갖게 된다. 가구의 평균적인 모양은 그럴듯한 개념이 못 되지만, 의자의 평균적인 모양이라는 것은 그럴듯한 개념이 된다는 뜻이다. 사실 사람들은 동일한 기초 범주에 속하는 두 가지 물건의 평균적인 모양을 아주 정확하게 찾아낼 수 있었다. 예를 들어, 의자 두 개의 평균 모양은 그래도 의자와 비슷하고, 셔츠 두 장의 평균 모양도 셔츠의 모양과 비슷했다. 기초 범주 속 물건들은 평균 모양을 찾아낼 수 있을 만큼 서로 간에 유사점이 많다는 뜻이다. 그렇기 때문에 우리는 기초 수준 범주의 경우, 그 범주를 대표하는 평균 모양을 만들어낼 수가 있는 것이다(동일 범주 속의 물건들이 더욱 유사한 하위 수준에서도 마찬가지다). 그러나 상위 수준에서는 이것이 불가능하다.

범주 지식의 상실

의미성 치매
단어와 물체의 의미에 관한 지식을 점점 잃어가는 조건.

범주가 장기기억의 내용을 조직하는 데 영향을 미친다는 또 다른 증거는 의미성 치매(semantic dementia)가 악화됨에 따라 환자들이 잃어가는 지식이 선별적이라는 사실이다. 의미성 치매로 고생하는 환자들 중에는 다른 인지 기능은 온전하고, 단어 및 대상의 의미에 관한 지식만을 점점 잃어가는 경우가 많다. Rogers와 Patterson(2007)은 이 질환의 심각성이 단어-사진 맞추기 과제(단어의 의미와 부합되는 그림을 찾아내야 하는 과제) 수행에 미치는 영향을 검토하였다. 이 실험 과제에 이용된 단어 및 그림은 Rosch가 제안한 세 가지 수준의 범주 각각에서 표집된 것들이었다.

Rogers와 Patterson(2007)은 먼저, 단어-그림 검사(Word-Picture Matching Test)를 이용하여 환자들이 겪는 치매의 심각성을 측정한 후, 치매의 정도가 서로 다른 환자 8명을 선정하였다. 그러고는 이들 8명을 대상으로 단어-사진 맞추기 능력을 검사하였다. 이 검사에 이용된 단어와 사진은 범주 위계의 서로 다른 수준에 속하는 대상을 기초로 제작되었다(치매의 심각성을 측정할 때 이용된 '단어-그림 검사'와는 다른 과제였다). 이 과제 제작에 이용된 상위 범주 대상은 '동물'과 '운송도구'였고, 기초 범주 대상은 '개'와 '새' 그리고 '자동차'와 '배'였으며, 하위 범주 대상은 '라브라도', '종달새', 'BMW', '나룻배' 등이었다. 이들 각 범주에 속하는 구성원들의 모습을 천연색 사진에 담아 환자들에게 보여주며, 실험자가 읽어주는 단어와 그 사진이 일치하는지를 판단해보라고 주문했다. Rosch의 이론에 따르면, 기초 범주 대상을 이용하여 제작된 과제를 수행하는 능력이 가장 뛰어나야 한다.

그러나 환자가 겪는 치매의 심각성에 따라 과제 수행 능력은 다르게 나타났다. 그림 8.3의 그래프 속 각 점은 단어-그림 검사 점수가 비슷한 환자 두 명씩의 단어-사진 맞추기 점수 평균을 나타낸다. 그림을 보면, 치매가 심하지

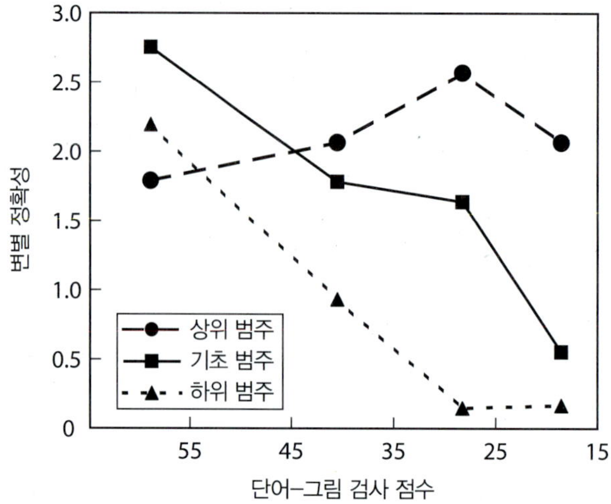

그림 8.3 단어–사진 맞추기 점수(변별 정확성)를 치매 심각성 함수로 나타낸 그림

출처: "Object categorization: Reversals and explanations of the basic-level advantage," by T. T. Rogers & K. Patterson, 2007, *Journal of Experimental Psychology: General, 136*, 451-469. Copyright 2007 by the American Psychological Association. Reprinted by permission. APA is not responsible for the accuracy of this translation.

않은 환자들의 경우(단어–그림 검사 점수가 55점 이상인 경우), 기초 범주를 다룬 과제의 점수가 가장 높다. 하지만 치매가 심해지면서(단어–그림 검사 점수가 낮아지면서), 기초 범주와 하위 범주를 다룬 과제의 점수가 급격히 떨어지고 있다. 특이한 것은 치매가 심해도(단어–그림 검사 점수가 25점보다 낮아도) 상위 범주를 다룬 과제의 점수는 떨어지지 않는다는 점이다. 처음 배울 때는 기초 범주의 지식이 쉬울지 몰라도 치매가 악화되는데도 상위 범주에 대한 지식은 늦게까지 보존된다는 뜻이다.

Rogers와 Patterson(2007)은 McClelland와 Rogers(2003)의 신경망 모형을 이용하여 치매가 심해지는데도 불구하고 상위 범주의 지식은 온전히 보존되는 이 발견을 설명하고자 하였다. 2장에서는 단어우월 효과를 설명할 때 신경망 모형(McClelland & Rumelhart, 1981)을 적용했었다. 그 모형에서는 속성과 낱자 그리고 단어 간 연결 관계가 고려됐었지만, 이번 모형에서는 범주(제비, 새, 동물)와 속성(붉은색, 운다, 움직인다) 간 연결 관계가 고려되었다. Rosch와 마찬가지로, McClelland와 Rogers도 범주 지식은 서로 다른 위계에 속하는 범주들이 공유하는 속성으로 조직된다고 가정한다. 그리고 이들 속성은 우리가 환경과 상호작용할 때 형성된 지각 표상, 운동 표상, 언어 표상으로 구성되며 우리 뇌의 다양한 부위에 저장되어 있다고 생각한다. 그림 8.4에 제시된 연결망은 위계의 상이한 수준에 속한 대상의 그림을 분류할 때 이용된 속성들이 연결된

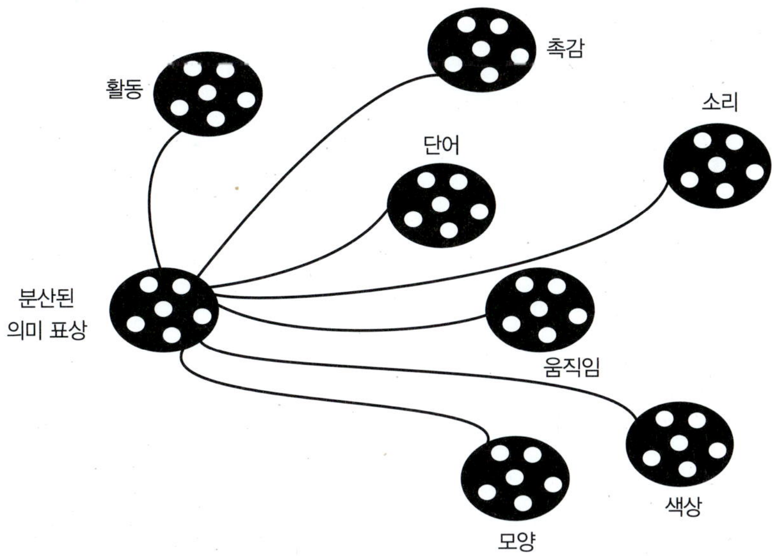

그림 8.4 의미 표상을 나타내는 신경망 모형

출처: "Object categorization: Reversals and explanations of the basic-level advantage," by T. T. Rogers & K. Patterson, 2007, *Journal of Experimental Psychology: General, 136*, 451-469. Copyright 2007 by the American Psychological Association. Reprinted by permission. APA is not responsible for the accuracy of this translation.

모양을 보여주고 있다. '분산된 의미 표상'이라는 이름이 붙어있는 노드(node)가 각 개념을 구성하는 여러 속성의 활성화 양상을 창출하는 중심(hub)으로 작용한다.

Rogers와 Patterson(2007)은 의미성 치매 환자들이 겪는 어려움을 다음과 같이 설명한다. 위에서 말한 중심(hub)은 측두엽 전측에 자리 잡고 있다. 그런데 뇌질환으로 이곳이 퇴화되면서 의미 연결망을 구성하는 속성들에 혼선이 일어난다. 그러나 이 혼선은 세부 속성들 사이에서 벌어지는 혼선일 뿐이다. 따라서 그 중심과 관련된 일반적인 속성은 온전한 상태로 남아있게 된다. 그렇기 때문에 제비를 새로 분류하는 일이 제비를 동물로 분류하는 일보다 어려워진다는 설명이다. 그 이유는 구체적인 속성인 '부리가 있다'에는 혼선이 생기지만 일반적인 속성인 '움직인다'는 온전하게 유지되어 있기 때문이라고 설명한다. 구체적인 속성에 왜곡/혼선이 생기면 그 속성을 기초로 분류되는 하위 수준의 범주화는 더욱 어려워져야 한다. 그림 8.3을 보면 이 예측이 구현되고 있음을 알 수 있다. 즉, 치매가 심해질수록 하위 범주에 속하는 대상을 분류하는 능력이 급격히 떨어지고 있다.

표 8.5 여섯 가지 상위 수준 범주 구성원들의 전형성

항목 번호	범주					
	가구	운송도구	과일	무기	채소	의복
1	의자	승용차	오렌지	총	완두콩	바지
2	소파	트럭	사과	칼	당근	셔츠
3	탁자	버스	바나나	검	줄기콩	정장
4	경대	오토바이	복숭아	폭탄	시금치	치마
5	책상	기차	배	수류탄	브로콜리	저고리
6	침대	고가전차	살구	창	아스파라거스	코트
7	책장	자전거	자두	대포	강냉이	스웨터
8	신발대	비행기	포도	활과 화살	콜리플라워	팬티
9	램프	배	딸기	곤봉	양배추	양말
10	피아노	트랙터	자몽	탱크	상치	잠옷
11	쿠션	수레	파인애플	최루탄	비츠	목욕옷
12	거울	바퀴 달린 의자	원귤	채찍	토마토	신발
13	융단	탱크	레몬	송곳	리마콩	조끼
14	라디오	뗏목	수박	주먹	가지	넥타이
15	스토브	썰매	참외	로케트	양파	벙어리장갑
16	시계	말	석류	돌	감자	모자
17	그림	비행선	대추	가위	고구마	앞치마
18	옷장	스케이트	코코넛	단어	버섯	지갑
19	꽃병	세 발 수레	토마토	발	호박	손목시계
20	전화	엘리베이터	올리브	스크루드라이버	쌀	목걸이

출처: "Family resemblances: Studies in the internal structure of categories," by E. Rosch & C. B. Mervis, 1975, *Cognitive Psychology, 7*, 573-605. Copyright 1975 by Academic Press, Inc. Reprinted by permission of Elsevier Science.

전형성과 가족 유사성

지금까지는 상이한 수준의 범주들 간 비교가 강조되었다. 이제부터 범주 내 구성원들 간 비교를 고려해보자. 심리학자들은 한 범주의 구성원들이 그 범주를 대표하는 정도의 차이를 지칭하기 위해 **전형성**(typicality)이란 용어를 이용한다. 예를 들어, 의자, 소파, 탁자가 가구의 좋은 보기라는 점; 승용차, 트럭, 버스는 운송도구의 좋은 보기라는 점; 오렌지, 사과 및 바나나는 과일의 좋은 보기라는 점에 사람들은 의견을 같이한다. 표 8.5는 상위 범주 여섯 가지 각각에 속하는 구성원 20개를 가장 전형적인 구성원부터 등급별로 나열한 것이다. 이

등급은 사람들에게 각 구성원을 하나씩 제시하고 그 구성원이 그것이 속한 범주를 얼마나 잘 대표하는지를 평성하게 한 실험결과를 기초로 결정된 것이나.

표 8.5에 나타난 순위를 두고 이상하게 생각하는 사람은 없는 것 같다. 그러면, 어떻게 그러한 순위가 존재하는 것일까? 즉 왜 승용차는 운송도구의 훌륭한 구성원인데, 엘리베이터는 그렇지 못한가? 이 둘이 사람이나 물건을 운반하는 데 이용되는 도구라는 점에는 이견이 없지 않은가? Rosch와 Mervis(1975)는 훌륭한 구성원은 그것이 속하는 범주의 다른 구성원들과 공유하는 속성이 많은데 반해, 훌륭하지 못한 구성원은 다른 범주의 구성원들과 공유하는 속성이 거의 없기 때문이라고 생각했다. 한 범주의 구성원들이 갖는 전형성을 비교하기 위해 생각해낸 이 가설은 사실 Rosch가 상위 수준, 기초 수준, 하위 수준의 범주를 비교할 때 이용했던 바로 그 가설이다.

이 가설을 검증하기 위해, Rosch와 Mervis(1975)는 참여자들에게 표 8.5에 있는 범주 구성원을 하나씩 제시하고 제시된 구성원이 갖는 속성을 열거해보라고 지시했다. 예를 들어, 참여자들은 '자전거'의 속성으로 '바퀴 두 개'와 '페달 두 개', '손잡이 두 개', '타는 것', '연료를 필요로 하지 않는 것' 등을 열거할 것이다. 범주의 훌륭한 구성원은 그 범주에 속하는 다른 구성원들과 공유하는 속성이 많아야 한다는 가설을 검증하기 위해서는, 각 구성원에 대한 **가족 유사성**(family resemblance)을 측정해야 한다. 가족 유사성은 각 구성원이 갖는 매 속성마다 그 속성을 공유하는 다른 구성원의 수를 계산함으로써 측정된다.

가족 유사성
범주의 한 구성원이 가진 속성을 그 범주 속 다른 구성원들과 공유하는 정도.

구체적인 예를 들어보자. 승용차는 바퀴를 속성으로 갖고 있기 때문에 승용차의 가족 유사성을 측정하기 위해서는 바퀴를 가진 운송도구가 몇 개나 되는지를 세어봐야 한다. 또한 승용차는 바람막이 창을 가지고 있기 때문에 바람막이 창을 가진 운송도구가 몇 개나 되는지도 세어봐야 한다. 이렇게 계산해보면, 표 8.5에 나타난 20개의 구성원 중 몇 개가 그 속성을 가지는지에 따라, 각 속성이 가질 수 있는 수치는 1부터 20까지 변할 것이다. 승용차가 갖는 속성을 바퀴와 바람막이 창이라는 두 가지뿐이라고 가정할 경우, 만약 운송도구라는 범주의 구성원 중 14개가 바퀴를 가지고 있고 11개가 바람막이 창을 가지고 있다면, 승용차의 가족 유사성은 25점이 된다. 사실 승용차의 가족 유사성 점수는 실제로 이보다 훨씬 더 높다. 왜냐하면 위에서 본 두 가지 속성 이외에도 승용차가 갖는 여러 가지 속성에서 얻을 수 있는 점수를 더해야 하기 때문이다. 실험 결과, 범주를 훌륭하게 대표하는 전형적인 보기(구성원)는 가족 유사성 점수가 높은 것으로 밝혀졌다. 표 8.5에 제시된 상위 범주 6개의 경우, 전형성과 가족 유사성 간의 상관계수가 .84(채소)에서 .94(무기) 사이에 위치하는 것으로 나타났다.

이러한 결과를 다른 각도에서 고려해보는 방법은 각 범주의 가장 전형적인 구성원 5개가 공유하는 속성의 개수를 비교해보는 것이다. 운송도구의 가장 전형적인 구성원 5개는 승용차, 트럭, 버스, 오토바이, 기차이다. 이들 다섯 가지는 공통되는 부분이 많기 때문에 공유하는 속성도 많아야 한다. 참여자들은 이들 5개 모두에 속하는 속성을 36개나 찾아낼 수 있었다. 가장 비전형적인 보기 5개는 말, 비행선, 스케이트, 세 발 수레, 엘리베이터이다. 참여자들은 이 다섯 가지 운송도구가 모두 공유하는 속성을 2개(사람을 운반하는 것과 움직이는 것)밖에 찾아내지 못했다. 나머지 5개의 상위 범주에서도 결과는 비슷했다.

특정 범주의 전형적인 구성원이 다른 구성원들과 공유하는 속성이 많다는 것은 명백한 사실이다. Rosch와 Mervis(1975)는 이 가설이 기초 수준 범주에도 적용되는지를 밝혀내고 싶었다. 즉, 기초 수준 범주에 있어서도 전형적인 구성원은 덜 전형적인 구성원에 비해 다른 구성원들과 공유하는 속성이 더 많을 것이라는 가설을 검증하고 싶었다. 기초 수준에 속하는 범주 여섯 가지(승용차, 트럭, 비행기, 의자, 탁자, 램프)를 선정했다. 그러고는 이들 범주 각각에서 훌륭한 구성원에서부터 변변찮은 구성원에 이르기까지 모두 15개씩의 사진을 마련했다. 그런 후, 참여자들에게 각 사진 속 대상이 그 대상이 속한 범주를 얼마나 잘 대표하는지(전형성)를 평정해보라고 했다. 그 결과, 구성원의 전형성과 그 구성원이 다른 구성원과 공유하는 속성의 개수 간에 높은 상관이 발견되었다.

가족 유사성은 일상적 범주의 전형성을 예측하는 데는 유용하지만 목적성 범주의 전형성을 예측하는 데는 도움이 되지 않는다(Barsalou, 1985). 목적성 범주(goal-derived categories)는 '생일선물 받는 사람을 기쁘게 하는' 것과 같은 특정 목적을 충족시키는 사물로 구성된다. 조사 결과, 생일선물의 훌륭한 보기(구성원)로는 옷, 파티, 보석, 저녁식사, 시계, 케이크, 카드인 것으로 드러났다. 이들 보기는 서로 비슷하지도 않고 공유하는 속성도 많지 않다. Barsalou는 목적성 범주를 구성하는 구성원들에 대한 가족 유사성 점수를 계산해보았다. 계산 결과, 가족 유사성 점수로는 구성원들의 전형성을 예측할 수 없는 것으로 드러났다. 새로운 사실이 발견된 것이다.

목적성 범주
그 구성원이 특정 목적을 충족시키느냐에 따라 선택되는 범주.

이 새로운 발견에 숨은 의미 중 하나는 목적성 범주의 구성원은 속성을 기초로 선택되는 것이 아니라, 겉으로는 나타나지 않는 어떤 원리를 기초로 선택되는 것이라는 가르침이다(Murphy & Medin, 1985). 그렇기 때문에, 우리는 주말 여가활동을 선택할 때는 즐거운 일을 생각하고, 집에 불이 나서 들고 나가야 할 물건을 선택할 때는 값진 물건을 생각한다는 뜻이다. 대개의 경우, 우리는 속성의 유사성을 기초로 범주를 생성하고 구성원의 전형성을 판단한다. 하지만 사람들이 사물을 범주화하는 방식을 완전히 이해하기 위해서는 저변에 깔린 법칙에 관해 더 많은 것을 알아내야 한다는 것이 Murphy와 Medin은 주장이다.

목적성 범주의 저변에 깔린 원리 중 하나는 각 구성원이 목적을 충족시키는 정도일 것이다. 목적성 범주는 이상형(ideals)을 중심으로 조직되며, 목적을 가장 잘 충족시키는 구성원이 가장 전형적인 구성원이 된다는 말이다(Barsalou, 1991). 예를 들어, 다이어트 식품이라는 범주의 경우, 칼로리의 이상적인 수치는 0이기 때문에, 칼로리가 낮은 음식일수록 체중 감량이라는 목적을 더 잘 충족시킨다. 그러나 다이어트를 하더라도 대부분의 사람들은 한 가지 이상의 목적을 동시에 충족시키고자 한다. 다시 말해, 우리는 체중 감량, 건강 유지, 식도락이라는 여러 가지 목적을 동시에 달성하고자 한다. 그래서 칼로리는 최저이고, 영양가와 맛은 최고인 음식을 찾게 된다고 할 것이다.

사람 지각

위계적 조직이나 전형성 같은 자연적 범주의 구조는 사람을 분류하는 데도 적용된다(Cantor & Mischel, 1979). 상위 범주의 보기로 어떤 믿음이나 목적에 집요하게 몰두하는 사람을 들 수 있다. 이 범주는 다시 종교 신자와 사회 활동가로 나뉘며, 종교 신자는 다시 그 신자가 믿는 종교에 따라 분류될 수 있고, 사회 활동가는 그 활동의 목적에 따라 분류될 수 있다. Cantor와 Mischel의 연구는 대상이 사람이었다는 점에서는 Rosch 등(1976)의 연구와 다르지만, 위계의 각 수준에서 공유되는 속성의 개수를 검토했다는 점에서는 Rosch 등(1976)의 연구와 유사했다.

이 장의 시작 부분에서 보았던 것처럼, 우리는 범주화를 통해 수많은 대상을 관리 가능한 몇 개의 집단으로 나누곤 한다. 하지만 범주화에도 단점이 있다. 특히, 사람을 범주화할 때는 그 단점이 성가신 일이 되기도 한다. 예를 들어, 일단 고정관념(stereotypes)이 형성되고 나면, 집단 내 유사성이 과장되어, 사람들에 대한 그릇된 생각을 갖게 된다. 그뿐만 아니라 그 고정관념에 맞지 않는 것은 기억하기도 어려워진다(Cantor & Genero, 1986). 사람들을 사회적 범주로 조직할 때, 우리는 동일 범주 내 사람들끼리는 너무 비슷하게, 다른 범주 속 사람들과는 너무 다르게 지각하는 일이 자주 벌어진다. 일단 사람을 범주화하고 나면, 같은 범주에 속하는 사람들의 유사성을 과장하고, 그런 고정관념과 맞지 않은 증거는 무시해버리며, 그 범주의 가장 전형적인 보기에만 관심을 집중하는 등의 잘못이 벌어지기도 한다는 말이다.

고정관념
사회적 범주를 대표한다고 간주되는 특정 속성가.

임상진단을 통해 만들어진 범주의 경우, 개개인을 구분하는 일은 더욱 중요해진다. 기능성 정신병, 정신분열병(조현병), 정동장애 등이 이런 진단 범주에 속한다. 진단은 이들 각 범주와 연계된 속성을 기초로 이루어진다. 예를 들어, 편집형 정신분열병의 대표적 속성으로는 피해망상증, 적개심, 의심, 사고장애, 과대망상증, 환상, 자폐증, 정서장애, 투사, 스트레스 대처법의 고착 등이 꼽힌다. 전형적인 편집형 정신분열증 환자한테서는 이들 속성이 거의 모두 발견되는데 반해, 덜 전형적인 환자에게서는 이들 속성 중 일부밖에 발견되지 않는다. 그러므로 편집형 정신분열증으로 진단된 환자들 간에도 전형성의 차이는 매우 클 수밖에 없다(Cantor, Smith, French & Mezzich, 1980).

미국정신의학회(American Psychiatric Association) 진단편람(diagnostic manual)은 상이한 범주를 구분하기 위해 많은 속성을 나열하고 있는데, 이들 속성 중 일부는 두 개 이상의 범주에서 발견된다(Cantor et al., 1980). 이 분류법에는 여러 가지 함의가 내포되어 있다: 치료를 계획할 때는 동일한 증후가 여러 가지 장애에서 나타날 수 있다는 점을 감안해야 한다는 것이 그중 하나이다. 또한 동일한 진단을 받은 환자들이라도 서로 간에 많은 차이가 있을 수 있다. 따라서 이 분류법에는 개별 환자에 맞는 개입법이 개발되어야 한다는 의미도 들어있다. 그러나 임상진단 자체가 매우 복합적인 과제이기 때문에, 진단편람을 개정할 때마다 학회에서는 많은 생각과 논의를 주고받는다(Widiger & Clark, 2000).

특정 범주에 속하는 사람들일지라도 서로의 성격 특질은 다양할 수밖에 없다. 심지어 같은 사람의 성격 특질도 장면에 따라 변한다는 사실을 명심해야 한다. 스스로를 다음 중 어떤 특질을 가진 사람이라고 생각하는지를 판단해보라. (1) 조용한 사람, (2) 잔인한 사람, (3) 상냥한 사람, (4) 엉큼한 사람, (5) 공손한 사람. 이제, 과거에 무례하게 행동했다고 생각되는 구체적인 장면을 회상해보라.

우리는 보통 스스로를 '공손한 사람'이라고 생각하는 사람들에게는 자기가 과거에 공손하게 행동했던 장면이 더 쉽게 떠오를 것이라고 생각한다. 그러나 Klein, Cosmides, Tooby, Chance(2002)의 연구결과에 따르면, 이런 생각은 잘못된 생각이다. 사람들은 스스로의 성격 특질을 판단하고 난 후에는, 자기가 판단한 성격 특질과 일치하지 않는 경우를 더 빨리 떠올리는 것으로 드러난 것이다. 예를 들어, 자신을 '공손한 사람'으로 판단한 사람들은 무례하게 행동했던 과거사를 더 쉽게 떠올렸다. Klein 등에 의하면, 우리는 스스로가 판단한 특질이 적용되지 않는 경우를 생각해냄으로써 그 특질의 적용범위를 제한하기 때문에 이런 일이 벌어진다. 그 결과 우리는 동시에 두 가지 종류의 기억, 즉 그 특질의 일반화로 구성된 추상적인 의미기억('나는 정직한 편이야.')과 이 일반화를 제한하는 구체적인 일화기억('시험 때 컨닝을 한 경험이 있어.')을 떠올리게 된다는 게 그들의 설명이다. 범주화에서 벌어지는 추상화/일반화, 범주화에서 특정 구성원이 맡은 상대적 역할은 처음 보는 대상의 범주화를 설명하려는 이론에서도 중요하게 작용한다.

8.3 새로운 형태의 범주화

범주의 장점 중 하나는 새로운 물체를 인식할 수 있게 해준다는 점이다. 우리는 생전 처음 보는 대상(예: 악어)을 인식할 때 그 대상('악어'라는 범주)에 관한 선행 지식을 이용한다. 만약 우리에게 새로운 물체를 분류하는 능력(범주화 능력)이 없다면, 우리는 처음 보는 물체가 있을 때마다 그 물체의 정체가 무엇인지를 새롭게 학습해야만 하는 어려움에 처하게 될 것이다.

사람들의 지각적 분류 능력은 특출하다. 처음 보는 대상(예: 새로 산 청바지)인데도 우리는 그것이 어떤 범주(이 예의 경우 '바지')의 구성원인지를 너무나 쉽게 알아차린다는 말이다. 그래서 심리학을 공부한 사람이면 누구나 사람들은 어떻게 지각적 분류를 그렇게 쉽게 할 수 있는 것일까라는 궁금증을 가지게 된다. 자연적 범주의 특징을 분석하면, 이 궁금증 해소에 필요한 단서가 불거진다. 그런 특징 중 하나는 범주의 구성원 중 어떤 구성원은 같은 범주의 다른 구성원들보다 그 범주를 더 잘 대표한다는 점이다. 그러므로 사람들은 그 범주를 훌륭하게 대표한다고 생각되는 형태나 원형(prototype)을 기억한 다음, 이 원형을 이용하여 다른 형태를 분류할 수도 있다. 이러한 전략에 기초를 둔 범주화 모형을 **원형 모형**(prototype model)이라 한다. 범주 구성원들이 갖는 특징 중 다른 하나는 같은 범주 내 구성원들은 특정 속성을 공유한다는 점이다. 따라서 사람들은 새로운 형태의 속성 중 얼마만큼이 범주 구성원의 속성과 일치하는지를 판단함으로써 새로운 물체를 분류할 수도 있다. 이 같은 전략에 기초한 모형을 **속성 빈도 모형**(feature frequency model)이라 한다. 끝으로, 사람들은 특정 범주에 속하는 여러 견본(보기)을 기억하고 새로운 형태를 이들 견본과 비교해볼 수도 있다. 이런 모형을 **견본 모형**(exemplar model)이라 한다. 다음 절에서는 이들 모형을 구체적으로 비교해보기로 하자.

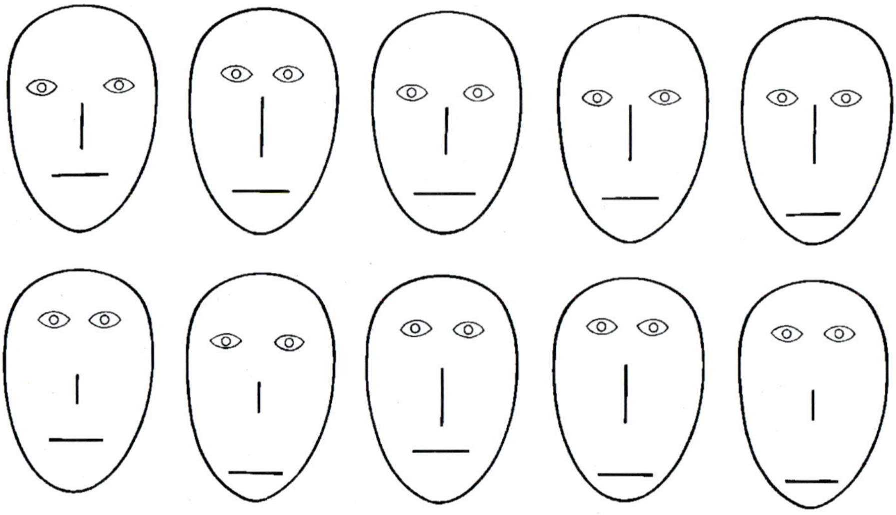

그림 8.5 지각적 범주화 과제의 보기. 윗줄의 얼굴 5개를 범주 1로, 아랫줄의 얼굴 5개를 범주 2로 설정하였다.
출처: "Perceptual vs. conceptual categorization," by S. K. Reed & M. P. Friedman, 1973, *Memory & Cognition, 1*, 157-163. Copyright 1973 by the Psychonomic Society, Inc. Reprinted by permission.

범주화 모형

그림 8.5의 예(Reed, 1973)를 참고하면 상이한 범주화 모형들을 쉽게 이해할 수 있다. 참여자들에게는 윗줄의 얼굴은 범주 1에 속하고 아랫줄의 얼굴은 범주 2에 속한다고 말해주었다. 그러고는 나중에 새로운 얼굴이 제시되면 새로 제시된 얼굴을 범주 1 또는 2로 분류할 수 있도록 이 두 범주에 대해 공부를 해두라고 지시하였다. 참여자들은 20개에서 25개까지의 새로운 얼굴(그림 8.5에 나타난 얼굴과는 같지 않은 얼굴)을 분류해야 했다. 그림 8.6은 새로 제시된 얼굴 중 세 개를 보여주고 있다.

이 실험의 목적은 사람들이 형태를 분류할 때 어떤 전략을 이용하는지를 결정하는 것이었다. 형태를 분류할 때 사람들은 분류 대상의 형태가 특정 범주 속 구성원들의 형태와 비슷하다는 점을 기초로 판단을 내릴 수도 있다. 최단 이웃 규칙(nearest-neighbor rule)이라는 분류법이 이용되는 경우를 고려해보면, 형태 범주화에 유사성이 이용된다는 말을 쉽게 이해할 수 있을 것이다. 최단 이웃 규칙에 따른 분류법은 새로운 형태를 각 범주에 속하는 모든 형태와 비교해보고, 새로운 형태와 가장 비슷한 형태가 속해 있는 범주를 찾아, 그 범주에다 새로운 형태를 귀속시키는 방법이다. 따라서 새로운 형태는 그것과 가장 잘 부합되는 형태를 가진 범주에 귀속된다.

최단 이웃 규칙
새로운 대상을 분류할 때 그 대상과 가장 유사한 대상을 구성원으로 갖는 범주에 귀속시키는 범주화 전략.

최단 이웃 규칙에 의하면, 우리는 새로운 형태를 모든 형태와 비교해야 한다. 하지만 결정을 지을 때는 단 한 가지 형태(새로운 형태와 가장 비슷한 형태)

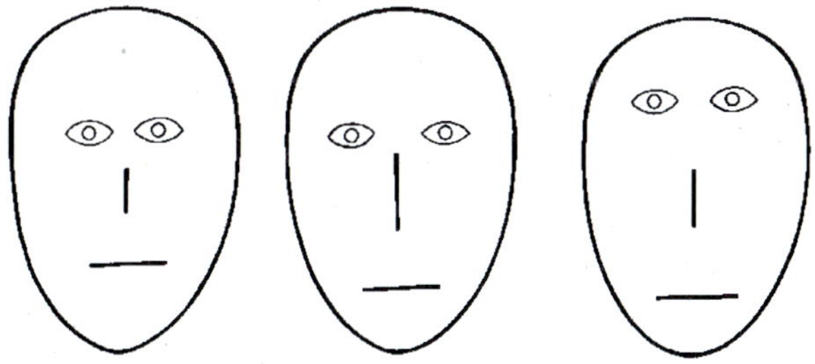

그림 8.6 **그림 8.5의 범주에 귀속될 새로운 얼굴의 보기.** 중간에 있는 것이 범주 1의 원형이고 오른쪽에 있는 것이 범주 2의 원형이다.

출처: "Pattern recognition and categorization," by S. K. Reed, 1972, *Cognitive Psychology, 3*, 382-407. Copyright 1972 by Academic Press, Inc. Reprinted by permission of Elsevier Science.

만 이용한다. 바로 이 점이 최단 이웃 규칙의 문제점으로 지적되고 있다. 새로운 형태와 가장 유사한 형태가 그것이 속한 범주를 제대로 대표하지 못한다면, 그 결정은 틀리기 십상이기 때문이다. 예를 들어, 삽살개를 애완용으로 기르는 어린이는 털이 긴 고양이를 개로 분류할지도 모른다. 왜냐하면, 이 고양이는 다른 고양이들보다는 삽살개를 더 닮았기 때문이다. 이러한 오류를 범하게 되는 이유는 삽살개는 개인데도 개라는 범주를 대표하는 좋은 보기가 되지 못하기 때문이다.

평균 거리 규칙
새로운 대상을 범주화할 때 새로운 대상과 평균 유사성이 가장 큰 대상들로 구성된 범주를 선택하는 전략.

이보다 낫다고 할 수 있는 것이 평균 거리 규칙(average distance rule)이라는 분류 규칙을 이용하는 방법(전략)이다. 이 전략은 각 범주 속의 모든 형태와 새로운 형태를 비교하여, 각 구성원과의 유사성을 판단한 후, 유사성의 평균을 계산하여 그 평균 점수가 가장 높은 범주에다 새로운 형태를 귀속시키는 방법이다. 만약 범주 1에 속하는 형태들과의 평균 유사성이 크면 범주 1이 선택되고 그렇지 않으면 범주 2가 선택되어야만 한다는 뜻이다. 최단 이웃 규칙을 이용하는 전략에서는 결정을 내릴 때 한 가지 형태만 고려되는데 반해, 평균 거리 규칙을 이용하는 전략에서는 모든 형태가 이용된다는 장점을 가진다. 그러나 모든 형태들과 새로운 형태를 비교해야 하는 일 말고도 평균 유사성까지 계산해야 한다는 점이 이 전략의 단점이다.

원형 규칙
새로운 대상을 분류할 때, 그 대상과 가장 비슷한 원형을 가진 범주에 귀속시키는 범주화 전략.

원형 규칙(prototype rule)을 이용하면, 이들 단점 두 가지가 모두 제거된다. 원형 규칙의 장점은 형태 분류에 많은 비교가 요구되지 않는다는 점이다. 새로운 형태를 범주 속의 모든 형태와 비교하지 않는다. 그 대신 각 범주를 가장 잘 대표하는 단 하나의 형태하고만 비교하면 된다. 그러나 이 규칙을 이용하려면 원형이 있어야 하는데, 대개는 범주를 구성하는 모든 형태를 평균한 형태가 원형이 된다. 그림 8.5의 두 줄에 제시된 얼굴 5개의 원형은 각 범주에 속하는 5개 얼굴이 가진 속성의 평균을 계산하여 창출된다. 각 원형은 평균 이

마 높이, 평균 눈 간격, 평균 코 길이, 평균 입 높이를 가진다. 그림 8.6의 중간에 있는 형태가 윗줄에 있는 얼굴들의 원형이며, 오른쪽에 있는 것이 아랫줄에 있는 얼굴들의 원형이다.

처음 보는 대상을 범주화할 때 원형 규칙이 이용된다면, 사람들은 먼저 각 범주를 대표하는 원형을 갖추고 있어야 한다. 처음 보는 대상의 형태를 이들 원형과 비교하여 가장 비슷한 원형을 찾아내야 하고, 그 원형이 속하는 범주를 선택하여 새로운 형태를 이 범주에 귀속시켜야 한다. 예를 들어, 새로운 형태가 범주 1의 원형과 더 비슷하면 새로운 형태는 범주 1로 분류되고, 범주 2의 원형과 더 비슷하면 범주 2로 분류된다.

속성 빈도 규칙
새로운 대상의 속성과 일치하는 속성을 가장 많이 갖는 범주를 선택하는 분류 전략.

마지막 모형은 예측을 할 때 속성을 이용한다는 점에서 앞서 소개한 세 가지 모형과 다르다. **속성 빈도 규칙**(feature frequency rule)은 형태들의 유사성을 따지는 것이 아니라, 새로운 형태와 범주 구성원들이 공유하는 속성의 수를 따진다. 이 규칙에 따르면, 새로운 형태의 속성을 먼저 살펴보고 나서, 범주 속 형태의 속성들과 정확하게 일치하는 속성이 몇 개나 되는지를 비교한다. 그림 8.6의 왼쪽 얼굴을 살펴보자. 이 형태는 이마가 넓고, 눈 간격은 좁으며, 코는 짧고 입은 높이 붙어있다. 그림 8.5에 제시된 2개의 범주를 가만히 살펴보면, 범주 1에는 이마가 넓은 얼굴이 4개가 있고, 눈 간격이 좁은 것은 하나이고 입이 높이 붙은 것도 하나이다. 그러므로 새로운 형태의 속성과 일치하는 속성이 모두 6개인 셈이다. 이에 비해 범주 2의 얼굴 중에는 눈 간격이 좁은 것이 4개, 코가 짧은 것 3개, 입이 높이 붙은 것이 2개이다. 새로운 형태의 속성과 일치하는 속성의 수가 모두 9개라는 뜻이다. 따라서 이 형태를 속성 빈도 규칙에 따라 분류하면 범주 2에 귀속된다.

이상에서 살펴본 네 가지 모형, 즉 최단 이웃, 평균 거리, 원형, 속성 빈도는 각각 주어진 형태가 분류되어야 하는 방식을 진술하고 있다. 분류에 이용하는 정보가 각 모형에 따라 다르다. 따라서 어떤 모형을 기초로 분류작업이 벌어지는지에 따라 동일한 형태가 다르게 범주화될 수도 있다. 최단 이웃 모형과 평균 거리 모형은 둘 다 새로운 형태를 범주의 보기(구성원)들과 비교한다고 가정하기 때문에 견본 모형에 속한다. 이에 비해, 원형 모형은 형태가 원형과 비교된다고 주장하고, 속성 빈도 모형은 속성을 맞추어본다고 주장한다. 그러므로 이들 모형을 이용하면, 사람들이 형태를 분류할 때 어떤 방식이 이용되는지를 검증할 수 있다. 예를 들어, 원형 모형이 다른 모형보다 사람들의 형태 분류 방식을 더 정확하게 예측한다면, 이는 사람들이 원형 전략을 이용한다는 의미가 된다. Reed(1972)의 연구결과는 원형 모형을 지지하는 것으로 나타났다.

표 8.6 각 전략을 범주화 학습에 이용했다고 보고한 참여자의 백분율

전략	백분율
1. 원형	
나는 범주 1의 얼굴이 어떻게 보여야 하며, 범주 2의 얼굴이 어떻게 보여야 하는지에 대한 추상적 심상을 형성했다. 그러고 나서 이 두 추상적 심상과 제시된 얼굴을 비교하여 더 잘 맞아 들어가는 것을 선택했다.	58
2. 최단 이웃	
투사된 얼굴과 가장 잘 맞아들어가는 얼굴 하나를 찾기 위해, 나는 투사된 얼굴을 두 범주 속의 모든 얼굴들과 비교해보았다. 그러고 나서는, 이 얼굴이 나타난 범주를 선택했다.	10
3. 속성 빈도	
투사된 얼굴의 각 속성을 살펴보고, 두 범주에 있는 각 속성과 정확하게 맞아 들어가는 속성의 개수가 몇 개나 되는지를 비교했다. 그러고 나서는, 가장 많이 맞아 들어가는 범주를 선택했다.	28
4. 평균 거리	
투사된 얼굴과 범주 1의 다섯 개 얼굴 각각을 비교하고, 또 범주 2의 다섯 개 얼굴과 각각 비교했다. 그러고 나서, 두 범주에 있는 얼굴들이 투사된 얼굴과 보다 유사한 범주를 선택했다. 결정은 두 범주 내의 모든 얼굴을 기초로 내렸다.	4

물론, Reed(1972)의 연구결과를 기초로 모든 사람들은 형태를 분류할 때 원형 규칙을 이용한다고 단정할 수는 없다. 그러나 사람들이 주로 이용하는 전략이 원형 규칙이라고는 말할 수 있다. 참여자들에게 표 8.6에 열거된 네 가지 전략 중 어느 것을 사용했는지를 물어보았을 때도 대부분의 참여자들은 원형 전략을 선택했다. '사람들은 도식화된 얼굴(그림 8.6에 제시된 것 같은 얼굴)을 어떻게 분류할까?'라는 문제에 대해 원형 모형이 가장 정확한 답을 제공하는 것으로 드러난 것이다. 그렇다고 해서, 앞서도 언급했듯이, 사람들은 항상 원형 규칙을 이용한다고 단정할 수는 없다. 형태가 연속적인 차원을 따라 변하지 않을 경우에는 이 모형을 적용하기가 어렵기 때문이다. 그림 8.6에 제시된 얼굴은 연속적인 차원을 따라 변하는 속성들로 구성되었다. 두 눈의 간격, 잎의 높이 등이 그런 속성에 속한다. 이 때문에, 각 범주를 대표하는 평균 형태, 즉 원형을 창출할 수 있었던 것이다.

그러나 모든 대상이 연속적으로 변하는 속성으로 구성되는 것은 아니다. 사람들을 연령, 교육 정도, 결혼 상태에 따라 분류하는 과제를 고려해보자. Hayes-Roth와 Hayes-Roth(1977)가 고안한 이 과제의 경우, 분류 대상 인물의 나이는 30, 40, 50, 60세이고, 교육 수준은 중학교, 고등학교, 전문대학, 대학 졸업이고, 결혼 상태는 독신, 결혼, 이혼, 미망인이었다. 이 과제를 수행하기 위해, 평균 연령을 계산하기는 쉬울지 모르지만, 평균 교육 수준이나 평균 결

혼 상태를 계산하는 데는 많은 문제점이 있다. Hayes-Roth와 Hayes-Roth는 이 과제의 경우, 일종의 속성 빈도 모형이 학생들의 분류 방식을 가장 정확하게 예측한다는 것을 발견하였다. 속성 빈도 모형은 속성의 차원이 연속적인지 비연속적인지에 구애받지 않는다. 고등학교를 졸업했고 30세이며 결혼해 있는 사람을 분류하기 위해서는 이런 특정 속성을 가진 사람들이 가장 많은 집단을 찾아내면 되는 것이다.

범주화 모형에 대한 평가

견본 모형
대상 또는 형태를 범주화할 때 그 대상과 특정 범주 속 구성원(보기/견본)들 간의 유사성을 비교한다고 가정하는 범주화 모형.

범주화 모형을 개발하고 평가하는 작업은 끊임없이 이어지고 있다. 여러 모형 중 특별한 관심을 모았던 것은 견본 모형(exemplar model)이다. 견본 모형에 따르면, 우리는 처음 보는 대상을 범주화할 때, 범주 구성원들로부터 추출해낸 추상적인 정보(예: 범주 구성원이 공유하는 속성의 빈도 또는 범주의 원형)가 아니라, 범주의 보기(구성원) 자체를 기초로 결정을 내린다. 표 8.6에 소개된 최단 이웃 모형이나 평균 거리 모형도 일종의 견본 모형이라 할 수 있다. 왜냐하면, 이들 모형은 분류 대상을 범주화할 때 분류 대상과 범주 구성원과의 유사성을 비교하기 때문이다.

견본 모형의 발달은 Medin과 Schaffer(1978)의 모형에 많은 영향을 받았다. 처음 보는 형태를 분류(범주화)할 때 사람들은 기억하고 있던 범주의 보기를 인출해내어 그 보기를 처음 보는 형태와 비교한다는 것이 Medin과 Schaffer의 생각이었다. 기억 속의 보기가 인출될 확률은 그 보기와 처음 보는 형태와의 유사성에 따라 결정된다(유사성이 높을수록 인출될 확률도 높아진다). 그리고 그 유사성은 처음 보는 형태가 가진 각각의 속성과 보기가 가진 각각의 속성 간 유사성을 계산한 후, 그 모두를 합하여 결정된다고 생각했다. Medin의 연구진은 사람들이 질병을 진단하기 위해 증상을 이용하는 방식을 검토했다. 이 연구를 통해 속성을 조합하는 방식에 따라 진단이 바뀐다는 사실을 밝혀냄으로써 자기들의 생각을 지지하는 증거를 확보할 수 있었다(Medin, Altom, Edelson & Freko, 1982).

견본 모형의 발달을 논의하면서 Nosofsky의 연구를 빼놓을 수 없다. Nosofsky(1991)는 학생들에게 그림 8.5에 제시된 얼굴을 학습하게 한 실험에서, 새로운 얼굴을 분류할 때 학생들은 범주 보기(구성원) 각각을 새 얼굴과 비교한다는 증거를 발견했다. 이러한 결과를 기초로 Nosofsky는 모든 범주화 현상을 견본 모형으로 설명하려 했다(Nosofsky & Johansen, 2000).

그러나 다른 연구자들은 과제가 범주화 전략에 미치는 영향을 강조해왔다(Ashby & Maddox, 2005; Hampton, 1997). 사람들이 사용하는 범주화 전략 선택

(원형 전략 또는 견본 전략)에 영향을 미치는 요인 중 하나는 범주의 보기를 학습하는 데 투자한 연습의 양이다. Smith와 Minda(1998)는 어린아이들이 애용하는 학습 기초 범주화 전략은 원형 전략에 더 가깝다는 사실을 발견했다. 어린아이들은 범주의 전형적인 형태만을 학습하기 때문일 것이다. 그러나 나이가 들면서 모든 보기를 올바르게 범주화할 수 있게 되는데, 이때의 범주화 전략은 견본 전략에 더 가까웠다. 범주화 전략 선택에 영향을 미치는 또 다른 요인은 특정 범주를 구성하는 보기의 양이다. Minda와 Smith(2002)는 견본 전략은 범주 구성원의 수가 적을 때(예: 한 범주에는 5개, 다른 범주에는 4개일 때)에 성공적으로 적용된다고 주장했다. 구성원의 수가 적을 경우에는 연습을 통해 범주 구성원 모두를 학습할 수가 있기 때문일 것이다.

Ashby와 Maddox(2005)는 범주가 어떻게 구성되느냐에 따라 범주화 방법이 크게 달라진다고 주장한다. 인지심리학, 신경심리학, 뇌-영상 실험결과를 보면, 과제에 따라 사람들이 사용하는 범주화 전략이 다르다는 것을 알 수 있다. 규칙에 기초한 범주화에는 전두피질이 관여하며, 작업기억과 관리기능(주의)이 중요하게 작용한다. 그림 8.5에 있는 도식적 얼굴에서처럼 원형 왜곡 과제의 경우에는 규칙을 적용해서는 과제를 수행할 수 없다. 그렇기 때문에, 이런 과제를 수행할 때는 지각 학습에 의존할 수밖에 없다. 따라서 후두엽에 있는 시각피질이 관여하게 된다. 이러한 발견 속에는 임상 환자에 따라 범주 학습 능력이 선별적으로 손상될 수 있다는 의미가 내포되어 있다. 예를 들어, 파킨슨병 환자의 경우, 원형 왜곡 과제를 수행하는 능력은 정상이지만, 규칙에 따른 범주화 능력은 크게 손상되어 있다(Ashby, Alfonso-Reese, Tuken, & Waldron, 1998).

그러므로 사람들의 범주화 방식을 설명하기 위해 다양한 범주화 전략이 제안되어 있다는 사실은 어떻게 보면 당연한 일이다. 다양한 상황에서 벌어지는 범주화 방식을 한 가지 모형으로 설명하기란 어려울 것이라는 뜻이다. 결국, 여러 모형의 장점과 단점을 분석한 후 Hampton(1997)이 제시한 다음과 같은 충고가 가장 훌륭한 촌평인 것 같다.

> 자기의 접근법을 모든 개념적 표상에 적용하고 싶은 욕구가 누구에겐들 없겠는가! 그러나 모든 개념이 동일한 방식으로 정의되고 표상될 가능성은 매우 희박하다. 이 분야의 발전을 도모하기 위해 꼭 필요한 것은 사람들이 보유하고 있는 표상 능력의 범위에 관한 엄격한 설명과 상이한 개념적 영역에 걸맞은 상이한 표상 방식이라 할 것이다. (pp. 105~106)

이론에 기초한 범주화

범주화 과제 간에 발견되는 가장 두드러진 차이는 범주화 작업에 사전 지식을 활용할 수 있는 정도의 차이이다. 대부분의 연구에서는 도식적 얼굴 같은 인위적인 자극이 이용되었기 때문에 사전 지식을 활용하기가 어렵다. 이러한 자극을 이용하면, 범주화 작업에 형태의 유사성(학습을 하지 않아도 되는 속성)이 어떻게 이용되는지를 평가할 수 있다. 그러나 실험실에서나 사용하는 인위적인 자극을 범주화하는 방식과 실생활에서 마주치게 되는 자극을 분류하는 방식은 다를 수도 있다. 예를 들어, 분류해야 할 대상이 일상생활에 이용되는 대상이라면, 사람들은 그 대상을 범주화할 때 실세계 범주에 관한 자신의 이론/지식을 이용할지도 모른다.

Reed와 Friedman(1973)은 실험실에서 구축된 범주화 모형으로 실생활 속 자극을 범주화하는 작업을 예측할 수 있을 것인지를 검토하였다. 가상적 동네 A에 거주하는 인물 5명과 동네 B에 거주하는 인물 5명으로 구성된 두 개의 범주를 마련하였다. 각 인물에 대한 소개로는 연령, 소득, 자녀의 수, 교육 정도가 제공되었다. 그러고는 새로운 인물을 소개하고 그 인물이 동네 A, B 중 어느 동네에 속할 것 같은지를 추측하게 하였다. 이 범주화에서 예측력이 가장 높은 속성은 연령이었고 가장 낮은 속성은 교육 연한이었다.

각 인물에 대한 범주화 작업을 마친 후, 참여자들은 범주화 작업을 수행할 때 이들 네 가지 속성 각각을 얼마나 중요하게 고려했는지를 평정하고, 그 이유가 무엇인지를 제시해야 했다. 결과는 Reed와 Friedman이 생각했던 것보다 훨씬 다채로웠다. 예를 들어, 참여자 중 한 명은 "동네 A에 사는 사람은 대부분이 40세이고 한 명만 35세였는데, 동네 B에 사는 사람은 대부분이 30세이고 한 명만 35세였다. 그래서 나는 연령을 첫 번째 속성으로 골랐다"라고 진술했다. Reed와 Friedman이 기대했던 것도 이런 진술이었다. 그러나 또 다른 학생은 "나는 교육을 더욱 중시했는데, 그 이유는 사람들의 경력 및 배경이 그 지역사회에 미치는 영향력 때문이다"라고 진술했다. 이 학생은 속성을 평정할 때 과제에서 제공된 범주 구성원을 고려했다기보다 과제에서 소개된 사람들이 거주하는 동네에 관한 자신의 이론을 고려했다는 뜻이다. 참여자 중 약 절반은 실험에서 제공된 범주를 기초로 속성을 평정했고, 연령에다 가장 높은 평균 평정 점수를 주었다. 나머지 참여자들은 자신의 이론을 기초로 속성을 평정했고, 소득을 가장 높게 평정하는 경향이 있었다(Reed & Friedman, 1973).

이러한 발견은 속성의 중요성은 특정 범주에 관한 사람들의 이론에서 그 속성이 어떤 역할을 맡고 있는지에 따라 달라진다고 하는 Murphy와 Medin (1985)의 주장과 일치한다. 예를 들어, Murphy와 Medin은, 소득을 가장 중요한 속성으로 간주한 학생들은 우리의 이웃 선택권이 소득에 의해 결정된다고 믿을 가능성이 높다고 주장한다. 그러므로 이 경우, 특정 동네에 거주하는 사람들이 유사한 이유가 소득에 있는 것이다.

한편, 사건을 분류할 때는 인과 설명을 가능케 하는 속성이 강조될 것이라는 게 Murphy와 Medin(1985)의 주장이었다. 사람들은 원인이 되는 속성을 강조한다는 Murphy와 Medin의 이 가설은 최근의 연구(Ahn, Kim, Lassaline, & Dennis, 2000)에서 입증되었다. Ahn 등의 실험에서는 학부생들에게 특정 범주의 구성원들은 '눈이 나쁘고', '두통을 앓고', '불면증에 시달리고'라는 세 가지 속성을 가지는 경향이 있다고 알려주었다. 그런 후, 눈이 나쁘기 때문에 두통이 생기고, 두통 때문에 불면증을 겪게 된다고 알려주었다. 그러고는 이들 세 가지 속성 중 한 가지가 없는 사람을 두고 이 사람이 이 범주에 속할 가능성을 평정하게 했다. 그 결과, 첫 번째 원인인 눈이 나쁘다는 속성이 누락된 경우에 그 평정치가 낮았고, 중간 원인인 두통을 앓는다는 속성이 누락된 경우에는 높았으며, 결과인 불면증이 누락된 경우에 더욱 높은 것으로 나타났다. 이러한 결과를 기초로 우리는 범주에 관한 사람들의 이론에서는 원인을 찾아내는 일이 중요하게 작용한다는 결론을 짓게 된다.

증상의 원인을 찾아내는 일이 특히 중요한 경우는 사람들에게 좋지 않은 진

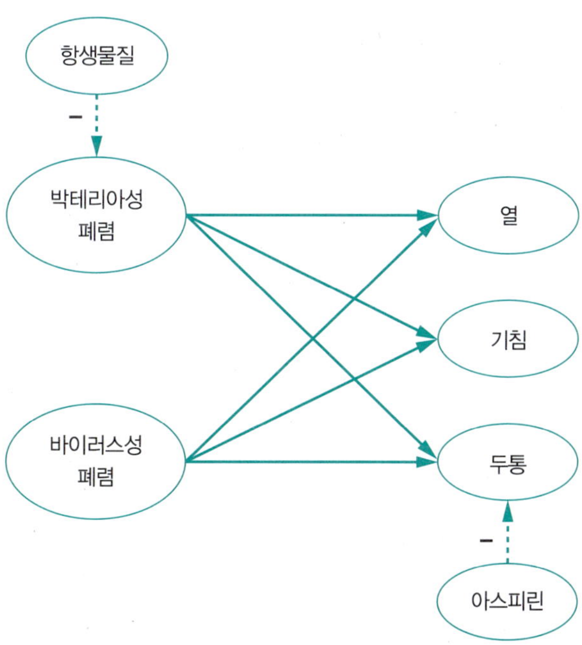

그림 8.7 두 가지 진단성 범주의 증상. 실선은 인과관계, 점선은 치료법과의 관계를 보여준다.

출처: "Causal learning and inference as a rational process: The new synthesis," by K. J. Holyoak & P. W. Cheng, 2011, *Annual Review of Psychology, 62*, 135-163. Copyright 2011 by Annual Reviews. Reprinted by permission.

표 8.7 일관성 있는 보기로 구성된 범주와 일관성 없는 보기로 구성된 범주의 예

일관성 있는 보기	일관성 없는 보기
수면에서 작동한다.	성층권에 떠돈다.
유출된 기름을 흡수하는 작업을 한다.	유출된 기름을 흡수하는 작업을 한다.
스펀지 같은 재료로 덮여있다.	삽을 가지고 있다.
지상에서 작동한다.	수면에서 작동한다.
유해 물질을 수거하는 작업을 한다.	유해 물질을 수거하는 작업을 한다.
삽을 가지고 있다.	정전기성 여과장치를 가지고 있다.
성층권에 떠돈다.	지상에서 작동한다.
유해 가스를 흡수하는 작업을 한다.	유해 가스를 흡수하는 작업을 한다.
정전기성 여과장치를 가지고 있다.	스펀지 같은 재료로 덮여있다.

단을 내려야 할 때라고 할 것이다. 그림 8.7에서 보여주듯, 박테리아성 폐렴도 바이러스성 폐렴도 모두 열과 기침과 두통의 원인으로 작용한다(Holyoak & Cheng, 2011). 앞서 임상적 진단을 논의할 때도 소개했듯이, 진단용 범주의 경우 여러 범주에 겹쳐서 발견되는 속성이 많다. 그러므로 진단이 정확하기 위해서는 비슷한 속성을 공유하는 환자들을 구분시켜주는 결정적인 증상을 찾아내야만 한다. 그렇지 않았을 때 생길 수 있는 심각한 문제는 환자가 어떻게 범주화되느냐에 따라 치료법이 달라질 수 있다는 점이다. 예를 들어, 박테리아성 폐렴 환자에게는 항생물질이 처방되는데 반해, 바이러스성 폐렴 환자에게는 항바이러스성 약물이 처방된다(그림 8.7).

이론기초 범주화의 또 다른 특징은 사람들은 자기의 선행 지식을 기초로 여러 가지 속성이 조합되어(표 8.7의 '일관성 있는 보기'처럼) 나타날 것이라는 기대를 한다는 점이다(Rehder & Ross, 2001). 물 위에서 작동하며, 기름띠를 흡수하고, 스펀지로 둘러싸여 있는 장치라고 하면 그럴듯한 장치로 들린다. 그러나 성층권을 떠돌며, 기름띠를 흡수하고, 삽을 가지고 다니는 장치라고 하면 속성이 잘못 조합된 것처럼 들린다. 실험 결과, 일관성 있는 대상을 분류하는 학습이 일관성 없는 대상을 분류하는 학습보다 쉬운 것으로 드러났다(Rehder & Ross, 2001). 속성에 일관성이 있어 보이는 이유는 그들 속성이 우리의 지식 구조인 스키마에 맞아떨어지기 때문이다. 스키마에 대해서는 다음 장에서 배우게 될 것이다.

8.4 요약

사람들이 지식을 조직하는 방법 중 하나는 범주와 범주로 구성된 위계를 이용하는 것이다. 범주는 환경의 복잡성을 줄여주고 학습을 반복해야 하는 부담을 덜어준다. 또한 물체를 인식할 수 있게 해주고 적절한 반응을 할 수 있게 하며, 정돈을 할 수 있게 하고, 사건들 간의 관계를 맺을 수 있게 해준다.

개념 확정 패러다임(paradigm)은 사람들이 범주화하는 과정을 연구하는 한 가지 접근법이다. 사람들은 먼저 가설을 설정한 후, 그 가설에 맞는 개념을 적용한 후, 그때 제공되는 정적/부적 피드백을 통해 논리적 법칙을 학습하려 한다. 개념을 정의하는 적절한 속성이 무엇인지를 알고 있을 때는 **법칙에 대한 학습**이 일어난다. 그러나 법칙은 알고 있는데 적절한 속성이 무엇인지를 모를 때는 **속성에 대한 학습**이 일어난다.

실세계의 범주, 즉 자연적 범주는 대개 간단한 법칙으로 구분되지 않는다. 자연적 범주는 보통 위계적으로 조직되어 있다. 예를 들어, 겹바지는 '바지'라는 범주에 포함되며 바지는 '의복'이라는 범주에 포함된다는 뜻이다. Rosch는 실세계에서 벌어지는 대부분의 분류(범주화)는 중간, 즉 기초 수준(원형 구축이 가능한 가장 일반적 수준이고 범주들이 가장 잘 분화된 수준)에서 이루어진다고 주장한다. 그러나 의미성 치매가 진행되면서 잃게 되는 정보의 경우, 상위 수준 범주에 관한 정보가 가장 저항이 심하다. 자연적 범주의 구성원은 범주를 대표하는 정도에서 차이가 난다. 오렌지와 사과는 '과일'을 대표하는 훌륭한 보기가 되는 반면, 코코넛과 올리브는 훌륭한 보기가 되지 못한다. 훌륭한 구성원이 가진 속성은 그 범주의 다른 구성원들과 공유된다. 그러나 목적성 범주의 경우에는 사정이 다르다. 목적성 범주에서의 전형성은 목적을 얼마나 잘 충족시키느냐에 따라 달라진다. 위계적 조직이라는 개념과 범주 전형성이라는 개념은 사람 지각에도 적용된다.

새로운 형태를 분류할 때, 추상적인 정보가 사용된다고 가정하는 모형에는 원형 모형과 속성 빈도 모형이 있다. 원형 모형은 범주를 가장 잘 대표하는 원형을 생성한 후, 이 원형과 새로운 형태를 비교함으로써 새로운 형태를 분류한다고 주장한다. 원형이란 범주를 구성하는 모든 형태의 평균치를 계산함으로써 형성되는 범주의 집중 경향이다. 연속적으로 변하는 속성(예: 코의 높이, 입의 길이)들로 구성된 형태가 분류되는 방식은 원형 이론의 예측과 가장 가깝다. 이에 비해, 속성 빈도 모형은 새로운 형태의 속성과 범주를 구성하는 형태의 속성이 일치하는 개수(빈도)를 계산함으로써 새로운 형태를 분류한다고 주장한다. 속성의 조합을 고려하면 예측은 향상된다. 속성 빈도 모형이 가장 성공적으로 예측할 수 있었던 것은 비연속적으로 변하는 속성으로 구성된 형태의 분류였다.

견본 이론은 사람들이 기억하고 있는 것은 추상적인 정보가 아니라 구체적 보기/견본이라고 주장한다. 평균 거리 모형과 최단 이웃 모형이 견본 이론에 속한다. 보다 최근에 개발된 견본 모형에서는 상이한 자극 형태의 유사성을 판단할 때 특정 속성이 다른 속성보다 더욱 강조된다고 가정한다. 사람들이 범주 구성원을 익히 파악하고 있는 경우에 벌어지는 범주화 행동은 견본 모형의 예측과 가장 일치하는 것으로 드러났다. 이론기초 모형에 따르면, 사람들은 처음 보는 대상을 분류할 때 자신이 알고 있는 세상사에 관한 지식을 활용한다. 이러한 상황에서는 사건의 원인이 강조되곤 한다. 모든 범주화에 고루 적용되는 이론은 없는 것 같다. 따라서 과제에 따라 사람들의 분류 방식이 어떻게 달라지는지를 밝히는 것이 해결되어야 할 중요한 과제라고 하겠다.

복습문제

1. Bruner는 일찍이 '고등 정신과정'에 관해 연구한 미국 심리학자 중 한 명이었다. 그는 특히 교육 및 창의성에 깊은 관심을 가졌었다. Bruner와 그의 동료들이 자신들의 연구에서 개념 확정과 같은 무미건조한 절차를 선택한 이유는 무엇일까?
2. 이 장에서 소개된 많은 어휘가 추상적이었고, 또 여러분에게는 새로웠을 것이 분명하다. 그렇다고 겁먹을 건 없다. 개념 확정 과제는 '스무고개' 놀이와 비슷하다. 참여자들에게 여러 형태를 보여주고, 각 형태가 참여자들이 찾아내야 하는 범주에 속하는 것인지 아닌지를 알려준다. 규칙 학습과 속성 학습은 참여자들이 추측해야(알아맞혀야) 하는 것이 무엇이냐는 점에서 서로 다르다. 어떻게 다른가?
3. 다음 용어에 대한 보기를 제시할 수 있어야 하고, 용어들 간의 관계를 설명할 수 있어야 한다: 속성, 유목, 범주, 상위 수준, 하위 수준, 위계, 공접, 이접, 확률적, 연속, 비연속.
4. Rosch는 기초 범주를 기본적인 것으로 만드는 것이 무엇이라고 했는가? 바꾸어 말해, 기초 범주의 특징은 무엇인가? 어떤 범주가 기초 범주인지 아닌지를 어떻게 알 수 있는가?
5. 상이한 위계 수준에 속하는 물체를 재빨리 확정하는 능력은 전문성에 따라 어떻게 달라지는가? 여러분도 특정 분야의 사물을 재빨리 확정할 수 있는 전문기술을 가지고 있는가?
6. 어떤 물체를 특정 범주의 '훌륭한' 구성원으로 만드는 것은 무엇인가? 가족 유사성 점수란 무엇인가? 분류에 따른 범주와 목적에 따른 범주는 어떻게 다른가?
7. 대부분의 경우, 세상 사람에게 가장 중요한 대상은 역시 사람이다. 우리는 각자가 특유하다고 말하면서면서도 언제나 사람들을 분류한다. 이런 행위는 좋은 것인가 나쁜 것인가, 아니면 좋기도 하고 나쁘기도 한 것인가?
8. 여러분은 자신의 성격과 어긋나는 행동을 한 적

이 있는가? 예를 들어보라.

9. 생전 처음 보는 대상을 만났을 때, 우리는 그것이 무엇인지를 어떻게 아는 것일까? 원형 이론과 속성 빈도 이론을 주창하는 사람들은 이 문제에 어떤 답을 제시하고 있는가?

10. 범주화에서 왜 인과적 설명이 중요하다고 생각하는가? 이 사실은 앞서 배운 내용과 일치하는가?

핵심용어

가족 유사성(family resemblance)
고정관념(stereotype)
개념 확정(concept identification)
견본 모형(exemplar model)
공접법칙(conjunctive rule)
기초 범주/기초 수준 범주(basic-level category)
논리적 규칙(logical rule)
목적성 범주(goal-derived category)
상위(수준) 범주(superordinate category)
속성 빈도 규칙(feature frequency rule)
원형(prototype)
원형 규칙(prototype rule)
위계적 조직(hierarchically organized)
의미성 치매(semantic dementia)
이접법칙(disjunctive rule)
전형성(typicality)
최단 이웃 규칙(nearest-neighbor rule)
평균 거리 규칙(average distance rule)
하위(수준) 범주(subordinate category)

추천도서

Ashby와 Maddox(2005), Medin과 Rips(2005), 그리고 Rips(2001)는 범주화와 관련된 이론적 문헌을 고찰하였다. 상이한 종류의 개념에 초점을 맞춘 문헌 고찰은 Medin, Lynch, Solomon(2000)을, 그리고 상이한 범주화 전략의 진화론적 이득에 관한 고찰은 Klein, Cosmides, Tooby, Chance(2002)를 참고하기 바란다. Sloutsky(2003)는 범주화 발달에서 유사성의 역할을 논의하고 있다. Mandler와 Bauer(1988)는 기초 범주가 Rosch가 주장하는 것만큼 중요한 것은 아니라고 주장한다. Rogers와 McClelland(2004)는 그들의 저서, *Semantic Cognition: A Parallel Distributed Processing Approach*에서 신경망 모형을 소개하고 있다. McNorgan, Reid, McRae(2011)는 신경망 모형의 대안 모형으로 개념적 지식의 통합을 연구하였다. 의미 결함이 범주화에 영향을 미치는 방식에 대한 연구는 Mahon, Caramazza(2009, 2011)에 소개되어 있다. Ross(1996)의 연구는 보기 이용이 분류에 미치는 영향에 논의의 초점을 맞추었다. 범주에 이름(예: 의자)을 붙이는 일은 범주의 구성원 대신 범주 그 자체에 주의를 기울이게 할 수 있다(Lupyan, 2008). Fiske, Cuddy, Glick(2007)은 자신감 및 온화함이 사회적 범주를 창출하는 데 중요하게 작용한다고 주장한다. Widiger(Widiger & Clark, 2000; Widiger & Trull, 1991)는 임상적 진단에서 관여하는 범주화의 역할을 논의하고 있다. Holyoak와 Cheng(2011)은 인과 추론의 중요성을 강조하고 있다. Murphy(2003)의 *The Big Book of Concepts*는 범주화 관련 연구를 철저하게 고찰하였다.

CHAPTER 9

지식의 조직

9.1 조직과 재생

위계적 정보의 재생 | 의미망 구축하기

9.2 진술의 진위 확정

위계적 구조망 모형 | 속성 비교 모형 | 활성화 확산 모형

9.3 스키마 이론

Bartlett의 스키마 이론 | 현대의 스키마 이론 | 각본: 일련의 사건에 대한 표상

9.4 지각 기호 모형

의미 확정 | 자서전적 기억 | 해결?

9.5 요약

복습문제

핵심용어

추천도서

과학자는 조직을 해야 한다. 돌로 집을 짓듯 사실로 과학을 짓는다. 그러나 돌 더미가 집이 아니듯 사실의 누적으로는 과학이 되지 않는다.

_ Henri Poincare

조직은 어디에서나 필요하다. 조직의 필요성은 과학에만 적용되는 것이 아니다. 예술에도 또 문학에도 적용된다. 우리가 알고 있는 모든 사실 각각을 서로 다른 카드에 하나씩 적어 놓았다고 하자. 그런데 누군가가 그 카드를 모두 섞어서 커다란 더미로 쌓아두고는 동학혁명이 발발한 곳이 어디냐고 묻는다. 이 질문에 답하는 데 필요한 카드를 그 더미 속에서 찾아내야 한다고 상상해보라. 어떻게 이 카드를 찾아내겠는가? 동학혁명에 대한 수필을 써야 한다면 어떻게 하겠는가? 모든 카드가 뒤섞여 있기 때문에 요행으로 동학혁명과 관련된 카드를 한 장 찾았다 하더라도, 이 주제와 관련된 다른 카드를 찾는 데는 아무런 도움이 되지 못할 것이다.

장기기억으로부터 서로 연관된 정보를 인출하기 위해서는 기억을 조직해두어야 한다. 이러한 조직의 대부분은 의미를 기초로 이루어진다. 기억력이 비상한 사람들도 대개는 그 능력을 타고난 것이 아니다. 그보다는 집중적인 연습을 통해 효율적인 부호화 및 인출 기능을 습득했다고 봐야 옳다(Ericsson, 1985). 정보를 조직하는 방법 중 특히 효과적인 방법은 위계를 구축하는 것이다. 정보를 위계적으로 조직하는 기능이 얼마나 효과적인 기능인지는 Erricsson과 Polson(1988)에 의해 밝혀졌다. 이 장의 첫 절에서는 정보의 위계적 조직이 재생을 향상시키는 또 다른 예가 소개될 것이다.

개념 지식(의미기억)의 조직을 연구하기 위해 널리 쓰이는 과제 중 하나는 진술 확인 과제이다. 진술 확인 과제에서는 예를 들어, '제비는 새다' 혹은 '토끼는 건물이다'라는 진술문을 자극으로 제시하고, 그 진술의 진위를 판단하게 한다. '제비는 새다'라는 진술의 진위를 판단하기 위해서는, '제비'와 '새'라는 단어의 의미를 따져봐야 한다. 심리학자들은 이런 판단에 소요되는 시간을 측정하여 장기기억 속의 개념 지식(의미기억)이 어떻게 조직되어 있는지를 명시하려고 해왔다. 이 장의 둘째 절에서는 의미기억의 모형 구축에 이 접근법이 이용된 방식을 살펴본다.

의미기억(semantic memory)의 모형으로는 두 가지가 주로 이용되었다. 한 가지 모형에서는 두 개념(범주)의 속성을 비교하여 진술의 진위를 결정한다고 가정한다. 예를 들어, '새'라는 개념(범주)이 갖는 속성을 '제비'도 소유하는지를 따져봄으로써 제비가 새인지를 판단한다고 보는 것이다. 이 모형은 앞 장에서 논의한 범주화 모형과 약간 비슷하다. 두 번째 모형에서는 개념들 간 관계가 의미망(semantic network)으로 조직되어 있다고 가정한다. 의미망이란 연결망은 개념들 간 관계를 명시하는 고리(links)로 이어져 있다. 의미망 모형에서의 핵심 전제는 활성화 확산이라는 관념이다. 활성화 확산(spreading activation)이란 기억 속 특정 개념이 활성화되면 그 활성화가 고리를 통해 퍼져나가 그 개념과 연결된(연관된) 이웃 개념을 활성화시킨다는 뜻이다.

의미망
개념의 의미가 개념들 서로 간의 관계 속에서 발견된다는 가정을 기초로 개념들을 연결시켰을 때 구성되는 망을 일컫는 이론적 개념.

활성화 확산 모형
활성화가 의미망에서 어떻게 확산되는지에 관한 전제를 설정함으로써 의미 확인 과제의 반응시간에 관한 자료를 설명하려는 모형.

이 장의 셋째 절에서는 스키마(schema)라고 하는 지식의 조직에 대해 논할 것이다. 1장에서 인지심리학의 역사를 간략하게 소개할 때, 행동주의가 유럽에서는 별로 인기를 끌지 못했었다는 사실을 언급했다. 특히, 영국의 Bartlett과 스위스의 Piaget는, 자극-반응 간 관련성을 학습함으로써 지식이 형성된다는 행동주의의 관념을 수용하지 않았다. Bartlett도 Piaget도 지식이 개략적인 구조로 형성되어 있다고 생각했다. 이들의 관념은 결국 미국에도 스며들었고 특히 인지심리학 연구에 막대한 영향을 미쳤다.

이 장의 넷째 절에서 소개되는 지각기호 모형에서는 진술의 의미 검정도 또 기억 속 정보 인출도 지각성 재연(perceptual simulation)을 통해 이루어진다고 가정한다. 앞 절에서 소개한 의미기억 모형들의 기반 개념인 속성, 의미망, 스키마에는 감각 경험이 저장되어 있지 않다. 그러나 지각기호 모형에서는 감각 경험을 기억의 핵심 정보로 간주한다.

9.1 조직과 재생

정보가 어떻게 위계적으로 조직되는지, 그리고 시각적 형태를 분류하는 작업과 같은 인지 과제 수행에 위계적 조직이 어떤 영향을 미치는지는 앞 장에서 살펴보았다. 위계적 조직은 의미 정보의 재생을 요구하는 인지 과제 수행에도 영향을 미친다.

위계적 정보의 재생

잘 조직된 기억의 장점 중 하나는 정보를 체계적으로 인출하기가 용이해진다는 점이다. 이 장을 시작하면서, 거대한 카드 더미를 뒤져서 정보를 찾아내야

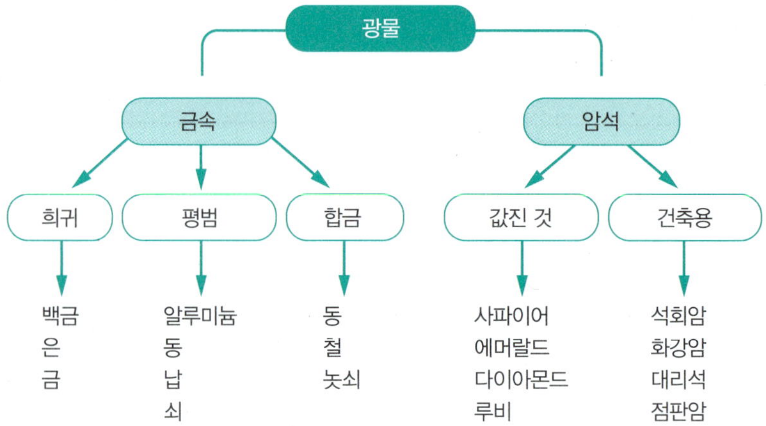

그림 9.1 광물의 위계적 조직

출처: "Organizational factors in memory," by G. H. Bower, 1970, *Cognitive Psychology, 1*, 18-46. Copyright 1970 by Academic Press, Inc. Reprinted by permission of Elsevier Science.

(인출해야) 하는 경우를 언급하였다. 만약 카드에 적힌 정보가 체계적으로 조직되어 있다면 이 과제도 시도해볼 만할 것이다. 그러나 정보가 체계적으로 조직되어 있지 않다면 이 과제는 매우 어려워질 것이며, 과제 수행 수준은 보잘것없을 것이다.

이와 유사한 과제를 이용하여 기억의 위계적 조직이 재생에 미치는 효과를 연구한 실험이 있다(Bower, Clark, Winzenz, & Lesgold, 1969). 실험 재료는 그림 9.1과 같이 개념적 위계로 구성된 단어들이었다. '조직화' 조건의 참여자들은 각각 28개씩의 단어로 구성된 4개의 위계를 56초씩 공부했다. 그런 후 112(28×4)개 단어 모두를 순서에 관계없이 재생해야 했다. 56초 동안 공부를 하고 난 후 학습한 것을 재생해보는 이러한 시행이 세 번 더 반복되었다. 그림 9.2의 상단 곡선은 이 집단의 수행 정도를 보여준다. 그림에서 보듯, 이들은 첫 번째 시행 후에 73개의 단어를 재생할 수 있었고, 세 번째 시행 후에는 112개 모두를 재생할 수 있었다.

'무작위' 조건 참여자들은 동일한 112개의 단어를 4개의 위계 속에 무작위로 배열하여 공부하게 했다. 예를 들어, 4개의 위계가 식물, 연장, 신체 부위, 광물이었다고 하자. 그러면 네 가지 위계 중, 예를 들어 식물이라는 위계에 소속된 단어 28개는 식물에 속하는 단어로만 구성된 것이 아니라, 식물, 연장, 신체 부위, 광물에 속하는 단어들 속에서 무작위로 선택된 것들이었다. 그러니까 각 위계에서 28개씩의 단어가 제시된 모습은 조직화 조건에서 제시된 모습(그림 9.1)과 동일하였지만, 이들 단어 간 관계에는 아무런 체계가 없었다. 참

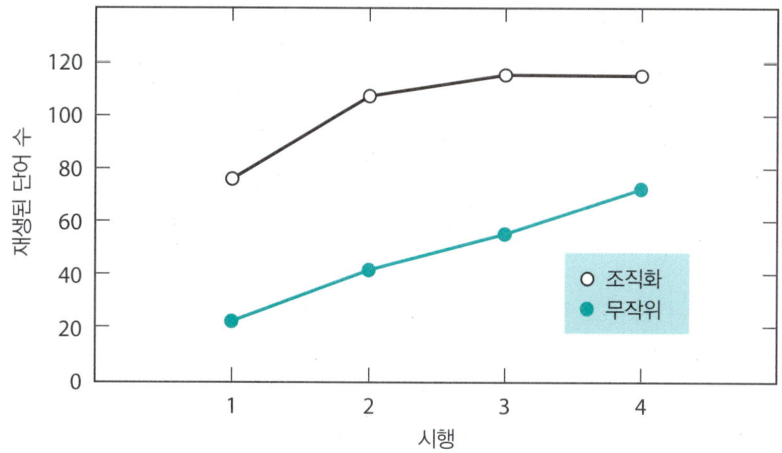

그림 9.2 조직화 조건과 무작위 조건에서 재생된 단어의 개수 평균
출처: "Organizational factors in memory," by G. H. Bower, 1970, *Cognitive Psychology, 1*, 18-46. Copyright 1970 by Academic Press, Inc. Reprinted by permission of Elsevier Science.

여자들이 각 위계를 공부한 시간은 56초로 구조화 조건에서와 동일하였다. 그림 9.2에서 조직화 조건의 수행 수준과 무작위 조건의 수행 수준을 비교해보면, 조직화의 효과가 크다는 것을 쉽게 알 수 있다. 무작위 집단이 재생할 수 있었던 단어 수는 학습시행을 4회나 반복한 후에도 조직화 집단이 1회 학습시행 후 재생할 수 있었던 단어 수보다 적었다.

주목해야 할 것은 조직화의 효과가 위계적 조직에만 나타나는 것이 아니라는 사실이다. 또 다른 실험에서 Bower 등(1969)은 관련어(associates)를 연결시켜 제시하였다. 예를 들어, '빵', '쥐', '노랑'이라는 단어는 '치즈'라는 단어와 연결시키고, '고양이'와 '덫'은 '쥐'와 연결시키고, '해'와 '나비'는 '노랑'과 연결시켜 제시하였다. 이처럼 관련어들끼리 연결시켜 제시했을 때가 동일한 단어들을 무작위로 연결시켜(예: '고양이'와 '빵'이 '노랑'과 연결되어) 제시했을 때보다 훨씬 많이 재생되었다. 학습 재료를 의미에 따라 조직했을 때도 재생은 향상된다는 뜻이다. 그러나 조직화 조건과 무작위 조건 간의 차이는 위계적 조직화에서 더 현격하였다. 위계적 조직화가 기억에 더욱 효과적이라는 뜻이다.

위계적 조직은 단기기억으로부터의 숫자 정보를 재생하는 데도 도움을 준다(Chase & Ericsson, 1979). Chase와 Ericsson은 한 명의 참여자를 1년 동안 검사하였다. 이 참여자도 처음에는 7개의 단위수(digit)밖에 재생하지 못했다. 보통 사람들과 다르지 않았다는 뜻이다. 그런데 1년 동안의 연습 후에는 70개의 단위수를 재생할 수 있었다. 재생을 하는 동안 잠깐씩 멈추는 것으로 보아, 단위수를 3개 혹은 4개씩 묶어 조직하는 것이 분명했다. 5개보다 더 큰 묶음은 결코 만들지 않았다. 이 참여자는 장거리 육상 선수였기 때문에, 처음에는 이 숫자들의 묶음을 달리기 기록으로 부호화하려고 했다. 예를 들어, 그는 3492를 3.492라고 하는 1마일 경주의 세계기록에 가까운 수로 부호화했다. 위계적 조직을 이용한다는 증거도 발견되었다: 그는 3개의 보다 작은 묶음으로 구성된 큰 묶음을 만들곤 했다. 예를 들어, 각각 4개의 숫자로 구성된 묶음 3개를 재생한 후, 역시 각각 4개의 숫자로 구성된 그다음 묶음 3개를 재생하기 전에 오랜 시간을 멈추곤 했다. 한 가지 흥미로운 점은 여러 묶음의 숫자를 재생할 수 있는 이 참여자의 능력이 문자를 기억하는 일로는 일반화되지 않았다는 점이다. 문자를 자극으로 제시한 후 재생검사를 했을 때는 이 참여자의 기억폭도 약 6개로 급락하고 말았다.

의미망 구축하기

정보를 조직하는 것이 재생에 도움이 된다는 사실을 부정할 수는 없을 것 같다. 그러면, 조직을 어떻게 하는 것이 가장 효과적일까? 정보를 조직하는 한 가지 방법은 의미망을 구축하는 것이다. 사회적 연결망(social network)처럼, 의미망(semantic network)은 개념들이 연관된 방식을 보여준다. 의미망은 주로 다이어그램으로 표현되곤 한다. 이때의 다이어그램은 개념을 나타내는 노드/매듭(nodes)과 개념들 간 관계를 나타내는 고리(links)로 구성된다.

노드/매듭
의미망에서 개념이 표상되어 있는 모양새.

고리
의미망에서 개념들 간 관계가 표상되는 모양새.

광물의 위계적 조직을 보여주는 그림 9.1도 일종의 의미망에 속한다. 여기서는 고리에 명칭이 붙어 있지 않다. 이 다이어그램의 고리가 나타내는 관계는 한 가지뿐이기 때문이다. 즉, 하나의 광물이 그보다 큰 범주를 나타내는 또 다른 광물의 일종이라는 관계를 나타낼 뿐이다. 따라서 이 의미망에는 '동'은 '합금'의 일종이고, '합금'은 '금속'의 일종이며, '금속'은 '광물'의 일종이라는 뜻이 담겨있는 셈이다. 그러나 우리의 개념적 지식은 대부분 매우 복잡하다. 한 가지 관계만으로 개념들 간 관계를 표현하기가 어렵다는 뜻이다.

그림 9.3을 보면, 개념들 간의 관계가 여러 가지라는 것을 알 수 있다. 이 정보 역시 위계적이라는 사실을 주목하라. 위계적 관계는 'p'로 표시된 부분(part) 관계와 't'로 표시된 유형(type)관계로 나뉜다. 부분관계는 아래쪽 매듭에 있는 개념이 위쪽 매듭에 있는 개념에 예속된다는 뜻이다. '상처에 대한 논의'는 '상처의 유형'과 '아무는 과정'이라는 두 부분으로 나뉜다. 유형관계는 아래쪽 매듭에 있는 개념이 위쪽 매듭에 있는 개념의 보기가 된다는 것을 의미한다. '열린 상처'와 '아문 상처'는 각각 상처의 보기/구성원들이다. 이러한 범주적 관계는 그림 9.1에 나타난 광물들 간 관계와도 같다.

이 밖에, 상처에 관한 정보에는 비위계적 관계도 포함된다. 비위계적 관계

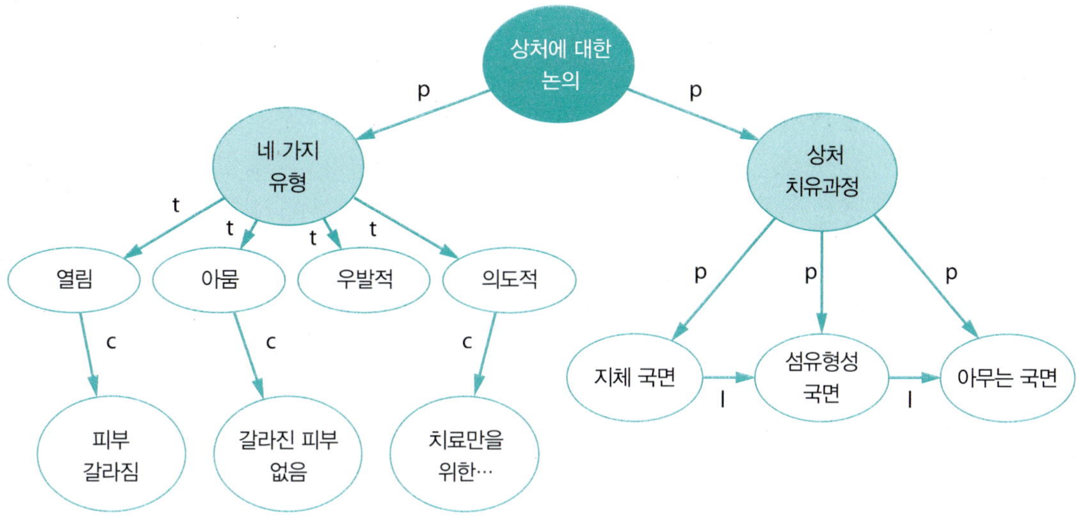

그림 9.3 간호학 교과서에 있는 정보를 표상하는 의미망의 일부

출처: "Evaluation of a hierarchical mapping technique as an aid to prose processing," by C. D. Holley, D. F. Dansereau, B. A. McDonald, J. C. Garland, & K. W. Collins, 1979, *Contemporary Educational Psychology, 4*, 227-237. Copyright 1979 by Academic Press, Inc.

도 두 가지로 나뉜다. 하나는 'c'로 표시된 특징(characteristics)관계이고 다른 하는 'l'로 표시된 유도(leads to)관계이다. 특징은 어떤 개념의 속성을 의미한다. 열린 상처의 한 가지 특징은 피부가 갈라졌다는 것이다. 유도관계에는 한 개념이 다른 개념을 초래한다는 뜻이 있다. 이 관계는 치료의 세 가지 국면처럼 순차적 과정을 기술하는 데 특히 유용하다.

의미망의 효과성을 연구하기 위해, Holley와 Dansereau(1984)는 학생들에게 교과목의 내용을 가지고 의미망을 구축하는 훈련을 시켰다. 그런 후 이 학생들과 통제집단 학생들에게 과학 교과서에서 발췌한 3,000개의 단어로 구성된 문단을 공부하게 한 후, 시험을 치게 하였다. 문단의 내용을 의미망으로 구축한 학생들은 통제집단 학생들보다 단답식 문제 및 논술형 문제에서 유의하게 높은 점수를 받았다. 그러나 선다형 문제에서는 집단 간 차이가 발견되지 않았다.

이 발견은 우리가 6장에서 언급한 전이 적절 처리의 결과와 일치한다. 즉, 주관식 문제를 예상하고 공부한 학생들은 객관식 문제를 예상하고 공부한 학생들보다 주관식 문제를 더 잘 푸는 것으로 밝혀져 있다. 주관식 문제를 예상하고 공부한 학생들은 공부한 내용을 조직하는 일에 중점을 둔 것이 분명하다. 논술형이나 단답식 같은 주관식 문제에서 더 높은 점수를 받는다는 것에서 알 수 있듯이, 의미망을 만들어보는 것은 지식을 조직하는 훌륭한 방법임에 틀림없다.

9.2 진술의 진위 확정

이 장의 첫 부분에서는 조직화, 특히 위계적 조직화가 장기기억으로부터의 정보 인출 양을 증가시킨다는 사실이 강조되었다. 위계적 조직은 재생의 양을 증가시키는 일 외에 장기기억으로부터의 정보 인출에 소요되는 시간에도 영향을 미친다. 의미/개념 관련 지식의 조직을 연구할 때 자주 쓰이는 방법 중 하나는 사람들에게 진술문을 제시하고 그 진술의 의미를 확정(verification)하게 하는 방법이다. 예를 들어, '새는 동물이다'라는 진술문을 제시하고, 참여자에게 가능한 한 빨리 이 진술의 '참'/'거짓' 여부를 결정하라고 주문한다. 여러 종류의 진술을 제시하고 그 진위 판단에 소요되는 시간을 측정하면, 의미기억의 조직에 관한 단서를 얻을 수 있다.

이러한 실험법을 통해 발견된 현상을 설명하기 위해 여러 개의 이론이 제안되었다. Collins와 Quillian(1969, 1970)의 위계적 구조망 모형과 E. E. Smith, Shoben과 Rips(1974)의 속성 비교 모형을 대조함으로써 이에 대한 논의를 시작하기로 하자. **속성 비교 모형**(feature comparison model)은, 예를 들어 '제비는 새다'라는 진술의 '참'/'거짓' 여부를 확정할 때, 우리는 제비의 속성과 새의 속성을 비교한 후 결정을 내린다고 가정한다. 물론, 이 비교가 가능하기 위해서는 우리의 기억 속에 '제비'라는 개념과 '새'라는 개념의 속성이 저장되어 있어야만 한다. 예를 들어, 제비의 속성으로는 물리적 실체, 생물, 날개, 깃털, 흰색 복부, 진청색 등이 포함될 것이고, 새의 속성으로는 물리적 실체, 생물, 날개, 깃털 등이 포함될 것이다. 이에 반해, **위계적 구조망 모형**(hierarchical network model)에서는 '카나리아'와 '새'라는 개념 간 관계 정보가 기억 속에 직접 저장되어 있다고 가정한다. 예를 들어, 제비는 새의 하위 범주/개념으로 연결되어 있고, 새는 동물의 하위 개념/범주로 연결되어 있다. 물론, 진술 확정 과제 수행에 대한 예측을 하기 위해서는 이 두 모형 모두 보다 구체적인 가정을 해야 한다. 아래에서는 이들 가정의 장단점을 살펴보기로 하자.

속성 비교 모형
특정 개념/구성원의 속성을 상위개념/범주의 속성과 맞추어봄으로써 그 개념/구성원을 분류한다고 주장하는 모형.

위계적 구조망 모형
의미망에서 명시된 위계적 관계를 기초로 개념이 범주화(분류)된다고 주장하는 모형.

위계적 구조망 모형

위계적 구조망 모형에서는 개념에 관한 지식이 위계적 구조망(그림 9.4)으로 조직되어 있다고 가정한다. 구조망 속의 각 단어(각 단어는 하나의 개념을 나타낸다)는 지침(화살표)과 함께 저장되어 있다. 이 지침은 그 단어가 다른 단어와 어떤 관계인지를 보여준다. 지침을 따라가봄으로써, '타조'와 '카나리아'는 각각 일종의 새이고, '새'와 '물고기'는 각각 일종의 동물이라는 사실을 알 수 있다. 지침이 이들 개념을 그 상위 개념인 '새'와 '동물'에 연결시켜주고 있기 때

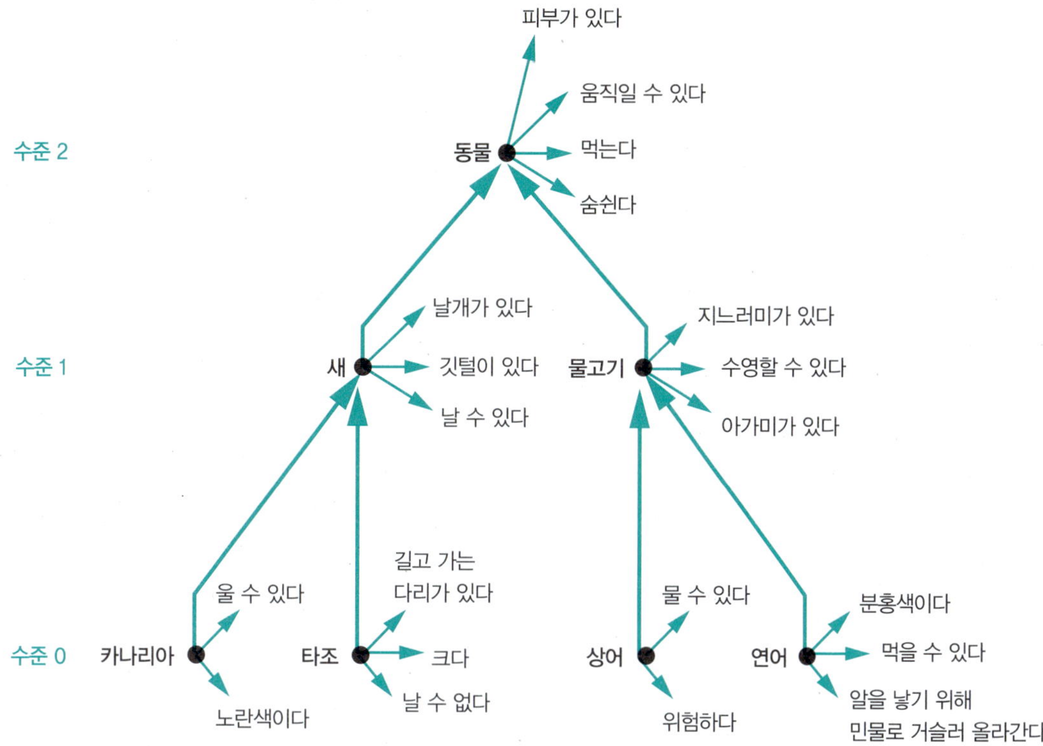

그림 9.4 개념 지식이 위계적으로 조직되었다고 간주하는 기억구조의 보기. 상하로 연결하는 화살표(지침)는 부분관계를 나타내고 옆으로 연결하는 화살표는 속성관계를 나타낸다.

출처: "Retrieval time from semantic memory," by A. M. Collins & M. R. Quillian, 1969, *Journal of Verbal Learning and Verbal Behavior, 8*, 240-248. Copyright 1969 by Academic Press, Inc. Reprinted by permission of Elsevier Science.

문이다.

지침(pointer)을 보면, 속성이 위계의 각 수준에서 어떻게 저장되어 있는지를 알 수 있다. '먹는다' 혹은 '숨을 쉰다'와 같이, 모든 동물에 속하는 속성은 위계의 가장 상위 수준(그림 속 수준 2)에 저장되어 있다. 새는 '날개가 있다', '날 수 있다', '깃털이 있다'와 같이 기초 수준의 개념[범주]을 정의하는 속성은 중간 수준에 저장되어 있다(그림 속 수준 1). 가장 하위 수준에 저장되어 있는 속성들은 다른 개념(범주)에서는 찾아볼 수 없고 바로 그 개념(범주)에서만 발견되는 속성들이다(그림 속 수준 0). 그러니까, 카나리아는 '노란색'이며 '울 수 있다'는 것을 알게 되는 것은 이 하위 수준에 저장된 지식 덕분이다.

이러한 구조망 모형이 갖는 장점 중 하나는 정보 저장이 경제적으로 이루어진다는 점이다. 동일한 정보가 세 가지 수준 각각에 반복 저장될 필요가 없다. 예를 들어, '먹이를 먹고', '숨을 쉰다'는 정보를 새, 물고기, 카나리아, 타조, 상어, 연어 각각의 속성이라고 명시할 필요가 없다는 뜻이다. 이 두 속성은 최상위 개념인 '동물'의 속성으로 명시되어 있다. 따라서 물고기가 동물이라는 사실을 찾아내면(이 사실은 구조망 속에 부분관계로 명시되어 있다), 동물은 먹이를 먹고 숨을 쉰다는 사실까지 알게 될 것이고, 결국에는 물고기도 먹이를 먹고 숨을 쉰다는 사실을 알게 될 것이다. 그러나 정보를 경제적으로 저장하는 데는 비용도 따른다. 즉, '상어는 먹이를 먹는다'라는 사실을 알아내기 위해서는 두 번의 추론을 해야 한다. 첫째, '상어는 물고기이다'라는 것과 둘째, '물고기는 동물이다'라는 추론을 해야 한다. 바꾸어 말해, 어떤 수준에 저장되어 있는 속성을 인출하기 위해서는 먼저 위계 속에서 적절한 수준을 찾아가야 한다는 뜻이다.

원래 구조망 모형은 컴퓨터에 정보를 저장하기 위한 수단으로 개발되었다. 하지만 이 모형을 인간의 개념 기억에 적용함으로써 많은 재미난 예측을 할 수 있게 되었다. Collins와 Quillian(1969)은 이 모형을 인간의 개념 기억 모형으로 이용하기 위해 두 가지 주요 가정을 추가하였다. 한 가지는 위계의 한 수준에서 다른 수준으로 옮겨가는 데는 시간이 소요된다는 것이고, 다른 하나는 특정 수준에 저장된 속성을 인출하는 데도 시간이 소요된다는 것이었다. Collins와 Quillian은 이 모형을 검증하기 위해, 사람들에게 '은행나무는 식물이다' 혹은 '전나무에는 잎이 있다'와 같은 진술문을 제시하고 각 진술에 대한 진위를 가능한 한 신속하게 판단해보라고 요구하였다. 첫 번째 문장은 부분관계에 관한 질문의 예이다. 즉, 앞서 제시된 개념이 뒤에 제시된 개념의 하위개념인지를 묻는다. 두 번째 질문은 속성에 관한 질문이다. 즉, 그 개념이 갖추고 있는 요소 특성에 관해 묻고 있다.

사실을 진술한 여섯 가지 문장에 대한 평균 반응시간이 그림 9.5에 요약되어 있다. 그림 속의 각 점은 구체적인 진술문을 나타낸다. 두 개의 절선 중 아래 절선은 부분관계 질문에 대한 반응시간을 나타낸다. 위계 수준이 높아짐에 따라 반응시간도 길어지고 있다. 이 발견은 구조망 내의 한 수준에서 다른 수준으로 옮아가는 데 시간이 필요하다는 가정과 일치한다. '카나리아는 카나리아다'라는 진술이 진실임을 확정하는 데는 수준을 옮길 필요가 없다: '카나리아는 새다'라는 진술이 진실임을 확정하기 위해서는 위계의 한 수준을 올라가야 하고, '카나리아는 동물이다'라는 진술이 진실임을 확정하기 위해서는 위계의 두 수준을 옮겨가야 한다. 그림을 보면, 수준을 옮겨가는 횟수에 따라 반응시간이 달라짐을 알 수 있다.

두 개의 절선 중 위의 절선은 특정 진술문의 진위 판단에 소요되는 시간이 위계의 수준에 따라 달라지는 모습을 보여준다. 이 발견은 위계의 각 수준에 저장된 속성을 인출하는 데도 시간이 필요하다는 가정과 일치한다. 더욱이 이 절선을 살펴보면, 위계의 수준이 높아짐에 따라 그 수준에 저장된 속성을 인

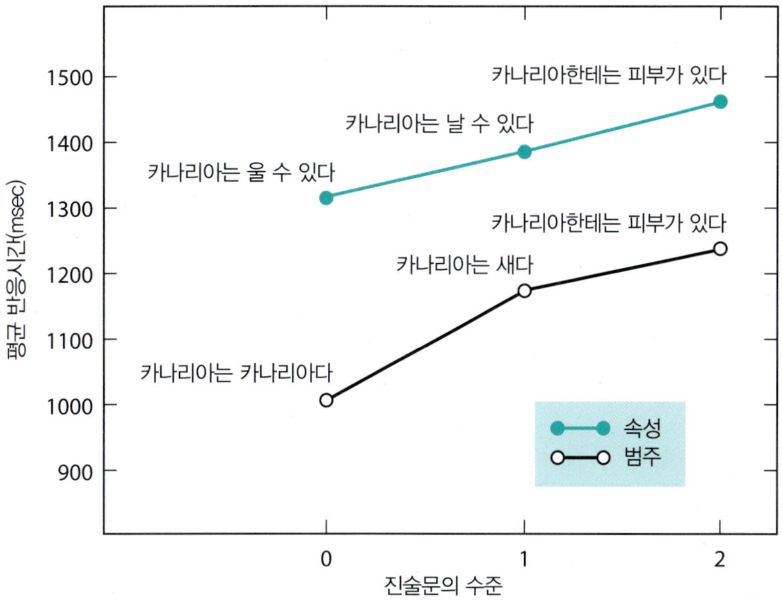

그림 9.5 개념 지식의 구조를 타진하기 위한 실험에서 진술문에 대한 진위 판단 반응시간(RT)이 실험조건에 따라 변하는 모습

출처: "Retrieval time from semantic memory," by A. M. Collins & M. R. Quillian, 1969, *Journal of Verbal Learning and Verbal Behavior, 8*, 240-248. Copyright 1969 by Academic Press, Inc. Reprinted by permission of Elsevier Science. APA is not responsible for the accuracy of this translation.

출하는 데 걸리는 시간도 길어지고 있다. 이 결과는 이 구조망 모형의 기본 가정('운다'라는 속성에 관한 정보는 가장 하위 수준에 저장되어 있다는 가정)과 일치한다. 이 발견은 인간의 기억 속에도 개념의 요소 특성에 관한 정보가 이런 식으로 저장되어 있을 것이라고 암시한다.

구조망 모형에 근거를 둔 예측 중에는 또 하나의 재미있는 예측이 있다(Collins & Quillian, 1970). 이 모형에 따르면, 앞서 제시된 진술의 진위 판단에 인출되었던 정보가 그다음에 제시된 진술의 진위 판단에도 인출되어야 한다면, 이번에는 그 정보의 인출이 용이해져야 한다. 다시 말해, 앞선 진술 판단에서 상어에 관한 정보가 이용되었고 그다음 진술에서도 상어에 관한 판단을 내려야 할 경우, 그 판단이 촉진되어야 한다는 뜻이다. 구조망 모형은 보다 구체적인 예측도 가능하게 해준다. Collins와 Quillian은 진술문 두 개에 대한 판단을 할 때 구조망 속의 동일 경로(path)를 거치게 되면, 두 번째 진술문에 대한 반응이 빨라질 것이라고 예측했다. 이 예측을 쉽게 이해하는 방법은 '카나리아는 새다'라는 진술에 대한 진위 판단을 '카나리아는 날 수 있다'라는 진술 다음에 하는 것과 '카나리아는 운다'라는 진술 다음에 하는 것 중 어느 것이 더 쉬울지를 고려해보는 것이다. 어느 쪽이 더 쉬울 것 같은가? 이 질문에 직관적으로 대답하기란 쉽지 않다. 그러나 구조망 모형에 의하면, '카나리아는 날 수 있다'라는 진술 다음에 '카나리아는 새다'라는 진술을 판단하기가 더 쉬워야 한다. 왜냐하면, '난다'라는 속성은 새의 수준에 저장되어 있고, '운다'는 속성은 카나리아의 수준에 저장되어 있기 때문이다. 진술문 두 개 모두가 새의 수준(동일한 수준)에 저장된 정보 인출을 요구할 때는 동일한 경로를 거쳐 정보가 인출되기 때문에 두 번째 진술을 판단하는 데 필요한 정보 인출이 용이해지고, 그 결과 두 번째 진술을 판단하는 데 걸리는 시간도 짧아진다는 생각이다. 실험 결과는 이 예측을 지지하는 것으로 드러났다(Collins & Quillian, 1970).

그림 9.5에 제시된 반응시간의 변화에 대한 성공적인 예측 그리고 정보 인출 촉진에 관한 성공적 예측은 구조망 모형이 성취한 괄목할 만한 성과라 할 것이다. 그러나 또 다른 가정을 추가하지 않고는 구조망 모형으로 설명하기 힘든 현상도 두 가지나 된다. 하나는 진술의 진위 확정에 소요되는 시간이 위계 수준의 함수로 나타나지 않을 경우도 있다는 사실이다. 예를 들어, '침팬지는 동물이다'의 진위 판단에 소요되는 시간이 '침팬지는 영장류다'의 진위 판단에 소요되는 시간보다 더 짧다. 그런데 '영장류'는 '새'와 '물고기'처럼 위계상으로는 '동물'보다 낮은 수준에 있기 때문에, 구조망 모형은 이 결과와는 반대되는 결과를 예측한다. 다른 하나는 전형성 효과(typicality effect), 즉 특정 범주(개념)의 전형적인 구성원을 분류하기가 덜 전형적인 구성원을 분류하기보다 더 쉽다는 사실을 설명하지 못한다는 점이다. '카나리아는 새다'를 확정하는 데 걸리는 시간이 '타조는 새다'를 확정하는 데 걸리는 시간보다 짧다. 그러나 그림 9.4에서 볼 수 있듯이, '카나리아'와 '타조'는 각각 '새'로부터 한 수준만 떨어져 있기 때문에 이 모형에서는 그런 반응시간에 차이가 나지 않아야 한다고 예측한다. 속성 비교 모형에서는 이러한 결점을 보완하기 위한 대안으로 새로운 공식을 제안하였다.

전형성 효과
범주의 보다 전형적인 구성원이 덜 전형적인 구성원보다 더 신속하게 분류되는 현상.

속성 비교 모형

E. E. Smith, Shoben과 Rips(1974)는 분류 작업(예: 제비를 새로 범주화하는 작업)에 소요되는 시간이 분류대상(예: 제비 대 타조)에 따라 달라지는 이유를 설명하기 위해 속성 비교 모형을 제안했다. 이 모형은 단어의 의미가 기억 속에 표상될 때 단어가 지칭하는 대상(개념)의 속성이 열거되며, 대상(개념)을 분류할 때는 각 개념의 의미로 저장된(열거된) 이들 속성이 비교된다고 가정한다. 물론, 속성을 기초로 개념/범주를 규정할 수는 있다(예: 총각=남성+미혼+18~38세). 하지만 각 속성이 개념/범주와 관련된 정도는 속성에 따라 차이가 난다. 이를 기초로 Smith 등은 가장 본질적인 속성을 정의속성으로 간

정의속성
어떤 대상이 특정 범주의 구성원이 되기 위해 반드시 갖추고 있어야 하는 속성.

특징속성
특정 범주의 구성원들에서 발견되기는 하지만 그 범주의 구성원이 되기 위해 필수적이라고는 말할 수 없는 속성.

주하고 나머지를 특징속성으로 간주한다. 정의속성(defining feature)이란 개체가 범주의 구성원이 되기 위해 반드시 지녀야 하는 속성을 일컫고, 특징속성(characteristic feature)이란 범주 구성원 대부분이 가지고는 있지만 반드시 소유하지 않아도 되는 속성을 일컫는다. 새의 정의속성에는 살아 있고, 깃털이 있고, 날개를 가지고 있는 것 등이 포함되고, 특징속성에는 날 수 있다는 것과 크기는 어느 정도여야 한다는 것 등이 포함된다. 정의속성이 특징속성보다 더 근본적이 속성이기 때문에 분류 작업에서도 더 중요하게 작용한다.

속성 비교 모형에 따르면, 분류는 두 단계를 거쳐 이루어진다. 첫 단계에서는 모든 속성을 비교하여, 특정 대상(개념)이 다른 대상(개념)과 유사한 정도가 결정된다. 예를 들어, 제비가 새인지를 결정할 때는 제비의 모든 속성과 새의 모든 속성이 비교된다. 그 결과, 두 개념이 아주 유사하거나(공유하는 속성이 아주 많거나) 아주 상이하면(공유하는 속성이 거의 없으면) 결정을 즉각적으로 내릴 수 있다. 그러나 유사성 정도가 중간쯤일 때는 결정을 즉각적으로 내릴 수가 없기 때문에 두 번째 단계를 거치게 된다. 두 번째 단계에서는 제시된 대상이 특정 개념/범주의 정의속성을 지니고 있는지를 판단한다. 정의속성은 두 번째 단계에서만 검토되는 셈이다. 이 두 단계의 차이는 일상 경험에서도 발견된다. 우리는 두 개념 간 유사성을 기초로 두 개념을 금방 분류하기도 하고, 때로는 개념 각각의 준거를 평가한 후에 천천히 분류하기도 한다.

어떤 개념이 다른 개념과 유사한 점이 많으면, 정의속성을 고려하는 두 번째 단계를 거치지 않고 즉각 분류된다. 두 개념/범주 사이의 유사성이 감소하면 두 번째 단계의 필요성은 증가한다. 그러므로 이 모형에 따르면, 범주의 전형적인 구성원(예: 제비, 참새, 물새 등)은 비전형적인 구성원(예: 닭, 오리, 거위)보다 더 신속하게 분류되어야 한다. 왜냐하면, 비전형적인 구성원을 분류할 때는 두 번째 단계를 거쳐야 할 가능성이 크고, 두 번째 단계에서 벌어지는 정의속성의 평가에는 시간이 많이 걸리기 때문이다. 실제로 사람들은 범주의 전형적인 보기를 분류하는 작업을 비전형적인 보기를 분류하는 작업보다 더 신속하게 완료하는 것으로 밝혀졌다(Smith et al., 1974).

'박쥐는 새다'와 같은 허위 진술에는 그 역이 적용된다. 이 진술문에서처럼 부정적인 보기와 범주(개념)와의 높은 유사성은 보기를 기각하기 어렵게 만든다. 박쥐와 새는 많은 속성을 공유하기 때문에, 속성 비교의 첫 단계에서는 '박쥐는 새가 아니다'라는 결론을 내리기가 어렵다. 다시 말해, 정의속성을 평가하는 두 번째 단계가 적용될 확률이 커진다. 이에 반해, '연필은 새다' 같은 전혀 다른 명사 쌍의 경우, 공유하는 속성이 거의 없기 때문에 첫 단계에서 즉각 결정을 내릴 수 있다. 이처럼, 속성 비교 모형은 위계적 구조망 모형과는 달리 왜 어떤 허위 진술이 다른 허위 진술보다 더 빨리 평가되는지를 설명할 수 있다.

속성 비교 모형의 또 다른 장점은 연결망 모형과는 달리, 범주-크기 효과의 반전 현상을 설명할 수 있다는 것이다. 범주-크기 효과(category-size effects)란 구성원을 작은 범주로 분류하는 작업이 큰 범주로 분류하는 작업보다 더 신속하게 이루어지는 현상을 일컫는다. 예를 들어, 멍멍이는 개라는 사실이 멍멍이는 동물이라는 사실보다 더 빠르게 확정된다. 작은 범주(개)로의 분류는 큰 범주(동물)로의 분류보다도 적은 수의 추론을 요구하기 때문에 범주-크기 효과는 연결망 모형으로도 쉽게 설명된다: 작은 범주는 큰 범주의 부분이기 작은 범주는 위계의 하위 수준에 놓이며, 따라서 작은 범주에 더 빨리 도달할 수 있다.

범주-크기 효과
큰 범주의 구성원보다는 작은 범주의 구성원이 더 신속하게 분류되는 현상.

그런데 때에 따라서는 큰 범주로의 분류가 더 신속하게 이루어지는, 즉 범주-크기 효과와 반대되는 일이 벌어지기도 한다. 예를 들어, '마시는 것'은 '술'보다 큰 범주인데도 사람들은 포도주가 마시는 것이라는 사실을 포도주가 술이라는 사실보다 더 빨리 확정한다. 속성 비교 모형은 범주의 크기보다는 유사성을 근거로 분류에 소요되는 시간을 예측을 하기 때문에, 이러한 범주-크기 효과와 상반되는 현상도 설명할 수 있다. 대개는 어떤 대상이 작은 범주에 속한다는 사실을 확정하기가 더 쉽다. 속성 비교 모형에 의하면, 이런 현상은 분류 대상과 작은 범주와의 유사성이 그 대상과 큰 범주와의 유사성보다 더 크기 때문에 벌어진다. 그러나 이 규칙에도 예외는 있다. Smith, Shoben, Rips(1974)가 밝힌 것처럼, 분류 대상과 큰 범주와의 유사성이 더 큰 경우도 더러 있다. 이러한 경우에는 작은 범주로 분류하는 것보다는 큰 범주로 분류하는 것이 더 빨라야 한다는 것이 속성 비교 모형의 예측이다. 실험 결과는 이 예측을 지지하는 것으로 드러났다(E. E. Smith et al., 1974). 속성 비교 모형은 전형성 효과와 범주-크기 효과를 모두 설명할 수 있다. 하지만 단점도 있다. 이제부터는 속성 비교 모형을 비판하는 사람들이 말하는 단점을 살펴보기로 하자.

속성 비교 모형의 한계

이 모형을 개발한 사람(E. E. Smith, 1978)이 지적했듯이, 속성 비교 모형의 한 가지 문제점은 대부분의 예측에 유사성 평정(rating)이 이용된다는 점이다. 어떤 대상과 범주/개념과의 유사성이 높게 평정되면, 그 대상이 그 범주/개념에 속한다는 판단을 신속하게 내릴 수 있는 것은 놀라운 일이 아니다. 또한 유사성 판단은 분류 대상과 범주/개념의 속성을 비교함으로써 이루어진다고 가정하는데, 이 가정을 지지하는 직접적인 증거가 거의 없다. 따라서 유사성에 기초한 속성 비교 모형의 예측은 속이 빈 예측에 불과하다. 속성 비교 모형의 주요 자산은 이 모형의 대안으로 제안된 연결망 모형으로는 아직까지 이러한 속 빈 예측조차 내놓을 수 없다는 데 있다.

속성 비교 모형에 대한 두 번째 비판은 모든 분류에는 계산(computations)이 필요하다는 제안이다. 즉, 사람들은 개념의 속성을 이용하여 개념의 유사성을 계산한다고 본다. 계산은 새로운 형태의 분류 작업을 강조하는 범주화 모형의 본질적 속성에 속한다. 그러나 그 새로운 형태와 범주/개념과의 관련성이 학습되고 난 후에도 두 개념 간 유사성을 계산할 때 는 여전히 속성을 비교하는 것일까? 연결망 모형의 주창자(Collins & Loftus, 1975)들이 주장하는 것처럼, 개념들 간 연관성을 이용해 유사성을 계산하는 것은 아닐까? 만약 제비가 새라는 것을 알았으면, '제비'와 '새'가 공유하는 속성을 비교하여 유사성을 계산하는 것보다 차라리 이미 알고 있는 정보를 곧바로 이용하는 것이 더 쉬울 것 같은데 말이다. 어떤 정보가 기억 속에 직접적으로 저장되고 어떤 정보가 계산되는지는 아주 중요한 문제이다(Smith, 1978). 모든 진술 확정에 유사성이 계산된다고 보는 것은 반직관적인 견해인 것 같다.

속성 비교 모형에 대한 세 번째 비판은 정의속성을 반대하는 논증이다(Collins & Loftus, 1975; Rosch & Mervis, 1975; McCloskey & Glucksberg, 1979). 이 모형은 속성을 특징속성과 정의속성으로 나누고, 두 번째 단계에서는 정의속성만 평가된다고 제안함으로써 이 비판을 어느 정도 피하고 있다. 그러나 이 주장은 사람들이 정의속성을 찾아낼 수 있다는 전제를 기초로 성립된다. 그런데 이 전제를 지지하는 직접적인 증거가 거의 없다. 사실 Rosch와 Mervis(1975)의 결과는 그 반대를 암시한다. 즉, 범주/개념의 구조는 그 범주/개념의 모든 구성원이 가지는 소수의 정의속성을 기초로 구축되는 것이 아니라, 일부 구성원들만이 갖는 다수의 속성을 기초로 구축되었을 가능성이 크다는 뜻이다.

'과일'과 같은 일부 개념/범주의 경우, 그 정의속성을 명시하기가 어려운 것은 사실이다. 하지만 '강도'와 같은 추상적인 개념을 어린애들이 학습하는 방법을 설명하기 위해서는, 특징속성과 정의속성을 구분해보는 것도 도움이 된다. 다음 두 가지 묘사를 고려해보자.

> 냄새가 많이 나는 검은색 옷을 입은, 가냘픈 늙은이가 손에 총을 들고 집에 들어왔다. 부모님께서 우리는 필요 없으니 가져가도 좋다고 말했기 때문에 TV 세트를 가져가버렸다. 이 늙은이가 강도였을까?

아주 친절하고 싹싹한 여인이 다가오더니 나를 껴안아주었다. 그러나 허락도 없이 변기를 떼어간 후 다시는 돌아오지 않았다. 이 여인이 강도였을까?

첫 번째 묘사에는 강도의 특징속성이 포함되어 있지만, 정의속성은 포함되어 있지 않다. 그러나 두 번째 묘사에는 강도의 정의속성은 있지만 특징속성이 없다. 유치원생, 초등학교 2학년생, 초등학교 4학년생을 대상으로 실시한 연구결과에 의하면, 아이들이 나이가 들어감에 따라 정의속성에 민감해지는 것으로 드러났다(Keil & Batterman, 1984). 나이가 들어감에 따라, 가냘픈 노인은 강도가 아니고 친절한 여인은 강도라고 판단할 가능성이 높아졌다는 뜻이다.

이 발견에 대한 한 가지 해석은 특징속성이 정의속성보다 두드러지고 직접 관찰하기가 용이하기 때문이라는 것이다(McNamara & Miller, 1989). 특징속성인 '가냘픈 것', '총을 가진 것' 등은 관찰 가능하지만, 정의속성인 '허락 없이 가져가는 것'은 보다 추상적이다. 어린애들은 애당초에는 직접 관찰 가능한 속성을 강조하지만 나이가 들면서 추상적 개념의 중요성을 배우게 된다는 것이 McNamara와 Miller의 생각이다.

결국, 속성 비교 모형은 위계적 구조망 모형이 갖지 못하는 중요한 장점을 가지고 있지만 단점도 있다. 이 모형은 정의속성을 가진다고 생각되는 개념에 더 적절하며(Malt, 1990), 결정을 내릴 때 속성을 이용하는 장면에 더 적절하다(Keil & Batterman, 1984; McNamara & Miller, 1989). 개념을 평가하는 장면에 따라 직접적인 연관성(의미 연결망 속의 고리)를 이용하기도 하고 또는 속성을 이용하기도 한다는 절충안을 제안할 수도 있을 것이다. 다음 절에서 논의하는 이론에서 이러한 융통성을 발견할 수 있을 것이다.

활성화 확산 모형

앞선 논의에서는 위계적 구조망 모형과 속성 비교 모형의 장단점을 살펴보았다. 각 모형은 자료의 어떤 측면은 설명할 수 있었지만 다른 측면은 설명할 수 없었다. Collins와 Loftus(1975)는 이 두 모형의 기본 가정을 바탕으로 융통성이 큰 새로운 모형을 구축함으로써 이 두 모형보다 더 많은 자료를 설명할 수 있는 모형을 개발하고자 하였다.

활성화 확산
한 개념의 활성 상태가 의미망 속에서 그 개념과 관련된 다른 개념으로 퍼져나가 다른 개념까지 활성화시킨다고 보는 이론적 개념.

이들이 구축한 **활성화 확산 모형**(spreading activation model)은 개념들 간 관계를 나타내는 고리(links)를 강조한다는 점에서 대표적인 의미망 모형으로 간주된다. 그림 9.6은 인간 기억의 일부가 연결망으로 표상되는 방식을 보여준다. 이 연결망이 2장과 8장에서 논의된 신경망과 유사하다는 점을 주목하라. 그러나 고리의 길이가 두 개념 간 의미 관련 정도를 나타낸다는 점에서 위계적

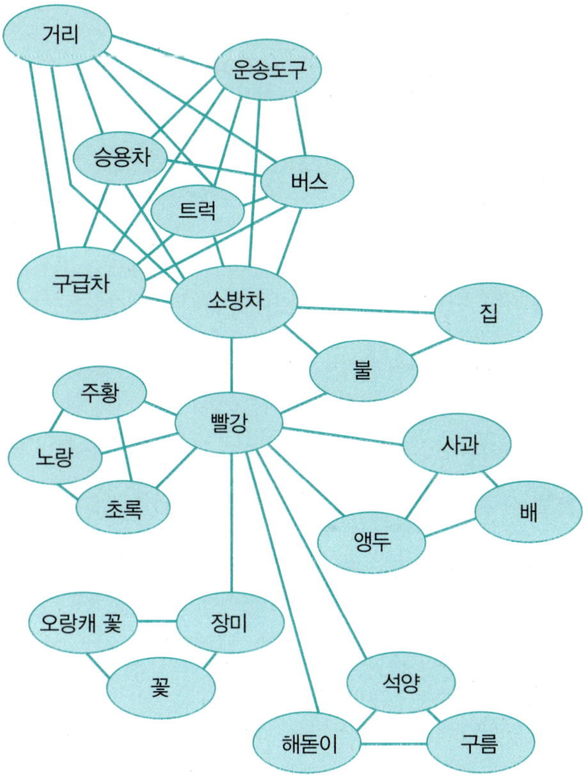

그림 9.6 **활성화 확산 모형에서 가정하는 개념 지식의 구조.** 노드/매듭(타원)은 개념을 나타내고 매듭을 잇는 고리의 길이는 이어진 두 개념의 의미가 연관된 정도와 비례한다.

출처: "A spreading activation theory of semantic processing," by A. M. Collins & E. F. Loftus, 1975, *Psychological Review, 82*, 407-428. Copyright 1975 by the American Psychological Association. Reprinted by permission.

구조망 모형과 다르다. 이 때문에, '빨강'이란 개념과 다른 색상들과의 고리가 '빨강'이란 개념과 빨간 물체들과의 고리보다 짧게 그려진 것이다. 고리의 길이가 개념들 간 의미 연관성 정도를 나타내기 때문에 이제 이 모형도 전형성 효과를 설명할 수 있게 되었다: '승용차'와 '버스'가 '구급차'나 '소방차'보다 더 전형적인 '운송도구'라는 사실을 나타내기 위해, 승용차 및 버스와 운송도구를 잇는 고리가 구급차 및 소방차와 운송도구를 잇는 고리보다 짧게 만들어놓았다.

활성화 확산 모형은 어떤 개념이 처리될 때 그 개념의 활성 상태가 연결망의 고리를 따라 퍼져나간다고 가정한다. 그리고 그 확산이 퍼져나감에 따라 그 효과는 점점 줄어든다고 가정한다. 예를 들어, '빨강'이라는 단어가 제시되면, 빨강과 관계가 밀접한 '주황'이나 '불' 같은 개념은 크게 활성화되지만, 빨강과 관계가 그렇게 가깝지 않은 '노을'이나 '장미' 같은 개념은 그다지 크게 활성화되지 않는다는 뜻이다. 이 가정에 따르면, 보다 전형적인 구성원은 덜 전형적인 구성원보다 상위 범주를 활성화시키는 속도도 빠르고 또 활성화시키는 정도도 클 것이라는 예측이 가능해진다. 즉, '승용차'나 '버스'가 '운송도구'를 활성화시키는 것이 '소방차'나 '구급차'가 '운송도구'를 활성화시키는 것보다 더 빠르고 클 것이다. 그러므로 이 모형도 전형성 효과를 설명할 수 있게 된다.

의미망을 따라 활성화가 확산된다는 관념은 개념들 간 의미 관계를 선명하게 보여주고 있다. 활성 상태가 퍼져나감에 따라 그 강도가 약화되는 것을 상상하기란 어렵지 않다. 그리고 이 모형은 시간이 지남에 따라서도 또 개재활동에 따라서도 활성화 정도가 감소한다고 가정함으로써, 연결망 속 모든 개념이 활성화되는 일을 예방해놓았다. 두 번째 개념의 활성 정도는 첫 번째 개념의 활성 정도보다 줄어들고 세 번째 개념은 두 번째 개념의 활성 정도보다 줄어들기 때문에 오래되지 않아 활성화가 확산되는 일이 사라지게 되어있다.

이 모형은 아주 편리한 은유(metaphor)를 제공하지만 그 성패 여부는 실험결과를 얼마나 잘 설명하느냐에 달려있다. 이러한 실험결과 중 한 가지가 의미점화 효과(semantic priming effects)라는 것이다. 점화(촉발)란 선행 정보 덕분에 특정 자극의 탐지 또는 재인이 촉진되는 현상을 일컫는다. 점화의 좋은 예는 Meyer와 Schvaneveldt(1976)의 어휘판단 과제(lexical decision tasks)에서 발견된다. 이들의 연구에서는 문자(알파벳)를 대여섯 개씩 나열해 제시하고 사람들에게 이 문자 나열이 단어인지 아닌지를 판단하도록 하였다. 어떤 문자 나열(BUTTER)은 단어였고 또 어떤 문자 나열(NART)은 단어가 아니었다. 각 시행에서는 문자 나열이 쌍으로 제시되었는데, 한 쌍을 구성하는 두 문자 나열 중, 두 번째 것은 첫 번째 나열에 대한 판단을 내린 직후에 제시되었다. 앞뒤에 제시된 두 개의 문자 나열이 모두 단어였을 때에 흥미로운 결과가 발견되었다. 두 단어의 의미가 아무런 연관성이 없는 경우보다 연관성이 깊을 경우, 두 번째 단어에 대한 판단이 더 빨랐던 것이다. 예를 들어, '의사'라는 단어 앞에 '사육사'라는 단어가 제시되었을 때보다 '간호사'라는 단어가 제시되었을 때, 사람들은 '의사'에 대한 판단을 더 빨리 내렸다.

활성화 확산 모형은 이 결과를 다음과 같이 설명 한다: 어떤 단어를 제시하면 제시된 단어가 활성화되고, 이 활성 상태는 제시된 단어의 의미와 관련된 의미를 가진 단어로 확산된다. 따라서 '간호사'는 '의사'를 활성화시키게 된다. 하지만 '사육사'는 '의사'를 활성화시키지 못한다. 여기서 활성화 확산 모형은 이미 어느 정도 활성화된 상태에 있는 단어가 제시되면, 그 단어를 재인하기가 훨씬 용이해진다고 가정함으로써, '간호사' 다음에 제시된 '의사'에 대한 판단이 빨라진다고 설명한다.

활성화 확산 모형에 관한 한 가지 논란(Ratcliff & McKoon, 1988)은 활성화가 이 모형이 예측하는 것처럼 하나 이상의 매듭에까지 확산되느냐는 것이다. '간호사'가 '의사'는 활성화시킨다고 하더라고, 간호사와는 관련이 없는 '의사고시'까지 활성화시킬 수 있을까? 이 모형에 의하면, '간호사'가 활성화되면 '의사'는 물론 '의사고시'까지 활성화되어야 하며, '의사고시'의 활성화 정도는 '의사'의 활성화 정도보다 약해야 한다. 왜냐하면, 활성화가 확산됨에 따라 그 강도가 약해진다고 가정하기 때문이다. 최근의 연구결과는 활성화 확산은 활성화된 단어로부터 두 고리 떨어진 단어를 확인하는 일까지 촉진시키며, 촉진 정도는 처음 활성화된 단어로부터의 거리가 멀어짐에 따라 작아진다는 예측을 지지하는 것으로 드러났다(McNamara, 1992).

사람들은 실험 시에 제시되지 않았던 단어를 분명히 들었다고 확신하는 경우가 많은데, 활성화 확산 모형을 이용하면 이러한 현상도 쉽게 설명된다. 예를 들어, '실', '핀', '눈', '바느질' 등이 포함된 단어 목록을 들은 사람들은 나중에 그 목록 속에 '바늘'이라는 단어를 들었다고 믿을 확률이 매우 높다. 활성화 확산 모형으로 이 발견을 어떻게 설명할 수 있을 것 같은지는 여러분 스스로 생각해보기 바란다. 그 대신 여기서는 이 연구에서 발견된 놀라운 점을 주목하고자 한다: 위에서 든 보기처럼, '바늘'과 연관된 단어를 여러 개 제시하여 '바늘'이란 단어를 점화시켰을 때 일어나는 뇌의 활성화와 '바늘'이란 단어를 실제로 들려주었을 때 일어나는 뇌의 활성화와 흡사한 것으로 드러났다.

그러나 활성화 확산은 여러 단어들이 서로 관련되어 있더라도 의미에서 관련된 단어만 활성화시켜야 한다. 어린아이들의 경우, '바늘'이라는 단어와 '실', '핀', '눈', '바느질' 등과의 연관성이 아직 강하지 않을 것이다. 따라서 이들 단어를 들은 후 그들 단어 속에 바늘이라는 단어가 들어있었다고 잘못 판단할 가능성은 낮을 수밖에 없다. 이 논리에 따르면, 아이들이 성장하면서 많은 단어들 간 연관성을 학습하게 됨에 따라, 이런 과제에서는 더 많은 오류를 범해야 한다는 예측을 하게 된다. 많은 연구에서 이 예측이 옳은 것으로 드러났다(Brainerd, Reyna, & Zember, 2011). 즉, 나이가 들어가면서 아이들은 관련어를 오인하는 실수를 더 자주 범한다는 뜻이다.

활성화 확산 모형의 한계

의미망 모형의 한 가지 장점은 그 융통성에 있다. 따라서 다른 가정을 추가하면, 많은 발견을 설명할 수 있게 된다. 예를 들어, 이 모형은 의미 관련성 확정이 속성 비교를 통해 이루어지게 할 수도 있다. 이러한 장점 때문에 이 모형을 검증하기가 매우 어려워진다. 어떤 모형이든 그 모형이 거의 모든 발견을 설명할 수 있을 정도로 융통성이 커지면, 그 모형은 예측력을 상실하게 된다. 어떤 모형이 예측력을 갖기 위해서는 특정 사건/일은 일어나지 말아야 한다는 예측을 할 수 있어야만 한다. 그래야만이 어떤 사건/일이 실제로 일어나는지를 검토함으로써 그 모형을 평가할 수 있는 것이다.

의미망 모형을 개발하는 사람들이 해야 할 일 중 하나는 그 모형이 갖는 융통성이라는 장점을 최대한 활용해야 할 뿐만 아니라, 재미난 예측을 할 수 있도록 제약도 가해야 한다. 연결망 모형의 예측이 빗나갈 때, 이 모형 개발자들은 대개 새로운 가정을 추가함으로써 이 모형의 융통성을 증가시킨다. 따라서 원래의 모형으로는 설명되지 않던 것도 새로운 모형으로는 설명되곤 한다. 그러나 많은 심리학자들은 이러한 수정본이 덜 만족스럽다고 말한다. 위계적 구조망 모형의 수정본인 Collins와 Loftus(1975)의 모형은 위계적 모형의 단점은 바로잡았지만, 위계적 구조망 모형을 보다 흥미 있는 이론으로 만들었던 정밀한 예측력을 희생시키고 말았다.

결국, Collins와 Loftus(1975)의 활성화 확산 모형은 융통성을 얻은 반면 정확한 예측력은 상실하고 말았다. 이 모형을 비판하는 학자들(예: E. E. Smith, 1978; McCloskey & Glucksberg, 1979)은 이 모형은 많은 가정을 기초로 하기 때문에, 많은 실험 결과를 설명할 수 있다고 해서 놀라울 게 없다고 주장한다. 이들은 가정을 너무 많이 한다는 것 그리고 분명한 예측을 하지 못한다는 것을 이 모형의 주된 약점으로 보고 있다. 사실, 이 모형은 재미있는 예측을 하기 위해 개발된 것이 아니었다. 현존하는 자료와 이 모형의 가정이 얼마나 잘 일치하는지를 보여주기 위해 개발되었다.

9.3 스키마 이론

의미망은 지식을 조직하는 편리한 방법 중 하나이다. 그러나 노드(개념)와 노드 간 연결 방식이 강조되었지, 관념(idea)들이 모여서 규모가 더 큰 지식을 형성하는 방식은 강조되지 않았다. 지식이 조직되는 방식을 다루는 대표적 이론으로는 스키마 이론이 자주 꼽힌다. 스키마 이론(schema theory)은 의미망 이론보다 훨씬 더 오래된 이론이다. 스키마(schema)란 어떤 일을 수행하는 일반적인 절차, 대상, 지각의 결과, 사건, 일련의 사건, 또는 사회적 상황을 표상하는 지식의 구조 또는 구조화된 지식을 일컫는다(Thorndyke, 1984). 스키마 이론이란 이러한 지식의 구조가 기억 속에 부호화되어, 경험을 이해하고 저장하는 데 이용된다고 가정하는 다양한 모형을 통칭하는 말이다.

스키마
지식을 체계적으로 조직하는 데 필요한 틀에 해당하는 일반적인 지식 구조.

1장에서 (인지)심리학의 역사를 개관할 때, 미국 심리학자들이 자극-반응(S-R) 이론의 영향을 많이 받고 있는 동안, 영국의 Bartlett, 스위스의 Piaget 같은 심리학자들은 행동이 스키마라고 하는 지식의 구조에 의해 조형된다고 주장했다는 이야기를 여러분도 기억할 것이다. Brewer와 Nakamura(1984)가 분석한 Bartlett의 이론부터 살펴보기로 하자.

Bartlett의 스키마 이론

Bartlett(1932)이 소개한 스키마 이론은 많은 최근 판 스키마 이론의 활력소로 작용했다. Bartlett은 스키마를 과거 경험의 적극적인 조직화로 정의했다. 그는 이 조직화 과정을 통해 여러 가지 과거 경험을 하나로 묶어놓은 지식 구조가 구축된다고 생각했다. Bartlett의 저서 Remembering은 스키마 이론을 정교하게 소개하고 있다. 그리고 또 인물, 사진, 이야기 기억 등에 관한 자신의 실험 결과에 이 이론이 적용되는 방식까지 보여주고 있다.

Bartlett의 스키마 이론에 깔려있는 기본 전제는 새로운 정보는 모두 스키마에 표상된 옛 정보와 상호작용한다는 믿음이다. Bartlett은 인디언 문화를 모르는 사람들에게 인디언 이야기, 〈유령의 전쟁(The War of the Ghosts)〉을 읽게 하였다. 그런 후, 이야기를 읽은 사람들이 그 이야기를 재생할 때 발생한 오류를 검토하였다. 그는 그 오류에서 재미나는 일이 벌어지고 있음을 발견했다. 많은 오류가 원래의 재료(읽은 이야기)보다 더 규칙적이고, 더 의미 있고, 더 관례적이라는 사실을 발견했던 것이다. 그는 이러한 오류가 발생한 이유를 새로 읽은 재료가 기존의 지식 구조에 통합되기 때문이라고 믿었다.

Brewer와 Nakamura(1984)는 스키마 이론과 S-R 이론 사이에 존재하는 차이를 다음과 같이 지적하였다.

1. **원자성 대 전체성**(atomistic vs. molar). S-R 이론은 원자성이다. 즉, 그 기초가 지식의 작은 단위(단일 자극)로 구성되어 있다. 이에 반해 스키마의 단위는 훨씬 크며, 단편적 지식이 더 큰 구조로 조직되는 방식을 보여준다.
2. **관련성 대 비관련성**(associationistic vs. nonassociationistic). S-R 이론은 자극과 반응 간의 관련성 학습을 요구한다. 스키마는 특정 경험의 여러 측면을 해석하고 부호화하는 데 필요한 지식 구조로 작용한다.
3. **특수성 대 보편성**(particular vs. generic). S-R 이론은 특정 자극과 특정 반응 간의 관련성을 보여준다. 스키마는 보다 보편적이다. 즉, 여러 가지 다양한 구체적인 보기를 표상한다. 특정 범주를 구성하는 많은 구체적인 보기를 표상하는 원형과 흡사하다.

4. **수동성 대 능동성**(passive vs. active). 자극과 반응 간 관련성은 수동적인 방식으로도 학습될 수 있다. 스키마를 이끌어내는 것은 특정 경험을 그 경험과 가장 잘 들어맞는 스키마와 결부시키는 보다 능동적인 작업이다.

Bartlett의 관념은 그가 생존해 있을 때는 영향력을 거의 발휘하지 못했다. 미국에서는 행동주의와 S-R 이론이 심리학 이론을 지배하고 있었다. 영국에서는 그의 이론을 다소 심각하게 받아들였지만, 1970년대 초에는 그의 제자들마저 그의 이론을 실패작이라고 생각했었다. 1975년에야 극적인 변화가 일어났다. 이때가 바로 많은 미국 인지과학자들이 인공지능, 인지심리학, 언어학, 운동 수행 등에 관한 지식을 조직화하기 위해 스키마가 필요하다는 주장을 펼치기 시작한 때였다. 미국의 이론가들은 Bartlett 이론의 주요 전제를 그대로 채택했다. 그러나 지식 구조의 모양에 관해서는 Bartlett의 이론보다 더 구체적이었다. 이제 이들 후속 이론들의 공헌을 검토해보기로 하자.

현대의 스키마 이론

스키마의 중요성을 강력히 주창한 두 사람은 Minsky와 Rumelhart였다. Minsky(1975)는 인공지능을, Rumelhart(1980)는 인지심리학을 공부하고 있었다. Rumelhart는 스키마를 인지, 즉 인간 정신활동의 기본 구성요소라고 생각했다. Rumelhart에 따르면, 스키마 이론은 지식이 어떻게 표상되는지, 그리고 이러한 표상이 어떻게 지식 활용을 촉진시키는지를 다루는 이론이다. Rumelhart는, 사람들이 감각기관을 통해 수집한 자료를 해석하고, 기억으로부터 필요한 정보를 인출하고, 상황에 적절한 행위를 조직하고, 중요한 문제를 해결하는 데 이용되는 것이 스키마라고 생각했다.

인공지능에 관한 연구도 스키마 이론의 발달에 기여한 바가 매우 크다. 스키마의 조직을 그전보다 훨씬 상세하게 명시할 수 있게 된 것은 인공지능 개발에 이용된 프로그램 언어 덕분이었다(Thorndyke, 1984). Bartlett도 스키마의 구조를 강조했지만, 그 구조가 어떠한 것인지에 관해서는 구체적으로 명시하지 못했다. 오늘날의 심리학자들은 스키마를 골격 구조와 같은 것으로 생각하고 있다. 그리고 스키마라는 골격 구조는 경험의 구체적인 속성을 조직하는 데 필요한 틀로 작용한다는 것이 인지심리학자들의 생각이다.

학생들이 매학기 초에 치러야 하는 '수강신청'을 고려해보자. 특정 과목(예: 인지심리학)을 수강신청하려 할 때, 학생들이 가지고 있어야 할 지식(정보)에는 어떤 것이 있을까? 선수과목이 있는지, 그 과목이 특정 요구사항(전공 필수/선택)을 충족시키는 과목인지, 몇 학점짜리 과목인지, 강의 시간과 강의실은 어떤지, 담당교수는 누구인지 등을 알아야 할 것이다. 스키마식 지식을 가지면, 가끔씩 기정 지식(default knowledge)—구체적인 지식이 없는 상태에서도 그럴듯한 추측을 가능하게 하는, '수강신청'이라는 스키마 속에 미리 설정되어 있는 지식—에 의존할 수 있는 장점이 있다. 예를 들어, 강의 위주 과목의 학점은 대부분 3학점이다. 그러므로 여러분은 인지심리학의 학점이 몇 학점인지를 찾아보지 않아도 추측할 수 있다. 인지심리학의 선수과목은 심리학개론이라는 추측을 할 수도 있을 것이다. 그리고 만약 이 과목을 같은 교수가 여러 해 강의했다면, 담당교수가 누군지도 추측할 수 있을지 모른다.

기정 지식
특정 스키마의 속성들에 관한 지식으로, 각 속성이 갖는 가장 그럴듯한 값에 관한 지식.

이 절을 시작하면서, 스키마는 절차, 대상, 지각 경험, 사건/일, 일련의 사건, 또는 사회적 장면과 같은 다양한 지식을 표상할 수 있다고 지적했었다. 우리는 여러 가지 '문제해결'에 이용되는 다양한 스키마에서부터 '얼굴 재인'용 스키마, '식료품 쇼핑'용 스키마, '사회적 대상 판단'용 스키마(예: 고정관념) 등 수많은 스키마를 가지고 있다. 스키마는 글을 이해하는 작업은 물론 문제를 해결하는 데 특히 중요하게 작용한다. 글 이해나 문제해결 같은 과제 수행에 작용하는 스키마의 영향력에 관해서는 나중에 살펴보기로 하고, 지금은 특정 유형의 스키마(일련의 사건/일에 관한 지식)가 어떻게 조직되어 있는지를 검토해보기로 하자.

각본: 일련의 사건에 대한 표상

스키마식 지식 중 일부는 판에 박힌 활동을 중심으로 조직되어 있다. 그 예로 레스토랑에서 외식하는 일, 치과에 치료받으러 가는 일, 터져버린 타이어 갈아 끼우는 일, 버스 타는 일 등을 들 수 있다. Schank와 Abelson(1977)은 이러한 판에 박힌 활동을 구성하는 일련의 사건/일에 관한 우리의 지식을 각본(script)이라 불렀다. 예를 들어, 레스토랑 각본은 레스토랑에 가서 외식하는 일에 관한 우리의 지식으로 구성된다. 아주 일반적인 수준에서 보면, 레스토랑 각본은 거의 표준화된 역할, 배경 장치 또는 대상, 조건, 결과로 구성되어 있다. 외식을 하기 위해 레스토랑에 가는 데 필요한 조건으로는 손님이 배가 고프고, 음식 값을 지불할 능력이 있어야 한다는 점이 꼽힌다. 배경 장치는 식탁 및 의자, 메뉴 판, 음식, 계산서, 돈 또는 신용카드 등이다. 조연 배우에는 웨이터나 웨이트리스 그리고 때로는 바텐더가 포함된다. 결과는 손님이 가진 돈은 줄고 배는 덜 고픈 상태이며, 주인이 가진 돈은 많아진 상태일 것이다. 손님이 레스토랑에 들어왔다가 떠날 때까지는 판에 박힌 일이 전개된다. 즉, 식

각본
판에 박힌 일/사건이 벌어질 때 전개되는 구체적인 활동에서 관한 지식.

탁을 선택하고, 메뉴 판을 보고, 음식을 주문하고, 제공된 음식을 먹고, 돈을 지불하는 일련의 일이 통상적으로 진행된다.

이런 일련의 사건/일은 매우 상투적이다. 그렇기 때문에 관련 지식을 각본으로 조직할 때는 이들 사건/일이 벌어지는 시간 순서에 따라 조직하는 것이 자연스런 방법일 것이다. 타이어가 구멍 나 예비 타이어로 갈아 끼워야 하는 상황을 상상해보자. 이 작업을 수행하는 데 필요한 여러분의 기억은 순차적인 작업 목록으로 조직되어 있을 수 있다. 그 작업 목록은 맨 먼저 해야 하는 일에서 시작해서 마무리하는 행위까지 순차적으로 조직되어 있을 것이라는 뜻이다. 그러나 이와는 달리, 사건/일의 핵심에 따라 기억이 조직되어 있을 수도 있다. 타이어 교체 작업에 관한 각본이 작업/일의 핵심에 따라 조직되어 있다면 우리는 보다 핵심적인 것을 먼저 고려한 다음에 덜 핵심적 것을 고려하게 될 것이다. 그림 9.7은 이들 두 가지의 기억 구조를 대조시키고 있다.

그림 9.7(a)는 어떤 활동(구멍 난 타이어를 빼내는 일)이 다른 활동(잭을 치우는 일)보다 더 핵심적 작업으로 간주된 모습을 보여준다. 활동의 중요성은 목적 달성을 기준으로 결정된다. 만약 활동이 그 중요성에 따라 조직된다면, 핵심적 활동이 각본에 포함되어 있다는 사실이 더 빨리 확인되어야 한다. 그림 9.7(a)의 표상 방식은 Collins와 Loftus(그림 9.6)가 제안한 의미망과 비슷하다. 그러나 의미망과는 달리, 고리(link)가 짧다는 것은 각본과 활동 간의 연관성이 강하다는 것을 나타낸다. 그림 9.7(b)는 그림 9.7(a)의 표상 방식에 대안이 되는 표상을 보여주고 있다. 이 표상은 여러 요소 활동을 각 활동이 전개되는 순서에 따라 조직해 놓았다. 그림 9.7(b)에서처럼, 만약 작업이 전개되는 순서대로 구성되어 있다면, 사람들은 일찍 전개되는 활동이 각본에 포함되었다는 사실을 더 빨리 확인할 수 있어야 한다.

Galambos와 Rips(1982)는 이 둘 중 어느 이론이 더 적절한지를 검증하기 위해, 참여자들에게 상이한 각본의 활동을 시간적 순서 또는 중요성에 따라 서열을 매겨보라고 지시했다. 그런 후, 다른 집단의 참여자들에게 각본의 이름(예: 타이어 갈아 끼우기)과 활동(잭 끄집어내기)을 쌍으로 제시하였다. 참여자들은 이 활동이 제시된 각본에 속하는 것인지를 가능한 한 빨리 결정해야 했다. 보다 핵심적 활동이 덜 핵심적 활동보다 더 빨리 확인되었다. 그러나 먼저 수행해야 하는 활동이 늦게 수행해야 하는 활동보다 빨리 확인되지는 않았다. 그러므로 이 결과는 그림 9.7(a)가 보여주는 조직을 지지한다고 할 것이다.

그러나 Barsalou와 Sewell(1985)은 이 결론을 수용하지 않았다. 이들은 경험을 조직할 때 사건/일의 시간적 순서가 매우 중요하다고 믿었다. 이들은 실험 절차를 달리하면, 결과가 달라질 것이라고 생각했다. 이들의 연구에서는 특정

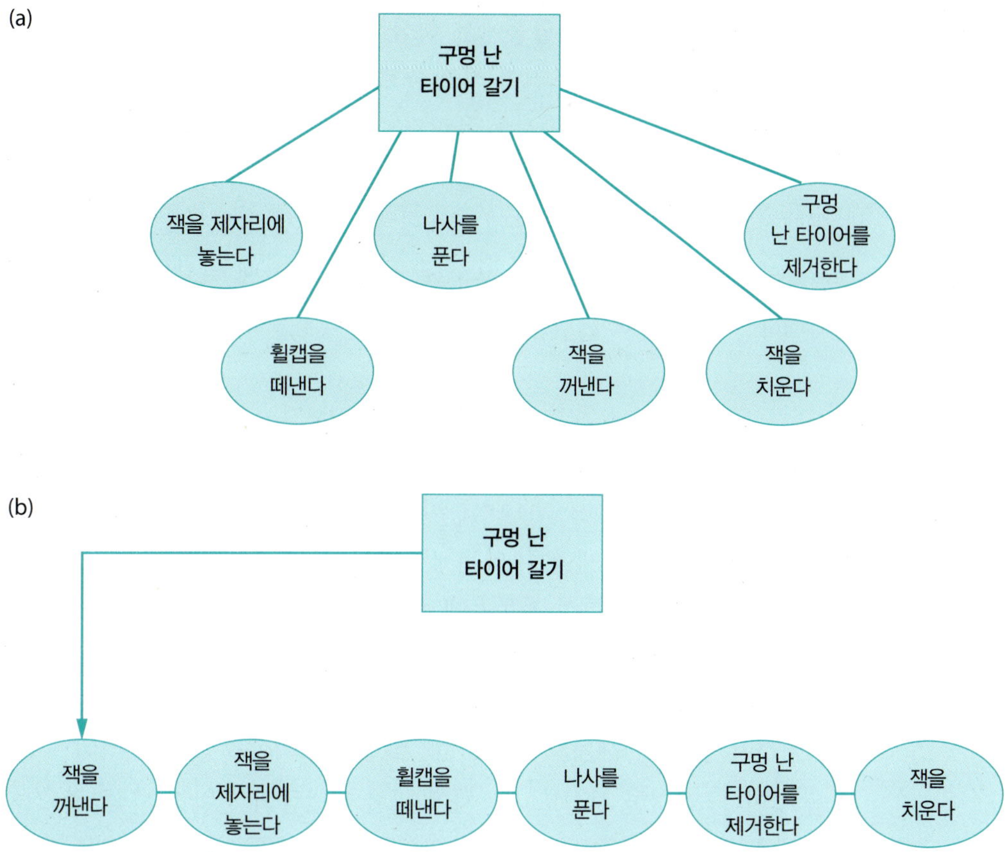

그림 9.7 판에 박힌 작업이 표상된 두 가지 방식. (a)는 요소 작업의 중요성을 중심으로 조직된 구조를, (b)는 요소 작업이 진행되는 순서에 따라 조직된 구조를 보여준다.

출처: "Memory for routines," by J. A. Galambos & L. J. Rips, 1982, *Journal of Verbal Learning and Verbal Behavior, 21*, 260-281. Copyright 1982 by Academic Press. Reprinted by permission of Elsevier Science.

활동이 특정 각본에 포함되는지를 확인하는 시간을 측정하지 않았다. 참여자들에게 20초의 시간을 주고, '설거지' 같은 각본에 속하는 활동을 되는대로 많이 생성해보라고 주문했다. 한 집단의 참여자들에게는 활동을 생성할 때, '가장 핵심적 활동부터 순서대로 생성하라'고 지시하고, 다른 집단의 참여자들에게는 '처음 수행해야 할 활동부터 순서대로 생성하라'고 지시했다. 이들은 만약 사건/일이 기억 속에 시간적 순서로 조직된다면, 순서에 맞추어 활동을 생성하는 일이 중요성에 맞추어 활동을 생성하는 일보다 용이해야 한다는 가설을 세웠다. 실험결과는 이 가설을 지지하는 것으로 드러났다. 즉, 주어진 20초 동안에 생성된 활동의 평균 개수는 시간적 순서에 따른 생성 조건에서 8.17개, 중요성에 따른 생성 조건에서 6.10개로 집계되었다.

이처럼 상충되는 결과를 어떻게 해석해야 할까? 한 가지 방법은 각본을 구성하는 여러 가지 요소 활동에서 핵심적 활동이 중요한 조건과 요소 활동의 시간적 순서가 중요한 조건이 서로 다르다고 가정하는 것이다. 즉, 요소 활동의 중요성도 또 시간적 순서도 우리가 그 기억(각본)을 활용할 때 영향을 미친다고 생각하면 이런 두 가지 상충되는 일이 벌어질 수도 있다는 뜻이다. 보다 구체적으로, 우리가 그 각본에 접속할 때는 핵심적 활동을 이용하지만, 일단 각본에 접속을 한 후에는 각 요소 활동을 인출할 때 각각의 활동이 전개되는 순서에 따라 인출할 것이라는 생각이다.

9.4 지각 기호 모형

구멍 난 타이어를 교체할 수 있는 것도 자동차에 관한 일반적 지식(스키마형 지식) 덕분이다. 이제 특정 자동차에 관한 사람들의 지식을 고려해보자. 여러분이 잘 알고 있는 차 또는 여러분이 가지고 있는 차를 자세하게 설명(묘사)해보라는 부탁을 받았다면, 여러분은 어떻게 하겠는가? 아마도 바퀴가 네 개이고, 운전대가 있으며, 엔진은 하나이고, 의자는 넷이라는 등의 이야기는 하지 않을 것이다. 이러한 사실도 자동차에 관한 사람들의 일반적 지식, 즉 스키마형 지식에 속하기 때문이다. 따라서 위의 부탁을 받은 사람은 누구든 이런 일반적 지식에 속하는 사실보다는 그 차의 연식이나 차종 및 색깔 등을 이야기할 가능성이 크다. 그런데 여기서 주목할 것은 어떤 차(자기가 가진 차나 자기가 좋아하는 차)에 관한 이야기를 할 때, 이야기하는 사람의 머릿속에는 그 차에 관한 지각 기억(승차감, 가죽 의자의 냄새와 같은 체험의 산물)까지 떠오른다는 사실이다.

범양식적
감각 경험에서 추상화된 지식/기억의 특성을 일컫는 용어. 범양식적 지식은 그 출처(예: 시각 경험 또는 청각 경험)가 구별되지 않는다.

이 장에서 지금까지 소개된 모형은 모두 **범양식적**(amodal) 모형에 속한다. 왜냐하면 이들 모형은 개념 관련 학습에서 마주친 지각 경험을 직접 표상하지 않고 여러 경험의 공통점을 추출하여(추상화하여) 표상하기 때문이다. Barsalou(1999)는 이들과 현격하게 다른 이론적 견해를 제안했다. Barsalou는 인간의 장기기억을 지각 기호 시스템으로 간주하고 이 시스템에는 지각 경험이 그대로 저장된다고 가정한다. 지각 기호 시스템에는 청각, 시각, 촉각, 미각, 후각 등의 감각 경험이 추상화되지 않고, 그대로 저장되기 때문에 이 견해는 **양식 구체적**(modal) 접근법에 속한다. 그림 9.8은 앞서 소개된 범양식적 접근법과 Barsalou(1999)가 제안한 양식 구체적 접근법을 대조시키고 있다. 범양식적 시스템에서는 지각 정보가 직접 표상되는 것이 아니라 속성의 집합(목록) 또는 관련어(associates)로 구성된 의미망으로 표상된다고 가정한다. 따라서

양식 구체적
감각 경험으로 표상된 지식의 특성을 이르는 용어. 양식 구체적 지식의 출처(예: 시각 경험 또는 청각 경험)가 구별된다.

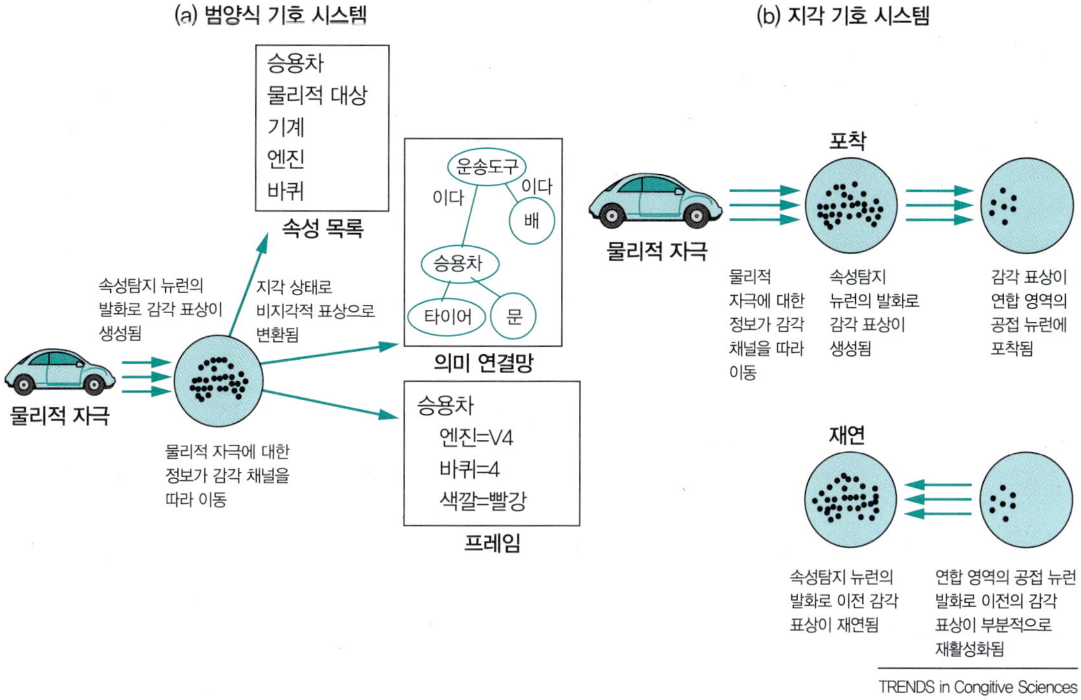

그림 9.8 범양식적 기호 시스템(a)과 지각 기호 시스템(b)에서 정보가 표상되는 모양

출처: "Grounding conceptual knowledge in modality-specific systems," by L. W. Barsalou, W. K. Simmons, A. K. Barbey, & C. D. Wilson, 2003, 7, 84-91 *Trends in Cognitive Sciences*.

이들 모형에서는, 예를 들어 자동차에 관한 이야기를 할 때, 장기기억 속에서 '자동차'라는 개념/범주를 찾아내고 그 개념 아래에 나열되어 그 개념을 정의하고 있는 속성들을 인출하거나 또는 '자동차'라는 매듭(노드)을 찾아낸 후 그 매듭(노드)과 연결된 고리를 따라가며 관련된 정보를 인출한다고 가정한다. 그러나 양식 구체적 모형인 지각 기호 시스템에서는 지각 경험을 재연함으로써(by reenacting/simulating) 장기기억으로부터 정보를 인출한다고 가정한다.

지각 기호의 기반이 신경계의 활동이라는 사실은 이 모형을 구축하는 데 Danker와 Anderson(2010)의 재활성화 가설, 즉 과거사를 회상할 때는 그 일을 부호화할(기억할) 때 작용했던 뇌의 영역이 다시 활성화된다는 생각을 포함한 많은 인지신경과학자들의 연구가 중요하게 작용했음을 반영한다. 앞 장에서 소개한 관념적 지식의 신경망 모형도 그러한 연구에 속한다. 그림 8.4에서 예시했던 것처럼, 관념적 개념이 지각 정보, 운동 정보, 언어 정보로 표상되며, 이들 정보는 각각 뇌의 여러 영역에 분산 저장되어 있다고 가정한다. 행동적 증거 역시 지각 기호 모형을 지지하는 것으로 드러나고 있다. 먼저, 개념 기억/지식을

표 9.1 Zwaan과 Yaxley(2003)의 의미 관련성 연구에 이용된 단어 쌍의 보기

다락방	호수	백조	양초	택시	코
지하실	배	씽크	불꽃	사과	입

출처: "Spatial iconicity affects semantic relatedness judgments," by R. A. Zwaan & R. H. Yaxley, 2003, *Psychonomic Bulletin & Review*, 10, 954-958.

연구하는 데 자주 이용되어 온 의미 확정 과제부터 검토하기로 하자.

의미 확정

지각-기반 접근법을 이용하면 의미 확정 과제를 이용한 연구에서 발견된 여러 가지 증거를 설명하는 데 도움이 된다. 표 9.1에서 아래위에 있는 단어 두 개가 서로 연관된 의미를 가졌는지를 판단해보라. 각 쌍의 단어에 대해 최대한 빠른 판단을 내려야 한다. 이제 여러분도 의미 확정 과제가 어떤 과제인지를 알았을 것이다. Zwaan과 Yaxley(2003)는 만약 이 판단에 이미지가 이용된다면 단어의 위치에 따라 반응시간이 달라질 것이라고 예측했고, 실험결과는 이 예측과 일치했다. 두 단어의 아래위 위치가 다락방과 지하실에 대한 우리의 이미지와 일치하는 조건('다락방'이란 단어가 '지하실'이란 단어 위에 있을 때)의 반응시간이 그 위치가 이미지와 일치하지 않는 조건('다락방'이란 단어가 '지하실'이란 단어 아래에 있을 때)의 반응시간보다 짧았던 것이다.

양식 구체적 이론의 또 다른 장점은 양식(감각양식)이 바뀜에 따라 반응시간이 길어지는 현상을 설명할 수 있다는 점이다. Spence, Nicholls, Driver(2000)는 실험 참여자들에게 특정 신호(빛, 접촉, 또는 소리)를 제시하고 그 신호가 자신의 왼쪽에 제시되었는지 아니면 오른쪽에 제시되었는지를 재빨리 지적하라고 지시했다. 앞선 시행에서의 신호와 그다음 시행에서의 신호가 서로 다른 양식으로 제시되면, 다음 시행에서의 반응시간이 길어지는 것으로 드러났다. 즉, 앞 시행의 신호도 소리이고 그다음 시행의 신호도 소리인 조건보다 앞 시행의 신호는 빛이고 그다음 시행의 신호는 소리인 조건에서 그다음 시행(소리)에 대한 반응시간이 더 길었다.

이러한 발견을 기초로 Pecher, Zeelenberg, Barsalou(2003)는 만약 참여자들이 실험 과제를 수행하기 위해 정보를 재연한다면(그 정보를 학습할 때 일어났던 뇌의 활동을 되살려본다면), 개념의 속성을 확인하는 과제에서 감각양식을, 예를 들어 시각에서 청각으로 변경해야 할 경우에는 반응시간이 길어질 것이라는 예측하게 되었다. 이 예측을 검증하기 위한 실험에서 Pecher 등은 여러 가지 감각양식에서 제공되는 자극의 속성을 재빨리 확인해야 하는 과제를 이용

표 9.2 표적 시행에 이용된 감각양식과 선행(맥락) 시행에 이용된 감각양식의 보기

감각 양식	표적 시행	맥락 시행	
		동일 양식	상이 양식
청각	믹서-시끄럽다	나뭇잎-바스락거린다	산딸기-시큼하다
시각	아기옷-파스텔	머리카락-곱다	토스트-따스하다
미각	오이맛-덤덤하다	감주-달다	새알-작은 반점
후각	비누-향내	고문서-곰팡내	TV-잡음
촉각	구슬-냉기	고추장-끈적끈적하다	수레-삐걱거린다
운동	다이얼-돌리다	돌멩이-던지다	도로표지판-초록색

출처: "Verifying different-modality properties for concepts produces switching costs," by D. Pecher, R. Zeelenbreg, & L. W. Barsalou, 2003, *Psychological Science*, 14, 119-124.

했다(표 9.2). 예를 들어, 참여자들은 '믹서는 소란스럽다', '산딸기는 시큼하다'라는 진술의 '참/거짓'을 최대한 빨리 결정하여 대답해야 했다. 표 9.2의 두 번째 열에 있는 진술문이 표적 진술문이었다. 표적 진술문 앞에는 맥락 진술문이 하나 제시되었다. 맥락 진술문은 두 가지였다. 한 가지는 그 진위 판단에 이용되는 속성 정보가 표적 진술의 진위를 판단에 이용되는 속성 정보와 동일한 양식의 감각 정보를 제공했고(세 번째 열), 다른 하나는 상이한 양식의 감각 정보를 제공했다(마지막 열). 실험 결과는 속성 확인 과정에서 감각양식을 변동하게 되면 반응시간이 길어질 것이라는 예측과 일치하였다. 예를 들어, '믹서는 소란스럽다'라는 표적 진술이 '나뭇잎이 바스락거린다'라는 진술문 뒤에 제시되었을 때보다 '산딸기는 시큼하다'라는 진술문 뒤에 제시되었을 때 그 표적 진술에 대한 판단이 더 느렸다.

그 후 실시된 연구(van Dantzig, Pecher, Zeelenberg, & Barsalou, 2008)에서는 자신들이 사용한 개념 확정 과제와 Spence 등(2000)이 이용한 지각 과제를 조합해보았다. 이들이 해결하고자 한 문제는 지각 과제 내에서 또는 개념 확정 과제 내에서만 관찰되었던 양식 변동 효과(양식을 변동했을 때 확인에 걸리는 시간이 길어지는 현상)가 지각 과제에서 개념 확인 과제로 또는 개념 확인 과제에서 지각 과제로 변동될 때에도 관찰되느냐 하는 것이었다. 지각 기호 모형에 따르면, 지각적 속성을 판단한 다음에 관념적 속성을 판단해야 할 경우, 이 두 가지 속성이 상이한 양식일 때보다 동일한 양식일 때에 개념적 속성 판단에 소요되는 시간이 더 짧아야 한다. 실험결과는 이 예측과 일치했다. 즉, 지각적 신호의 위치를 판단한 후에 실시된 청각 속성(벌의 윙윙거림), 촉각 속성(동전의 딱딱함), 시각 속성(사과의 빨간색)에 대한 판단은 앞뒤 진술문에 소개된 속성이 동일한 감각양식일 때에 더 빨랐다.

자서전적 기억

자서전적 기억
우리 각자의 사적인 경험에 관한 기억.

지각 기호 모형의 주요 가정 중 하나는 우리는 필요할 때 과거 경험을 재연한다는 생각이다. 이 가정이 특히 적절한 곳은 자서전적 기억(autobiographical memory. 개인의 사적인 경험에 관한 기억)일 것이다. 기실, Rubin(2006)은 우리의 자서전적 기억이 추상적인 정보로 구성된 것이 아니라고 주장하고 있다. 자서전적 기억은 동질화된 추상적인 정보보다는 여러 가지 정보처리 시스템(예: 감각 시스템, 언어 시스템, 정서 시스템 등)에서 제공하는 상이한 유형의 정보로 구성되어 있다는 주장이다. 기억도 서로 상호작용해야 하는 여러 가지 시스템으로 구성되어 있기 때문에 우리의 과거사에 대한 기억은 수동적으로 기록된 것이 아니라 능동적으로 구성된 것이라고 봐야 한다. 이때의 구성 방식은 상이한 시스템과 연관된 구체적 스키마에 따라 달라진다.

자서전적 기억은 5장에서 다루었던 일화기억(episodic memory)과 비슷한 점이 많다. 일화기억과 같이 자서전적 기억에도 맥락이 있다. 우리 삶 속에서 벌어진 사건/일은 그 일/사건이 벌어진 장소와 시간이 있다는 뜻이다. 그러나 실험실에서 연구되는 일화성 과제와 실생활에서 벌어지는 사건 사이에는 차이점도 있다는 것이 Rubin(2006)의 주장이다.

- 일화기억 속 항목은 이야기로 말하기 어렵지만 우리의 삶(자서전적 기억)은 이야기로 말하기 쉽다.
- 일화기억 속에 항목을 파지해야 하는 기간은 대개 한 시간도 되지 않는다. 자서전적 기억은 평생을 갈 수도 있다.
- 실험실 과제 속에 제시되는 정보는 대개 단일 양식으로 구성된다. 자서전적 기억을 구성하는 정보는 여러 가지 양식을 취한다.
- 일화기억 속 정보를 인출할 때는 정서적 반응이 거의 일어나지 않는다. 자서전적 기억 속 정보를 인출할 때는 대개의 경우 정서적 반응이 따라 일어난다.

듀크 대학에서 수행된 연구 덕분에 자서전적 기억의 신경심리에 대한 이해의 폭이 넓어졌다. 그림 9.9는 각자의 경험 인출에 관여하는 뇌의 영역들을 보여준다. 전전두피질(prefrontal cortex)이 인출을 감독하면서 정확성에 관한 옳다는 느낌(feeling-of-rightness)을 감시한다. 시각적 심상의 활성화는 자서전적 기억에 관한 연구에서 흔히 알려진 사실인데, 이 사실은 시각 이미지를 처리하는 뇌의 영역이 매우 활발하게 반응을 한다는 데서 알 수 있다. 정서적 기억 역시 널리 알려진 사실인데, 이는 편도체의 활동이 매우 활발하다는 데서 알 수 있다.

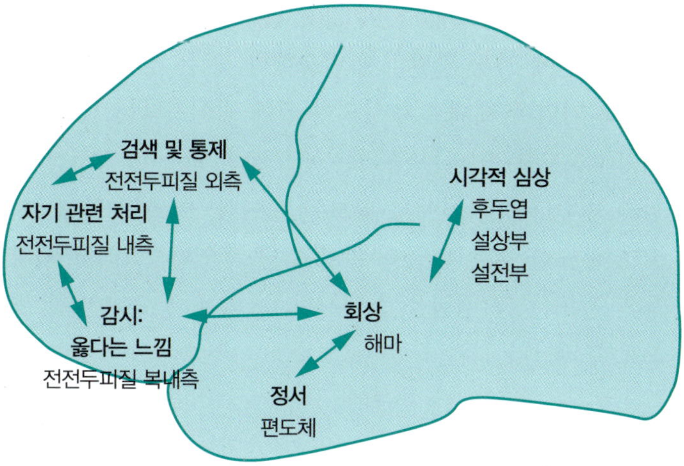

그림 9.9 자서전적 기억 인출에 관여하는 뇌의 영역들

출처: "Functional neuroimaging of autobiographical memory," by R. Cabeza & P. St. Jacques, 2007, *TRENDS in the Cognitive Sciences, 11*, 219-227.

그럼, 이들 여러 영역이 어떻게 협력하기에 기억의 인출이 용이해지는 것일까? 듀크 대학 연구진은 이 질문에 답을 구하기 위해 젊은이 17명에게 80개의 단어를 단서로 제시하였다. 그러고는 이들 단서에 대한 자서전적 기억을 인출하는 동안 그들의 뇌에서 벌어지는 활동을 추적하였다(Rubin, 2006). 참여자들은 버튼을 눌러 특정 기억이 인출되었음을 알리고 난 후, 그 기억의 정서적 강도와 그 기억을 소생시킬 수 있는 정도를 평정해야 했다.

그림 9.10은 그림 9.9에서 소개한 뇌의 영역 세 곳이 가장 활발하게 활동했던 때가 언제였는지를 보여준다. 전전두피질은 기억이 났음을 알리기 위해 버

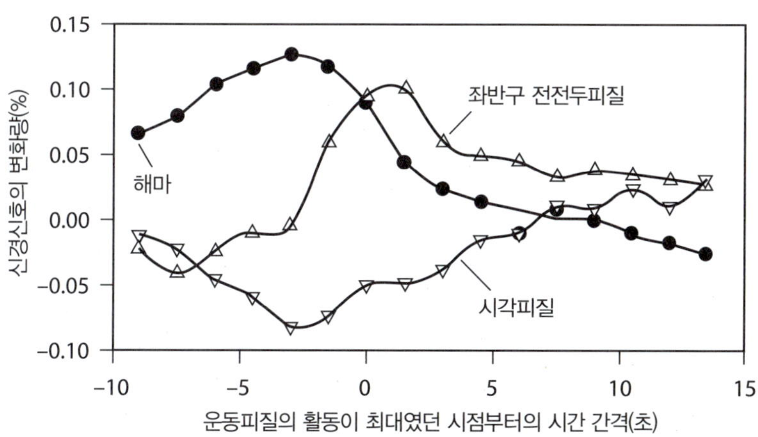

그림 9.10 자서전적 기억을 인출하는 동안 뇌의 여러 영역에서 벌어지는 활동의 정도가 시간에 따라 변하는 모습

출처: "The basic-systems model of episodic memory," by D. C. Rubin, 2006, *Perspectives in Psychological Science, 1*, 277-311.

튼을 누른 바로 그때(0초)에 가장 활발하게 반응했다. 해마와 편도체는 버튼을 누르기 전에 가장 활발하게 반응했다. 이는 정서가 인출을 돕는 일은 아주 일찍, 즉 기억이 제대로 형성되기 전에 벌어진다는 뜻이다. 정서적 내용이 인출되고(떠오르고) 있다는 증거는 편도체의 활동이 정서적 강도에 대한 평정치와 함께 변한다는 사실에서 확보된 것이다. 이와는 달리, 시각피질의 활동이 최고조에 달한 것은 버튼을 누르고 난 후였다. 그리고 시각피질에서 기록된 활동의 강도는 그 경험을 소생시킬 수 있는 정도에 대한 평정치와 비례하는 것으로 드러났다.

해결?

자서전적 기억에 관한 이들 연구의 결과는 지각 기호 이론과 일치한다. 앞서도 언급했듯이, 지각 기호 이론에서는 우리의 기억 시스템이 재연을 통해 과거 경험을 되살린다고 가정한다. 그리고 그 경험에는 정서와 지각적 내용이 담겨 있다고 간주한다. 그러면 이러한 연구결과를 기초로 범양식적 이론을 어떻게 평가할 수 있을까? 앞서 지적했듯이, 범양식적 이론에서는 우리의 지식/기억은 정서도 없고 지각적 내용도 없는 추상적인 정보로 구성된다고 가정한다. 그러므로 기억에 관한 현재의 이해를 고려할 때, 위의 질문에 대해 우리의 기억/지식 중 일부는 범양식적 모양으로 저장되고 나머지는 양식 구체적인 모양으로 저장되어 있다고 답하는 것이 현재로서는 최적의 반응일 것이다(Dove, 2009). 새로운 정보를 부호화할 때와 그 정보를 인출할 때에 활성화되는 뇌의 영역이 동일하다는 신경학적 증거가 방대한 것은 사실이지만, 일부 영역은 양식 구체적(청각 대 시각)인데 반해, 다른 영역(예: 위치에 관한 정보를 처리하는 영역)은 범양식적인 것도 사실이다(Danker & Anderson, 2010).

각본의 내용(그림 9.7)을 확인할 때, 요소 활동의 중요성과 시간적 순서가 상보적 역할을 수행한다는 생각은 우리의 기억에는 양식 구체적 부호도 또한 범양식적 부호도 모두 중요하다는 주장과 일치한다. 예를 들어, 지각성 재연은 시간적 순서에 따라 전개될 가능성이 높다. 구멍 난 타이어를 갈아 끼우기 위해 그전에 구멍 난 타이어를 갈아 끼웠던 경험을 되살려본다면, 그 회상(경험을 되살리는 일)은 그림 9.7(b)에서와 같은 순차적 표상의 재생으로 이루어질 것이다. 그러나 핵심적 사건/일에 대한 확인이 더 빠르게 일어난 결과는 각본 이름과 핵심적 사건 간의 고리가 더 짧다(그림 9.7(a))고 가정하는 활성화 확산 모형과 부합된다. 활성화 확산 모형은 범양식적 개념/관념들로 구성된다.

전반적으로 볼 때, 범양식적 이론과 양식 구체적 이론은 각각 나름대로의 장점을 가지고 있다. 의미 확정 과제를 이용한 실험 결과 중 범양식적 이론으로는 설명하기 어려운 것도 지각 기호 이론을 이용하면 쉽게 설명되기도 한다. 그러나 수많은 개념들을 조직하여 형성되는 통합적 지식을 표상하고 인출할 때 지각성 재연이 어떻게 전개될지는 아직도 오리무중이다. 지식을 거대한 조직체로 만들어낼 수 있는 능력이 의미망 모형의 강점이다.

개별적 사례가 재연된다고 가정하는 지각 기호 이론의 강점과 수백 개의 사례를 조직해 놓은 의미망 모형의 강점을 조합하면, 의미망 속 개념에다 개별적 지각 정보가 연결되어 있다고 가정하는 혼합 시스템을 개발할 수도 있을 것이다. Fisher(2000)는 그림뿐만 아니라 비디오와 음악을 의미망에 통합시켜 놓은 또 다른 보기를 제시하고 있다. 이들 시스템은 교육적 도구로도 활용될 수 있을 뿐 아니라 조직화된 지식과 정신적 재연이 인간의 기억에 표상되는 방식을 예시하는 강력한 모형이 될 수도 있을 것이다. 이제 남은 문제는 범양식적 기호를 강조하는 이론들과 양식 구체적 기호를 강조하는 이론들을 하나의 구조로 통합하는 일일 것이다(Barsalou, 2010; Gentner, 2010).

9.5 요약

심리학자들은 정보를 장기기억에 조직하는 데 의미가 어떻게 이용되는지를 밝히기 위해 의미기억을 연구해왔다. 재료를 효과적으로 조직하는 한 가지 방법은 커다란 범주/개념을 소규모의 범주/개념으로 나누어 위계적으로 조직하는 방법이다. 실험결과를 보면, 사람들은 위계적 정보를 재빨리 학습할 수 있었다. 하지만 동일한 정보가 무작위로 제시된 경우에는 학습에 상당한 어려움을 겪는 것으로 드러났다. 글 속의 정보를 학습하는 과정에 관한 연구에 따르면, 개념들 간 관계를 나타내는 의미망을 만들어보면 주관식 검사나 단답식 검사의 수행이 향상된다.

범주를 위계적으로 조직한 결과는 범주 구성원들에 관한 진술의 진위를 확정하는 시간에 영향을 미친다. 대부분의 경우, 상위 수준 범주의 구성원을 확정하는 일보다는 기초 수준 범주의 구성원을 확정하는 일에 소요되는 시간이 더 짧다. 예를 들면, '제비는 동물이다'라는 진술보다 '제비는 새다'라는 진술의 진위를 판단하기가 더 쉽다. 위계적 구조망 모형에서 이런 결과를 예측하기 위해, 의미 정보는 위계적으로 조직되어 있고 위계상 상이한 수준에 저장된 정보를 비교하는 데 걸리는 시간은 동일 수준에 저장된 정보를 비교하는 데 걸리는 시간보다 길다고 가정한다. 또한 위계적 구조망 모형은 어떤 물체의 속성을 확인하는 데 소요되는 시간은 그 속성이 위계의 어느 수준에 저장되어 있는지에 따라 달라진다고 가정한다. 이 가정은 '제비는 난다'라는 진술을 확정하는 것보다 '제비는 먹는다'라는 진술을 확정하는 데 더 많은 시간이 소요된다는 의미를 갖는다. 왜냐하면, '먹는다'라는 속성은 동물 수준에, 그리고 '난다'라는 속성은 조류 수준에 각각 저장되어 있기 때문이다.

이와는 달리, 각 범주/개념이 그 개념을 정의하는 속성들의 집합으로 조직되어 있다고 보는 속성 비교 모형은 속성을 고려하여 두 개념 간 유사성을 계산함으로써 진술의 진위를 확정한다고 가정한다. 유사성의 정도가 중간 정도일 때는 그 개념을 정의하는 데 필수적인 속성, 즉 정의속성만을 평가한다고 가정한다. 속성 비교 모형은 분류 시간이 범주의 크기보다는 유사성 정도에 따라 변한다는 것, 그리고 현재 고려중인 구성원이 그것이 속하는 범주의 전형적인 구성원인지 아닌지에 따라서도 분류 시간이 변한다는 것을 정확하게 예측한다. 속성 비교 모형을 비판하는 사람들은 이 모형의 예측이 평정(rating. 유사성 계산에 필요한 작업)에 의존한다는 것, 학습을 통해 형성된 연관성을 직접 활용할 수 없다는 것, 특징속성과 정의속성 간 구분이 인위적이라는 것 등을 문제점으로 간주한다.

위계적 구조망 모형은, 개념은 연결망의 매듭에 의해 표상되고, 관계는 개념을 연결하는 고리에 의해 표상된다고 하는 의미망 모형의 일종이다. 활성화 확산 모형은 위계적 구조망 모형이 갖는 한계점을 극복하기 위해 제안되었다. 활성화 확산 모형의 주요 전제는 어떤 개념의 활성 상태가 연결망의 경로(고리)를 따라 확산됨으로써 관련된 개념들을 활성화시킨다는 생각이다. 의미망 속에 비관련 개념의 수가 많아지면 반응시간이 길어지는데, 이러한 반응시간의 증가는 개념(사실)들을 체계적으로 조직함으로써 예방할 수 있다.

지식이 큰 조직으로 통합된다는 것이 스키마 이론의 기본 전제이다. 스키마형 지식 구조가 강조된 것은 Bartlett과 Piaget에 의해서이며, 1970년대 중반에 와서 인지과학에 주된 영향력을 행사하기 시작했다. 자극-반응 결합과는 달리, 스키마형 지식 구조는 거시적이며, 비관련성이고, 보편적이며, 능동적이다. 스키마형 지식 구조는 특정 개념이나 사건의 사례를 구성하는 세밀한 사항들을 정리하는 데 필요한 골격 구조인 셈이다. 스키마는 특정 개념이나 사건에 정보가 빠져있을 때는 기정 지식을 제공하기도 한다. 각본도 일종의 스키마에 속한다. 각본은 판에 박힌 사건/일을 표상하는데, 각본에 해당하는 사건/일은 일련의 활동들로 구성된다. 사건/일을 구성하는 활동이 시간적 순서에 따라 조직화되면 재생이 유리해지고, 사건/일의 핵심에 따라 조직되면 각본을 신속하게 인출하는 일이 용이해진다.

이러한 모형들과는 대조적으로, 지각 기호 모형은 진술문의 의미 확정이 마음속 재연을 통해 이루어진다고 가정한다. 이 가정을 검정하기 위해 두 개의 단어가 서로 연관된 것인지를 판단해야 하는 과제가 이용되었다. 이 과제에서 제시된 단어 두 개의 아래위 위치가 이 두 단어의 의미에서 생성되는 아래위 이미지와 일치하는 조건에서의 반응시간이 일치하지 않는 조건에서의 반응시간보다 짧았다. 그리고 자극의 속성을 확인하는 과제에서는 앞뒤에 제시된 두 개의 자극이 동일한 감각양식으로 처리되었을 때 두 번째 자극에 대한 속성 확인 시간이 짧은 것으로 밝혀졌다. 이 두 과제에서 확보된 결과는 지각 기호 모형을 지지한다. 그리고 뇌 영상 기법을 이용한 연구에서는 자서전적 기억에 감각 경험과 정서 경험이 모두 포함되어 있다는 사실을 밝혀냈다. 이 연구결과 역시 지각 기호 모형을 지지한다. 지각 기호 모형은 개별적 사건에 관한 판단의 결과를 성공적으로 예측한다. 하지만 지각성 재연을 거대한 지식 구조에 포함시키는 데는 어려움이 있다. 이런 의미에서 의미망 모형 같은 범양식적 이론과 지각 기호 시스템 같은 양식 구체적 이론은 서로 상보적인 강점을 가지고 있다고 할 것이다.

복습문제

이 장이 상당히 어렵다는 것을 인정한다. 대안적 이론이나 모형에 관한 논의가 많았기 때문에 추상성이 높을 수밖에 없었다. 미리 미리 그리고 자주 도해를 들여다보기 바란다.

1. 의미(semantic)라는 용어의 뜻은? 위계(hierarchy)의 뜻은 무엇인가?
2. 위계적 조직이 재생을 향상시키고 또는 신속하게 한다는 증거는 무엇인가? 이들 증거에 대한 여러분의 생각은 어떠한가?
3. Collins와 Quillian의 연결망 모형이 갖는 장점과 단점을 요약하라.
4. 속성 비교 모형에 대해 어떻게 생각하는가? 이 모형에 대한 비판은 설득력을 갖는가?
5. 의미망 모형이 어떤 점에서 속성 비교 모형과 위계적 구조망 모형보다 일반적인가?
6. 활성화 확산 이론은 의미점화 효과와 전형성 효과를 어떻게 설명하는가?
7. '어느 모형이든 예측력을 갖기 위해서는 특정 조건에서는 특정 일이 일어나지 말아야 한다는 예측을 할 수 있어야 한다. 그래야만 우리는 그 특정 일이 실제로 일어나는지, 일어나지 않는지를 검토함으로써 그 모형을 평가할 수 있다'라는 진술을 어떻게 이해하고 있는가?
8. 여러분의 기억 중에서 (a) 범양식적인 것과 (b) 양식 구체적인 것을 생각해보라. 이 두 가지 기억을 구분할 수 있는 어떤 양상(pattern)이 보이는가?
9. 지각 기호 모형을 지지하는 실험을 어떻게 생각하는가? 결과에 대한 대안적 설명이 있을 수 없을까?
10. 여러분 자신의 자서전적 기억을 하나 생각해보라. 그 기억 속의 사건/일을 한 번은 그 사건을 구성하는 활동이 벌어진 시간순으로 나열해보고, 또 한 번은 중요성순으로 나열해보라. 이 두 가지 특징이 재생에 어떤 영향을 미친다고 생각하는가?

핵심용어

각본(script)
기정 지식(default knowledge)
노드/매듭(node)
범양식적(amodal)
범주 크기 효과(category-size effect)
속성 비교 모형(feature comparison model)
스키마(schema)
양식 구체적(modal)
위계적 구조망 모형(hierarchical network model)
의미망(semantic network)
고리(links)
자서전적 기억(autobiographical memory)
전형성 효과(typicality effect)
정의속성(defining feature)
특징속성(characteristic feature)
활성화 확산(spreading activation)
활성화 확산 모형(spreading activation model)

추천도서

Fisher(2000)의 논문과 O'Donnell 등(2002)의 논문은 의미망의 교육적 활용을 훌륭하게 개관하고 있다. Chie와 Ohlsson(2005)은 지식의 확장과 조직이 의미망에 표상될 수 있는 방식을 보여준다. Ratcliff와 McKoon(1988), 그리고 Neely와 Keefe(1989)는 각각 활성화의 확산 때문이라고 간주되어온 발견을 설명하기 위해 대안적 점화 이론을 제안하였다. Hutchinson(2003)은 의미점화에 대한 대안 모형을 상세하게 비판하였다. Brainerd, Reyna 및 Ceci(2008)는 아이들이 성장하면서 허위기억이 반전되는 모습에 대한 이론적 설명을 평가하고 있다. 개념의 의미를 기술하는 데 의미 속성을 이용하는 접근법에 관한 논의는 T. P. McNamara와 D. L. Miller(1989) 그리고 Malt(1990)에서 찾아볼 수 있다. Markman과 Dietrich(2000)는 표상에 대한 고전적 견해를 확장시켜 정신적 재연이 포함시켜야 한다고 주장하며, Hesslow(2002)는 뇌에서 재연이 일어나는 방식을 보여준다. 그럼에도 불구하고, Dove(2009)는 범양식적 기호 덕분에 우리는 지각경험을 초월하는 의미성 내용을 습득할 수 있다고 주장하며, Barsalou(2010)는 양식 구체적 지식과 범양식적 지식을 가정하는 이론들 간 통합이 증가할 것으로 예측하고 있다. Danker와 Anderson(2010)은 인출 시 뇌의 영역이 재활성화된다는 증거를 광범하게 고찰하고서, 그 재활성화가 뇌 속 양식 구체적 영역에서만 벌어지는 것이 아니라고 주장한다.

자서전적 기억의 조직에 관한 관심이 점점 증가하고 있다. S. J. Anderson과 M. A. Conway(1993)는 자서전적 기억의 중심성 효과와 시간성 효과를 입증하는 증거를 보고하였다. Rubin(2006)은 지각 시스템의 관점에서 자서전적 기억에 관한 개관을 제공하였으며, Fivush(2011)는 자서전적 기억의 발달에 관한 선행연구를 재고하였다.

PART 3

복합적 인지 기능

CHAPTER 10 언어

CHAPTER 11 글 이해와 기억

CHAPTER 12 문제해결

CHAPTER 13 전문성과 창의성

CHAPTER 14 결정짓기

CHAPTER 10

언어

10.1 언어의 세 가지 속성

문법(어절 생성하기) | 의미(단어와 형태소 조합하기) | 소리(음소 생성하기) | 위계적 조직의 증거(말실수)

10.2 심리와 문법

구 구조문법 | 변형문법 | 문법적 단서로서의 단어

10.3 문장 이해와 맥락

맥락과 단어 재인 | 맥락과 의미의 모호성 | 모호성 해결에서의 개인차 | 구절 해석하기

10.4 구현 인지

재연을 통한 이해 | 재연행동으로서의 제스처

10.5 요약

복습문제

핵심용어

추천도서

> 우리는 언어를 너무나 자연스럽게 습득하고 활용한다. 그 때문에 우리의 언어 구사 능력이 얼마나 신기하고 기적적인 재능인지를 망각하기 쉽다. 인간은 누구나 각자의 관념(idea), 그것도 헤아릴 수 없을 만큼 많은 관념들을 다른 사람들과 나누어 가지는 데 필요한 수단을 갖추고 있는 셈이다.
>
> _ Steven Pinker(1999)

의미기억에 관한 앞 장의 논의에서는 단어들 간 관련성(association)을 강조했었다. 이제 우리는 단어를 조합하여 문장을 만드는 방식을 고려할 채비를 갖춘 셈이다. 다시 말해, '사람들이 문장을 만들 때, 자기들이 알고 있는 단어를 어떤 식으로 나열하는 것일까?'라는 문제의 답을 모색할 준비가 되었다는 말이다. 어떤 방식이 이용될 것 같은가? 문장을 구성하는 단어들의 조합이 관련성에 의해 만들어진다고 주장할 수도 있다. 경험(학습)을 통해 다이아몬드와 보석 간 관련성이 형성되듯, 문장을 이루는 앞뒤 단어 간 관련성도 경험을 통해(예: 주변 사람들이 하는 말을 듣고) 형성될 수 있다. 그러나 이 견해의 문제는 문장 속 단어가 조합될 수 있는 방식이 너무 많다는 데 있다. 예를 들어, '다이아몬드는 ……'으로 시작하는 문장에서 '다이아몬드는' 뒤에 올 수 있는 단어가 엄청나게 많다는 뜻이다. 그 수로 따지면 이 문장의 세 번째 위치에 올 수 있는 단어도 또 네 번째 위치에 올 수 있는 단어도 엄청나다. 따라서 이 견해가 옳다면, 우리는 문장을 만들어내기 위해 무한히 많은 관련성을 경험(학습)해야만 한다. 불가능한 일이 벌어져야 한다고 주장하는 이론이다. 이에 대조되는 견해는 문법(grammar), 즉 문장을 만드는 데 필요한 규칙을 배운다는 이론이다. 특정 언어의 문법을 따르는 사람은 그 언어 내의 모든 문장을 만들어낼 수 있어야 하지만 동시에 문장으로 성립되지 않는 단어의 나열(예: 화가 발로 난 찼다 돌멩이를 잠자리가)을 생성해서는 안 된다. 적어도 이론적으로는 그렇다.

문법
한 언어에서 올바른 문장 생성에 필요한 규칙의 집합.

언어
기호 및 이들 기호를 조합하여 무한히 많은 전갈을 표현할 수 있도록 하는 규칙들의 집합.

기호성
아이디어를 표상하기 위해 말소리나 표기된 단어 같은 기호를 이용하는 것.

이제, 언어를 정의해야 할 때가 된 것 같다. 언어(language)란 전갈을 만들어내기 위해 고안된 기호와 이들 기호가 조립되는 규칙의 집합체이다. 이 정의에는 언어의 주요 속성 세 가지가 내포되어 있다. 첫째, 언어는 기호성(symbolic)이다. 우리는 세상사를 표상하기 위해, 세상사에 관한 사실을 나누어 갖기 위해 말소리와 표기된 단어 같은 기호를 사용한다. 기호의 중요한 특징은 임의적이라는 점이다. 즉, 단어의 소리 및 모습과 그 단어가 표상하는 물체

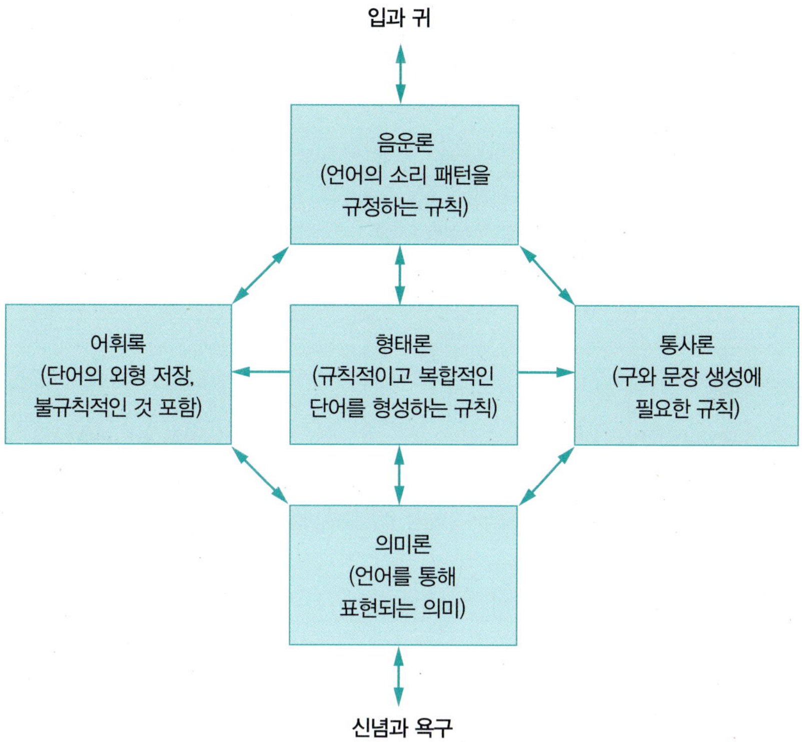

그림 10.1 문장 생성에 관여하는 요소 과정

출처: *Words and rules: The ingredients of language*, by S. Pinker, p. 23. Copyright 1999 by Steven Pinker. Used by permission.

생성적
기호를 상이하게 조합하여 많은 상이한 메시지를 창출하는 역량.

구조적
문장의 구조가 문법에 의해 강요된다는 뜻.

사이에는 정해진 관계가 없다. 둘째, 언어는 **생성적**(generative)이다. 한정된 개수의 단어가 끝없이 다양한 방식으로 조합되어 무한히 많은 문장을 생성한다. 셋째, 언어는 **구조적**(structured)이다. 문법 규칙을 따르면 문법에 맞는 문장이 생성된다.

사람들이 의사소통할 때, 화자는 의미(화자가 전하고자 하는 생각)를 말소리(언어)로 표현하고 청자는 그 말소리를 기초로 화자가 전하고자 한 바(의미)를 지어낸다. 단순해 보이는 이 일도 간단한 한 단계의 작업으로 이루어진다고 보기 어렵다. 그보다는 그림 10.1이 보여주는 것처럼(Pinker, 1999), 여러 가지 모듈(처리 단위)의 협력을 통해 이루어진다고 보는 편이 더 유리하다. 이 그림의 밑바탕을 보면, 화자(speaker)가 자신의 생각(믿음)을 말(언어)로 표현하고 싶어(욕망)한다는 것을 알 수 있다. 그림의 꼭대기에 그려진 청자(listener)는 소리의 형태를 듣고 화자의 생각(신념)을 이해하려 한다. 이 일이 제대로 전개되기 위해서는 화자와 청자 모두 그림 10.1에 제시된 모듈 5개 모두를 활용할 수 있는 기술이 있어야 한다. 이 장을 공부한 학생들은 어떻게 이런 일이 전개되는지를 설명할 수 있어야 한다.

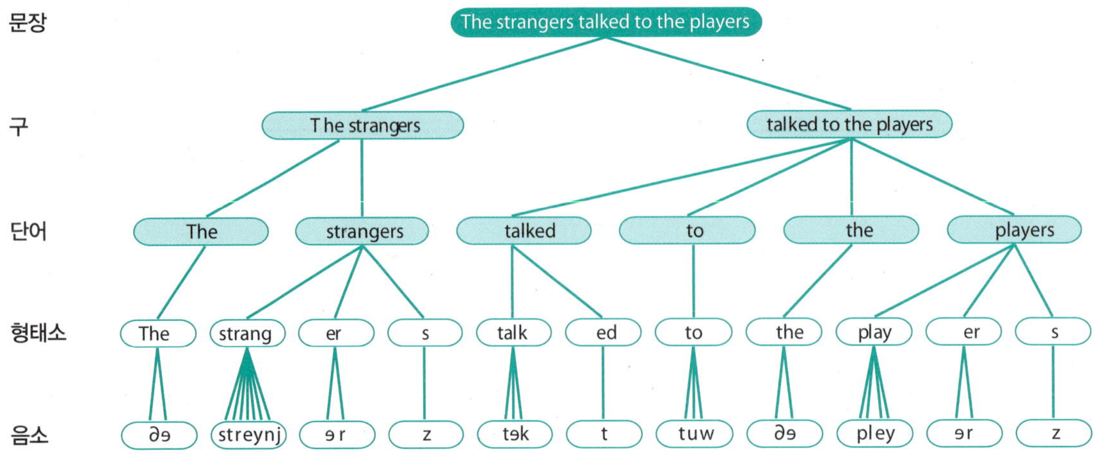

그림 10.2 문장이 구, 단어, 형태소, 음소로 분해되는 모습

출처: *Child development: A topical approach*, by A. Clarke-Stewart, S. Friedman, & J. Koch, p. 417. Copyright 1985 by John Wiley & Sons. Reprinted by permission of John Wiley & Sons, Inc.

구체적인 예를 제시하는 일로 이 장을 시작하기로 하자. 그림 10.2를 보자. 8장과 9장에서 우리는 위계적 조직의 유용성을 배웠다. 언어도 위계적으로 조직되어 있다. 위계의 꼭대기에는 문장이 위치하고 있다(우리가 펼치고 있는 논의의 표적이 문장이라는 사실을 상기하기 바란다). 이 문장을 영문법 규칙에 따라 구성요소로 세분해놓은 것이 그림 10.2이다. 영문법 규칙에 따르면, 이 문장은 먼저 **명사구**(noun phrase. '그 이상한 사람')와 동사구(verb phrase. '선수에게 말했다')로 분할된다. 각각의 구는 다시 단어를 단위로 분석되고, 단어는 **형태소**(morpheme)를 단위로 분해된다. 형태소란 특정 언어에서 의미의 가장 작은 단위를 일컫는다. 이 문장이 말로 표현되었다고 가정하면, 형태소는 다시 음소(phoneme) 단위로 분해된다. 음소란 특정 언어의 기본 소리(그 언어를 구성하는 소리의 원자에 해당하는 소리)를 일컫는다.

형태소
특정 언어에서 의미의 가장 작은 단위.

10.1 언어의 세 가지 속성

문장을 생성하고 이해하는 일에 관여하는 언어의 세 가지 속성인 문법, 의미, 소리를 간략히 살펴보기로 하자.

문법(어절 생성하기)

1960년대의 인지심리학 발달에 중요한 영향을 미친 인물 중 한 명은 Noam Chomsky였다. 언어학자인 Chomsky의 영향력이 언어심리학에 번지기 전에는 인간의 언어 학습이 문장 속 인접 단어들 간 관련성(association)을 학습함으로써 이루어졌을 가능성이 탐구되고 있었다. 이 가설에 따르면, 우리는 쌍 관련성(paired-association)(자극–반응 관련성) 학습을 통해 말을 배운다. 즉, 문장 속의 각 단어가 그다음 단어에 대한 자극으로 작용한다. 예를 들어, '우리 아이가 농구공을 찼다'라는 문장에서는 '우리'라는 단어가 '아이가'라는 반응을 유발하는 자극이 되며, '아이가'라는 단어는 '농구공'이라는 반응을 유발하는 자극이 된다는 생각이다. 그러므로 이 견해에 따르면, 특정 언어를 구사할 수 있는 사람은 문장 속에서 어떤 단어가 나오고 나면 그다음에는 어떤 단어가 따라 나올 수 있는지를 배워야만 한다.

Chomsky(1957)는 이처럼 앞뒤 단어들 간 관련성을 학습함으로써 언어 습득이 이루어진다는 견해에서 발견되는 여러 가지 문제점에 주목하였다. 첫째, 한 언어 속에는 무한에 가까운 많은 문장이 있을 수 있다. 그러므로 문장을 만들어내는 능력이 문장 속 인접 단어들 간 관련성을 학습함으로써 습득된다면, 우리는 무한히 많은 수의 단어들 간 관련성을 학습해야 한다. 그런데 아무리 간단한 것이라도 무한히 많은 것을 학습할 수는 없는 일이다. '나는'이라는 어절을 예로 들어보자. '나는' 다음에 올 수 있는 어절은 부지기수로 많다. 그래서 사람들은 그 모든 어절을 다 배울 수 없을지도 모른다. 문장에 쓰일 수 있는 모든 어절(영어의 경우에는 단어), 그리고 각각의 어절 뒤에 올 수 있는 어절의 개수를 생각해보면, 이런 식으로 언어를 학습한다는 것은 지극히 비효율적인 방식임에 틀림없다. 이 견해가 안고 있는 또 하나 문제점은 인접하지 않는 단어들 간 관계는 전혀 고려되지 않는다는 점이다. 예를 들어, '영수는 예뻐했다, 너무너무 못 생긴 강아지를.'이라는 문장에서 주어 '영수'는 목적어 '강아지'와 문법적으로 밀접한 관계에 있다. 하지만 인접 단어들 간 관계만을 고려하면 이 관계는 나타나지 않는다. 언어 학습을 관련성 학습으로 보는 이 견해는 '사람들은 어떻게 문법적으로 바른 문장을 생성할 수 있게 되는 것일까?'에 대한 대답에서 문장의 위계적 구조를 무시하고 있다.

그림 10.2에서 보았듯이, 문장의 위계적 구조는 다이어그램을 그려보면 분명해진다. 문장이 부분 부분으로 나뉜다는 것을 우리는 알고 있다. 먼저, 문장을 명사구와 동사구로 나누고, 명사구와 동사구 각각을 다시 보다 작은 단위로 나누면(그림 10.2), 그 문장의 문법이 드러난다. 이제, 이러한 문법을 보다

자세히 살펴보고, 이들 규칙을 그림 10.2에 제시된 위계와 관련지어 보기로 하자.

의미(단어와 형태소 조합하기)

위에서는 언어의 문법적 특징이 강조되었다. 하지만 문법적으로 옳은 문장이라고 해서 반드시 의미가 있는 것은 아니다. "Colorless green ideas sleep furiously"(무색의 초록 관념들이 격렬하게 잠자고 있다)는 Chomsky가 고안해낸 유명한 문장이다. 이 문장은 문법적으로는 정확하다. 하지만 보다시피 아무런 의미가 없다. 이와는 반대되는 현상도 벌어진다. 즉, 문법적으로 옳지 않은 문장을 통해서도 의도는 어느 정도 전달된다.

구문(문법)과 의미 간의 이러한 차이는 뇌 손상으로 빚어진 언어 장애에서도 확연하게 나타난다(D. W. Carroll, 1986). Broca 실어증(Broca's aphasia)은 그 증상을 처음 관찰한 프랑스의 외과의사 Broca의 이름을 따서 붙인 병명이다. Broca는 뇌 손상 환자 중에는 앞뒤도, 문법도 맞지 않는 말을 하는 사람이 있다는 사실 발견했다(Broca, 1865). 이런 환자들은 대개 단어만을 나열함으로써 자신을 표현하려 한다. 다음은 치과 수술을 받기 위해 병원을 찾은 환자의 이야기에서 발췌한 것이다.

Broca 실어증
뇌의 좌반구 전두엽에 입은 손상 때문에 발생한 언어 장애.

> 예……아……월요일 어……아버지와 Peter H……, 그리고 아버지……어……병원……그리고 아……수요일……수요일, 9시……그리고 오……목요일……10시, 아 의사……두……의사들……그리고 이……이빨……야.
>
> (Goodglass & Geschwind, 1976, p. 408)

이처럼 문법적 관계를 표현할 수 없는 사례는 뇌의 좌반구 앞쪽에 손상을 입은 환자들 중에서 자주 발견된다(그림 10.3이 보여주고 있는 것처럼, 뇌의 이 부위를 Broca의 영역이라 한다).

Broca가 이런 현상을 발견한 몇 년 후, Carl Wernicke(1874)는 좌반구의 측두엽 뒤쪽에 입은 손상으로 생기는 또 다른 종류의 실어증을 발견했다(그림 10.3). Wernicke 실어증(Wernicke's aphasia) 환자의 말은 다소 유창하고 문법도 맞지만 의미가 별로 없다. Wernicke 실어증이 단어의 의미와 관련된 어려움이라는 사실은 의미 관계에 관한 검사를 통해 확인되었다(Zurif, Caramazza, Meyerson, & Galvin, 1974). 세 개의 단어(예: 남편, 어머니, 상어)를 제시하고, 서로 비슷한 단어 두 개를 골라보라고 했을 때, Broca 실어증 환자들과는 달리 Wernicke 실어증 환자들의 수행은 저조한 것으로 드러났다.

Wernicke 실어증
뇌의 좌반구 측두엽 뒤쪽에 입은 손상 때문에 생기는 언어 장애.

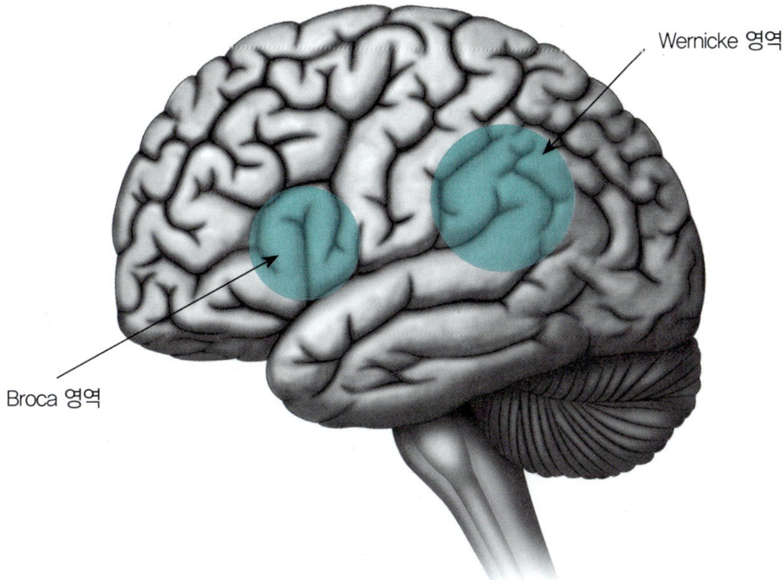

그림 10.3 좌반구에 위치한 뇌의 언어중추 두 곳을 보여주는 그림
출처: © alexluengo/Thinkstock

뇌 영상(neuroimaging) 연구에서 수집된 최근의 증거를 보면, 문장의 의미와 문법을 이해하는 작업에 관여하는 뇌의 영역이 Broca와 Wernicke의 연구에서 생각했던 영역(문장의 의미–Wernicke의 영역, 문법–Broca의 영역)보다 훨씬 넓은 것으로 드러나고 있다. 이들 증거를 종합 검토한 Kaan과 Swaab(2002)에 따르면, 뇌의 각 영역은 서로 다른 측면의 구문 정보를 처리한다. 예를 들어, Kaan과 Swaab은 입력된 단어의 의미 및 구문 관련 정보는 모두 측두엽에서 처리된다고 생각한다. 의미 처리와 구문 처리를 구분하여 논의하는 경우가 많지만, 일상적인 이해의 과정에서는 문장의 구조를 분석할 때 그 문장을 구성하는 단어의 의미가 이용되곤 한다. 단어의 의미가 문법(구문)에 관한 단서를 제공하는 구체적인 방식은 나중에 논의될 것이다.

단어의 의미는 그 단어를 구성하는 형태소로 분해되어 표상될(머릿속에 기억되어 있을) 수도 있다. 형태소(morpheme)란 의미의 가장 작은 단위를 일컫는다. 형태소에는 어간(stem words), 접두사(prefixes), 접미사(suffixes) 등이 포함된다. '불친절하게'란 단어는 '친절'이 어간으로, '불'이 접두사로, '하게'가 접미사로 분석된다. 이들 각 형태소에 따라 의미가 바뀐다는 점을 주목하기 바란다. '친절'에다 '하게'를 붙이면 명사가 부사가 되고, '친절하게'에다 '불'을 붙이면 부사의 의미가 바뀐다.

다른 예는 그림 10.2에서도 볼 수 있다. 'strangers'라는 단어의 어간은

'strange'이며, 'er'과 's'를 접미사로 가진다. 첫 번째 접미사(er)는 형용사를 명사로 바꾸고, 두 번째 접미사(s)는 단수 명사를 복수 명사로 바꾼다. 동사 'talked'의 어간은 'talk'이며, 접미사는 'ed'인데, 이 접미사는 동사의 시제를 바꾸어 놓는다. 이들 각각의 형태소 때문에 단어의 전체 의미가 바뀐다는 점을 주목하기 바란다.

형태소의 한 가지 장점은 새로운 단어를 생성할 수 있게 한다는 점이다. 'stranger'의 복수형이 무엇인지를 모르는 아이가 있다고 하자. 하지만 대개 명사의 끝에 's'를 붙이면 복수형이 된다는 사실을 알게 되면 그 아이는 'strangers'라는 새로운 단어를 만들어낼 수 있게 된다. 그리고 'talk'의 과거형을 모르고 있다고 하더라도, 대개 동사의 끝에 'ed'를 붙이면 과거형이 된다는 것만 알면, 'talked'라는 새로운 단어를 생성할 수 있다. 그러나 언어에 따라 다르겠지만, 이러한 규칙이 적용되지 않는 경우도 많다. 우리말의 경우, 명사의 복수형을 만들기 위해 명사의 뒤에다 '들'을 붙이기도 하지만 붙이지 않을 때도 많다(예: 많은 소를 봤다. 소들이 풀을 뜯고 있었다.) 그리고 영어의 경우, 'deer'의 복수형은 'deers'가 아니며 'speak'의 과거형은 'speaked'가 아니다. 따라서 어린애들은 결국 이러한 예외를 학습해야 하고 또 학습하게 된다(Pinker, 1999).

소리(음소 생성하기)

언어의 기호는 표기단어(written words)와 소리단어(spoken word)로 구성된다. 그러나 4장에서 단기기억에서의 부호화를 논의할 때 알았듯이, 대개의 경우 표기단어는 하위발성(입속말)을 통해 소리단어로 변환되어 버린다. 그러므로 표기단어를 다룰 때도 언어의 음향적 측면은 여전히 중요하다고 할 것이다.

글을 배우지 않아 표기된 문장을 이해할 수 없는 어린애들도 말로 표현된 문장은 이해한다. 말로 표현된 문장을 이해하기 위해서는 먼저 그 언어의 기본 소리(음소)를 변별할 수 있어야 한다. 언어에 따라 기본 음소는 서로 다르다. 우리말과 중국말과 미국말의 음소가 서로 다르다는 뜻이다. 물론 같은 음소도 있다. 신생아의 경우, 이 세상에 존재하는 많은 상이한 언어의 다양한 음소를 변별할 수 있을 정도로 음소 변별 능력이 특출한 것으로 밝혀졌다(Kuhl, 1993). 그러나 유아들은 음소를 변별할 수 있어야 할 뿐만 아니라, 음소의 유사성을 탐지하여, 특정 언어를 구성하는 음소를 범주화할 수도 있어야 한다. 이러한 필요성은 2장에서 논의한 '형태 재인'이라는 문제를 제기한다. 2장에서는 시각적 형태가 강조되었다. 사람들의 필체가 다양하기 때문에 시각적 형태 재인이 어려웠던 것처럼, 사람들의 다양한 목소리는 소리말(speech) 재인을 어렵게 한다.

범주화의 원형 이론에 의하면, 사람들은 어떤 대상(형태)을 분류할 때 그 대상을 머릿속에 기억되어 있는 일정한 범주의 원형(prototype)과 비교한 후 결정을 내린다. Kuhl(1993)은 소리말 재인에도 원형이 중요하며, 6개월밖에 되지 않은 유아들도 모국어를 구성하는 음소의 원형을 기억하고 있다고 주장한다. 유아들도 모국어 음소의 원형을 학습하여 기억하고 있다는 증거는 Kuhl(1991)의 연구에서 확보되었다. Kuhl은 그의 연구에서 특정 음소(예: 'ㅏ')로 범주화되는 여러 소리(같은 'ㅏ'라도 그것이 종성이냐 중성이냐에 따라, 그리고 말을 하는 사람에 따라 달라진다)를 변별하는 능력이 그 범주의 원형이 변별 과제에 포함되어 있을 때가 그렇지 않을 때보다 저조하다는 사실을 발견했다. 어른에게도 또 6개월 난 유아에게도 하나는 원형이고 다른 하나는 원형이 아닌 두 개의 음소를 구분하는 것보다 둘 다 원형이 아닌 음소를 구분하는 것이 더 용이하다는 뜻이다. Kuhl(1991)은 '지각성 자석(perceptual magnet)'이라는 은유를 이용하여 이 효과를 묘사하였다. 'ㅏ'의 원형은 자체와 비슷한 'ㅏ'를 끌어당기기 때문에, 원형과 비슷한 음소는 원형의 소리와 더욱 비슷해진다는 생각이다.

이 현상은 통계학적으로도 설명된다. 특정 범주의 원형을 그 범주 속 모든 구성원의 모습을 대표하는 평균 모습이라고 가정해보자. 그리고 특히, 정규분포의 평균치는 모든 점수들의 중앙에 위치한다는 사실을 염두에 두고 생각해보자. 원형이 변별 과제의 두 자극 중 하나인 경우에는 가장 큰 차이가 중앙(원형)에서 최저 또는 최고치까지일 수밖에 없다. 그러나 그 범주 속 일반 구성원을 비교할 경우에 얻을 수 있는 가장 큰 차이가 최고치에서 최저치를 뺀 값이 된다. 물론 이 차이 값이 클수록 변별력은 높아진다.

어떻든, Kuhl(1991)이 자석 효과로 명명한 이 현상 속에는 여러 가지 재미나는 의미가 함축되어 있다. 첫째, 우리는 아이가 성장함에 따라 소리를 더 잘 변별할 것이라고 생각한다. 그러나 변별해야 할 소리가 동일 범주에 속하는 음소라면, 일은 우리의 생각대로 벌어지진 않는다. 일단 특정 음소(범주)의 원형이 형성되고 나면, 원형의 변종(그 범주의 구성원들)은 시간이 지남에 따라 원형에 더욱 가까운 소리로 들리게 될 것이기 때문에, 한 음소(동일 범주)에 속하는 소리는 더욱 변별하기가 어려워진다. 그러나 바로 이런 일 때문에 우리가 음소를 재인하는 일은 더 쉬워진다.

또 유아들은 친근하지 않은 외국어 소리보다 친근한 모국어 소리를 더 잘 변별할 것이라고 생각할 수도 있다. 그러나 만약 변별해야 할 소리가 동일 음소(범주)에 속하는 것들이라면 이 생각 역시 잘못된 생각이다. 예를 들어, 영어의 장음 'e' 원형과 변종 장음 'e'를 변별해야 하는 과제의 경우, 6개월 난 스웨덴 유아들이 미국 유아들보다 변별 능력이 높은 것으로 드러났다(Kuhl, Williams, Lacerda, Stevens, & Lindblom, 1992). 스웨덴 말에는 장음 'e'가 없다. 그렇기 때문에 이 결과는 다음과 같이 설명된다. 미국 유아들의 머릿속에는 장음 'e'의 원형이 형성되어 있기 때문에 자석 효과가 나타나지만, 즉 변별 능력이 손상되지만, 스웨덴 유아들은 모국어에 이 소리가 없기 때문에 장음 'e'의 원형이 형성되어 있지 않고, 따라서 자석 효과 자체가 나타나지 않는다. 스웨덴 말에는 있지만 미국 영어에는 없는 모음을 이용했을 때는 이와 반대되는 결과가 나타났다. 즉, 이 경우에는 그 범주의 원형과 그 원형의 변종을 구분하는 일에서 미국 유아들이 더 나은 것으로 드러났다.

결론적으로, 유아들은 여러 언어의 음소를 변별할 수 있는 능력을 가지고 태어난다. 아이들은 성장하면서 모국어를 구성하는 음소의 원형을 학습한다. 일단 원형에 해당하는 말소리를 습득하고 나면, 원형과 그 원형의 변종을 변별하기가 어려워진다. 다시 말해, 하나의 음소도 사람들마다의 목소리에 따라 달라질 수밖에 없지만(즉, 변종이 많아질 수밖에 없지만) 그러한 변종들도 결국은 흡사한 음소로 들리게 된다. 그 결과, 변별은 더 어렵게 되지만 소리말 재인은 더욱 용이해진다. 왜냐하면, 음소의 다양한 변종이 그 음소의 원형과 더 비슷하게 들리기 때문이다.

위계적 조직의 증거(말실수)

그림 10.2의 위계적 구조는 그림 10.1에 소개된 문장 생성의 요소 과정을 간편하게 그려놓은 것이다. 그렇다면 문장 생성이 이러한 위계를 따라 이루어진다는 증거는 무엇일까? 그 증거는 말실수(speech error)에서 발견된다. 아이들은 성장하면서 말을 알아듣기도 하지만 말을 하는 법도 배운다. 그런데 말을 할 때 아이들은 물론 어른들도 실수를 범하는 경우가 많다. 앞에서는 문장의 구조와 의미 그리고 발음과 관련된 내용을 살펴보았다. 이제 우리는 언어의 이 세 가지 속성과 우리가 말을 할 때 범하는 실수와는 어떤 관계에 있는지를 살펴볼 수 있게 되었다. 모든 실수가 그렇듯, 말실수 또는 실언(slips of tongue) 역시 의도와는 관계없이 벌어지는 일이다(Dell, 1986). 말실수에 관해 우리가 알고 있는 것의 대부분은 연구자들이 개인적으로 경험한 오류를 분석한 결과이다. 물론, 이러한 연구방법에는 주관적 편파가 개입될 가능성이 크다. 하지만 이렇게 수집된 자료에도 불규칙적인 면이 너무 많다는 점으로 미루어 주관적 편파가 체계적으로 개입했을 가능성은 매우 낮다고 할 것이다.

그림 10.2에 제시된 위계적 조직은 말실수를 분석하는 데도 유용하게 이용된다. 대부분의 실수는 위계의 특정 수준 내에서만 일어난다. 수준을 넘나들며 일어나지는 않는다는 말이다(Dell, 1986). 따라서 말실수를 그 실수에 포함된 언어적 단위의 크기에 따라 분류해보면, 단어 실수, 형태소 실수, 음소 실수로 나뉜다. 이들 각 단위 내에서 일어나는 실수로 가장 자주 발견되는 것은 **치환오류**(exchange error)였다. 치환오류란 단위 언어 두 개가 문장 속에서 서로 뒤바뀌는 현상을 일컫는다. 예를 들어, 누군가가 '어머니께 편지 쓰기'라는 말을 하려다 '편지에게 어머니 쓰기'라고 말한 경우가 이런 오류에 속한다. 이 보기에서 뒤바뀐 것은 단어이다. 이 사람이 범한 이런 실수를 **단어 치환**(word exchange) 실수라고 한다. 단어 치환 실수에서 주목할 만한 다른 하나는 뒤바뀐 단어(어머니와 편지) 둘 다가 명사라는 사실이다. 치환된 단어는 대개 동일한 문법적 범주(여기서는 명사)에 속하는 것으로 드러났다. 이 증거에는 우리가 말을 할 때 문법의 제약을 받는다는 뜻이 숨어있다.

치환 오류
문장이 생성되는 도중에 언어의 단위가 서로 뒤바뀌는 오류.

단어 치환
문장이 생성되는 동안 두 개의 단어가 서로 뒤바뀌는 오류.

누군가가 'thinly sliced'라고 해야 할 것을 'slicely thinned'라고 했다면 이는 **형태소 치환**(morpheme exchange) 실수를 범한 것이다. 이 예의 경우, 두 단어의 어간 'thin'과 'slice'는 치환되었는데 접미사 '–ly'와 '–ed'는 그 위치가 바뀌지 않았다는 점을 주목하라. 단어 수준에서는 명사는 명사와 치환되고 동사는 동사와 치환되는 것처럼, 형태소 수준에서는 어간은 다른 어간과 치환되고 또 접미사는 다른 접미사와 치환된다는 뜻이다. 이런 형태소 실수에도 범주적(또는 문법적) 제약이 가해진다는 것을 알 수 있다.

형태소 치환
문장이 생성되는 동안 두 개의 형태소가 서로 뒤바뀌는 오류.

만약 누군가가 '거두절미'라고 말해야 할 것을 '저두걸미'라고 잘못 말했다면, 그 사람은 **음소 치환**(phoneme exchange) 실수를 범한 것이다. 음소 치환에서는 대개 첫 자음은 다른 첫 자음과 치환되며, 마지막 자음은 다른 마지막 자음과 치환되고, 모음은 모음과 치환된다. 음소 치환 오류에서도 범주적(또는 문법적) 제약이 가해지고 있다는 뜻이다.

음소 치환
문장이 생성되는 동안 두 개의 음소가 서로 뒤바뀌는 오류.

이 장의 나머지 부분에서는 언어의 문법 및 의미에 관한 논의에 초점을 맞출 것이다. 먼저, 다음 절에서는 두 가지의 문법, 즉 구 구조문법과 변형문법이 간략히 소개될 것이다. 그다음 절에서는 문장 이해에 관한 일반적 모형이 제시될 것이다. 모호한 문장이 이해되는 과정은 많은 연구자의 관심을 모았다. 문장을 이해하기 위해서는 먼저 문장의 모호성을 해결해야 하기 때문이다. 마지막 절에서는 단정적 진술과 함축적 진술을 구분하는 능력이 고려될 것이다. 이 능력에 관한 발견은 언어 이해에 대한 연구가 특히, 법정 진술이나 광고주장의 평가 등에 적절히 활용될 수 있다는 것을 보여준다.

10.2 심리와 문법

구 구조문법

우리는 문장을 만들고자 할 때 장기기억을 더듬어 그 상황에 맞는 문장을 찾아내고는 그 문장을 인출하여 다시 사용할 수도 있다. 그러나 그와는 달리 단어를 정해진 규칙에 따라 조합함으로써 문장을 새롭게 생성해낼 수도 있다. 예를 들어, 그림 10.2를 보면, 문장은 명사구와 동사구로 조직되어 있고, 동사구 '선수들에게 말했다'는 다시 '말했다'라는 동사와 '선수들에게'라는 전치사구로 조직되어 있다는 것을 알 수 있다. 그림 10.2에서처럼 문장을 문법적 단위로 분석할 때 이용되는 규칙의 집합을 **구(句) 구조문법**(phrase structure grammar)이라 한다. 그러니까 구 구조문법은 문장을 언어적 단위인 구(연어)로 분해하는 방식을 규정하는 규칙의 총체인 셈이다.

구 구조문법
문장을 문법적 단위로 분해하는 데 이용되는 규칙의 집합.

그림 10.4의 도해를 만들 때 이용된 규칙(구 구조문법)을 고려해보자. 이 도해를 만드는 데는 세 가지의 규칙이 적용되었다. 첫 번째 규칙은 '문장(S)은 명사구(NP)와 동사구(VP)로 분해된다'는 규칙이다(그리고 이 규칙에 따라 문장(S)이 명사구(NP)와 동사구(VP)로 갈려있다). 두 번째 규칙은 '명사구는 관사(Det)와 그 뒤에 오는 명사로 분해된다'는 규칙이다. 영어의 관사에는 'a', 'an', 'the'가 있다. 세 번째 규칙은 '동사구는 동사와 그 뒤에 이어지는 명사구로 분해된다'는 규칙이다. 물론, 이 명사구는 다시 관사와 명사로 분해된다.

이 세 가지 규칙만 이용해도 우리는 많은 문장을 만들어낼 수가 있다. 예를 들어보자. 문장은 명사구와 동사구로 조직된다(규칙 1)고 했으니까, 문장을 만들기 위해서는 이 두 가지 구를 만들어야 한다. 그런데 명사구는 관사와 명사

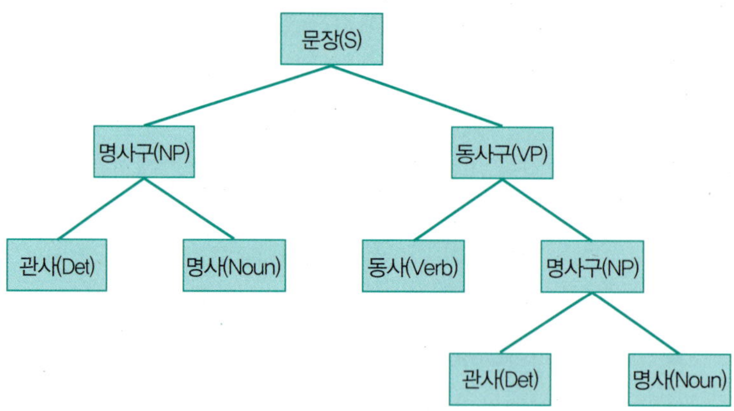

그림 10.4 구 구조 규칙을 기초로 그려본 문장의 도해

로 이루어진다(규칙 2)고 했고, 동사구는 동사와 명사구로 형성된다(규칙 3)고 했으니까, 규칙 2에 따라 관사를 'a', 'an', 'the' 중에서 하나 선택하고 또 명사도 하나 기억에서 인출해내야 한다. 관사는 'the'가 선택되고 명사로는 'boy'가 인출되었다고 하면, 'the boy'라는 명사구가 만들어진다. 그리고 규칙 3에 따라 동사 하나를 기억에서 인출해내고 명사구를 하나 만들어야 한다. 물론 명사구를 만들 때는 관사를 하나 선택하고 또 하나의 명사를 기억에서 인출하여 관사 뒤에 붙여야 한다. 동사로는 'hit'이 인출되고 관사로는 'a', 명사로는 'ball'이 선택되었다면, 'hit a ball'이라는 동사구가 만들어진다. 이제 이렇게 형성된 명사구와 동사구를 규칙 1에 따라 조합하면, 'the boy hit a ball'이라는 문장이 만들어진다. 아래에 제시된 다른 문장 둘도 이들 규칙을 적용하여 만든 것이다. 물론 이와 구조가 동일한 다른 문장도 얼마든지 만들 수 있다.

> The boy hit a ball. (그 소년이 공을 쳤다.)
> The stick hit the boy. (그 막대기가 그 소년을 때렸다.)
> A ball hit a ball. (공이 공을 때렸다.)

물론, 이 세 가지 규칙만으로 만들어 낼 수 있는 문장의 개수도 적지는 않지만 우리가 일상에 사용하는 다양한 문장의 개수에 비해 매우 제한되어 있다. 일상생활에서 만나는 많은 문장에서처럼, 명사구에 형용사를 포함시키고 동사구에 부사를 포함시키는 것 같은 새로운 규칙이 추가되면, 훨씬 다양한 문장을 생성해낼 수 있게 된다. 이 간단한 예시의 첫 번째 목적은 문법을 적용하면 문장이 만들어진다는 사실을 알리는 것이었다. 그리고 두 번째 목적은 우리의 머릿속에도 이러한 문법이 기억되어 있고 우리가 문장을 만들어 말을 하거나 글을 쓸 때는 이들 문법을 적용한다는 가정이 그럴듯한 생각임을 알리기 위함이었다. 여러분도 이 두 가지를 모두 깨달았을 것이다.

변형문법

어떤 문장을 약간만 수정하면 비슷하지만 다른 문장이 만들어진다. 구 구조문법의 한 가지 제한점은 어떻게 이런 일이 벌어지는지를 명시하지 못한다는 점이다(Chomsky, 1957). 예를 들어, 우리는 어떻게 (1) 능동문을 피동문으로, (2) 긍정문을 부정문으로, (3) 서술문을 의문문으로 바꿀 수 있는 것일까? '그 아이가 그 집 강아지를 찼다'라는 문장에 대한 첫 번째 수정은 '그 집 강아지는 그 아이에게 차였다'를 생성하며, 두 번째 수정은 '그 아이는 그 집 강아지를 차지 않았다'를 만들며, 세 번째 수정은 '그 아이가 그 집 강아지를 찼나?'를 생성한다. 이들 각각의 수정은 문장 자체를 관련 문장으로 **변형**(transform)시켜 버렸다. 그러나 이 변형도 아무렇게나 이루어지는 것이 아니다. 문장의 문법적 구조에 기초를 두고 이루어진다. 이 때문에 Chomsky는 변형문법을 개발할 때 구 구조 규칙을 이용했다.

'The boy hit the ball'이라는 능동문이 'The ball was hit by the boy'라는 피동문으로 변형되는 과정을 고려해보자. 이 변형에 이용된 규칙은 다음과 같다.

$$\text{NP1} + \text{V} + \text{NP2} \rightarrow \text{NP2} + \textit{was} + \text{V} + \textit{by} + \text{NP1}$$

여기서의 변형은 명사구 두 개의 위치가 바뀐 것, 그리고 단어 두 개가 첨가된 것이다. 그러므로 이 변형규칙에 의하면, 피동문은 두 번째 명사구('the ball')로 시작하여 첫 번째 명사구('the boy')로 끝이 난다. 그리고 단어 'was'와 'by'가 첨가되어야 한다. 따라서 이 변형규칙은 능동문의 구 구조가 피동문의 구 구조로 바뀌는 방식을 규정하고 있는 셈이다. 그러므로 변형문법은 문장의 문법적 구조를 규정하는 구 구조 규칙과는 다른 기능을 수행한다.

변형문법
한 문장을 관련된 다른 문장으로 변형하는 데 이용되는 규칙의 집합.

Chomsky(1957)가 제안한 **변형문법**(transformational grammar)은 문장의 문법적 구조를 보여줄 뿐만 아니라, 한 문장이 관련된 다른 문장으로 변형되는 방식까지 명시한다는 점에서 구 구조문법보다 한 단계 발전된 형태라 할 수 있다. 그러나 Chomsky는 변형문법에 만족하지 않고, 1965년에는 변형문법의 제한점을 보완한 두 번째 저서를 집필하였다. 이 두 번째 책에서 Chomsky는 주로 의미가 문법에서 맡은 역할을 강조하였다.

모호한 문장
두 개 이상의 의미를 갖는 문장.

문법과 의미와의 관계를 검토해야 하는 한 가지 이유는 **모호한 문장**(ambiguous sentence) 때문이다. 모호한 문장이란 두 가지 이상의 의미로 해석될 수 있는 문장을 일컫는다. 문장의 구조(예: 단어 나열 순서)가 달라지면 의미도 달라진다. 그런데 모호한 문장의 경우, 그 표면적 구조(즉, 단어 나열 순서)는 변하지 않는데도 조건에 따라 다른 의미로 해석된다. 예를 들어, '정화와 겨룰 세 번째 선수는 인숙이다'라는 문장에서 '인숙이'는 이 경기에 출전한 세 번째 선수일까, 아니면 이미 두 사람을 제친 정화와 경합을 펼칠 세 번째 선수일까?

모호한 문장에 대한 위의 예에서 우리는 문장의 의미를 결정하는 것은 문장의 표면적 구조가 아니라는 사실을 깨닫는다. 그럼, 문장의 의미는 어떻게 결정되는 것일까? 적어도 그 일부는 머릿속에 형성되는 구 구조에 의해 결정된다고 할 것이다. 모호한 문장 중 일부는 두 가지 구 구조로 분석될 수 있고, 그

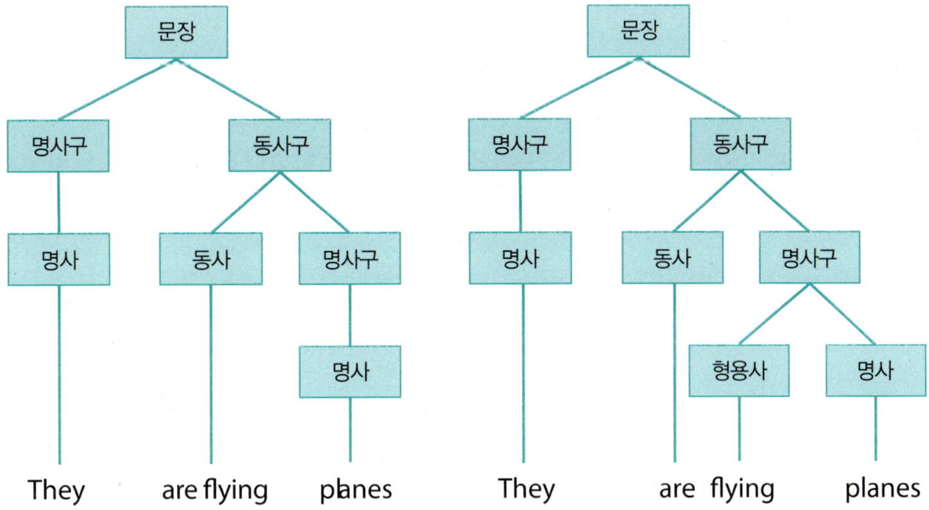

그림 10.5 모호한 문장에서 도출되는 두 가지 구 구조

구 구조에 따라 의미가 달라지는 것으로 드러났기 때문이다. 'They are flying planes'이라는 문장을 고려해보자. 그림 10.5를 보면, 이 문장이 두 가지 구 구조로 분석될 수 있음을 알 수 있다. 첫 번째 구조에서는 'flying'이 동사구 'are flying'의 일부로 분석되고, 두 번째 구조에서는 'flying'이 'flying planes'라는 명사구의 형용사로 분석되었다. 그 결과, 첫 번째 구조에서는 'they'가 비행기를 날리는 사람으로 해석되고 두 번째 구조에서는 'they'가 비행기를 가리키는 것으로 해석되었다. 즉, 동일한 표면구조를 바탕으로 머릿속에 구축된 구 구조에 따라 'they'가 각기 다른 의미로 해석된 것이다(그림 10.5).

이처럼 문장 속 특정 단어를 어느 구에 귀속시키느냐에 따라 문장의 의미가 크게 달라진다. 그러나 모호한 문장 중에는 구 구조문법으로도 그 의미를 구분할 수 없는 것도 있다. 'Flying planes can be dangerous'라는 문장을 고려해보자. 이 문장도 앞에서 본 문장과 같이 두 가지로 해석될 수 있다. 이 문장을 'Flying planes is dangerous'와 'Flying planes are dangerous'로 바꾸어 써보면 두 가지 해석이 분명해진다. 첫 번째 해석에서는 위험의 근원이 비행기를 조종하는 일에 있고 두 번째 해석에서는 비행기 자체에 있다. 그러나 두 가지 해석 모두 'Flying planes'를 문장의 주어로 간주하고 있기 때문에, 구 구조 규칙으로는 이 둘이 구분되지 않는다.

Chomsky(1965)는, 모호성 문제를 해결하기 위해서는 문장의 의미를 직접 표상할 수 있어야 한다고 주장했다. 그리하여 그는 변형문법을 수정하여 두 가지 수준의 구조, 즉 표면구조와 심층구조를 설정하였다. 표면구조(surface

표면구조
표현된 문장의 구조.

심층구조
문장의 기저에 깔린 의미.

structure)는 우리가 보고 듣는 표현된 문장과 직결된 구조를 일컫고, **심층구조**(deep structure)는 문장의 의미와 관련된 구조를 일컫는다. 이제, 'Flying planes can be dangerous'와 같은 문장의 이중성(모호성)을 해결하는 유일한 방법은 두 가지 심층구조, 즉 '조종사에게 비행은 위험하다'와 '날고 있는 비행기는 위험하다' 중 어느 것이 의도된 의미인지를 알아내는 일이 된다.

Chomsky(1965)가 도입한 이 개념은 그 당시 새로이 발달하고 있던 언어심리학에 막대한 영향을 미쳤다. 그 결과, 언어에 관심을 가진 심리학자들은 사람들이 문장을 이해하고 기억하는 방식을 설명하기 위해, 구 구조문법과 변형문법의 함의를 연구하기 시작했다. 이들의 연구 그리고 Chomsky의 분석을 기초로 도출된 결론 중 하나는 의미를 고려하지 않고는 문법을 공부하기가 어렵다는 것이었다.

문법적 단서로서의 단어

의미와 문법과의 관계에 대한 연구가 중요한 또 다른 이유는 문장의 문법이 옳다고 해서 반드시 의미 있는 문장이 되는 것은 아니라는 데 있다. 예를 들어보자. 다음 두 문장 'The boy took a ball'과 'The ball took a boy'는 문법적으로는 아무런 하자가 없다. 그러나 두 번째 문장은 말이 되지 않는다(의미가 없다). 왜냐하면, 'took'라는 단어는 그 단어가 묘사하는 행위를 수행할 수 있는 행위주체가 될 수 있는 동물을 주어로 취하는 동사이기 때문이다.

Chomsky(1965)는 특정 문장 내에서 다른 단어와 대체될 수 있는 단어를 제한함으로써 이러한 결점을 교정하고자 했다. 예를 들어, 모든 동사를 동일하게 취급하지 않고 동사 중 일부는 생물을 주어로 취해야 한다고 주장했다. 이 제약의 기초가 되는 것은 단어의 의미라는 점을 주목하기 바란다. Chomsky의 이러한 분석은 그림 10.1의 구성요소들이 서로 상호작용하는 방식을 예시하고 있다. 의미 있는 관념(**의미론**. Semantics)을 표현하기 위해서는 **어휘록**(Lexicon. 머릿속 사전)에 있는 단어의 의미가 문법(**구문**. Syntax)과 적절하게 조합되어야만 한다. 언어심리학자들의 연구결과를 검토하면, 단어의 의미가 그다음에 어떤 구조가 전개될 것인지에 관한 단서로 작용하고 있음을 알 수 있다.

단어의 의미가 그 뒤에 어떤 구조가 전개될 것인지를 알려주는 단서로 작용한다는 증거는 점증하고 있다(Carpenter, Miyake, & Just, 1995; MacDonald, Pearlmutter, & Seidenberg, 1994; Trueswell & Tanenhaus, 1994). 예를 들어, 우리는 명사가 생물인지 무생물인지를 보고 그 명사 다음에 올 구가 어떤 것일지를 추측한다. 다음 두 문장을 고려해보자.

1. The defendant examined by the lawyer turned out to be unreliable.
2. The evidence examined by the lawyer turned out to be unreliable.

문장 1을 읽는 사람이 'by the lawyer'라는 구와 마주치면, 눈(안구) 움직임이 느려진다. 그러나 문장 2를 읽을 때는 그런 일이 벌어지지 않는다(Trueswell & Tanenhaus, 1994). 왜 이런 차이가 나는지를 Chomsky의 분석법에 따라 설명해 보자.

문장 1의 주어는 사람(피고)을 나타내는 명사이다. 따라서 'examined'가 본동사로 분석되어, 그 뒤에는 명사구가 올 것이라는 기대를 갖게 한다. 그런데 'by the lawyer'를 마주치게 되면 그 기대가 어긋나기 때문에 읽기가 느려진다. 그러나 문장 2의 주어 'evidence'는 무생물이기 때문에 'examine'이란 동사를 본동사로 취할 수 없다. 왜냐하면 우리는 '증거'가 어떤 것을 '검사한다'는 상상을 할 수 없기 때문이다. 따라서 문장 2에서는 'examined'가 본동사로 분석되지 않고, 그 뒤에 명사구가 올 것이라는 기대도 형성되지 않아, 읽기가 느려질 이유가 존재하지 않는다.

위의 보기는 단어의 일반적 특징(예: 명사의 생물성/무생물성)이 문장의 구문 분석 단서로 작용하고 있다는 증거를 제공하고 있다. 그러나 단어의 구체적인 특징이 문장의 문법적 구조(구문) 분석을 돕는 단서로 작용하는 경우도 있다. 다음 두 문장을 고려해보자.

1. 주혜는 내 생일을 기억하고 있었다.
2. 주혜는 내 생일이 다가온다는 것을 기억하고 있었다.

문장 1에서는 '기억하고 있었다'란 동사 뒤에 '내 생일'이란 명사구가 왔다. 이 문장은 그림 10.4에 제시된 것과 같은 간단한 구조를 이루고 있다. 그러나 문장 2는 훨씬 복잡하다. '내 생일이 다가온다'도 하나의 문장이라는 사실을 주목하라. 동사 '기억하고 있었다' 앞에는 문장보다는 명사구가 더 자주 나온다. 하지만 '주장하다'라는 동사 앞에는 명사구(예: 정우는 그 편지를 주장한다)보다 문장(예: 정우는 그 편지가 자기 것이 아니라고 주장한다)이 더 자주 나온다. 그러므로 사람들은 '기억하다'라는 동사는 명사구 뒤에 나타날 것이라고 예상하고, '주장하다'라는 동사는 문장 뒤에 따라올 것이라고 예상한다. 이러한 빈도 차에 관한 사람들의 지식은 앞으로 나타날 가능성이 높은 구문 구조를 예상하게 하고, 이 예상은 문장 처리를 용이하게 한다(Carpenter, Miyake, & Just, 1995; Trueswell, Tanenhaus, & Kello, 1993).

요약하면, 단어의 의미 속에도 구문 구조에 관한 정보가 담겨있다는 것이 분명해졌다(Carpenter, Miyake, & Just, 1995; MacDonald, Pearlmutter, & Seidenberg, 1994; Trueswell & Tanenhaus, 1994). 단어가 문장의 구조 분석에 필요한 단서로 작용할 수 있는 것은 그림 10.1의 한 요소(어휘록)에 저장된 지식이 다른 요소의 구조(구문/통사)를 인식하기 쉽게 만들기 때문이다. Newport(2010)가 논의했듯, 언어의 규칙(문법으로 표현됨)과 의미성 내용(통계적 확률을 기초로 형성됨)에 관한 예상은 언어 연구의 2대 주제로 자리 잡고 있다. 언어처리요소들 간의 이러한 상호작용은 어휘요소와 의미요소 간에도 일어난다. 다음 절에서 알게 되겠지만, 이 상호작용에서는 의미 지식 덕분에 생기는 득이 단어 의미의 재인 및 인출에서 나타난다.

10.3 문장 이해와 맥락

단어도 두 가지 이상의 의미를 갖는 것이 많다. 그런데도 우리는 혼동하는 경우가 별로 없다. 그 이유는 그런 단어가 들어있는 맥락이 그 단어의 적절한 의미가 어느 것인지에 관한 정보를 제공하기 때문이다(MacKay, 1966). 그러나 예를 들어, 문장이 'Although he was continually bothered by the cold'로 시작되면, 맥락이 단서를 제공하지 않는 한 'cold'라는 단어가 '추위'를 의미하는지 아니면 '감기'를 의미하는지를 알 수가 없다. 그러나 대개의 경우 담화는 맥락 속에서 이루어지기 때문에 실제 대화에서는 그런 혼동이 거의 일어나지 않는다. 그러면 맥락이 제공하는 장점을 이용하는 방식을 살펴보기로 하자.

논의를 쉽게 풀어나가기 위해 먼저, Carpenter와 Daneman(1981)이 제안한 문장 이해의 단계부터 고려하기로 하자. 그림 10.6을 보면, 첫 단계('다음 단어에 시선을 집중시켜 부호화하라')는 형태 재인이 벌어지는 단계이다. 형태 재인을 논의할 때 단어 재인도 논의했지만, 그때는 논의가 단어우월 효과에 집중되었었다. 그때 우리는 자극 낱자(문자)가 홀로 제시되었을 때보다는 단어 속에 제시되었을 때 그 낱자를 인식하기가 더 용이해진다는 것을 알았다. 이와 비슷하게, 단어도 홀로 제시되었을 때보다는 문장 속에 제시되었을 때 더 쉽게 인식되곤 한다. 이들 각각에서 단어와 문장이 맥락으로 작용한다는 점을 주목하라.

두 번째 단계는 단어의 의미가 인출되는 단계이다. 모호한 단어는 두 가지 이상의 의미를 갖지만, 두 가지 의미 중 훨씬 자주 이용되는 의미가 있을 수 있다. 예를 들어, '발을 묶어놓는 게 좋겠다'라는 문장에서 '발'이라는 단어

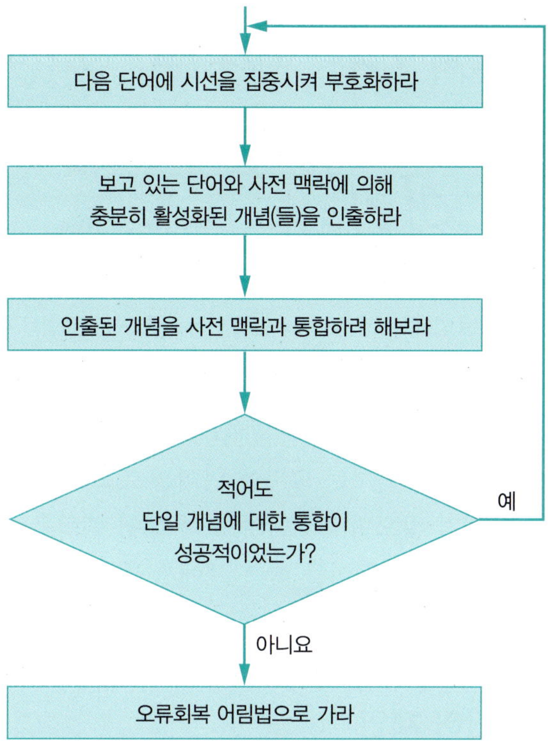

그림 10.6 읽기에서 벌어지는 부호화, 활성화, 통합, 오류 수정 단계를 그려놓은 흐름도

출처: "Lexical retrieval and error recovery in reading: A model based on eye fixations," by P. A. Carpenter & M. Daneman, 1981, *Journal of Verbal Learning and Verbal Behavior*, 20, 137-211;160. Copyright 1981 by Academic Press, Inc. Reprinted by permission of Elsevier Science.

는 '신체의 일부'로 해석될 가능성이 높다. '발'은 '가리개'라는 의미로 쓰이기도 하지만 그런 의미로는 자주 쓰이지 않는다. '가리개'라는 의미를 암시하는 맥락이 선행되지 않는 한 '가리개'라는 의미는 '신체의 일부'라는 의미보다 활성화 정도가 약할 것이다. 그러나 '사람들이 그 방을 드나드는 데 방해가 되지 않게, 발을 묶어놓는 게 좋겠다'라는 문장을 읽을 때는 두 가지 의미가 모두 강하게 활성화될 것이다. 이때 '몸의 일부'라는 뜻이 강하게 활성화되는 이유는 그 의미가 더 자주 쓰이기 때문이며, '가리개'라는 의미가 강하게 활성화되는 이유는 그 뜻이 문장의 앞부분(맥락)과 부합되기 때문이다. 모호한 단어가 들어있는 문장을 제시한 후, 그 문장을 읽는 사람들의 안구 움직임을 검토한 결과, 각각의 의미가 활성화되는 정도는 각 의미가 나타나는 빈도에 따라서도 달라지지만 선행 맥락에 의해서도 달라지는 것으로 밝혀졌다(Duffy, Morris, & Rayner, 1988).

Carpenter와 Daneman(1981)의 모형 속 세 번째 단계는 모호한 단어의 두 가지 의미 중 선택된 의미가 선행 맥락과 통합되는 단계이다. 이 통합이 성공적

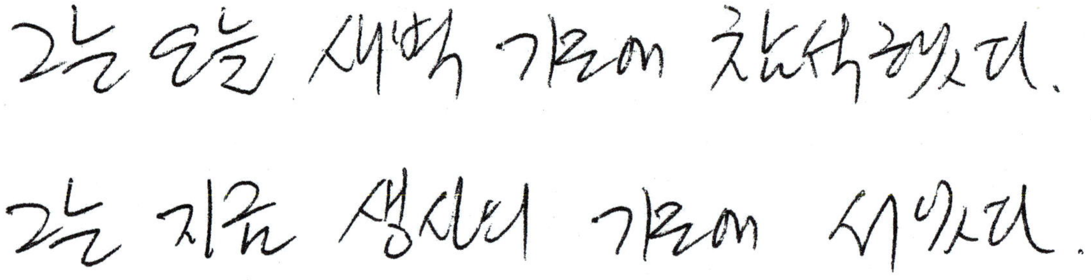

그림 10.7 맥락이 단어(문자) 지각에 미치는 영향. 각 문장 속 네 번째 단어의 모양이 동일함을 주목하라.

으로 이루어지면 독자는 그다음 단어를 부호화한다. 그러나 통합이 성공적으로 이루어지지 않으면, 그 단어 또는 선행 맥락을 재해석함으로써 그 오류를 극복하려 한다. 이제 이들 각 단계에서 벌어지는 일을 보다 상세히 살펴보기로 하자.

맥락과 단어 재인

단어 재인도 맥락의 의미에 의해 촉진되는 경우가 많다. 아마 여러분도 난잡한 필체로 쓰인 글 속의 단어는 인식하기가 무척 어렵다는 것을 경험했을 것이다. 그럴 때면 우리는 그 주변의 단어나 문장을 이용해 그 단어의 정체를 파악하곤 한다. 그림 10.7은 맥락이 단어(문자) 재인에 미치는 효과를 보여준다. 그림의 윗줄과 아랫줄에는 모양이 동일한 단어(문자)가 들어있다. 우리는 그것을 위에 있는 문장에서는 '기도에'로, 아래에 있는 문장에서는 '기로에'로 인식하면서도 아무런 거리낌을 느끼지 못한다.

맥락의 효과는 우리가 특정 단어의 정체를 파악하려고 애를 쓰고 있을 때에 가장 두드러지게 나타난다. 하지만 단어의 정체를 비교적 빨리 확인할 수 있을 때에도 맥락 효과는 나타나는데, 그 효과는 주로 재인 시간에서 발견된다. 대개의 경우 맥락이 단어 재인을 신속하게 만든다. 하지만 때로는 단어 재인을 느리게 만들기도 한다. 다음 두 문장을 고려해보자.

1. 정호는 자기의 양말을 부엌에 보관한다.
2. 정호는 자기의 양말을 옷장에 보관한다.

단어 '부엌'과 '옷장' 앞에 적절한 맥락이 주어져 있다. 그러나 이 맥락에서 생성되는 예상은 '부엌'보다는 '옷장'이라는 단어가 더 크다. 이러한 예상은 장기기억에 저장된 스키마 또는 각본에서 생성된다(Elman, 2009). 특정 단어에 대한 강한 기대감을 창출하는 분장을 고-제약 문상(high-constraint sentences)이라 한다.

어휘판단 과제
문자 나열이 단어인지를 판단해야 하는 과제.

Schwanenflugel과 Shoben(1985)은 **어휘판단 과제**(lexical decision task)를 이용한 실험에서 예상이 강한 단어('옷장')와 그렇지 못한 단어('부엌')를 처리하는 데 고-제약 문장이 미치는 효과를 검토하였다. 참여자들은 고-제약 문장 또는 중립적인 문장을 읽은 후, 그다음에 제시된 문자 나열이 단어인지 아닌지를 판단해야 했다. 고-제약 문장(맥락)은 예상과 일치하는 단어의 재인은 촉진시키지만, 예상과 어긋나는 단어의 재인은 방해하는 것으로 밝혀졌다. 즉, 고-제약 맥락이 제시된 후에는 '옷장'을 단어라고 판단하는 데 소요되는 시간이 더 짧았다. 하지만 '부엌'을 단어라고 판단하는 데 소요되는 시간은 이 단어가 중립 맥락 후에 제시되었을 때보다 더 길었다. 이 실험에서는 여러 개의 X(예: XXXXXXX)를 중립 맥락으로 이용했었다.

'부엌'을 단어라고 판단하는 일이 방해를 받는 이유는 참여자들이 고-제약 문장을 기초로 특정 단어가 뒤따를 것이라고 예상했는데 그 예상이 실현되지 않았기 때문으로 풀이된다. 그러면 특정 단어에 대한 기대가 그렇게 강하지 않을 때는 어떠할까? Schwanenflugel과 Shoben은 이 질문에 답하기 위해 저-제약 문장(low-constraint sentence)을 실험에 포함시켜 보았다. 다음 두 문장이 그러한 예들이다.

1. 그 부인은 유명한 레스토랑의 요리사였다.
2. 그 부인은 유명한 레스토랑의 주방장이었다.

이 두 문장은 저-제약 문장에 속하는데, 그 이유는 부인(여인)들도 여러 가지 과제(예: 요리, 청소 등)를 훌륭히 수행할 수 있기 때문이다. 그러나 문장 1에는 예상 단어가 포함되고 문장 2에는 비예상 단어가 포함되어 있다. 부인들이 주방장일 확률보다는 요리사일 확률이 더 높다는 뜻이다. 실험 결과, 저-제약 맥락은 예상 단어와 비예상 단어 모두의 재인을 촉진시키는 것으로 드러났다. 예상 단어 재인은 크게 촉진시키는 반면, 비예상 단어 재인은 크게 방해하는 고-제약 문장과는 달리, 저-제약 문장은 예상 단어건 비예상 단어건 약간씩의 촉진을 유발시켰다.

Schwanenflugel과 Shoben(1985)의 연구는 경우에 따라 맥락의 효과가 긍정적일 수도 있고 부정적일 수도 있음을 보여준다. 고-제약 맥락은 예상하지 못한 단어에 대해서는 어휘판단을 지연시킬 수도 있다. 그러나 이 같은 연구결과를 평가할 때 주의해야 할 점이 하나 있다. 맥락의 방해 효과는 연구방법에 따라 관찰되기도 하고 관찰되지 않기도 한다는 점이다. 어휘판단 과제 대신, 맥락 다음에 제시된 단어를 소리 내어 읽는 데 소요되는 시간을 측정하는 명명 과제가 이용되기도 한다. 이 두 가지 방법을 모두 이용해 연구한 결과, 방해 효과가 발견될 가능성은 명명 과제(naming task)에서보다 어휘판단 과제에서 더 높은 것으로 밝혀졌다(Stanovich & West, 1983). 이러한 결과 덕분에 인지심리학자들은 명명 과제 및 어휘판단 과제의 수행과 실제 장면의 읽기에서 일어나는 이해 사이에 어떤 관계가 있는지를 밝혀야 하는 또 하나의 중요한 과제를 발견하게 되었다(Seidenberg, Waters, Sanders & Langer, 1984).

맥락과 의미의 모호성

글을 읽다 만난 단어가 두 가지 이상의 의미를 가진 것이면, 그 단어의 정체를 확인한 후에 앞뒤 맥락에 어울리는 의미를 선택해야 하는 일이 벌어진다. 앞에서 보았듯이, 심리학자들은 의미파악 과정을 연구할 때, 의도적으로 문장 속에다 모호한 단어를 포함시키곤 한다. 그러나 모호한 문구는 언어 이해 과정을 연구하는 실험실에서만 발견되는 것이 아니다. 신문의 표제(headline)에서처럼, 실험실 밖에서도 자주 발견된다. 일반 문장보다 신문의 표제를 이해하기가 더 어려울 때가 많은데, 지면 제약 때문에 도움이 될 단어를 생략했기 때문일 것이다. 예를 들어, '창의 도시를 가다', '쥐약 먹고 죽었던 '구미호'가 살아났다', '전국 대학교수 4천 명 속인 사기꾼 잡혔다', '방치된 치매 노인 40만 명'은 모두 모호한 표제에 속한다. 다시 말해, 이들 각 표제는 두 가지 이상의 의미를 갖는다. 예를 들어, '쥐약 먹고 죽었던 '구미호'가 살아났다'라는 표제는 (1) '구미호'가 쥐약을 먹고 죽었다가 다시 소생했다는 뜻일 수도 있고, (2) 죽었던 '구미호'가 쥐약을 먹고 다시 살아났다는 뜻일 수도 있다. 대부분의 사람들은 이 두 가지 중 어느 것이 의도된 의미인지를 안다. 그러나 '방치된 치매 노인 40만 명'의 경우에는 이야기가 달라진다. 이 표제는 (1) 우리나라의 치매 노인이 40만 명인데 이분들 모두가 국가나 가족의 관심 밖에 있다는 말일 수도 있고, (2) 우리나라에서 치매로 고생하는 많은 노인들 중 40만 명만 국가나 가족의 관심 밖에 있다는 말일 수도 있다. 이 경우, 본문을 읽지 않고는 이들 두 가지 중 어느 것이 기자가 의도한 의미인지를 판단할 수가 없다. 이처럼 문장이나 단어의 모호성(중의성)은 글 이해를 어렵게 만든다. 모호하지 않은 표제보다 모호한 표제를 이해하는 데는 더 많은 시간이 걸린다는 증거도 확보되어 있다(Perfetti, Beverly, Bell, Rodgers, & Faux, 1987).

신문 표제의 모호성이 특히 성가신 이유는 그 표제를 해석할 맥락이 주어지지 않기 때문이다. 기사의 내용을 파악하기 위해 제일 먼저 읽는 것이 표제이기 때문에 표제를 해석할 맥락은 뒤에 오는 셈이다. 우리는 일상의 언어에서도 두 가지의 의미로 해석될 수 있는 문장을 많이 만난다. 그런데도 다른 의미로 해석될 수 있다는 사실조차 의식하지 못하고 넘어가는 경우가 대부분이다. 그 이유는 앞에서 듣거나 읽은 내용(맥락) 덕분에 두 가지 의미 중 적절한 것이 어느 것인지가 분명해지기 때문이다. 이처럼 맥락은 모호한 문장을 분명하게 만들어주는 역할을 한다. 그래서 맥락이 앞서 제시되기만 하면 모호한 문장도 모호하지 않은 문장만큼 쉽게 이해된다(Swinney & Hakes, 1976).

Swinney와 Hakes(1976)의 실험에 참여한 사람들은 쌍으로 제시되는 문장을 들으면서 두 가지 과제를 동시에 수행해야 했다. 과제 하나는 쌍으로 제시된 두 개의 문장이 서로 관련된 정도를 판단하는 일이었다. 이는 문장의 의미를 이해해야만 수행할 수 있는 일이었다. 두 번째 과제는 정해진 소리(음소)로 시작되는 단어가 문장 중에서 들리면 즉각 단추를 눌러야 하는 일이었다. 이 실험의 이론적 근거는 문장의 의미를 파악하기가 어려워지면, 음소에 대한 반응이 그만큼 늦어질 것이라는 가정이었다. 실험에는 다음과 같은 문장 쌍이 자극으로 이용되었다.

> Rumor had it that, for years, the government building had been plagued with problems. The man was not surprised when he found several "bugs" in the corner of his room. (Swinney & Hakes, 1976, p. 686)
>
> (정부청사가 오랫동안 문제에 시달려왔다는 소문이 자자했다. 자기 방의 한 구석에서 '도청기'를 발견했을 때도, 그 사람은 전혀 놀라지 않았다.)

이 예에서 참여자가 탐지하여 반응을 해야 하는 소리, 즉 표적 음소(target phoneme)는 단어 'corner'의 /c/였다. 표적 음소를 가진 이 단어가 'bugs'라는 두 가지 의미(벌레와 도청기)를 가진 단어 바로 다음에 있는 단어라는 사실을 주목하라. Swinney와 Hakes는 이중 의미를 가진 단어 'bugs' 때문에 문장의 의미파악이 어려워지고, 그 때문에 표적 음소 탐지가 늦어지는지를 확인하고 싶었다. 그들은 이중 의미를 갖는 문장과 분명한 의미를 갖는 문장에서 표적 음소를 탐지하는 데 걸리는 시간을 비교했다. 위의 예문과 비교되는, 분명한 의미를 갖는 문장은 'bugs'라는 단어를 'insects'라는 단어로 대치한 문장이었다. Swinney와 Hakes는 의미가 분명한 단어 뒤에 오는 표적 음소를 탐지하는 데 걸리는 시간이 의미가 모호한 단어 뒤에 오는 표적 음소를 탐지하는 데 걸리는 시간보다 짧다는 사실을 발견했다.

그러나 대개의 경우, 두 가지 의미를 가진 단어가 문장 속에 있어도, 맥락에 의해 어느 것이 의도된 의미인지가 분명해지기 때문에 독자는 별다른 어려움을 겪지 않는다.

> Rumor had it that, for years, the government building had been plagued with problems. The man was not surprised when he found several spiders, roaches, and other "bugs" in the corner of his room. (Swinney & Hakes, 1976, p. 686)
>
> (소문에 의하면, 정부청사는 오랫동안 문제로 애태우고 있었다. 그 사람은 자기의 사무실 구석에서 여러 마리의 거미, 바퀴벌레 등 기타 '벌레'를 발견하고도 전혀 놀라지 않았다.)

맥락(문맥)이 모호한 단어의 의미를 분명하게 해줄 때는 의미가 두 가지인 'bugs'도 의미가 하나뿐인 'insects'만큼 재빨리 이해되는 것으로 밝혀졌다. 표적 음소를 탐지하는 데 소요되는 시간에 차이가 나타나지 않았던 것이다.

그럼 이런 결과를 어떻게 해석해야 할까? 가장 직관적인 해석은 의도한 의미가 맥락에 의해 분명해질 때는 모호한 단어의 두 가지 의미 중 한 가지만 활성화되기 때문에 발견되는 효과라는 해석일 것이다. 그러나 연구결과는 이런 직관적 해석이 잘못된 해석이라고 암시한다. 어휘판단 과제에서 '간호사'에 앞서 '의사'가 제시된 것처럼, 의미상 연관된 단어가 앞뒤에 제시되면, 뒤에 오는 단어에 대한 판단이 빨라진다는 사실을 우리는 알고 있다. 따라서 만약 두 가지 의미 중 한 가지만 활성화된다면, 'bug'가 제시되었을 때 'ant'나 'spy' 중 어느 의미가 활성화되는지에 따라 둘 중 하나에 대한 재인만 용이해져야 한다는 주장이 가능해진다.

Swinney(1979)는 그전 연구에서 이용했던 음소감시 과제(phoneme-monitoring task) 대신 어휘판단 과제를 이용하여 이 주장을 검증하였다. 참여자들이 실험자가 읽어주는 문장을 듣고 있는 동안, 화면에 자극을 제시하고는 그 자극이 단어인지 아닌지를 가능한 한 빨리 판단해보라고 지시했다. 자극은 참여자가 문장 속의 모호한 단어를 들은 직후에 제시되었다. 자극으로 제시된 단어는 다음 세 가지 중 하나였다. 하나는 문장 속에 들어있는 모호한 단어의 두 가지 의미 중 맥락과 일치하는 의미를 가진 단어, 또 하나는 그 맥락과 일치하지 않는 의미를 가진 단어, 그리고 세 번째는 모호한 단어와 전혀 무관한 단어였다. 예를 들어, 문장 속에 들어있는 모호한 단어가 'bugs'였다면, 화면에 제시된 자극은 'ant', 'spy', 'sew' 중 하나였다는 뜻이다. 그러나 참여자들에게는 이런 사

그림 10.8 모호한 단어가 제시된 직후(즉시검사)와 1초 후(지연검사)에 활성화 확산을 통해 활성화된 단어(진한 색)

실을 알려주지 않았다.

만약 맥락이 모호한 단어의 두 가지 의미 중 한 가지만 활성화시킨다면 맥락에 따라 자극으로 제시된 자극(예: ant와 spy) 중 하나만 재인이 용이해져야 한다. 그러나 맥락에 관계없이 두 가지 의미가 모두 활성화된다면, 두 가지 자극(예: ant와 spy) 모두 재인이 용이해져야 한다. 즉, 이들 두 자극을 단어라고 판단하는 데 소요되는 시간이 'bugs'와는 아무 관계가 없는 자극(예: sew)을 단어라고 판단하는 데 소요되는 시간보다 짧아야 한다. 실험 결과, 자극이 모호한 단어(예: bugs) 직후에 제시되면 맥락과의 일치 여부와는 관계없이 두 가지 단어 모두 비관련 단어보다 재인이 쉬워지는 것으로 나타났다. 그러나 모호한 단어를 읽어주고 난 4음절(약 750~1,000ms) 후에 자극 단어가 제시된 경우에는 맥락과 일치하는 단어의 재인만 용이해지는 것으로 드러났다(그림 10.8).

Swinney의 발견은 선행 맥락에 관계없이 모호한 단어의 두 가지 의미가 모두 활성화된다고 말한다. 그런데 이상한 것은 모호한 단어를 들려준 잠시 후(4음절 후)에 자극 단어가 제시되었을 때는, 맥락과 일치하는 의미만 활성화된다는 발견이다. 다음과 같은 견해를 취하면 이 두 가지 발견을 모두 이해(설명)할 수 있게 된다. 모호한 단어를 만나면 우리의 머릿속에 기억된 두 가지 의미가 모두 활성화된다. 그러나 두 가지 의미가 활성화되는 기간은 아주 잠깐(약 1/2초 동안)이다. 이 짧은 기간에 우리의 머릿속에 있는 언어처리 시스템은 이들 두 가지 의미 중 하나를 선택한다. 이 선택이 재빨리 이루어질 수 있게 해주는 것이 선행 맥락이다. 그리고 맥락을 이용한 의미 선택은 음소감시 과제 수행을 방해하지 않을 만큼 재빨리 진행된다고 간주하면 앞서 소개되었던 발견까지 설명할 수 있게 된다. 여러분도 기억하고 있겠지만, 모호한 단어의 끝과 표적 음소의 시작 사이에는 약간의 시간 간격이 있었다. 적절한 맥락만 있으면 이 짧은 시간도 모호성을 해결하는 데는 충분하다는 뜻이다. 그러므로 맥락의 기능은 한 가지 이상의 의미가 활성화되는 일을 예방하는 일이 아니라 우리의 언어처리 시스템으로 하여금 단어의 적절한 의미를 재빨리 선택할 수 있도록 돕는 일이라 하겠다.

모호성 해결에서의 개인차

모호성을 해결하는 능력에도 개인차가 난다. 지금까지의 논의는 주로 능숙한 독자들이 모호성을 해결하는 방식에 기초한 논의였다. 읽기에 능숙하지 못한 사람들은 활성화된 두 가지 의미 중 어느 것이 적절한 것인지를 재빨리 결정하지 못한다(Gernsbacher, 1993). 미숙한 독자들의 경우에도 모호한 단어의 두 가지 의미가 모두 활성화된다. 그러나 능숙한 독자들과는 달리, 모호한 단어를 마주친 1초 후에도 두 가지 의미 모두가 활성화된 상태로 유지된다. 그러므로 미숙한 독자들은 부적절한 의미를 억압(suppress)하는 능력이 부족한 것으로 풀이된다.

애당초 하나의 의미만(물론 적절한 의미) 활성화된다면, 일이 훨씬 간단할 것 같은데 우리의 언어처리 시스템은 왜 일을 이렇게 처리하는 것일까? 여러 의미가 모두 활성화되는 것이 유리할 수도 있다. 모호한 단어의 적절한 의미를 명백하게 해주는 맥락이 모호한 단어 뒤에 나타나는 경우를 생각해보자. 이러한 경우에는 적절한 의미를 선택하는 데 필요한 정보가 충분히 확보될 때까지 모든 의미를 활성화된 상태로 작업기억에 보존하는 것이 유리하다.

이러한 경우에 남보다 앞서는 능력은 작업기억의 최대용량에 따라 달라진다(Miyake, Just, & Carpenter, 1994). 우리는 정보를 저장하고 그 정보를 처리하는 일이 작업기억에서 벌어진다는 것을 알고 있다. 단어의 의미를 명백하게 해줄 맥락이 모호한 단어를 만난 뒤에 제공될 경우, 우리는 모호성을 해결할 수 있을 만큼 충분한 정보가 확보될 때까지, 모호한 단어의 두 가지 의미를 작업기억에 활성화된 상태로 유지하고 싶을 것이다. 작업기억 용량(working memory capacity)이 큰 사람들은 그 용량이 작은 사람들보다 두 가지 의미를 더 오랜 시간 동안 활성화된 상태로 보존할 수 있다. 이에 비해 작업기억 용량이 작은 사람들은 모호한 단어의 두 가지 의미 중 보다 가능성이 높은 의미만을 보존하게 되고, 따라서 가능성이 낮은 의미가 적절한 것으로 드러나면 문장을 이해하는 데 어려움을 겪게 될 것이다. 이 경우, 문장 통합은 실패로 돌아가고, 따라서 그림 10.6에 제시된 오류극복 전략(error recovery heuristics)을 이용해야 할 것이다.

작업기억 용량
작업기억 속에 활성화된 상태로 유지될 수 있는 정보의 양.

오류극복 전략
문장 이해에서 생긴 오류를 바로잡기 위해 애용되는 전략.

결론적으로, 능숙한 독자란 모호한 단어의 두 가지 의미 모두를 작업기억에 활성화된 상태로 유지하고 있다가, 모호성을 해결해주는 맥락을 만나자마자 두 가지 중 적절한 의미를 재빨리 선택할 수 있는 사람이라고 하겠다. 이 정의에 따르면, 읽기 능력의 발달 저하에는 적어도 두 가지 원인이 있다. 하나는 작업기억 용량의 부족이다. 작업기억 용량이 작은 사람들은 모호한 단어의 두 가지 의미를 적절한 맥락을 만날 때까지 활성화된 상태로 유지할 능력이 부족하다. 또 하나는 부적절한 정보를 억제하는 능력의 부족이다. 미숙한 독자들은 부적절한 의미를 억제하는 능력이 부족하여 적절한 맥락과 마주친 후에도 부적절한 의미를 재빨리 억제하지 못한다.

구절 해석하기

그림 10.6에 소개된 Carpenter와 Daneman(1981)의 모형은 개별 단어를 부호화하고 통합하는 일에 초점을 맞추고 있다. 어휘판단 과제를 이용한 연구에서는 사전 맥락이 단어 재인에 미치는 영향(Schwanenflugel & Shoben, 1985), 그리고 단어의 의미 판단에 미치는 영향(Swinney, 1979)을 검토하였다.

이제, 명사구와 동사구 같은 보다 큰 분석 단위를 살펴볼 수 있게 되었다. 사람들이 다음 문장의 의미를 파악하는 방식을 해석기반 처리라는 관점에서 고려해보기로 하자.

그 대학생들은 교수들의 가르침을 받았다.

해석기반 처리 이론(Budiu & Anderson, 2004)은 앞장에서 소개된 활성화 확산이란 개념을 기반으로 구축된 견해이다. 해석기반 처리 이론(interpretation-based processing theory)에 따르면, 독자는 문장의 구문(문법적 구조) 표상과 의미 표상을 구축한다. 그러고는 이렇게 구축된 의미 표상(의미)을 그 문장과 관련된 사전 지식과 관련지음으로써 하나의 통일성 있는 의미를 찾아낸다. 예를 들어보자. 독자가 '그 대학생들은'이라는 명사구를 읽는 순간 독자의 기억 속에 있는 대학생과 관련된 많은 명제가 활성화된다(그림 10.9). 예를 들어, 대학생들은 (1) 기숙사에 산다, (2) 교수에게 배운다, (3) 시험 때 밤을 새워 공부한다는 등의 명제가 활성화된다. 맨 처음 해석으로는 가장 강하게 활성화된 명제가 선택된다. '대학생들은 기숙사에 산다'가 가장 강하게 활성화되었다고 가정해보자.

그러나 독자가 '교수들의'라는 명사구를 읽으면 이 해석은 지지되지 않는다. '교수들의'와 '기숙사에'는 너무 다르기 때문에 '기숙사에'의 활성화는 '교수들

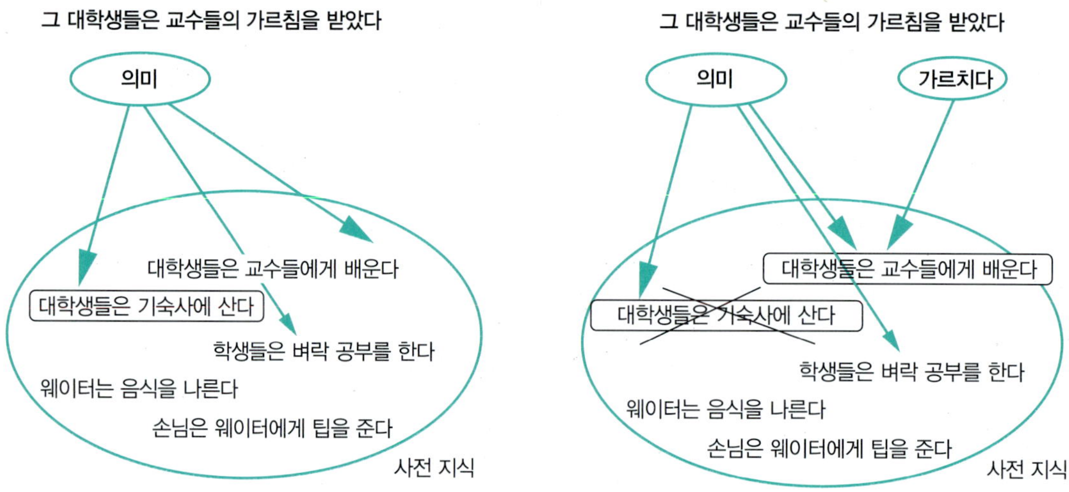

그림 10.9 Budiu와 Anderson(2004)의 해석기반 처리 이론에서 보는 '그 대학생들은 교수들의 가르침을 받았다'라는 문장의 의미가 파악되는 과정

출처: "Interpretation-based processing: a unified theory of semantic sentence comprehension," by R. Budiu & J. R. Anderson, 2004, *Cognitive Science*, 28, 1-44.

의'로 확산되지 않는다. 따라서 다른 명제가 선택되어야 하는데 '교수들의'라는 명사구 때문에 이번에는, 앞서 '대학생들은'을 읽었을 때 활성화되었던 기억 속 명제들 중에서, '교수들에게 배운다'라는 보다 그럴듯한 명제가 활성화된다(그림 10.9 오른쪽 참조). 그리고 '교수들의'와 '교수들에게'는 뜻이 같기 때문에 이 해석이 선택된다. 그리고 '가르침을 받는다'라는 술부를 읽은 후에는 이 해석이 확정된다. 이 확정 작업에는 '가르침을 받는다'와 '배운다'는 같은 의미가 다르게 표현되었을 뿐이라는 언어적 지식이 이용되었다고 할 수 있다. 그러므로 이 이론은 구에 대한 부당한 해석은 파기해버리고 모든 해석에서 통일성을 확보함으로써 가장 그럴듯한 해석을 찾아낸다고 주장하는 셈이다. 각 구가 갖는 여러 가지 함의가 활성화된 다음, 맥락과 일치하는 의미(명제)가 선택된다는 이 이론의 가정은 모호한 단어의 여러 가지 의미가 활성화된 다음, 가장 적절한 것이 선택된다는 Swinney(1979)의 생각과 일치한다는 점을 주목하기 바란다.

다음은 문장이 활성화 확산을 통해 사전 지식과 연결되는 또 다른 보기이다. 여러분도 다음 질문에 답을 만들어보기 바란다.

모세가 방주에 태운 각 종의 동물은 몇 마리였는가?

여러분은 질문에서 모순을 알아차렸을 수도 있다. 방주에 동물을 태운 것은 모세(Moses)가 아니고 노아(Noah)였기 때문이다. 많은 사람들이 모순을 알아차리지 못하는(Erickson & Mattson, 1981) 이 현상을 모세의 착각(Moses illusion)이라고들 한다. Reder와 Kisbit(1991)은 이 과제의 변형을 고안하였다. 참여자들에게 모순이 있는 질문을 접하게 될 것이라는 사실을 알려주었다. 그러나 모순이 없는 것처럼 생각하고 모든 질문에 답을 해보라고 주문했다. 따라서 모세의 착각을 유발한 질문의 경우 정답은 '둘'이 된다. 그러나 이제 여러분도 모순이 있는 질문에 대한 반응시간이 길어질 것이라는 예상 정도는 할 수 있을 것이다.

Budiu와 Anderson(2004)은 자신들의 해석기반 처리 이론의 전제를 기초로 모순 질문에 대한 반응시간이 왜곡의 정도에 따라 달라질 것이라는 가설을 설정하였다. 위의 예에서 노아를 모세로 대체시킨 것은 왜곡의 정도가 약한 편에 속한다. 왜냐하면 이 두 개념은 서로 비슷한 점이 많기 때문이다. 그러나 노아를 아담(Adam)으로 대체하면 왜곡은 커진다. 이 두 개념은 비슷한 정도가 낮기 때문이다. 유사한 개념 간의 활성화 확산은 짧은 시간에 벌어지기 때문에 왜곡이 약한 질문에 답을 하기가 더 용이해야 한다. 실험결과는 이 가설을 지지하는 것으로 드러났다. 왜곡의 정도가 큰 질문에 답하는 시간이 더 길었던 것이다. 해석기반 처리 이론은 이 밖에도 사람들의 문장 해석에 관한 많은 현상을 성공적으로 예측하였다. 그러나 위에서 소개한 예만으로도 이 이론이 어떻게 작동하는지는 알아차렸으리라 믿는다.

10.4 구현 인지

언어에 대한 지금까지의 논의는 9장에서 소개한 의미 조직에 관한 논의와 같은 맥락에서 전개되었다. 그러나 9장의 마지막 부분에서는 지각성 재연(perceptual simulation) 역시 의미 결정에 관여할 수 있다는 견해를 소개했었다. 그때 '코와 입은 관련성이 깊다'라는 판단에는 얼굴의 이미지를 생성하는 일이 관여하고, '고추장은 끈적끈적하다'는 판단에는 손가락으로 고추장을 만졌던 행동이 머릿속에서 재연되는 일에 관여하는 것 같다. Barsalou(1999)는 지각성 기호 시스템(perceptual symbol systems)이라는 개념을 이용하여 이러한 발견을 설명하려 했다. Barsalou의 이러한 견해는 '구현 인지'라고들 하는 보다 큰 이론적 틀에 포함된다. 지각과 행동은 각각 인지의 입력과 출력을 담당하는 '주변 기기'일 뿐이라는 전통적 견해와는 달리, 구현 인지(embodied cognition)는 지

구현 인지
지각과 활동이 인지에 핵심적 역할을 수행한다고 보는 이론적 틀.

각과 행동이 '주인'이고 인지는 지각 및 행동을 돕는 '종'의 기능을 수행한다고 본다(Gibbs, 2006; Wilson, 2002). 사람들이 지각성 재연을 통해 옛 기억을 되살린다는 사실은 이 견해를 지지하는 증거로 이용된다. 그리고 언어 이해에 재연이 이용된다는 사실은 이 견해를 지지하는 또 다른 증거로 작용한다.

재연을 통한 이해

Stanfield와 Zwaan(2001)의 연구결과는 말로 묘사된 사건을 이해하는 데 재연이 도움이 된다는 가설을 지지한다. 예를 들어, '서랍에다 연필을 넣어 놓았다'라는 글을 읽은 독자의 머릿속에는 누워있는 연필의 이미지가 생성될 것이고 '컵에다 연필을 넣어 놓았다'라는 글을 읽은 독자의 머릿속에는 서 있는 연필의 이미지가 생성되어야 한다. Stanfield와 Zwaan은 언어적 묘사에 대한 시각적 재연에 물체의 정위(orientation)가 포함될 것이라는 이 가설을 검증하였다. 이들은 실험 참여자들에게 사진을 보여주며, 그 사진에 담긴 물체가 방금 읽은 문장 속에 언급된 물체인지를 최대한 신속하게 판단해보라고 지시했다. 상자 10.1 속에는 문장 세 개와 못을 담은 사진이 들어있다. 이 사진 속의 물체, 즉 못이 각각의 문장 속에 언급되었는지를 판단해보면, 이 과제에 숨은 생각을 대충이나마 포착할 수 있을 것이다. 그러나 이 예시와 실제 실험과는 다르다는 사실도 기억해야 한다. 실제 실험에서는 참여자가 문장을 읽고 난 후에 사진을 보여주었다.

시각적 재연 가설이 옳다면, 이 과제 수행에 소요되는 시간(사진 속 물체가 문장 속에 언급되었는지를 판단하는 데 소요되는 시간)이 사진 속 물체의 정위와 글 속에 언급된 물체의 적절한 정위가 일치하는 정도에 따라 달라져야 한다. 실험결과는 이 가설을 지지하는 것으로 드러났다. 상자 10.1에서처럼 사진 속 못이 누워 있을 때는 '아저씨는 마룻바닥에다 못을 박았다'라는 문장보다는 '아저씨는 거실 벽에다 못을 박았다'는 문장에 대한 반응시간이 더 짧았다. 그러나 사진 속 못이 수직으로 서 있을 때는 그 반대로 '아저씨는 거실 벽에다 못을 박았다'라는 문장보다는 '아저씨는 마룻바닥에다 못을 박았다'는 문장에 대한 반응시간이 더 짧았다.

시각적 재연이 언어 이해를 돕는다는 주장은 특히 재연의 중요성을 지지하는 강력한 주장이라고 할 수 있다. 이 주장을 다르게 표현하면, 언어 이해의 기반과 시각적 사고의 기반이 동일하다가 되기 때문이다. 그러므로 시각적 재연이 언어 이해를 돕는다는 동일한 결론을 산출하는 실험법(이를 '실험 패러다임'이라고도 함)을 몇 가지 더 소개하기로 한다.

상자 10.1

대상 확정 과제

1. 아저씨는 마룻바닥에다 못을 박았다.
2. 아저씨는 붓으로 담장을 페인트칠했다.
3. 아저씨는 거실 벽에다 못을 박았다.

여러 가지 실험법 중 하나는 시각적 차단(visual occlusion)이라는 개념에 그 기반을 두고 있다. Horton과 Rapp(2003)은 만약 시각적 재연이 언어 이해를 돕는 것이 사실이라면, 시야에서 사라지는 대상에 대한 판단이 더 어려울 것이라는 가설을 설정했다. 다시 말해, 독자들이 글의 의미를 파악하기 위해 머릿속에다 시각적 이미지를 생성한다면, 사진 속 물체가 문장에 언급된 물체인지를 판단해야 하는 과제에서, 다른 물체에 가리어 보이지 않는 물체에 대한 반응시간이 길어져야 한다고 예측했다.

이들의 실험에 이용된 이야기 중 하나는 병원에서 수술을 받고 회복 중에 있는 환자에 관한 이야기였다. 이야기는 그 환자가 입원해 있는 병실을 상세하게 묘사하고 있었고, 이야기 속에는 입원실 입구에 서있는 화병에 관한 내용을 포함되어 있었다. 시각적 차단 조건의 이야기에서는 그 환자가 검사를 받을 때는 같은 병실 내 다른 환자들이 그의 모습을 볼 수 없게 간호사가 커튼을 친다는 내용이 들어있었다. 그리고 비-차단 조건의 이야기에는 그 환자의 혈압을 측정하기 위해 간호사가 침대에다 모니터를 부착한다는 내용이 들어있었다. 이 이야기를 시각적으로 재연했을 때, 차단 조건에서는 화병이 사라지고 비-차단 조건에는 계속 보여야 한다. 이야기가 끝난 후 참여자들에게 '그 환자의 입원실에 화병이 있었는가?'라는 질문을 던지고 그 질문에 답하는 데 걸리는 시간을 측정했다. Horton과 Rapp(2003)은 자신들이 설정한 가설과 일치하는 결과(즉, 차단 조건의 반응시간이 더 길었다)를 관찰했다.

사진 속 대상이 문장 속에도 언급됐었는지를 판단하게 하여 수집된 결과는 정적인 이미지가 생성된다는 증거는 될지 몰라도 행동의 재연을 통한 동적 이미지가 생성된다는 증거는 되지 않는다. 못 또는 화병이 언급됐었는지를 판단하는 데는 그 물체의 고정된 이미지만 있으면 충분하지 않을까? 못을 박는 행동과 커튼을 치는 행동이 그 과제 수행에 관여한 것은 아닐까? 보다 구체적으로, 못을 박는 행동과 커튼을 치는 행동을 재연한 것이 과제 수행을 돕거나 방해하지는(판단시간을 짧게/길게 만들지는) 않았을까?

사람들은 그런 행동을 머릿속에서 재연하기도 하는 것으로 밝혀졌다

(Glenberg & Kaschak, 2002). Glenberg와 Kaschak의 실험에서는 대학생들에게 '서랍을 열다' 또는 '공기를 끓이다'라는 구절이 말이 되는지를 재빨리 판단해 보라고 주문했다. 판단결과를 알리는 반응키를 누르기 위해서는 손을 앞으로 당기거나 밀어내야 했다. 참여자들의 반응속도는 반응에 필요한 행동과 구절에 함축된 행동이 일치하는 조건에서 더 빨랐다. 예를 들어, '서랍을 열다'라는 구절을 판단할 때는, 정반응(yes) 키가 멀리 있어 반응을 하기 위해 손을 밀어내야 하는 조건보다 정반응 키가 몸 가까이 있어 손을 앞으로 당겨서 반응해야 하는 조건의 반응시간이 더 짧았다. 그러나 '서랍을 닫다'라는 구절을 판단할 때는, 정반응 키가 가까이 있어 손을 당겨 반응해야 하는 조건보다 정반응 키가 멀리 있어 손을 밀어내어 반응해야 하는 조건의 반응시간이 더 짧았다. 서랍을 열 때는 손을 앞으로 당기고 서랍을 닫을 때는 손을 밀어내야 한다. 따라서 Glenberg와 Kaschak의 연구결과는 자극 구절에 대한 판단을 할 때, 그 구절이 묘사하는 행동이 마음속에서 재연되었고, 그 결과 재연된 행동과 일치하는 행동을 실행하기가 용이해졌기 때문에 반응행동이 재연행동과 일치하는 조건의 반응시간이 짧아졌다는 주장과 일치한다.

재연 행동으로서의 제스처(몸놀림)

'못을 박다', '커튼을 닫다', '서랍을 열다'는 등의 구절이 뜻하는 행동을 마음속에서 재연한다고 하더라도, 위의 실험에서처럼 요구하지 않는 한, 그런 행동을 실행에 옮길 필요는 없다. 말을 이해하려 할 때 마음속에서 벌어지는 행동의 재연이 실제로 이행되어야만 말을 이해할 수 있는 것은 아니라는 뜻이다. 그런데도 사람들은 말을 할 때 제스처라는 행동을 하기도 한다. 말을 이해하려 할 때 행동을 마음속으로 재연해보는 작업의 한 가지 장점은 이 재연을 제스처의 기반으로 사용할 수 있다는 점이다. 다시 말해, 동일한 재연이 언어 이해는 물론, 언어 생성의 기반으로 작용할 수도 있다는 뜻이다. Hostetter와 Alibali(2008)는 바로 이 생각을 재연 행동으로서의 제스처(gesture-as-simulated action)라는 견해로 승격시켜 놓았다.

그림 10.10은 이 견해(framework)의 개략적 구도를 그려놓은 것이다. 구현 인지 이론의 주장처럼, 지각과 활동 간의 연계가 그림의 중앙에 자리 잡고 있다. 언어 이해에는 시각적 이미지를 기초로 하는 재연과 몸놀림 이미지를 기초로 하는 재연이 모두 관여한다. 몸놀림 이미지를 기반으로 벌어지는 재연은 대뇌의 전-운동 영역(premotor area)에서 벌어지며 운동 영역으로 번져나가 제스처로 표현될 수도 있다. 재연 행동으로서의 제스처라는 견해에 의하면, 제

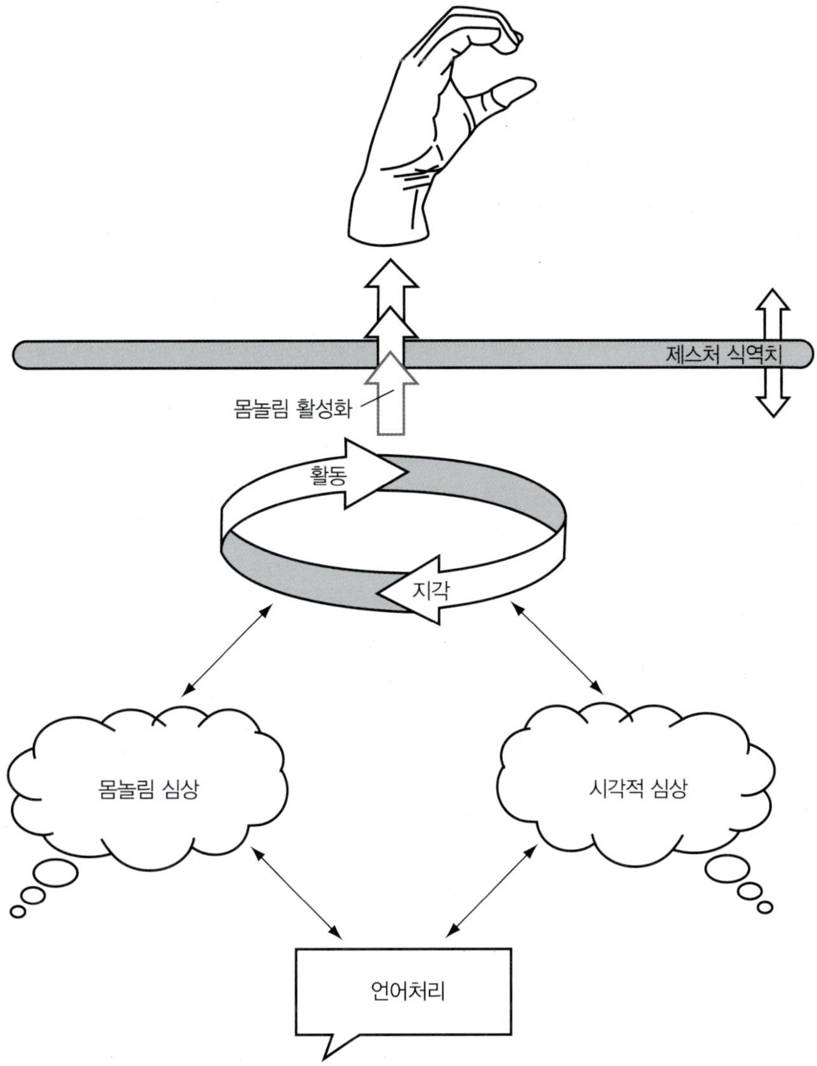

그림 10.10 재연 행동으로서의 제스처

출처: "Visible embodiment: Gestures as simulated action," by A. B. Hostetter & M. S. Alibali, 2008, *Psychonomic Bulletin & Review, 15*, 495-514.

스처의 출현 여부를 결정하는 요인에는 세 가지 있다. 첫 번째가 재연되는 활동의 강도이다. 어떤 재연에는 시각적 심상만 이용된다. '황혼'이라는 단어는 시각적 이미지는 자아내겠지만, 활동성 이미지까지 불러낼 가능성은 매우 낮다. 두 번째 요인은 제스처 식역치의 높이이다. 말을 할 때 제스처를 많이 쓰는(제스처 식역치가 낮은) 사람도 있고 제스처를 별로 사용하지 않는(제스처 식역치가 높은) 사람도 있다. 세 번째 요인은 말하기(speech)이다. 언어 이해 및 생성 모두가 재연을 기초로 이루어지지만, 제스처는 거의가 말을 할 때, 즉 언어 생성 시에만 나타난다.

그러나 화자가 말을 할 때 내놓은 제스처의 개수와 종류는 상황에 따라 달라진다(Bavelas, Gerwing, Sutton, & Prevost, 2008). 실험에 참여한 사람들은 상대방이 볼 수 없는 그림 두 개를 상대방에게 묘사해주어야 했다. 이 과제를 수행할 때 참여한 첫 번째 집단은 대면 대화를 이용했고 두 번째 집단은 전화를 이용했다. 그리고 세 번째 집단은 녹음기에다 그 그림을 묘사하게 했다. 그러고는 각 조건의 사람들이 생성한 제스처의 개수를 기록하였다. 조건별로 관찰된 제스처의 분당 평균 개수는 대면 조건이 21.8개, 전화통화 조건이 14.9개, 독백 조건이 4.3개인 것으로 집계되었다. 그리고 대면 조건의 화자들이 실제 크기의 제스처를 할 확률도 말 속에는 없는 정보를 제스처에 포함시킬 확률도 그리고 대화 중 자신의 제스처를 지칭할 확률도 더 큰 것으로 드러났다.

제스처를 이용하면, 말로는 표현하기 어려운 개념(예: 크기)을 보여줄 수가 있기 때문에 제스처는 강의에서 유용하게 사용될 수 있다. 제스처는 생각(추리)을 하는 데도 도움이 되는 것으로 밝혀졌다. 수학 문제의 해결책을 설명하려 할 때 작업기억에 가해지는 인지부하가 제스처 덕분에 줄어드는 것으로 밝혀졌다(Wagner, Nusbaum, & Goldin-Meadow, 2004). Wagner의 연구팀은 대학생들에게 백지에다 이차방정식을 풀게 한 후, 그 풀이를 말로 설명해보라고 주문했다. 그러고는 이 설명 과제의 기억부하를 측정하기 위해 설명을 시작하기 직전에 추가 정보(예: 무선순으로 나열된 한 세트의 문자)를 제시하고, 설명이 끝난 후 그 추가 정보에 대한 기억검사를 실시했다. 그 결과, 설명을 할 때 제스처를 많이 사용한 학생들의 기억검사 점수가 더 높은 것으로 밝혀졌다. 그리고 기억검사 점수는 제스처의 의미에 따라 달랐다. 제스처와 언어가 동일한 의미로 사용되었을 때의 기억검사 점수가 더 높았던 것이다. 이 결과는 제스처를 하면 해결책 설명 때문에 생기는 기억부하가 줄어들며, 특히 제스처와 언어적 표현이 동일한 의미를 전달할 때는 그 부하가 더욱 줄어든다고 시사한다.

그러면 제스처와 언어적 설명이 일치하지 않는 이유는 무엇일까? 사람들은 '말은 이렇게 하고 행동은 저렇게 하는 경우가 있다.' 이런 일은 짜증스러운 일일 수도 있다. 하지만 보이지 않는 것을 암시하는 중요한 단서가 될 수도 있다. 제스처와 말이 서로 다른 정보를 전달하는 일은 진단용 정보로 이용될 수도 있다는 뜻이다. 예를 들어, 말과 제스처 간 불일치는 사람들이 문제를 해결하기 위해 생각을 하면서 두 가지 해결책을 고려하고 있다는 신호일 수 있다는 뜻이다.

어린아이들에게 두 개의 유리컵에 든 물의 양이 동일한지를 판단하게 하는

Piaget의 과제를 생각해보자. 물기둥의 높이는 똑같지만, 유리컵의 둘레는 다르다. 많은 아이들은 물기둥의 높이가 같기 때문에 물의 양도 같다고 반응한다. 그런데 이런 반응을 할 때, 어떤 아이들은 물기둥 높이를 가리키는데 어떤 아이들은 유리컵을 잡아보려는 시늉을 한다. 이 두 번째 부류의 아이들이 하는 이 행동(제스처)은 유리컵의 둘레가 같지 않음을 인식하고 있다는 점을 밝히는(자신도 모르는 사이에) 신호일 수도 있다. 따라서 이 두 번째 부류의 아이들(유리컵 속의 물이 같지 않다는 사실을 말로는 표현하지 못했지만 알고는 있다고 제스처로 신호를 하는 이런 아이들)에게 질량보존의 법칙을 가르치는 일이 훨씬 쉬울 것이다. Goldin-Meadow와 Wagner(2005)의 지적처럼, 이런 아이들이야말로 질량보존의 법칙을 이해하는 데 필요한 올바른 지식을 갖추고 있는 그런 아이들일 것이다.

글 이해를 다루는 다음 장에서도 언어에 대한 연구는 계속될 것이다. 다만, 그 연구에 이용되는 분석의 단위가 커질 것이다. 즉, 문장 하나하나보다는 여러 개의 문장이 조합되었을 때 제공되는 정보에 관심이 집중될 것이다. 보다 구체적으로, 우리는 읽은 문장을 이해하는 능력, 그리고 읽은 내용을 기억하는 능력이 어떤 요인 때문에 달라지는지를 밝히는 일에 노력을 집중할 것이다.

10.5 요약

언어란 기호와 이들 기호를 조작하는 데 필요한 규칙의 집합체이다. 이들 규칙을 이용하면 우리는 무한정으로 다양한 문장을 만들 수 있다. 문장은 구, 단어, 형태소, 음소로 분해될 수 있다. 형태소란 의미의 가장 작은 단위이다. 어간(예: 한정), 접두사(예: 무), 접미사(예: 으로)가 이에 포함된다. 음소란 특정 언어를 구성하는 기본 소리를 일컫는다. 신생아는 많은 말소리를 변별할 수 있는 능력을 가지고 태어난다. 그러나 그 능력은 말소리를 모국어의 음소로 범주화하는 능력을 습득하면서 소멸된다. 실언(말실수)을 분석한 결과는 언어가 위계적으로 조직되어 있음을 알게 해주었다. 문장 속 언어의 단위들이 서로 바뀌는 치환오류 역시 동일 위계에서만 일어난다. 따라서 단어-단어 치환, 형태소-형태소 치환, 음소-음소 치환은 일어나지만 단어-형태소 치환이나 형태소-음소 치환 또는 단어-음소 치환은 일어나지 않는다.

언어에 관심을 가진 심리학자들을 매혹시킨 주요 문제 중 하나는 '사람들은 어떻게 문법적으로 정확한 문장을 말할 수 있게 되는 것일까?'라는 문제였다. '문장 속의 인접 단어들 간 관련성(association)을 학습함으로써 문법에 맞는 말을 하게 된다'는 것이 이 문제에 대한 초창기의 답(행동주의 심리학자들의 답)이었다. 이 견해에 따르면 문장 속 각 단어는 그 뒤에 오는 단어를 위한 자극으로 작용한다. 그러나 이 이론은 옳을 수가 없다. 이 이론이 옳다면, 사람들은 무한히 많은 연관성을 학습해야 하는데, 말 그대로 무한히 많은 것을 배운다는 것은 있을 수 없는 일이기 때문이다. 이 이론에 대한 대안으로 우리는 아이들이 배우는 것은 단어 간 관련성이 아니라 문법이라는 이론을 제안할 수 있다. 다시 말해, 정확한 문장을 생성할 수 있게 해주는 일군의 규칙(문법)을 배우고, 그 문법을 적용하기 때문에 정확한 문장을 만들어낼 수 있다는 주장이다. 이러한 생각을 정교화시키기 위해 Chomsky가 제안한 변형문법은 많은 연구를 촉발시켰다. 즉, 변형문법으로 언어 관련 현상을 얼마나 잘 설명할 수 있는지를 검증하기 위한 많은 연구가 수행되었다. 변형문법은 문장의 문법적 범주(예: 명사구 및 동사구)로 분석하는 데 필요한 구 구조 규칙과 특정 문장을 그와 관련된 다른 문장으로(예: 능동문을 피동문으로) 바꾸는 데 필요한 변형 규칙으로 구성되어 있다. 구체적인 단어(예: 회상)라든지 문장을 시작하는 단어의 속성(예: 생물/무생물)도 문장의 문법적 구조에 관한 단서로 작용한다.

아주 일반적인 수준에서 벌어지는 문장 이해 과정을 살펴보면, 문장 이해는 문장 속 특정 단어에 시선을 집중하여 그 단어를 재인하는 단계, 그 단어와 맥락에 의해 충분히 활성화된 개념적 의미를 인출하는 단계, 인출된 여러 의미 중 한 가지 의미와 맥락을 통합하는 단계, 이 통합이 성공적인지를 점검하는 단계, 그리고 통합이 실패했을 때 오류를 극복하는 단계로 구성된다는 걸 알 수 있다. 심리학자들은 두 가지 이상의 의미를 갖는 모호한 문장을 이용하여 의미파악 과정을 연구했고, 모호한 단어의 두 가지 의미가 모두 활성화되지만, 모호성을 해결해주는 맥락의 도움으로 두 가지 의미 중 적절한 의미가 재빨리 선택된다는 사실을 발견했다. 모호성 해결에서 발견되는 개인차는 맥락에 의해 부적절한 의미가 억제될 때까지 여러 의미를 작업기억에 유지하는 능력의 차이 때문인 것으로 드러났다.

구현 인지는 지각과 운동이 인지에서 수행하는 역할을 강조한다. 다양한 패러다임을 이용한 연구에서 언어 이해가 마음속 재연을 통해 이루어진다는 주장을 지지하는 증거를 제공하고 있다. '못을 박다', '커튼을 치다', '서랍을 열다'와 같은 구의 의미를 파악하기 위한 마음속 재연은 활동 재연을 필요로 하는 것으로 사료된다. 이해에 필요한 활동 재연이 겉으로 드러나야 할 필요는 없다. 그런데도 우리는 말을 할 때 제스처라고 하는 활동을 할 때가 많다. 이해를 하는 동안 활동 재연이 벌어질 때 생기는 이득 중 하나는 바로 이 재연이 제스처로 사용될 수도 있다는 점이다. 다시 말하면, 동일 재연이 언어를 이해하는 과정은 물론, 언어를 생성하는 과정에도 이용될 수 있다는 뜻이다. 제스처는 작업 기억에 가해지는 인지부하를 줄여주고 또 말로는 표현할 수 없는 정보(예: 또 다른 해결책에 대한 고려)를 반영하기도 한다.

복습문제

1. 형태소라는 용어를 확실히 이해하도록 하라. 여러 개의 어간을 생각해보고, 그 어간에 접미사나 접두사를 붙임으로써 그 의미를 바꾸어보면 도움이 될 것이다.
2. 문법이란 무엇인가? 어떤 의미에서 우리는 모두 국어 문법을 '안다'고 말하는가?
3. 구 구조문법과 변형문법이 적용되는 영역은 각각 어떻게 다른가?
4. 문장을 위계적 조직의 또 다른 예로 보는 이유는 무엇인가? 이렇게 보는 것이 도움이 된다고 생각하는가?
5. 언어 이해 과정을 연구하기 위해 여러 가지 실험 과제가 이용되고 있다. 이 과목을 수강하기 전에 이런 과제를 접한 적이 있는가?
6. 우리가 사용하는 많은 단어는 여러 개의 의미로 해석될 수 있다. 그런데도 우리는 모호성을 별로 느끼지 못한다. 그렇다면, 우리가 문장 속에서 만나는 단어의 모호성을 해결하는 방식이 왜 그처럼 중요한 문제로 인식되는가?
7. 맥락이 단어의 의미 해석을 쉽게 만든다는 것은 직관적으로도 이해할 수 있다. 의미 해석을 방해할 수도 있을까? 맥락의 부정적 영향에 대한 실험 연구는 어떻게 진행되는가?
8. 모호성 해결에서 발견되는 개인차의 원인은 무엇인가? 일상생활에서 모호성 때문에 오해를 일으킨 적은 없는가?
9. 구현 인지와 9장에서 논의된 지각성 기호 이론은 어떤 관계인 것 같은가?
10. 말로 표현된 생각/관념을 마음속에서 재연하기 어려운 상황/조건을 생각해보라. 어떤 조건/상황이 있을까?

핵심용어

구현 인지(embodied cognition)
구 구조문법(phrase structure grammar)
기호성(symbolic)
단어 치환(word exchange)
모호한 문장(ambiguous sentence)
문법(grammar)
변형문법(transformational grammar)
생성적(generative)
심층구조(deep structure)
어휘판단 과제(lexical decision task)
언어(language)
오류극복 전략(error recovery heuristic)
음소 치환(phoneme exchange)
작업기억 용량(working memory capacity)
치환 오류(exchange error)
표면구조(surface structure)
형태소(morpheme)
형태소 치환(morpheme exchange)
Wernicke 실어증(Wernicke's aphasia)
Broca 실어증(Broca's aphasia)

추천도서

Steven Pinker(1994)의 *The Language Instinct*는 언어의 여러 측면에 관한 읽기 쉬운 개론서이다. Chomsky의 이론적 공헌을 알기 쉽게 소개하고 있는 책은 Lyons(1970)의 저서이다. Lasnik(2002)은 변형-생성 문법에 대한 Chomsky의 보다 최근 공헌을 고찰하고 있지만 지나치게 기술적인 면이 있다. Keenan, MacWhinney, Mayhew(1977)는 강한 정서적인 내용이 담겨있는 진술일 경우에는 그 문장 속에 있는 단어가 정확하게 기억되기도 한다는 것을 발견하였다. 그러나 대개는 문장의 일반적 의미만이 회상된다(Sachs, 1967). 보다 최근에는, 부적절한 의미를 재빨리 억제할 수 있는 능력이 다양한 이해 과제에 중요한 기능으로 작용한다는 것이 Gernbacher와 Faust(1991)에 의해 발견되었다. Pickering과 Garrod(2007)는 언어를 이해하는 과정에서 앞으로 전개된 내용을 예상할 때, 사람들은 말을 생성해본다고 주장하지만 Elman(2009)은 스키마를 이용한다고 주장한다. 읽기에서 수행하는 주의의 역할을 강조한 평론도 있다(Reichle, Liversedge, Pollatsek, & Rayner, 2009). Clifton과 Duffy(2001)의 논문 그리고 Newport(2010)의 논문에는 언어 연구의 개관이 소개되어 있다. Gibbs(2006)의 책과 Reed(2010)의 책은 구현 인지를 논의하면서 구현 인지가 언어에 적용되는 내용을 소개하고 있다. Gleitman(2005)은 언어와 사고에 관한 연구를 논평하고 있다.

글 이해와 기억

11.1 독자의 선행 지식

이해에 미치는 효과 | 인출에 미치는 효과

재인 및 재생에 미치는 효과

11.2 글의 구조

이야기의 구조 | 인과관계 | 세부사항의 통합

11.3 Kintsch의 이해 모형

처리에 관한 전제 | 구축–통합 모형 | 선행 지식의 병합

11.4 응용

읽힘성에 대한 예측 | 독해 전략 및 평가

11.5 요약

—

복습문제

핵심용어

추천도서

읽기는 지식의 재료만 제공한다. 읽은 것을 지식으로 만드는 것은 독자의 생각이다.

_ John Locke(영국 철학자)

많은 인지 기능(cognitive skills) 중 가장 중요한 것 하나를 꼬집어내는 일은 결코 쉬운 일이 아닐 것이다. 그래도 꼭 선택을 해야 한다면 이해(comprehension)가 그 영예를 차지할 가능성이 크다(McNamara & Magliano, 2009). 학습의 대부분은 글을 이해하는 능력에 달려 있기 때문에 글 이해의 중요성은 클 수밖에 없다.

이해의 난이도를 검토하는 한 가지 방법은 읽기 속도를 측정하는 것이다. 독자는 읽은 글을 정확하게 이해하기 위해 읽기 속도를 조절하기도 한다. 글의 내용에 따라 속도가 달라지는 현상부터 고려해보자. Gernsbacher (1997)가 제안한 **구조구축 모형**(Structure Building Framework)에 의하면, 글 이해는 세 가지 과정, 즉 기초 마련, 정보 조직, 새로운 구조를 구축하기 위한 전환 과정으로 구성된다. 각 문단의 첫 문장을 읽을 때는 읽기 속도가 느려진다. 그다음에 소개될 정보를 조직하기 위한 기초 마련 작업 때문에 생기는 현상으로 간주된다. 뒤따르는 정보가 이 기초와 부합되는 한 읽기는 매끄럽게 진행된다. 그러나 주제나 관점 또는 위치가 바뀌면 독자는 당면 구조와는 다른 구조를 구축해야 한다. 새로운 구조를 구축하기 위한 이 노력 역시 이해에 필요한 시간을 늘려 놓는다.

읽기 속도에 영향을 미치는 또 다른 요인은 재료의 친숙성이다. 재료의 친숙성은 독자의 배경 지식에 따라 달라진다(van den Broek, 2010). 읽어야 할 것이 많은 학생들은 거의 모두, '모든 단어를 읽으려고 하지 마라, 대충 훑어보라, 빨리빨리 읽어 나가라, 중요하지 않은 단어는 무시하라, 핵심 개념에만 집중하라'는 등의 충고를 들어본 적이 있을 것이다. 그러나 속독을 통해 더 많은 정보를 답사할 수는 있지만, 답사한 만큼 이해할 가능성은 희박하다. 속독 강좌에서 가르치는 속독 전략도 배경 지식이 풍부한 주제의 글을 읽을 때는 효과적일 수 있다. 하지만 새로운 정보를 학습하기 위해 교과서를 읽을 때는 도움이 되지 않는다(Murray, 1997). 속독 강좌를 수강한 필자의 경우, 속독 강좌에서 연습용으로 사용된 이야기는 재빨리 읽은 후에도 그 속에 소개된 여러 생각을 어렵지 않게 재생할 수 있었다. 그러나 대학원 학습 재료에는 속독법을 적용할 수가 없었다. 친숙한 재료를 다룬 글은 빨리 읽을 수 있어도 기초 지식이 부족한 분야의 글을 읽을 때는 정독을 할 수밖에 없었다.

이상에서는 이해에 영향을 미치는 중요한 요소 두 가지, 즉 독자와 글을 예시하였다. 이 장의 세 절은 각각 독자, 글, 독자와 글과의 상호작용을 강조한다. 첫째 절에서는 독자의 지식이 글 이해 및 글 속 관념기억에 미치는 영향을 소개한다. 둘째 절에서는 생각이 글 속에 조직된 방식이 이해에 미치는 영향을 살펴볼 것이며, 셋째 절에서는 이해가 이루어지는 과정을 모사하는 구체적인 모형을 논의한다. 이 모형 덕분에 글의 읽힘성을 측정하고 향상시키는 능력이 향상되었다. 이에 대한 논의는 마지막 절에서 소개될 것이다.

11.1 독자의 선행 지식

이해에 미치는 효과

이해에 관한 연구의 핵심 과제는 새롭거나 추상적인 관념을 이해하는 작업에 지식이 어떻게 활용되는지를 밝히는 일이다(Cook & Gueraud, 2005). 글 속 관념을 이해하고 기억해내는 일에 선행 지식(prior knowledge)이 미치는 영향을 극적으로 입증한 연구는 Bransford와 Johnson(1973)의 연구였다. 이들은 참여자들에게 글을 한 단락 읽어주면서 그 의미를 파악하고 내용을 기억하라고 지시하였다. 읽어주는 글을 경청한 후, 참여자들은 그 단락에 대한 이해의 난이도를 평정했다. 그러고는 최대한 많은 관념을 기억해내려고 노력하였다. 다음 단락을 한 번만 읽고 가능한 한 많은 관념을 기억해내려고 노력해보라. 그러면 이 과제에 대한 감을 잡을 수 있을 것이다.

> 모든 것이 표적 층으로부터 너무 멀리 떨어져 있기 때문에 풍선이 터져버리면 소리가 거기까지 미치지 못하게 된다. 대부분의 건물에는 방음 장치가 잘 되어 있기 때문에 창문이 닫혀있어도 소리가 들리지 않게 된다. 모든 조작이 전류의 흐름에 달려있기 때문에 전깃줄이 끊어져도 문제가 발생한다. 물론, 이 친구가 큰 소리를 지를 수도 있지만 사람의 목소리가 들리기에는 거리가 너무 멀다. 악기의 줄이 끊어지는 것도 또 하나의 문제로 작용한다. 그렇게 되면 전갈을 전달할 수 없기 때문이다. 거리가 가까우면 상황은 확실하게 좋아진다. 그러면 잠재적인 문제가 적어지기 때문이다. 얼굴을 맞댈 수만 있다면 잘못될 가능성이 최소로 줄어든다. (p. 392)

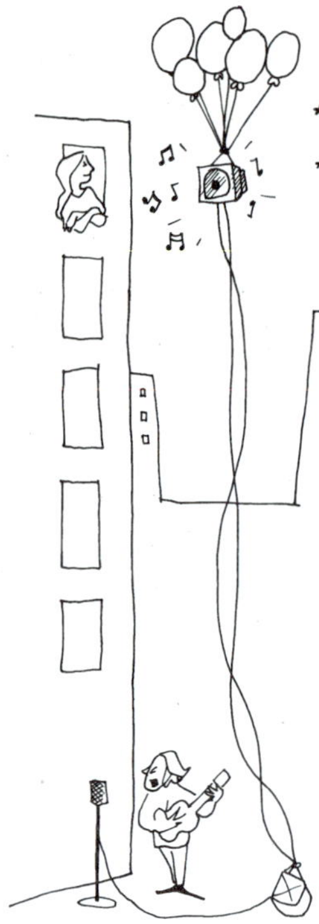

그림 11.1 풍선 단락에 대한 적절한 맥락

출처: "Considerations of some problems of comprehension," by J. D. Bransford & M. K. Johnson, 1973, in *Visual Information Processing*, W. G. Chase (Ed.). Copyright 1973 by Academic Press, Inc. Reprinted by permission.

Bransford와 Johnson(1973)은 이 단락을 만들 때 고의로 추상적이고 친숙하지 않은 진술문을 사용하였다. 이 문단 속의 관념들을 재생하기가 어려웠다면, 여러분도 이 실험에 참여했던 사람들과 비슷한 경험을 한 셈이다. 이 실험에 참여했던 사람들은 모두 14개의 관념 중 평균 3.6개밖에 재생하지 못했다. 그런데 그림 11.1과 같은 적절한 맥락을 보여주면 이들 관념의 추상성은 줄어든다. 이 그림을 본 후에는 더 많은 관념을 재생할 수 있는지 여러분 스스로 한 번 검토해보기 바란다.

Bransford와 Johnson(1973)은 **무-맥락** 집단과 다른 두 집단을 비교함으로써 맥락 효과를 검증하였다. **사전 맥락**(context before) 집단에게는 이 단락을 읽어주기 전에 그림을 보여주었다. 사전 맥락 집단이 재생한 관념의 평균 개수는 8.0개였다. **사후 맥락**(context after) 집단에게는 단락을 읽어주고 난 직후에 그림을 보여주었다. 이들이 재생한 관념은 평균 3.6개로, 무-맥락 집단의 수행 수준과 동일하였다. 맥락은 이해와 기억에 유용했다. 그러나 사전에 그 맥락에 관해 알고 있을 때만 유용했다.

우리는 이 결과에서 맥락이 글 속에 담긴 내용에 관한 힌트로만 작용하는 것이 아니라 다른 기능을 수행한다는 점을 배운다. 만약 그림이 인출 단서로 작용(기능)했다면, 단락을 읽은 후에 그림을 본 사람들도 그림을 보지 않은 사람들보다 더 많은 관념을 재생할 수 있어야 했다. 그런데 사전에 그림을 본 조건에서만 재생이 증가했다. 맥락이 인출 단서로 기능(작용)한 것이 아니라는 뜻이다. 그보다는 맥락이 이해를 향상시켰고, 이해의 향상이 재생을 증진시켰다고 보는 것이 옳다. 사후 맥락 집단과는 달리, 사전 맥락 집단은 단락을 이해하기가 쉬웠다고 평가하였다. 이해되지 않은 추상적인 관념은 재빨리 잊히기 때문에, 단락을 읽고 난 후에 제시된 맥락은 재생에 아무런 영향을 미치지 못한다는 뜻일 것이다.

이 단락은 맥락의 색다른 영향력을 예시하고 있다. 왜냐하면 우리는 이러한 특정 장면에 봉착되어 본 적이 없기 때문이다. 만약 9장에서 소개했던 스키마를 활성화시킬 수 있는 친숙한 일(사건)을 다룬 글을 읽는다면 어떤 일이 벌어질까? 친숙한 일에 관한 글을 읽을 때도 독자가 그 일(사건)을 재인(인식)할 수 있을 때만 이해가 용이해지는 것으로 드러났다. 다음 단락을 고려해보자.

> 사실 그 절차는 매우 간단하다. 먼저, 물건을 서로 다른 더미로 정돈한다. 정돈할 것이 많지 않으면 한 더미만으로 충분할 수도 있다. 설비가 없어서 다른 곳으로 가야 한다면, 그렇게 하는 것이 두 번째 단계이다. 그렇지 않으면 준비가 거의 다 된 셈이다. 도를 넘기지 않는 것이 중요하다. 한 번에 많은 것을 하기보다는 한 번에 좀 적다 싶을 정도로 적게 하는 편이 낫다는 말이다. 단기적인 안목으로 볼 때는 이렇게 하는 것이 별로 중요해 보이지 않는다. 하지만 이렇게 하지 않으면 일이 쉽게 꼬이는 수가 있다. 한 번의 실수로 꽤 값비싼 대가를 치러야 할지도 모른다. 처음에는 이 모든 절차가 꽤 복잡해 보인다. 그러나 이 일도 곧 일상생활의 또 다른 일부가 되고 만다. 이 일을 하지 않아도 되는 날이 금방 오지는 않을 것 같다. 그러나 이에 대하여는 아무도 장담할 수 없다. 이 절차가 끝나면 이들 물건은 다시 서로 다른 더미로 정돈된다. 그러고 나면 이것들을 적절한 장소에 집어넣을 수 있게 된다. 이것들이 다시 한 번 사용되고 나면 이 모든 절차는 다시 반복된다. 그러나 이것도 일상생활의 일부일 뿐이다.
>
> (Bransford & Johnson, 1979. p. 400)

이 단락은 실제로 매우 친숙한 절차를 묘사하고 있다. 그러나 관념들이 추상적으로 제시되어 그 절차를 알아차리기가 쉽지 않다. 이 단락을 읽는 사람들도 풍선에 관한 단락을 읽은 사람들 못지않게 관념 재생에 어려움을 겪었다. 최대 18개의 관념 중 2.8개밖에 재생하지 못했다. 또 다른 집단에게는 이 단락을 읽고 난 후에 이 글에 담긴 내용이 세탁의 절차라고 알려주었다. 그런데도 이 집단이 재생한 관념의 개수는 평균 2.7개에 지나지 않았다. 그러나 글을 읽기 전에 이 단락이 세탁에 관한 글이라는 사실을 전해들은 참여자들은 평균 5.8 개의 관념을 재생하였다. 이 결과는 풍선 단락에 대한 결과와 일치하는 결과로, 맥락을 인식하지 못하면 배경 지식도 쓸모가 없어진다고 지적한다. 세탁 절차에 대하여는 누구나 잘 알고 있다. 하지만 그것을 묘사한 단락이 너무 추상적이었다. 그래서 사람들은 그 절차를 인식하지 못했던 것이다. 그러므로 풍선 맥락에서 그랬듯이, 단락을 제시하기 전에 제공한 적절한 맥락이 이해와 재생 모두를 증진시켰다고 할 것이다.

인출에 미치는 효과

사후 맥락 집단이 무-맥락 집단보다 더 많은 관념을 재생해내지 못한 것은 맥락이 없으면 재료를 이해하기가 어렵다는 사실을 반영한다. 따라서 재료가 이해하기 쉬운 것이었다면 그 결과가 달라졌을지도 모른다. Bransford와 Johnson(1973)은 글을 이해한 사람들에게 그 글에 담긴 관념들을 새로운 관점에서 생각해보라고 권하면 예전의 관점에서는 재생하지 못했던 관념들을 재생할 수도 있다고 주장했다.

Bransford와 Johnson(1973)의 이 주장은 R. C. Anderson과 J. W. Pichert (1978)의 연구에 의해 입증되었다. Anderson과 Pichert의 연구에 참여한 사람들은 학교 수업을 빼먹은 두 소년에 관한 이야기를 읽었다. 이야기 속 두 소년은 그들 중 한 소년의 집으로 갔는데, 그 집은 매주 목요일마다 비어있었기 때문이다. 이 소년의 집은 도로변에서 떨어져있고, 넓고 아름다운 뜰을 가진 아주 좋은 집이었다. 그렇지만 오래된 집이어서 흠도 있었다. 예를 들어, 지붕에는 새는 곳이 있었고 지하실은 습했다. 이 집은 매우 부유하여 최고급 자전거니, 칼라 TV니, 희귀 동전 수집품이니 하는 값진 물건을 많이 가지고 있었다. 이 이야기를 구성하는 총 72개의 관념 각각에 대한 중요도가 두 가지 관점에서 평정되어 있었다. 한 번은 구매자의 관점에서 평정되었고, 또 한 번은 도둑의 관점에서 평정되었다. 예를 들어, 지붕이 새고 지하실이 습하다는 것은 구매자에게는 아주 중요한 반면, 값진 물건이나 매주 목요일에는 집이 비어있다는 사실은 도둑에게 중요한 관념이었다.

참여자들은 두 가지 중 한 가지 관점에서 이 이야기를 읽었고, 잠시 동안 휴식을 취한 후, 읽은 이야기를 최대한 정확하게 회상해 적어보라는 지시를 받았다. 또 다른 짧은 지체 후, 이들은 이 이야기에 담긴 관념들을 다시 한 번 재생해보라는 지시를 받았다. 이 두 번째 재생검사의 경우, 참여자들 중 절반에게는 읽을 때와 동일한 관점(perspective)에서, 그리고 나머지 절반에게는 새로운 관점에서 관념을 재생해보라고 지시하였다. 동일한 관점에서 재생하도록 주문받은 참여자들에게는 이 연구의 목적이 두 번째 기회를 주면 자기들이 잊어버렸다고 생각했던 것들을 재생할 수 있는지를 검토하기 위한 것이라고 말해주었다. 새로운 관점에서 재생하도록 주문받은 참여자들에게는 이 연구의 목적이 새로운 관점을 제공하면 자기들이 잊어버렸다고 생각했던 것들을 재생할 수 있는지를 검토하는 것이라고 말해주었다.

예측했던 대로, 첫 번째 재생 시도에서 기억해낸 정보의 종류는 관점에 따라 달랐다. 도둑의 관점에서 이야기를 읽은 집단은 도둑과 관련된 정보를 더 많이 재생해냈고, 구매자의 관점에서 읽은 집단은 구매자에게 중요한 정보를 더 많이 재생해냈다. 두 번째 시도한 재생검사 결과는 관점의 변화에 따라 추가 정보가 재생될 수 있다는 가설을 지지하였다. 관점을 바꾼 집단은 새로운 관점에 중요한 정보를 추가적으로 재생해냈다. 한 실험에서는 7%의 추가 정보를, 그리고 또 다른 실험에서는 10%의 추가 정보를 재생해냈다. 그러나 관점을 바꾸지 않은 집단은 첫 번째보다 두 번째 시도에서 약간 적은 양의 정보를 재생했다. 관점을 바꾼 집단이 추가 정보를 재생할 수 있었던 것은 가옥 구매자의 관심사와 도둑의 관심사에 대한 참여자들의 지식 덕분이었다. 그래서 관점을 도둑에서 구매자의 입장으로 바꾼 사람들은 지하실이 습하다는 사실을 기억해낼 수 있었던 것이다.

이 발견은 관점을 바꾼 것이 이해가 아닌 재생을 향상시켰다는 점에서, Bransford와 Johnson(1973)의 발견과 다르다. 이 이야기는 이해하기가 쉬웠기 때문에 이해는 문제가 되지 않았다. 문제는 관념을 재생하는 능력이었다. 관점 변화가 재생을 향상시킨 이유에 대해 Anderson과 Pichert는 세 가지의 가능성을 제안했다. 사람들이 실제로는 기억하지 못하면서도 새로운 관점과 일치하는 관념을 추측해냈을 수도 있다. 그러나 추측이 옳을 확률은 매우 낮다. 두 번째 가능성은 원래의 관점에서 중요하지 않다고 판단되는 정보를 재생하지 않았기 때문이라는 것이다. 그러나 가능한 한 모든 정보를 재생하라는 지시가 있었다. 세 번째 가능성이 재생 후에 있은 면담에서 참여자들이 보고한 것과 가장 크게 일치하기 때문에, Anderson과 Pichert는 이 세 번째 가능성을 선호했다. 많은 참여자들은 새로운 관점이 기억 검색에 필요한 새로운 계획을 제공했다고 보고하였다. 참여자들은 구매자나 도둑에게 무엇이 중요한지에 대한 지식을 이용했고, 그 결과 원래의 관점에서는 부각되지 않았던 새로운 정보를 인출할 수 있게 되었다는 뜻이다.

재인 및 재생에 미치는 효과

앞에서 살펴본 연구를 통해 우리는 선행 지식이 글을 이해하는 일과 글 속 정보를 인출하는 일에 영향을 미친다는 사실을 알았다. 글 속에 소개된 관념들을 사랑의 연가 또는 세탁작업과 관련지어 해석할 수 있었던 사람들은 글을 이해하는 일에도 또 글의 내용을 기억해내는 일에도 더 우수하였다. 또한 특정 관점에서 읽은 글을 생각하게 했을 때 사람들은 애당초 인출했던 것보다 더 많은 관념을 인출할 수 있었다.

배경 지식(background knowledge)은 보통 이해와 재생을 조장하지만 때로는 오류를 낳기도 한다. 주어진 주제에 대해 상당한 것을 이미 알고 있는 상태에서 그 주제에 관한 글을 읽게 되면, 이미 알고 있던 것과 새로 알게 된 것이 쉽게 구별되지 않을 때도 있다. 우리가 해야 할 일이 정보원(情報源)을 기억해야 하는 일이라면, 이 때문에 문제가 생길 수도 있다. 다음의 문단을 살펴보자.

> Martin은 자신의 정치적 야심을 채우기 위해 현 정부를 전복시키려고 노력했다. 많은 국민들이 그의 노력을 지지했다. 당시의 여러 가지 정치적 문제 때문에, Martin은 정부를 비교적 수월하게 인수할 수 있었다. 그러나 어떤 집단은 옛 정부에 충성을 계속했고, 이 때문에 Martin은 어려움을 겪고 있었다. 그는 이들 집단과 정면으로 대결하여 그들을 침묵시켰다. 그는 무자비해졌고 통제할 수 없는 독재자가 되었다. 그의 통치 결과, 그 나라는 끝내 망하고 말았다.
>
> (Sulin & Dooling, 1974, p. 256)

Martin은 가공된 인물이기 때문에 이 단락을 읽은 사람들은 이 단락과 자기가 알고 있는 유명 인사와 관련을 지을 수가 없다. 그러나 이 독재자의 이름을 바꾸면 이 단락은 쉽게 수정된다. Sulin과 Dooling(1974)의 실험에서 참여자의 절반은 이 단락을 읽었고 나머지 절반은 그 독재자의 이름을 Hitler로 바꾼 것 외에는 동일한 단락을 읽었다. 참여자들은 이 단락을 읽고 난 5분 후 또는 1주일 후에 재인기억 검사를 받았다. 이 검사에는 이 단락에서 선정한 문장 일곱 개와 이 단락에는 없었던 문장 일곱 개가 무선순으로 제시되었다. 참여자의 과제는 앞서 읽은 단락에 있었던 문장을 골라내는 것이었다.

새로 첨가된 문장 일곱 개 중 네 개는 전혀 관련이 없는 것들(중립적)이었고, 나머지 세 개는 Hitler라는 주제와 관련된 것들이었다. 그러나 그 관련 정도는 상이하였다. 관련 정도가 낮은 문장은 '그는 지적이긴 하나 인간미가 없는 사람이었다'였고, 관련 정도가 중간인 문장은 '그는 세계를 지배하려는 욕

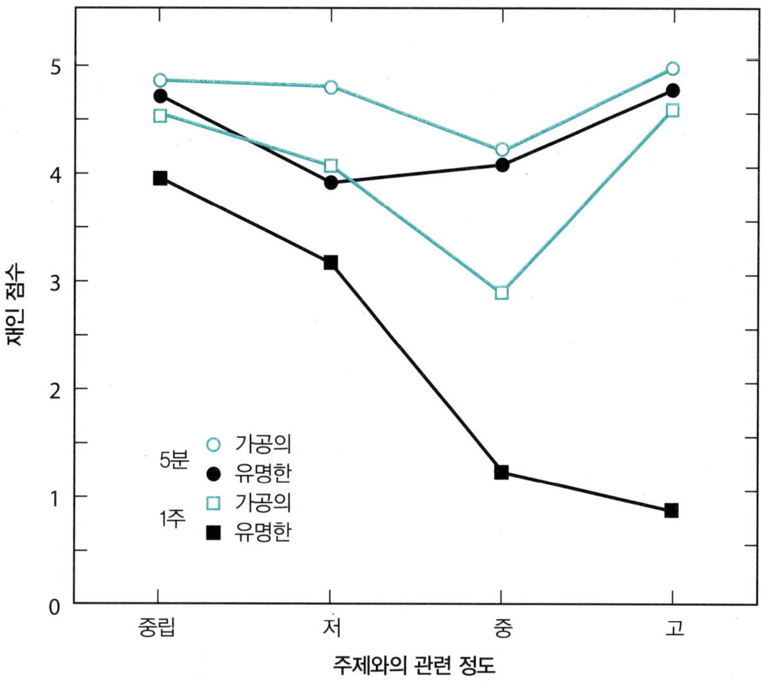

그림 11.2 새로운 정보의 재인 수준(높은 점수=높은 수행 수준)을 주요 등장인물, 파지 간격, 요지 관련성의 함수로 나타낸 그림
출처: "Intrusion of a thematic idea in retention of prose," by R. A. Sulin & D. J. Dooling, 1974, *Journal of Experimental Psychology, 103*, 255-262. Copyright 1974 by the American Psychological Association. Reprinted by permission. APA is not responsible for the accuracy of this translation.

망에 사로잡혀 있었다'였으며, 관련 정도가 높은 문장은 '그는 유대인을 특히 미워했고 그래서 유대인들을 박해했다'였다. 그림 11.2는 문장 재인 점수를 파지 기간별로 나누어 보여주고 있다. 파지 기간이 짧은 경우에는 재인 오류가 몇 개 되지 않았다. 이러한 결과는 단락이 유명 인사(Hitler)에 관한 것인지, 아니면 가공인물(Martin)에 관한 것인지에 따라서도 달라지지 않았다. 그러나 일주일 후의 검사 결과는 달랐다. Hitler 단락을 읽은 사람들은 그 단락에서 읽은 것과 자기들이 Hitler에 관해 이미 알고 있었던 것을 구별하는 데 어려움을 겪었다. 즉, 검사 문장이 Hitler에 관한 내용일 경우, 사람들은 그 문장을 자기들이 읽었던 단락 속에 있었던 문장으로 오인하곤 했다. 파지 기간이 길어짐에 따라 Martin(가공인물) 단락을 읽은 사람들의 재인 오류도 증가했지만 증가 정도는 Hitler 단락을 읽은 집단보다 낮았다.

결론적으로, 배경 지식이 글의 이해 및 재생에 영향을 미치는 방식은 다양하다. 배경 지식은 추상적인 관념을 덜 추상적으로 만들어 이해를 용이하게 할 수 있다. 또한 배경 지식은 읽은 글에서 강조되고 있는 것이 무엇인지를 알게 해주고, 글 속 생각을 재생하는 데 필요한 틀을 제공하기도 한다. 이러한 이득에는 대가도 있다. 이미 알고 있는 것과 새로 읽은 것을 통합하게 되면 지식의 근원을 찾아내기가 어려워질 수도 있다는 점이다. 대부분의 경우 얻는 이득에 비해 지불해야 할 대가가 비교적 적은 편이지만, 경우에 따라서는 심각한 결과를 초래할 수도 있다.

11.2 글의 구조

이 장을 시작할 때, 독자가 가진 배경 지식도 그리고 글 속의 관념이 조직된 방식도 글 이해에 영향을 미친다고 했었다. 글 이해에 관한 연구의 대부분은 이야기 글 이해를 다루었다. 이야기를 이해할 수 있기 위해서는 두 가지 수준에서 정보를 조직해야 한다(Graesser, Singer, & Trabasso, 1994). 먼저, 거시적 수준에서는 이야기 전체에 걸쳐 전개되는 주요 사건을 아우르는 **전역적 통일성**(global coherence)이 확립되어야 한다. 예를 들어, 독자는 주요 등장인물에게 벌어진 일(Albrecht & O'Brien, 1993)과 목표달성에 관련된 일들이 전개된 방식(Dopkins, Klin, & Myers, 1993)을 꿰고 있어야 한다. 그리고 미시적 수준에서는 이야기의 가장 최근 사건에 관한 **국지적 통일성**(local coherence)이 확립되어야 한다. 즉, 현재 읽고 있는 내용(관념)을 방금 읽었던 내용과 통합해야 한다. 이야기를 구성하는 관념들을 이 두 수준에서 통합할 수 있는 독자의 능력은 작가가 글을 얼마나 잘 조직해놓았느냐에 따라서도 달라진다.

전역적 통일성
글 전체를 통해 나타나는 주된 관념들이 일목요연하게 통합되는 정도.

국지적 통일성
글 속의 특정 맥락에 속하는 관념들 간의 관계가 일목요연한 정도.

먼저, 이야기를 구성하는 부분 부분과 이야기 속 주요 사건을 조직하는 데 작용하는 목표의 중요성부터 살펴보기로 한다. 먼저 전역적 통일성부터 살펴볼 것이다. 그런 다음, 목표를 중심으로 사건이 조직될 때 인과관계가 이용되는 방식이 고려될 것이다. 마지막으로, 독자가 이야기 속 자세한 내용을 하나로 통합할 때는 의미 연결망이 구축된다는 점을 알게 될 것이다. 의미 연결망 구축은 국지적 통일성을 확립하기 위한 작업이다. (의미 연결망에 관해서는 9장에서 논의된 바 있다.)

이야기의 구조

간단한 이야기 글에서 발견되는 한 가지 특징은 이야기 속 사건이 그 이야기의 구조에 맞추어 조직되어 있다는 사실이다. 일반적인 수준에서 보면 이야기는 장면, 주제, 구성, 종결로 전개된다(Thorndyke, 1977). **장면**(setting)은 이야기 속 사건이 벌어지는 시간, 장소, 주요 등장인물에 관한 내용으로 구성된다.

장면
이야기 속 사건이 전개되는 시간과 장소.

주제
이야기에서 등장인물들이 달성하고자 하는 주된 목표.

구성
목표달성과 관련된 사건이 이야기 속에서 전개되는 순서.

종결
구성에서 전개되는 사건들의 결말.

주제(theme)는 이야기의 일반적인 초점으로 대개 주인공이 달성하려는 목표에 해당된다. **구성**(plot)은 이 목적을 달성하기 위해 펼쳐지는 주인공의 활동들로 구성된다. 주요 목적이 성취되기 전에 성취되어야 할 하위 목적이나 중간 목표가 있을 수도 있다. **종결**(resolution), 즉 이야기의 최종 결과는 주인공이 목표를 성공적으로 달성했는지를 묘사하는 경우가 많다.

Thorndyke(1977)는 이야기의 구조가 이야기 글 이해에 미치는 영향력을 연구하기 위해 가상의 이야기를 만들어 이용했다. 그 이야기는 한 섬에 사는 농부들이 농사에 필요한 운하를 건설하려고 한다는 내용이었다. 맨 처음 소개된 장면은 10개의 진술문으로 묘사되었다. 이들 진술문은 장소와 주요 인물에 관한 정보를 제공하고 있었다. 주제와 목적은 그다음에 제시된 진술문 6개에서 설정되었다. 이들 진술문은 섬을 가로지르는 운하 건설이 목적이라고 소개하였다. 그다음 15개 진술문에서는 구성, 즉 등장인물들의 활동이 소개되었고, 마지막 세 개의 진술문에서는 종결(결말)이 묘사되었다.

이 이야기의 구조는 아주 분명했다. 이야기가 장면에서 주제로, 주제에서 구성으로, 구성에서 종결로 전개되었음이 명백했다는 뜻이다. 이야기의 구조가 이해에 미치는 효과를 평가하기 위해, Thorndyke는 이 이야기 구조를 바꾸어보았다. 수정판 1에서는 주제를 이야기 맨 끝에 두어, 구성과 종결을 읽을 때까지 목표를 알아차리지 못하게 해놓았다. 참여자들은 이야기를 한 번밖에 듣거나 읽지 못했기 때문에 끝에 가서야 목표를 알 수 있었다. 그러니까 수정판 1을 읽은 학생들은 글을 다 읽고 난 후에야 목표에 관한 정보를 이용하여 앞에서 읽었던 구성의 내용을 해석할 수 있었다. 수정판 2에서는 목표에 관한 진술을 완전히 삭제해보았다. 이들 두 가지 조작의 결과는 분명한 구조의 효과로 관찰되었다. 참여자들이 기억해낼 수 있었던 정보의 양은 목표에 관한 진술이 삭제되었을 때가 가장 적었고, 목표에 관한 진술문이 이야기의 맨 끝에 제시됐을 때는 그다음으로 적었다.

목표의 중요성은 각본(scripts)에 관한 연구에서도 밝혀졌다. 우리는 9장에서 조직화된 지식의 본보기로 통상적 행위에 관한 지식(각본)을 꼽았다. 관습적 활동에 관한 지식이 글 이해 및 기억에 미치는 영향을 검토한 초창기 연구 중 하나는 Bower, Black, Turner(1979)의 연구였다. 이들은 먼저 음식점에 가는 일, 수업에 참가하는 일, 아침에 기상하는 일, 식품점에 장보러 가는 일, 병원에 진료 받으러 가는 일 같은 상투적 일에서 벌어지는 활동에 관해 사람들의 의견이 일치하는 정도를 측정하였다. 이들 일 각각에 대해, 그 일이 진행되는 동안 전개되는 사건이나 행위를 20가지 정도 적어보라고 요구하였다. 표 11.1은 사건 또는 행위를 언급된 순서대로 나열한 것이다. 표 11.1에 나열된 모든

표 11.1 상이한 사건과 관련된 행위

음식점 가기	수업 참여	기상	식료품 구입	병원 가기
문을 연다	교실에 들어간다	**눈을 뜬다**	가게에 들어선다	**병원에 들어선다**
들어선다	**친구를 찾는다**	자명종을 끈다	카트를 챙긴다	접수한다
예약자의 이름을 댄다	자리를 찾는다	침대에 눕는다	목록을 꺼낸다	앉는다
자리 잡아 주길 기다린다	앉는다	기지개를 켠다	목록을 본다	기다린다
자리로 간다	소지품을 자리 잡아 둔다	일어선다	첫 번째 통로로 간다	다른 사람들을 본다
앉는다	공책을 꺼낸다	침대를 정돈한다	**통로를 왔다 갔다 한다**	잡지를 읽는다
마실 것을 주문한다	**딴 애들을 본다**	**화장실에 간다**	물건을 집어든다	**이름 부르는 소리를 듣는다**
냅킨을 무릎에 얹는다	**얘기한다**	볼일을 본다	값을 비교한다	간호사를 따라간다
차림표를 본다	교수를 바라본다	**샤워한다**	물건을 바구니에 넣는다	**검사실에 들어간다**
차림표에 대해 얘기한다	강의를 듣는다	**세수한다**	고기를 챙긴다	옷을 벗는다
주문한다	노트한다	면도한다	잊어버린 물건이 없나 본다	**검사대 위에 앉는다**
이야기를 나눈다	시간을 본다	옷을 입는다	다른 사람들과 얘기한다	간호사에게 얘기한다
물을 마신다	질문한다	부엌에 간다	계산대로 간다	간호사가 검사한다
샐러드와 수프를 먹는다	앉은 자세를 바꾼다	아침을 차린다	**제일 빠른 줄을 찾는다**	기다린다
음식이 나온다	공상에 잠긴다	아침을 먹는다	줄서서 기다린다	의사가 들어온다
음식을 먹는다	딴 학생들을 본다	양치질한다	**계산대 위에 식품을 놓는다**	의사가 인사한다
식사를 끝낸다	또 노트한다	신문을 본다	잡지를 읽는다	문제를 의사에게 얘기한다
후식을 주문한다	**공책을 덮는다**	**머리를 빗는다**	계산되는 것을 본다	의사가 질문한다
후식을 먹는다	**소지품을 챙긴다**	**책을 챙긴다**	돈을 지불한다	의사가 검사한다
계산서를 요구한다	일어선다	거울을 본다	**짐 나르는 소년을 본다**	옷을 입는다
계산서가 나온다	얘기한다	외투를 챙긴다	물건을 바구니에 싣고 나온다	약을 받는다
계산한다	떠난다	집을 나선다	차에 싣는다	다음 약속을 한다
팁을 남긴다			가게를 떠난다	병원을 떠난다
외투를 챙긴다				
떠난다				

출처: "Scripts in memory for text," by G. H. Bower, J. B. Black, & T. J. Turner, 1979, *Cognitive Psychology, 11*, 177-220. Copyright 1979 by Academic Press, Inc. Reprinted by permission of Elsevier Science.

주: 컬러 고딕체 항목은 거의 모든 참가자가 언급한 것이고, 진한 고딕체 항목은 이보다 소수의 참가자에 의해 언급된 것이며, 그 외 고딕체 항목은 가장 소수의 참가자에 의해 언급된 것이다.

사건은 적어도 25% 이상의 참여자들에 의해 언급된 것들이다. 이 목록을 자세히 보면, 관습적인 활동에서 일어나는 사건에 대한 의견의 일치도가 상당히 높다는 것을 알 수 있다.

특정 각본 속 전형적인 사건들은 이야기 이해에 필요한 기본적 토대를 제공한다. 하지만 이들 사건 자체는 우리가 이미 알고 있는 것이기 때문에 별 흥미로운 것이 못 된다. 우리의 흥미는 대개 각본과 관련되어 있으면서도 예측하지 못했던 사건에 의해 유발된다. 예를 들면, 중국어로 정리된 차림표(메뉴)를 읽기 위해 도움을 청하는 일이나 웨이터가 손님의 옷에 국물을 쏟는 일 등이 흥미를 유발한다. 이러한 사건은 주문이나 식사와 같은 각본의 주요 목적을 방해하기 때문에 Schank와 Abelson(1979)은 이들을 장애물(obstacles)이라 이름 붙였다.

장애물
주인공의 목표달성을 지연시키거나 방해하는 사건.

Bower 등(1979)은 표 11.1에 열거된 각본 속 관습적 사건보다 Schank와 Abelson(1979)이 말한 장애물이 더 잘 기억될 것이라 예측하였다. 독자의 관점에서 보면, 이런 것들만 이야기 '거리'가 되기 때문이다. 이들은 또한 각본의 목적과 무관한 사건에 관한 기억이 각본 속의 관습적 사건들에 관한 기억보다 저조할 것이라고 예측하였다. 차림표의 글자 색깔이나 웨이터의 머리 색깔은 각본의 목적과 무관한 사건에 속한다.

이 예측을 검증하기 위해 실시된 Bower 등(1979)의 연구에서는 각본을 기초로 꾸며진 이야기 6개(커피 만들기, 수업 참여, 아침 기상, 극장 가기, 병원 가기, 외식하기)를 참여자들에게 제시하고 읽으라고 하였다. 여섯 개의 이야기를 모두 읽고 난 후, 10분 동안은 교란 과제를 수행하게 했다. 교란 과제 수행이 끝난 후, 참여자들에게 읽었던 이야기를 재생하여 글로 적어보라고 했다. 결과는 예측한 대로였다. 즉, 참여자들은 장애물의 53%를, 각본 행위의 38%를, 무관한 정보의 32%를 재생하였다. 장애물의 방해는 주요 등장인물의 목표 달성 행위를 어렵게 하거나 지연시켰고, 이야기 속 이런 측면이 더 잘 기억되었던 것이다.

인과관계

이야기 속에 목표가 진술되어 있으면, 이야기 속 행위를 조직할 때 그 목표가 이용된다. 목표를 달성하고자 하는 등장인물의 노력 때문에 이야기 속 많은 내용이 인과관계로 연결된다. 독자는 이 인과관계를 이용하여 글 속에서 중요한 것과 중요하지 않은 것이 무엇인지를 판단한다(Trabasso & Sperry, 1985; Trabasson & van den Broek, 1985). 인과관계(causal relation)를 형식적으로 표현하

면 이렇게 된다: '사건 A가 일어나지 않는 한 사건 B도 일어나지 않는다면, 사건 A는 사건 B의 원인으로 간주된다.' 바꾸어 말해, 목표를 달성하기 위해 반드시 필요한 일이나 사건을 예방해 버리면, 원하는 목표를 달성할 수 없게 된다. 집 안으로 들어가는 것을 목표라고 해보자. 문을 열지 않고는 집 안으로 들어 갈 수 없고, 문은 자물쇠를 따지 않으면 열 수 없으며, 열쇠를 손에 들지 않고는 자물쇠를 딸 수가 없다. 그러므로 이 세 가지 행위는 모두 집 안 으로 들어가는 목적과 인과(필수적)관계를 맺고 있는 것이다.

인과관계와 연상(association) 관계의 차이는 간단하다. 인과관계에서는 두 사건 중 원인 사건이 반드시 결과 사건보다 앞서 전개되어야 하는데 반해, 연상관계에 있는 두 사건은 그런 조건을 충족시킬 필요가 없다. 실험에 참여한 사람들에게 단어를 쌍으로 제시하고 그 두 단어 간 관계가 인과관계인지를 최대한 빨리 판단해보라고 하면, 결과가 앞에 제시되었을 때(증상-질환)보다 원인이 앞에 제시되었을 때(질환-증상)에 그 판단에 소요되는 시간이 짧다. 그러나 그 두 단어가 연상 관계인지를 판단하는 데 걸리는 시간은 두 단어의 위치에 영향을 받지 않는다(Fenker, Waldman, & Holyoak, 2005).

때로는 결과(효과)가 나타나는 데 일련의 인과관계가 요구되기도 한다. 집 안에 들어가는 것이 목표인 경우를 생각해보자. 문을 열지 않고는 집 안에 들어갈 수가 없고, 자물쇠를 따지 않고는 문을 열 수 없으며, 열쇠를 사용하지 않고는 자물쇠를 딸 수가 없다. 그러므로 집 안에 들어가는 목적을 달성하기 위해서는 이들 세 가지 행위(열쇠를 꺼내고, 자물쇠를 따고, 문을 연다)가 인과관계로 연결되어야만 한다.

이야기 속 진술의 중요성 판단에 관여하는 주요 변인 중 하나는 그 진술과 연결된 인과관계의 개수이다. 예를 들어, 앞의 보기에서 집 안에 들어가는 일에는 인과성 연결이 세 개(열쇠를 꺼내고, 자물쇠를 따고, 문을 연다)인데, 자물쇠를 따는 행위에 연결된 인과관계는 하나(열쇠를 꺼내는 것)뿐이다. Trabasso와 Sperry(1985)는 실험에 참여한 사람들에게 이야기를 읽게 한 후, 그 속에 소개된 행위의 중요성을 평정해보라고 주문했다. 그 결과, 행위의 중요성에 대한 평정치가 그 행위와 연결된 인과관계의 개수에 따라 달라진다는 사실을 발견했다. 인과관계의 개수는 사람들이 기억하게 될 내용이 무엇인지를 결정하는 데 그리고 이야기의 요약에 포함될 내용이 무엇인지를 결정하는 데도 중요하게 작용하는 것으로 밝혀졌다(Trabasso & van den Broek, 1985).

또한 인과관계는 정보를 인출하는 속도에도 중요하게 작용한다. Trabasso와 Wiley(2005)는 글 이해 모형을 구축하여 다른 연구(예: McKoon & Ratcliff, 1992)의 결과를 재연해(simulate) 보았다. 이들이 수행한 연구 중 하나에서는 대통령을 소총으로 암살하려는 저격수의 이야기를 실험재료로 사용했다. 이 이야기 속 저격수의 궁극적인 목적은 '죽인다'는 단어로 묘사되었고, '소총'이란 단어는 하위목적을 묘사하는 데 사용되었다. 그러나 인과관계로 연결된 진술(내용)의 개수는 '죽인다'보다 '소총'이 더 많았다. 따라서 이 모형은 이야기를 읽은 독자들에게 자극으로 제시되는 단어가 이야기 속에 있었던 단어인지를 신속하고 정확하게 판단해보라고 하면, '죽인다'보다는 '소총'이라는 단어에 대한 판단속도(확정시간)가 더 빨라야 한다고 예측한다. 연구 결과, 이 예측은 사실로 드러났고, 인과관계의 개수는 이 이야기뿐 아니라 다른 이야기 속 정보 인출 시간까지도 성공적으로 예측하는 것으로 밝혀졌다.

Trabasso와 Wiley(2005)의 이러한 발견은 이야기에다 인과관계를 추가하면 목표 진술에 대한 진위 판단 시간이 짧아진다는 이전 연구의 결과와도 일치한다. 그러나 9장에서 활성화 확산 모형으로 부채 효과를 설명할 때는, 연결망 속 특정 노드에 연결된 고리(link)의 개수(그 노드와 연결된 정보)가 많아지면 그 정보를 인출하는 속도가 느려진다고 했었다(Reder & Anderson, 1980). 따라서 정보가 추가됨으로써 연결 고리의 개수가 많아지는데도 글 속 정보에 관한 판단이 빨라지는 이유는 그 연결 고리가 인과관계를 반영하기 때문이라는 말밖에 할 수 없다(Myers, O'Brien, Balota, & Toyofuku, 1984). 정보처리에 간여하는 인과관계의 괴력이 다시 한 번 확인된 셈이다.

Myers 등(1984)의 실험에서도 Reder와 Anderson(1980)의 일반적 실험 절차가 이용되었다. 그러나 통합 정도가 높은 조건에 이용된 사실은 인과관계로 연결된 사실들이었다. 이들 사실은 4쌍의 이야기로 제시되었는데, 각 쌍의 이야기는 '야구 경기 관람', '음식점 가기', '술집 가기', '경마장 가기'라는 주제로 구성되어 있었다. 각각의 이야기는 표 11.2에 소개된 야구 경기 이야기처럼 세 가지로 변형되었다. Fan 3 조건은 세 가지 사실로 구성되고 Fan 6 조건은 여섯 가지 사실로 구성되었다. 하지만 이들 각 조건의 검사 문장('*' 표로 표시됨)은 동일하였다. Fan 6 조건 두 개 중 통합 정도가 높은 조건에서는 검사 문장 앞에 그 문장의 진술과 인과관계로 연결된 진술문이 제시되었다. 예를 들어, 매표구 앞에 많은 사람이 있는 것을 보았기 때문에 은행원은 줄을 서서 기다려야 했다. 그리고 자기편이 점수를 냈기 때문에 함성을 질렀다. Fan 6 조건 중 통합 정도가 낮은 조건에서는 검사 문장과 그 앞에 추가된 문장 간에 인과관계가 존재하지 않았다.

Myers 등(1984)의 연구 결과, 검사 문장에 대한 진위 판단 속도는 학생들이 3개의 문장(Fan 3)을 학습했을 때보다 통합 정도가 높은 6개의 문장(Fan 6)을 학습했을 때에 더 빠른 것으로 밝혀졌다. 인과관계를 가진 문장을 첨가한 것

표 11.2 통합 연구에 이용되었던 글 표본

그 은행가는	그 배우는
Fan 3	
야구장에 도착했다.	야구 경기에 갔다.
줄을 서서 기다렸다.*	경기가 시작하는 걸 봤다.*
큰 소리로 응원했다.*	일찍 집에 갔다.*
Fan 6 : 통합 정도 : 고	
그 은행가는	**그 배우는**
야구 시합을 보기로 작정했다.	한화 이글스 경기의 표를 가졌다.
야구장에 도착했다.	야구 경기에 갔다.
표를 사는 군중을 발견했다.	주심이 경기 시작을 알리자 자리에 앉았다.
줄을 서서 기다렸다.*	경기가 시작하는 걸 보았다.*
입장하면서 자기 팀의 점수를 봤다.	경기 초반부터 지루함을 느꼈다.
큰 소리로 응원했다.*	일찍 집에 갔다.*
Fan 6 : 통합 정도 : 저	
그 은행가는	**그 배우는**
야구 시합을 보기로 작정했다.	한화 이글스 경기의 표를 가졌다.
야구장에 도착했다.	야구 경기에 갔다.
기념 페넌트를 하나 샀다.	자판기에서 맥주 한 캔을 샀다.
줄을 서서 기다렸다.*	경기가 시작하는 걸 보았다.*
1루 가까이에 자리를 잡았다.	자신의 스케줄을 살펴보았다.
큰 소리로 응원했다.*	일찍 집에 갔다.*

출처: "Memory search without interference: The role of integration," by J. L. Myers, E. J. O'Brien, D. A. Balota, & M. L. Toyofuku, 1984, *Cognitive Psychology, 16*, 217–242. Copyright 1984 by Academic Press, Inc. Reprinted by permission of Elsevier Science.
주: Fan 3의 보기는 3가지 사실을, Fan 6 보기는 6가지 사실을 담고 있다. 별표(*)가 붙어있는 문장이 검사 문장이다.

이 기억에서의 정보인출을 촉진시켰던 것이다. 그러나 통합 정도가 낮은 Fan 6 조건에서는 부채 효과(fan effect)가 발견되었다. 다시 말해, 통합 정도가 낮은 조건에서는 세 가지 사실을 학습했을 때보다 여섯 가지의 사실을 학습했을 때에 오히려 반응 속도가 느렸다.

글 속의 목표와 인과관계가 얼마나 중요한지를 보여주는 이들 실험을 통해 글의 전역적 통일성이 목표와 인과관계에 의해 높아진다는 점이 사실로 드러났다. 그러나 독자는 세밀한 것도 이해해야 하며, 읽고 있는 문장 속 관념과 앞서 읽은 문장 속 관념을 통합도 해야 한다. 즉, 국지적 통일성도 구축해야 한다. 따라서 글 이해에 관한 모형을 고려하기에 앞서, 글 속 관념을 조직하는 작업이 그들 관념을 통합하는 일에 어떤 영향을 미치는지부터 따져보아야 한다. 일반적으로 관념 통합의 용이성은 아래 세 가지 질문의 답에 따라 결정된다.

1. 현재 읽고 있는 문장 속 관념을 이미 읽은 문장 속 관념과 관련시킬 수 있는가?
2. 현재 읽고 있는 문장 속 관념과 연관된 관념들이 아직도 작업기억에 존재하는가?
3. 관념들 사이의 관계를 수립하기 위해 추리를 해야만 하는가?

세부사항의 통합

지금 읽고 있는 문장 속의 관념이 앞서 읽은 문장 속 관념과 관련이 없으면, 이들 문장의 세부사항을 통합하기가 어렵게 된다. 즉, 국지적 통일성을 확립하기가 어려워진다. 따라서 이해의 난이도를 결정하는 중요한 요인 중 하나는 관념이 반복된 정도, 즉 어떤 문장 속 관념이 앞서 제시되었던 관념이냐 아니면 처음 제시되는 관념이냐 하는 점이다. 표 11.3에 제시된 두 가지 예문을 보면, 새 관념을 옛 관념에 통합시키기가 쉽다는 것을 알 수 있다(Kieras, 1978). 표 11.3에 제시된 두 가지의 예문을 구성하는 문장 7개는 동일하다. 다만 이들 문장이 제시된 순서만 다를 뿐이다. 각 문장 앞에 붙은 '신' 또는 '구'는 그 문장 속 관념이 처음 제시되는(신) 관념인지, 이미 제시되었던(구) 관념인지를 나타낸다. 특정 문장 속에 선행 문장에서 나타났던 명사가 하나만 들어있어도 그 문장은 구 문장으로 분류되었다. 예문 1에는 새로운 문장이 하나밖에 없다: 첫 문장 이외의 모든 문장은 앞에 나타났던 정보를 지칭하고 있다. 예문 2에는

표 11.3 제시 순서의 예. 각 문장의 상태를 '신' 또는 '구'로 나누어 놓았다.

예문 1	예문 2
신-개미가 젤리를 먹었다.	신-부엌은 너무 깨끗했다.
구-개미는 배가 고팠다.	신-식탁은 나무 식탁이었다.
구-개미는 부엌에 있었다.	신-개미는 배가 고팠다.
구-부엌은 너무 깨끗했다.	구-개미는 부엌에 있었다.
구-젤리는 포도 젤리였다.	신-젤리는 포도 젤리였다.
구-젤리는 식탁 위에 있었다.	구-젤리는 식탁 위에 있었다.
구-식탁은 나무 식탁이었다.	구-개미가 젤리를 먹었다.

출처: "Good and bad structure in simple paragraphs: Effects on apparent theme, reading time, and recall," by D. E. Kieras, 1978, *Journal of Verbal Learning and Verbal Behavior, 17*, 13–28.

선행 정보를 지칭하지 않는 새로운 문장이 넷이나 된다. 예문 2보다 예문 1 속의 관념을 통합하고 기억해내기가 더 쉬울 것이라는 것이 Kieras의 예측이었고, 실험결과는 이 예측과 일치했다.

이해의 난이도를 결정하는 두 번째 요인은 통합에 이용되는 정보의 가용성이다. 통합에 필요한 정보가 작업기억에 활성화 상태로 유지되고 있으면 이해는 쉬워진다. 예문 1을 구성하는 구-문장 6개 중 한 문장을 제외한 모든 문장은 바로 앞 문장에 있던 명사 하나를 반복하고 있다. 따라서 이들 문장의 경우 통합에 필요한 정보가 작업기억에 활성화 상태로 유지되고 있었다고 할 수 있다. 그러나 예외에 속하는 문장, '젤리는 포도 젤리였다'는 그보다 네 문장 앞에 있는 문장 속 명사(젤리)를 반복하고 있다. 이 경우에는 통합에 필요한 정보, 즉 옛 정보가 작업기억에 유지되어 있을 가능성이 낮고, 실제로 보관되어 있지 않다면 통합에 필요한 정보를 인출하기 위해 장기기억을 검색(search)해야 한다. 그런데 이 검색이 성공한다는 보장이 없기 때문에 이 문장을 선행 문장들과 통합하기는 어려울 수도 있다. 실제로, 통합에 필요한 선행 정보가 작업기억에 활성화 상태로 보관되어 있으면, 그 정보를 장기기억으로부터 인출해야 할 때보다 이해가 용이해지는 것으로 밝혀져 있다(Lesgold, Roth, & Curtis, 1979).

Lesgold 등(1979)에서 따온 다음 예문 1을 이해하기는 비교적 용이할 것이다. 독자가 두 번째 문장을 읽을 때 그 문장을 통합하는 데 필요한 구-정보가 독자의 작업기억에 활성화 상태로 보관되어 있을 것이기 때문이다.

1. 시커먼 연기가 숲을 뒤덮고 있었다. 숲이 불타고 있었다. (p. 294)

이제, 주제가 다른 두 개의 문장을 삽입하여, 독자가 불에 대한 것을 알게 될 때 숲을 덮고 있는 연기에 관한 정보가 작업기억에 남아있을 확률을 낮게 만들어보자.

2. 시커먼 연기가 숲을 뒤덮고 있었다. 한쪽을 힐끗 쳐다본 수호는 뒷좌석 위를 선회하고 있는 벌을 한 마리 발견했다. 애들 두 녀석은 뜀박질을 하고 있었지만 벌을 쫓아내려 하지는 않았다. 그 숲은 불타고 있었다. (p. 295)

첨가된 정보는 숲 속의 불과는 무관했다. 그러므로 마지막 문장을 이해하기가 예문 1에서보다 더 어려워져야 한다. 이제 애당초의 주제와 일치하는 두 개의 문장이 첨가된 예문 3을 고려해보자.

3. 시커먼 연기가 숲을 덮고 있었다. 연기는 두텁고 검었으며, 맑은 하늘을 뒤덮기 시작했다. 수호는 도로변에서 차량 운행 속도를 낮추라는 산림 감시원의 지시에 따라 차의 속도를 줄였다. 숲은 불타고 있었다. (p. 295)

첨가된 두 개의 문장은 처음의 주제와 관련된 이야기를 계속하고 있다. 따라서 이 두 문장은 검은 연기에 관한 정보가 활성화 상태로 작업기억에 유지되기 쉽도록 만든다. Lesgold 등(1979)은 마지막 문장에 대한 이해가 예문 2보다 예문 3에서 더 빨라야 한다고 예측하였다. 그리고 실험결과는 이 예측과 일치했다.

이해의 난이도를 결정하는 세 번째 요인은 관념 통합에 요구되는 추론이다. 글 속 관념을 통합하는 작업에 추론(inference)을 필요로 하는 글보다 필요로 하지 않는 글을 이해하기가 더 용이하다(Haviland & Clark, 1974). 각각 두 문장으로 구성된 다음 글 두 토막을 고려해보자.

추론
글 속 관념들 간 관계가 직접적으로 진술되지 않았을 때, 그 관계를 수립하는 인지과정.

1. 인수는 생일날 악어를 한 마리 받았다. 그 악어는 그가 가장 좋아하는 선물이었다.
2. 인수는 생일날 많은 것을 받았다. 그 악어는 그가 가장 좋아하는 선물이었다.

두 토막 모두 앞 문장이 뒤 문장의 맥락으로 작용한다. 첫 토막에서는 인수가 생일날 악어를 받았다는 사실이 명시된 상태이다. 따라서 그 사실을 추론할 필요가 없다. 하지만 두 번째 토막의 경우, 인수가 생일날 받은 것 중 하나가 악어였다는 사실이 추론을 통해서만 분명해진다.

Haviland와 Clark(1974)의 실험에 참여한 사람들은 순간 노출기를 통해 문장을 한 쌍씩 읽었다. 첫 번째 문장을 읽은 후 버튼을 누르면 두 번째 문장이 제시되었다. 참여자들은 두 번째 문장을 이해했다고 판단하면 또 하나의 버튼을 누르도록 되어 있었다. 때문에 두 번째 문장을 읽고 이해하는 데 소요되는 시간을 측정할 수 있었다. 여러분도 예측했겠지만, 두 번째 문장의 의미를 파악하는 데 걸리는 시간은 앞뒤 문장 간 관계를 추론해야 할 때(예: 위의 예문 2)보다 그런 추론을 할 필요가 없을 때(예: 위의 예문 1) 훨씬 짧았다.

결론적으로, 이들 연구에 따르면 이해에 영향을 미치는 요인은 많다. 이들 변인은 모두 독자가 이미 읽은 것과 지금 읽고 있는 것을 통합하기가 얼마나 쉬운지를 반영한다. 한 가지 변인은 새 정보와 옛 정보 간 연관성이다. 즉, 새로 습득한 정보를 앞서 습득한 정보와 관련지을 수 있으면 이해는 용이해진다. 글 속 정보는 각 문장이 새로운 정보만 제공하는 글보다 각 문장이 선행 정보와 관련된 정보를 제공하는 글일수록 더 많이 기억된다(Kieras, 1978). 두 번째 변인은 정보의 가용성이다. 앞서 읽은 관념이 작업기억에 활성화 상태로 보관되어 있는지 아니면 장기기억으로부터 인출되어야 하는지에 따라서도 이해의 난이도는 달라진다. 관련된 관념들이 작업기억에 활성화 상태로 저장되어 있는 경우에 이해가 더 쉬웠다(Glenberg et al., 1987; Lesgold, et al., 1979). 세 번째 요인은 추론이었다. 즉, 새로 습득한 정보와 선행 정보를 직접 관련지을 수 있는지 아니면 독자가 이들 간의 관계를 추론해야 하는지에 따라서도 이해의 난이도는 달라진다. 추론은 이해를 지연시키는 것으로 밝혀졌다(Haviland & Clark, 1974). 그러므로 글 이해에 관한 이론에는 이들 세 가지 변인 모두가 포함되어 있어야 한다.

11.3 Kintsch의 이해 모형

이 장의 첫 두 절에서는 이해에 중요하게 작용하는 요소 두 가지, 즉 독자의 선행 지식과 글 속 관념의 조직에 관한 선행 연구를 살펴보았다. 마지막 절에서는 글을 이해하는 과정의 모형을 개발하는 데 투자된 심리학자들의 노력을 소개하기로 한다. 글 이해는 글 속에 제시된 관념들을 통합함으로써 이루어진다. 그러므로 글 이해 과정의 모형을 개발하기 위해서는 우선 이러한 통합이 이루어지는 방식에 관한 전제를 명시해야 한다.

처리에 관한 전제

글 이해에 관한 가장 포괄적인 이론을 제안한 학자는 콜로라도 대학교의 Walter Kintsch(1979, 2005)이다. 30여 년에 걸친 연구를 기초로 개발한 이 모형은 상당히 복잡한 편이다. 여기서는 이 모형의 주요 전제만 간단히 요약하기로 한다. 물론 앞서 소개된 연구와 관련된 전제가 강조될 것이다.

이 모형의 기본 구성요소는 글과 독자이다. 이 두 요소는 글 이해 과정을 설명/이해하는 데 반드시 필요한 요소들이다. 독자의 지식과 독자가 글을 읽는 목적은 글 속에서 중요한 내용이 무엇인지를 결정하는 데 영향을 미치고, 독자의 기대를 설정하는 데도 영향을 미치며, 글 속에 명시되지 않은 사실을 추론하는 방식에도 영향을 미친다. 그리고 이 모형에서는 글이 명제로 표상된다고 가정한다. 글이 명제 단위로 분석된다는 뜻인데, 명제(propositions)는 의미

명제
두 개 이상의 개념(단어)으로 구성되는 의미 있는 관념(아이디어).

의 가장 작은 단위에 해당한다. 분석된 명제는 9장에서 논의된 의미 연결망과 비슷한 연결망, 즉 명제 연결망으로 정돈된다.

간단한 예(Kintsch, 1979)를 가지고 이 모형의 일반적 특징을 살펴보기로 하자. 다음 글을 살펴보자.

> Swazi 족은 가축 문제 때문에 이웃 종족과 전쟁 중이었다. 투사들 중에는 미혼 남성이 두 명 있었다. Kakra와 그의 동생 Gum이었다. Kakra는 전사하였다. (p. 6)

Kintsch의 모형은 글을 명제로 분석하는 규칙도 명시하고 있다. 하지만 앞서 언급했듯이 이 규칙은 우리의 관심사가 아니다. 때문에 이 규칙에 대한 자세한 소개는 하지 않을 것이다. 그 대신 기저 명제와 흡사한 말마디만 고려하기로 한다. 그림 11.3은 위 글의 첫 문장이 여러 개의 말마디로 나뉘는 방식과 이들 말마디로 구성된 연결망의 모양을 보여준다. '전쟁 중이었다'라는 말마디가 가장 중요한 명제에 해당하고, 다른 명제(말마디)들이 이 명제와 연결되어 있음을 알 수 있다. 이 모형에서 중요한 변수 하나는 활성 중인 상태로 작업기억에 유지될 수 있는 명제(말마디)의 개수이다. 작업기억의 용량은 제한되어 있기 때문에, 활성 중인 상태로 유지될 수 있는 명제의 개수는 많지 않다. 그림 11.3에서는 그 용량의 한계가 세 개의 명제라는 뜻으로, 세 개의 말마디를 네모로 둘러싸놓았다. 등장인물의 계획과 목적을 묘사하는 명제들이 이 네모 속에 포함될 가능성이 높다(Fletcher, 1986).

그림 11.4는 두 번째 문장 속 명제(말마디)와 첫 문장 속 명제들 중 작업기억에 활성 중인 상태로 유지되고 있는 명제들을 보여준다. 독자는 먼저 새로운

통일성 분석 : 주기 I

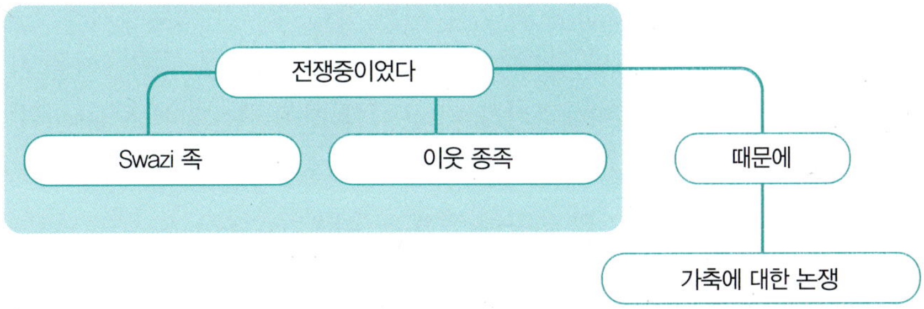

그림 11.3 Swazi 족에 관한 글의 첫 문장이 말마디(명제)로 분석된 모습

출처: "On modeling comprehension," by W. Kintsch, 1979, *Educational Psychologist, 14*, 3-14. Copyright 1979 by Lawrence Erlbaum Associates, Inc. Reprinted by permission.

통일성 분석 : 주기 II

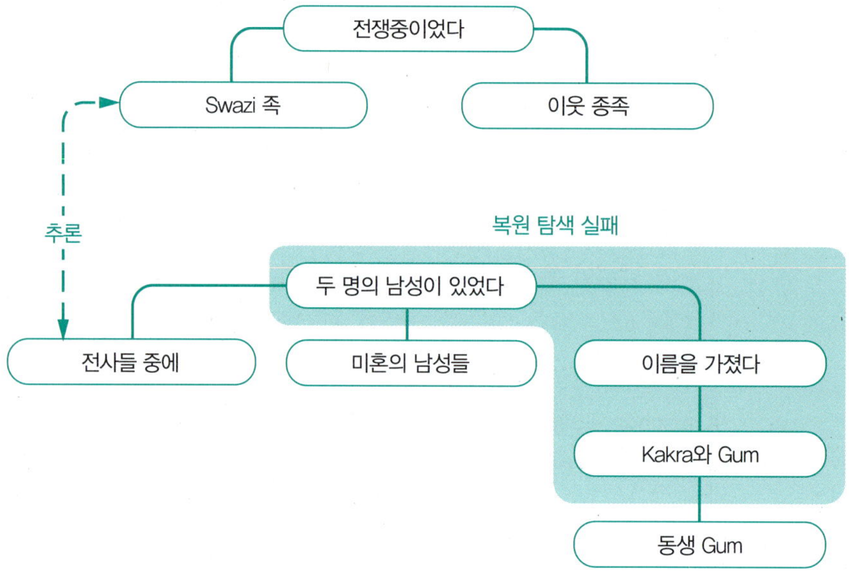

그림 11.4 Swazi 족에 관한 글의 두 번째 문장이 분석된 모습

출처: "On modeling comprehension," by W. Kintsch, 1979, *Educational Psychologist, 14*, 3-14. Copyright 1979 by Lawrence Erlbaum Associates, Inc. Reprinted by permission.

복원탐색
정보통합이 이루어지는 작업기억에다 되돌려 놓을 단어를 장기기억에서 탐색하는 일.

명제(두 번째 문장 속 말마디)들과 작업기억에 있는 묵은 명제들을 연결하려 한다. 그러나 두 번째 문장 속 말마디 중에는 어느 것도 작업기억에 있는 말마디와 일치하는 것이 없다. 따라서 독자는 새로운 명제(두 번째 문장 속 말마디)들을 장기기억 속 명제들과 관련지으려 한다(그래야 글의 의미를 파악할 수 있으니까). 이를 위해 독자는 장기기억을 탐색하는 작업을 벌여야 하는데, 이 탐색작업을 **복원탐색**(reinstatement search)이라 한다. Kintsch는 복원탐색도 이해의 난이도에 영향을 미치는 중요한 요인이라고 생각한다. 새로운 명제와 묵은 명제를 관련지으려 할 때, 묵은 명제가 작업기억에 활성 중인 상태이면 복원탐색을 하지 않아도 된다. 그러나 묵은 정보가 작업기억에 존재하지 않으면 복원탐색을 해야만 한다. 이 두 경우를 비교하면, 복원탐색을 하지 않아도 되는 경우에 글을 이해하기가 더 용이할 것이라는 것이 Kintsch의 생각이다. 사실 이러한 Kintsch의 생각(전제)과 일치하는 증거는 Lesgold 등(1979)의 연구와 Glenberg 등(1987)의 연구에 의해 보고된 바 있다.

위 예의 경우, 복원탐색 작업도 실패로 끝난다. 첫 문장과 두 번째 문장에는 공통되는 개념(말마디)이 없고 장기기억 속에는 이 이야기와 관련된 정보가 없기 때문이다. (이 문장이 이야기의 두 번째 문장임을 상기하자.) 따라서 이 모형에 따르면, 새로운 명제를 기존의 연결망에 연결시킬 수가 없다. 그러므로 독자는 머릿속에다 새로운 연결망을 구축해야만 한다. 그러고 나면 두 연결망을 관련짓기 위한 추론이 벌어질 수도 있다. 즉, '두 번째 문장에 언급된 전사들이 Swazi 족의 전사였다'라는 추론이 전개될 수도 있다는 뜻이다. 충분히 있을 수 있는 추론이다. 하지만 이 모형에는 명시되어 있지 않다. 그런 추론이 반드시 일어난다는 보장이 없기 때문이다. Kintsch는 복원탐색과 마찬가지로 이러한 추론도 글의 의미파악을 어렵게 만든다고 가정한다. Haviland와 Clark(1974)이 수집한 증거는 이 가정을 지지한다.

그림 11.4를 보면, 이 모형은 두 번째 문장에서도 세 개의 명제(말마디)가 선택되어 작업기억에 활성 중인 상태로 유지된다고 가정한다. 이번에 선택된 세 개의 명제에는 두 사람의 이름을 명시하고 있는 것도 있다. 독자가 세 번째 문장을 읽을 때 Kakra에 관한 정보가 독자의 작업기억에 활성 중이기 때문에, 'Kakra는 전사하였다'라는 세 번째 문장의 내용을 묵은 정보(말마디)와 관련짓는 일은 어렵지 않다. 다시 말해, 장기기억을 뒤지는 복원탐색도 또 지식을 활용하는 추론도 하지 않고 새로운 정보를 곧바로 기존의 연결망에 추가시킬 수 있다.

이상의 논의를 통해 여러분도 이 모형이 작동하는 방식에 관해 감을 잡았을 것이다. 이 모형의 주요 골자는 새로 읽어 들이는 정보를 이미 알고 있는 정보와 통합하기가 쉬우면 그 새로운 정보는 쉽게 이해된다는 것이다. 이해가 가장 쉬운 조건은 새로운 정보를 작업기억에 활성 중인 정보와 관련지을 수 있을 때 형성된다. 새 정보를 작업기억 속 묵은 정보와 관련지을 수 없으면, 새 정보와 연관시킬 수 있는 묵은 정보를 찾기 위해 장기기억을 뒤지는 복원탐색 작업을 벌인다. 복원탐색을 하고도 새 정보와 연관시킬 수 있는 묵은 정보가 발견되지 않으면, 새로운 연결망을 만들어야 한다. 즉, 통합되지 않은 정보에 대한 기억이 형성된다. 그 결과, 이 정보를 재생하는 일은 더욱 어려워진다. 새로운 문장을 선행 문장과 관련지을 수 없을 때는 새로운 문장 속 정보를 재생하기가 어려워진다는 증거는 Kieras(1978)에 의해 이미 확보되었다. 관념의 통합은 추론을 통해서 이루어지기도 한다. 그러나 그 추론 자체가 글 이해를 어렵게 만드는 요인으로 작용한다.

구축-통합 모형

Kintsch(1988, 1998)는 자신의 모형을 더욱 발전시켜, 이해가 구축 단계와 통합 단계라고 하는 두 개의 단계를 거쳐 이루어진다고 가정하는 구축-통합 모형(construction-integration Model)을 내놓았다. 구축-통합 모형의 구축 단계

(construction phase)에서는 크게 두 가지 일이 벌어진다. 먼저, 글 속 내용이 개념과 명제로 분석되고, 그다음에는 이 분석 작업에서 생성된 개념과 명제들이 독자의 장기기억 속에 있는 개념과 명제들 중에서 그들과 관련된 개념 및 명제를 활성화시키는 일이 벌어진다. 이 활성화 작업은 거의 자동적으로 전개된다. 구축 단계에서 벌어지는 명제 및 개념 구축 작업은 상향처리로 전개되기 때문에 이 단계에서 활성화되는 개념 및 명제는 엄청나게 많을 수 있다. 이렇게 활성화된 수많은 명제 및 개념 중에 몇 개만을 선별해내어 저자가 독자에게 전달하고 싶어 하는 의미를 만들어내야 하는데, 이 작업은 통합 단계(integration phase)에서 벌어진다. 통합 단계에서 벌어지는 작업은 하향처리로 전개된다. 즉, 장기기억 속에 활성화되어 있는 명제와 개념을 선별하는 작업이 글을 읽는 독자의 목적, 그전까지 읽은 내용, 저자에 관한 지식 등에 의해 통제된다는 뜻이다. 통합 단계에서 벌어지는 선별작업을 제한(제약)할 수 있는 맥락 정보가 많으면 통합 작업은 의외로 쉽게 끝날 수 있다. 이 모형의 주장처럼, 여러 개의 의미(개념 및 명제)가 구축되고 그중에서 맥락과 부합되는 하나의 의미(명제 및 개념)가 선별된다고 하는 이 가정은 앞 장에서 논의했던 연구(Budiu & Anderson, 2004; Swinney, 1979)와 일치하는 전제이다.

'복면을 쓰고 총을 든 남자 두 명이 제일은행에서 10억 원을 탈취한 후 도망쳤다'(Kintsch, 1998). 이 문장을 읽었을 때, 구축 단계에서 구축된 의미(개념 및 명제) 중에는 '2인조 강도'만 있는 것이 아니고 다른 많은 개념과 명제들이 포함되어 있을 수 있다. 예를 들어, '복면'은 '얼굴', '수건', '일지매', '검은색' 등 복면과 관련된 수많은 개념과 명제를 활성화시킬 것이고 '총'은 '군인', '사격', '올림픽', '금메달', '무기' 등 총과 관련된 많은 개념과 명제를 활성화시킬 것이다. 이러한 가정은 두 개의 의미를 가진 '은행'이라는 단어가 '은행나무'와 '돈'이라는 두 가지 개념 모두를 활성화시킨다고 밝힌 Swinney(1979)의 연구와 일치한다.

통합 단계에서는 이렇게 활성화된 개념과 명제 중에서 이 문장의 의미에 해당하는 것을 선별해낸다. 앞 문단의 보기에서 알았겠지만, 이렇게 활성화된 명제와 개념은 거의 모두가 맥락에 어울리지 않는 부적절한 의미로 분류된다. 예를 들어, 이 문장 속에는 얼굴, 수건, 일지매, 검은색, 군인, 사격, 올림픽, 금메달 등을 지칭하는 말마디가 어디에도 없다. 따라서 이들 개념은 즉각 비활성화 상태로 되돌아가고 만다. '은행'이라는 단어에 의해 활성화된 돈과 은행나무라는 개념 중에서도 은행나무는 맥락(문장의 의미)과 부합되지 않기 때문에 작업기억 속에서 사라지고 만다. Swinney(1979)의 연구를 기반으로 수행된 보다 최근의 연구에서는 두 가지 의미를 가진 모호한 단어가 동시에 활성화시킨 두 가지 의미 중 적절한 의미를 선택하는 데는 적어도 350ms 이상이 소요되는 것으로 밝혀졌다(Kintsch, 1998, p. 228). 문장의 요점이 강도 사건임을 알아차리는 데는 그보다 더 긴 시간(문장이 끝난 약 750ms 후)이 걸리는데, 그 이유는 문장의 요점은 문장을 구성하는 모든 단어의 의미를 파악한 후에야 결정되는 것이기 때문일 것이다.

구축-통합 모형에서는 이해를 즉각적으로 이루어지는 것이 아니라 시간을 두고 성취되는 것이라고 가정한다. 이 모형은 상향처리와 하향처리도 분명하게 구분시켜 놓고 있다. 구축 단계는 상향처리의 대표적 보기에 속한다(Kintsch, 2005). 글 속의 단어는 맥락을 개의치 않고 장기기억 속 정보 중 그와 관련된 모든 개념 및 명제를 거의 동시에 활성화시켜 놓는다. 그리고 이 모형의 통합 단계는 하향처리의 대표적인 보기로 꼽힌다. 활성화된 많은 의미 중에서 하나를 선택하는 작업이 독자가 글을 읽는 목적과 독자의 배경 지식과 글 전체의 맥락을 기초로 전개되기 때문이다(Kintsch & Mangalath, 2011; Long & Lea, 2005).

선행 지식의 병합

우리는 선행 지식(prior knowledge)이 글 이해에 미치는 영향을 살펴보는 일로 이 장을 시작하였다. 우리가 강도에 관한 문장을 이해할 수 있었던 것도 우리의 선행 지식 덕분이었다. 선행 지식의 영향력은 과학 교과서 같은 학구적인 글을 이해하려 할 때 더욱 부각된다. 이야기를 읽을 때와 과학 교과서를 읽을 때는 배경 지식의 활용 정도만 다른 것이 아니라 이해에 필요한 작업기억도 이해 전략도 다르다(van den Broek, 2010). 과학 교과서는 복잡한 관념을 짧은 글로 압축하고, 독자를 대하는 저자의 태도가 비인격적이고 권위적이며, 의미도 일상생활에서 쓰이는 의미와는 매우 다른 전문 용어가 많이 이용되기(Snow, 2010) 때문에 과학 교과서를 이해하는 데는 선행 지식의 역할이 더욱 커진다.

그럼 Kintsch의 구축-통합 모형에서는 선행 지식이 어떻게 활용되고 있을까? Kintsch는 1994년 미국심리학회 연차회의에서 우수 과학자상을 수상했다. 그때 발표한 수상 연설에서 그는 선행 지식의 역할을 강조했었다. Kintsch는 그 연설의 초점을 읽기를 통한 학습에 관여하는 선행 지식의 역할에 맞추었다(1994). 그러나 Kintsch의 모형에서 선행 지식이 활용되는 방식을 이해하기 위해서는 먼저, 이해의 결과에 대한 지식부터 갖추어야 한다.

일상생활에서 흔히 이용되는 '글의 의미를 파악했다'거나 '글을 이해했다'라는 표현은 구축–통합의 과정을 거쳐 이해 작업의 산물(결과물)이 생성되었음을 일컫는 말이다. 즉, 이런 말은 구축–통합 작업이 끝난 후 독자의 머릿속에 남아있는 것(기억흔적)을 가리키는데, 인지심리학자들은 글을 읽은 후 독자의 머릿속에 남아있는 기억흔적을 글의 의미 표상이라 한다. Kintsch의 모형에서는 특히 글의 의미 표상이 구축되는 이 단계(구축–통합 모형에서 통합 단계)에서 선행 지식의 역할이 뚜렷해진다.

보통사람들이 피상적 이해와 깊은 이해를 구분하듯, Kintsch(1998) 역시 글의 의미 표상을 글기반 표상(text-base representation)과 상황 모형으로 구분하고 있다. 그가 말하는 글기반 표상은 주로 글 속에 제공된 개념과 명제만으로 구축된 의미 표상을 일컫는다. 그리고 **상황 모형**(situation model)은 글기반 표상에다 독자의 선행 지식을 통합시켜 보다 정교하게 구축해놓은 마음속 표상을 지칭한다. 따라서 Kintsch의 모형에 의하면, 읽은 글을 깊이 있게 이해하기 위해서는 선행 지식이 필수적 요소로 작용한다. 앞서 언급했듯이, 특히 과학 교재는 복잡한 개념을 짧은 글 속에 압축해 놓은 것이 많다. 때문에 과학 교재와 같은 학구적인 글 속에 제공된 정보만으로는 정교한 상황 모형을 구축하기가 어렵다. 따라서 상황 모형 구축에 필수적인 선행 지식의 역할이 더욱 커지게 된다.

상황 모형
글 속에 묘사된 실제 상황에 상응하는 모형 상황이 그 글을 읽은 독자의 마음속에 구축된 정신 모형.

그림 11.5는 두 개의 문장으로 구성된 글 조각에 대한 상황 모형이 구축되는 방식을 예시하고 있다: "어린아이의 격막에 결함이 생기면, 혈액은 충분한 이산화탄소를 허파로 내보낼 수 없게 된다. 그래서 피가 자주색을 띠게 된다." 이 글을 읽은 독자의 머릿속에 구축된다고 생각되는 상황 모형을 그림 11.5에서는 다이어그램으로 표상해 놓았다. 이 다이어그램은 격막의 결함 때문에 산소를 운반하는 붉은색 피가 이산화탄소를 운반하는 자주색 피와 섞이는 모양을 보여준다. 자주색 피의 일부가 허파에서 제공하는 산소를 갖지 못한 채 몸으로 되돌아온다는 것을 알 수 있다. 이 상황 모형에 포함된 대부분의 정보는 글 속에서 직접 추출된 것이 아니고 순환계에 관한 독자의 배경 지식에서 추출된 것이라는 점을 주목하기 바란다.

상황 모형으로 표상된 깊은 이해는 앞서 논의된 바 있는 의미 연결망으로 표상될 수도 있다. 이때 구축된 의미 연결망에는 글 속에서 추출된 명제와 독자의 선행 지식에서 추출된 명제 두 가지 모두가 포함된다. 격막 결함, 피의 색깔, 지나치게 많은 양의 이산화탄소에 관한 명제는 글 속에서 추출되지만, 예를 들어 피가 섞이는 것 같은 다른 명제들은 선행 지식을 바탕으로 전개되는 추론을 통해 만들어진 명제들이다.

글:
어린아이의 격막에 결함이 생기면, 혈액은 충분한 이산화탄소를 허파로 내보낼 수 없게 된다. 그래서 피가 자주색을 띠게 된다.

상황 모형:

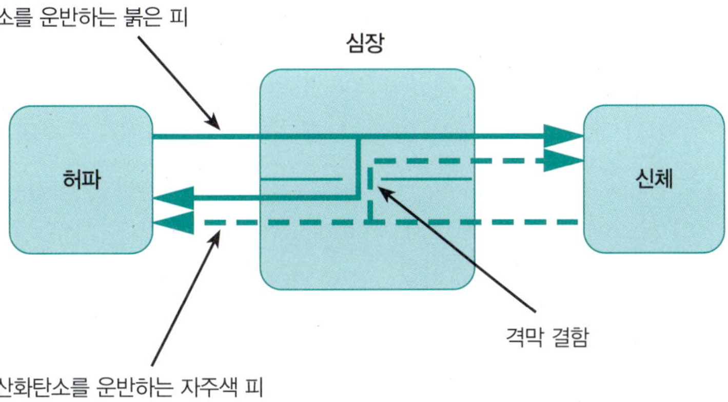

그림 11.5 위의 글을 읽은 독자의 머릿속에 구축될 것으로 예상되는 상황 모형을 그려놓은 그림
출처: "Text comprehension, memory, and learning," by W. Kintsch, 1994, *American Psychologist*, 49, 294–303. Copyright 1994 by the American Psychological Association. Reprinted by permission. APA is not responsible for the accuracy of this translation.

11.4 응용

읽힘성에 대한 예측

Kintsch의 모형이 갖는 한 가지 매력은 여러 가지 글의 읽힘성(readability)을 예측할 수 있을 만큼 자세하게 묘사되어 있다는 점이다. 읽힘성에 대한 예측은 실용적으로 매우 중요한 일이다. 교육 재료를 개발하는 사람들은 독자인 학생들이 자기들이 개발한 교재를 이해할 수 있다는 확신을 가져야 한다. 자기들이 개발한 교재의 읽힘성을 예측할 수 있어야 한다는 뜻이다.

읽힘성 공식
글의 읽힘성을 예측하기 위해 글 속 단어의 빈도나 문장의 길이 같은 변인을 이용하는 공식.

읽힘성을 예측하려는 시도는 많았다. Kintsch와 Vipond(1979)에 의하면, 읽힘성을 예측하는 최초의 공식은 1920년대에 나타났다. 현재는 약 50개의 **읽힘성 공식**(readability formula)이 있는데, 대부분이 단어와 문장을 변인으로 하고 있다. 일반적으로 글을 구성하는 단어 중에 친숙하지 않은 것이 많을수록, 그리고 문장의 길이가 길어질수록 글의 읽힘성은 떨어진다. 그러나 이들 공식은 글의 조직을 측정하지 못한다는 단점을 가진다. 다시 말해, 문장 속 단어의 나열 순서에 따라 그 문장을 이해하기가 어려워지기도 하고, 글을 구성하는 문장의 나열 순서에 따라 이해하기 힘든 글이 되기도 한다. 그런데도 대부분의 공식은 문단 속에 있는 문장의 순서나 문장 속에 있는 단어의 순서는 고려하지 않는다. 따라서 이들 공식에 따르면, 문장 속의 단어 배열 순서가 바뀌어도 또 글 속의 문장 위치가 바뀌어도 읽힘성은 변하지 않는다. 이들 공식은 글 이해에 관한 이론에 기초를 두고 고안된 것이 아니기 때문에 이런 한계점에 봉착하게 된 것이다.

Kintsch가 개발한 이론은 독자의 정보처리 능력과 글의 조직과의 상호작용 방식에 관한 설명을 제공함으로써 이러한 제한점을 극복하는 데 많은 도움을 주었다. Kintsch는 글을 읽은 후 독자가 기억해내는 명제의 개수를 그 글을 읽는 데 소요된 시간으로 나눈 값을 읽힘성(readability)이라고 정의했다. Kintsch의 정의에 이용된 핵심 요인인 재생과 읽기 시간은 서로 상대방을 희생시킴으로써 스스로를 향상시킬 수 있는 관계에 있다는 사실을 주목해야 할 것이다.

읽힘성
주어진 글을 읽은 후, 기억해낸 명제의 개수를 그 글을 읽은 시간으로 나눈 값.

Kintsch는 자신이 개발한 모형과 전통적 측정법을 함께 사용하여 글(단락)의 읽힘성을 예측해보았다. 읽힘성을 예측하는 데 가장 중요한 변인 두 개는 단어의 빈도와 복원탐색의 횟수였다. 첫 번째 변인인 단어 빈도는 대부분의 읽힘성 공식에 포함되어 있다. 자주 쓰이는 일반적인 단어를 쓰면 의미파악이 용이해진다는 점은 모두가 아는 사실이다. 두 번째 측정치인 복원탐색의 횟수는 Kintsch의 모형을 기초로 계산된 것이다. Kintsch의 모형을 적용하면 독자가 새로운 정보를 선행 정보에 관련시키기 위해 얼마나 자주 장기기억을 탐색해야 하는지를 계산할 수 있다. Kintsch의 모형에서는 복원탐색이 새로운 정보를 작업기억에 활성 중인 명제들과 관련지을 수 없을 때에만 일어난다고 가정한다. 읽힘성 예측을 향상시킬 수 있는 또 하나의 변인은 추론의 개수인 것으로 밝혀졌다. 추론은 글 속 앞 문장에서 제시된 개념이 뒤 따르는 문장에서 직접 반복되지 않을 때, 예를 들어 첫 문장에서는 '전쟁'이란 개념이 언급되고 두 번째 문장에서는 '투사'라는 개념이 언급되었을 때 필요해지는 것으로 알려져 있다. 그러나 복원탐색이니 추론이니 하는 이론적 개념을 객관적으로 측정하는 일은 아직도 어려운 실정이다. 아직도 글의 읽힘성이 단어의 빈도와 문장의 길이와 같은 변인으로 측정되고 있는 것은 이러한 어려움 때문이다. 따라서 기술이 발달하여 의미의 조직을 반영하는 보다 복잡한 개념을 측정할 수 있게 되면 읽힘성도 보다 정확하게 예측할 수 있게 될 것이다(Caccamise, Snyder, & Kintsch, 2008).

한편, Kintch는 추리의 개수도 읽힘성에 영향을 미치기는 하지만 그 영향력은 단어의 빈도나 복원탐색의 횟수가 미치는 영향력만큼은 크지 않다는 것을 발견하였다. 그러나 그의 연구에 이용되었던 글을 이해하는 데 요구되는 추론은 비교적 쉬웠던 것으로 분석되었다. 그러므로 과학 교재를 읽을 때처럼 이해에 필요한 추론이 어려워지면 추론의 횟수가 읽힘성에 미치는 영향력이 증가할 수도 있다(Snow, 2010; van den Broek, 2010). 사실, 학구적인 글을 읽을 때 요구되는 추론은 더욱 어려운 것으로 드러났다(Britton & Gulgoz, 1991).

Britton과 Gulgoz(1991)는 학구적 재료를 수정할 때 추론의 필요성을 줄여버리면 읽기가 훨씬 용이해진다는 사실을 밝혀냈다. 그들은 월남전에 관한 글에서 추론이 요구되는 위치를 찾아내는 작업에 Kintsch의 모형을 이용했다. 글 속 40곳에서 추론이 요구된다는 것을 발견하고, 독자가 그런 추론을 하지 않아도 되도록 글을 수정해보았다. 예를 들어, 아래 글에서 ( ) 속의 내용은 원래의 글에는 없었던 것인데, 이들 내용을 추가함으로써 독자들이 추론을 하지 않고도 글의 제목과 첫 문장 간의 관계를 파악할 수 있도록 하였다.

> (베트남) 북부의 공중전
>
> 1964년 가을이 되자, 사이공에 있는 미국인들도 워싱턴에 있는 미국인들도 남부에서 끊이지 않는 문제의 근원으로 하노이(베트남 북부의 수도)를 집중하기 시작했다.

이 개정판에서는 제목과 첫 문장이 직접적으로 연결되어 있기 때문에(제목에도 첫 문장에도 '베트남 북부'라는 용어가 들어가 있기 때문에) 삽입 부분에서 전개되어야 했던 추론이 제거된 셈이다.

Britton과 Gulgoz(1991)는 Kintsch가 이용했던 방법으로 읽힘성을 측정해보았다. 그 결과 원본보다 개정판의 읽힘성 점수가 훨씬 높은 것으로 밝혀졌다. 원본의 읽힘성 점수, 즉 독자가 글 속의 명제를 재생한 수를 그 글을 읽는 데 소요된 시간(분)으로 나눈 값이 3.44점이었는데, 개정판의 읽힘성 점수는 5.24점으로 나타난 것이다. Britton과 Gulgoz는 작가들이 이 같은 추가 내용을 포함시키지 않는 이유로 주제에 관한 작가들의 해박한 지식을 꼽았다. 주어진 주제에 관한 해박한 지식 덕분에 작가들은 필요한 추리를 쉽게 할 수 있고, 따라서 추가 내용을 포함시킬 필요성을 느끼지 못했을 것이라는 뜻이다.

그러나 읽힘성을 하나의 점수로 측정하는 방법에도 한계는 있다. 독해에 이용되는 기능을 찾아낼 수 없다는 점이다. 이러한 한계점을 극복하기 위해 개발된 것이 코메트릭스(Coh-Metrix)라는 컴퓨터 프로그램이다. 이 프로그램은 여러 가지 측정치를 이용하여 글의 통일성을 계산해낸다. 구체적으로, 이 프로그램은 여러 장르(예: 어학, 과학, 사회과학)의 글을 학년 수준으로 나누어 어휘, 문법 그리고 글의 결집성을 분석하여 이들 갖가지 글을 이해하는 데 필요한 기능의 프로파일을 만들어낸다(Graesser, McNamara, & Kulikowich, 2011). 예를 들어, 독자의 어휘력이 부족한 것으로 드러나면 어휘력 훈련을 받도록 권하는 프로그램이다. 그러므로 코메트릭스를 이용하면, 독자가 가진 문제가 무엇이며, 그 문제를 해결하기 위해 사용할 수 있는 해결책은 무엇인지를, 단일 읽힘성 점수를 이용하는 방법보다 더 구체적으로 찾아낼 수 있다.

독해 전략 및 평가

이 장에서 우리는 독자와 글 두 가지 모두에 의해 글에 대한 이해 정도가 달라진다는 것을 알았다. 읽힘성은 글의 특징이고 독해 전략은 독자의 특징이다. 추론은 이야기 글을 읽을 때보다 학습 교재를 읽을 때 더 필요하다. 하지만 추론이 일어나고 일어나지 않고는 독자가 글을 읽는 목적에 따라 달라진다. 독자의 읽기 목적을 조작한 연구에서 van den Broek의 연구진은 참여자 중 일부에게는 논술시험을 대비한다고 생각하고 글을 읽으라고 하고, 다른 참여자들에게는 잡지에서 발견한 재미있는 기사를 읽는다고 생각하고 글을 읽으라고 지시했다(van den Broek, Lorch, Linderholm, & Gustafson, 2001). 시험공부를 목적으로 글을 읽은 학생들이 글의 통일성을 확립하기 위한 추론을 더 많이 했고, 글 내용에 대한 기억 또한 우수했다. 잡지 기사를 읽는다고 생각한 학생들은 통일성 있는 표상 구축에는 다른 집단의 학생들보다 관심이 적었다. 그러나 연관성 촌평(예: '이 부분을 읽으니 〈도가니〉라는 영화가 생각나는데!') 또는 평가성 촌평(예: '너무 이상한데!')은 더 많이 하는 편이었다.

표 11.4는 연구를 통해 밝혀진 효과적인 독해 전략 아홉 가지를 열거하고 있다(Block & Duffy, 2008). 이들 전략을 주의 깊게 살펴볼 필요가 있다. 첫째, 이들 전략을 익혀 운용하면 여러분의 이해 및 학습 능력이 향상될 것이기 때문이다. 그리고 두 번째 이유는 이들 전략에 우리가 10장과 11장에서 배운 요점들이 적용되고 있기 때문이다.

첫 번째 전략은 학습 재료를 개관한 후, 그 재료에서 배우게 될 내용이 어떤 것일지를 예상해보는 활동이다. 예를 들어, 이 책의 각 장을 시작할 때 소개된 개관을 읽어보고 그 장의 조직을 생각해볼 수 있을 것이다. 11장의 개관을 보고 나면, 이 장은 네 개의 절로 구성되어 있고, 첫 절은 선행 지식, 두 번째 절은 글의 조직/구조, 세 번째 절은 Kintsch의 이해 모형, 마지막 절에는 이해에 관한 연구결과의 응용 예가 소개되어 있다는 것을 알게 될 것이다. 그리고 첫 번째 절의 소제목을 읽고 난 후에는, 첫 절에서는 독자의 선행 지식이 이해, 인출 능력, 오인에 미치는 영향을 배우게 될 것이라는 정보를 확보하게 된다. 두 번째 전략인 평가를 한 다음에는 일반적인 예측을 할 수 있을 것이다. 예를 들어, 이야기의 구조는 장면 설정, 주제, 구성, 종결로 구성된다는 사실을 알게 될 것이다.

표 11.4 추천할 만한 독해 전략

1.	예측해보기. 제목, 소제목, 본문, 그림, 사진 등을 미리 훑어보고 글 속 내용을 미리 생각해본다.
2.	평가해보기. 소설의 경우, 배경과 등장인물 그리고 이야기 구조에 대한 기대를 가지고 접근한다.
3.	감시하기. 단어, 구, 문장, 그리고 글 속의 의미를 끄집어내기 위한 적극적인 이해 전략.
4.	질문하기. 의미가 분명하지 않은 부분이 있으면 다시 읽거나 의미파악에 필요한 질문을 해본다.
5.	복구하기. 오해 또는 이해하지 못한 부분이 있으면 다시 읽어서라도 이해를 하고 넘어간다.
6.	마음속에 그려보기. 글 속 내용을 마음속에다 그림으로 그려보거나 이미지를 생성해본다.
7.	추론하기. 개인의 경험이나 배경 지식을 바탕으로 글 속에 제공된 관념들을 서로 관련지어본다.
8.	종합하기. 나열된 사항, 특이한 정보, 결론을 조합하여 의미를 만들어본다.
9.	요약하기. 요점들을 찾아내어 정리하고 결론을 지어본다.

출처: "Research on teaching comprehension" by C. C. Block & G. G. Duffy, 2008, in *Comprehension Instruction: Research-Based Best Practices, C. C.* Block & S. R. Parris (Eds.), New York: Guilford Press.

전략 3, 4, 5는 감시(monitoring)의 중요성이 강조되어 있다. 감시를 통해 우리는 글의 국지적 통일성을 확보할 수 있다. 앞 장의 그림 10.9에서 지적했듯이, 앞뒤 말의 일치 여부를 판단하는 일이 감시의 기능이다. 그 일치 여부를 판단하기가 어려울 때는 글을 다시 읽어야 한다. 그리고 문장을 구성하는 여러 단어의 의미를 통합할 때에도 오류복원 전략이 종종 이용된다.

전략 6과 7은 정교화 전략에 속한다. 즉, 글 속에 주어진 정보에다 살을 붙여보는 작업이다. 우리는 7장에서 심상 형성은 또 하나의 기억부호를 구축하는 일이기 때문에 효과적인 학습 전략으로 사용될 수 있다고 배웠다. 학생들의 독해력을 향상시키기 위해 심상을 활용하는 교수–학습 프로그램은 Paivio(1971)의 이중부호화 이론에 근거를 두고 있다(Sadowski, 2008). 두 번째 정교화 전략은 글 속의 생각을 독자의 생각(배경 지식)과 관련짓는 작업이다. 이 장의 앞부분에서 봤듯이, 사전 지식은 글 이해에(Bransford & Johnson, 1973), 읽은 내용을 기억해내는 데(Anderson & Pichert, 1978), 상황 모형을 구축하는 데(Kintsch, 1994) 결정적인 역할을 수행한다.

마지막 전략 두 개는 큰 그림을 그리는 데 필요한 전략이다. 정보 종합작업을 통해 전역적 통일성이 확립된다. 즉, 글 속에 소개된 모든 생각(idea)들이 조직된 얼개를 파악할 수 있게 된다. 마지막으로 학습 재료의 요약은 중요한 생각들을 찾아내고 그들 관념을 기초로 결론을 지어내는 작업으로 구성된다.

독해 전략에 대한 연구를 하기 위해서는 이해를 평가하는 방법이 필요하다. 현존하는 방법의 주요 결점은 상황 모형 수준의 깊은 이해를 측정할 능력이 없다는 점이다(Caccamise et al., 2008). 깊은 이해를 측정하는 데는 일반적으로 선다형 문제보다 논술형 문제가 나은 편이지만, 채점이 어렵다는 단점이 있다. 그러나 컴퓨터를 이용한 논술 채점 기술이 개발되면서 상황이 바뀌고 있다(Landauer, McNamara, Dennis, & Kintsch, 2007).

독해력을 향상시키는 일에도 컴퓨터가 도움을 제공하기 시작했다. 예를 들어, 아이스타트(iSTART)라고 하는 프로그램(McNamara, O'Reilly, Row, Boonthum, & Levinstein, 2007)은 이해 감시, 달리 표현하기, 설명해보기, 추론하기, 예측하기, 정교화하기 등의 기술을 가르친다. 읽기 전략의 지식에 관한 연구에서 아이스타트 프로그램을 훈련시킨 결과, 훈련받은 학생들의 글 이해 및 설명력이 향상되는 것으로 밝혀졌다(McNamara, O'Reilly, Best, & Ozuru, 2006). 독해 전략에 관한 지식이 거의 없는 학생들은 피상적 이해를 묻는 문제에 점수가 높은 반면, 읽기 전략에 관한 지식이 해박한 학생들은 통합형 추론을 요구하는 문제에서 높은 점수를 얻었다.

여러 실험에서 발견된 결과를 종합해보면, 읽기 전략에 관한 선행 지식을 바탕으로 글 속에 제공된 생각을 파악하고 통합할 수 있을 때 학생들의 이해력이 가장 크게 향상될 것이라는 결론을 짓게 된다(McNamara et al., 2007). 독자는 문장 각각의 정보를 우선 표상한 후, 이들 정보를 모두 통합해야만 글을 깊이 있게 이해할 수 있기 때문이다. 읽기 능력이 미숙한 학생들은 전자의 기능(문장의 의미파악 기능)을 익혀야 하며, 능숙한 독자가 되기 위해서는 후자의 기능(여러 문장 속 정보를 통합하는 기능)을 익혀야 한다.

11.5 요약

심리학자들은 이해의 과정을 연구하기 위해, 독자의 선행 지식 및 정보처리 특성이 글 속에 있는 관념(아이디어)들의 조직과 상호작용하는 방식을 조사한다. 선행 지식의 중요성은 추상적인 관념을 이해하려 할 때에 분명해진다. 유의미한 맥락은 재생을 증진시키지만, 그러기 위해서는 사람들이 추상적인 재료를 읽기 전에 맥락이 주어져야 한다. 글에 대한 기억을 증진시키기 위해서는 의미파악이 향상되어야만 한다. 맥락이 관점을 바꾸어 놓을 수만 있다면, 글을 읽고 난 후에 제공된 맥락도 구체적인 관념의 재생을 증진시킬 수 있다. 일상 활동에 관한 지식은 이들 활동과 결합된 가장 보편적인 사건을 묘사하는 각본으로 표상될 수 있다. 이 각본은 글을 읽을 때 무엇을 중요시할 것인지를 결정한다. 선행 지식이 갖는 한 가지 단점은 새로 읽은 것과 선행 지식을 구별하기 어렵게 만든다는 것이다.

이해는 독자가 이미 알고 있는 것뿐만 아니라 글 속에 있는 관념들이 조직된 방식에 의해서도 달라진다. 대개의 경우, 이야기의 전반적인 구조는 장면, 주제, 구성 그리고 종결로 조직된다. 주제는 이야기의 일반적인 초점을 제공하며, 주인공이 성취하려는 목표로 구성되는 것이 보통이다. 주제가 구성 앞에 올 때 이해가 가장 잘 되고, 주제가 구성 다음에 오면 이해는 저조해지며, 주제가 빠져버리면 이해는 더욱 저조해진다. 주인공의 목표 달성에 긍정적이거나 부정적인 영향을 미치는 내용이 가장 중요하다고 판단되며 기억도 가장 잘 된다. 정보를 재빨리 인출하는 데는 인과관계가 도움이 되기도 한다.

글 이해의 모형은 독자가 이미 읽은 관념들과 읽고 있는 글 속의 관념을 관련짓는 방식을 설명할 수 있어야 한다. 새로 읽은 관념들을 작업기억에서 가용한 관념들과 결합할 수 있으면 이해는 쉬워진다. 이들 간에 아무런 관계를 발견할 수 없을 경우, 독자는 이들 간의 관계를 짓기 위해 장기기억을 탐색한다. 장기기억에서도 관련 관념을 발견할 수 없으면, 새로운 재료는 묵은 재료와 통합되지 않고 따로 분리되어 저장되어야 한다. 추리를 통해서도 관련성이 발견되곤 하는데, 이렇게 되면 동일 개념이 반복되는 것에 비해 이해의 속도가 느려진다.

Kintsch가 제안한 이해 모형은 읽힘성을 예측하고 또 향상시키는 데 매우 성공적이었다. 이 모형은 장기기억 탐색과 추리가 얼마나 많이 이루어져야 하는지를 고려함으로써 글의 구조를 설명한다. 이 모형의 매개변수는 한 번에 처리되는 명제의 개수, 장기기억에 명제가 저장되는 확률, 작업기억에서 활성된 상태로 유지될 수 있는 명제의 개수 들이다. 이 모형은 읽힘성에 관한 이전의 공식을 향상시켰을 뿐 아니라, 글 이해에 영향을 미치는 독자의 정보처리 특성과 글의 구조가 상호작용하는 방식을 연구하는 데 필요한 이론적 틀을 제공하기도 한다. 특히, 독자의 선행 지식은 추론 및 글에 관한 기억, 그리고 문제해결에 필요한 글 속 정보 이용의 용이성을 결정한다.

복습문제

1. 환언(paraphrase)이란 무엇인가? 어떤 사람이 읽은 것을 환언할 수 있다는 것은 무엇을 의미하는가?
2. 추상적인 관념을 이해하는 데 맥락에 관한 선행 지식이 중요한 이유는 무엇일까?
3. 관점을 바꾸면 이야기 내용에 관한 재생이 향상되는 현상을 설명하기 위해 Anderson과 Pichert는 세 가지 가능성을 제시하였다. Anderson과 Pichert가 선호하지 않는 가능성을 배제할 방안은 무엇인가?

4. 전에 읽은 것을 어디에서 읽은 것인지(정보의 출처)를 기억해야 할 필요가 있을까? 이것을 기억하는 일이 중요하게 작용하는 실생활의 예를 생각해보라.
5. 각본의 모든 구성요소를 이용하여 책에 소개되지 않은 일상 활동에 관한 간략한 각본을 작성해보라. 각본 작성에 이용될 활동을 결정한 후에 그에 대한 각본 작성에서 경험한 어려움은 무엇인가?
6. 표준 각본으로부터 어떤 종류의 이탈이 기억될 가능성이 높은가? 한 예로, 여러분이 참석했던 결혼식을 생각해보라. 여러분이 가장 생생하게 기억할 수 있는 것과 Bower와 그의 동료들이 가장 잘 재생될 것이라고 생각하는 것과 일치하는가?
7. 이야기 구조의 기본 요소를 생각해보라. 어린 아이가 들은 이야기를 다시 말하는 것을 들어본 적이 있는가? 이야기를 따라갈 수 없도록 아이들이 자주 생략하는 것은 무엇인가?
8. Kintsch의 이해 모형을 설정할 수 있게 한 연구로서 관념 통합에 관한 많은 연구에서는 주의 깊게 고안된 재료가 이용되었다. 이 연구자들이 조작하고자 한 변인은 무엇인가? 이들 변인이 글 이해에 실제로 영향력을 행사하는가? 그 이유를 제시하라.
9. Kintsch의 모형에 대한 설명은 추상적일 수밖에 없다. 따라서 이해하기도 힘들다. 복원탐색에 심혈을 기울이기 바란다. 다른 교과목에서 선별한 글을 취급할 때 이 모형을 이용할 수 있는지 검토해보라. Kintsch의 모형에 포함된 요인들은 무엇인가? 이 모형에서 독자는 어떤 역할을 하는가?
10. 읽힘성에 관한 Kintsch의 정의에 두 개의 요인이 포함되는 이유는 무엇인가? 읽힘성을 예측하는 요인 중 그가 발견한 가장 훌륭한 예측 요인은? 여러분은 자신의 작문을 향상시키기 위해 그의 관념을 어떻게 이용하겠는가?

핵심용어

구성(plot)
국지적 통일성(local coherence)
마음속 모형(mental model)
명제(proposition)
복원탐색(reinstatement search)
상황 모형(situation model)
읽힘성(readability)
읽힘성 공식(readability formula)
장면(setting)
전역적 통일성(global coherence)
주제(theme)
추론(inference)
종결(resolution)

추천도서

Reder(1980) 그리고 N. L. Stein과 T. Trabasso (1982)는 산문의 이해 및 파지에 대한 연구를 요약하고 있다. Just와 Carpenter(1980), Kieras(1980), Haberlandt와 Grasser(1985)는 상이한 독서 요소에 대한 처리 시간을 예측하기 위한 자세한 모형을 제안하였다. 다른 연구자들은 독자의 선행 지식이 글을 통한 학습에 미치는 영향을 연구하였다(Chiesi, Spilich, & Voss, 1979; Spilich, Vesonder, Chiesi, & Voss, 1979; Vitali & Romance, 2007). Alba와 Hasher(1983), Brewer와 Nakamura(1984), 그리고 Graesser, Kassler, Kreuz와 McLain-Allen(1998)은 스키마가 이해에 미치는 영향을 논하고 있다. Sharkey와 Mitchell(1985), 그리고 Walker와 Yekovich(1987)는 각본이 독서에서 어떻게 이용되는지를 묘사한다. Zwaan과 Radvansky(1998)는 상황 모형에 관한 문헌을 조직하고 있다. 보다 최근의 연구는 상황 모형의 지각적 요소에 초점을 맞추고 있다(Finchler-Kiefer, 2001; Friedman & Miyake, 2000; Jahn, 2004; Paivio, 2008; Sadoski, 2008). 추론에 관한 연구는 Graesser, Singer와 Trabasso(1994)의 논문에, 그리고 인과성에 관한 연구는 Keil(2006)의 논문에 요약되어 있다. Kintsch와 그의 동료들에 의해 개발된 모형은 초창기 논문(Kintsch & Van Dijk, 1978; Van Dijk & Kintsch, 1983) 그리고 최근의 저서 *Comprehension: A Paradigm for Cognition*(Kintsch, 1998)에 논의되었다. 가장 최근 판은 Kintsch와 Mangalath(2011)의 저작을 살펴보라. *Reading Comprehension Strategies: Theories, Interventions, and Technologies*(McNamara, 2007)와 *Discourse Processes*의 특집(Vol. 29 Issues 2 & 3, 2005)은 이 분야의 선두주자들이 기고한 논문들로 구성되어 있다. 그리고 McNamara와 Magliano(2009)가 집필한 장 "Toward a Comprehensive Model of Comprehension"은 전 분야를 개관해 놓았다.

CHAPTER 12

문제해결

12.1 문제의 분류

배열 문제 | 구조 도출 문제 | 변형 문제

12.2 Newell과 Simon의 이론

목표와 방법 | 이론적 가정 | 수단-목적 분석법

12.3 일반적 전략

하위목표 설정하기 | 유추법 | 다이어그램 | 표상 전이

12.4 요약

복습문제

핵심용어

추천도서

문제를 해결한다는 것은 어려움에서 벗어나는 방법, 장애물을 극복하는 방법, 당장은 포착할 수 없었던 목적을 달성하는 방법을 찾는다는 뜻이다. 우리가 문제를 해결할 수 있는 것은 지적 능력 덕분이며 지적 능력, 즉 지능은 모든 인간이 가지고 태어난 재능이다: 문제를 해결하는 작업은 인간을 인간답게 만들어주는 대표적인 활동이다.

_ George Polya(1962)

문제해결 능력은 인간만 가진 능력이 아니다. 그러나 앞의 인용문에 소개된 Polya처럼, 사람들은 인간을 인간답게 만들어주는 대표적인 능력을 문제해결 능력이라고 간주한다. 이는 문제해결이 문명 발달에 그만큼 중요하게 작용한다는 사실을 강조하기 위함일 것이다. 이 장과 다음 장에서는 문제해결을 다룬다. 특히, 사람들이 문제를 해결하는 방식에 관한 연구결과가 강조될 것이다. 이 장에서는 우선, 문제해결 이론의 기본 요소를 확립하기 위해 노력할 것이다.

첫 절에서는 다양한 종류의 문제가 예시될 것이다. 심리학자들의 관심사 중 하나는 '문제해결 기능(skills)이 얼마나 일반적인가?'로 표현된다. 문제해결 기능은 아주 일반적일 수 있다. 즉, 한 가지 문제를 능숙하게 해결하는 사람은 다른 문제도 능숙하게 해결할 수도 있다는 뜻이다. 그러나 그 반대로 문제해결 기능은 매우 구체적일 수도 있다. 즉, 한 가지 문제를 해결하는 데는 능숙할지라도 다른 문제를 해결하는 데는 서툴 수 있다는 뜻이다. 이 두 가지 가능성 중 어느 것이 더 정확할까? 첫 절의 결론은 이 두 가능성은 둘 다 지나치게 극단적이라고 말한다.

둘째 절은 Newell과 Simon(1972)이 제안한 문제해결 이론의 일반적 특징을 소개한다. 이 이론은 (1) 단기기억과 장기기억에 의해 결정되는 인간의 정보처리 용량, (2) 문제의 구조 및 그 구조가 해결책 탐색에 미치는 효과, (3) 전략의 효율성 및 정보의 출처 등이 문제해결에 미치는 영향을 기술한다. 세 번째 절에서는 하위 목적 설정, 유추, 도식화 같은 일반적인 전략이 논의된다.

이 장에서 논의되는 문제는 주로 수수께끼이다. 학교나 직장에서 마주치게 되는 문제가 아니고, 왜 하필이면 수수께끼일까? 굳이 수수께끼(표 12.1)를 연구하는 데는 그만한 이유가 있다. 한 가지 이유는 수수께끼를 연구하면 사람들의 교육 정도를 고려할 필요가 적어지기 때문이다. 교과서에서 도출한 문제를 해결하는 능력은 교육받은 정도에 따라 크게 달라지겠지만, 수수께끼를 해결하는 능력은 교육 정도에 따라 크게 달라지지 않을 것이기 때문이다. 또 한 가지 이유는 이러한 문제들이 지능검사에서 자주 발견된다는 데 있다. 지능검사가 무엇을 측정하는지를 알기 위해서는 지능검사 속 문제를 해결하는 데 요구되는 구체적인 기능을 자세히 살펴봐야만 한다(Carpenter, Just, & Shell, 1990). 그러나 다음 장에서 알게 되겠지만, 심리학자들은 교실 내 문제에 관해서도 많은 관심을 가지기 시작했다. 이 장에서 논의되는 대부분의 쟁점은 후속 장에서 선행 지식과 전문성이 문제해결에 미치는 영향을 논의할 때 적절하게 이용될 것이다.

12.1 문제의 분류

문제해결 기능(skills)을 증진시키고자 한다면, 먼저 문제를 해결하는 데 필요한 기능이 무엇인지부터 알아야 한다. 통계학 시간에는 통계학 문제를 푸는 방법을 배우고 화학 시간에는 화학 문제를 해결하는 방법을 배운다. 학생들은 통계학 시간에 배운 기능으로 화학 문제도 더 잘 해결할 수 있을까? 아니면, 각 수업 시간에 제기되는 문제를 해결하는 데는 서로 다른 기능이 요구되는 것일까? 화학 문제와 통계학 문제를 해결하는 데 요구되는 기능을 명시할 수만 있다면 이 질문에 대한 대답은 훨씬 쉬워질 것이다.

표 12.1에는 심리학자들이 연구해 온 문제의 보기가 실려 있다. 더 읽어나가기 전에 이들 문제를 풀어보기 바란다. 그래야 이 장을 더 잘 이해하게 될 것이기 때문이다. 문제를 풀어 봤으면, 해결에 필요한 기능을 찾아내어 그 기능을 기초로 문제를 분류해보기 바란다. 아래에서는 이들 여섯 개의 문제를 세 가지 범주로 분류하는 방법 하나가 검토될 것이다.

여기서 소개되는 분류는 상이한 문제를 해결하는 데 필요한 심리적 기능과 지식의 종류에 그 기초를 두고 있다(Greeno, 1978). Greeno는 이들 문제를 **배열**(arrangement), **구조 도출**(inducing structure), **변형**(transformations)이라는 세 가지 유형으로 구분하고 있다. 그러나 모든 문제가 이 세 가지 유형 중 하나로 분류될 수 있다는 뜻은 아니다. Greeno는 그냥 주어진 문제를 해결하는 데 필요한 기능이 주로 재배열 기능인지, 구조 도출 기능인지, 변형 기능인지, 아니면 이 세 기능을 조합해야만 이루어지는 기능인지를 결정할 수 있게 해주는 틀을 제공하고 있을 뿐이다. 그럼 이들 세 가지 유형이 어떻게 다른지를 이해하기 위해, 각 유형에 속하는 문제를 예를 들어 검토해보기로 하자.

표 12.1 다양한 문제의 보기

A.	유추 문제
	다음 빈칸에 적절한 단어는? 상인 : 판매 :: 고객 : ___________ 변호사 : 의뢰인 :: 의사 : ___________
B.	끈 문제
	두 개의 끈이 천장에 매달려 있다. 그러나 간격이 너무 멀어 한 사람이 한쪽 끈을 손에 쥐고는 다른 쪽 끈을 잡을 수가 없다. 방바닥에는 성냥갑과 망치 하나, 그리고 몇 장의 종이조각이 보인다. 어떻게 하면 이 두 끈을 하나로 묶을 수 있을까?
C.	선교사와 식인종
	선교사 5명과 식인종 5명이 배를 타고 강을 건너야 할 판이다. 그런데 배가 너무 작아 한 번에 3명밖에 탈 수가 없다. 만약 강변에나 배 위에 있는 식인종의 수가 선교사의 수보다 많으면 선교사는 잡혀 먹히고 만다. 모두가 안전하게 강을 건널 수 있는 가장 간단한 계획을 구상해보라. 배가 강을 건널 때는 적어도 한 사람은 배 안에 있어야 한다.
D.	물통 문제
	물통이 두 개 있다. 하나는 8리터들이 물통이고 다른 하나는 5리터들이 물통이다. 어떻게 하면 물 2리터를 구할 수 있을까?
E.	문자 수수께끼
	다음 문자를 다시 배열하여 영어 단어를 하나씩 만들어보라. RWAET KEROJ
F.	계열 완성 문제
	다음 빈칸에 숫자나 문자를 넣어 그 계열을 완성시켜보라. 1 2 3 4 5 6 ___________ A B M C D M ___________

배열 문제

배열 문제
정해진 준거에 맞추기 위해 구성요소를 재배치 해야만 해결되는 문제.

문자 수수께끼
문자를 재배열하여 단어가 되도록 하는 문제.

배열 문제(arrangement problems)란 일정한 대상을 제시하고, 이들 대상을 특정 준거에 맞추어 배열을 다시 해야 해결되는 문제를 일컫는다. 대개의 경우, 제시된 대상을 배열하는 방법은 여러 가지일 수 있다. 하지만 하나 또는 두세 개의 배열만이 해결책으로 간주된다. KEROJ를 재배열하여 JOKER라는 단어를 만들고 RWAET를 재배열하여 WATER를 만드는 것과 같이, 낱자(문자)를 재배열하여 단어를 만들어야 하는 **문자 수수께끼**(anagram)는 배열 문제의 좋은 보기로 꼽힌다. 배열 문제를 해결할 때는 대개 많은 시행착오를 범한다. 시행착오를 범하는 동안 부분적 해결책이 형성되고 평가된다. 다음은 Greeno가 주장하는 배열 문제 해결에 필요한 기능들이다.

1. 해결책 생성의 유창성: 부분적 해결책을 많이 생성해내고 가망이 없어 보이는 해결책을 포기해버리는 데는 융통성이 필요하다.

2. 표적 형태(단어)의 인출: 기억에서 단어를 인출하는 능력은 문자 수수께끼를 푸는 능력과 연관되어 있다.
3. 검색 제약 원리에 대한 지식: 다양한 문자가 함께 연이어 나타나는 빈도를 알고 있으면 검색이 용이해진다. 예를 들어, JR쌍은 자주 나타나지 않는 조합이기 때문에, 부분적 해결책을 생성할 때 이런 쌍은 피해야 한다.

사람들이 배열 문제를 해결하는 방식에 특별한 관심을 가진 심리학자들은 형태주의 심리학자들이었다. 지각에 관한 연구로 시작된 형태주의 심리학은 형태의 구조를 강조했고, 형태주의 심리학자들은 바로 이 관점에서 문제해결 과정을 분석했다. 따라서 형태주의 심리학자들이 이용한 많은 과제는 그 해결책(부분들 간 올바른 관계)을 찾아내기 위해 대상을 재배열해야만 하는 문제였다.

배열 문제의 좋은 예로는 Köhler(1925)가 그의 저서 *The Mentality of Apes*에서 소개한 문제를 꼽을 수 있다. Köhler는 영장류(침팬지 및 원숭이)가 문제를 해결하는 방법을 분석하기 위해, 과일 몇 개를 우리의 천장에 매달아놓았다. 우리 속에는 막대기 몇 개와 나무 상자 몇 개가 들어있었다. 침팬지는 이 문제를 해결하기(과일을 손에 넣기) 위해 이들 막대기와 상자를 적절하게 배열해야 했다. 즉, 과일을 손에 넣기 위해서는 상자 위에 올라서서 막대기로 과일을 두들겨 떨어뜨려야 했다. 형태주의 심리학자들의 분석에 따르면, 이 문제를 해결하기 위해서는 우리 속 물건들이 새로운 구조로 새롭게 조직(배열)되어야만 했다.

통찰
문제를 해결하기 위한 여러 차례의 시도 끝에 이루어지는 갑작스런 해결책 발견.

형태주의 심리학자들은 올바른 조직(배열)의 발견(문제해결)은 대개 순간적인 통찰에 의해 발생한다고 주장했다. **통찰**(insight)이란 주로 일정한 기간의 부화기, 즉 그 문제에 대한 생각을 하지 않는 기간(Helie & Sun, 2010) 또는 시행착오(trial and error)를 거친 후에 갑작스럽게 바른 해결책이 머릿속에 떠오르는 일을 일컫는다. 형태주의 심리학이 지각에 관한 연구에서 출발했었다는 점을 감안하면, 해결책이 갑작스레 보이기 시작한다는 비유는 놀라운 것이 못된다. 그러나 단 하나의 비유로 통찰이라는 개념의 모든 의미를 포착할 수 없기 때문에, 다른 각도에서도 통찰의 의미를 조명해 볼 필요가 있다(Schooler, Fallshore, & Fiore, 1994).

통찰이 다른 문제해결 방식과 다른 점은 문제가 갑작스럽게 해결된다는 점이다. 조심스런 계획이나 일련의 단계를 거쳐 이루어지는 문제해결과는 달리, 통찰에 의한 문제해결은 '순간적으로' 일어나는 것 같다는 점에서 특이하다. 다음 증거는 부분들 간 올바른 관계(해결책)가 갑작스럽게 발견된다는 형태주의 심리학자들의 주장을 지지한다(Metcalfe, 1986a, 1986b). Metcalfe는 실험 참

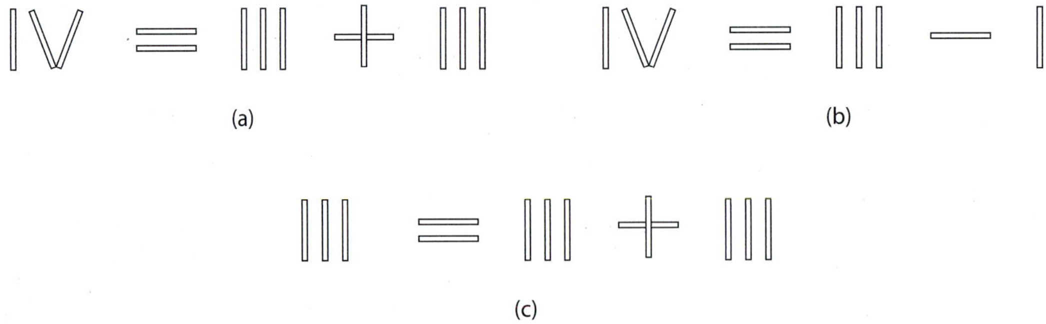

그림 12.1 성냥개비 문제

출처: "Constraint relaxation and chunk decomposition in insight problem solving," by G. Knoblich, S. Ohlsson, H. Haider, & D. Rhenius, 1999, *Journal of Experimental Psychology: Learning, Memory and Cognition, 25*, 1534–1555. Copyright 1999 by the American Psychological Association. APA is not responsible for the accuracy of this translation.

여자들에게 'ssoia', 'pmuoi', 'ttnua' 같은 문자 수수께끼를 풀도록 하였다. 그러고는 수수께끼를 푸는 동안, 그 수수께끼가 어느 정도 풀렸는지를 스스로 평정하여 1부터 10까지의 척도에 표시하도록 하였다. 매 10초마다 '똑' 소리를 들려주었고, 이때마다 참여자들은 자기 자신들이 내린 평정을 척도에 표시해야 했다. 문제가 해결될 때까지 참여자들이 평정한 점수는 매우 낮았다. 이 결과는 바른 답이 갑자기 발견되었다는 것을 의미한다. 이와는 달리, 변형문제는 대개 정해진 순서에 따라 올바른 단계를 거쳐야 해결되었다. 물론, 이것은 문제가 점진적으로 해결된다는 의미이다(Metcalfe, 1986b).

배열 문제의 해결책 발견을 어렵게 만드는 요인 중 하나는 문제를 푸는 사람이 불필요한 제약으로 스스로를 얽매기 때문인 것으로 드러났다. 따라서 이 제약에서 벗어나기만 하면 통찰이 생긴다는 주장을 할 수도 있다. 그림 12.1에 제시된 성냥개비 문제를 보고 여러분도 불필요한 제약으로 스스로를 얽매고 있지는 않은지 검토해보기 바란다. 과제는 성냥개비 하나만을 움직여 잘못된 등식을 바로잡아야 하는 것이다. 성냥개비의 위치는 바꿀 수 있지만 그것을 없애버려서는 안 된다. 더 읽어나가기 전에 이 문제부터 풀어보기 바란다.

문제 (a)가 가장 쉽고 문제 (c)가 가장 어려운 것으로 드러났다(Knoblich, Ohlsson, Haider, & Rhenius, 1999). 문제 (a)의 경우, 로마 숫자 IV에서 성냥개비 하나를 옮겨 로마 숫자 VI으로 만들면 문제는 해결된다. 문제 (b)의 경우, 연산자 =에서 성냥개비 하나를 옮겨 오른쪽의 −를 =로 만들면 문제는 해결된다(4 − 3 = 1). 문제 (c)는 +에서 서있는 성냥개비를 움직여 III = III = III처럼, 두 개의 =을 만들면 해결된다. 문제 (c)에서 두 개의 = 연산자를 만들어도 된다는 사실을 깨닫고 나면, 이 문제도 다른 문제와 마찬가지로 쉬워진다.

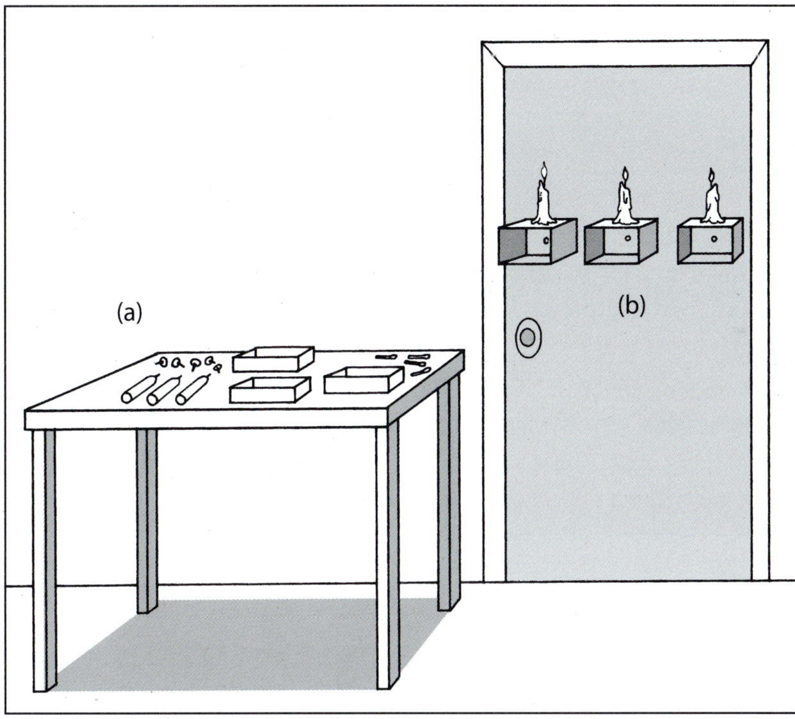

그림 12.2 촛불 문제: 시초 상태(a)와 목표 상태(b)

기능적 고착
특정 물체를 그 전형적인 방법으로만 이용하려는 경향성.

올바른 배열을 찾아내기가 어려워지는 또 다른 이유로는 기능적 고착을 꼽을 수 있다. 기능적 고착(functional fixedness)이란 사람들이 어떤 물체를 볼 때 그 물체가 가장 많이 쓰이는 용도로만 그 물체를 지각하게 되는 경향성을 일컫는다. Dunker(1945)가 연구한 촛불 문제는 기능적 고착이 문제해결에 미치는 효과를 여실히 보여준다. 이 문제는 세 개의 촛불을 문에 부착하는 것이다. 가까이 있는 탁자 위에는 압정 몇 개와 성냥갑 크기만 한 상자가 세 개 놓여있다. 한 조건에서는 이들 상자 속에 초와 성냥과 압정이 들어있었고, 다른 조건에서는 이 상자들이 모두 비어있었다. 이 문제를 해결하기 위해서는 압정을 이용해서 상자를 문에 부착시켜 초를 세울 수 있는 받침을 만들어야 한다(그림 12.2). 상자가 비어있는 조건에서 더 많은 참여자들이 이 문제를 해결하였다(Adamson, 1952; Dunker, 1945). 상자에 물건이 담겨있을 때는 받침보다는 용기로써의 용도가 강조되었기 때문에, 상자의 새로운 기능을 인식하기가 어려웠다는 것이 이 결과에 대한 표준적 해석이다.

표 12.1의 끈 문제는 연장을 새롭게 이용하는 방식을 발견해야 해결되는 문제이다. 망치를 한쪽 끈에 매달아 추를 만들어 다른 끈 쪽으로 진동할 수 있게 하면 문제가 해결된다. 기능적 고착을 극복한 좋은 보기는 실험실 밖에

뉴스 12.1

두 명의 교묘한 수감자가 탈옥의 길을 뚫다

SALINAS(AP)— 두 명의 교묘한 수감자가 샤워 파이프, 침대 시트, 그리고 벽에 부착된 소켓을 이용하여 깨지지 않는 플라스틱을 녹이고 몬터레이 카운티(Monterey County)의 새로 지은 감옥에서 도망쳤다고 관계자들이 수요일에 말했다.

이 두 명의 수감자는 임시변통으로 만든 절단용 횃불을 이용하여 감방의 창을 말랑말랑하게 만든 후 화요일 밤 도망쳤다고 한 보안관이 말했다.

이 두 명은 납작하게 만든 샤워 파이프를 침대 시트로 감고는 전깃줄 장치를 이용하여 벽에 부착된 소켓에 꽂았다고 Ted Brown 중위가 말했다.

이 장치가 열을 받아 뜨겁게 되었을 때 이것을 창문이 녹을 때까지 창문에 밀어 붙였다고 Brown은 말했다.

그러고 나서 침대 다리를 떼내어 이 구멍에 넣고 창문을 비틀어 열고는 자유의 세계로 가볍게 뛰어 넘었다고 Brown은 말했다.

출처: "Pair of crafty inmates melt way out of jail," appearing in the *Los Angeles Times*, January 6, 1978. Copyright 1978 by the Associated Press. Reprinted by permission of Associated Press Newsfeatures.

서 일어난 사건 중 하나로 탈옥 시도였다. 감옥에는 연장이 없기 때문에 죄수들은 극히 제한된 물건만을 사용할 수밖에 없다. 뉴스 12.1은 통상적인 물건을 새로운 용도로 이용하는 방법을 발견해낸 죄수 두 명의 독창력을 묘사하고 있다.

구조 도출 문제

구조 도출 문제
고정된 세트의 관계 속에서 일정한 형태(pattern)를 발견해내야 하는 문제.

계열 외연
일련의 자극 항목 속에서 일정한 형태 또는 구조를 발견하여 그 형태(pattern) 속에서 그 계열이 이어지도록 하는 문제.

배열 문제를 풀기 위해서는 문제에 소개된 대상들 간 관계를 바꾸어야만 했다. 이와는 달리, 구조 도출(inducing structure) 문제를 풀기 위해서는 주어진 문제 속에 고정되어 있는 관계를 찾아내야 한다. 다시 말해, 문제에 소개된 대상들 사이에 어떤 관계가 있는지를 찾아내야 해결되는 문제이다. 예를 들어, 계열 외연(series extrapolation) 문제는 1 2 8 3 4 6 5 6과 같이 대상(이 경우는 숫자)들이 계열을 이루고 있다. 과제는 이 계열의 다음 요소를 찾아내는 것이다. 이 보기에는 두 개의 계열이 있다. 그중 하나는 상승계열 1 2 3 4 5 6이며, 다른 하나는 하강계열 8 6……이다. 따라서 정답은 4가 된다. 비슷한 방법으로 표 12.1에 있는 문자계열의 정답은 E가 된다.

유추 문제
네 개의 항목으로 구성된 문제로 A와 B의 관계에 맞는 C와 D 간의 관계를 찾아야 해결되는 문제.

구조 도출 문제의 또 다른 예는 '상인 : 판매 :: 고객 : 구매'와 같은 유추 문제(analogy problem)이다. 유추의 옳고 그름을 판단하라고 지시할 수도 있고 또는 마지막 칸을 비워 두고 유추를 가장 잘 완성시키는 단어를 써넣으라고 지시할 수도 있다. 유추가 관심을 끄는 이유는 이것이 지능검사에 이용되고 있기 때문이다. 대학원 입학사정에 널리 이용되고 있는 Miller Analogies Test

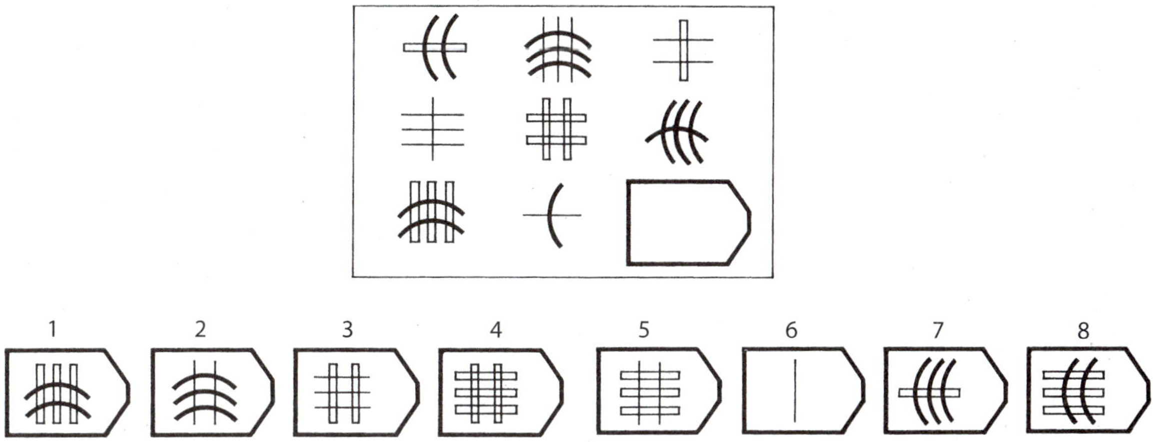

그림 12.3 Raven Progressive Matrices Test를 기초로 제작한 문항

출처: "What one intelligence test measures: A theoretical account of the processing in the Raven Progressive Matrices Test," by P. A. Carpenter, M. A. Just, & P. Shell, 1990, *Psychological Review, 97*, 404-431. Copyright 1990 by the American Psychological Association. Reprinted by permission. APA is not responsible for the accuracy of this translation.

는 완전히 어문적 유추만으로 구성되어 있다. Graduate Record Exam(GRE) 및 Scholastic Aptitude Test(SAT)와 같은 능력검사는 검사 문항 속에 유추 문제가 포함되어 있다.

유추 문제나 계열외연 문제해결에 관여하는 심리적 과정에는 구성요소들 간 관계를 찾아내고, 그 관계를 적절한 형태로 짜맞추는 과정도 포함된다(Greeno, 1978). Sternberg와 Gardner(1983)는 구조 도출을 요구하는 세 가지 추리 과제(계열완성, 유추, 분류)에 공통 요소가 존재하는지를 조사했다. 그 결과, 이들 세 가지 과제의 수행 점수와 정비례 관계에 있는 변인 하나를 발견했다. 추리 속도였다. 다시 말해, 세 가지 구조 도출 과제 중 한 가지 과제에서 추리를 빨리 한 학생은 다른 과제에서도 추리를 빨리 하는 것으로 드러났다. 이 결과는 과제가 달라도 구조를 도출하는 작업에는 공통으로 관여하는 인지 기능이 존재한다는 의미를 가진다.

추상적인 관계를 도출해야 하는 검사 중 특별나게 어려운 검사로는 Raven Progressive Matrices Test(Raven, 1962)가 꼽힌다. 이 검사의 각 문항은 3×3 행렬판으로 구성되어 있는데, 오른쪽 가장 아래 칸이 비어있다. 피검자는 가로줄과 세로 열을 살펴본 후 그 결과를 기초로 이 빈칸을 메워야 한다. 여러분도 그림 12.3에 제시된 이런 문제를 한 번 해결해보기 바란다.

대부분의 사람들은 처음에 가로줄의 직사각형, 곡선, 직선을 맞추어보려고 한다. 그러나 보는 바와 같이 이들 중 어느 것도 들어맞지 않는다. 예를 들어, 첫 칸에서 발견되는 두 개의 세로 곡선은 첫 줄의 둘째 칸과 셋째 칸에서는 발견되지 않는다. 이 문제의 경우, 개수와 모양이 결정적인 요소에 해당한다. 왜냐하면, 모양은 수직형과 수평형으로 나뉘는데, 가로줄에는 한 개부터 세 개까지의 수평형 모양과 역시 한 개부터 세 개까지의 수직형 모양이 모두 발견되기 때문이다. 맨 아래 줄에서 수평형 모양의 개수를 보면 세 개짜리가 빠져있다는 것을 알 수 있다. 그리고 빠져있는 수평형 모양은 직사각형이라는 것을 알 수 있다. 수직형 모양에서 빠진 개수는 두 개이며, 빠진 모양은 선분임을 알 수 있다. 그러므로 정답은 5번이 된다. 이 검사의 점수는 추상적 관계를 도출하는 능력과 여러 가지를 동시에 비교할 수 있는 작업기억의 용량에 따라 달라진다(Carpenter et al., 1990).

변형 문제

변형 문제
일련의 조작을 통해 문제의 시초 상태를 변화시켜 목표 상태에 맞도록 바꾸는 문제.

변형 문제(transformation problems)는 시초 상태, 목표 상태, 시초 상태를 목표 상태로 변화시키는 데 필요한 조작들로 구성된다. 변형 문제는 문제해결자로 하여금 목표 상태를 만들어내도록 하지 않고 목표 상태가 주어진다는 점에서 구조 도출 문제나 배열 문제와 다르다. 문자 수수께끼는 적절한 단어(목표 상태)를 찾도록 되어 있고, Dunker의 촛불 문제는 초를 받칠 수 있도록 대상을 적절하게 배열(목표 상태)하도록 되어 있다. 이와는 대조적으로, 선교사와 식인종 문제 같은 변형 문제는 목표 상태가 주어진다.

선교사와 식인종 문제는 배 안에서든 강둑에서든 식인종의 수가 선교사의 수보다 많지 않아야 한다는 조건하에서 선교사와 식인종을 모두 도강시켜야 해결된다. 이 문제의 여러 가지 각색 중 하나의 시초 상태는 다섯 명의 선교사와 다섯 명의 식인종이 모두 강의 왼쪽 둑에 있고 세 명이 탈 수 있는 배가 주어진다. 목표 상태는 이들 열 명 모두와 배를 오른쪽 강둑으로 이동시키는 것이다. 조작은 한 명에서 세 명까지의 사람을 배에 태우고 강을 건너갔다 건너왔다 하는 작업이다. 이 문제는 열한 번의 이동(조작)으로 해결될 수 있지만, 사람들은 대개 20~30회의 이동을 행한 후에야 해결점에 도달한다.

Greeno(1978)의 분석에 의하면, 변형 문제는 소위 수단-목적 분석법에 기초한 계획 수립 기술에 의해 해결된다. 변형 문제에는 분명한 목표 상태가 주어지기 때문에 문제해결자는 항상 문제의 현재 상태와 목표 상태를 비교해 볼 수 있다. **수단-목적 분석법**(means-end analysis)에서는 현재 상태와 목표 상태 간의 괴리를 찾아내고 이 차이를 줄이는 조작을 선택한다.

수단-목적 분석(법)
변형 문제를 해결하기 위한 전략 중 하나로, 시초 상태와 목표 상태 간의 괴리를 제거하는 전략.

이 장의 나머지 부분에서 고려될 문제는 대부분 변형 문제이다. 따라서 우리는 수단-목적 분석 전략 및 다양한 계획 수립 전략을 공부하게 될 것이다.

사람들이 이러한 문제를 어떻게 해결하는지에 관해 우리가 알고 있는 많은 것은 Newell과 Simon이 밝혀낸 것들이다. 이들의 관념이 특정 문제에 적용되는 보기를 살펴보기 전에, 인간의 문제해결에 관한 Newell과 Simon의 이론부터 고려해보기로 한다.

12.2 Newell과 Simon의 이론

목표와 방법

Newell과 Simon이 처음 개발한 이론은 "Elements of a Theory of Human Problem Solving"이라는 논문(Newell, Shaw, & Simon, 1958b)에 소개되었다. 앞서도 언급한 바 있지만, 이 논문은 정보처리 이론의 발달에 중요한 영향을 미치기도 했다. 이 논문은 컴퓨터를 프로그램하여 문제를 해결하도록 만들려는 장기적 연구 프로젝트의 처음 2년 동안의 성과를 기술하고 있다. 이 프로젝트의 목적 중 하나는 컴퓨터 프로그래밍이 문제해결 이론 개척에 기여할 수 있는 것이 무엇인지를 살피는 것이었다. 첫 번째 과제는 인간이 문제를 해결하는 과정을 컴퓨터 프로그램으로 제작하는 일이었다. Newell 등은 이 과제를 완수하기 위해 인간의 문제해결 과정에 관한 연구에서 수집된 증거를 이용했다. 두 번째 과제는 이렇게 제작된 컴퓨터 프로그램이 해결한 문제를 사람들은 어떻게 해결하는지를 분석하는 작업이었다. 이 작업 결과를 기초로 컴퓨터 프로그램을 수정함으로써 컴퓨터 프로그램이 문제를 푸는 행동과 인간이 문제를 푸는 행동을 더욱 근사하게 만들기 위함이었다. 일단 특정 문제를 해결하는 인간의 행동을 흉내내는 프로그램이 완성되면, 보다 광범위한 과제에 이 프로그램을 적용할 수 있는지를 검토했다. Newell 등이 원했던 것은 이 프로그램을 제작할 때 이용된 정보처리 과정과 프로그램의 구조를 모든 재연 프로그램(simulation program)에 적용하는 일이었다. 이들이 착수한 연구 프로젝트의 궁극적 목적은 이렇게 개발된 이론에서 인간의 문제해결 능력 향상에 필요한 함의를 도출하는 데 있었다.

재연 프로그램
다양한 과제를 수행할 때 사람들이 사용하는 조작을 재생시키려는 컴퓨터 프로그램.

컴퓨터 프로그램이 인지 이론 구축에 이처럼 중요하게 활용되는 이유는 무엇일까? 인지과정 중 대부분을 직접 관찰할 수가 없기 때문이라는 게 Simon과 Newell(1971)의 대답이다. 직접적 관찰이 불가능하다는 사고의 본질 때문에 사람들은 사고를 마술적인 것 또는 신비한 것으로 간주하기에 이르렀다. 그 덕분에 인지 이론에서도 사고의 과정을 명백하게라기보다는 오히려 더 모호하게 만드는 일이 벌어지곤 했다. 컴퓨터 프로그램의 장점은 기억이니 전략이니 하는 용어까지도 정밀하게 진술되는 컴퓨터 프로그램의 명령문으로 정의될 수 있다는 점이다. 더욱이, 프로그램이 작동해야만 한다. 즉, 제작된 프로그램으로 문제를 해결할 수 있어야만 한다. 그래서 프로그램이 작동하는(즉 컴퓨터가 문제를 해결해가는) 모든 단계가 명명백백하게 명시되지 않으면 안 된다. 성공적인 프로그램은 충분성 척도(measure of sufficiency)(프로그램에 이용된 단계들만으로도 문제를 해결하는 데 충분한지를 검증하는 방법)로 이용되기도 한다. 그러나 그런 프로그램이 성공적으로 문제를 해결한다고 해서 사람도 프로그램처럼 문제를 해결한다고 말할 수는 없다. 따라서 사람들이 문제를 어떻게 해결하는지에 대한 보다 자세한 관찰은 여전히 필요한 작업으로 남게 된다. 그리고 인간의 문제해결 행동을 그대로 따라하도록 프로그램을 수정하는 일도 필요하게 된다. 물론, 이 수정 작업은 사람들의 문제해결 행동을 관찰한 결과를 바탕으로 이루어진다.

충분성 척도
문제해결 과정을 컴퓨터 프로그램 명령문으로 작성할 수 있을 만큼 세밀하게 명시할 수 있는 능력을 그 문제해결 과정에 대한 완전한 이해로 간주하는 척도.

사람들이 문제를 해결하는 방식에 관한 상세한 자료를 수집하기 위해 Newell과 Simon(1972)이 이용한 방법은 실험 참여자들의 어문적 프로토콜(verbal protocol)을 기록하는 방법이었다. 이 방법을 이용한 실험에 참여한 사람들은 문제를 해결하려 할 때 생각나는 모든 것을 글이나 말로 보고해야 한다. 이렇게 기록된 어문적 진술은 매우 상세한 경우가 많았다. 그래서 이 진술을 기초로 재연 프로그램을 작성함으로써, 컴퓨터로 하여금 사람과 똑같은 방식으로 문제를 해결하도록 할 수도 있었다.

어문적 프로토콜
사고(문제해결) 과정에서 머릿속에 떠오르는 모든 생각을 말이나 글로 기록한 것.

어문적 프로토콜을 수집하여 재연 프로그램을 작성하는 방법이 널리 채택되지는 않았다. 하지만 이 접근법의 호소력이 점점 커지고 있다. 이 방법은 너무 많은 작업을 필요로 한다는 결점이 있다. 그러므로 대부분 연구자들은 소수의 참여자를 대상으로 연구를 하며, 이들의 문제해결 방식을 전형적인 방식이라고 가정할 수밖에 없다. 또 다른 제한점은 이 방법이 너무 세밀한 것까지를 생성하기 때문에, 중요한 것만을 요약하기가 쉽지 않다는 점이다. 그러나 우리는 참여자의 행동만 관찰해서는 그들이 무엇을 생각하고 있는지에 관해 밝혀낼 수 있는 것이 별로 없다. 어문적 프로토콜을 수집하지 못하면 중요한 정보를 잃게 될 수도 있다는 뜻이다.

이미 언급했듯이, Newell과 Simon이 애용한 이 특유한 방법이 널리 수용되지는 않았다. 하지만 이들의 문제해결 이론은 인간의 정보처리 과정 및 문제해결 과정에 관한 심리학자들의 사고방식에 지대한 영향을 미쳤다. 인간의 행동은 정보를 처리하는 특징, 문제의 구조, 그리고 다양한 지식원의 상호작용에 따라 달라지는데, Newell과 Simon의 이론은 이러한 상호작용을 명시하는 데 필요한 일반적 틀을 제공하고 있다.

이론적 가정

Newell과 Simon의 이론은 인간의 문제해결 과정에 영향을 미치는 정보처리의 기본 특징을 확정했다는 점에서 중요한 의미를 갖는다. 이들 기본 특징은 우리가 앞에서 논의했던 것과 사실상 동일하다. 즉, 문제해결 능력은 단기기억의 용량, 장기기억의 용량, 저장시간, 그리고 이들 기억으로부터 정보를 인출하는 데 걸리는 시간에 따라 달라진다는 것이 그들의 믿음이었다. 단기기억의 제한된 용량은 마음속에서 수행할 수 있는 조작(작업)의 개수를 제한한다. 대부분의 사람들은 연필과 종이를 이용하지 않고도 17×8을 계산 할 수 있다. 하지만 17×58을 암산으로 계산할 수 있는 사람은 많지 않다. 이 계산에 요구되는 조작의 수(17×8을 계산하고, 17×5를 계산하고, 이 결과를 저장하고, 정돈하고, 합하는 것)가 단기기억의 용량을 넘어설 수 있기 때문이다. 즉, 문제의 답을 만들어내는 데 필요한 조작의 수가 많을수록 문제는 어려워진다. 그 이유는 조작의 수가 단기기억에서 처리될 수 없을 정도로 많기 때문이란 뜻이다. 장기기억의 용량에는 제한이 없다. 하지만 새로운 정보를 장기기억에 저장하는 데는 시간/노력을 필요로 한다. 따라서 문제해결에서는 이미 이용되었던 단계를 기억하기가 어려워지고, 또 이 때문에 그릇된 단계가 반복되기도 한다. 그러므로 단기기억의 제한된 용량과 장기기억에 새로운 정보를 저장하는 데 소요되는 시간은 모두 문제해결의 효율성에 커다란 악영향을 미치게 된다(Atwood & Polson, 1976).

Simon과 Newell(1971)의 이론은 사람뿐 아니라 과제도 고려한다. 많은 문제는 본질적으로 순차적으로 해결된다. 따라서 문제해결 과정의 각 시점에서 마주치는 선택의 여지가 중요하게 작용할 수 있다. 선택할 여지는 많은데도 해결에 도움이 되는 여지가 별로 없으면, 그 문제는 매우 어려운 문제가 된다. 그러나 만약 문제해결에 필요한 아주 훌륭한 계획이 있어서, 가망이 별로 없는 여지들을 아예 무시해버릴 수만 있다면, 불필요한 여지(도움이 되지 않는 선택의 여지)의 개수가 아무리 많아도 그 개수는 문제해결에 별다른 영향을 미치지 못할 것이다.

Newell과 Simon은 DONALD+GERALD=ROBERT라는 문제를 들어 이 점을 예시하고 있다. 이 문제는 덧셈 법칙에 맞추어 문제 속 문자 10개를 0부터 9까지의 단위수(digit)로 대치하는 것이다. 'D=5'라는 것이 힌트로 주어진다. 그러므로 'T=0'이 되며, 1이 왼쪽으로 이월되어야 한다. 가능한 선택의 여지(가짓수)는 매우 많지만(9개의 문자를 9개의 숫자로 대치하는 방법은 362,880종이나 된다), 셈본 규칙을 따르고 누적되는 정보(예: 'R'은 홀수여야 한다)를 이용하면 가망성이 높은, 비교적 소수의 여지만 탐색해도 문제가 해결될 수도 있다. 그러므로 잘못된 여지의 개수가 많다는 것은 중요하지 않다. 중요한 것은 이 잘못된 여지를 비껴갈 수 있는 계획을 세우는 것이다. Newell과 Simon의 말을 빌면, "바늘을 확실히 찾을 수 있는 작은 부분만 정확하게 정의할 수만 있다면 건초더미의 크기는 문제가 되지 않는다."

해결책을 찾아내기 위해 추적/검색해 볼 수 있는 선택의 여지나 경로의 개수, 즉 검색 공간(search space)은 문제에 의해 결정된다. 그러나 이들 검색 공간에서 실제로 검색되는 여지나 경로, 즉 문제 공간(problem space)은 문제를 해결하려는 사람에 의해 결정된다. 다음의 정보원은 문제 공간을 구축하는 방식에 영향을 미치는 정보원 중 일부이다.

검색 공간
문제해결의 각 단계에서 그 문제에 의해 결정되는 선택의 여지.

문제 공간
문제해결의 각 단계에서 문제해결자에 의해 결정되어 평가하는 선택의 여지.

1. 문제를 서술하며 유용한 정보까지 제공할 수 있는 과제에 대한 소개
2. 동일한 과제나 거의 동일한 과제에 대한 과거 경험
3. 유사한 과제에 대한 과거 경험
4. 장기기억에 저장되어 있으면서, 여러 과제에 일반화되는 계획
5. 문제해결 도중에 누적되는 정보

그러면, 이들 정보원이 문제해결에 미치는 영향을 좀 더 자세히 살펴보기로 하자. 수단–목적 분석법이 변형 문제해결에 이용되는 방식부터 살펴보기로 한다.

수단–목적 분석법

수단–목적 분석법이 사용된 좋은 예로 일반적 문제해결자(General Problem Solver: GPS)라고 하는 프로그램(Ernst & Newell, 1969)을 들 수 있다. 이 프로그램은 다양한 종류의 문제에 적용할 수 있는 일반적인 프로시저들로 구성되어 있다. 변형 문제를 해결하는 **일반적 프로시저**(general procedure)는 문제의 현재 상태(시초 상태)와 목표 상태 간 괴리를 좁혀주는 조작을 선택하는 작업이다. 조작(operators)이란, '선교사와 식인종을 배에 싣고 강을 건너는 작업' 같은, 문제를 해결하기 위해 시도해 볼 수 있는 노작을 일컫는다. 목표 상태에 가까이 접근하기 위해서는 현재 상태와 목표 상태 간 차이를 줄여야 한다.

조작
문제를 해결하기 위해 선별되고 이행되는 행위.

따라서 일반적 문제해결자로 하여금 이런 프로시저를 따르게 하기 위해서는, 현재 상태와 목표 상태 간 차이 그리고 이 차이를 좁히는 데 필요한 조작을 제공해야만 한다. 또한 현재 상태와 목표 상태 간 차이와 조작과의 관계에

연결표
문제 상태들 간의 차이와 이 차이를 제거할 조작을 연계시켜 놓은 표.

관한 정보도 제공되어야 하는데, 이 정보는 연결표(table of connections)로 제공된다. 연결표에는 어떤 조작이 어떤 차이를 제거할 수 있는지가 명시되어 있다. 물론, 문제에 따라 연결표에 명시된 차이와 조작은 달라진다. 그러나 어떤 조작이 어떤 차이를 제거할 수 있는지를 알아내기 위해서는 연결표를 조회해야 한다는 일반적 전략은 모든 문제에 똑같이 적용된다.

대부분의 경우, 일반적 문제해결자 구축에 이용된 문제해결의 원리는 인간의 문제해결 방식을 흉내내는 그럴듯한 모형이 된다. 사실, 일반적 문제해결자는 인간의 기호 변형 과제 수행을 분석하기 위한 모형으로 이용된 것이다. Newell과 Simon(1972)이 수행한 이 연구에 이용된 문제는 기초 논리학의 귀납 문제와 비슷했다. 몇 개의 시초 진술문, 12개의 변형 규칙, 목표 상태를 묘사하는 진술문 하나를 학생들에게 제시했다. 과제는 제시된 규칙을 이용하여 시초 진술을 목표 진술로 변형시키는 것이었다. Newell과 Simon은 논리적 진술을 구분시켜 주는, 즉 목표 진술과 시초 진술을 구분시켜 주는 여섯 가지 차이점을 찾아내어, 이들 차이점 중 어떤 것이 어떤 변형 규칙에 의해 변형되는지를 명시해 둔 연결표도 함께 제공하였다.

예를 들어보자. '만약 A가 B를 내포하면(A⊃B), B의 부재는 A의 부재(−B⊃−A)를 내포한다'는 진술이 진실임을 입증하는 것이 문제였다고 하자. 시초 상태(A⊃B)와 목표 상태(−B⊃−A) 간 차이점은 두 가지라는 점을 주목하라. 첫째, 부호가 다르다. 즉, 목표 상태에는 A와 B의 앞에 부정부호가 있다. 둘째, 목표 상태에서는 A와 B의 위치가 바뀌어있다. 학생들은 이 문제를 해결하기 위해 수단-목적 분석 전략을 사용하여, 문자 앞에 붙은 기호나 문자의 위치를 바꾸어놓는 변형 규칙을 적용할 수 있었다. Newell과 Simon(1972)은 학생들에게 기호 변형 문제를 해결할 때 자기들이 이용하는 전략을 말로 바꾸어 표현해보라고 주문했다. 학생들이 내놓은 해결책 및 어문적 프로토콜을 분석한 결과, 학생들의 생각에서 발견되는 많은 특성과 일반적 문제해결자에 이용된 수단-목적 분석 전략의 특성 사이에 비슷한 점이 많은 것으로 드러났다.

12.3 일반적 전략

수단-목적 분석법은 일반적인 전략의 일종이다. 일반적 전략이란 많은 종류의 문제에 적용되는 전략을 일컫는 말이다. 따라서 일반적 문제해결 전략에 대한 지식은 매우 유용하다. 문제해결 방식을 다룬 Wickelgren(1974)의 저서에서 하위목표 설정이나 후진적 해결법과 같은 일반적인 전략이 강조되고 있는 것도 이러한 이유에서이다.

수단-목적 분석, 하위목표 설정, 후진적 해결법 같은 전략을 어림법(heuristics)이라고 하는데, 그 이유는 이들 전략으로 문제가 해결될 때도 많지만, 문제해결이 보장되는 것은 아니기 때문이다. 이와는 달리, 알고리즘(algorithm)이란 정해진 단계를 그대로 따르기만 하면 문제해결이 보장되는 그런 전략을 일컫는다. 곱셈법칙을 알고리즘의 예로 들 수 있는데, 그 이유는 이 규칙을 그대로 따라가면 정답이 보장되기 때문이다. 그러면 이제부터 하위목표 설정, 유추 이용, 도해 구축이라는 세 가지 어림법을 고려해보고, 일반적 전략으로서 이들이 갖는 유용성 및 한계점을 평가해보기로 하자.

어림법
문제해결에 도움이 될 때도 있지만, 항상 도움이 된다는 보장이 없는 문제해결 전략.

알고리즘
정확하게 따라가기만 하면 정답이 보장되는 문제해결 규칙들의 집합.

하위목표 설정하기

어려운 문제를 해결하기 위해 애를 쓰는 사람들에게 자주 권장되는 어림법 중 하나는 문제를 잘게 나누어보라는 것이다. 하위목표를 설정해보라는 뜻이다. 하위목표(subgoals)란 시초 상태와 목표 상태 중간에 끼어있는 문제 상태를 일컫는다. 만약 하위목표가 이상적으로 설정되었다면, 이들 하위목표를 차례로 정복하면 원하는 목표 상태에 도달할 수 있게 될 것이다. 어떤 문제는 그 하위목표가 매우 뚜렷하다. 그리고 사람들은 그런 하위목표를 잘 활용한다. '하노이의 탑'이라는 수수께끼(그림 12.4)를 고려해보자. 이 수수께끼는 세 개의 막대기와 그 크기가 각기 다른 고리 한 세트로 구성되어 있다. 이들 고리가 큰 것부터 작은 것의 순서대로 막대기 A에 쌓여있는 상태가 시초 상태이다. 문제는 고리를 한 번에 하나씩 움직여 막대기 C에다 다시 쌓으면 해결된다. 그러나 충족시켜야 하는 또 하나의 조건이 있다. 어떠한 경우에도 큰 고리가 작은 고리 위에 놓여서는 안 된다는 점(제약)이다. 하위목표 중 하나는 가장 큰 고리를 C로 옮기는 것이다. 이 하위목표를 달성하기 위해 시작을 어떻게 해야 할까? 이 질문에 대한 대답은 분명하지 않다. 이 하위목표를 달성하려는 시도에서 사람들은 종종 잘못된 선택을 하곤 한다. 그렇지만 다른 선택을 해봄에 따라 그리고 하위목표 달성이 가까워짐에 따라 바른 선택이 어떤 것인지가 뚜렷해지며 오류 또한 줄어든다(D. E. Egan & J. G. Greeno, 1974).

하위목표
복잡한 문제의 일부만을 해결하는 목표.

하위목표를 설정하는 작업이 문제해결에 유용할 때가 많다. 그러나 앞서 언급했듯이, 하위목표를 설정한다고 해서 문제해결이 보장되는 것은 아니다. 그러므로 이 전략을 이용하려 할 때는 다음과 같은 제한점을 염두에 두어야 한다. 첫째, 어떤 문제에는 뚜렷한 하위목표가 없다. 문제를 해결하는 데 도움이 되는 중간 상태가 분명하지 않을 때도 있다는 말이다. 둘째, 하위목표 달성으

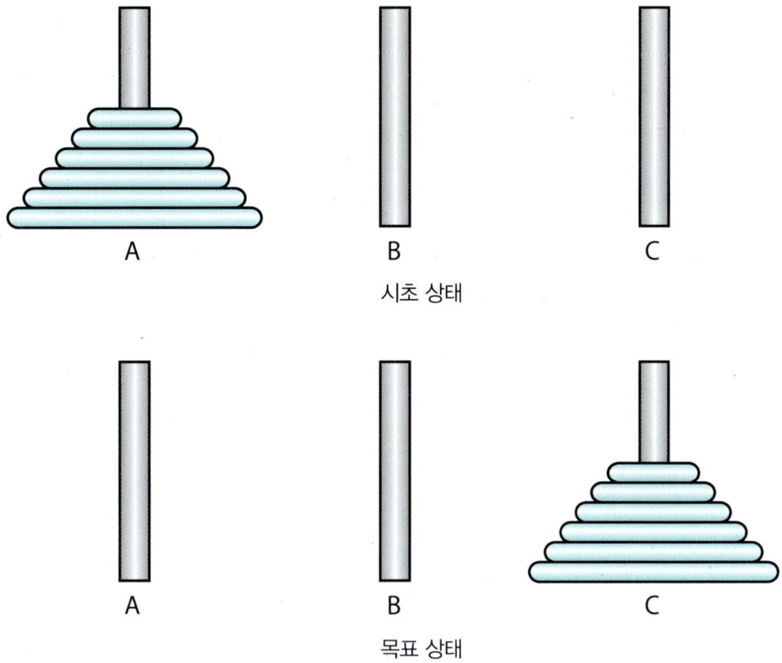

그림 12.4 '하노이 탑'이라는 수수께끼

로 인해 그다음 단계에서 해야 할 일이 흐려지기도 한다. Hayes(1966)는 하위목표 제시가 그 하위목표까지의 문제해결에는 도움이 된다는 사실을 발견하였다. 그러나 문제에 따라 하위목표를 달성한 후에 착수해야 할 일을 파악하기가 어려울 때가 있고, 그 때문에 하위목표가 주어졌을 때가 그렇지 않았을 때보다 문제해결에 더 많은 시간을 잡아먹는 일이 벌어지기도 한다는 사실도 함께 발견했다.

하위목표 설정이 그 해결을 향상시키는 문제의 대표적인 보기로는 선교사-식인종 문제를 들 수 있다(표 12.1). 문제는 세 명밖에 승선할 수 없는 작은 배로 5명의 선교사와 5명의 식인종이 강을 건너야 하는 일이었다. 한 집단의 학생들(통제집단)에게는 이 문제를 해결해보라고만 지시했다. 또 한 집단(하위목표 집단)에게는, 이 문제를 해결하기 위해서는 식인종 3명이 배가 없이 강의 한쪽에 머무는 상태(하위목표 상태)를 거쳐야만 한다고 말해주었다. 통제집단의 학생들은 평균 30회의 이동을 통해 이 문제를 해결했는데 비해 하위목표 집단의 학생들은 평균 20회의 이동으로 이 문제를 해결했다(Simon & Reed, 1976).

하위목표 설정이 효과적인 이유를 밝히기 위해, Simon과 Reed는 이들 두 집단이 검색 공간을 탐색한 방식을 모방한 재연 모형(simulation models)을 개발했다. 모형을 개발한 목적은 합법적으로 가능한 모든 이동통로(움직임의 조합)

를 확정하고, 각 집단의 학생들이 특정 이동통로를 선택한 횟수의 평균을 예측하기 위함이었다. 학생들이 자주 사용할 전략은 가능한 한 많은 사람을 강 건너편에 옮겨두고, 돌아올 때는 가능한 한 적은 수의 사람이 돌아오게 하는 방법일 것이라고 예상했다. 바로 이 수단-목적 분석 전략을 바탕으로 구축된 Simon과 Reed의 재현 모형은 학생들의 선택 행동을 상당히 성공적으로 예측했다. 그러나 이 전략으로는 설명할 수 없는 행동(선택)도 더러 있었다.

수단-목적 분석 전략과 맞지 않는 행동은 참여자들이 균형 전략(balance strategy)을 구사했다고 가정하면 설명되는 행동들이었다. **균형 전략**은 양쪽 강변에 머무는 선교사와 식인종의 수를 동일하게 유지하는 전략을 말한다. 균형 전략을 따르면 불법적 이동통로를 쉽게 피할 수 있다. 왜냐하면, 강의 양쪽에 머무는 선교사와 식인종의 수가 똑같은 한 식인종이 결코 선교사보다 많을 수 없기 때문이다. 균형 전략을 따르면 가망성이 희박한 통로를 선택하게 되곤 하는데, 이것이 바로 균형 전략의 문제점이다.

두 집단의 참여자들이 선택한 이동통로를 분석한 결과, 하위목표 집단은 수단-목적 분석 전략을, 그리고 통제집단은 균형 전략을 따를 가능성이 높은 것으로 드러났다. 하위목표, 즉 세 명의 식인종만 머무는 상태가 불균형 상태라는 사실 때문에 하위목표 집단의 학생들은 균형 전략을 쉽게 포기할 수 있었을 것이다.

앞서 언급했던 것처럼, 하위목표 설정 전략의 한 가지 단점은 어떤 하위목표가 적절한 하위목표인지를 알 수 없을 때도 있다는 점이다. 그러므로 교사들은 학생들에게 하위목표를 분명하게 지적해 줄 필요가 있다(Catrambone, 1995). Catrambone은 학생들에게 확률 문제를 해결하는 방법을 가르치고 있었다. 이 문제를 해결하기 위해서는 전체 빈도를 찾아내는 단계를 하위목표 상태로 거쳐야 했다. 문제를 푸는 과정에서 이 단계를 '전체 빈도'라는 이름을 붙여 분명하게 지적하였다. 그랬더니, 학생들은 자기들이 배운 것을 전체 빈도를 계산해야 풀리는 다른 확률 문제에도 적용할 수 있게 되었다. 응용 문제에서는 전체 빈도를 계산할 때 앞서 배운 것과는 다른 방법을 이용해야 했다. 다시 말해, 앞서 풀어 본 보기 문제 풀이 단계를 그대로 적용해서는 풀 수 없는 문제였다. 따라서 이 학습은 보기 문제에 대한 이해를 기초로 이루어졌다고 해야 할 것이다. 그리고 보기 문제에 대한 이해는 하위목표를 분명하게 지적해 줌으로써 향상되었다고 할 것이다.

유추법

유추법
특정 문제의 해결책을 이용하여 그와 관련된 문제를 해결하는 전략.

유추법도 문제해결에 이용되는 어림법이다. 유추법(analogy)이란 당면 문제를 해결하려 할 때 이미 알고 있는 비슷한 문제의 해결책을 원용하는 기법이다. 유추 전략이 성공하기 위해서는 두 문제가 유사하다는 사실을 알아차려야 하고 또 비슷한 문제의 해결책을 기억해낼 수 있어야 한다. 유추는 해결책의 재생을 요구하기 때문에, 수단-목적 분석법이나 하위목표 설정법보다 장기기억에 의존하는 정도가 더 높은 편이다.

유추에 관한 연구에서 이용된 유명한 문제는 종양 문제 또는 방사선 문제로 알려져 있다. Dunker(1945)가 맨 처음 연구한 이 문제는 방사선을 이용하여 몸속에서 자라고 있는 종양을 파괴하는 방법을 고안해내야 하는 문제이다. 그러나 그 종양을 둘러싸고 있는 살아있는 조직을 파괴해서는 안 된다는 제약이 붙어있다. 분산 해결책은 여러 개의 방사선을 분산시켜 각각 상이한 각도에서 종기를 공략하도록 하는 방법이다. 분산된 각개의 방사선은 그 강도가 매우 약하여 살아있는 조직을 파괴할 수 없을 정도여야 한다. 그러나 분산되었던 방사선 모두를 종기에 수렴되도록 하면, 그 강도는 종기를 파괴할 수 있을 정도로 강렬해진다. 이 해결책은 실용적이고 현명한 전략이지만, Duncker는 이 방법을 이용해서 종기 문제를 해결하는 사람이 별로 없다는 사실을 발견했다.

Gick과 Holyoak(1980)은 유사한 문제를 해결해본 경험이 있으면, 분산 해결책을 발견할 가능성도 커질 것이라는 가설을 검증했다. 참여자들에게 방사선 문제를 해결하기에 앞서 공격-분산이라는 이야기를 읽게 했다. 이 이야기는 군사 문제해결에 관한 이야기였다. 군인들을 분산시킨 후, 정해진 방어 요새에 집결시킴으로써 그 요새를 함락한다는 내용이었다. 표 12.2에는 이 문제의 해결책과 방사선 문제의 해결책을 관련시키는 대응관계가 정리되어 있다. 이 이야기가 방사선 문제를 해결하는 데 필요한 단서가 될 수도 있다는 내용이 지시문에 명시되어 있으면, 대부분의 참여자들이 유추 전략을 이용했다. 이야기를 읽은 사람들 중에서는 반 이상이 분산 해결책을 해결책으로 내놓은데 반해, 그 이야기를 읽지 않은 사람들 중에서 분산 해결책을 해결책으로 제시한 참여자의 수가 전체 참여자 중 8%에 불과했다. 그러나 이 이야기를 이용하라는 힌트를 제공하지 않았을 때는, 분산 해결책을 제안하는 횟수가 더더욱 감소하였다. 그러므로 Gick과 Holyoak의 발견을 기초로 내릴 수 있는 최적의 결론은 '사람들에게 유추 이용을 촉구하면 유사한 해결책을 생성해내기도 한다. 그러나 두 문제 간 유사성을 자발적으로는 알아채지 못한다'라고 할 것이다.

사람들이 유사한 문제들 사이에 존재하는 관계를 자발적으로 알아차리지

표 12.2 공격–분산 이야기의 줄거리와 그에 상응하는 종기 문제의 해결책

분산–공격 이야기
요새는 그 나라의 중심부에 위치하였다.
이 요새로부터 많은 도로가 퍼져 나갔다.
장군은 그의 병력으로 요새를 점령하고 싶어했다.
장군은 도로에 묻혀있는 지뢰로부터 자기의 병력과 인근 동네를 보호하고 싶어했다.
결과적으로, 모든 병력이 하나의 도로를 따라 그 요새를 공격할 수는 없었다.
그렇지만 이 요새를 점령하기 위해서는 전 병력이 투입되어야 했다.
그러니까 소규모 집단의 공격으로는 성공할 수가 없는 것이다.
그래서 장군은 병력을 여러 개의 소집단으로 나누었다.
그는 각 소집단을 상이한 도로 상에 위치시켰다.
이 소집단들은 동시에 요새를 수렴 공격했다.
이리하여 장군의 병력은 요새를 점령했다.
방사선 문제와 분산 해결책*
환자의 신체 내부에 종양이 하나 생겼다.
의사는 이 종양을 방사선으로 파괴하려 하였다.
의사는 건강한 조직이 방사선으로 파괴되는 것을 방지하고 싶었다.
결과적으로, 높은 강도의 방사선을 하나의 통로를 통해 종양에 적용할 수가 없었다.
그렇지만 이 종양을 파괴하기 위해서는, 강도가 높은 방사선을 이용해야 했다.
그러니까 강도가 낮은 방사선 하나만으로는 성공할 수 없었다.
그래서 의사는 고강도 방사선을 여러 개의 저강도 방사선으로 나누었다.
의사는 여러 개의 저강도 방사선을 환자의 몸을 돌아가며 위치시켰다.
저강도 방사선들을 동시에 종기를 수렴시켰다.
이리하여 방사선으로 종기를 파괴했다.

* 진한 고딕체 문장들이 표적 분산 해결을 요약한다.

출처: "Analogical problem solving," by M. L. Gick & K. Holyoak, 1980, *Cognitive Psychology, 12*, 306-335. Copyright 1980 by Academic Press, Inc. Reprinted by permission of Elsevier Science.

못한다는 것은 유사성을 보다 분명하게 만들어보려는 심리학자들에게는 중요한 문제로 부각된다. 유사성이 뚜렷이 나타나지 않는 이유 중 하나는 해결책에서는 개념들 간 관계가 보존되지만, 문제에서는 서로 다른 개념들이 제시되기 때문이다(Genter, 1983). 표 12.3은 이 점을 군사 문제와 방사선 문제에 관련시켜 예시하고 있다. 두 문제에서는 개념들(병력과 요새, 방사선과 종양)이 서로 다르지만, 해결책에서는 분산시킨 후 수렴시킨다는 관계가 지속된다. 두 가지 해결책의 유사성이 표 맨 밑에 있는 수렴 스키마로 정리되어 있고, 여기서는 개념들이 보다 일반적으로 서술되어 있다. 이 두 문제의 해결책이 갖는 공통점은 강한 힘을 쪼개어 여러 개의 약한 힘을 만든 후, 이 약한 힘들이 여러 각

표 12.3 군사 문제와 방사선 문제 그리고 수렴 스키마에서 발견되는 공통점들

군사 문제
시초 상태
목표 : 병력을 이용하여 요새를 점령한다.
자원 : 충분히 큰 병력
제약 : 하나의 도로를 따라 전 병력을 투입할 수 없다.
해결 계획 : 소규모의 병력을 여러 개의 도로를 따라 동시에 투입한다.
결말 : 요새가 병력에 의해 점령된다.
방사선 문제
시초 상태
목표 : 방사선을 이용하여 종양을 파괴한다.
자원 : 충분히 강력한 방사선
제약 : 강도가 높은 방사선을 한쪽 방향으로만 처치할 수 없다.
해결 계획 : 강도가 낮은 방사선을 여러 방향에서 동시에 투사한다.
결말 : 종양이 방사선에 의해 파괴된다.
수렴 스키마
시초 상태
목표 : 힘을 이용하여 중앙에 위치한 표적을 정복한다.
자원 : 충분히 큰 힘
제약 : 하나의 통로를 따라 전력을 적용할 수 없다.
해결 계획 : 약한 힘을 여러 통로를 따라 동시에 적용한다.
결말 : 중심 표적이 힘에 의해 정복된다.

출처: "Schema induction and analogical transfer," by M. L. Gick & K. Holyoak, 1983, *Cognitive Psychology, 15*, 1-38. Copyright 1983 by Academic Press, Inc. Reprinted by permission of Elsevier Science.

도에서 동시에 작용하게 해야 한다는 점이다.

Gick과 Holyoak(1983)은 사람들에게 방사선 문제를 해결하려 하기 전에, 유사한 이야기 두 개를 읽고 두 이야기를 비교해보라고 지시했다. 그랬더니, 일반적인 스키마를 형성할 가능성이 커지는 것으로 드러났다. 예를 들어, 학생들에게 앞서 언급한 군사 문제 이야기 그리고 불을 끄기 위해 그 불을 둘러싸고서 여러 개의 작은 호스를 이용하여 포말을 끼얹는 이야기를 읽게 하였다. 이 두 이야기 간 관계를 분석해봤던 학생들은 이야기 하나만 읽었던 학생들보다 방사선 문제에 대한 수렴 해결책을 생각해낼 확률이 훨씬 높은 것으로 밝혀졌다. 그러므로 수렴 스키마를 만들어낼 수 있게 하기 위해서는 유사한 이야기 두 개를 비교해보게 해야 하고, 그렇게 하고 나면 사람들은 해결책을 일반적인 용어로 생각하게 된다는 뜻이다. 다시 말해, 두 개의 유사한 문제를 비

교해봄으로써 그 해결책을 일반적 용어(두 문제 모두에 적용되는 용어)로 생각할 기회를 가진 후에야 수렴 스키마가 생성된다는 뜻이다. 유사한 이야기를 읽기만 하고 비교해보지 않으면 얻는 것이 별로 없다(Catrambone & Holyoak, 1989).

이러한 발견은 다양한 방향으로 확대되고 있다(Gentner, Loewenstein, Thompson, & Forbus, 2009). Gentner 등의 연구에 참여한 사람들은 경영 컨설턴트로 대략 15년을 일해왔고 실험 당시에는 협상 능력 훈련 프로그램에 참가하고 있었다. 이들은 미래에 벌어질 사건의 결과에 따라 계약의 성사가 결정되는 조건부 계약 두 건에 관해 공부하고 있었다. 한 건은 화물선이 약속된 시간에 도착하는지에 따라 미국에 있는 구매자가 운송비를 부담할 수도 있고, 아시아에 있는 생산자가 운송비를 부담할 수도 있는 계약이었다. 두 번째 건은 농장의 주요 곡물 가격 변동에 따라 농장을 매각한 대금으로 받은 돈을 두 형제가 나누어 가지게 될 정도가 달라지는 계약이었다.

참여자들 중 한 집단은 이 두 건의 계약을 따로따로 공부했다. 각 건에 대한 공부를 마친 후 원칙과 협상의 성공 가능성을 서술해야 했다. 두 번째 집단은 이 두 건의 계약을 동시에 공부한 후 두 건의 유사성을 분석해야 했다. 그 결과 이 두 번째 집단은 일반적인 스키마를 생성했던 것으로 드러났다. 즉, 이 집단이 첫 번째 집단에 비해 조건부 계약의 원칙을 보다 정확하게 서술할 수 있었다. 그리고 자신들의 과거 경험으로부터 조건부 계약의 보기를 더 많이 기억해낼 수 있었다. 실험실에서 수행된 연구의 결과가 실험실 밖에서 벌어지는 중요한 상황에 일반화되는 것을 바라보는 흐뭇함보다 더 큰 기쁨도 별로 없을 것이다.

수수께끼 해결 전략으로든 또는 협상 전략으로든 일반적 스키마가 생성되었을 때의 장점은 여러 가지 상황에서 서로 닮은 점을 쉽게 인식하게 된다는 점이다. 그렇지만 사람들이 유추 문제를 해결하기 위한 유추의 기반으로 특정 문제에 대한 기억을 더듬는 대신 일반적 스키마를 창출하는 정도가 얼마나 되는지는 아직도 밝혀지지 않고 있다(Ross, 1984). 유추에 관한 광범한 문헌 고찰을 기초로 Reeves와 Weisberg(1994)는 사람들은 유추를 할 때 구체적인 문제를 회상하기도 하지만 추상적인 스키마를 활용하기도 한다고 결론지었다. 사실상, 사람들은 처음에는 구체적인 문제의 해결책을 이용하는 데서 시작하지만 구체적인 문제의 해결책을 다른 문제에 적용해보는 기회가 증가함에 따라 보다 추상적인 스키마를 형성하게 된다고 볼 수도 있다(Ross & Kennedy, 1990). 다음 장에서는 추상적인 스키마 형성이 전문성을 습득하는 주요 과정의 일부라는 것을 알게 될 것이다.

다이어그램

마지막으로 문제해결을 위한 일반적 전략 중 다이어그램 작성법을 고려해보자. 다이어그램을 이용하여 문제를 표상하게 되면, 해결책을 효율적으로 검색할 가능성이 높아진다. 우선 문제의 표상, 즉 문제를 이해하는 것이 얼마나 중요한지부터 음미할 필요가 있다. 해결책은 동일하지만 이야기의 내용이 상이한 두 문제(동형 문제, problem isomorphs)의 경우, 문제를 소개하는 글/말의 내용에 따라 문제의 난이도가 현격하게 달라지기도 한다. 문제를 소개하는 말/글에 따라 문제의 표상 방식이 달라지고, 문제를 표상하는 방식에 따라 해결책 발견이 쉬워지기도 하고 어려워지기도 한다는 뜻이다. 다시 말해, 문제를 소개한 말/글을 어떻게 이해/표상하느냐에 따라 문제의 난이도가 달라진다. 동형 문제를 두 개 다 해결해본 사람들조차 두 문제 간 유사성을 인식하지 못하기도 할(Hayes & Simon, 1977) 만큼 문제에 대한 이해/표상은 다를 수 있다.

동형 문제
문제 상황을 소개하는 글/말은 다르지만 해결책은 동일한 문제 두 개.

Carroll, Thomas, Malhotra(1980)는 동형 문제 두 개를 만들어 디자인에서 표상이 맡은 역할을 연구하였다. 이 동형 문제의 **공간형 과제**는 7명의 직원이 일할 사무실을 설계하는 과제였다. 참여자들에게 제공된 요구사항(제약조건)은 다음과 같았다: '사무실 현관에 들어서면, 한쪽에는 접수대가 있고 그 반대쪽에는 경리실이 자리 잡아야 한다. 접수대와 경리실을 잇는 복도를 따라가며 작은 통로를 만들고, 각 통로를 따라 들어가며 작은 방을 만들어 직원들에게 하나씩 배치하려 한다. 직책이 높을수록 복도와 가까이 있는 방을 제공하고, 업무상 관련이 깊은 직원들의 방은 같은 통로에 두려고 한다. 설계의 중요한 목적 중 하나는 통로의 개수를 최소한으로 줄이는 것이다.'

이러한 종류의 문제는 대개 그림 12.5에 제시된 것과 같은 다이어그램을 이용하면 쉽게 해결된다. 다이어그램의 맨 위에 접수대와 경리실을 연결하는 현관복도가 그려져 있다. 세로 기둥은 통로를 나타낸다. 그림 12.5에서처럼 배열하면, C가 A보다 경리실을 더 자주 이용한다는 것, B와 C는 업무가 비슷하다는 것, 그리고 C가 B보다는 직책이 높다는 조건이 충족된다.

이 문제의 **시간형 과제**에서도 제약조건은 동등하다. 그런데 이 제약조건들은 7단계로 구성된 작업 공정에 주어지는 것들이다. 따라서 그림 12.5의 세로 기둥은 이제 통로가 아니라 작업 공정의 변동을 나타내는 데 이용된다. 수평선분은 작업시간을 나타내고 수직선분은 우선순위를 나타낸다. 실험 참여자들에게는 동일한 자원을 이용하는 작업 공정은 동일한 작업시간대에 배정하라고 지시하였다. 작업 공정의 단계에 따라 배정되는 작업시간대가 달라야 하고, 동일한 작업시간대에 속하는 단계일지라도 우선순위에 따라 배정되는 위

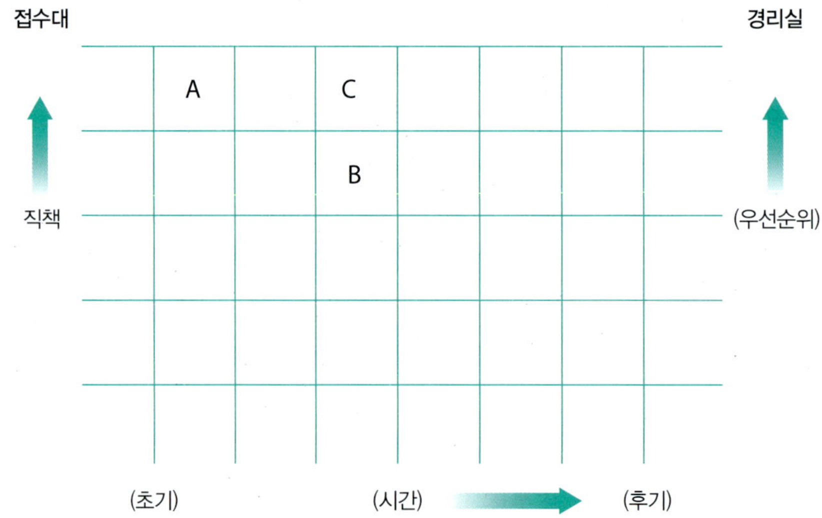

그림 12.5 디자인 문제를 다이어그램으로 표상한 것. 괄호 속의 용어는 시간형 과제에 적용되는 내용이다.

출처: "Schema induction and analogical transfer," by M. L. Gick & K. Holyoak, 1983, *Cognitive Psychology, 15*, 1-38. Copyright 1983 by Academic Press, Inc. Reprinted by permission of Elsevier Science.

치가 달라진다. 그림 12.5의 배열이 충족시키는 제약조건으로는 단계 A가 단계 C보다 일찍 완료된다는 것, 단계 B와 단계 C는 동일한 자원을 이용한다는 것, 단계 C가 단계 B보다는 우선순위가 높다는 것을 꼽을 수 있다. 공간형 과제에서는 경리실로부터의 거리였던 것이 시간형 과제에서는 작업시간에 해당하고, 업무의 관련성은 이용하는 자원의 동질성에 해당되며, 직책의 고하는 우선순위에 해당된다는 점을 주목하기 바란다.

시간형 과제에서든 공간형 과제에서든 참여자들에게는 모두 19종의 제약조건이 부과되었다. 물론, 두 과제에 주어진 19종의 제약조건은 서로 대응되는 것들이었다. 참여자들에게 다이어그램을 이용하라는 지시는 하지 않았다. 참여자들은 스스로의 문제를 해결할 방법을 모색해야 했다. 수행 수준은 충족시킨 제약조건의 개수로 측정되었다. 두 문제가 동등한 제약조건을 가지고 있는데도 공간형 과제의 수행 수준이 훨씬 높았다. 이 결과는 표상이 얼마나 중요한지를 분명하게 입증하고 있다. 공간형 과제를 받은 참여자들이 보다 많은 제약조건을 충족시켰을 뿐만 아니라 설계를 완성하는 데 사용한 시간도 더 짧았다. 공간형 과제를 받은 참여자 17명은 모두 사무실 배치를 그림으로 그려냈다. 이에 비해, 시간형 과제를 수행한 참여자 18명 중에서 다이어그램식 표상을 이용한 사람은 단 2명뿐이었다.

공간형 과제가 보다 쉬웠던 이유가 정말 다이어그램식 표상 때문인지를 판단하기 위해, 두 번째 실험을 실시하였다. 두 번째 실험에서는 두 집단 모두에게 그림 12.5의 그림을 이용해보라고 알려주었다. 그러자 이 두 번째 실험에서는 수행 점수나 해결 시간에 있어서 두 집단 간 차이가 현격하게 줄어들었다. 이 결과는 첫 번째 실험에서 발견된 집단 간 차이가 과제를 그림으로 표상했기 때문에 생긴 효과였음이 분명하다고 말한다. 공간형 과제는 다이어그램식 표상의 유용성이 두드러졌고, 따라서 학생들은 다이어그램식 표상을 자발적으로 이용할 수 있었을 것이다. 그러나 시간형 과제에서는 다이어그램식 표상의 유용성이 뚜렷하지 않았기 때문에 그림을 사용하여 문제를 표상해보라고 말해주었을 때에야 공간형 과제에서와 대등한 수행을 이룩할 수 있었다고 할 것이다.

이러한 발견에서 제기되는 재미나는 질문은 '공간형 과제를 먼저 해결해본 적이 있다면, 뒤에 제시되는 시간형 과제의 수행이 향상될까?'라는 질문이다. 공간형 과제를 해결하기 위해 자발적으로 다이어그램식 표상을 활용했던 경험이 유추에 의해 시간형 과제로 전이될 수도 있는 일이기 때문이다. 만약 참여자들이 두 과제의 유사성을 인식할 수만 있다면, 공간형 과제를 완수한 참여자들에게 시간형 과제를 부여하면서 그림으로 문제를 표상해보라는 귀띔을 해줄 필요가 없을 것이다. 그러나 이 문제에 대한 초창기 연구에 따르면, 일반적 문제해결 방법이든 구체적 문제해결 방법이든 자발적 전이는 쉽게 이루어지지 않는 것으로 밝혀졌다.

표상 전이

유추 전이
두 개의 문제 중 하나를 해결한 후, 그 해결책을 다른 문제를 해결하는 작업에 이용하는 것.

표상 전이
두 개의 문제를 해결하는 데 동일한 표상을 이용하는 것.

Novick(1990)은 일반적 문제해결 방법의 전이를 표상 전이라 하여, 구체적 해결책의 유추 전이와 구별하였다. 유추 전이(analogical transfer)에서는, 예를 들어 군사 문제의 해결책을 방사선 문제를 해결하는 작업에 적용하는 것 같은, 구체적인 해결책의 전이를 다룬다. 그러나 표상 전이(representational transfer)에서는 일반적 해결 방법의 전이를 다룬다. 예를 들어, 보기 문제를 해결하기 위해 그림 12.5 같은 **행렬 다이어그램**(matrix diagram) 이용 방식을 배운 후, 다른 문제를 해결할 때도 보기 문제를 풀 때 배운 다이어그램을 이용하면, 표상 전이가 일어났다고 말한다.

Novick은 많은 심리학자들이 유추 전이에 관한 연구는 하면서도 표상 전이에 관한 연구는 아무도 하지 않는다는 사실을 알아차린 후부터, 표상 전이를 연구하기 시작했다. 특히, 그림 또는 다이어그램 표상은 많은 문제의 기저 구조 표상을 용이하게 한다. 그런데도 사람들은 문제를 표상할 때 적절한 다이어그램을 만들지 못하는 경우가 많은 것으로 드러났다. 그래서 Novick과

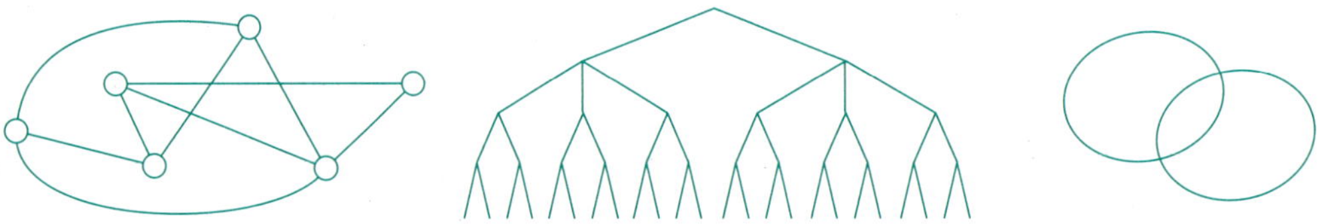

	연결망	위계	부분-전체
보기	다리	단어	조가비와 돌
검사	악수	미로	천사
이용	예	예	아니요
정확성	예	아니요	아니요

그림 12.6 연결망, 위계적 구조, 그리고 부분-전체 표상의 전이에 관한 연구에 이용된 그림과 연구의 결과

출처: "Transferring symbolic representations across nonisomorphic problems" by L. R. Novick & C. E. Hmelo, 1994, *Journal of Experimental Psychology: Learning, Memory, and Cognition, 20*, 1296-1321. Copyright 1994 by the American Psychological Association. Reprinted by permission. APA is not responsible for the accuracy of this translation.

Hmelo(1994)는 한 문제에 사용한 그림이 다른 문제에 전이되는지를 검토하였다. 물론, 이 두 문제의 해결책은 다르지만 동일한 그림을 이용하여 해결될 수 있는 문제들이었다.

그림 12.6은 세 종류의 다이어그램을 보여준다. 앞에 있는 두 개는 이미 앞에서 소개된 것들이기 때문에 눈에 익을 것이다. **연결망**(network)은 고리(link)로 연결된 매듭(노드)들로 구성된다. 보기 문제는 한 부부가 다리(고리)로 연결된 여러 섬(노드)을 주유할 여행계획을 짜는 것이었다. 그리고 검사 문제는 동호회 모임에서 서로서로 악수(고리)한 쌍의 사람들(노드)을 찾아내는 것이었다. **위계구조**(hierarchy)의 보기 문제는 자기 아이가 아는 단어들을 엄마가 그림 9.1의 개념적 위계구조와 같은 범주(예: 동물원 동물, 농장 동물, 애완용 동물 등)로 분류하는 범주화 문제였다. 그리고 검사 문제는 그림 12.6에 제시된 검색 공간의 위계구조처럼 생쥐가 미로에서 택할 수 있는 통로를 표상하는 문제였다. **부분-전체 표상**(part-whole representation)의 보기 문제는 구성요소에 관한 과제로 구성되었다. 이 보기 문제의 과제는 돌멩이만 수집한 아동의 수, 조가비만 수집한 아동의 수, 그리고 둘 다를 수집한 아동의 수를 결정하는 작업이었다. 이런 문제는 그림 12.6의 **벤 다이어그램**(Venn diagram)으로 표상될 수 있는 것들이다. 검사 문제는 기하 문제로 두 개의 선분을 교차시켰을 때 만들어지는 각을 부분 혹은 전체로 표상하는 것이었다.

벤 다이어그램
범주들 간 집합 관계(예: 겹침)를 보여주는 그림.

Novick과 Hmelo(1994)는 학생들의 검사 문제해결 능력을 비교하기 위해 세 개의 조건, 즉 보기 문제를 보여주지 않은 통제 조건, 적절한 보기를 보여주긴 했지만 그 적절성에 대해서는 아무 말도 해주지 않은 무단서 조건, 보기도 보여주고 그 적절성도 알려준 단서 조건을 설정하였다. 통제 조건과 무단서 조건 간에는 아무런 차이가 발견되지 않았다. 즉, 앞서 공부한 보기 문제가 검사 문제해결에 도움이 될 것이라고 가르쳐주지 않았을 때는 참여자들의 표상도 바뀌지 않고 수행도 향상되지 않았다. 이 결과는 자발적 전이가 전혀 일어나지 않고 있음을 반영한다.

보기를 보여준 단서 집단의 결과는 표상 방법에 따라 다르게 나타났다. 연결망 표상이 가장 성공적인 것으로 드러났다. 적절한 보기 문제(여행계획 문제)를 활용해보라는 지시를 받은 학생들은 악수 문제에 연결망 표상을 더 많이 이용했으며 수행 수준도 높았다. 위계적 구조 표상의 경우에는 결과가 분명하지 않았다. 많은 학생들이 미로 문제를 위계적 구조로 표상했으나 수행 수준은 높지 않았다. 문제를 위계적 구조로 표상하지 않은 학생들은 대개 미로를 그렸고, 미로를 그려보는 것도 위계적 구조를 그려보는 것만큼 해결에 도움이 되었기 때문에 단서 제공의 효과가 분명하지 않았던 것 같다. 부분-전체 문제가 가장 비효과적이었다. 기하 문제해결에 부분-전체 표상을 이용하는 참여자 수도 증가하지 않았고 해결책의 정확성도 향상되지 않았다. 이 조건의 문제점은 참여자 중 누구도 보기 문제의 조가비와 돌멩이가 기하 문제의 각도와 어떻게 연관되는지를 알아내지 못했다는 점이다. 그림 12.6의 하단에는 이 결과가 요약되어 있다.

여러분도 표상 전이에 관한 이 연구결과와 유추 전이에 관한 연구결과 사이에서 비슷한 점을 알아차렸을 것이다. 그런 유사성 중 하나는 구체적인 해결책도 일반적인 해결책도 자발적으로 전이되는 경우는 드물었다는 점이다. 자발적 전이가 일어나지 않은 것은 두 문제 간 유사성을 발견하기가 어려웠기 때문이고, 유사성을 발견하기 어려웠던 것은 공격-분산 문제와 방사선 문제(Gick & Holyoak, 1983) 또는 여행계획 문제와 악수 문제(Novick & Hmelo, 1994)에서처럼, 문제를 소개한 글/말이 달랐기 때문일 것이다. 두 번째 유사성은 참여자들에게 유사한 문제를 이용해보라는 지시를 내렸을 때조차 구체적 해결책 전이는 일률적으로 일어나지 않았다는 점이다. 한 문제 속 대상과 유사한 문제 속 대상의 대응관계가 얼마나 명확한지에 따라 전이 정도가 달라졌음(Gentner, 1983; Reed, 1993)을 기억할 것이다. 조가비와 돌멩이 문제의 부분-전체 표상이 기하 문제 표상으로 전이되지 않았던 이유도 그 대응관계를 찾아내기가 어려웠기 때문이었다.

유추 전이와 표상 전이에 관한 연구에서 발견된 세 번째 유사성은 해결책을 추상적 수준에서 표상하게 했더니 자발적 전이가 촉진되었다는 점(Gick & Holyoak, 1983)이다. 다이어그램의 경우, 정보를 표상하는 방식에서 나는 다이어그램들 간 차이를 파악하고 있어야만 자발적 전이가 일어날 수 있다. 예를 들어, 그림 12.5에 제시된 행렬 다이어그램의 경우, 고리가 없기 때문에 통로(고리)를 따라 옮아다니는 정보는 표상될 수가 없다. 한편, 그림 9.4에 제시된 위계적 구조 모형의 경우, 한 노드에서 다음 노드로 연결되는 통로가 하나밖에 없다('카나리아'에서 '새'로, '새'에서 '동물'로 이어진 통로). 따라서 위계적 구조망 속에는 의미상 관련이 없어 보이는 개념들 간 관계를 표상하기가 쉽지 않다. 그러나 그림 9.6에 제시된 연결망의 경우, 노드들 사이에 여러 개의 통로가 있을 수 있다. 예를 들어, '거리'와 '소방차' 사이에는 직접 이어진 통로에서부터 중간 노드를 통한 다섯 개 통로 등 여러 개의 통로가 있다. 따라서 이러한 의미 연결망 속에는 의미상 무관한 것처럼 보이는 개념들 간 관계도 어렵지 않게 표상될 수 있다.

대학생들의 경우, 정보를 표상하는 방식에서 나는 이러한 다이어그램들 간 차이를 이해하고 있을 뿐 아니라 실제로 문제 이해/표상에 그런 지식을 이용하고 있는 것으로 밝혀졌다(Novick & Hurley, 2001). 후속 연구에서는 문제를 해결하기 위해 다이어그램을 이용할 때는 관례, 즉 개념은 의미 연결망의 노드로 설정하고 개념들 간 관계는 고리로 설정하는 관례를 따르는 게 중요한 것으로 드러났다. 관례에 위배되는 방식으로 다이어그램을 이용하게 했을 때는 추리시간은 늘어나지만 정확성은 떨어졌다(Hurley & Novick, 2010). 이러한 결과에는 문제에 따라 그 문제를 표상하는 데 적절한 다이어그램이 달라진다는 사실을 알고 있어야 하고, 각 문제를 가장 잘 표상할 수 있는 최적의 다이어그램이 어떤 것인지도 알고 있어야, 문제해결의 전문가가 될 수 있다는 뜻이 숨어있다.

결론적으로, 하위목표 설정, 유추하기, 그림(다이어그램) 그리기 같은 일반적 전략은 문제해결에 유용하게 이용될 수 있는 것으로 밝혀졌다. 그러나 어려움은 언제 그리고 어떻게 이들 전략을 이용해야 할 것인지가 분명하지 않다는 데에서 불거졌다. 예를 들어, 다이어그램 그리기의 경우, 주어진 상황(문제)을 표상하는 데 어떤 다이어그램이 가장 적절한지를 인식할 수 있어야 하는 것으로 밝혀진 것이다. 그러므로 이들 전략을 성공적으로 활용할 수 있기 위해서는 특정 분야의 전문성을 터득해야 한다고 하겠다. 특히, 교실에서 마주치는 대부분 문제의 경우, 그 문제와 관련된 분야의 지식이 없으면 해결할 수 없다. 따라서 유능한 문제해결사가 되기 위해서는 그 분야에 관한 지식뿐만 아니라 일반적인 문제해결 전략도 익혀야만 한다(Glaser, 1984). 다음 장에서는 교실 내 문제를 해결하는 데 필요한 전문성 습득 그리고 전문가와 초보자 간 차이점이 강조될 것이다.

12.4 요약

문제에는 많은 종류가 있다. 그래서 문제를 해결하는 데 필요한 기능(skill)을 기초로 이들 문제를 분류할 수만 있다면, 문제해결 이론을 정립하기가 훨씬 쉬워진다. 이 장에서는 이 점을 염두에 두고 분류된 배열 문제, 구조 도출 문제, 변형 문제를 검토하였다. 배열 문제는 문제의 여러 요소를 특정 준거에 맞추어 정돈해야 하는 문제를 말한다. 문자 수수께끼가 그 좋은 예라고 할 수 있다. 주어진 문자로 단어를 만들기 위해서는 주어진 여러 개의 문자를 재배열해야 하기 때문이다. 구조 도출 문제는 몇 개의 요소를 제시하고, 요소요소들 간의 관계를 찾아내라고 하는 문제이다. 유추와 계열 완성 문제를 그 예로 들 수 있다. 변형 문제는 시초 상태, 목표 상태, 그리고 시초 상태를 목표 상태로 변화시키는 조작들로 구성된다. 선교사와 식인종 문제, 하노이 탑 등 많은 수수께끼가 변형 문제에 속한다.

사람들이 문제를 해결하는 방식에 관한 심리학자들의 지식은 대부분 Newell과 Simon이 수행한 연구의 산물이다. 이들의 이론은 인간이 수행하는 정보처리 작업의 기본적 특성, 검색 공간, 다양한 전략이 문제해결에 미치는 영향을 명시하고 있다. 특정 과제에 대한 수행 수준은 작업기억의 용량, 저장시간 및 단기기억과 장기기억에서의 인출시간에 따라 달라진다. 수행 수준은 검색 공간에 의해서도 달라지는데, 검색 공간은 문제해결의 각 시점에서 가용한 합법적인 조작(이동)의 수로 규정된다. Newell과 Simon은 컴퓨터 재연 모형(simulation model)과 어문적 프로토콜을 이용하여 자기들이 제안한 이론의 세부사항을 발전시키고 검증하였다.

문제를 해결할 때 구사되는 일반적 전략 네 가지로 수단-목적 분석법, 하위목표 설정법, 유추법, 다이어그램 작성하기가 검토되었다. 이들 전략은 유용할 때도 많지만, 반드시 성공적인 해결을 보장하는 것은 아니기 때문에 이들을 어림법(heuristics)이라 한다. 수단-목적 분석 전략이란 문제의 현재(시초) 상태와 목표 상태 간의 차이를 줄이는 조작을 선택하는 전략을 일컫는다. 연결표는 어떤 조작이 어떤 차이를 제거하는지를 명시해놓은 표이다. 하위목표에 대한 지식이 중요한 이유는 하위목표를 설정하게 되면 검색 공간이 줄어들기 때문이다. 사람들이 선교사와 식인종 문제를 해결하는 방식을 세밀하게 모사하여 재연해본 결과, 사람들은 하위목표를 설정함으로써 평상시 사용하던 전략보다 나은 전략을 이용하게 되고, 가망성이 없는 조작은 사용하지 않게 되는 것으로 드러났다. 유사한 해결책이 유용할 때도 있지만, 사람들은 그러한 유사성을 쉽게 알아차리지 못하는 것으로 밝혀졌다. 디자인 또는 설계 과제에는 그림(다이어그램) 활용이 유용할 수도 있다. 그러나 유추법에서와 마찬가지로, 사람들이 자발적으로 한 문제의 훌륭한 표상을 다른 문제로 전이하는 경우가 드문 것으로 드러났다.

복습문제

1. 여러분이 보기에는 어느 유형의 문제가 가장 어려웠는가? 어려운 이유를 정확하게 꼬집어낼 수 있는가? 어느 유형의 문제가 가장 쉬웠는가? 쉬운 이유는 무엇인가?
2. 교과서에 제시된 문제들과 표준 지능검사의 문항과는 어떤 공통점이 있는가?
3. 형태주의 심리학자들이 주로 배열 문제를 다룬 이유는 무엇인가? 소위, '아하' 현상은 어디에 속하는 것인가?
4. 어린이들은 로빈슨크루소형의 모험담을 아주 좋아한다. 당신은 스스로 기능적 고착을 극복해야만 하는 상황에 처해본 적이 있는가? 있다면 어떻게 극복했는가?
5. 유추 문제는 어떤 특성 때문에 구조 도출 문제로 분류되는가? 당신도 유추 문제를 하나 만들어보라.
6. 실생활의 문제 중에서 분명한 변형 문제를 찾아보라. 목표 상태를 알면 문제가 정말 쉬워지는가?
7. Newell과 Simon은 인간의 문제해결 과정에 관한 이론을 구축할 때 컴퓨터를 어떻게 이용하였는가? 이들이 이용한 방법의 장점은 무엇인가?
8. 문제 공간은 과제에 의해서만 결정되는 것인가? Newell과 Simon의 이론에다 사람이라는 변인을 어떻게 끼워 넣을 수 있을까?
9. 변형 문제를 해결하기 위해 수단-목적 분석 전략 사용에 필요한 연결표를 작성할 때, 조작이 하는 역할은 무엇인가? 이 문제의 답에다 어떻게 하면 기억을 첨가시킬 수 있을까?
10. 사람들이 동형 문제를 알아차리는 능력은 어느 정도라고 생각하는가? 일반적 문제해결 전략에 관한 연구결과를 고려할 때, 모든 학생들에게 어림법을 가르칠 필요가 있다고 생각하는가? 왜 그렇게 생각하는가?

핵심용어

검색 공간(search space)
계열 외연(series extrapolation)
구조 도출 문제(inducing-structure problem)
기능적 고착(functional fixedness)
동형 문제(problem isomorphs)
문자 수수께끼(anagrams)
문제 공간(problem space)
배열 문제(arrangement problem)
벤 다이어그램(Venn diagram)
변형 문제(transformation problem)
수단-목적 분석(법)(means-end analysis)
알고리즘(algorithm)

어림법(heuristics)
어문적 프로토콜(verbal protocol)
연결표(table of connections)
유추 문제(analogy problem)
유추 전이(analogical transfer)
유추법(analogy)
재연 프로그램(simulation program)
조작(operator)
충분성 척도(measure of sufficiency)
통찰(insight)
표상 전이(representational transfer)
하위목표(subgoal)

추천도서

문제해결이라는 분야에서 읽어볼 만한 입문서로는 Robertson(2001)의 책을 권하고 싶다. Simon(1983)은 탐색과 추리의 차이점을 논하였다. Ericsson과 Simon(1980)은 이론 구축에서 어문적 프로토콜이 수행할 수 있는 역할을 비판적으로 분석하고, 어문적 보고를 다른 자료와 같이 취급한다면, 매우 유용할 수 있다고 주장했다. 문제해결에 관한 연구결과는 비판적 사고 교육(Halpern, 1998)에도 이용되고 있고 프로젝트를 성공적으로 완수할 계획을 수립하는 데(Taylor, Pham, Rivkin, & Armor, 1998)도 적용되고 있다.

마음가짐(태, mental set)이 문제해결에 미치는 효과를 밝힌 고전적 연구는 물동이 문제를 이용한 Luchins(1942)의 연구였다. Dunker의 촛불 문제 수행(Weisberg & Suls, 1973), 통찰 문제 수행(R. J. Sternberg & J. E. Davidson, 1994), 그리고 유추를 이용한 기하 문제 수행(Mulholland, Pellegrino, & Glaser, 1980)을 설명하기 위한 정보처리 모형들이 개발되었다. Sharps와 Wertheimer(2000)는 형태주의 심리학이 이 분야에 남긴 공적을 논의하였고, Heile와 Sun(2010)은 부화, 통찰, 창의적 문제해결을 하나로 묶은 통합 이론을 제안하였다. Vosniadou와 Ortony(1989)의 저서와 Detterman과 Sternberg(1993)의 저서에는 유사한 해결책 활용에 관한 내용들이 논의되어 있다. 그리고 Reeves와 Weisberg(1994)는 유추 전이에 관해 깊이 있고 광범위한 논평을 제시하였다. 구조 맞추기(mapping)(Chen, 2002; Gentner & Markman, 1997)와 연결주의 모형(Hummel & Holyoak, 1997), 계산 모형(Davies, Goel, & Nersessian, 2009)은 모두 유추적 추리에 관한 이론에 중요한 역할을 담당하고 있다. *The Cambridge Handbook of Thinking and Reasoning*(Holyoak & Morrison, 2005)은 사고에 관한 다양한 측면을 요약해둔 소중한 자원이다. 이 책에는 문제해결을 다룬 Novick과 Bassok(2005)의 글과 유추를 다룬 Holyoak(2005)의 글이 포함되어 있다.

CHAPTER 13

전문성과 창의성

13.1 전문성과 추리

논리적 추리 | 기억기반 추리 대 규칙기반 추리 | 유사성기반 추리

13.2 전문성 습득

탐색 대 실행 | 해결책 학습 | 이론과 교수법의 조합

13.3 창의성

보기의 구속 효과 | 심상을 통한 발명 | 생성–탐구 모형

13.4 요약

복습문제

핵심용어

추천도서

창의성의 비밀은 출처를 숨기는 방법을 아는 것이다.

_ Albert Einstein

분야-구체적 지식
바둑이나 물리학 같은 특정 영역에 관한 지식.

12장에서 다룬 선교사와 식인종 문제 같은 수수께끼와는 달리, 혼합물의 농도를 계산해야 하는 화학 문제를 풀기 위해서는 상당한 정도의 분야-구체적 지식이 필요하다. **분야-구체적 지식**(domain-specific knowledge)이란 특정 주제에 관한 지식을 일컫는다. 대부분의 사람들은 사전 경험 없이도 선교사와 식인종 문제의 기본형(3명의 선교사와 3명의 식인종)을 풀 수 있다. 그러나 화학 공부를 하지 않고는 화학 문제를 풀 수 없다. 분야-구체적 지식 습득을 통해 특정 학문 분야에서 특출한 인물이 되는 과정을 전문성 습득 과정이라고 한다(Glaser, 1984; Polson & Jeffries, 1985). 이 장에서는 전문성 습득 과정을 고려할 것이다.

Ericsson과 Charness(1994)는 전문성 연구에 관한 두 가지 접근법을 비교하였다: 정보처리 접근법에서는 경험을 통해 습득된 지식과 기능(skills)으로 전문가의 특출한 수행 능력을 설명하려 한다. 이 책에서 취한 접근법도 정보처리 접근법이다. 이에 반해, 능력 접근법에서는 특정 분야의 탁월한 수행 능력을 타고난 능력으로 간주한다. 능력 접근법을 취한 보기는 Howard Gardner(1983)의 저서 *Frames of Mind: The Theory of Multiple Intelligences*에서 발견된다. Gardner는 그의 저서에서 전문가의 탁월한 수행 능력은 각 개인의 지적 프로파일(예: 음악적 재능이 뛰어나고, 언어 구사력과 공간 능력이 탁월함)과 특정 분야에서 특출한 사람이 갖추어야 할 특성이 잘 맞아떨어졌기 때문에 습득된 것이라고 주장한다.

지능에 관한 우리의 지식을 확장시키는 데 큰 공헌을 한 최근의 인물로는 Robert Sternberg를 빼놓을 수 없다. 그는 인간의 능력에 관한 연구결과와 전문성에 관한 연구결과를 연관시키려고 노력했다. Sternberg(1998)는 인간의 능력은 고정된 것이 아니라 가변적인 것이라고 주장했다. 그가 발표한 논문의 요점은 전문성의 발달이 능력을 반영한다는 생각이었다. 다시 말해, Sternberg는 능력도 전문성과 마찬가지로 학습을 통해 개발될 수 있다고 본 것이다. 어느 분야에서든 전문가는 타고난 재능과 경험의 조합으로 탄생하며, 이와 똑같은 방식으로 누구든 능력검사에 높은 점수를 받는 전문가가 될 수 있다는 것이 Sternberg의 믿음이다.

전문성, 즉 전문가의 특성 중에서 Sternberg가 중요하다고 간주한 것은 다음과 같다:

- 특정 분야의 방대한 서술지식으로 구성된 크고 풍부한 스키마를 가지고 있다.
- 해결책을 모색하기 전에 문제를 표상하는 데 많은 시간을 투자한다.
- 문제들 간 구조적 유사성을 기초로 정교한 표상을 개발한다.
- 문제해결 전략에 관한 실행지식으로 구성된 스키마를 가지고 있다.
- 주어진 정보에서 전진형 작업을 통해 새로운 문제를 찾아내는 데 필요한 전략을 구사한다.
- 문제해결 과정에서 전개되는 많은 단계를 자동화시킨다.
- 문제해결 전략을 세심히 감시한다.

이 장에서는 이러한 지식의 구조와 전략에 관한 많은 예가 소개될 것이다. 1절에서는 경험이 추리 과제(예: 논리적 진술의 평가, 문제를 수학적 구조에 따라 분류하기, 책무 완수 등) 수행에 미치는 영향을 살펴볼 것이다. 경험은 변형 문제해결에도 영향을 미친다. 사람들은 전문성을 습득해감에 따라 일반적 검색법을 적게 이용하고 분야-구체적 검색법을 애용하게 된다. 2절에서는 전문성 습득에 따른 전이를 논의할 것이다. 3절에서는 상투적인 문제해결에 전문가가 되는 것과 창의적 해결책 생성 간의 관계를 검토할 것이다. 인지과학 분야에서 확보된 최근 연구결과는 전문성에 대해 더 많은 것을 알게 되면 창의성에 대해서도 더 많은 것을 알게 될 것이라고 암시한다. 이 장의 초점은 창의성의 인지적 측면에 집중되어 있다. 하지만 사회적 환경, 훈련, 성격, 신경학 등도 창의성에 영향을 미친다. 이러한 여러 가지 영향력을 검토한 Hennessey와 Amabile(2010)은 창의성에 대한 깊이 있는 이해는 여러 수준에서 작용하는 다양한 원인을 인식하는 학제적 연구를 통해 이루어질 것이라고 주장한다.

13.1 전문성과 추리

논리적 추리

글 이해를 다루었던 11장에서는 독자의 선행 지식이 글 이해에 미치는 영향을 검토했었다. 그때 Bransford와 Johnson(1973)의 연구에서 발견된 놀라운 사실을 소개했었다. 그들은 글 속에 제시된 추상적인 관념(예: 세탁)과 일상 경험을 연관시키지 못하면, 글을 이해하기가 어렵다는 사실을 입증하였다. 이러한 논증(argument)은 추리와 문제해결에도 적용된다. 같은 문제라도 친숙하지 않은 추상적인 내용으로 제시되었을 때보다 친숙한 내용으로 제시되면, 그 문제를 해결하기가 훨씬 쉬워진다. 과거 경험이 문제해결에 미치는 막중한 영향력은 **카드 선별 문제**(four-card selection problem)라고 하는 논리적 추리 과제에서도 나타난다. 문제를 소개하는 상황에 따라 이 문제의 정답을 찾아낼 확률이 크게 달라진다는 뜻이다.

카드 선별 과제
주어진 조건 규칙을 평가하기 위해, 제시된 넉 장의 카드 중 어느 것(들)을 뒤집어봐야 하는지를 결정하는 추리 문제.

여러분 앞에 넉 장의 카드가 놓여있고, 카드의 앞면에는 각각 D, K, 3, 7이 적혀있다고 하자(그림 13.1). 각 카드의 한 면에는 문자가 적혀있고, 다른 한 면에는 숫자가 하나씩 적혀있다. 문제는 '앞면에 D가 적혀있는 카드는 모두 그 뒷면에 3이 적혀있다'라는 주장의 진위를 결정하기 위해 반드시 뒤집어봐야만 하는 카드(들)를 지적하는 것이다. 더 읽어 나가기 전에 이 문제를 한 번 풀어보기 바란다.

Wason의 카드 선별 문제로 알려진 이 실험 과제는 Wason과 Johnson-Laird(1972)에 의해 분석되었다. 이 문제는 조건추리(conditional reasoning) 문제에 속한다. 정답은 D가 적힌 카드와 7이 적힌 카드이다. D가 적힌 카드를 뒤집어봐야 한다는 점에는 의심의 여지가 없는 것 같다. 이 카드 이면에 적힌 숫자가 3이 아니면 그 주장(규칙)은 거짓으로 판명되기 때문이다. 그리고 7이 적힌 카드 이면에 D가 적혀있어도 이 규칙은 거짓이 된다. 대부분의 사람들은 3이 적힌 카드를 뒤집어야 한다고 생각한다. 그러나 이 판단은 잘못된 생각이다. 이 카드를 뒤집어볼 필요는 없기 때문이다. 왜냐하면, 이 과제의 규칙은 3이 적힌

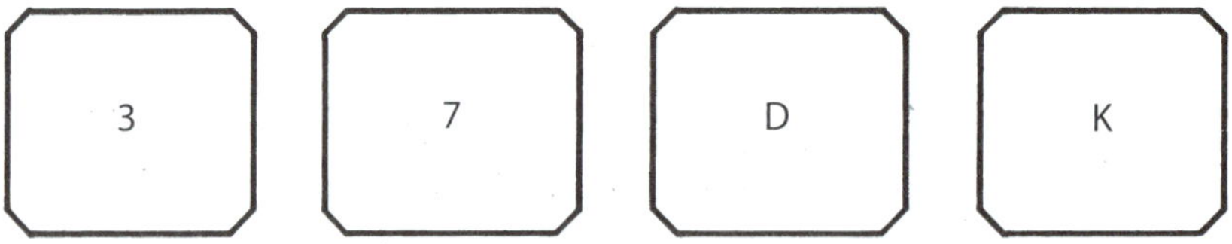

한 면에 D가 있는 카드는 그 이면에 3이 있다.

봉투가 봉해져 있으면, 그 편지는 50리라짜리 우표가 붙어 있다.

그림 13.1 Wason의 카드 선별 문제

카드 이면에는 무엇이 적혀있어야 한다고는 말하지 않기 때문이다: 이 규칙은 D가 적힌 카드 이면에 적혀있어야 하는 것이 무엇이어야 한다고만 말하고 있을 뿐이다. 따라서 3이 적힌 카드 이면에 K가 적혀있더라도 그 규칙은 거짓이 되지 않는다.

이 과제를 이용한 실험 결과를 분석해보면, 사람들은 조건 규칙에 숨은 뜻을 정확하게 이해하지 못하고 있음을 알 수 있다. 네 개의 실험에 참여한 128명의 참여자 중 정답을 고른 참여자는 5명밖에 되지 않았다(Wason & Shapiro, 1971). 그리고 규칙에 언급된 두 개의 카드(D가 적힌 카드와 3이 적힌 카드)가 가장 많이 선택되었다.

이 문제를 제대로 해결하기 위해서는 주어진 규칙(주장)이 거짓임을 입증하는 데 필요한 정보를 찾아내야 한다. 그런데 사람들은 그 규칙이 '참'임을 입증하는 데 이용될 정보를 찾기 때문에 이런 오류가 발생한다는 것이 Wason과 Johnson-Laird(1972)의 주장이었다. 논리적으로 볼 때, 이 과제는 규칙이 거짓임을 입증하는 증거를 찾아내야 해결된다. 한 면에 3이 적힌 카드를 뒤집었을 때 그 이면에 D가 적혀있으면, 이 규칙은 옳은 것으로 밝혀진다. 그러나 이 규칙은 3이 적힌 카드 이면에는 무엇이 적혀있어야 한다고는 단정하지 않기 때문에, 논리적으로는 이 카드를 뒤집어볼 필요가 없는 것이다. 7이 적힌 카드를 뒤집어봐야 하는데도 사람들은 이 카드를 눈여겨보지 않는다. 이 실수는 사람들이 규칙이 거짓임을 증명하는 방법을 모색하려 하지 않기 때문에 벌어지는 실수이다.

Wason과 Shapiro(1971)는 이 과제에 대한 학생들의 수행 수준이 낮은 또 다른 이유로 과제의 재료가 추상적이었다는 점을 꼽았다. 일상생활의 지식과 관련된 보다 현실적인 재료를 이용하면 과제가 훨씬 쉬워질 것이라고 생각한 것이다. 현실적 규칙(주장)의 한 가지 보기로 '대전에 갈 때마다 나는 기차를 타고 간다'를 들 수 있다. 네 장의 카드 중 두 장에는 각각 목적지(대전과 서울)가 적혀있고, 나머지 두 장에는 각각 교통편(기차와 버스)이 적혀있었다. 그러니까 카드의 한 면에는 목적지가, 그리고 그 이면에는 교통편이 명시되어 있었던 것이다. 이와 같은 과제(물론 여기서는 영국의 도시명이 목적지로 되어 있었음)에서는 16명의 영국인 참여자 중 10명이 바르게 답하였다. 이 결과는 추상적인 재료를 이용하였을 때는 16명 중 2명만이 정답을 골랐다는 결과와 좋은 대조를 이룬다.

현실적 과제로 보다 호소력이 강한 것은 Johnson-Laird, Legrenzi, Legrenzi (1972)가 이용한 편지 분류 과제라고 할 수 있다. 참여자들은 역시 영국인이었다. 그 당시 영국에서는 봉합된 봉투에는 봉합되지 않은 봉투보다 비싼 우표를 붙여야 했다. 참여자들은 자기들이 우체국 직원이라고 생각하고, 각 편지가 다음 두 가지 규칙에 맞는지를 검토해야 했다: (1) '봉투가 봉합되어 있으면, 그 봉투에는 50리라짜리 우표가 붙어있어야 한다.' (2) '50리라짜리 우표가 붙은 봉투만 봉합이 허용된다.' 두 개의 봉투는 앞면이 보이도록 했기 때문에 한 봉투에는 40리라짜리 우표가 붙어있고, 다른 봉투에는 50리라짜리 우표가 붙어있다는 것을 알 수 있었다. 그리고 다른 두 개의 봉투는 뒷면이 보이도록 했기 때문에, 그 봉투가 봉합된 것인지 봉합되지 않은 것인지를 알 수 있었다(그림 13.1). 추상적인 기호를 재료로 이용한 조건의 참여자들은 문자 A와 D, 그리고 숫자 3과 5가 적힌 카드를 이용하여 두 개의 추상적인 규칙을 검증해야 했다. 기호를 이용한 조건에서는 24명의 참여자가 모두 틀린 반면, 편지를 분류한 조건의 참여자들은 24명 중 17명이 이 두 가지 규칙 모두에서 바른 답을 했다.

이러한 발견에서 제기되는 자연스런 질문 하나는 '현실적 정보가 어떻게 수행 수준을 향상시키는 것일까?'라는 궁금증이다. 현실적 정보가 사람들의 추리력을 향상시키는 것일까? 아니면 실생활에서 겪었던 구체적인 경험을 기억해낼 수 있어서 추리(생각)를 할 필요가 없어지기 때문일까? Griggs와 Cox(1982)의 연구는 이들 두 가지 설명 중 '기억' 때문이라는 설명이 보다 적절하다고 암시한다. 이들은 Johnson-Laird 등이 수행했던 실험을 미국 대학들을 대상으로 다시 실시해보았다. 이 반복 실험에 참여한 학생들의 수행은 현실적 과제(편지 분류 과제)에서도 추상적 과제(기호 분류 과제)에서도 모두 저조한 것으로 드러났다. Griggs와 Cox는 Johnson−Laird 등의 실험에서 참여자들의 수행 수준이 높았던 것은 영국인 참여자들은 우편 규칙에 관한 지식을 갖추고 있었기 때문이라고 주장했다. 미국에서는 봉투의 봉합 여부에 관계없이 같은 가격의 우표를 붙여야 했다. 따라서 미국 학생들은 과제에 제시된 문제의 규칙을 경험한 적이 없기 때문에 이 학생들의 수행은 향상되지 않았다는 것이 Griggs와 Cox의 생각이었다.

현실적 재료를 이용한 과제에서 수행이 향상되는 이유가 경험 때문이라는 기억 인출 설명(memory-retrieval explanation)을 검증하기 위해, Griggs와 Cox(1982)는 참여자들에게 다음과 같은 친숙한 규칙을 제시해보았다. '만약 어떤 사람이 맥주를 마신다면, 그 사람의 나이는 19세 이상임이 확실하다.' 이 규칙은 이 연구가 진행되었을 당시, 플로리다 주의 음주 관련 법규였다. 참여자들 중 76%가 적어도 한 번 이상 이 법을 어긴 경험이 있다고 보고했고, 이들 중 97%는 자기 이외의 다른 사람이 이 법을 위반하는 구체적인 경우를 본 적이 있다고 보고했다. 네 장의 카드에는 각각 '맥주', '콜라', '16세', '22세'라고 적혀있었다. 40명의 참여자 중 29명이 바른 카드(맥주, 16세)를 골랐다. 그러나 이 규칙이 추상적으로 제시되었을 때('카드의 한 면에 A가 적혀있으면, 그 카드의 이면에는 3이 적혀있다')는 이들 40명 중 단 한 명도 바른 카드를 고르지 못했다.

기억기반 추리 대 규칙기반 추리

이 연구를 생각할 때 Sloman(2002)이 제안한 두 가지 모양의 추리, 즉 기억기반 추리와 규칙기반 추리를 염두에 두면 도움이 된다. 이 두 가지 모양의 추리는 다섯 가지 측면, 즉 (1) 작동/조작의 원리, (2) 지식의 근원, (3) 관계, (4) 처리의 본질, (5) 기능에서 서로 다르다.

이들 차이를 다소 구체적으로 살펴보자. 먼저 기억기반 추리는 유사성(연상) 위주로 전개되는데 반해, 규칙기반 추리는 기호 조작을 통해 전개된다고 가정한다. 그리고 기억기반 추리에 필요한 지식은 개인적 경험을 통해 습득된 것인데 반해, 규칙기반 추리의 바탕지식은 언어와 문화를 통해 습득된 것이라고 본다. 셋째, 기억기반 추리는 주로 관련성(association)을 따라 전개되는데 반해, 규칙기반 추리는 인과관계 및 논리적 규칙에 맞추어 전개된다고 믿는다. 넷째, 기억기반 추리는 자동적으로 전개되는 재생 작업인데 반해, 규칙기반 추리는 전략적으로 추진되는 생산 작업으로 간주된다. 마지막으로, 기억기반 추리의 주된 기능은 직관적이고 창의적인 아이디어 생성, 재인 및 연상성 회상 작업을 돕는 일인데 반해, 규칙기반 추리는 숙고와 형식적 분석 그리고 확인 및 전략적 재생 작업을 촉진하는 일로 간주된다.

기억기반 추리의 기반인 관련성(association)이 기억에 표상된 방식으로는 관

표 13.1 추리의 이중 처리 이론

	기억기반 시스템	규칙기반 시스템
작동/조작 원리	유사성(연상)	기호 조작
지식의 근원	개인적 경험	언어와 문화
관계	관련성(association)	인과 및 논리
처리의 본질	재생산	생산
	자동적	전략적
기능	직관	숙고
	창의성	형식적 분석
	시각적 재인	확정(verification)
	연상성 기억	전략적 기억

출처: "Two systems of reasoning," by S. A. Sloman, 2002, in T. Gilovich, D. Griffin & D. Kahneman (Eds.), *Heuristics and biases: The psychology of intuitive judgment* (pp. 379-396). Cambridge: Cambridge University Press.

련 개념들이 의미망(semantic networks)에서 고리(link)로 연결된 방식을 생각해 볼 수 있다. 의미망을 구성하는 개념(의미)들은 학교 공부를 통해 학습되었다기보다는 체험을 통해 습득된 것도 많다. 이에 반해 규칙기반 추리, 즉 기호 조작형 추리에는 주로 인과 규칙 및 논리적 규칙이 이용된다. 규칙의 적용의 옳고 그름은 기호들의 의미가 아니라 기호들 간 관계에 의해 결정된다(Sloman, 2002). 예를 들어, '11+x=15'라는 등식에서 x의 값을 구하는 문제를 풀 때, x의 의미를 고려할 필요가 없다. 기호 다섯 개(11, +, x, =, 15) 간의 관계만 알면 이 문제는 풀린다.

위에서 소개한 분류 관련 문제 중 분류와 관련된 문제 중 하나는 과제 수행에 이용된 추리가 기억기반 추리였는지 규칙기반 추리였는지를 판단하기가 쉽지만은 않다는 점이다. 그럼에도 불구하고 과제에 따라 어떤 모양의 추리가 더 적절할 것 같은지, 또는 어떤 형식의 추리가 이용되었을 가능성이 더 큰지 정도는 가늠할 수 있다. 예를 들어, Wason의 카드 선별 과제에 이용된 모든 재료가 모두 기호(숫자와 문자)일 경우에는 규칙기반 추리가 이용되었을 가능성이 지배적이다. 그러나 과제의 내용을 기호에서 친숙한 내용, 즉 '만약 어떤 사람이 맥주를 마신다면, 그 사람의 나이는 19세 이상임이 확실하다'로 바꾸어 사용한 Griggs와 Cox(1982)의 과제에서는 기억기반 추리가 이용되었을 가능성이 지배적이다. 두 번째 과제를 해결할 때는, 학생들이 자신의 사적 경험을 이용했을 가능성이 크다는 뜻이다.

Griggs와 Cox(1982)가 주장했듯이, 기억에서 친숙한 예를 인출하게 되면 추리를 할 필요가 없어질 수도 있다. 그러나 보다 최근의 견해에서는 인간의 추리 능력을 보다 고무적으로 간주한다. 이 견해에 따르면, 우리는 일반적 지식 구조인 **실용적 추리 스키마**(pragmatic reasoning schemata)를 가지고 있으며, 이 덕분에 이 스키마에 동화시킬 수 있는 다양한 상황에 관한 추리를 할 수 있게 된다(Cheng, Holyoak, Nisbett, & Oliver, 1986).

실용적 추리 스키마
허락을 받거나 책임을 완수해야 하는 실제적 장면을 평가할 때 이용되는 조직화된 지식 구조.

허락 스키마
특정 행위(예: 입국)를 실행하기 위해서는 정해진 사전 조건(예: 예방주사를 맞아야 함)을 충족시켜야 한다는 지식.

의무 스키마
정해진 사전 조건(예: 퇴직)이 충족되면 특정 행위(예: 연금 지급)가 뒤따라야 한다는 지식.

이러한 실용적 추리 스키마의 보기로 **허락 스키마**(permission schema)와 **의무 스키마**(obligation schema)를 들 수 있다. 음주 연령 과제에서 학생들의 수행 수준이 높았던 것은 그 학생들의 음주 관련 경험 때문만 아니라, 허락에 관한 학생들의 일반적 이해가 더 깊었기 때문이라는 생각이다. 어떤 행위(예: 맥주 마시기)를 하기 전에 특정 조건(예: 18세 이상)이 충족되어야만 받을 수 있는 것이 허락이다. 따라서 이 가설이 옳다면, 사람들은 경험한 적은 없더라도 허락과 관련된 진술에 대한 평가는 잘 해야 한다.

다음과 같은 규칙을 집행하라는 명령이 떨어졌다고 하자: '이 나라에 입국하기를 원하는 여행객이 있다면, 그 여행객은 반드시 콜레라 예방주사를 맞아야 한다.' 네 장의 카드에는 다음과 같은 내용이 적혀있다: '입국을 원하는 여행객 A', '입국을 원하지 않는 여행객 B', '예방주사를 맞은 여행객 C', '예방주사를 맞지 않은 여행객 D'. 명령받은 규칙을 집행하는 데 필요한 정보를 더 수집하려면 여러분은 어느 카드를 뒤집겠는가?

사람들은 의무 관련 장면에 관한 추리(예: '만약 탄광 광부가 폐암에 걸리면, 회사는 그 광부에게 재해 연금을 지급해야 한다.')도 잘 해야 한다. 의무란 특정 조건이 충족되면(예: 폐암에 걸리면) 특정 행위(예: 연금 지급)가 반드시 시행되어야만 함을 뜻한다. 연구결과는 임의적 관계에 관한 규칙보다 허락이나 의무와 관련된 규칙을 표현한 조건부 진술에 대한 평가를 훨씬 잘하는 것으로 드러났다(Cheng, et al., 1986).

그건 그렇고, 위에 제시한 입국 관련 문제의 정답은 여행자 A와 D에 관한 정보가 적힌 카드를 뒤집는 것이다.

유사성기반 추리

누구든 낯익은 과제와 낯선 과제 간의 관계를 알아차릴 수만 있다면 더 바랄 것이 없을 것이다. 그런 능력만 있으면, 선행 지식을 적용하여 낯선 문제도 쉽게 풀 수 있을 것이기 때문이다. 그러나 앞 장에서 논의한 것처럼, 두 문제 간의 유사성을 자발적으로 찾아낼 수 있는 사람은 드문 것 같다(Gick & Holyoak, 1980; Reed, Ernst, & Barnerji, 1974).

매우 친숙한 문제에서도 학생들은 유사성을 잘 발견하지 못한다. Johnson-Laird 등(1972)은 '구체적인 규칙 과제에서의 탁월한 수행 능력이 추상적 규칙 과제로 전이될 수 있을까?'라는 문제의 답을 찾기 위해, 우편 규칙 과제를 이용한 실험을 실시하였다: 참여자는 낯익은 규칙 과제 2개와 낯선 규칙 과제 2개를 해결해야 했다. 선행 연구에서와 같이, 영국인 참여자 24명 중 22명이 친숙한 과제 두 개 중 적어도 한 개에서는 정답을 골랐다. 이 참여자들이 친숙한 과제를 끝낸 직후에 낯선 과제를 제시했지만, 낯선 과제로의 전이는 두드러지지 않았다. 낯선 과제 2개 중 하나라도 맞춘 참여자는 24명 중 7명밖에 되지 않았던 것이다.

유용한 유사성을 자발적으로 찾아내지 못한다는 사실은 교육적 관점에서 볼 때 실망스런 일이다. 그러나 문제를 더 잘 해결하게 되고 또 특정 분야의 전문가가 되어감에 따라, 사람들은 문제 간 관계를 찾아내는 능력이 향상된다. 물론 이런 인식 능력은 문제가 상이한 내용으로 소개되는 경우에도 적용된다. 다시 말해, 해결책을 기초로 문제를 분류하는 능력이 향상되고 그 결과,

표 13.2 서술 문제 하나 그리고 이와 관련된 문제들

서술 문제
농부가 자기 창고에서 놀고 있는 닭과 토끼를 이상한 방식으로 세고 있다. 머리는 모두 50두이고 발은 150족이다. 이 창고 안에 있는 닭과 토끼는 각각 몇 마리씩인가?
관련된 구조
병욱이가 가진 동전은 100원짜리, 250원짜리 모두 합해 20개다. 동전 20개의 금액이 4,100원이라면 100원짜리는 몇 개이고 250원짜리는 몇 개인가?
관련된 내용
농부가 자기 창고에서 놀고 있는 닭과 토끼를 이상한 방식으로 세고 있다. 닭장 6개에는 각각 4마리씩의 닭이 들어있고 또 다른 닭장 2개에는 3마리씩의 닭이 들어있다. 우리 5개에는 6마리씩의 토끼가 들어있고, 다른 우리 3개에는 4마리씩의 토끼가 들어있다. 닭과 토끼는 모두 몇 마리씩인가?

출처: "Recall of mathematical problem information: Solving related problems," by E. A. Silver, 1981, *Journal for Research in Mathematics Education, 12*, 54-64. Copyright 1981 by the National Council of Teachers of Mathematics. Reprinted by permission.

과제의 내용에는 별다른 영향을 받지 않게 된다. 이 사실을 처음 입증한 연구 중 하나는 Silver(1981)의 연구였다.

Silver는 중학교 1학년 학생들에게 16개의 문제를 제시하고는 '수학적으로 관련된' 문제끼리 묶어보라고 지시했다. 그리고 그렇게 묶은(분류한) 근거가 무엇인지를 설명해보라고 했다. 이들 문제는 4×4 행렬표로 나타낼 수 있는 문제들이었다. 가로줄에 속하는 4개의 문제는 수학적으로 관련된 것들이었기 때문에, 동일한 방법으로 풀 수 있는 것들이었다. 세로줄에 속하는 4개의 문제는 이야기 내용은 서로 비슷했지만, 서로 다른 방법을 이용해야 풀리는 문제들이었다(표 13.2의 첫 두 문제는 동일한 방법으로 해결되는 것들이기 때문에, 수학적으로 관련된 문제들이다. 세 번째 문제는 첫 번째 문제와 이야기 내용은 비슷하지만 이 두 문제가 해결되는 방식은 서로 다르다).

문제를 분류할 때는 수학적 연관성에 따라 분류하라고 했지만, 수학적 구조를 파악하지 못한 학생들은 이야기 내용을 기준으로 문제를 분류할 수도 있는 일이었다. 분류 과제를 수행하고 난 다음, 학생들에게 이들 문제 중 12개를 풀어보라고 지시했다. 이는 문제 분류 능력과 문제해결 능력 간에 어떤 관계가 있는지를 검토하기 위한 것이었다. Silver는 학생들이 해결한 문제 수에 따라 학생들을 우수, 보통, 열등으로 분류하였다.

그 결과, 우수한 학생들은 문제를 수학적 구조에 따라 분류했고, 열등한 학생들은 이야기 내용에 따라 분류한 것으로 드러났다. 우수한 학생들은 수학적 구조를 기준으로 평균 3.1개의 묶음을 만들어낸 데 비해, 보통 학생들은 1.8개, 그리고 열등한 학생들은 0.4개의 묶음밖에 만들어내지 못했다. 이야기 내

용에 따라 분류한 결과는 이와 반대 양상을 보였다: 열등한 학생들은 평균 2.3개, 보통 학생들은 0.6개, 그리고 우수한 학생들은 0.1개의 범주를 만들어낸 것으로 집계되었다.

학생들에게 서술 문제에 관한 정보를 재생해보라고 했을 때도 결과는 비슷했다. 문제를 잘 푸는 학생들은 수학적 구조에 관한 정보를 재생할 수 있었다. 그러나 문제를 잘 풀지 못하는 학생들은, 재생검사를 받기 전에 해결책에 관한 논의를 했었는데도, 수학적 구조에 관한 정보를 거의 재생해내지 못했다. 하지만 이 학생들도 이야기 내용에 관한 것은 상세한 것까지 기억하고 있었고, 또 세밀한 사항을 재생하라고 했을 때는 문제를 잘 푸는 학생들보다 더 많은 것을 기억해내기도 했다. 이러한 결과로 봤을 때, 수학 문제해결에서 개인차를 유발하는 주요 요인 중 하나는 수학적 구조를 기준으로 문제를 분류할 수 있는 능력이라 하겠다.

수학적 구조에 따라 문제를 분류하는 능력 차는 전문가와 초보자 사이에서도 발견된다. Chi, Glaser, Rees(1982)는 초보자 8명과 전문가 8명에게 24개의 물리학 문제를 제시하고, 해결책의 유사성에 따라 문제를 분류해보라고 주문했다. 초보자는 최근에 물리학 강좌를 하나 이수한 학부 학생들이었고, 전문가는 물리학과 박사과정 상급반 학생들이었다. 각 집단이 설정한 범주의 개수는 비슷했다. 하지만 각 범주에 속한 문제는 집단에 따라 달랐다.

초보자들은 스프링 문제 혹은 경사면 문제와 같이 공통되는 대상을 기초로 문제를 분류하는 경향을 보였다. 이에 반해, 전문가들은 문제해결에 적용되는 물리학 법칙, 예를 들어 에너지 보존 법칙이나 Newton의 제2법칙($F=MA$)을 기준으로 문제를 분류하는 경향을 보였다. 따라서 중학교 1학년 학생들을 대상으로 한 Silver(1981)의 연구에서처럼, 여기서도 문제를 잘 푸는 학생들은 문제의 형식적 구조에 민감하다는 점이 분명하게 드러났다.

13.2 전문성 습득

이상에서는 선행 지식이 논리적 진술에 대한 평가나 수학적 구조에 기초한 문제 분류 같은 추리 과제 수행에 미치는 영향을 살펴보았다. 선행 지식은 복합적인 변형 문제해결에도 영향을 미친다. 초창기의 문제해결 모형들(Newell & Simon, 1972)은 어림법(예: 수단-목적 분석)을 따라가는 일반적 탐색 과정을 강조했었다. 그러나 최근의 연구에 의하면, 학생들은 연습을 통해 덜 효율적인 어림법을 대신할 수 있는 구체적인 해결책을 학습할 수 있는 것으로 밝혀졌다

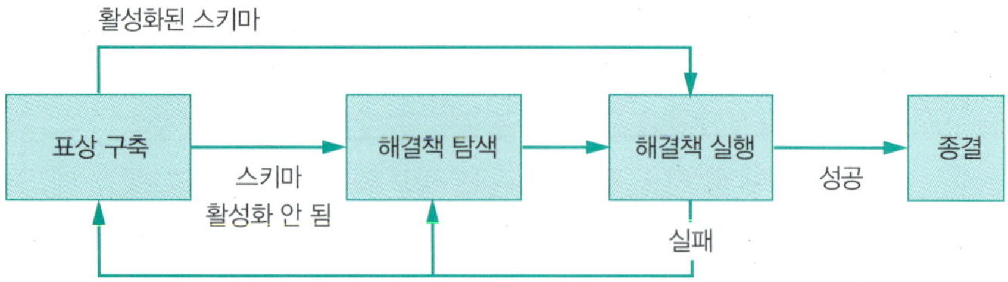

그림 13.2 문제해결 과정을 요약하는 도해

출처: "Problem-solving strategies," by M. L. Gick, 1986, *Educational Psychologist, 21*, 99-120. Copyright by Lawrence Erlbaum Associates, Inc. Reprinted by permission.

(Gick, 1986). 그림 13.2는 습득된 해결책을 적용하는 것과 새로운 해결책을 탐색하는 것과의 차이를 보여주고 있다.

탐색 대 실행

그림 13.2는 문제해결 과정에서 거치게 되는 세 가지 주요 단계를 보여준다 (Gick, 1986). 문제해결자는 먼저 문제의 표상을 구축하려 한다. 즉, 문제를 이해하려 한다. 이때 선행 지식이 활용된다. 선행 지식을 당면 문제에 연관시킬 수 있으면, 당면 문제해결에 필요한 스키마가 활성화될 수도 있다. 9장에서 배웠듯이, 스키마(schema)란 구조화된 지식을 일컫는다. 따라서 여기서의 스키마는 문제 유형에 관한 지식이 된다. 이런 스키마에는 문제의 전형적 목표에 관한 정보, 제약에 관한 정보, 문제해결 절차에 관한 정보 등이 담겨있다. 문제의 표상 구축 단계에서 이러한 스키마가 활성화되면, 해결자는 곧바로 세 번째 단계로 건너가 해결책을 실행에 옮길 수 있다. 이런 경우에는 해결책을 탐색/검색할 필요가 없어진다는 뜻이다. 왜냐하면, 당면 문제가 특정 유형에 속한다는 것을 알아차리게 되면 적절한 해결 절차가 곧바로 활성화되기 때문이다. 다시 말해, 당면 문제가 기억 속에 있는 특정 스키마에 속한다는 사실을 알게 되면, 그 스키마에 포함된 해결 절차를 인출하여 활용할 수 있을 것이기 때문이다.

필자는 연구에서 서술형 수학 문제를 다루기 때문에, 많은 수학 문제의 유형을 아주 쉽게 인식할 수 있게 되었다. 글로 묘사된 수학 문제를 보면 그것을 친숙한 유형으로 금방 분류할 수 있고, 그 문제를 해결하는 데 필요한 등식을 금방 만들어낼 수 있다. 그러나 가끔씩은 생소한 문제를 만나기도 한다. 이런 경우에는 그 문제를 해결하는 데 상당한 시간을 보내기도 한다. 생소한 문제는 말 그대로 처음 보는 문제이기 때문에 그 해결 방안이 기억 속에 존재하지 않는다. 따라서 생소한 문제를 해결하기 위해서는 해결책을 탐색해야 한다. 그림 13.2의 두 번째 단계가 바로 이 탐색 단계에 속한다. 탐색에는 시간이 걸릴 수밖에 없기 때문에 문제를 해결하는 시간이 길어지는 것이다.

일반(적) 전략
다양한 문제 상황에 적용되는 전략. 그러나 문제해결까지는 보장하지 못하는 어림법.

해결책 탐색에는 앞장에서 논의한 **일반적 전략**(general strategies)이 이용된다. 일반적 전략 중 하나인 수단-목적 분석법은 문제의 목표 상태와 현재/시초 상태 간의 차이를 제거하려는 전략이다. 또 다른 일반적 전략은 유사한 문제를 탐색하여 그 문제의 해결책을 활용하려고 노력하는 전략이다. 일반적 전략의 세 번째 보기는 문제를 하위목표로 쪼개어(하위목표를 설정하여), 즉 작은 문제로 나누어 하위목표를 하나씩 정복해가는 전략이다.

Gick(1986)은 일반적 전략을 성공적으로 활용하기 위해서는 특정 문제에 관한 구체적인 지식을 어느 정도는 갖추고 있어야 한다고 주장한다. 예를 들어, 계획을 수립한다는 것은 앞을 내다본다는 뜻이지 한 번에 한 단계씩 나아간다는 의미가 아니다. 생전 처음 접하는 문제의 경우에는 앞을 내다볼 수 없다. 따라서 생소한 문제를 만났을 때는 하위목표 설정과 같은 전략을 사용할 수 없다. 일반적으로 사람들은 수수께끼를 푸는 과정에 대해서도 자세한 지식이 없다. 그 때문에 수수께끼에 관한 연구에서도 계획 수립이 강조되지 않는다. 그러므로 수수께끼 해결책은 대개 수단-목적 분석법 같은 전략을 기초로 구축된다(Atwood & Polson, 1976; Simon & Reed, 1976).

하위목표 설정 전략이 효율적으로 이용될 수 있는 과제, 즉 계획을 수립해야만 효율적으로 해결되는 과제의 보기로 컴퓨터 프로그래밍을 꼽을 수 있다(Atwood, Polson, Jeffries, & Ramsey, 1978). Atwood 등의 실험에는 3명의 컴퓨터 프로그래머가 참여했다. 이들은 모두 컴퓨터 프로그래밍 경험은 풍부했다. 그러나 실험에서 제시된 과제에 관한 지식은 서로 달랐다. 이들에게 주어진 과제는 색인 출력 프로그램 제작이었다. 즉, 책 내용을 입력하면, 지정된 용어에 대해 그 용어가 나타난 페이지가 명시된 색인(index)을 만들어내는 프로그램을 제작하는 것이 실험 과제였다. 실험 결과, 과제에 관한 지식에 따라 참여자들이 계획 수립 절차를 따르는 정도가 다른 것으로 밝혀졌다. 참여자들의 프로토콜을 분석한 결과, 그들이 가진 지식의 전반적인 질과 완전성 및 구조에서 분명한 차이가 드러났다. 한 참여자의 지식은 색인 생성에 필요한 계획을 수립할 수 있을 정도로 충분히 발달된 상태였다. 두 번째 참여자의 지식은 프로그램 설계의 결점을 바로잡기 위한 후진 작업을 해야만 할 정도로 덜 발달된 상태였다. 세 번째 참여자는 거의 모든 프로그램 설계를 기억에서 바로 인출할 정도로 잘 발달된 지식을 소유하고 있었다. 그 덕분에 다른 두 참여자에 비해 계획을 수립해야 할 필요성이 적었다. 이러한 결과를 볼 때, 과제를 체계적으로 수행할 수 있을 정도로 충분한 지식을 가졌으면서도 해결책을 기억에서 인출해낼 수는 없는 사람들은 계획을 수립할 가능성이 높다고 하겠다.

이들 3명의 프로그래머가 탐색 전략에 의존한 정도를 비교함으로써 우리는 Atwood 등(1978)의 실험결과를 그림 13.2와 관련시켜볼 수 있다. 계획 수립 전략을 이용한 첫 번째 프로그래머는 과제에 관한 상당한 지식을 가지고 있었다. 따라서 그 과제가 색인 프로그램 설계에 관한 스키마를 활성화시켰다고 할 것이다. 그러나 이 스키마가 해결책을 생성할 수 있을 정도로 상세하지는 못했기 때문에, 약간의 탐구와 탐색이 필요했었다. 물론 이 탐색을 주도한 것은 과제에 대한 그의 지식이었다. 두 번째 프로그래머는 계획을 수립하지 않고 주로 탐색을 이용하여 과제를 해결하였다. 세 번째 프로그래머는 이 과제를 해결하는 데 필요한 상세한 스키마에서 인출한 해결책을 곧바로 실행함으로써 과제를 어렵지 않게 해결할 수 있었다.

해결책 학습

사람들이 물리학 문제를 푸는 방법을 분석해보면, 초보자는 주로 일반적 전략을 이용하는 편인데 전문가는 주로 구체적 해결책을 애용하는 편임을 금방 알 수 있다. 일반적 전략 적용에서 구체적 해결책 적용으로의 전이가 분명하게 드러난다는 말이다. 이들 연구에 자주 이용되는 물리학 문제는 여러 가지 등식을 이용하여 미지의 변인이 갖는 값을 계산하라는 문제이다. 표 13.3에 제시된 보기 문제를 살펴보기 바란다. 이들 문제를 해결하기 위해 그 아래에 제시된 등식을 어떻게 이용해야 할 것 같은지를 궁리해보라.

전진 작업
문제해결에 적용되는 순서에 맞추어 적절한 정보를 선별하는 작업.

사람들이 이런 문제를 해결하는 방식을 연구한 결과, 초보자들은 수단-목적 분석 전략을 기초로 문제를 해결하려 했다. 즉, 일반적 전략을 활용하는 경향이 강했다. 그러나 전문가들은 문제를 해결하는 데 필요한 순서에 따라 등식을 활용하는 경향이 강했다. 소위, 전진 작업(work forward)을 따르는 경향이

표 13.3 운동 문제

문제
항타기(말뚝 박는 장치)가 말뚝에 떨어지는 데는 3.7초 걸린다. 이 장치가 말뚝을 치는 속도는 30.4m/s이다. 이 장치가 말뚝 위로 올라가는 거리는 얼마인가?
등식
1. 거리 = 속도 × 시간 2. 속도 = 0.5 × 마지막 속도 3. 마지막 속도 = 가속도 × 시간

강했다는 뜻이다(Larkin, McDermott, Simon, & Simon, 1980). 미지의 변인이 갖는 값을 찾는 문제이기 때문에, 수단-목적 분석 전략을 이용하면 미지의 변인이 들어있는 등식부터 탐색하게 된다. 표 13.3의 예제에서는 거리(distance)가 미지의 변인이다. 따라서 초보자는 등식 1을 이용하여 시간에다 속도를 곱함으로써 거리부터 계산하려 할 것이다. 시간(3.7초)은 문제에 주어져 있지만, 속도는 주어지지 않았다(30.4m/s는 최종 속도이다). 그렇기 때문에 초보자는 이제 속도 계산에 필요한 등식을 찾게 될 것이다. 속도 계산에는 등식 2가 이용된다. 따라서 등식 2에 따라 속도를 계산한 후, 그 값을 등식 1에 대입하면 문제는 해결된다.

초보자들이 등식을 참조한 순서는 각 등식이 문제해결에 실제로 이용되는 순서와 반대라는 점을 주목하기 바란다. 등식 1에 미지의 변인이 들어있기 때문에, 초보자들은 먼저 등식 1부터 참조한다. 그러나 등식 1을 이용할 수 있기 위해서는 먼저 등식 2를 이용해야 한다. 결국, 초보자들은 등식 1을 두 번(등식 1 → 등식 → 등식 → 답) 탐색하게 된다. 이와는 달리, 전문가들은 문제해결에 이용되는 순서대로 등식을 참조한다. 즉, 전문가들은 등식 2를 이용하여 속도부터 계산하고, 여기서 얻은 값을 등식 1에 대입한다. 전문가들은 등식 1을 한 번밖에 탐색하지 않는다. 등식이 이용될 순서를 정확하게 알고 있기 때문에 같은 등식을 두 번 탐색할 필요가 없었던 것이다. 그러므로 이 모형에서는 전문가가 초보자보다 이 문제를 재빨리 해결하는 이유가 무엇보다도 전문가들은 등식 1을 한 번만 탐색하기 때문이라고 설명한다. 그리고 문제해결에 필요한 등식의 수가 많아지면 해결책을 찾아내는 데 소요되는 시간도 길어질 것이라고 예측한다. 예를 들어, 표 13.3의 예제에서 최종 속도가 아닌 가속도가 주어졌다면, 등식 3개를 모두 이용해야 하기 때문에 초보자들이 이 문제를 해결하는 데 걸리는 시간은 훨씬 더 길어질 것이라는 뜻이다.

문제해결 경험이 풍부해짐에 따라, 학생들의 문제해결 전략도 수단-목적 분석 전략에서 전진 작업 전략으로 바뀌는 것으로 밝혀졌다. Sweller, Mawer, Ward(1983)는 표 13.3에 예시된 것과 같은 운동에 관한 문제 25개를 학생들에게 제시하였다. 처음 다섯 문제에서 수단-목적 분석 전략으로 해결된 문제는 평균 3.9개였다. 그런데 마지막 다섯 문제에서 수단-목적 분석 전략으로 해결된 문제는 평균 2.2개였다.

수단-목적 분석 전략은 목표 달성에는 효율적일지 몰라도 문제해결에 필요한 절차를 학습하는 데는 비효율적이라는 것이 Sweller는 생각이었다. 목표 상태와 현재 상태 간 괴리를 제거함으로써 목표를 달성할 수는 있을 것이다. 그러나 목표를 달성하기 위해 거쳐야 했던 절차는 기억하지 못할 것이다. 왜냐하면 학생들의 주의가 절차 학습에 집중되지 않고 괴리 제거에 집중되기 때문이다. 괴리 제거에 필요한 인지 자원이 비교적 크기 때문에(앞 장에서 보았던 것처럼), 해결 절차를 학습하는 데 이용될 인지 자원은 상대적으로 작아질 수밖에 없다. 그 결과, 해결 절차에 대한 기억까지 부실할 수밖에 없을 것이라는 논리였다(Sweller, 1988).

학생들에게 해결 절차를 학습하도록 유도하는 방법 중 하나는 특정 변인의 값만을 구하라고 하지 말고, 가능한 한 많은 변인의 값을 구해보게 함으로써 하위목표를 없애버리는 방법이다. 학생들에게 표 13.3의 등식을 이용하여 구할 수 있는 모든 변인의 값을 구해보라고 하면, 학생들은 먼저 등식 2를 이용하여 속도를 구하고, 그 값을 등식 1에 대입함으로써 거리를 계산할 것이다. 이 접근법은 학생들로 하여금 전진 작업 전략을 이용하도록 유도하며, 수단-목적 분석 전략과는 달리 인지 자원도 크게 요구하지 않기 때문에, 인지 자원이 부족해서 문제해결의 절차를 학습하지 못하는 경우는 발생하지 않는다.

고등학생 20명을 대상으로 실시한 연구에서 이 접근법은 성공적인 방법으로 밝혀졌다(Sweller, et al., 1983). 이 연구에 참여한 고등학생 20명 중 10명은 목표 조건('거리를 구하라.')에, 나머지 10명은 무목표 조건('구할 수 있는 모든 변인의 값을 구해보라.')에 배치되었다. 각 조건의 학생들은 연습문제 풀이로 실력을 다진 후, 구체적인 목표를 가진 2개의 검사 문제를 풀어야 했다. 그 결과, 무목표 조건 참여자 중 9명이 전진 작업 전략으로 문제를 해결한 것으로 드러났다. 그리고 이들이 검사 문제를 해결하는 과정에서 거쳤던 단계의 수도 줄어든 것으로 밝혀졌다. 이에 반해, 목표 조건 참여자들의 경우 전진 작업 전략으로 문제를 푼 학생은 1명밖에 없었던 것으로 드러났다.

이론과 교수법의 조합

수단-목적 분석 전략과 인지 자원에 관한 심리학 이론은 학생들의 문제해결 능력을 향상시키기 위한 교수법 개발에 유용하게 이용될 수 있다. 위에서 소개한 Sweller의 연구는 바로 이 점을 입증한 것이다. 그러나 교수법을 향상시키기 위한 작업에 인지 이론을 가장 체계적으로 이용한 사람들은 Anderson의 연구진이었다(Anderson, Boyle, & Reiser, 1985; Ritter, Anderson, Koedinger, & Corbett, 2007). 이들은 대수학, 고등학교 기하학, LISP(List processor)라는 프로그램 언어를 가르치기 위한 교수법 설계에 연구의 초점을 맞추었다. 이들의 교수법은 ACT*('A-C-T 스타'라고 읽는다)의 학습 원리에 그 기초를 두고 있다.

서술형 지식
사실적 정보에 관한 지식.

실행용 지식
목표달성에 필요한 행위들을 관련지어 실행하는 지식.

생성 규칙
특정 행위를 이행하는 데 필요한 선행 조건을 명시하는 조건 규칙.

ACT*는 서술형 지식과 실행용 지식에 관한 한 세트의 전제로 구성되어 있다. 서술형 지식(declarative knowledge)에 관한 전제는 사실적 정보의 표상과 조직을 강조한다. 실행용 지식(procedural knowledge)에 관한 전제는 지식이 과제 수행에 어떻게 활용되는지를 강조한다. 인지 기능 교육에 특히 적절한 것은 이 이론의 실행용 지식에 관한 전제이다.

이 이론의 실행용 요소는 생성 규칙(production rules)이라고 하는 한 세트의 규칙으로 구성되어 있다. 이들 규칙은 특정 조건과 그 조건에서 실행되어야 하는 행위/작업을 명시한다. 그러므로 생성 규칙은 두 부분(조건과 행위)으로 나뉜다. 이 규칙에 명시된 행위는 조건이 충족되기만 하면 실행된다. 다음은 생성 규칙의 보기이다.

> 명사의 복수형을 만들어야 한다. (조건)
> 그러면 그 명사 뒤에 's'를 붙여라. (행위)

목적을 명시한 것이 조건이고, 그 목적 달성을 위해 취할 수 있는 방법을 명시한 것이 행위라는 것을 주목하라.

Anderson과 동료들은 프로그램 언어 LISP를 학생들에게 가르치는 '컴퓨터 교사'를 구축했는데, 이 컴퓨터 교사를 구축하는 작업의 기초로 이용된 것이 생성 규칙이었다. 이 작업의 기저에 깔린 주요 이론적 전제는 다음과 같다(J. R. Anderson, 1990).

1. 생성 규칙. 프로그램 작성과 같은 기능(skills)은 일련의 생성 규칙으로 분해될 수 있다.
2. 기능 복합성. 복합적인 기능을 학습하는 데는 수백 개의 생성 규칙이 필요하다. 이 전제는 지식에 대한 분야-구체적 견해와 일치한다.
3. 목표의 위계적 조직. 모든 생성 규칙은 위계적 목표에 따라 조직되어 있다. 위의 보기(복수 명사 만들기)에서 보았듯이, 생성 규칙의 조건은 목표를 명시한다.
4. 지식의 서술적 근원. 모든 지식은 서술형 표상으로 시작되며, 주로 학습이나 보기를 통해 습득된다. 문제를 실제로 해결하기 전에 사람들은 문제를 해결하는 방식부터 먼저 배운다.
5. 실행용 지식으로의 변형. 문제해결책을 서술형 지식으로 배우는 것만으로는 문제를 제대로 해결하기 어렵다. 우리는 문제해결에 관한 서술형 지식(지시문)을 실제 문제를 해결하는 데 필요한 효율적인 실행 절차(작업과정)로 바꾸어야 한다.

LISP를 가르치기 위해 제작된 이 컴퓨터 교사는 1,200개의 생성 규칙으로 구성되어 있다. 이들 생성 규칙은 학생들의 프로그래밍 행동을 모형화한 것이었다. 이 컴퓨터 교사 속에는 카네기멜론 대학교의 한 LISP 강좌에서 한 학기 동안 소개되는 모든 개념이 들어있었다. 이 컴퓨터 교사는 매우 성공적인 것으로 드러났다. 즉, 이 컴퓨터 교사의 도움을 받으며 공부한 학생들은 대부분이 교사의 도움 없이 공부한 학생들보다 시험 성적에서 한 단계 높은 점수를 받았다.

이론도, 그리고 컴퓨터 교사도 계속해서 발전되고 있다. 이 컴퓨터 교사를 인지 교사(Cognitive Tutor)라고 한다. 인지 교사가 가장 광범위하게 이용된 것은 수학 수업이었고, 2007년까지 예비 대수학 수업을 수강한 7,000명의 학생들로부터 자료가 수집된 상태였다(Ritter et al., 2007). 인지 교사가 담당하는 수업의 교과과정에는 교과서와 소프트웨어(컴퓨터 프로그램) 둘 다가 포함되어 있기 때문에 학생들은 일주일 중 대략 3일은 교실에서 공부를 하고 나머지 2일은 실습실에서 공부를 하게 된다. 인지 교사를 적용하는 모든 경우에서 그렇듯이, 교육의 초점은 연습을 필요로 하는 해결 절차에 집중되어 있고, 연습용으로 제시되는 문제는 이 절차를 따라야만 해결되는 문제들로 구성된다.

인지 교사의 변형 중에는 학생들이 너무 많은 오류를 범하면 자동적으로 힌트를 제공하는 것도 있다. 학생들이 직접 힌트를 요구할 수도 있다. 그러나 힌트를 너무 많이 요구하여 컴퓨터 혼자서 거의 모든 문제를 풀게 하는, 즉 이 장치를 악용하는 그런 경우는 드물다. 학습자 스스로 강력한 메타인지 기능, 즉 꼭 필요한 만큼만 힌트를 요구할 수 있는 기능을 개발해야만 가장 이상적인 수업이 된다. 불행하게도 많은 학생들은 이런 기능을 스스로 개발하지 못한다. 훈련이 필요한 이유도 바로 여기에 있다(Graesser, 2011).

그러한 훈련을 제공하기 위해 제작된 또 다른 컴퓨터 프로그램이 도우미 교사(The Help Tutor)이다. 기하학 인지 교사(Geometry Cognitive Tutor) 속에는 이 도우미 교사가 병합되어 있어, 기하학 인지 교사를 이용해서 기하학을 공부하는 학생들을 돕는다(Roll, Aleven, McLaren, & Koedinger, 2011). 예를 들어, 학생들이 급하게 답을 만들어내기 위해 힌트를 너무 자주 요청하게 되면, 도우미 교사는 힌트를 제공하지 않고 문제를 풀어보는 노력을 해야 한다고 학생들을 다독거린다. 이러한 메타인지 훈련은 일반적인 충고를 제공하기 때문에 다양한 주제에 적용되고 있는 것으로 드러났다. 이 훈련의 전이 가능성을 검토한 결과, 기하학 문제해결에서 습득한 도움 요청 기술이 훈련을 마친 다음 달에는 다른 주제를 공부하는 데도 전이되는 것으로 밝혀진 것이다(Roll et al., 2011).

13.3 창의성

전문성이란 전문 분야의 문제해결 능력이 뛰어남을 뜻할 뿐, 창의적이라고 말하지는 않는다. 사람들은 문제를 잘 해결하는 사람보다는 문제를 창의적으로 해결하는 사람을 더 높이 평가한다. **창의성**(creativity)은 단순히 문제를 해결할 수 있는 능력이 아니라, 새롭고(독창적이고) 유용한(쓸모 있는) 해결책을 만들어내는 능력을 일컫는다. 사람들은 창의적인 해결책을 두고 천재들만 내놓을 수 있는 해결책 또는 어떤 신비한 과정을 거쳐 생성되는 해결책으로 간주하기도 한다. 그러나 최근의 인지과학 연구결과는 창의성이 사람들이 생각했던 것만큼 그렇게 신비스러운 것이 아니라고 말한다. 최근에 발행된 두 권의 책은 우리가 이미 알고 있는 전문성으로도 창의성을 설명할 수 있다고 주장한다.

창의성
새롭고 독창적인 산물이나 해결책을 만들어내는 능력 또는 특성.

Weisberg(1993)는 그의 저서 *Creativity: Beyond the Myth of Genius*에서 창의적 아이디어의 효과는 엄청나지만, 그러한 아이디어가 생성되는 과정은 그렇지 않다고 주장한다.

> 많은 창의적 산물이 비범한 것은 사실이다. 그런 산물은 희소하며 전 생애를 바쳐 투자한 엄청난 노력의 결과일 때도 있다. 수백 년 동안 아무도 풀지 못했던 질문에 대한 답일 수도 있으며, 때로는 만들어낸 사람이 기대했던 것보다 훨씬 더 큰 영향력을 발휘하기도 한다. 창의적 산물의 효과가 이토록 지대하기에, 그런 산물이 생성되는 과정 역시 비범한 과정일 것이라고 생각하는 것은 어쩌면 당연지사일 수도 있다. 그러나 이러한 논리가 반드시 성립되는 것은 아니다. 창의적 성취가 비범한 것은 그것이 생성된 과정이 비범하기 때문이라기보다는 그 산물의 효과가 비범하기 때문일 수 있다. (p. 10)

'천재의 신화'에 관한 Weisberg의 견해는 창의적 인물에 대한 분석 결과에 기초를 두고 있다. 그는 그가 분석한 창의적 인물들의 비범한 발견도 보통의 사고과정으로 설명될 수 있다고 느꼈다. 보통의 생각으로도 과거의 성취를 넘어설 수 있다는 믿음이다. 하지만 이는 새로운 정보가 누적됨으로써 이루어질 뿐 그 생각에 갑작스런 도약이 있는 것도 아니고 또 무의식적 깨달음이 있는 것도 아니다. Weisberg는 사례 연구를 이용하여 DNA 구조에 관한 Watson과 Crick의 발견, Wright 형제의 비행기 발명, Picasso의 새로운 스타일 개발 등이 모두 과거의 업적 위에 구축된 점증적 발전이었음을 예증하였다. 또한 이 장을 시작할 때 소개된 인용문("창의성의 비밀은 출처를 숨기는 방법을 아는 것이다.")에서 볼 수 있듯이, Einstein조차도 자기의 성공 중 일부는 다른 사람들의 덕분이라고 지적하고 있다.

창의적인 인물에 대한 존경심 때문에, Reed는 Weisberg의 견해에 대해 다소 혼란스런 느낌을 갖고 있다. 확실한 것은 Einstein이 자기가 가진 '정보원(sources)'을 훨씬 능가하여 우주에 관한 우리의 이해를 증진시켰다는 사실이다. 필자의 생각에 Frank Lloyd Wright(미국의 유명한 건축가—옮긴이 주)나 Seuss 박사(미국의 유명한 아동도서 작가—옮긴이 주) 같은 매우 창의적인 인물들은 특별한 천재성을 가지고 있었던 것 같다. 창의적인 작품에 대한 숭상과 그러한 작품이 생성된 과정을 설명하고 싶어 하는 욕구 사이의 갈등을 해결할 수 있는 방법은 *The Creative Mind: Myths and Mechanism*(Boden, 2004)의 서문에서 찾아볼 수 있다. Boden도 창의성이란 신비한 것이 아니며, 인공지능의 계산적 개념으로 설명될 수 있는 것이라는 점을 인정한다. 그러나 창의성에 대한 설명은 창의적 사고의 귀중함을 예전보다 더 잘 음미할 수 있도록 전개되어야 한다고 주장한다. 즉, 비록 창의성이 신비한 것이라는 생각은 퇴치하더라도 창의성에 대한 우리의 경이감은 유지될 수 있는 방향으로 창의성이 설명되어야 한다고 Boden은 말한다.

보기의 구속 효과

Weisberg(1993)는 창의적 발견도 보통의 사고과정으로 설명될 수 있다고 믿는다. 하지만 매우 창의적인 인물의 경우에는 예외적인 측면도 있다고 인정한다. 창의적인 인물은 자기 분야의 전문가일 뿐만 아니라 동기 또한 매우 강하다. 창의적인 인물은 다른 사람들이 무시하는 연구에 몰두하기도 하며, 지적 모험을 마다하지 않고, 장애물이 있어도 쉽게 물러서지 않는다(Sternberg & Lubart, 1996). 창의성에 관한 이러한 자서전적 연구와는 달리, 실험실 연구에서는 전문성이 별로 요구되지 않은 과제를 제시하고, 이에 대한 대학생들의 수행을 연구하는 것이 보통이다. 따라서 이 결과를 전문가들의 창의적 사고에까지 일반화하기는 어렵지만, 그래도 이 결과가 매우 흥미로운 것은 사실이다.

창의성에 관한 실험 연구는 종래의 인지심리학에서 이용되고 있는 연구 패러다임을 수정 보완하여 설계된 것으로 창조의 신기함(novelty)을 강조한다. 보기(examples)를 이용하는 경우를 살펴보자. 보기는 문제해결에 중요하게 작용한다. 유추 문제의 경우, 유추의 근원을 제공하며 ACT*의 경우, 생성 규칙 학습에 필요한 정보원이 되기도 한다. 또한 보기는 창의적 아이디어 생성의 근원이 되기도 한다. 그러나 통상적인 문제해결에 보기를 활용하는 것과 창의적인 문제해결에 보기를 이용하는 것에는 미묘한 차이가 있다. 통상적인 문제해결에서 유사한 문제를 탐색할 때는 유사한 문제(보기)와 당면 문제 간 유사성을 최대화하여 두 해결책 간 차이점을 최소화하려고 한다. 그러나 창의적인 것을 만들어내기 위해 보기를 이용할 때는 보기에 변화를 주어 보기와는 최대한으로 다른 작품이나 해결책을 내놓으려 한다.

따라서 조심하지 않으면, 보기는 창의성에 제약/구속을 가하는 악영향을 미칠 수도 있다. 보기의 이러한 나쁜 효과는 다음과 같은 지시문으로 시작된 과제에서 잘 나타난다.

> 이 우주 공간 어디엔가 지구와 꼭 닮은 위성이 하나 있다고 상상하라. 현재 이 위성에는 아무것도 살고 있지 않다. 여러분의 과제는 이 위성에 거주할 새로운 피조물을 설계하는 것이다. 작업시간을 20분 줄 테니, 여러분의 설계 능력을 최대한 발휘하여 될 수 있는 대로 많은 피조물을 그려보라. 각 피조물은 새로우면서도 서로 달라야 한다. 또한 지구상에 현재 존재하거나 존재했다가 사라진 것에 대한 복제는 허용되지 않는다. 각 피조물의 정면과 측면을 그려보기 바란다. (S. M. Smith, Ward, & Schumacher, 1993, p. 839)

그러고는 한 집단의 학생들에게는 과제를 수행하기 전에 그림 13.3에 그려진 세 개의 보기를 보여주었고, 통제집단의 학생들에게는 아무것도 보여주지 않았다. 이들 두 집단의 작업 결과를 비교하면 어느 집단이 더 우수할 것 같은가? 보기를 보여준 것이 과제 수행에 도움이 될까? 불행하게도 보기는 학생들의 창의성에 제약/구속을 가하는 것으로 드러났다. 그림 13.3에 있는 동물처럼, 안테나와 꼬리가 달려 있고 다리가 4개인 동물을 그리는 사례가 보기 집단에서 훨씬 많이 발견된 것이다. 참여자들에게 새로운 장난감을 만들어보라고 지시했을 때도 비슷한 결과가 관찰되었다. 보기와는 다른 것을 만들어보라는 지시는 전혀 효과가 없었다. 참여자들은 보기가 가하는 제약을 벗어나지 못했다.

또 다른 연구에서는 참여자들에게 이렇게 말해 주었다: "우리가 보기를 보여주는 목적은 여러분을 도와 여러분 자신만의 피조물을 창출하는 데 필요한 영감을 고취하여 사고의 흐름을 원만하게 하기 위함이다. 그러니까 여러분의 작업에는 이들 보기의 어떤 측면도 끌어들이는 일이 벌어지지 않기 바란다"(Marsh, Landau, & Hicks, 1996, p. 671). 학생들이 이 지시문을 읽은 다음, 곧 그림을 그리기 시작했을 때는 이 지시문의 효과가 비교적 명백하게 나타났다. 즉, 학생들의 그림에 보기의 속성이 거의 발견되지 않았다. 그러나 지시문을 읽은 하루 후에 그림을 그리기 시작한 집단에서는 보기의 측면을 자

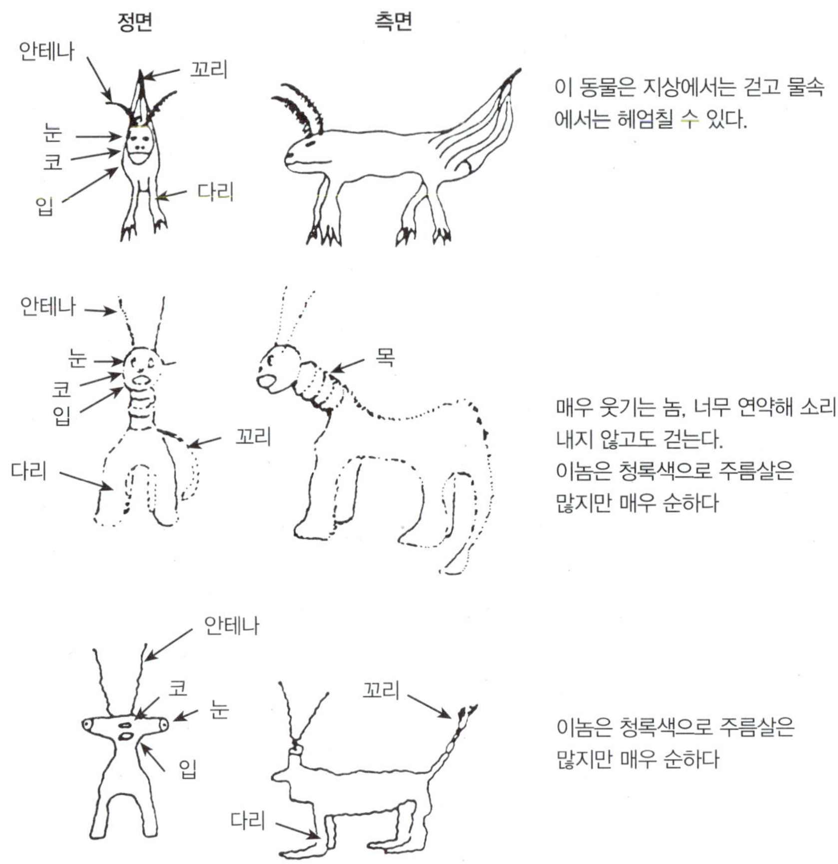

그림 13.3 보기로 제시된 피조물들. 어문적 명칭과 설명까지 붙여 놓았다.

출처: "Constraining effect of examples in a creative generation task" by S. M. Smith, T. B. Ward, & J. S. Schumacher, 1993, *Memory & Cognition, 21*, 837-845. Copyright 1993 by the Psychonomic Society, Inc. Reprinted by permission.

우발적 표절
타인의 생각을 자기도 모르는 사이에 복제하는 일.

기의 그림에 끌어들이는 경향이 두드러지게 높았다. 이러한 현상은 Marsh와 Bower(1993)가 제안한 **우발적 표절**(inadvertent plagiarism)이라는 개념으로 설명될 수 있다. 즉, 보기에 관한 기억이 복사를 하기에는 충분할 정도로 활성화되었지만, 복사한다는 사실을 알아차릴 정도까지는 활성화되지 않았던 것이다.

학생들을 보다 창의적이게 만든 개입법도 있었다. 이 개입법에서는 학생들에게 보기에 관한 생각을 보다 추상적으로 해보라고 권장하였다(Ward, Patterson, & Sifonis, 2004). 지시문은 학생들에게 지구와는 판이한 위성을 염두에 두고 생각을 하도록 하고, 새로운 동물을 생성할 때는 (1) 지구에 사는 동물을 생각해보거나 또는 (2) 상상해낸 새로운 환경에 적응하는 데 필요한 동물의 속성을 생각해보라고 요구하였다. 상상의 환경을 생각해본 학생들은 보통 동물의 전형적인 속성(예: 눈, 귀, 코, 다리 등)을 그림 속에 그려 넣는 일이 줄어들었다. 새로운 환경을 고려해본 일이 과제에 관해 보다 추상적으로 생각할 수 있게 했고, 그 결과, 과제는 보다 독창적으로 완성되었다고 할 것이다.

심상을 통한 발명

창의성에 관한 새로운 연구 중 인지심리학의 이전 패러다임에서 발달한 또 다른 보기로 Finke(1990)의 연구를 꼽을 수 있다. Finke는 시각적 심상 이론 개발에 중요한 공헌을 한 사람 중 한 명이다. 그는 그의 전문성을 살려 시각적 심상 패러다임을 창의성 연구에 확장하였다. Shepard(1988)를 비롯한 많은 연구자들의 연구결과를 보면, 많은 유명한 과학적 발견이 시각적 심상을 통해 이루어졌다는 사실을 알게 된다. 예를 들어, Einstein도 자기가 애용한 관념 실험(thought experiments)도 심상을 기초로 이루어졌다고 보고했다. 빛의 속도로 여행하는 일을 상상한 덕분에 Einstein은 그의 상대성 이론을 정립할 수 있었다. Faraday도 전기장과 자기장(electric and magnetic fields)으로부터의 힘을 선분으로 시각화함으로써 전자장(electromagnetic fields)의 현대식 이론을 정립할 수 있었다고 주장했다. Kekule는 뱀이 스스로의 꼬리를 물고 있는 것을 상상한 후에 벤젠의 분자 구조를 발견했다고 보고하였다.

Finke(1990)는 인공적인 형태의 시각적 통합에 관한 선행 연구(예: Palmer, 1977)를 확장하였다. 그는 사람들이 기존의 부품을 시각적으로 조합함으로써 창의적인 작품을 만들어낼 수 있는지를 결정하고자 하였다. 실험에 이용된 부품으로는 구, 반구, 정육면체, 원추, 원기둥, 직육면체, 철사, 관, 까치발(선반 받침대), 정방형 널빤지, 갈고리, 바퀴, 고리, 핸들 등 모양새가 아주 기본적인 물건들이 선별되었다. 참여자 또는 실험자가 세 개의 부품을 선택한 후, 참여자들에게는 눈을 감고 마음속으로 이들 부품을 조합하여 실용적인 것을 만드는 상상을 해보라고 지시했다. 선택한 부품 세 개를 모두 이용해야 했지만, 크기와 위치 그리고 정위(orientation)는 마음대로 바꿀 수가 있었다. 만들어진 작품은 다음 여덟 가지 범주, 즉 가구, 개인용품, 운송도구, 실험 장치, 가정용품, 연장이나 부엌 세간, 무기, 장난감 또는 게임기 중 하나여야 했다.

생성된 물품의 실용성과 독창성은 각각 5점 척도로 평정했다. 어떤 작품이 실용적인 것으로 간주되기 위해서는 그에 대한 실용성 평정 점수 평균이 4.5 이상이어야 했고, 독창적인 것으로 간주되기 위해서는 독창성 평정 점수 평균이 4.0 이상이어야 했다. 실험의 첫 번째 조건에서는 참여자가 부품을 선택했다. 그러나 만들어야 할 물품의 범주(예: 가정용품)는 실험자가 정해주었다. 두 번째 조건에서는 실험자가 부품을 선택했다. 그러나 만들어야 할 물건의 범주는 참여자가 선택했다. 가장 제약이 심한 조건은 세 번째 조건이었다. 세 번째 조건에서는 부품도, 또 만들어야 할 물건의 범주도 모두 실험자가 정해주었다. 예를 들어, 참여자들은 반구와 바퀴와 갈고리를 이용하여 가정용품을 만들어보라는 지시를 받았다. 실용적이라고 판단된 물품이 생성된 개수는 이 세

그림 13.4 **하나의 발명 전 모양(반구, 까치발, 갈고리로 조립된 물건)에 대한 여러 가지 해석.** 가구(lawn lounger), 개인용품(귀걸이), 실험 장치(물 저울), 가정용품(교반기), 운송도구(물 썰매), 부엌 세간(감자 으깨는 기구), 장난감(고리 돌리개), 무기(basher) 등으로 해석되었다.

출처: *Creative imagery: Discoveries and inventions in visualization*, by R. A. Finke, Fig. 7.24. Copyright © 1990 by Lawrence Erlbaum Associates, Inc. Reprinted by permission.

조건에서 비슷했다. 그러나 실용적이면서 독창적이라고 판단되는 물품(창의적인 물품)이 생성된 개수는 제약이 가장 심한 조건에서 제일 많았다. 과제에 부과된 제약이 많을수록, 모든 준거를 충족시키면서도 기존의 물품과 비슷한 것을 생각해내기가 어려웠던 것이다.

그러나 부품과 범주를 정해준 것보다 제약이 더 심한 조건도 있었다. 다른 실험에서는 참여자들에게 정해진 부품을 이용하도록 했지만, 이 부품을 조합하여 물품을 만든 후에야 그 물품을 귀속시킬 범주를 알려주었다. 물품이 만들어진 후에야 그것이 무엇이어야 하는지를 알 수 있기 때문에, Finke(1990)는 이 조건에서 만들어진 물품을 발명 전 모양(preinventive forms)이라고 했다. 그림 13.4는 반구와 까치발과 갈고리를 부품으로 사용하여 만들어진 발명 전 모양이 각 범주에서 어떻게 이용될 수 있는지를 보여준다. 이 실험을 통해 제약이 아주 심한 조건이 창의적인 작품 생성에 가장 성공적이었음이 입증되었다.

발명 전 모양
그 용도가 결정되기 전에 만들어진 물건의 모양.

생성-탐구 모형

그러나 제약이 덜 심한 조건에서도, 참여자들은 처음에는 부품의 조합을 상상해보는 생성 전략(generation strategy)을 이용하고, 그런 다음 창출된 물건을 어떻게 이용할 것인지를 고려하는 탐구 전략(exploration strategy) 이용을 선호하였다. Finke, Ward, Smith(1992)는 이 두 단계를 설명하기 위해 생성-탐구 모형(Geneplore: Generation-Exploration model)을 이용하였다(그림 13.5).

생성 전략
발명 전 모양을 만들어내는 전략.

탐구 전략
발명 전 모양을 어떻게 활용할 것인지를 결정하는 전략.

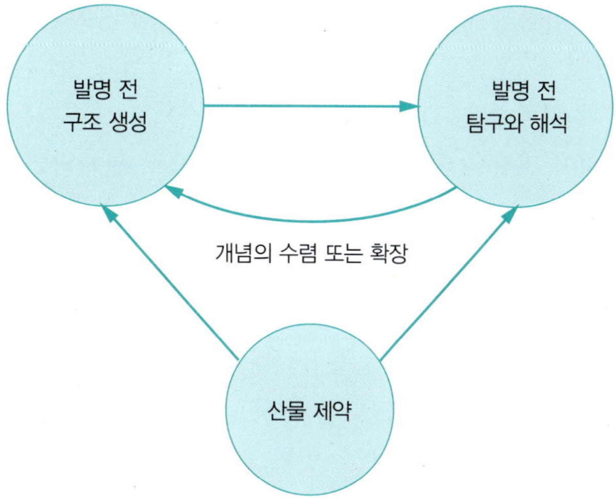

그림 13.5 생성–탐구 모형의 기본 구조

출처: *Creative cognition: Theory, research, and applications,* by R. A. Finke, T. B. Ward, & S. M. Smith. Copyright 1992 by MIT Press. Reprinted by permission.

이 모형은 첫 단계에서 발명 전 구조물을 생성한 다음, 두 번째 단계에서 그 구조물에 대한 탐구 및 해석이 전개된다고 가정한다. 발명 전 구조물은 최종적인 창의적 산물의 선구 물체로, 발명이 전개되는 모든 주기 동안 생성되고, 재생성되며, 수정되기도 한다. Finke 등(1992)은 발명 전 구조물 생성에 더 많은 힘을 기울인 다음, 나중에 이것이 어떻게 활용될 것인지를 생각하라고 권한다. 이들의 생각은 우리의 보통 사고방식과는 정반대라는 것을 주목하기 바란다. 대개 우리는 '셔츠 주머니에 알맞은 지갑' 또는 '해변에서도 갈아입을 수 있는 옷' 같은 특정 물품을 마음에 둔 다음, 어떻게 하면 이러한 상품을 만들 수 있을 것인지를 궁리한다. Sweller 등(1983)의 연구에서 설정된 무목적 조건에서는 초기에 맹목적 탐구 단계가 주어졌고, 이 단계가 문제를 해결하는 데 도움이 되었다는 것을 기억할 것이다. 우리는 Sweller 등(1983)의 무목적 단계와 Finke 등(1992)이 권장하는 전략 사이에 흥미로운 유사성을 발견하게 된다.

그러나 실제 디자이너들의 디자인 과정을 분석한 Weisberg(2009)의 견해는 이와 다르다. 디자이너들은 과거 경험을 기초로 일반적인 문제해결 전략(예: 유추법)을 사용하는 것으로 드러난 것이다. 그림 13.5에서 알 수 있듯이, 상품의 제약, 탐구, 해석 등은 모두 디자인 과정에서 중요한 요소임이 틀림없었다. 하지만 발명 전 구조를 생성해보는 일보다 더 중요한 것은 물건들 간 유사성을 찾아내는 일이었다.

기억기반 추리와 규칙기반 추리 간의 차이를 창의성에 적용해보는 일로 이

장을 마감하기로 하자. 여러분도 표 13.1을 공부할 때, 창의성이 기억기반 시스템으로 분류되고 있음을 알아차렸을 것이다. 이 분류는 Dietrich(2004)의 주장과 일치한다. Dietrich는 자연발생적으로 벌어지는 통찰력 깊은 사고는 그 근원이 전전두 피질이 아닌, 무의식적으로 전개되는 연상적 사고로 전개될 때가 많다고 주장한다. 이러한 사고의 보기로 떨어지는 사과를 보고 중력이라는 개념을 만들어낸 Newton의 사고, 광선을 타고 여행하는 모습을 상상을 하며 품게 된 Einstein의 상대성 원리, Kekule가 꿈을 통해 얻은 영감에 기초로 발견하게 된 벤젠의 구조 등을 꼽았다.

그러나 창의성의 또 다른 특성을 살펴보면, 창의적 사고에도 규칙기반 추리가 이용되고 있음을 알 수 있다. Dietrich(2004)는 자연발생적인 사고와 대조되는 의도적인 사고는 전전두 피질에서 시작된다고 주장한다. 의도적 사고의 보기로는 DNA 구조를 밝히기 위해 Watson과 Crick이 사용한 체계적인 작업, 발명품을 고안할 때 Edison이 애용한 체계적 접근법 등을 꼽고 있다. Finke(1996)가 주장한 두 가지 모양의 창의성(비체계적 창의성 대 체계적인 창의성)도 기억기반 사고 및 규칙기반 사고와 흡사하다. Finke가 말하는 비체계적 창의성은 주로 충동적으로, 반사적으로, 자연발생적으로, 장난처럼, 은유적으로 생각하는 사람들에게서 발견되는 능력이다. 비체계적 사고는 연상적(associative)이어서 매우 독창적인 아이디어를 내놓는다. 이와는 달리, 체계적인 사고는 조직되어 있고 규칙에 따르는 경향이 강하다. 체계적으로 생각하는 사람들의 창의적 사고는 조직이 잘 되어 있고, 과거의 아이디어 및 개념과 연관되어 전개되는 특징을 가진다. 체계적인 사고는 규칙에 기반을 두고 의도적으로 그리고 확인용으로 전개되는 사고이기 때문에 아이디어의 실용성을 판단하는 데 특히 도움이 된다.

창의성에는 비체계적 사고도 체계적인 사고도 모두 중요하다. 비체계적 사고로 생성되는 아이디어는 지나치게 공상적인 경우가 많다. 체계적인 사고로 생성되는 아이디어는 현실적이기는 하지만 상상력이 부족한 편이다. 대다수의 과제는 기억기반 추리와 규칙기반 추리 둘 모두가 관여한다는 Sloman(2002)의 주장은 창의적 사고를 요구하는 과제에도 적용될 가능성이 크다. Finke(1996, p. 391)는 다음과 같이 지적한다.

> 창의성은 고의적인 것과 체계적인 것만으로 구성된 것도 아니며 그렇다고 뜻밖에 벌어지는 것과 체계가 전혀 없는 것만으로 구성된 것도 아니다. 창의적인 아이디어와 개념과 상상은 우리 인간의 마음이 의도적으로 노력한 결과일 수도 있고 또 자연발생적인 직관의 결과일 수도 있다.

13.4 요약

우리의 추리 능력 및 문제해결 능력은 재료와의 친숙성에 따라 달라진다. 논리적 규칙의 함의를 평가하는 능력이 그 규칙을 소개한 내용이 추상적인지('카드의 한 면에 D가 적혀있으면, 그 이면에는 3이 적혀있다.'), 또는 친숙한지('만약 어떤 사람이 맥주를 마신다면 그 사람의 나이는 19세 이상임이 틀림없다.')에 따라 달라진다는 말이다. 여기서 소개된 이 두 가지 보기의 차이는 규칙기반 추리와 기억기반 추리라는 보다 일반적인 차이를 반영하고 있다. 과제의 내용이 친숙할 때, 즉 과제의 내용이 실용적 스키마를 형성할 수 있을 정도로 친숙하면, 과제 수행 점수는 높아진다. 또한 친숙하지 않은 과제와 친숙한 과제 간의 유사성을 학생들에게 가르쳐 주면 친숙하지 않은 과제를 해결할 수 있는 가능성이 크게 증가한다. 전문성이 향상됨에 따라 학생들은 문제의 형식적 구조를 더 잘 파악할 수 있게 된다. 그 결과 과제의 내용에 구애받지 않고 다양한 과제에 유추적 추리 전략을 적용할 수 있게 된다.

학생들의 전문성이 향상됨에 따라 변형 문제를 해결하는 전략도 바뀐다. 예를 들어, 초보자들은 물리학 문제를 해결하기 위해 필요한 등식을 탐색할 때 수단-목적 분석 같은 일반적인 전략을 주로 이용한다. 그러나 전문가들은 등식 활용의 바른 절차를 알고 있기 때문에 전진 작업 전략을 이용한다. 수단-목적 분석 전략을 적용하는 데는 상당한 인지 자원을 할당해야 한다. 때문에 이 전략을 사용하면, 등식을 적용하는 순서를 학습하기가 어려워진다. 인지 이론을 적용하여 교수/학습법을 향상시키고자 한 프로그램 중에는 ACT*의 학습 원리를 적용한 프로그램이 있다. 이 프로그램의 목적은 LISP를 이용한 프로그래밍, 그리고 기하 문제 및 대수 문제를 해결하는 학생들의 능력을 향상시키는 데 있다. 인지 교사(The Cognitive Tutor)라고 하는 프로그램은 가정교사 역할을 수행하는 컴퓨터 프로그램으로 학생들의 메타인지 기능을 향상시키고 있다.

창의성에 관한 연구 결과, 창의성도 신비스러운 능력이 아닌 것으로 밝혀지고 있다. 창의성도 결국에는 또 하나의 문제해결 능력일 뿐이라는 뜻이다. 하지만 표준적인 해결책과 창의적인 해결책에서 나는 차이점 중 하나는 창의적 해결책은 새롭다는 점이다. 이는 문제해결 과정이 이전의 보기에 의해 제약을 받지 않아야 한다는 의미를 갖는다. 어떤 창의적 발견의 경우, 정신적 심상이 중요한 역할을 수행하기도 했다. 사람들에게 심상을 통해 부품을 통합해보라는 지시를 함으로써 창의적 작품 생성에 작용하는 심상의 역할을 분석하기도 했다. 사용할 수 있는 부품 및 이들을 조합해서 만들어야 할 물품의 범주를 제한하면 과제는 더욱 어려워진다. 하지만 그렇게 조립된 물품이 새로운 작품일 가능성은 높아진다. 생성–탐구 모형(Geneplore model)에서는 창의적인 아이디어 생성이 아이디어를 생성하는 생성 단계와 생성된 아이디어의 활용 가능성을 탐색해보는 탐구 단계를 거쳐 이루어진다고 설명한다.

복습문제

1. 학생들에게 문제해결 전략을 소개하는 데 할애해야 할 시간과 교과내용을 소개하는 데 할애해야 할 시간의 상대적 비중에 대해 여러분은 어떻게 생각하는가? 여러분이 추리와 문제해결에 관한 강좌를 이수하면, 여러분의 학교생활이 보다 생산적이 될 것이라고 생각하는가? 연구결과는 이 문제에 어떤 답을 제시하는가?
2. 논리적 추리에 관한 기존의 실험 증거를 검토해보면, 인간은 그렇게 똑똑하지 못한 존재라는 느낌을 갖게 된다. 이런 달갑지 못한 발견이 우리 인간의 특징을 정확하게 포착했다고 생각하는가, 아니면 연구결과가 이렇게 나타난 그럴듯한 다른 이유가 있다고 생각하는가?
3. 개념(의미)의 조직을 다룬 9장에서는 다양한 스키마의 특징이 소개되었다. Cheng과 그녀의 동료들이 제시한 허락 스키마와 의무 스키마에도 그런 특징이 발견되는가?
4. 낯선 문제와 낯익은 문제를 연관시켜보면 추리가 향상되기도 한다. 낯선 분야의 문제 중에서 여러분이 잘 알고 있는 분야의 문제와 유사성 때문에 그 문제를 더 잘 이해할 수 있는 문제를 생각해보고 여러분의 추리를 설명해보라.
5. 그림 13.2에 소개된 문제해결 과정에 관한 Gick(1986)의 도식을 적용하여 다음의 문제 장면에서 관찰될 여러분의 수행 수준을 예측해보라: 여러분이 스스로를 전문가라고 생각하는 분야와 초보자라고 생각하는 분야를 하나씩 선택하여, 각 분야에 맞는 검사 문제를 하나씩 만들어보라. 각 문제를 해결하려 할 때 여러분은 어떤 절차를 따를 것 같은가?
6. 전진 작업 전략과 수단–목적 분석 전략은 어떻게 다른가? 어느 전략이 스키마의 활성화에 기초를 둔 것인가?
7. Weisberg는 창의성도 현재의 문제해결 이론들로 설명할 수 있다고 주장한다. 여러분은 창의성과 문제해결 이론 간에 어떤 관계가 있다고 보는가?
8. 실험 참여자들이 부품을 조합하여 물건을 만든 후에 만들어진 물건의 기능을 말해주면 창의성이 자극되는 것으로 밝혀졌는데, 왜 그렇다고 생각하는가? 이러한 결과와 친숙성 때문에 새로운 것을 발명할 능력이 제약을 받는다는 발견과는 어떤 관계가 있는 것일까?
9. 연상적(associative) 사고와 자연발생적(spontaneous) 사고 및 비체계적(unstructured) 사고의 공통점은 무엇이라고 생각하는가? 그리고 규칙기반 추리와 의도적 추리, 그리고 체계적 추리의 공통점은 무엇이라고 생각하는가?

핵심용어

발명 전 모양(preinventive form)
분야-구체적 지식(domain-specific knowledge)
생성 규칙(production rule)
생성 전략(generation strategy)
서술형 지식(declarative knowledge)
실용적 추리 스키마(pragmatic reasoning schemata)
우발적 표절(inadvertent plagiarism)
일반(적) 전략(general strategy)
전진 작업(work forward)
실행(용) 지식(procedural knowledge)
창의성(creativity)
의무 스키마(obligation schema)
카드 선별 과제(four-card selection problem)
탐구 전략(exploration strategy)
허락 스키마(permission schema)

추천도서

Galotti(1989)가 형식적 추리와 일상적 추리를 대조시키는 동안, 다른 연구자들은 과학적 추리에 관한 연구를 소개하고 있다(Dunbar & Blanchette, 2001; Schunn & Anderson, 1999). 전문가와 초보자 간 차이를 연구하는 데 자주 이용된 분야로는 물리학(Larkin, McDermott, Simon, & Simon, 1980), 컴퓨터 프로그래밍(Adelson, 1984), 전자제품(Randel, Pugh, & Reed, 1996), 기억재생(Vincente & Wang, 1998)을 들 수 있다. Anderson과 Schunn(2000)은 ACT-R 학습 이론이 교수법으로 이용될 가능성을 논하고 있으며, 영역의 벽을 넘어 전이될 수 있는 비판적 사고력 교수법에 관해서는 Halpern(1998)을 참고하기 바란다. Graesser(2011)는 인지원리를 학습력 향상에 적용하려는 노력의 최근까지 진전을 고찰하였다. Roskos-Ewoldson, Intons-Peterson, Anderson(1993)의 저서와 Finke(1990)의 저서는 시각적 심상의 역할을 자세하게 소개하였다. Sawyer(2006)는 *Explaining Creativity*에서 심상의 역할에 관한 기본적 소개를 제공하고 있다. Buchanan(2001)의 논문은 인공지능이 창의성에 공헌한 바를 알기 쉽게 소개하였다. *Creativity Across Domains: Face of the Muse*(Kaufman & Baer, 2005)에서는 다양한 영역에서 나타나는 창의성의 모습을 볼 수 있다. *The Handbook of Creativity*(Sternberg, 1999)는 창의성의 여러 측면을 논의하고 있으며, *Scientific and Technological Thinking*(Gorman, Tweney, Gooding, & Kincannon, 2005)에는 창의성에 관한 재료가 소개되어 있다. 그리고 *The Creative Priority*(Hirshberg, 1998)는 창의성을 함양하는 환경 설계를 논의하고 있다. Runco(2004)는 창의성을 연구하는 다양한 접근법을 논의하고, Plucker, Beghetto와 Dow(2004)는 창의성의 교육적 함의를 다루었으며, Scott, Leritz, Mumsford(2004)는 창의성 훈련을 논의하였고, Markman과 Wood(2009)가 편집한 책은 혁신적 디자인을 다루고 있다. 추리의 이중 과정 이론에 대한 탐구는 계속되고 있다(Evans, 2003; Osman, 2004; Smith & DeCoster, 2000).

CHAPTER 14

결정짓기

14.1 선택하기

보완 모형 | 비보완 모형 | 전략 선택하기

14.2 확률 추정하기

가용성 | 대표성 | 판단의 이중 처리 이론

14.3 확률과 가치 조합하기

기대가치 | 기대효용 | 주관적 기대효용

14.4 모험의 차원

모험 차원의 중요성 | 결정의 틀 | 지각된 모험

14.5 적용

결정 도우미와 훈련 | 배심원의 결정 | 행동기반 결정과정 | 힘의 근원

14.6 요약

복습문제

핵심용어

추천도서

충분한 전제가 없기 때문에 어떤 결정을 내리라는 충고를 할 형편이 못 된다. 그래도 원한다면 방법을 말해보고 싶다. …… 백지를 한 장 꺼내어 그 중간에 줄을 긋는다. 백지의 한쪽 칸에는 '찬성'이라 적고, 다른 쪽 칸에는 '반대'라 적는다. 그러고는 사나흘을 두고 숙고하면서, 상이한 때에 머릿속에 떠오르는 동기를 '찬성' 또는 '반대'로 분류하여 간략하게 메모한다. 이리하여 모든 것을 한눈에 볼 수 있게 모은 후 각각의 무게를 추정하여 어느 쪽으로 기우는지를 판단하려 한다. ……

_ Benjamin Franklin(1772/1887)

우리는 매일같이 많은 결정을 하며 살아간다. 아침 식사로 무엇을 먹을 것인지를 결정하는 것처럼 별로 중요하지 않은 것이 대부분이다. 하지만 자동차를 구입할 때, 집을 장만할 때, 혹은 직업을 선택할 때처럼 매우 중요한 결정도 많다. 선택할 수 있는 각각의 대안은 보통 여러 가지 속성을 가지고 있다. 그리고 최선의 대안이라고 하더라고 모든 속성에서 빼어난 경우는 드물다. 그래서 중요한 결정을 짓기는 결코 쉬운 일이 아니다.

이 장의 첫 절은 사람들이 여러 가지 대안 중 한 가지를 선택하는 방식을 모사한 모형들을 소개한다. 이러한 선택의 보기로는 식당에서 식단을 선택하는 일, 장만할 집을 선택하는 일, 자동차를 선택하는 일 등을 꼽을 수 있다. 이들 모형에서는 확률이 고려되지 않는다. 후속 절들에서는 확률을 고려해야만 하는 결정짓기, 즉 모험성 결정짓기가 고려될 것이다. 먼저, 둘째 절에서는 사람들이 확률을 추정하는 방식을 검토할 것이다. 그런 다음 셋째 절에서는 결정으로 특정한 결과가 초래될 확률과 그 결과의 중요성(가치)을 조합하는 방식이 고려될 것이다. 그리고 네 번째 절에서는 이러한 추정이 실제 장면의 결정짓기에 활용되는 방식이 고려될 것이다.

결정짓기에 관한 연구는 규범적 모형과 기술적 모형이라는 두 가지 모형의 영향을 받아왔다. **규범적 모형**(normative models)은 우리가 특정 조건에서 결정을 내릴 때 무엇을 어떻게 해야 하는지를 명시한다. 이런 모형은 사람들이 내린 실생활의 결정이 얼마나 정확했는지를 판단하는 기준으로 사용된다. **기술적 모형**(descriptive models)은 사람들이 결정을 짓는 실제 방식을 모사하려 한다. 규범적 모형과 기술적 모형 간 관계가 이 장의 주된 논지(theme)가 될 것이

규범적 모형
사람들이 마땅히 따라야 할 과정을 기술해 놓은 모형.

기술적 모형
사람들이 실제로 행하는 과정을 요약해 놓은 모형.

다. 마지막 절인 5절에서는 복합적 인지 기능의 보기로 결정 도우미, 배심원의 결정짓기 및 행동기반 결정짓기가 논의될 것이다. 이 논의를 통해 여러분은 심리학적 모형이 이들 인지 기능을 기술하는 데 어떻게 이용될 수 있는지 그리고 상황에 따라 상이한 모형이 필요하다는 것을 알게 될 것이다.

14.1 선택하기

보완 모형

결정이 어려워지는 한 가지 이유는 대안(선택의 여지)이 여러 가지일 수 있고 또 각 대안은 여러 가지 속성을 가질 수 있기 때문이다. 특정 대안의 여러 속성 중 하나가 매력적이지 못한 것으로 드러났을 경우, 그 대안을 무시해버릴 것인지, 아니면 다른 속성은 매력적일 수도 있으니까 계속 고려 대상으로 남겨둘 것인지도 결정해야만 한다. 가격은 비싼 편이지만 디자인이 맘에 들고, 두고두고 사용할 수 있을 것 같아 값비싼 명품 목도리를 구입할 수도 있다. 이처럼 결정을 지을 때 매력적 속성의 장점이 비매력적인 속성의 단점을 보충할 수 있다고 가정하는 모형을 보완 모형이라 한다. 이 장을 시작할 때 인용한 Benjamin Franklin의 충고는 보완 모형(compensatory model)에 속한다. Franklin은 각 대안을 두고 부정적인 면과 긍정적인 면을 조합했기 때문이다.

보완 모형
긍정적인 속성을 가지고 부정적인 속성을 보완할 수 있도록 허락하는 전략.

합산 모형
각 대안의 주요 속성이 갖는 가치를 합산하여 그 대안의 점수를 매기는 전략.

합산 모형(additive model)도 일종의 보완 모형이다. 이 모형은 사람들이 선택을 할 때, 각 대안의 매력적인 속성과 매력적이지 않은 속성을 조합하여 각 대안별로 총점을 계산한다고 가정한다. 다음과 같은 경우를 고려해보자. 새롬이는 기숙사에서 3년을 살았다. 졸업반이 되자 보다 자유롭게 생활할 때가 되었다고 느꼈다. 마음에 드는 아파트가 두 개 있었기 때문에 그중 하나를 선택해야 했다. 새롬이는 Benjamin Franklin의 충고를 따르기로 작정하고, 각 아파트가 갖는 단점과 장점을 체계적으로 나열하였다. 그러고는 선택에 영향을 미칠 중요한 속성들을 먼저 열거하고 나서, −3(매우 부정적인)에서부터 +3(매우 긍정적인)까지의 7점 척도를 이용하여 각각의 속성을 평정하였다. 다음은 평정 결과를 보여준다.

	아파트 A	아파트 B
월세	+1	+2
조용한 정도	−2	+3
캠퍼스까지의 거리	+3	−1
청결 정도	+2	+2
	+4	+6

두 아파트의 여러 가지 속성에 대한 평정 점수를 합한 결과, 아파트 B가 더 높은 것으로 드러났다. 따라서 만약 새롬이의 결정이 합산 모형의 가정대로 전개된다면, 새롬이는 아파트 B를 선택할 것이다.

그러나 덧셈 법칙을 수정하면 이 결과가 바뀔 수도 있다. 두 가지만 고려해 보자. 첫째, 이 예에서는 네 가지 속성 모두에게 동일한 무게를 주었다. 그러나 이들 속성이 새롬이에게 중요한 정도는 서로 다를 수 있다. 예를 들어, 새롬이가 사는 곳이 추운 지방이고 걸어서 학교를 다녀야 한다면, 학교까지의 거리가 매우 중요할 것이다. 만약 이 속성이 다른 속성보다 2배로 중요하다면, 거리에 대한 평정 점수에다 2를 곱하여 이 속성을 크게 강조할 수도 있다. 그렇게 되면 평정 점수의 합계는 아파트 A가 +7이 되고 아파트 B는 +5가 된다. 둘째, 네 가지의 속성에 대한 평정 점수를 더하기만 하면, 이 속성들의 상호작용 방식이 고려되지 않는다. 아파트 A가 매우 시끄러울지라도 학교에 가깝기 때문에 도서관을 공부 장소로 이용할 수도 있다. 그러므로 아파트가 유일한 공부 장소일 경우와는 달리, 이 경우에는 소음 수준이 그렇게 큰 방해 요인으로 작용하지 않을 수도 있다. 조용한 정도와 학교까지의 거리 사이에 일어나는 상호작용을 고려하면 조용한 정도에 대한 낮은 평정 점수가 바뀔 수도 있다.

차이 합산 모형
두 가지 대안을 비교할 때, 각각의 주요 속성에서 나는 두 대안 간 차이를 합산해보는 전략.

합산 모형과 매우 비슷한 **차이 합산 모형**(additive-difference model)에서는 두 가지 대안이 갖는 각 속성치의 차이를 합함으로써 대안을 비교한다. 각 속성에 대한 값이 아래에 주어져 있다. 세 번째 항은 첫 번째 항에서부터 두 번째 항을 제하여 얻은 값들이다.

	아파트 A	아파트 B	차이
월세	+1	+2	−1
조용한 정도	−2	+3	−5
캠퍼스까지의 거리	+3	−1	+4
청결 정도	+2	+2	0
	+4	+6	−2

세 번째 항에 나열된 차이를 모두 합하면 −2가 된다. 이 값의 의미는 아파트 A가 아파트 B보다 두 단위 덜 매력적이라는 뜻이다. 합산 모형으로도 같은 결론에 도달한다: 아파트 A에 대한 평정 점수 합계가 아파트 B에 대한 평정 점수 합계보다 2점 낮다. 합산 모형과 차이 합산 모형은 동일한 결론을 야기하지만 정보 검색 방법이 서로 다르다. 합산 모형은 다른 대안을 고려하기 전에 한 가지 대안에 대한 모든 속성을 평가한다. 차이 합산 모형은 두 가지 대안을 속성별로 비교한다. 두 개 이상의 대안(예: 아파드 C, 아파트 D)이 있는 경우에는 두 번째 이후의 대안(아파트 C)부터는 선행 대안들 중 최선의 대안(위의 예에서는 아파드 B)과 비교된다.

합산 모형과 차이 합산 모형은 둘 다 대안을 평가하는 방법을 모사하고 있다. 둘 다 대안을 평가할 때 모든 속성을 고려하며, 매력적인 값과 매력적이지 않은 값이 서로를 보완하도록 한다. Benjamin Franklin의 충고는 훌륭한 것이었지만, 우리가 이 충고를 얼마나 자주 받아들이는지에 관해서는 의심의 여지가 크다. 위의 예를 보면, 합산 모형은 사람들이 매우 체계적인 절차를 거쳐 결정을 짓는다고 가정한다. 과연 우리가 이용하는 결정의 절차가 이처럼 체계적이라고 말할 수 있을까? 이 두 모형에서 가정하는 계산을 하기 위해 시간을 보내는 경우가 과연 얼마나 될까? 만약 이 두 질문에 대한 답이 부정적이라면, 이들 모형은 우리가 결정짓는 행동을 정확하게 모사한다고 보기 어렵다. 실생활에서 벌어지는 우리의 선택 행동을 보다 정확하게 모사하는 다른 모형이 있을지도 모른다. 보완 모형과 대립되는 모형으로 **비보완 모형**(noncompensatory model)이라는 것이 있다. 이 모형은 매력적이지 않은 속성을 가진 대안은 제거해 버린다.

비보완 모형
각 대안의 긍정적 속성은 고려하지 않고 부정적 속성을 가졌다는 이유만으로 그 대안을 기각해버리는 전략.

비보완 모형

계산을 하지 않고 내리는 결정은 어떻게 이루어지는 것일까? 덜 매력적인 대안을 차례로 제거한 후 남는 것을 채택하는 방법도 있다. Tversky(1972)가 제안한 방법이다. 이 모형을 **속성에 따른 제외**(elimination by aspects) **모형**이라 한다. 왜냐하면 이 이론에서는 각 대안의 속성들을 하나하나 평가한 후에 각 대안을 제외시킬 것인지가 결정된다고 가정하기 때문이다. 어떤 대안의 속성이 정해진 최소한의 준거를 충족시키지 못하면 그 대안은 선택의 여지로부터 제외된다.

속성에 따른 제외 모형
한 번에 한 가지 속성씩 평가하여 각 속성별 최소 준거를 충족시키지 못하는 속성을 가진 대안을 제외시키는 선택 전략.

중고 자동차를 하나 구입하려 하는 한이의 경우를 고려해보자. 한이가 쓸 수 있는 돈이 9백만 원밖에 없다면, 한이는 제일 먼저 9백만 원 이상 가는 차는 고려 대상에서 제외시킬 것이다. 또한 한이는 연비에도 관심이 많기 때문에 리터당 적어도 25km 이상 주행할 수 없는 차도 제외시킬 수 있다. 이처럼 속성을 선택하여 최소한의 준거를 만족시키지 못하는 차는 고려 대상에서 제외시키는 과정을 반복하다 보면, 자기가 생각하고 있는 준거를 모두 충족시키는 자동차 하나만 남겨 놓고 모든 다른 차를 제외시킬 수 있게 된다.

이 절차를 따라 최종적으로 선택된 것은 속성들이 평가되는 순서에 따라 달라진다. 만약 한이가 차의 가격을 맨 마지막에 평가한다면, 9백만 원 이하의 차는 결정과정의 초기에 모두 제외될 수도 있다. 만약 한이가 가진 돈이 9백만 원밖에 없다면, 이 경우 차를 구입할 수 없는 일이 벌어진다. 그러므로 이 모형에서는 각 속성은 중요성에서 서로 다르고, 특정 속성이 평가 대상에 선정될 확률은 그 중요성에 따라 달라진다고 주장한다. 따라서 만약 가격이 중요한 속성이라면, 가격이라는 속성이 결정과정의 초기에 선정될 확률이 높아진다.

속성에 따른 제외 모형을 따라 결정이 진행된다면, 계산을 하지 않아도 된다는 장점이 생긴다. 이 모형에 따라 결정을 하는 사람은 평가에 필요한 속성을 그 중요성에 따라 선정한다. 평가할 속성을 선정하고 나서는 어떤 대안이 이 속성에 대한 최소 준거를 충족시키는지를 따져보고, 이 준거를 충족시키지 못하는 대안은 제외시켜 버린다.

공접 모형
한 번에 한 가지 대안을 평가하여 그 대안이 갖는 속성이 최소 준거를 충족시키지 못하면 그 대안을 기각해버리는 전략.

충족 탐색
공접 모형을 따르는 결정 과정에서 각 속성의 최소 준거를 충족시키는 대안을 선택하는 전략.

속성에 따른 제외 모형의 한 가지 변형인 공접 모형(conjunctive model)은 어떤 대안이 선택되기 위해서는 그 대안이 가지는 모든 속성이 최소한의 준거를 충족시켜야 한다고 본다. 이 모형은 다른 대안을 고려하기 전에 한 가지 대안에 대한 평가를 마친다고 가정한다는 점에서 속성에 따른 제외 모형과 다르다. 이 모형에 따르면, 모든 최소한의 준거를 제일 먼저 충족시키는 대안이 선택된다. 공접 모형은 Simon(1957)이 말하는 충족 탐색(satisficing search)의 한 예라 할 수 있다. 인간의 정보처리 용량은 제한되어 있기 때문에 사람들은 많은 대안을 모두 평가할 수가 없고, 또 그 때문에 최선의 대안을 선택하지 못할 때가 허다하다(Simon, 1957). 그러다 보니 사람들은 그냥 훌륭한 대안, 즉 최소한의 준거만을 모두 충족시키는 대안에 안주하려는 경향성을 갖게 되었다. 가용성이나 시간 같은 제약도 최선의 대안을 찾기 위해 기다리는 것보다 그냥 훌륭한 대안만을 선택하려는 경향에 영향을 미친다. 예를 들어, 아파트를 찾아다니는 데 지쳤거나 그냥 그럴듯한 아파트일지라도 나중에 오면 이미 세놓은 상태일 수도 있기 때문에, 보다 나은 아파트를 계속해서 찾기보다는 그냥 그럴듯한 아파트를 선택해버린다는 것이 Simon의 생각이었다.

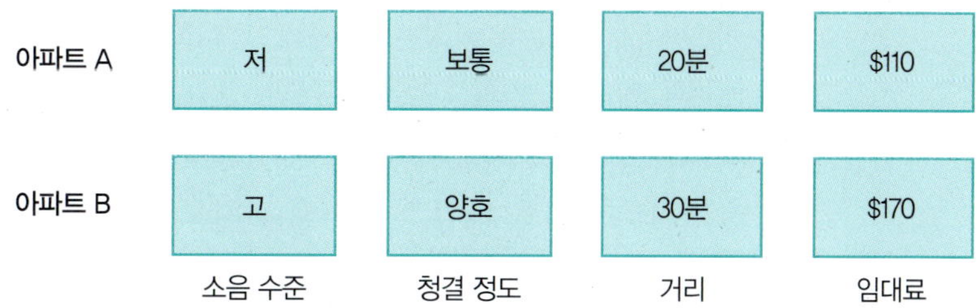

그림 14.1 Payne이 이용한 정보 검색 과제

전략 선택하기

위에서 살펴본 네 가지 모형의 차이점은 사람들의 정보 검색 방식을 서로 다르게 본다는 점이다. Payne(1976)은 사람들이 정보를 검색할 때 어떤 전략(즉, 특정 모형의 가정)을 이용하는지를 찾아내기 위한 실험에 이러한 차이점을 이용하였다. 그의 실험에서는 학생들에게 임대료, 청결 정도, 소음 수준, 학교까지의 거리와 같은 아파트의 속성에 관한 정보를 제시하였다. 각 아파트의 속성에 관한 정보는 카드의 뒷면에 기재해 두었다. 특정 아파트의 임대료를 알아보기 위해서는 카드를 뒤집어야만 했다(그림 14.1). 실험 참여자들은 결정을 내리는 데 필요하다고 생각되는 카드를 얼마든지 뒤집어 볼 수 있었다. 중요한 것은 카드를 뒤집는 순서였다. 그 순서를 보고 참여자들이 정보를 어떤 방식으로 검색하는지를 판단할 수 있게 해 두었던 것이다. 또한 Payne은 참여자들이 내리는 결정과정에 관한 추가 증거를 수집하기 위해, 참여자들에게 카드에 적혀있는 정보를 평가할 때 마음속에 일어나는 생각을 말로 표현해보라고 주문했다.

Payne(1976)은 사람들이 정보를 검색할 때 똑같은 전략(모형의 가정)을 이용할 것이라고 기대하지 않았다. 문제해결에 관한 연구 결과, 사람들은 과제가 요구하는 바에 따라 전략을 바꾸는 것으로 알려져 있었기 때문이다. 문제를 해결하려 하는 사람들의 중요한 특징 중 하나는 과제가 요구하는 바를 자신의 능력 범위 안에 한정시키려고 한다는 점이다. 결정을 내릴 때 이용되는 전략(즉, 특정 모형의 가정)도 과제가 요구하는 정보처리 능력에 맞출 것이라는 것이 Payne의 예상이었다. 즉, 과제가 바뀜에 따라 결정을 내리는 사람의 전략(모형의 가정)도 바뀔 것이라는 생각이었다.

Payne(1976)의 실험결과는 그의 예상과 일치했다. 그는 대안의 개수(2, 4, 8, 혹은 12개)와 속성의 개수(4, 8, 혹은 12개)가 상이한 과제를 학생들에게 제시했다. 주요 발견은 대안이 두 개일 때는 검색한 속성의 개수가 일정했다. 그런데 대안의 개수가 그 이상으로 증가하자 검색한 속성의 개수가 달라졌다. 검색 전략과 어문적 프로토콜을 분석한 결과, 많은 대안을 평가해야 할 때는 공접 모형의 가정이나 속성에 따른 제외 모형의 가정을 이용하는 것으로 드러났다. 몇 가지의 대안을 재빨리 제거해 버림으로써, 과제의 복잡성을 줄이려 했음을 반영한다. 고려 대상이 두세 개의 대안으로 줄어들자 그때는 합산 모형 혹은 차이 합산 모형의 가정 같은 인지부하가 높은 절차를 밟아 평가를 하고 선택을 하는 것으로 드러났다.

합산 전략과 차이 합산 전략의 인지부하가 높은 것은 이들 전략을 이용하면 각 대안의 매력 정도를 점수로 계산해야 하기 때문이다. 따라서 이들 전략을 이용하면 각 대안을 조심스럽게 평가할 수는 있지만, 사용 절차의 복잡성 때문에 결정의 결과가 단순한 전략(예: 속성에 따른 제외 전략)을 이용했을 때보다 못할 수도 있다.

상이한 전략의 효과성을 비교하는 한 가지 방법은 여러 집단의 사람들을 훈련시켜 특정 전략에 따라 결정을 내리게 하고, 그 결정의 질을 비교하는 방법이다. Paquette과 Kida(1988)는 이러한 접근법을 이용하여 합산 전략, 차이 합산 전략, 속성에 따른 제거 전략, 혼합 전략의 상대적 효과성을 비교하였다. 혼합 전략이란 사람들이 상황에 따라 전략을 바꾸기도 한다는 Payne(1976)의 발견에 기초한 전략이다. 처음에는 속성에 따른 제거 전략을 이용하다가 대안의 수가 세 개로 줄어들었을 때부터는 합산 전략을 따른다는 가정을 기초로 고안된 전략이었다.

이 실험에 참여한 사람들은 회사의 재무 특징을 평가하는 일에 경험이 많은 전문가 48명이었다. 참여자들에게 여러 회사의 재무 자료를 제시하고, 그들이 훈련받은 전략에 따라 부채 등급이 가장 높은 회사를 골라내도록 하였다. 실험자는 각 회사의 부채 등급을 알고 있었기 때문에, 이를 기초로 참여자들이 내린 결정의 정확성을 평가할 수가 있었다. 정확성에서는 네 가지 전략 간에 차이가 발견되지 않았다. 그러나 속성에 따른 제외 전략을 이용한 집단이 합산 전략 및 차이 합산 전략을 이용한 집단보다 훨씬 짧은 시간 안에 과제를 완수하였다. 따라서 이 과제의 경우, 속성에 따른 제외 전략이 가장 효율적인 전략이었다고 할 것이다.

14.2 확률 추정하기

이제 불확실한 조건에서의 결정짓기라고 하는 약간 복잡한 문제를 살펴보기

불확실성
어떤 사건/일이 벌어질지를 모르는 상태.

로 하자. 앞서 소개한 여러 보기에서도 약간의 불확실성은 있었다. 아파트에서 학교까지의 거리는 바뀌지 않을지 모르지만, 조용한 이웃 사람들이 이사를 가버리고 술을 좋아하는 사람들이 이사를 온다면 소음 수준은 크게 변할 수도 있다. 이 장의 나머지 부분에서 논의될 보기에서는 **불확실성**(uncertainty)이 주된 요인이다. 따라서 이들 보기에 제시된 문제를 푸는 사람들은 특정 사건/일이 벌어질 확률을 추정해야만 한다.

Kahneman과 Tversky(1972, 1973; Tversky & Kahneman, 1973)는 사람들이 확률을 추정할 때는 주로 어림법, 즉 가끔은 합리적이지만 대개는 그렇지 못한 방법을 이용한다는 사실을 밝혀냈다. 이러한 어림법 중의 두 가지가 가용성과 대표성이다. 더 읽어 나가기 전에, 표 14.1에 있는 질문에 답을 만들어 봄으로써 이 두 어림법이 어떻게 이용되고 있는지를 알아두기 바란다.

가용성

가용성 어림법
특정 사건(범주)의 사례를 기억 속에서 인출해내기 쉬운 정도를 기초로 그 사건의 확률을 추정하는 전략.

가용성 어림법(availability heuristic)을 이용한다는 말은 어떤 사건/일이 일어날 확률을 추정할 때, 사람들은 그 사건/일과 관련된 보기를 머릿속에 떠올리기 쉬운 정도를 기준으로 추정한다는 뜻이다(Tversky & Kahneman, 1973). 예를 들어, 보통 동네의 이혼율을 추정하려고 할 때, 우리는 우리가 알고 있는 사람들 중에서 몇 쌍이 이혼했는지를 생각해 봄으로써 보통 마을의 이혼율을 결정한다는 생각이다. 가용성과 그 사건/일이 일어나는 실제 빈도 간 상관관계가 매우 높을 때는 이러한 추정도 정확해진다. 예를 들어, Tversky와 Kahneman은 실험 참여자들에게 범주명을 불러주고 그 범주에 속하는 구성원을 2분 내에 기억해낼 수 있는 개수를 추정해보라고 지시했다. 참여자들이 기억해낸 개수의 평균은 4.1개(F로 시작하는 도시 이름)에서 23.7개(네발 달린 짐승)까지 크게 달랐다. 중요한 것은 16개 범주에 대한 추정치와 실제로 기억해낸 개수 간의 상관계수가 .93이었다는 사실이다. 추정치와 실제 기억해낸 개수 간 상관

표 14.1 주관적 확률에 관한 질문

1. ‘ㅅ(시옷)’으로 시작하는 지명을 몇 개나 기억해낼 수 있을 것 같은가? 기억해내는 작업을 시작하기 전에 추정치부터 적어보시오.
2. 영어책에 나오는 단어에서 ‘K’로 시작하는 단어와 ‘K’가 세 번째 문자인 단어 중 어느 것이 더 많을까?
3. 유방암으로 죽는 사람이 더 많을까, 당뇨병으로 죽는 사람이 더 많을까?
4. 여섯 아이(딸 셋, 아들 셋)를 둔 가정 중, ‘딸–딸–딸–아들–아들–아들’인 가정이 더 많을까, ‘아들–딸–딸–아들–아들–딸’인 가정이 더 많을까?
5. 아이들 100명을 무선적으로 표집했을 때 그중 60명이 소녀인 경우와 1,000명을 무선적으로 표집했을 때 그중 600명이 소녀인 경우 중 어느 경우가 더 자주 일어날 것 같은가?

계수가 이처럼 높다는 것은 여러 범주에서 기억해낼 수 있는 구성원의 개수를 추정하는 참여자들의 능력이 매우 정확했다는 뜻이다.

그러나 어떤 사건/일은 자주 일어나는데도 기억해내기가 어려울 때도 있다. 만약 사람들이 이런 사건/일이 벌어질 확률을 추정할 때 가용성 어림법을 이용한다면, 그 추정치는 매우 낮아야 한다. 영어로 쓰인 책에서 단어를 무선순으로 표집했을 때, 첫 문자가 'K'인 단어와 세 번째 문자가 'K'인 단어 중 어느 것이 더 많이 표집될 것 같은가? 이때 가용성 어림법이 이용된다면, 사람들은 각 범주에 속하는 보기를 생각해내어 보고, 보기를 생각해내기가 쉬운 정도를 기초로 이 문제에 답을 하게 된다. 어떤 문자이든 그 문자가 세 번째 문자인 단어보다 그 문자로 시작하는 단어를 생각해내기가 더 쉽다. 따라서 만약 사람들이 가용성 어림법을 사용하여 이 문제에 답을 한다면, 사람들은 'K'가 세 번째 문자인 단어보다 'K'가 첫 문자인 단어가 더 많다고 대답해야 한다. 사람들의 반응은 이 예측과 일치했다. 즉, 'K'로 시작하는 단어가 더 많다고 대답했다(Tversky & Kahneman, 1973). 하지만 실제로 영어책에 나타나는 단어의 경우, 'K'로 시작하는 단어보다 'K'가 세 번째 문자인 단어가 훨씬 더 많다.

Slovic, Fischhoff, Lichtenstein(1976)은 가용성 어림법을 이용하여 사람들의 사망 원인 41개에 대한 상대적 확률을 추정한 결과를 설명하고 있다. 사망 원인에는 질병, 사고, 살인, 자살, 자연 재난 등이 포함되어 있었다. 이들 원인을 2개씩 선정하여 모두 106개의 쌍을 만들어서 대학생들에게 제시하고는 각 쌍에서 어느 쪽이 보다 큰 사망 원인인지를 판단하도록 하였다. 표 14.2는 학생들의 판단 결과를 요약한 것이다. 각 쌍을 이루는 두 가지 원인의 상대적 빈도를 주목하기 바란다. 예를 들어, 임신으로 죽을 확률보다 맹장염으로 죽을 확률은 2배 정도 높고 토네이도로 사망할 확률보다 천식으로 사망할 확률이 21배 가까이 높다. 표의 맨 오른쪽 열에는 두 원인의 상대적 빈도를 정확하게 판단한 정도를 비율로 정리하고 있다.

표 14.2에서 오판이 심한 사건을 찾아보면, 특히 대중매체에 자주 등장하는 사건이 과대 추정되고 있음을 알 수 있다. 구체적으로, 각종 사고와 암 그리고 토네이도의 빈도가 과대 추정되었다. 이들은 모두 대중매체에 많이 취급되는 사건들임을 주목하기 바란다. 이에 비해 대중매체에 자주 취급되지 않는 천식이나 당뇨는 과소 추정되었다. 이러한 결과가 관찰된 것은 학생들이 이 과제를 수행할 때 가용성 어림법을 이용했기 때문이라는 것이 Slovic 등(1976)의 해석이다. 학생들은 대중매체에 자주 등장한 사건을 더 쉽게 떠올릴 수 있었고, 즉 가용성이 높았고, 그 결과 그들 사건이 일어날 확률을 과대 추정하게 되었다는 뜻이다.

표 14.2 치명적 사건의 쌍을 두고 상대적 빈도를 판단하게 한 결과

가능성 낮음	가능성 높음	실제 비율*	정확한 판단의 비율
천식	총기 사고	1.20	80
유방암	당뇨	1.25	23
폐암	위암	1.25	25
백혈병	폐기종	1.49	47
뇌졸중	각종 암	1.57	83
각종 사고	뇌졸중	1.85	20
임신	맹장염	2.00	17
익사 사고	자살	9.60	70
각종 사고	각종 질병	15.50	57
당뇨	심장병	18.90	97
토네이도	천식	20.90	42

*1.20은 1.20 : 1을 의미하며 나머지도 마찬가지이다.

출처: "Cognitive processes and societal risk taking," by P. Slovic, B. Fischhoff, & S. Lichtenstein, 1976, in *Cognition and Social behavior*, J. S. Carroll & J. W. Payne (Eds.). Copyright 1976 by Lawrence Erlbaum Associates, Inc. Reprinted by permission.

기분이 확률 추정에 미치는 영향을 검토하면, 가용성이 확률 추정에 미치는 선별적 영향력이 보다 분명하게 드러난다. 정서는 사람들이 장기기억에서 인출해내는 정보의 종류에 막중한 영향을 미친다. 기분이 좋은 상태에서는 긍정적인 일을 기억해낼 확률이 높고, 슬픈 상태에서는 부정적인 일을 기억해낼 확률이 높다(Blaney, 1986). 사람들이 사건/일이 일어날 확률을 추정할 때 가용성 어림법을 이용한다면, 기억 속에 긍정적인 일에 대한 가용성이 더 크면, 미래에도 더 많은 긍정적인 일이 일어날 것이라고 추정하게 된다. 마찬가지로, 기억 속에 부정적 일에 대한 가용성이 더 크면, 미래에도 부정적인 일이 더 자주 일어날 것이라고 추정하게 된다.

Wright과 Bower(1992)는 이 가설을 검증하기 위해 최면을 이용하여 참여자들을 슬픈 기분 또는 즐거운 기분에 빠져들게 하였다. 최면에 빠진 참여자들에게 24개의 사건/일이 일어날 확률을 추정하게 하였다. 이들 사건 중 일부는 긍정적('내년에는 나도 큰 상을 받게 될 것이다.')이었고 일부는 부정적('앞으로 2년 안에 취직하기는 어렵겠다.')이었다. 결과는 가용성 가설(사람들은 사건/일이 벌어질 확률을 추정할 때 가용성 어림법을 이용한다는 가설)의 예측과 일치했다. 긍정적인 일이 일어날 것이라는 추정치의 경우, 행복한 기분에 빠진 사람들의 평균은 .52였는데 슬픈 기분에 빠진 사람들의 평균은 .38이었다. 이에 비해,

부정적인 일이 일어날 것이라는 추정치의 경우, 즐거운 기분에 빠진 사람들의 평균은 .37이었는데 슬픈 기분에 빠진 사람들의 평균은 .52였다. 이 결과는 적어도 치료사들에게는 중요한 문젯거리로 작용한다. 왜냐하면, 누군가의 미래가 밝다는 것을 확신시키기 위해서는 먼저 그 사람의 기분부터 바꾸어놓아야 하기 때문이다.

대표성

대표성 어림법도 우리가 확률을 추정할 때 자주 이용하는 어림법이다. 표 14.1의 4번 질문을 답할 때, 여러분도 아마 이 어림법을 이용했을 것이다. 여섯 아이(딸 셋, 아들 셋)를 둔 가정 중, '딸-딸-딸-아들-아들-아들'인 가정이 더 많을까, 아니면 '아들-딸-딸-아들-아들-딸'인 가정이 더 많을까라는 것이 질문이었다. Kahneman과 Tversky(1972)의 연구에 참여한 사람들은 '아들-딸-딸-아들-아들-딸'일 가능성이 '딸-딸-딸-아들-아들-아들'일 가능성보다 높다고 추정했다. 하지만 아들과 딸이 이 두 서열로 태어날 가능성은 동일하다. 그러나 참여자들이 보기에는 세 명의 딸에 이어 세 명의 아들이 태어난다는 것은 우연이라고 말하기 어려울 정도로 순서가 정연했던 것이다.

불규칙적 서열을 보다 그럴듯한 것으로 선택하는 이러한 편파는 사람들이 이런 질문에 대답을 할 때 대표성이라는 어림법을 사용한다고 가정하면 쉽게 설명된다(Kahneman & Tversky, 1972). 확률 추정에 관한 문제의 전형적인 형태는 다음과 같다. (1) 대상 A가 범주 B에 속할 확률은 얼마인가? 또는 (2) 과정 B가 A라는 사건/일을 야기할 확률은 얼마인가? 이런 질문을 받았을 때, 사람들은 일반적으로 A가 B를 **대표하는**(representative) 정도, 즉 A와 B가 유사한 정도를 평가함으로써 질문에 답을 한다는 것이 Kahneman과 Tversky(1972)의 생각이었다. A가 B와 매우 닮았으면, 사람들은 A가 B에서 유래되었을 확률이 높다고 판단한다. 반대로, A와 B가 판이하면, B로부터 A가 유래되었을 확률이 낮다고 판단한다.

대표성
특정 사건이 그 사건이 속한 범주 내에서 전형적 사건일 가능성.

사람들은 자녀의 출생 순서는 무선적이라고 생각한다. 무작위 또는 무선적이란 체계가 없다는 뜻이다. 그러므로 사람들이 확률을 판단할 때 대표성 어림법을 이용한다면, 그리고 사람들이 특정 일/사건이 무선적으로(아무런 체계가 없이) 벌어질 것이라고 믿고 있으면, 그 일/사건이 규칙적(체계적)으로 일어날 확률은 낮게 판단해야 한다. 왜냐하면, 규칙적인 현상은 대표성이 낮기 때문이다. 아들딸 여섯 명의 출생 순서가 규칙적일 경우보다 비규칙적일 경우가 훨씬 많아 보인다. 하지만 통계학 원리에 따라 계산하면 6명의 아이들이 '아들–딸–딸–아들–아들–딸' 같은 비규칙적 순서로 태어날 확률과 '딸–딸–딸–아들–아들–아들' 같은 규칙적 순서로 태어날 확률은 동일하다. 그런데도 비규칙적(무선적) 순서로 태어날 확률이 규칙적 순서로 태어날 확률보다 더 높다고 판단하는 사람들의 행동은 이런 판단을 할 때 사람들이 통계학 원리를 이용하지 않고 있음을 반영한다.

대표성만을 기초로 결정을 내리게 되면, 표본의 크기(sample size)와 같은 중요한 정보가 무시되어 버리는 일이 벌어지기도 한다. 예를 들어, 사람들은 1,000명의 어린이 중에서 600명의 소년을 발견할 확률과 100명의 어린이 중에서 60명의 소년을 발견할 확률이 같다고 판단하지만, 실제로는 후자의 확률이 훨씬 높다. 정상적인 경우, 남녀 아동의 비율은 같다. 따라서 이 두 경우에도 보통 사람들은 전체의 절반은 소년일 것이라고 생각(기대 비율=.5)한다. 그런데 두 경우 모두 실제로 관찰된 소년의 수가 전체의 60%(획득 비율=.6)이기 때문에 기대 비율과 획득 비율과의 차이만 따지면 이 두 경우는 다르지 않다. 그러므로 이 문제에 답을 할 때, 기대 비율과 획득 비율만 따지는 사람들은 이 두 경우의 다른 점을 발견하지 못한다. 그러나 통계학 원리에 따르면, 이런 경우 표본의 크기가 중요한 고려 대상이 된다. 표본의 크기가 커질수록 기대 비율과 획득 비율과의 차이가 커질 확률이 낮아지기 때문이다. 통계학을 많이 공부하지 않았더라도 표본의 크기가 커지면 자료의 안정성이 그만큼 커진다는 사실, 즉 표본의 특징을 대표하는 값이 크게 바뀌지 않는다는 점을 깨닫게 되면 이 통계학 원리를 이해할 수 있을 것이다.

대표성 어림법이 잘못된 추정을 자초하게 되는 상황은 또 있다. 이런 상황은 중요한 정보를 깡그리 무시해버린 채 개념(범주)과 보기(구성원)와의 유사성만을 기초로 결정을 내릴 때 발생한다(Kahneman & Tversky, 1973). 예를 들어보자. 성인 100명(기술자 30명과 변호사 70명)을 대상으로 성격검사를 실시한 결과를 기초로 이들 100명의 성격을 기술해놓은 서류철이 하나 있다. 그 서류철 속에서 무작위로 한 사람의 서류를 뽑았는데, 그 내용이 다음과 같았다.

> 갑수는 45세의 남성이다. 그는 결혼하여 4명의 자녀를 두었다. 갑수는 보수적인 편이고, 세심하며, 야심에 가득찬 인물이다. 그는 정치사회적 문제에는 관심이 없고, 집 고치기, 여행 가기, 수학 수수께끼 풀기 등 여러 가지 취미 생활로 여가를 보낸다.

이 경우, 갑수가 30명의 기술자에 속할 확률은 얼마나 될까? 우선, 이 질문에 답을 적어보기 바란다. 이제 이야기를 조금만 바꾸어보자. 이번에도 제시되는 글은 위의 글과 동일하다. 그러나 이번에는 검사대상 100명 중 기술자가 70명이고 변호사가 30명이었다고 말해준다. 그러고는 같은 질문, 즉 '갑수가 100명의 표본 중 70명의 기술자에 속할 확률은 얼마나 될까?'라는 질문을 던졌다 하자.

이 두 경우 사람들이 추정한 확률은 각각 얼마일 것 같은가? 사람들은 이 두 경우 모두, 갑수가 기술자일 확률을 .9라고 추정했다. 이는 이 글에 묘사된 사람의 성격이 자기들이 알고 있는 변호사보다는 기술자의 성격에 더 잘 부합되기 때문에 벌어진 결과이다. 그러나 이 두 경우에는 중요한 차이가 있다는 점을 주목해야 한다. 첫 번째 경우에는 100명 중 30명이 기술자였고, 두 번째 경우에는 100명 중 70명이 기술자였다. 갑수가 기술자일 확률은 성격 묘사뿐만 아니라 표본 속의 기술자 비율, 즉 선험적 확률(prior probability)에 따라서도 달라진다. 따라서 선험적 확률을 무시해서는 안 되며, 성격 묘사는 선험적 확률을 수정하는 데만 이용되어야 한다. 그런데도 우리는 선험적 확률은 무시한 채 범주(개념)와 구성원(보기)과의 유사성을 기초로 결정을 내리곤 한다.

선험적 확률
특정 사건/일이 일어날 확률 중에서 이미 알고 있는 확률.

어림법은 유용할 때도 많지만 성공을 보장하지는 않는다. 이와 마찬가지로, 대중매체가 가용성 어림법에 미치는 영향력, 선험적 확률 및 표본 크기가 대표성 어림법에 미치는 영향력 같은 중요한 정보를 고려하지 않은 채 가용성 어림법이나 대표성 어림법을 사용하면, 우리는 어떤 사건/일이 벌어질 확률을 잘못 추정하게 된다. 사람들의 확률 추정에 영향을 미치는 변인에 대해 더 많은 것을 알게 되면, 어떤 일이나 사건이 벌어질 확률에 대한 우리의 추정은 더욱 정확하게 될 것이다.

판단의 이중 처리 이론

우리의 잘못된 판단은 규칙기반 추리가 아닌 기억기반 추리를 하기 때문에 발생한다는 것이 Kahneman과 Frederick(2005)의 주장이다. 이 두 가지 추리의 차이점에 관해서는 앞 장의 표 13.1(Sloman, 2002)에서 소개한 바 있다. 어림법과 마찬 가지로 기억기반 추리도 유용할 때가 많다. 예를 들어, 음주 행동과 관련된 자신의 과거 경험을 이용하여 많은 학생들이 음주 연령 문제를 정확하게 풀어냈다는 Griggs와 Cox(1982)의 발견을 기억할 것이다. 그러나 기억기반 추리도 그릇된 반응을 유발하기도 한다. 표 14.3의 문제에 답을 하면서, 여러분은 기억기반 추리와 규칙기반 추리 중 어느 것을 이용하는지를 내성해보기 바란다.

표 14.3 기억기반 추리를 유발할 만한 질문

1. 야구시합의 한 이닝에는 아웃이 몇 명 있을까?
2. 어떤 달에는 31일도 있다. 28일이 있는 달은 몇 달인가?
3. 어떤 농가에서 키우던 돼지 17마리 중 9마리 빼고 다 죽었다. 남은 돼지는 몇 마리인가?
4. 정우의 어머니에게는 세 아이가 있다. 첫째는 칠수, 둘째는 팔수란 이름을 지었다. 셋째의 이름은 무어라 지었을까?
5. 어떤 남자가 자기를 잃은 미망인의 여동생과 결혼한다고 한다. 법에 저촉되지 않는 일일까?
6. 30을 1/2로 나눈 후, 10을 더하면 얼마가 될까?

이들 문제를 규칙기반 추리로 풀면 정답은 각각 6, 12, 9, 정우, 저촉 안 됨, 70이 된다. Sloman(2002)이 제안한 기억기반 추리와 규칙기반 추리는 일반적으로 시스템 1 추리와 시스템 2 추리(Evans, 2008)라고 부르는 이중-처리 모형들 중 하나이다. 이들 이중-처리 모형은 자세한 점에서는 서로 다르다. 하지만 인지작용을 신속한 연상형 작용과 서서히 느리게 전개되는 규칙적 작용(Kahneman & Frederick, 2005) 두 가지로 구분한다는 공통점을 가진다.

Kahneman과 Frederick(2005)이 제안한 이중-처리 모형에서는 시스템 1이 판단 문제에 대해 신속한 답을 내놓으면, 시스템 2는 이 답의 질을 감시하여 지지하거나 무효화하는 작업을 한다. 그러나 시스템 2가 시스템 1의 잘못된 판단을 언제나 무효화하지는 못한다(Stanovich & Stanovich, 2010). 사람들은 표 14.3의 첫 번째 문제에 대한 답으로 3명을 대곤 한다. 물론 그 사람들은 야구경기의 한 이닝에는 두 팀이 공격을 한다는 것도 안다. Kahneman과 Frederick은 이런 오류를 '속성 치환(attribute substitution)'이라 칭했다. 평가하기 쉬운 속성(예: 한 팀)이 정답을 유발하는 관련된 속성(예: 두 팀)을 대신해버린 셈이다.

이 모형에 따르면, 개인차도 추리에 영향을 미친다. 예를 들어, 어떤 사건/일이 벌어질 확률을 추정하는 데 필요한 규칙을 알지 못하면 규칙 적용으로 시스템 1의 연상형 판단을 무효로 만들 수 없다. 그러므로 규칙을 아는 사람과 알지 못하는 사람의 추리는 다를 수가 있다(Kahneman & Frederick, 2005). 꼼꼼하면서도 활달한 성격을 가진 여성을 소개한 후, 이 여성이 '은행원'일 확률과 '은행원이면서 여권운동가'일 확률 중 더 큰 것을 고르라고 해보자. 전문가들은 두 번째 범주가 첫 번째 범주에 포함된다는 사실을 알아차리고, 그 사람이 두 번째 범주에 속할 확률이 더 클 수 없다는 사실을 알기 때문에, 첫 번째 범주를 선택한다. 그러나 이러한 통계적 지식이 부족한 사람들은 '꼼꼼한 은행원'과 '활달한 여권운동가'라는 연상형 추리, 즉 시스템 1의 작업 결과를 기초로 두 번째 범주를 선택하게 된다.

14.3 확률과 가치를 조합하기

어떤 일이 벌어질 확률을 정확하게 추정하는 능력은 결정짓기에 매우 중요한 기능이다. 하지만 이 기능만으로는 훌륭한 결정을 짓는 데 부족함이 많다. 서해의 연안 어장까지 중국 어선의 도발 위협이 거세지고 있는 상황을 상상해보자. 이 상황에 대한 반응은 그 위협이 실제의 도발 행동으로 발발할 확률에 따라 달라지겠지만, 한국 정부가 취한 대처 반응의 결과가 어떠할 것인지에 대한 예상에 따라서도 달라질 것이다. 예를 들어, 서해안을 경비하는 경찰력을 늘릴 수도 있을 것이다. 다른 대안과 마찬가지로 이 반응에도 장점과 단점이 있게 마련이다. 그러므로 결정을 지을 때는 도발 사건이 발생할 확률뿐 아니라 그 사건에 대한 여러 가지 대처 반응의 결과까지도 평정해야 한다.

이 장의 첫 절에서는 여러 가지 선택 모형을 고려했다. 그때 각 대안이 갖는 여러 속성에다 특정 값을 부여하기도 했다는 사실을 기억할 것이다. 그때처럼 값을 매기는 일은 모험성 결정짓기에도 필요해진다. 그러나 모험성 결정짓기에서는 결정으로 초래될 결과에다 값을 부여하는 일을 해야 한다. 그러고는 각 결과에 부여된 값과 그 결과가 발생할 확률을 조합하는 일도 해야 한다. 이처럼 어떤 결정의 결과가 발생할 확률과 그 결과가 가져다 줄 득실(가치)을 조합한 값의 평균치를 **기대가치**(expected value)라 한다. 이 절에서는 먼저 기대가치 모형을 소개하고, 이 모형이 어떻게 수정되어왔는지를 살펴보기로 한다.

기대가치
어떤 사건/일이 일어날 확률과 그 일/사건의 가치를 조합함으로써 결정되는 평균값.

기대가치

다른 규범적 모형처럼 기대가치 모형도 사람들의 결정 방식을 비교하는 데 필요한 준거로 작용한다. 다시 말해, 심리학자들은 사람들이 실제로 결정을 내리는 방식을 검토하는 준거로 기대가치를 이용한다. 심리학자들은 사람들의 결정 방식을 검토할 때, 확률(이기거나 지거나)과 그 결과의 값(이겼을 때 딸 금액과 졌을 때 잃을 금액)이 분명한 도박을 고안하여 실험을 한 후, 그 결과를 이 준거와 비교해왔다. 이런 상황에서 기대가치는 그 도박을 하기로 결정했을 때 따거나 잃을 것으로 기대되는 평균 금액을 일컫는다. 먼저, 기대가치를 계산하는 과정부터 살펴보기로 하자.

기대가치는 일어날 수 있는 모든 결과 각각이 갖는 가치(값)에다 각각의 결과가 일어날 확률을 곱한 다음 그 값을 모두 합하면 얻어진다. 예를 들어보자. 주사위를 하나 던져서 6이 나오면 5천 원을 벌지만 6 이외의 다른 숫자가 나오면 한 푼도 벌지 못한다. 그런데 주사위를 한 번 던질 때마다 1천 원을 참가비로 내야 한다. 여러분 같으면 이 도박에 참여하겠는가?

이 경우, 기대가치는 매번 주사위를 던질 때마다 여러분이 잃거나 딸 것으로 기대되는 돈의 평균 금액이 된다. 따라서 이길 확률 $P(W)$, 이기면 받을 돈의 액수 $V(W)$, 질 확률 $P(L)$, 지면 잃을 돈의 액수 $V(L)$를 알면, 기대가치는 다음과 같이 계산된다.

$$\begin{aligned}\text{기대가치} &= P(W) \times V(W) + P(L) \times V(L)\\ &= \frac{1}{6} \times 4\text{천 원} + \frac{5}{6} \times -1\text{천 원}\\ &= -\frac{1}{6}\text{천 원}\end{aligned}$$

이길 확률은 1/6이고 이기면 버는 돈은 4천 원(5천 원 빼기 1천 원의 참가비)이다. 질 확률은 5/6이며 한 번 지면 잃게 되는 돈이 1천 원이다. 따라서 이 도박의 기대가치는 −1/6천 원이 된다. 이 도박을 할 때(주사위를 한 번 던질 때)마다 잃게 되는 돈의 평균 금액이 약 167원이라는 뜻이다. 만약 사람들이 규범적 모형의 가정, 즉 사람은 합리적 존재이며, 합리인 존재는 손해 보는 일은 하지 않는다는 가정에 따라 결정을 하고 그 결정에 따라 행동한다면, 기대가치가 음수일 때는 도박을 하지 않고 기대가치가 양수일 때만 도박을 해야 한다.

기대가치는 규범적 모형에서 가정하는 인간 행동의 준거를 제공할 뿐, 기술적 모형(실제로 벌어지는 결정 행동을 요약해놓은 것)은 되지 못하는 것 같다. 다시 말해, 기대가치로는 사람들의 행동을 제대로 예측하지 못할 때가 많다. 예를 들어, 카지노의 도박장은 대개 그 기대가치가 음수인 게임을 하기 위한 사람들로 붐빈다. 또한 보험의 기대가치가 음수인데도, 많은 사람들은 보험 상품에 가입한다. 보험회사는 보험료로 받아들이는 돈보다 보험금으로 지불하는 돈이 적기 때문에, 보험 구입의 기대가치는 음수라고 해야 한다. 그렇지만 보험을 구입함으로써 커다란 경제적 재난으로부터 보호를 받을 수 있다는 기대감 때문에 보험 상품 가입 행동은 정당화되곤 한다.

기대효용

실제 행동을 보다 정확하게 묘사하도록 하기 위해, 기대가치의 개념에서 두 가지를 바꾸어보았다(Payne, 1973). 첫째, 결과의 가치를 효용으로 대체해보았다. 효용(utility)이란 결과에 대한 주관적 가치, 즉 그 결과가 그 사람에게 중요한 정도를 일컫는다. 도박을 즐기는 사람의 경우, 잃거나 따는 돈 외에 도박을

효용
결정짓는 사람에 의해 정해지는 주관적 가치.

하는 행위 그 자체가 효용을 갖는다. 만약 돈을 잃는 것은 개의치 않고 따는 것만을 즐겁게 생각한다면, 앞에서 이야기했던 게임에서도 정적인 기대효용이 창출될 수도 있다. 즉, 이기는 결과의 효용 $U(W)$가 4천 원이 아니라 6천 원이고, 지는 결과의 효용 $U(L)$는 1천 원 그대로라면, 기대효용은 음수가 아니라 양수가 된다.

$$\begin{aligned} \text{기대효용} &= P(W) \times U(W) + P(L) \times U(L) \\ &= \frac{1}{6} \times 6\text{천 원} + \frac{5}{6} \times -1\text{천 원} \\ &= +\frac{1}{6}\text{천 원} \end{aligned}$$

기대효용 모형을 이용하면, 즉 사람들이 결정을 내리는 기준으로 기대효용을 이용한다면, 사람들은 매달 소액의 보험료를 지불하는 것보다 한 번에 거액의 돈을 잃게 될 가능성에 대한 걱정을 더 많이 한다고 가정함으로써, 사람들의 보험 구입 행동을 설명할 수 있다.

효용(주관적 가치)이 중요한 또 다른 이유는 어떤 대상을 획득하는 방법에 따라 그 대상에 대한 효용이 달라진다는 데 있다. 예를 들어, 선물을 받았을 때, 선물의 가격보다는 선물에 담긴 정성이 더 값지다는 사실을 느끼는 경우가 그런 경우에 해당한다. 또 우리는 우리가 어떤 것을 받을 만했기 때문에 받았다고 느낄 때 받은 것을 더 소중하게 여긴다. 한 실험에서 간부 교육에 참가한 학생들에게 소매가 6천 원짜리 커피 잔을 하나씩 돌렸다. 절반의 학생들에게는 무작위로 선정하여 잔을 돌렸다고 말해주고, 다른 절반의 학생들에게는 훈련 성적이 좋아서 잔을 돌렸다고 말해주었다. 그러고는 모든 학생들에게 잔을 되돌려주면 현금을 지급할 테니, 자기들이 받기를 원하는 금액을 적어내라고 하였다. 자기들이 잘해서 잔을 받은 것으로 알고 있는 학생들의 평균 요구 금액은 6,350원이었는데, 자기들이 우연히 잔을 얻었다고 알고 있는 학생들의 평균 요구 금액은 4,710원이었다(Lowenstein & Issacharoff, 1994).

효용의 중요한 특징 중에는 우리 모두가 힘들어 하는 것이 하나 있다. 어떤 일을 선택할 때 우리가 원해서 그 일을 선택하는 경우도 있지만 어쩔 수 없이 그 일을 선택하는 경우도 있다. 두 가지 일 중 하나를 선택해야 할 때 우리는 난처한 입장을 경험하게 된다. 그런데 이 경우, 우리가 원하는 것은 대개 즉각적인 만족을 제공하는데 반해, 어쩔 수 없이 해야 하는 일은 장기적인 차원의 만족을 제공하곤 한다(Milkman, Rogers, & Bazerman, 2008). 예를 들어, 피자를 먹으면 금방 즐거운 반면, 샐러드를 먹으면 식생활이 건전해진다.

Khan과 Dhar(2006)는 하고 싶어서 하는 일과 어쩔 수 없이 하는 일 사이에서 갈등이 발생했을 때, 그 갈등을 타개하는 방식이 그 일에 관한 결정을 내렸던 방식에 따라 달라진다는 사실을 발견했다. 예를 들어, 어쩔 수 없이 해야 하는 일을 최근에 선택한 적이 있는 사람들은 이번에는 자기가 원하는 일을 선택할 자격(권리)이 있다고 느낀다는 사실을 발견한 것이다. Khan과 Dhar의 연구에 참여한 사람들은 세금정산 후 되돌려 받을 돈 중 10만 원을 자선단체에 기부하겠다는 상상을 한 후에는 나머지 돈으로는 저렴한 색안경(어쩔 수 없는 선택)보다 값비싼 색안경을 사겠다(원하는 선택)고 말할 가능성이 높은 것으로 드러났다. 또한 이들은 외국인 학생들의 공부를 도와주기로 약속한 사람들이 그런 도움을 요청받지 않은 사람들에 비해 기부금을 더 적게 내려한다는 사실도 발견했다.

주관적 기대효용

주관적 확률
결정짓는 사람에 의해 결정되는 확률 추정치.

실제 행동을 보다 정확하게 묘사할 수 있도록 하기 위해, 기대가치 모형에 가한 두 번째 수정은 확률을 주관적 확률(subjective probability)로 대체한 일이었다. 결정을 내리는 사람들이 실제 확률을 모르면 주관적 확률, 즉 그들이 실제 확률일 것이라고 생각하는 확률을 이용할 수밖에 없다. 앞 절에서 배운 것처럼, 가용성 및 대표성 어림법을 사용할 때 발생하는 편파 때문에 주관적 확률과 실제 확률은 다른 경우가 더 많다. 이러한 연구결과에서 우리가 배우는 교훈은 사람들의 결정 행동을 예측할 때 실제 확률보다 주관적 확률을 이용하면 그 예측이 더욱 정확해질 것이라는 점이다.

주관적 기대효용
기대가치의 변형. 이 값은 가치와 확률 대신 효용과 주관적 확률로 계산된다.

주관적 기대효용(subjective expected utility)은 기대가치와 동일한 방식으로 계산된다. 그러나 확률은 주관적 확률(SP)로 대체되고, 가치는 효용으로 대체된다. 다시 말해, 행동의 결과로 일어날 수 있는 각각의 결과에 대한 주관적 확률에다 각각의 결과가 갖는 효용을 곱한 다음, 이들의 값을 합하면 주관적 기대효용이 된다.

$$\text{주관적 기대효용} = SP(W) \times U(W) + SP(L) \times U(L)$$

확률을 주관적 확률로 대체하고 가치를 효용으로 대체했기 때문에, 주관적 기대효용 모형은 그 예측의 기초를 주관적인 정보에 두고 있는 셈이다. 그러므로 사람들의 결정을 예측하는 데 있어 이 모형이 기대가치 모형보다 더 정확해야 한다.

다음은 기대가치 모형으로는 예측할 수 없는 결정 행동의 보기이다. 여러분 같으면 확실하게 9만 원을 벌 수 있은 일을 선택하겠는가, 아니면 10만 원을 벌 확률이 90%인 일을 선택하겠는가? 다음 문제를 읽기 전에 이 문제의 답부터 적어보라. 여러분 같으면 9만 원을 잃을 게 확실한 일을 택하겠는가, 아니면 10만 원을 잃을 확률이 90%인 일을 택하겠는가?

첫 번째 질문의 경우, 어떤 결정을 택하든 기대가치는 동일(1.0×9만 원=9만 원과 0.9×10만 원=9만 원)하다는 사실을 알았을 것이다. 따라서 기대가치 모형에 따르면, 사람들이 이 두 가지 중 하나를 선택할 가능성은 절반씩이어야 한다. 그러나 실제로 대부분의 사람들은 10만 원을 벌 가능성이 90%인 일보다 확실하게 9만 원을 벌 수 있는 일을 선택한다. 두 번째 문제의 경우에도 기대가치는 동일하다(1.0×−9만 원=−9만 원, 0.9×−10만 원=−9만 원). 그런데 이번에는 대부분의 사람들이 10만 원을 잃을 가능성이 90%인 일을 선호한다. 아마 확률은 낮아도(10%) 한 푼도 잃지 않을 수도 있다는 희망 때문일 것이다.

Kahneman과 Tversky(1979)는 이러한 유형의 결정을 종합하여 **기대이론**(prospect theory)이라고 하는 일반적인 이론을 개발하였다. 이 이론의 기본 가정 중 하나인 **손해혐오**(loss aversion)는 손해에 대한 사람들의 반응은 같은 크기의 이득에 대한 반응보다 더 강렬하다는 믿음이다. 다시 말해, 9만 원 손해에서 생기는 부정적 감정이 9만 원을 버는 데서 생기는 긍정적인 감정보다 더 강하다는 뜻이다. 그러므로 사람들은 10만 원을 잃을 확률이 90%인 도박을 하는 한이 있더라도 9만 원을 확실하게 잃는 일을 피하려 한다는 것이 기대이론의 설명이다.

손해혐오
득과 실의 정도는 같은데도 득에서 얻는 기쁨보다 실에서 오는 혐오감을 훨씬 크게 느끼는 현상.

Kahneman(2003)의 말을 빌면, Tversky와 자신이 이 이론의 이름을 얼토당토않은 기대이론이라고 붙인 것은 혹시 이 이론이 나중에 유명해질 경우를 대비해서 독특한 명칭을 부여했기 때문이라고 한다. 그런 기대 때문인지는 몰라도 이 이론은 유명해졌고 경제학 이론에 엄청난 영향을 미쳤다. *American Psychologist*지에 게재한 Kahneman(2003)의 글에는 이 이론이 경제학적 사고에 어떤 영향을 미쳤는지가 소개되어 있다. 그 영향력 덕분에 Kahneman은 노벨 경제학상을 수상하기도 했다(Amos Tversky가 세상을 뜬 후의 일이었다).

14.4 모험의 차원

기대가치에서 주관적 기대효용으로 바뀐 이론적 발달(변화)은 규범적 모형(기대가치 모형)이 기술적 모형으로 변형되는 방식을 예시하고 있다. 사람들이 모험에 관해 생각하는 방식을 알게 됨으로써 사람들의 선택 행동에 관한 예측을 보다 정확하게 할 수 있게 되었다. 그러나 기대가치 모형처럼 주관적 기대효용 모형도 사람들은 네 가지 요소, 즉 $U(W)$, $SP(W)$, $U(L)$, $SP(L)$에 똑같은 부게를 부여한다고 가정한다. 도박이라고 하는 모험의 매력 정도를 평가할 때도 모험의 네 가지 차원, 즉 이길 확률, 이기면 벌게 될 돈의 액수, 질 확률, 졌을 때 잃게 될 돈의 액수에 영향을 받을 가능성이 높다. 그러나 기대가치 모형과 주관적 기대효용 모형과는 달리, 사람들이 이들 네 가지 **모험의 차원**(risk dimensions)에 부여하는 무게(중요성)는 똑같지 않을 수도 있다. 이 가능성 때문에 특정 모험 차원이 다른 모험 차원보다 더 중요하게 지각되는지를 결정하기 위한 시도가 벌어지게 되었다.

모험 차원
돈을 딸 확률이나 잃을 돈의 액수 같은 도박의 구성요소.

모험 차원의 중요성

Slovic과 Lichtenstein(1968)은 모험의 차원에 따라 그 영향력이 다를 것이라는 가설을 검증하였다. 그들은 그림 14.2에 제시된 특별한 도박을 이용하여, 참여자들에게 도박의 매력 정도를 평가하게 하였다. 이 실험에 이용된 **이중도박**(duplex gamble)에서는 참여자가 두 개의 '뺑뺑이'를 돌리게 되어 있다. 첫 번째 뺑뺑이에서는 참여자가 돈을 딸 것인지가 결정되고, 두 번째 뺑뺑이에서는 참여자가 돈을 잃을 것인지가 결정된다. 그림 14.2에서 알 수 있듯이, 이 도박에서는 네 가지의 결과가 나올 수 있다: 천 원 따고 4천 원 잃고(결국 3천 원 잃는다), 천 원 따고 잃는 것은 없고, 잃는 것도 없고 따는 것도 없고, 따는 것은 없고 잃는 것은 4천 원인 결과다. Slovic과 Lichtenstein이 이중도박을 이용한 까닭은 이길 확률과 질 확률을 독립적으로 변화시키기 위해서였다. 표준도박(예: 하나의 뺑뺑이만 돌리는 것)에서는 이러한 조작이 불가능하다. 왜냐하면,

이중도박
이길 확률과 질 확률이 독립적으로 계산되는 도박.

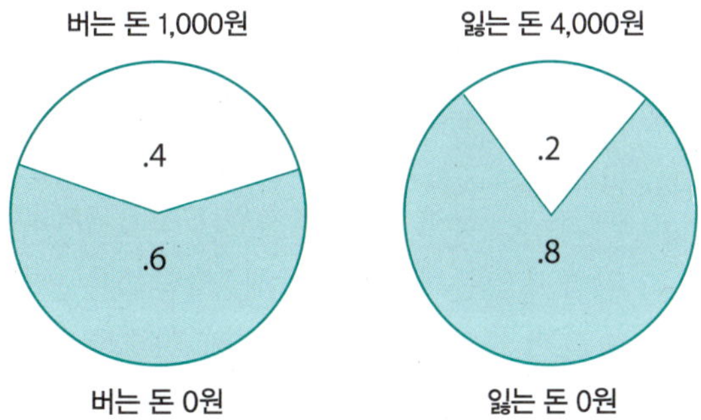

그림 14.2 이중도박의 보기. 여기서는 $P(W)$=0.4, $V(W)$=1,000원, $P(L)$=0.2, $V(L)$=4,000원이다.
출처: "Relative importance of probabilities and payoffs in risk taking," by P. Slovic & S. Lichtenstein, 1968, *Journal of Experimental Psychology Monograph, 78* (3, Pt. 2). Copyright 1968 by the American Psychological Association. Reprinted by permission.

1.0에서 질 확률을 빼고 남는 것이 바로 이길 확률이기 때문이다. 이길 확률과 질 확률을 독립적으로 변화시킬 수 없으면, 둘 중 어느 것이 사람들에게 더 큰 영향력을 행사하는지를 결정할 수가 없다.

Slovic과 Lichtenstein(1968)은 도박의 매력 정도를 두 가지 방법으로 평가하였다. 한 가지 방법에서는 −5(매우 하기 싫음)에서 +5(매우 하고 싶음)까지의 범위를 갖는 간단한 평정 척도가 이용되었다. 두 번째 방법에서는 참여자들이 도박을 하기 위해(매력적인 도박) 또는 도박을 하지 않기 위해(비매력적인 도박) 실험자에게 기꺼이 내놓을 수 있는 돈의 최고 금액을 지적해보도록 하였다. Slovic과 Lichtenstein은 이렇게 해서 확보된 도박에 대한 매력 정도와 네 가지 차원의 모험 수준 간 상관관계를 살펴보았다. 만약 사람들이 네 가지 차원을 강조하는 정도가 모두 똑같다면, 상관관계는 이 두 경우에서 거의 비슷해야만 한다. 그러나 그들 상관관계를 살펴본 결과, 서로 간에 큰 차이가 있는 것으로 나타났다. 평균치로 봤을 때, 특정 참여자의 가장 높은 상관관계는 가장 낮은 상관관계보다 2배나 높았다. 많은 참여자들의 반응이 하나 혹은 두 개의 모험 차원에 의해 결정되었으며, 덜 중요한 차원에서 일어나는 값의 변화는 반응에 별다른 영향을 미치지 못한 것으로 드러났다.

참여자들이 강조하는 차원이 다르다는 것은 중요한 실용적 함의를 갖는다. 캘리포니아 주에서는 복권 판매량을 늘리기 위한 방법으로 복권에 당첨될 확률을 줄여버렸다. 당첨될 확률이 줄었는데도 판매량은 폭발적으로 증가했다. 당첨금이 엄청나게 커졌기 때문이다. 복권 판매처에서도 바로 이 점을 강조했다. 사람들이 원하는 것은 거액의 당첨금이라는 사실을 복권회사에서는 이미 알고 있었다. Stetz(2002)에 의하면, 캘리포니아 주의 이 성공 사례가 전국적으로 퍼졌다. 다른 주에서도 당첨될 확률을 낮추는 대신 1등 당첨금을 크게 늘려 놓았다.

결정의 틀

사람들은 모험의 여러 차원[$U(W)$, $SP(W)$, $U(L)$, $SP(L)$]을 똑같이 중요하게 생각하지 않는다. 다시 말해, 사람들은 모험의 특정 차원을 다른 차원보다 더 중요하게 생각한다. 이는 선행 연구에 밝혀진 사실이다. 그런데 상황을 설명할 때 모험의 특정 차원을 강조하면, 그 차원의 중요성에 대한 사람들의 생각이 바뀌기도 한다. 상황을 다른 각도에서 바라볼 수 있게 말을 바꿀 수 있고, 이에 따라 사람들은 상황을 이전과는 다르게 지각하게 된다는 뜻이다. Tversky와 Kahneman(1981)은 결정을 내려야 할 상황에 대한 결정자의 관념/관점을

결정의 틀
결정을 내려야 할 상황에 대한 결정자의 관념.

지칭하기 위해 **결정의 틀**(decision frame)이라는 용어를 이용하였다.

다음 예를 보면, 문제를 공식화하는 방식에 따라 결정의 틀이 달라진다는 것을 알 수 있다(Dunegan, 1993). 이 실험의 참여자는 고급-기술 공학 시스템을 개발하는 다국적 회사 사원 128명이었다. 참여자들은 모 연구팀에서 제출한 시나리오를 읽었다. 그 시나리오는 수개월 전 시작된 연구에 10억 원의 추가 비용이 필요하다는 내용이 들어있었다. 참여자들은 그 연구팀에 추가 비용을 지원해야 할 것인지를 결정해야 했다. 모든 참여자는 마지막 문장만 빼고는 동일한 시나리오를 읽었다. 절반의 참여자가 읽은 마지막 문장은 "이 팀이 수행한 최근 50개의 연구 중 30개가 성공작이었다"(긍정적 틀)였고, 나머지 절반은 "이 팀이 수행한 최근 50개의 연구 중 20개가 실패작이었다"(부정적 틀)라는 문장을 읽었다. 이 두 경우 모두 이 연구팀의 지금까지 이룩한 성공 확률은 .6임을 주목하라. 그러나 긍정적 틀은 60%의 성공률을, 그리고 부정적 틀은 40%의 실패율을 언급하고 있다. 실험 결과, 긍정적 틀을 읽은 참여자들이 부정적 틀을 읽은 참여자들보다 더 많은 돈을 추가 비용으로 지급해야 한다고 반응했다.

결정의 틀은 실험실 밖에서 매우 중요한 함의를 갖는다. 특정 치료를 받은 환자가 생존할 확률이 75%라는 표현과 환자가 목숨을 잃게 될 확률이 25%라는 표현은 논리적으로 서로 다르지 않다. 그러나 McKenzie(2003)는 말을 하는 사람이 어떤 표현법을 선택하는지, 즉 긍정적인 틀을 선택하는지 부정적인 틀을 선택하는지에 따라 실제로는 큰 차이가 발생할 수 있다고 주장한다. 만약 생존확률 75%라는 말이 구식 치료법의 생존율보다 신식 치료법의 생존율이 높다는 사실을 알리고자 하는 것이라면 75% 생존율을 강조하는 것이 옳다. 왜냐하면, 환자는 이 새로운 치료법을 두고 심각하게 따져볼 것이기 때문이다. 그러나 아주 위험한 수술을 해야 할 경우와 같은 상황에서는 25% 사망률을 강조하는 것이 더 적절할 것이다. 전립선암으로 고생하는 노인의 경우, 암은 서서히 퍼지는데 수술은 위험한 상황이라면 수술을 피하는 편이 나을 것이다. 바로 이런 상황에서 사망률을 강조하게 되면 환자 스스로 수술을 받고 싶은 욕망을 억제할 가능성이 높아질 것이다. 사실, 틀 속에 포함된 정보 때문에 말을 하는 사람도 또 말을 듣는 사람도 틀을 선택하는 일에 매우 민감한 것으로 밝혀졌다(McKenzie, 2003).

결정의 틀이 여러분의 선택 행동에 미치는 효과를 스스로 평가해보고 싶으면, 다음 두 가지 경우 중에서 하나를 골라보면 된다. 다음 두 가지 경우는 통화가 중간에 끊기는 횟수와 가격에서 서로 다르다. 표 14.4에 소개된 두 가지 조건에서 어떤 경우를 선택할 것인지를 결정해보기 바란다.

표 14.4 조건에 따라 달라지는 휴대폰의 사양

특징	조건 1		조건 2	
	통화 끊김 횟수 100통화당	일 년 사용료	통화 끊김 횟수 1,000통화당	한 달 사용료
A의 경우	4.2	38만 4천 원	42	3만 2천 원
B의 경우	6.5	32만 4천 원	65	2만 7천 원

출처: "Six of one, half dozen of the other," by K. A. Burson, R. P. Larrick, & J. G. Lynch, Jr., 2009, *Psychological Science*, 20, 1074-1078.

A의 경우와 B의 경우에 관해 제시된 정보는 두 조건 모두에서 동등하다. 다만 수치만 다를 뿐이다. A의 경우, 두 조건 모두에서 통화가 도중에 끊길 확률은 4.2%이고 1년 동안 사용료는 38만 4천 원이다. 그리고 B의 경우에도 두 조건 모두에서 통화가 도중에 끊길 확률은 6.5%이고 1년간의 사용료는 32만 4천 원이다. 그러나 조건 1에서는 가격을 강조하고 조건 2에서는 통화가 도중에 끊길 확률을 강조한다. 이렇게 틀을 바꾸어 놓자, 대다수의 실험 참여자들이 조건 1에서는 B를 선택하고 조건 2에서는 A를 선택하는 것으로 밝혀졌다(Burson, Larrick, & Lynch, Jr., 2009).

지각된 모험

모험의 각 차원이 결정과정에 미치는 영향을 살펴보면, 사람들이 모험을 지각하는 방식을 알 수 있다. 예를 들어, 지각된 모험 수위(주관적 위험 수위)는 잃게 될 돈의 액수에 따라 달라질 수도 있다. 도박에 걸어야 할 돈의 액수를 결정할 때 사람들은 바로 이 차원(잃게 될 돈의 액수)을 강조하는 것으로 밝혀졌다(Slovic & Lichtenstein, 1968).

기대가치는 도박의 결과로 기대되는 돈의 평균 액수, 즉 같은 게임을 수없이 반복했을 때 끝에 가서 주머니에 남아있을 돈의 액수를 말해줄 뿐이다. 기대가치는 지각된 모험의 크기, 즉 도박에 참가하는 사람이 느끼는 위험의 정도에 관해서는 아무것도 말해주지 않는다. 이러한 사실은 수업시간에도 예시할 수 있다. 학생들에게 다음 두 개의 도박 중 하나를 선택해보라고 하였다. 첫 번째 도박에서는 동전을 하나 던져 앞면이 나오면 천 원을 벌고 뒷면이 나오면 천 원을 잃는다. 두 번째 도박에서는 동전을 던져 앞면이 나오면 10만 원을 따고 뒷면이 나오면 10만 원을 잃는다. 이기고 질 확률이 동일하고, 따고 잃을 돈의 액수도 동일하기 때문에, 이 두 도박의 기대가치는 모두 0이다. 다시 말해, 이 도박을 수없이 반복하면, 결국에는 딴 것도 잃은 것도 없을 것이

라는 것이 기대되는 결과이다.

그러나 10만 원짜리 도박을 선택한 학생은 몇 명 없고, 대다수가 천 원짜리 도박을 선택했다. 기대가치 모형으로는 이런 결과를 설명할 수가 없다. 왜냐하면, 기대가치로 따지면 이들 두 도박이 동일하기 때문에 두 가지 도박 중 하나를 선택하는 사람의 수가 같아야 한다. 이러한 결과가 나타난 것은 10만 원짜리 도박에서는 변산, 즉 번 돈과 잃은 돈의 차이가 매우 크기 때문에, 이 도박이 훨씬 더 위험한 도박으로 판단되었기 때문이다. 이 해석은 대부분의 사람들은 모험을 별로 좋아하지 않는다는 Weber(1998)의 발견과 일치한다.

그러나 많지는 않지만 10만 원짜리 도박을 선호한 학생들도 있다. 이는 모험심이 성격 특성일 수도 있다는 문제를 제기한다. 모험을 좋아하는 사람이 있는가 하면 매우 싫어하는 사람도 있다. 누구나 알고 있는 사실이다. 그러나 선행 연구에 대한 Weber(1998)의 고찰에 의하면, 성별 및 문화에 관계없이 모험을 알고도 감수하려는 사람은 별로 없는 것으로 드러났다. 위험한 것을 선택할 때도 있는데, 그때는 대개 그 선택이 위험하다는 사실을 지각하지(깨닫지) 못했기 때문인 것으로 나타났다. 예를 들어, 중국, 독일, 폴란드와 미국의 대학생들을 대상으로 한 문화 간(cross-cultural) 연구에서, 중국 학생들이 경제적으로 위험한 선택을 더 선호하는 것으로 나타났다(Weber & Hsee, 1998). 그러나 모험(위험 감수) 선호도에서 발견된 이 차이는 문화에 따라 모험에 대한 태도가 다르기 때문에 생긴 것이 아니라, 문화에 따라 모험을 다르게 지각하기 때문에 생긴 것으로 드러났다. 다른 학생들과 마찬가지로 중국 학생들도 모험하기를 좋아하지 않았다. 그들은 자기들이 선택한 것이 그렇게 위험하다는 사실을 지각하지 못했던 것이다.

Weber와 Morris(2010)는 이러한 발견을 구성주의 관점에서 해석하였다. 구성주의자들은 모험에 대한 지각(인식)은 구축되는 것이기 때문에 문화와 사람에 따라 다를 수밖에 없다고 주장한다. Weber와 Morris는 문화적 표상(대표성)은 역동적인 스키마에 기반을 두고 있다고 생각한다. 역동적 스키마는 '문화가 중요한 요인으로 작용하는가?'라는 질문을 '문화가 중요하게 작용할 때는 언제인가?'로 바꿀 때처럼, 그때그때 바뀔 수 있는 것이다. 예를 들어, 중국인의 사회적 연결망이 미국인의 사회적 연결망보다 더 밀접하고 조밀하기 때문에 연구자들은 사회적 연결망의 어떤 속성이 특정 결정 행동에 영향을 미치는지를 평가해야만 한다.

Weber와 Hsee(1998)는 이러한 발견의 실용성을 검토함으로써 자기들의 글을 마무리하였다. 이들의 발견이 갖는 재미있는 함의는 한 국가 내의 여러 집단 간 흥정보다는 여러 나라 사람들 간의 흥정이 더 쉬울 수도 있다는 뜻이다.

만약 무역이나 국가 간 협상을 하는 사람들이 상대국 또는 상대방 사람들의 모험 지각/인식 방식을 알고 있다면, 이러한 차이를 이용하기 위해 협상안을 재구성할 수도 있을 것이다. 마지막 절인 다음 절에서는 결정짓기에 관한 연구결과가 적용될 수 있는 또 다른 분야를 살펴볼 것이다.

14.5 적용

지금까지는 간단하면서도 통제가 잘된 실험에서의 결정과정을 주로 검토하였다. 물론 인지심리학자들은 자기의 이론이 현실 세계에서도 적용되기를 원한다. 결정과정에 대한 이론 또한 예외일 수는 없다. 판단에 편파가 생기면 사람들은 자신의 노후 설계를 잘못할 수도 있고, 어울리지 않는 사람과 결혼을 할 수도 있으며, 적성과 맞지 않는 직업을 선택하게 될 수도 있다(Milkman, Chugh, & Bazerman, 2009). Milkman과 그녀의 동료들은 지식기반 경제에서 지식 일꾼들의 중요한 공헌은 훌륭한 결정을 짓는 일이라고 주장한다. 경제의 세계화가 점점 가속화됨에 따라 결정 하나하나의 영향력 아래 놓일 사람의 수가 엄청나게 증가하고 있다.

이 책을 마감하는 이 절에서는 결정짓기에 관한 연구결과가 실제 상황에서 어떻게 적용되고 있는지를 검토해보기로 하자. 먼저, 확률을 빈도로 바꾸면 의학적 진단에 대한 이해가 훨씬 용이해지는 예가 고려될 것이다. 두 번째 적용 예는 배심원들의 의사결정 과정에 관한 것이며, 세 번째 적용의 보기는 소방대원들의 소화 작업 또는 군인들의 전투에서와 같이 일련의 결정을 신속하게 내려야 하는 상황에서는 사람들이 무엇을 하는지를 분석하게 될 것이다. 이들 각 보기에는 상이한 이론적 관념들이 적용된다. 여기서 우리는 이론에 융통성이 있어야 상이한 상황에서 이루어지는 다양한 결정과정의 모형을 구축할 수 있다는 사실을 알게 될 것이다.

결정 도우미와 훈련

결정과정의 모형을 실생활에 응용하려 할 때, 제일 먼저 생각해볼 수 있는 것은 사람들이 보다 나은 결정을 내릴 수 있도록 옆에서 도와주는 결정 도우미(decision aids)를 만들 수 있을지에 대한 문제이다(Kleinmuntz, 1990). 앞서 보았듯이, 사람들은 결정을 지을 때 중요한 정보를 간과하는 경우가 많다. 예를 들어, Kahneman과 Tversky(1973)의 실험에 참여한 사람들은 갑수가 기술자인지를 결정하는 과정에서 선험적 확률을 무시하고, 성격에 대한 설명만을 기초로 결정을 지었다.

Bayes의 공리
선험적 확률과 경험적 증거를 조합함으로써 특정 사건/일이 벌어질 확률을 수정하는 규범적 절차.

Bayes의 공리(Bayes's theorem)라고 하는 규범적 모형이 있다. 이 공리를 따르면, 사람들은 선험적 확률과 새로운 증거를 조합하여 수정된 확률을 계산할 수 있다. 공식을 알고 계산기만 있으면, 이 공리를 따르는 일도 그다지 어렵지 않다. 그러나 계산기도 없고 공식도 모르는 사람들이 추정한 확률이 Bayes의 공리를 이용해 계산한 확률과 흡사할 가능성은 희박하다.

복잡한 결정은 많은 인지적 노력을 요구하기 때문에, 결정 도우미가 있으면 사람들의 결정이 보다 나아질 가능성은 매우 크다. Gigerenzer와 Hoffrage(1995)가 연구한 다음 문제를 고려해보자.

> 정규적으로 검사를 받아왔다면, 40세 여인이 유방암에 걸릴 확률은 1%이다. 유방암에 걸린 여인이 유방암 검사에서 양성으로 진단받을 확률은 80%이다. 그러나 유방암에 걸리지 않고서도 유방암 검사에서 양성으로 판단될 확률도 9.6%나 된다. 이 나이의 한 여인이 정규 유방암 검사에서 양성으로 판명되었다면, 이 여인이 실제로 유방암에 걸렸을 확률은 얼마나 될까?

그림 14.3의 오른쪽에는 Bayes의 공리를 이용해서 이 문제를 해결하는 절차가 소개되어 있다. 이 공식은 이 여인이 유방암에 걸렸다는 가설(H)을 평가하기 위해, 유방암 검사 결과가 양성이라는 자료(D)를 이용하고 있다. 유방암에 걸렸을 선험적 확률 p(H)는 0.01이다. 유방암에 걸린 여인의 검사 결과가 양성으로 나타날 확률 p(D/H)는 0.80이다. 그리고 유방암에 걸리지 않았는데도 검사 결과가 양성으로 나타날 확률 p(D/−H)는 0.096이다. 맨 아래에 있는 등식은 선험적 확률과 새로운 자료를 조합하여 이 환자가 정말로 유방암에 걸렸을 확률을 계산하는 절차를 보여준다. 슬픈 표정의 얼굴은 이 계산이 쉽지 않다는 뜻이다.

그림 14.3의 왼쪽은 동일한 문제를 확률 대신 빈도로 표현한 것이다. 빈도(frequency)를 보면, 40세 여인 1,000명 중 10명이 유방암에 걸린다는 것을 알 수 있다. 이들 10명 중 8명의 검사 결과만 양성으로 나타난다. 유방암에 걸리지 않은 990명 중 95명도 검사 결과는 양성으로 나타난다. 미소 짓는 얼굴은 이 방식을 따르는 확률 계산이 어렵지 않다는 뜻이다. 유방암에 걸린 환자 중 검사 결과가 양성으로 나타날 빈도(8)를 검사 결과가 양성으로 나타날 사람의 수(8+95)로 나누기만 하면 된다. 이 결과도 오른쪽의 복잡한 공식을 이용한 결과와 동일하다.

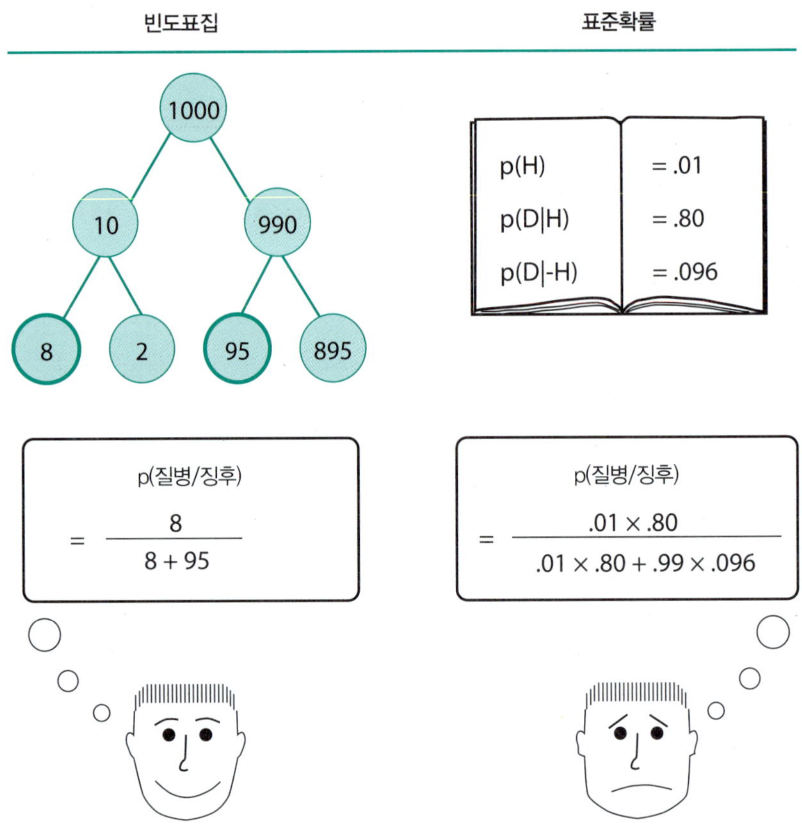

그림 14.3 Bayes식 추론 문제해결에 빈도를 이용하는 공식과 확률을 이용하는 공식

출처: "How to improve Bayesian reasoning without instruction: Frequency formats," by G. Gigerenzer & U. Hoffrage, 1995, *Psychological Review, 102*, 684-704.

Gigerenzer와 Hoffrage(1995)는 확률이 아닌 빈도로 이 문제를 제시하면 사람들의 추정치가 보다 정확해진다는 사실을 발견하였다(이 문제를 해결하는 공식은 주어지지 않았다). 문제가 빈도로 표현되었을 때는 학생들도 빈도로 답하였다. Cosmides와 Tooby(1996) 또한 확률보다는 빈도를 이용하면 사람들의 수행이 훨씬 높아진다는 사실을 발견했다. 이 발견과 다른 연구결과를 기초로 Cosmides와 Tooby는 진화론적 관점에서 볼 때도 빈도를 기억하고 이용할 수 있는 능력은 매우 중요한 능력이라고 주장했다.

Gigerenzer와 Hoffrage(1995)는 이러한 결과의 실용적 중요성을 고려하면서 자기들의 논문을 끝맺었다. 그들은 사람들에게 Bayes의 공리와 같은 복잡한 공식을 가르치는 것보다 확률을 빈도로 바꾸는 법을 가르쳐야 한다고 주장했다. 예를 들어, 유방암 검사에 관한 문제의 경우, 그림 14.3에서처럼 확률이 0.01이라는 것은 1,000명의 여인 중 10명이라고 표현하고 확률이 0.80이라는 것은 10명 중 8명이라고 표현하면 된다. 확률로 추리하는 것보다 빈도로 추리하는 것이 상대적으로 쉽기 때문이다. 이러한 사실은 빈도에 기초한 추리가 배우기도 쉽고 기억도 잘 된다는 연구결과(Sedlmeier & Gigerenzer, 2001)에 의해 입증되었다.

배심원의 결정

배심원은 독특한 단체이다. 법을 공부하지 않은 보통 사람들이 모여서 증언을 경청하고 상치되는 증거들에서 의미를 파악한 후, 법규에 따라 집단 결정을 만들어내는 특이한 단체이다(Bornstein & Greene, 2011). 그런 의미에서, 배심원은 추리, 기억, 귀인, 고정관념, 설득, 의사결정 등에 관한 이론을 평가하는 데 필요한 실세계 실험실인 셈이다.

배심원의 결정과정은 소요되는 시간이 길다는 점에서 앞서 소개되었던 보기들과 다르다. 배심원들은 사례를 심의하기 전에 수일 또는 수주에 걸쳐 증언을 경청한다. 그래서 지금까지 고려된 결정과정에 관한 모형들이 이런 상황에는 적용되지 않는다고 해서 놀랄 것도 없다. 그러나 우리는 배심원의 결정과정을 이해하는 데 필요한 이론적 관념 몇 개는 이미 알고 있다. 이들 관념은 글 이해에 관한 11장에서 배운 것들이다.

Pennington과 Hastie(1991)는 배심의 결정과정에 관한 이야기 모형을 제안하였다(Hastie & Pennington, 2000; Pennington & Hastie, 1991). 왜냐하면, 배심원의 결정과정에서는 이야기를 구축하는 일이 핵심적인 인지과정이라고 믿었기 때문이다. 이 이야기 모형은 다음 세 가지 요소로 구성되어 있다: (1) 이야기 구성을 통한 증거 평가, (2) 평결 범주별 결정대안 표상, (3) 이야기를 그와 가장 잘 맞는 평결 범주로 분류하기, 즉 최종 결정. 그림 14.4는 이들 구성요소를 보여주고 있다.

법정에서는 엄청난 양의 증거가 두서없이 제시되기 때문에 사건과 관련된 이야기를 구성하는 일이 쉽지 않다. 증언과 증거가 제시되긴 하지만 사건이 벌어진 순서대로 제시되지 않는다. 그럼에도 불구하고, Pennington과 Hastie의 이야기 모형과 11장에서 소개된 글 이해에 관한 연구 간에는 놀라운 유사성이 발견된다.

유사한 점 한 가지는 선행 지식의 역할이다. 선행 지식은 독자들이 이야기를 이해하는 능력에도 그리고 구성된 이야기의 실재성을 판단하는 능력에도 영향을 미친다. 그러한 예로 O. J. Simpson(70년대 미국의 유명한 미식축구 선수였고, 90년대에는 아내 살인혐의로 기소된 적 있는 흑인—옮긴이 주)에 대한 살인

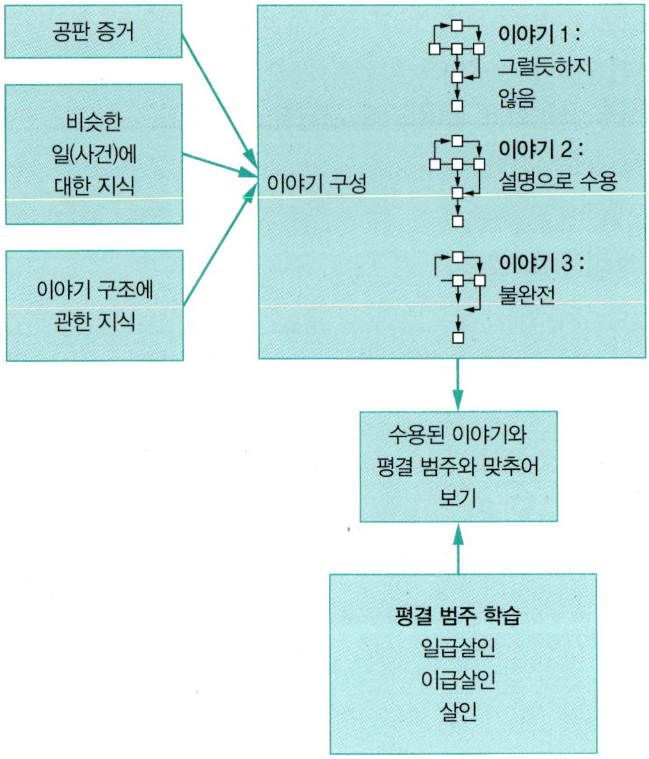

그림 14.4 배심원 결정과정을 설명하기 위해 고안된 이야기 모형

출처: "Explaining the evidence: Tests of the story model for juror decision making," by N. Pennington & R. Hastie, *Journal of Personality and Social Psychology, 62*, 189-206. Copyright 1992 by the American Psychological Association. Reprinted by permission. APA is not responsible for the accuracy of this translation.

죄 평결에 대한 반응이 인종(백인 대 흑인)에 따라 극적으로 달랐다는 점을 들 수 있다(Hastie & Pennington, 2000). 경찰의 부정과 편견에 관한 한 백인들보다 흑인들의 경험(지식)이 훨씬 많다. 이러한 배경 지식 때문에 흑인들은 백인 경찰이 증거를 조작하여 Simpson에게 죄를 뒤집어씌웠다는 이야기를 보다 진실에 가까운 것으로 믿게 되었을 것이다.

이야기 이해와 이야기의 진실성 판단에서 발견되는 두 번째 유사성은 이야기 구조에 관한 지식이 이 두 과제 모두에 영향을 미친다는 점이다. 인과관계 성립과 마찬가지로, 사건의 시작과 목적, 그리고 행위와 결과는 이야기 구조의 중요한 요소들이다. 그림 14.4에 예시된 것처럼, 배심원들은 여러 가지 이야기 중에서 어느 것이 증거와 가장 잘 맞아떨어지는지를 판단해야 할 때가 많다.

이야기 모형을 지지하는 증거 역시 극적으로 발견되었다. Pennington과 Hastie(1988)는 실험용 모의재판에서 배심원들에게 검찰 측과 피고 측에서 제시한 50개씩의 진술문을 경청하게 하였다. 50개로 구성된 한 세트의 진술문은 재판에서 언급된 순서대로(증언순) 두서없이 제시되었고, 또 다른 50개로 구성된 세트의 진술문은 사건이 실제로 일어났을 법한 순서에 맞추어 이야기순으로 제시되었다. 검찰 측 증거가 이야기순으로 제시되었을 때는 모의 배심원 중 대부분(78%)이 피고를 유죄라고 평결했다. 그런데 피고 측 증거가 이야기순으로 제시되었을 때는 이들 중 31%만 피고를 유죄로 평결하였다. 똑같은 증거가 제시되어도 이야기가 되도록 제시된 증거가 더 진실에 가까운 것으로 판단된 것이다.

배심원 각자의 잠정적인 의견이 배심원들의 심의과정에서 수정될 수 있다는 사실은 다행스러운 일이다(Salerno & Diamond, 2010). 연구자들은 재생, 기획, 전략 수립, 정보 공유, 협력 등이 배심원의 최종 평결에 영향을 미치는 인지과정을 연구하고 있는 중이다. 더 많은 연구를 통해 배심원의 결정과정을 이해하는 일뿐 아니라 배심원의 결정을 개선하려는 노력에도 도움을 제공할 수 있게 될 것이다(Salerno & Diamond, 2010).

행동기반 결정과정

앞에서 보기로 든 배심원의 결정과정은 시간이 충분한 상황에서 벌어진다. 배심원들은 증거를 주의 깊게 검토할 수도 있고, 그 함의를 논의할 수도 있으며, 평결을 내리기 전에 여러 시간 또는 며칠을 두고 심의할 수도 있다. 그러나 응급실에서 내려야 하는 의사의 결정이나 전장에서 내려야 하는 장군의 결정은 어떻게 이루어질까? 이런 경우에는 시간적 여유가 없기 때문에 재빨리 결정을 내려야만 한다.

일련의 결정을 신속하게 내려야 하는 또 다른 시나리오를 고려해보자(Orasanu & Connolly, 1993). 소방대원들이 화재 신고를 받고 5층 아파트 건물에 도착한다. 지휘관은 1층과 2층으로 대원들을 급파한다. 그러나 불은 이미 3층까지 번졌다는 보고가 들어왔다. 창문으로 뿜어 나오는 연기를 본 지휘관은 추가 대원들을 급파하라고 요청한다. 또한 진화 작업을 중단하고 건물을 뒤져 사람들이 갇혀있는지를 조사하라고 명령한다.

이 시나리오는 Klein, Orasanu, Calderwood, Zsambok(1993)의 저서 *Decision Making in Action: Models and Methods* 1장에서 퍼온 것이다. 이 책의 핵심은 결정짓기에 관한 전통적 모형과 방법으로는 위의 시나리오에 소개된 상황, 즉 위급 상황에서 벌어지는 결정과정을 제대로 설명하지 못한다는 주장이다. 그 이유는 전통적 접근법에서는 일회성 결정이라고 하는 특정 유형

일회성 결정
일련의 결정이 아니라 단 한 번만 결정을 내리는 일.

의 결정과정에만 초점을 맞추고 있기 때문이라는 것이다. 일회성 결정(decision event)이란 결정자가 고정된 준거를 기초로 정해진 대안들을 평가하며, 이들 준거의 무게를 바꾸어가며 조합해봄으로써 최선의 대안을 선택하는 상황을 일컫는다. 앞에서 다루었던 가장 좋은 아파트를 선별하는 것과 같은 대부분의 과제는 일회성 결정의 훌륭한 보기가 된다.

이에 비해, 위급 상황은 앞에서 다룬 전통적 과제와는 판이한 특징을 많이 갖추고 있다.

1. 위급 상황은 대개 **구조가 분명하지 않은 문제**로 구성되어 있다. 그래서 결정자가 당면 문제를 정확하게 파악하기 위해 많은 일을 해야만 한다. 방금 화재 현장에 도착한 소방대 지휘관은 그때까지 진행된 화재 사건의 경과에 관해 아는 것이 거의 없다는 점을 상기하라.
2. **불확실하고 역동적인 환경**에서 결정을 내려야 한다. 벌어지고 있는 일에 관한 정보가 대개는 불완전하고, 모호하며, 그 질도 보잘것없다. 작은 불이 갑자기 큰 불이 되는 것처럼 환경이 갑자기 바뀌기도 한다.
3. **목표가 가변적일 수도 있고 경합적**일 수도 있다. 앞의 시나리오에서는 건물 구하기, 주민 구하기, 대원의 생명 보전이 그 목표였다. 화재가 커짐에 따라 이들 목표가 건물 살리기에서 주민 구하기로, 또 주민 구하기에서 대원 살리기로 변동될 수도 있다.
4. 위급 상황에서는 단편적인 일회성 사건이 아니라 일련의 사건에 반응해야 한다. 이 때문에 결정자가 다음 행위를 결정하기 전에 현재 진행되고 있는 행위의 결말에 반응을 해야 하는 소위 **행위–피드백 루프**가 창출된다.
5. **시간적 압박**이 큰 경우가 많다. 시간이 많지 않기 때문에 덜 복잡한 추리 전략이 만들어지게 되고, 개인적인 스트레스도 높아진다.
6. **위험부담이 크다**. 생명이 위협받고 있는 상황에서는 누구나 실수를 원하지 않는다.
7. **주요 인물이 두 사람 이상**일 때도 있다. 대개는 한 사람이 책임을 맡고 있지만, 이 책임자는 다른 사람들과의 상호작용을 통해 문제를 해결하곤 한다.
8. **조직의 목표**가 결정과정에 간여한다. 개인 생활의 결정과는 달리, 의료진과 소방대원들은 조직 속의 다른 사람들이 세워놓은 규칙에 따라야 한다.

인식기반 결정
상황을 인식하자마자 곧바로 내리는 결정.

이러한 상황에서 벌어지는 결정과정에 관한 모형 중 가장 잘 알려진 것은 Klein(1993)의 인식기반 결정(recognition-primed decision: RPD) 모형이다. 이 모형은 위급 상황에서 결정을 내리는 사람들은 대개 경험이 풍부하다고 가정한다. 그러므로 이 사람들은 실험 참여자 같은 경험이 별로 없는 사람들보다 훨씬 빠르게 반응할 수 있다. 앞에서 문제해결을 다룰 때 보았던 전문가–초보자의 차이가 여기서도 그대로 적용된다.

Klein은 소방대 지휘관들의 선택 방식에 관한 면담 결과를 기초로 인식기반 결정 모형을 개발했다. 면담에 응한 지휘관들은 여러 대안을 두고 평가를(evaluation) 하는 것이 아니라, 과거 경험을 기초로 상황 변화에 따른 즉각적인 대응 계획을 수립하고 수정한다고 말했다. 이 모형을 인식기반 모형이라고 한 이유도 이 모형이 상황 추정(assessment) 및 상황 파악(인식)을 강조하기 때문이다. 일단 문제를 파악하고 나면, 경험이 풍부한 사람들은 여러 대안을 고려하지 않고도 무엇부터 먼저 해야 하는지를 알아차리는 경우가 많다.

이러한 전략이 그럴듯한 전략임은 다음과 같은 이유에서 분명해진다. 첫째, 전문가들은 자신의 전문성을 기초로 성공 확률이 낮은 대안 여러 개를 고려대상에서 제외시켜 버린다. 둘째, 여러 대안을 일일이 고려할 시간적 여유가 충분치 않다. 셋째, Simon이 수년 전에 그랬던 것처럼, Klein도 사람들은 대개 최선의 대안을 찾으려고 하지 않고 만족할 만한 대안을 찾는다고 주장한다. 그렇기 때문에 최선의 전략을 원했을 때보다 신속한 반응을 할 수 있게 된다.

힘의 근원

이 장의 앞부분에서 우리는 Payne(1976)의 초기 연구를 고찰한 바 있다. 그때 우리는 과제의 요구에 따라 사람들의 결정 전략이 바뀐다는 사실, 즉 과제가 복잡해지면 사람들은 보다 단순한 전략을 택한다는 사실을 알았다. Payne은 그 후의 연구결과를 *The Adaptive Decision Maker*(Payne, Bettman, & Johnson, 1993)라는 책에 요약해두었다. 이 책은 사람들이 노력의 최소화와 정확성의 최대화라는 두 마리의 토끼를 잡으려고 하기 때문에, 상황에 따라 전략을 바꿀 수밖에 없다고 주장한다. 이 주장에 따르면, 정확성과 노력 간의 균형을 잘 잡는 사람이 적응력이 높은 사람이 된다.

적응형 의사결정자라는 개념은 특히, 독일 베를린 소재 막스 플랑크 인력개발연구소에서 일하고 있는 Gigerenzer(2008)와 그의 연구진에 의해 이용되고 있다. 이들은 '적응형 의사결정자'라는 개념을 다양한 상황에서 효과적으로 이용될 수 있는 여러 가지 어림법(heuristics)이 들어있는 연장통에 비유하고 있다(Gigerenzer & Brighton, 2009). 어림법(예: 가용성 어림법과 대표성 어림법)에 대해서는 Kahneman과 Tversky의 작업을 소개할 때 이미 소개한 바 있다. Kahneman과 Tversky의 전통을 따르는 대부분의 연구는 이들 어림법의 한계를 밝히는 데 집중되었다. 그러나 Gigerenzer의 연구진은 간단한, 예를 들어 그림 14.3에 소개된, 빈도 이용법 같은 어림법(전략)도 매우 효과적일 수 있음을 강조하고 있다.

가용성이나 대표성 어림법 같은 인식형 어림법이 효과적인 조건으로는 다수를 모방하는 경우를 생각해볼 수 있다. 예를 들어, 낯선 대도시의 외곽에서 기차(지하철이나 전철)를 타고 시내 중심부로 가고 싶다고 하자. 어느 쪽 승강장으로 가야할지를 어떻게 결정할 수 있을까? 많은 사람들이 서서 차를 기다리는 쪽으로 가면 되지 않을까? 물론, 어림법이 그렇듯, 성공이 보장되지는 않지만 많은 사람들이 차를 기다리는 승강장을 선택하는 것이 옳은 결정일 가능성이 높다. 그러나 다수를 따라하는 이러한 어림법도 남보다 앞서고 싶은 사람에게는 적절할 수 없다. 그런 경우에는 성공한 소수를 모방하는 것(Boyd & Richerson, 2005)이 더 적절할 것이다.

그의 저서 *Sources of Power: How People Make Decision*에서 Klein(1998)은

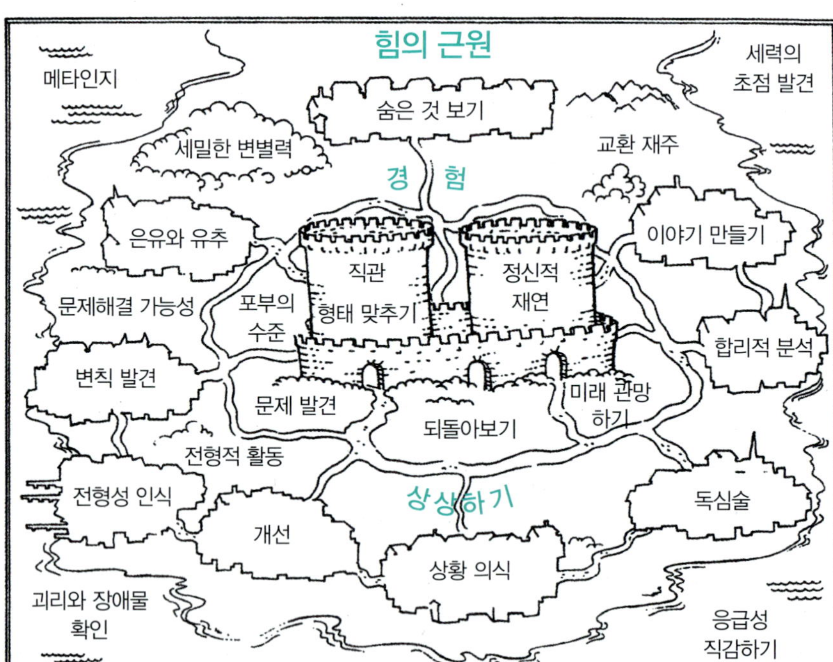

그림 14.5 인지적 힘의 근원

출처: G. Klein, *Sources of Power: How People Make Decisions*, Cambridge, MA: MIT Press, 1998, figure 17.1.

전문가들이 사용하는 여러 가지 전략을 논의하였다. 이들 전략을 성공적으로 구사할 수 있기 위해서는 다양한 기술(skills)을 개발해야 한다. Klein은 이들 기술을 힘의 근원(sources of power)이라 불렀다. 그림 14.5에는 이들 기술이 소개되어 있다. 이들 중 일부는 이 장에서 논의되고 다른 것들은 다른 장에서 논의되었다. 이 그림으로 이 책을 마감하는 이유는 다음 두 가지 마음에서이다. 하나는 여러분도 이제 인지(cognition)에 대한 이해가 훨씬 향상되었을 것이라는 점이다. 그리고 다른 하나는 여러분이 이 책에서 배운 것을 힘의 근원으로 활용하여 보다 유능한 학습자, 보다 훌륭한 문제해결자, 보다 현명한 결정자로 발전하기를 바라는 마음 때문이다.

14.6 요약

결정을 지을 때는 적어도 두 개의 대안을 평가해야 한다. 이 두 대안은 여러 가지 속성에서 서로 다른 게 보통이다. 두 개의 대안 중 하나를 선택하기 위해서는 각 대안을 구성하는 속성 관련 정보를 모두 조합한 후, 각 대안에 대한 전반적 평정치를 계산해야 한다. 심리학자들은 사람들이 이들 정보를 탐색하는 방식을 연구함으로써 사람들이 사용하는 결정 전략에 관한 증거를 확보한다.

비교적 잘 알려진 결정 전략(또는 결정 모형) 네 가지는 사람들이 대안을 속성별로 비교하는지 대안별로 비교하는지에 따라, 그리고 결정이 보완적인지 비보완적인지에 따라 구분된다. 속성에 따른 제외 모형은 대안들을 속성별로 비교하고, 결정은 비보완적으로 이루어진다. 공접 모형도 이와 비슷하다. 하지만 한 번에 한 가지의 대안만을 고려하여, 각 속성에 대한 최소 준거를 만족시키는 첫 번째 대안을 선택한다. 합산 모형과 차이 합산 모형은 각 대안마다 동일한 개수의 속성을 평가한다. 합산 모형에서는 각 속성에 점수를 부여하고, 이들 점수를 합하여 각 대안의 상대적 매력 정도를 결정한다. 차이 합산 모형은 속성별로 대안을 비교하고 각 속성에 부여된 점수의 차이를 계산한다. 그리고 이들 차이 점수를 합하여 어느 대안이 보다 매력적인지를 결정한다.

사람들의 결정 전략 선택 방식에 관한 연구는 사람들이 과제의 특성에 따라 다른 전략을 선택한다는 사실을 밝혀냈다. 대안이 많을 때는 속성에 따른 제외 모형 같은 비보완 전략을 선택하기 쉽고, 대안의 개수가 적을 때는 합산 모형 같은 보완 전략을 선택하는 경우가 잦다. 보완 전략이 비보완 전략보다 철저한 편이지만, 이용하기가 어렵다는 단점을 가진다. 부채상환 능력이 가장 큰 회사를 선별해야 하는 과제를 두고 전문가들의 과제 수행 수준을 연구한 결과, 속성에 따른 제외 전략이 가장 효과적인 전략으로 밝혀졌다. 이 전략은 합산 모형 및 차이 합산 모형과 정확성에서는 동등하였지만, 결정짓는 데 소요되는 시간이 짧았다.

모험성 결정짓기란 핵반응의 잠재적 위험 평가, 보험 상품 구매, 의학적 진단 같은 불확실성과 관련된 결정과정을 일컫는다. 훌륭한 결정을 내리기 위해서는 확률을 정확하게 추정할 수 있어야 한다. 확률 추정은 어림법을 기초로 이루어지곤 한다. 그런데 어림법은 합리적인 결과를 산출할 때도 있지만 항상 그러한 결과를 내놓지는 못한다. 이러한 어림법 중 두 가지가 가용성과 대표성이다. 가용성 어림법에 의하면, 사람들은 특정 사건의 사례를 얼마나 쉽게 재생해낼 수 있는지를 판단함으로써 그 사건의 발생 확률을 추정한다. 대표성 어림법에 의하면, 사람들은 특정 사건이 그 사건의 모집단이 갖는 본질적인 특성과 얼마나 유사한가를 평가함으로써 그 사건이 일어날 확률을 추정한다.

기대가치 계산은 결정을 짓기 위한 규범적 절차에 해당한다. 구체적으로, 기대가치는 일/사건이 갖는 가치에다 그 사건/일이 일어날 확률을 곱한 후, 그 결과를 합함으로써 계산된다. 주관적 기대효용이란 이 절차를 수정한 것으로, 가치가 주관적 가치(효용)로 대체되고 확률은 주관적 확률로 대체된다. 기대가치 모형을 더욱 수정하려면, 이 모형의 특정 구성요소를 다른 요소보다 더 강조하면 된다.

결정짓기에 관한 연구결과를 실생활에 적용하는 방안 중 하나로 사람들을 도와 보다 훌륭한 결정을 내리도록 하는 프로그램 개발 또는 결정 도우미 제작을 고려해볼 수 있다. Bayes의 공리에서 요구하는 확률을 빈도로 바꾸어놓으면, 선험적 확률과 증거를 조합하는 일이 훨씬 용이해진다. 배심원들은 평결을 지을 때, 두서없이 제시되는 많은 증거를 조합해야 한다. 배심원들이 이런 증거를 통합하는 방식에 관한 연구결과는 이야기 모형으로 설명된다. 그러나 시간을 두고 생각을 많이 해야 하는 배심원들의 접근법을 위급 상황에 적용할 수는 없다. 행동기반 결정에서는 일회성 결정이 아니라 일련의 행동을 수행하는 데 필요한 결정들을 신속하게 내려야만 한다. 인식기반 결정 모형에 의하면, 위급 상황에서의 결정자는 상황을 재빨리 평정하고, 자신의 전문성을 이용하여 수행되어야 할 일련의 행동을 한 가지만 선택하며, 자기가 선택한 행동의 성공 여부를 결정하기 위해 즉각적인 피드백을 평가한다.

복습문제

1. 규범적 모형과 기술적 모형의 차이는 무엇인가? 각각의 유용성은 무엇인가?
2. 여러분이 실생활에서 경험했던 선택 행동을 몇 가지 생각해보라. 예를 들어, 지원할 대학을 선택할 때, 여러분이 이용한 것은 보완 모형인가, 아니면 비보완 모형인가? 여러분이 결정했던 모든 선택에서도 위에서와 동일한 전략만 이용되었는가?
3. 정보를 검색할 필요가 있다는 가정하에, Payne은 선택의 과정을 연구하기 위해 매우 현명한 절차를 고안했다. 이 절차는 성공작이었는가? Payne은 이 절차를 이용하여 무엇을 밝혀냈는가?
4. 다른 결정짓기와 비교해볼 때, 모험성 결정짓기에서 '모험'은 어디에 있는가?
5. 만약 어떤 일이나 행위의 결과에 대한 확률을 모른다면, 사람들은 어떤 일이 일어날 확률을 어떻게 추정하는가? 사람들은 이런 확률 추정을 잘하는 편인가?
6. 모집단에서 어떤 일이 일어날 확률을 추정하기 위해 표본을 추출했고, 그 표본에 대한 조사결과를 기초로 그 확률을 추정했을 때, 그 추정의 정확성과 표본의 크기는 어떤 관계가 있는가?
7. 기대가치는 고사하고 주관적 기대효용조차 계산하는 사람이 별로 없는 이유는 무엇이라고 생각하는가? 만약 사람들이 이런 계산을 한다면, 복권 사업이 살아남을까?
8. 확률 추정에 기분이 작용하는 구체적인 예를 생각할 수 있는가? 기분이 결정과정에 미치는 영향력을 밝힐 수 있는 실험을 하나 생각해보라.
9. 결정 능력을 향상시키기 위한 결정 도우미 또는 결정 훈련 프로그램이 필요할 정도로 중요한 결정 상황을 생각해보라.
10. 시간 압박이 심한 위급 상황에서의 결정짓기와 시간의 압박이 심하지 않은 상황에서의 결정짓기와는 무엇이 어떻게 다른가?

핵심용어

합산 모형(additive model)
가용성 어림법(availability heuristic)
결정의 틀(decision frame)
공접 모형(conjunctive model)
규범적 모형(normative model)
기대가치(expected value)
기술적 모형(descriptive model)
모험 차원(risk dimensions)
보완 모형(compensatory model)
불확실성(uncertainty)
비보완 모형(noncompensatory model)
선험적 확률(prior probability)
속성에 따른 제외(elimination by aspects)
손해혐오(loss aversion)
이중도박(duplex gamble)
인식기반 결정(recognition-primed decision: RPD)
일회성 결정(decision event)
주관적 기대효용(subjective expected utility)
주관적 확률(subjective probability)
차이 합산 모형(additive-difference model)
충족 탐색(satisficing search)
효용(utility)
Bayes의 공리(Bayes's theorem)

추천도서

결정짓기에 관한 최근의 연구는 Payne, Bettman 및 Johnson(1992), Mellers, Schwartz 및 Cooke(1998), Hastie(2001), Shafir와 LeBoeuf(2002; LeBoeuf & Shafir, 2005)의 고찰 논문에 요약되어 있다. Frish와 Clemen(1994)은 기대가치에 기초한 모형들을 비판적으로 고찰하였다. Slovic(1997)은 모험 분석과 결정 분석 간의 재미나는 차이를 소개하였다. Klein, Orasanu, Calderwood 및 Zsambok(1993)이 편집한 책 *Decision Making in Action: Models and Methods*에는 짧은 시간 동안 전개되는 여러 개의 행동기반 결정과정을 논의한 장들이 들어있다. 다음 두 권의 책에는 결정짓는 방법들이 재미있게 대조되어 있다. *Rational Choice in an Uncertain World*(Hastie & Dawes, 2001)는 심의 끝에 내리는 판단과 결정의 과정을 논의하고 있으며, *Educating Intuition*(Hogarth, 2001)은 의식적인 심의가 없는 상태에서 전개되는 판단 및 결정의 과정을 논의하였다. Gilovich와 Kahneman(2002)이 엮은 책 *Heuristics and Biases: The Psychology of Intuitive Judgment*에는 감정(Slovic, Finucane, Peteres, & MacGregor, 2002)과 개인차(Stanovich & West, 2002)를 포함해 다양한 주제를 다룬 논문들이 들어있다. Schneider와 Shanteau(2003)가 엮은 또 다른 책, *Emerging Perspectives on Judgment and Decision Research*에는 Doherty(2003)의 요약을 비롯해 여러 값진 장들이 포함되어 있다. Evans(2008)는 이중-처리 모형에 대한 철저한 평론을 내놓았다. 그러나 이 모형에 대한 비판도 만만치 않다(Kern & Schul, 2009; Kruglanski & Gigerenzer, 2011).

찾아보기

가

가구 246, 248
가구의 종류 246
가상 세계 97
가용성 455
가용성 어림법 455
가족 유사성 243, 255
가족 유사성 점수 255
각본 295, 331, 359
각성 83
간섭 107, 109
간섭이론 109
간섭하는 정도 224
간접 기억검사 143, 163
감각기관 73
감각기억 20, 39
감각 상 40
감각양식 208, 225, 235, 300
감각 정보 20
감시 379
개념 기억 282
개념/범주 287
개념적 표상 265
개념 주도적 처리 166
개념 지식(의미기억) 274
개념 확정 241, 269
개념 확정 과제 241, 301
개인차 336, 461
검색 366
검색 공간 398
견본 모형 259, 264
견본(보기) 259
결정 448
결정 도우미 449, 472
결정 방식 462
결정의 틀 469
결정짓기 31, 448
결집 115
결집 능력 117
결집률 186
결집의 짜임새 117
경로 283
경사면 문제 427
경험-기초 판단 153
계산 28, 287
계열 외연 392
계열위치 효과 146, 152
계열적 특성 218
계획 25
고리 275, 278, 288, 410, 424
고전적 조건형성 170
고정관념 257
고-제약 문장 331
고차적 인지과정 24
곱셈법칙 400
공간부호 132
공간적 주의 129
공간적 지식 208
공간적 추리 228
공간적 표상 215
공간 정보 91
공간형 과제 407
공부 전략 149
공접 모형 452
공접법칙 242
공통 속성 247
과거형 318
과대망상증 258
과분 효과 119
과제분석 102
과학 274
과학 교과서 373
관계 423
관계 정보 214
관념 292, 352
관념 실험 439
관념 통합의 용이성 365
관련성 275, 293, 312, 315, 423
관련어 212, 277
관리기능 265
관습적 활동 359
관점 355
광고주장 321
광물 276
교과서 373
교란 과제 361
교수법 432
교수-학습 프로그램 379
교육 재료 375
구 322
구 구조 324
구 구조문법 321
구매자의 관점 354
구문 316, 326
구문 정보 317
구문 처리 317
구성 358, 359
구성개념 208
구조구축 모형 350
구조 도출 387, 392
구조부호화 186, 188
구조 이론 47
구조적 313
구조처리 문제 187
구조화된 지식 292
구체성-추상성 차원 212
구체적인 해결책 427
구축-통합 모형 371
구현 인지 339
국지적 통일성 358, 365
군사 문제 404
구(句) 구조문법 322
규범적 모형 448
규칙기반 추리 423, 460
규칙 학습 243
규칙 학습 과제 243
균형 전략 402
그림에 대한 기억 210
글 351

글기반 표상 374
글의 결집성 377
글의 의미 표상 374
글의 특징 378
글 이해 31
긍정문 323
긍정적인 틀 469
기계적 암송 184
기계적 학습 144
기능 89, 423
기능성 자기공명영상법 29
기능성 정신병 258
기능적 고착 391
기능 학습 170
기대가치 462
기대 비율 459
기대이론 466
기분-의존 기억 199
기술적 모형 448
기억검사 163
기억기반 추리 423, 460
기억부호 31, 107, 120, 176, 181
기억상실증 148, 168
기억상실증 환자들 164
기억 세트 124
기억 시스템 168
기억의 생리적 기초 169
기억의 한계 57
기억 이론 178
기억 인출 설명 422
기억폭 113
기억폭 과제 113
기억흔적 374
기정 지식 295
기초 마련 350
기초 범주 246
기하학 인지 교사 434
기호 분류 과제 422
기호성 312
기호 조작 423
끈 문제 391

나

난독증 125
남비아 51
내적 주의 72
네덜란드어 95
노드 63, 253, 292
노드/매듭 278
노력의 최소화 479
노아 339
노작적 부호화 90
논리적 규칙 241, 423
논리적 추리 419
논리적 추리 과제 130
논술 채점 기술 380
논술형 279
논증 168, 420
논지 448
뇌 영상 222, 317
뇌질환 253
눈(안구) 움직임 327
느리게 전개되는 규칙적 작용 461
능동문 323
능동성 294
능숙한 독자 336

다

다이어그램 315, 374, 407
단기기억 21, 31, 106, 143
단기기억의 용량 107
단기기억 저장고 176
단기 작업기억 72
단답식 279
단서 재생 191
단어-그림 검사 251
단어-사진 맞추기 251
단어-사진 맞추기 과제 251
단어 수수께끼 166
단어 실수 321
단어 완성 검사 164
단어우월 효과 58
단어의 의미 317
단어 읽기 89
단어 재인 58
단어 재인과정 90
단어 조각 검사 163
단어 치환 321
단위수 109, 277
단절된 227
단정적 진술 321
달리 표현하기 380
담화 328
대뇌혈류 226
대안 449
대표성 455
대표성 어림법 458
대표하는 458
덧셈 법칙 397, 450
도둑의 관점 354
도르래 시스템 222
도식적 얼굴 266
독자 351
독자의 특징 378
독창성 439
독특성 193
독특 속성 44, 248
독해 전략 378, 378
동사구 314, 322
동시분산처리 63
동시 처리 56, 218
동일 양식 제시 165
동적 이미지 341
동형 문제 407
두정엽 29, 100
디자이너 441
디자인 과정 441

라

라인업 162
루프 225

마

마법의 수 7 113, 114
마술사 73
말실수 320
망각 107
망각 속도 108, 143, 189
매듭(노드) 410
맥락 328, 353
맥락 효과 77, 330
머릿속 회전 220
메멘토 140
메타인지 148
명명 과제 332
명사구 314, 322
명제 338, 368, 369
명제 연결망 369
명제 이론 215
모국어 319
모듈 313
모세 339
모세의 착각 339
모의 운전 97
모의재판 476
모험성 결정짓기 31, 448
모험의 매력 정도 467
모험의 차원 467
모호성(중의성) 332
모호한 그림 231
모호한 문장 324
목격자 157
목격자의 재생 능력 159
목격자의 정체확인 능력 161

목격자 증언 162
목적성 범주 256
목표 358, 361
목표 상태 394
목표 설정 149
목표의 중요성 358, 359
몸놀림 이미지 342
무단서 재생 191
무–맥락 352
무생물 326
문법 312, 314
문법적 단위 322
문자 도형 223
문자 수수께끼 388
문장 314, 322
문장 분류 과제 202
문장 생성 320
문장의 구문(문법적 구조) 337
문장의 구조 324
문장 이해의 단계 328
문제 공간 398
문제 분류 능력 426
문제의 난이도 407
문제의 표상 428
문제의 표상 방식 407
문제 지향적 학습 202
문제해결 31, 386
문제해결 기능 386
문제해결 능력 386, 426
문제해결 전략 431
문학 274
문화적 표상 471
물리학 문제 430
물질명사 236
미국심리학회 373
미국 유아들 320
미국정신의학회 258
미세전극 42
미숙한 독자 336

바

바닷물 245
바이러스성 폐렴 268
박테리아성 폐렴 268
반사행동 170
발달성 난독증 125
발명 전 구조물 441
발명 전 모양 440
발음 121
발음 속도 121
방사선 문제 403, 404
방해 과제 112
배경 지식 356, 357
배심원 475
배심원의 결정짓기 449
배열 387
배열 문제 388
범양식적 298
범주 31, 240
범주 간 46
범주 구성원 243, 246
범주 내 46
범주의 변별성 246
범주의 위계적 조직 246
범주적 관계 278
범주 지식 252
범주–크기 효과 286
범주–크기 효과의 반전 현상 286
범주화 240, 241
범주화 전략 264
법정 진술 321
벤 다이어그램 410
벤젠의 분자 구조 439
변형 324, 387
변형문법 321, 324
변형 문제 394
병목 이론 74
병행적 표상 218
보관(파지) 153
보완 모형 449
보통의 사고과정 436
보편성 293
복수형 318
복원탐색 370
복합속성 45
복합적인 과제 25
복합적 인지 기능 30
부분 278
부분관계 278
부분–보고법 52
부분적 인출 157
부분–전체 표상 410, 411
부엌 수돗물 245
부적 최신 효과 152
부정문 323
부정적인 틀 469
부차적 과제 86
부채 효과 364
부호화 133, 144
부호화 구체성 원리 178, 198
부호화 작업 199
부호화 조건 199
분류 241
분산된 의미 표상 253
분야–구체적 검색법 419
분야–구체적 지식 418
불규칙적 서열 458
불확실성 455
불확실한 조건 454
비관련성 293
비보완 모형 451
비정밀 정교화 192
빈도 정보 91
뺑뺑이 467

사

사건 관련 전위 2226
사고장애 258
사람 지각 257
사실적 정보 168
사실 지향적 학습 202
사용설명서 118
사전 맥락 352
사전 지식 266
사지선다형 201
사회적 범주 257
사회적 연결망 278
사회 활동가 257
사후 맥락 352
상대성 이론 439
상상력 442
상위 범주 246
상이 양식 제시 165
상표 이름 214
상향처리 21
상호작용 199
상호활성화 모형 60
상황 모형 374
생물 326
생성 규칙 433
생성 시스템 28
생성적 313
생성 전략 440
생성–탐구 모형 440
서술문 323
서술형 201
서술형 수학 문제 428
서술형 지식 433
선교사 394
선다형 문제 279
선별 72
선별 단계 21
선별 여과기 78
선별적 주의집중 87
선별적 청취 과제 23
선택 448
선행 지식 259, 351, 373
선행 지식의 역할 373

선행 지식의 영향력 373
선험적 확률 460
선화 46
설단현상 19, 155
설명해보기 380
섬광기억 195
성격 특질 258
성폭행 234
세부사항의 통합 365
세탁의 절차 354
셈본 규칙 397
소리 314
소리단어 318
소리말 319
소멸 109
소멸 속도 180
소멸이론 109
속독 350
속독법 350
속독 훈련 126
속성 41, 242
속성 비교 모형 280
속성 비교 모형의 한계 286
속성 빈도 규칙 262
속성 빈도 모형 259
속성에 따른 제외 모형 451
속성 이론 41
속성 치환 461
속성 탐지기 42
속성 학습 243
속성 학습 과제 243
손해혐오 466
수단-목적 분석 400
수단-목적 분석법 394, 398, 429
수돗물 245
수동성 294
수렴 해결책 405
수배 사진 162
수수께끼 해결 전략 406
수학적 구조 426
수학적 범주 244
수학적 연관성 426
순간노출기 37, 367
순간적 의도 84
순수한 물 245
순차적 처리 56, 218
숫자 정보 277
숫자폭 과제 113
스웨덴 유아 320
스키마 275, 292, 331, 353, 428
스키마 이론 292, 293
스트레스 대처법의 고착 258
스트룹 효과 90
스프링 문제 427
습관 형성 170
습득 및 보관 153
습득 전략 151
시각 감각기억 54
시각 버퍼 228
시각부호 121, 132, 176
시각 상 38, 41
시각적 결함 가설 126
시각적 무시 227
시각적 부호 130, 225
시각적 심상 208, 209
시각적 양식 225
시각적 이미지 341
시각적 자극 215
시각적 재연 340
시각적 정보 130
시각적 주사 215
시각적 차단 341
시각적 차폐 55
시각 정보 저장고 55
시각피질 42, 226, 265
시간 관리 149
시간 정보 91
시간형 과제 407
시공 스케치북 128
시스템 1 추리 461
시스템 2 추리 461
시지각 60
시초 상태 394
시행착오 389
시행 횟수 111
시험 장면 201
식수 245
식역치 78
식인종 문제 394
신경기제 195
신경망 모형 62, 63, 252
신경세포 42
신경심리학적 증거 226
신문의 표제 332
신속한 연상형 작용 461
신체 부위 276
실세계 과제 243
실언 320
실용성 439
실용적 추리 스키마 424
실재감시 232
실행기억 168
실행성 정보 168
실행용 지식 433
실험실 접근법 155
심상 208
심상가 213
심상 가능성 212
심상 능력 235
심상의 유용성 231
심상의 한계점 228
심상화 144
심층구조 326
쌍 결합 과제 151
쌍 관련성 315

아

아담 339
아이스타트 380
악기 247
안구추적 장치 97
알고리즘 400
알파벳 225
암묵적 기억 165
암묵적 기억 효과 170
암송 55, 108, 121, 144
암송기제 128
암송 전략 151
약화 79
양식 구체적 298
양식 변동 166
양전자방출 단층촬영기법 29
어간 317
어림법 400, 427, 455
어문적 묘사 219
어문적 부호 130, 225
어문적 암송 142, 144, 182
어문적 양식 225
어문적 정보 130
어문적 지식 208
어문적 프로토콜 396
어절 315
어휘록 326
어휘판단 과제 290, 331
억제성 연결 61
언어 312
언어생활 246
언어심리학 315
언어 이해 340
언어적 단위 321, 322
언어적 암송 121
언어적 정보 107
언어 표상 252
언어 학습 315
언어학자 315
얼굴 45
에피소딕 버퍼 131
여과기 21, 76
여과기 모형 23, 76
여과 단계 21

역동적 스키마 471
역설 240
연결 63
연결망 410
연결망 표상 411
연결표 399
연관성 145
연관성 촌평 378
연상가 212
연상관계 362
연상어들 189
영문법 314
영상기법 29
예비처리 181
예상문제 결정 149
예술 274
예측력 292
예측하기 380
오류극복 전략 336
오류복원 전략 379
옳다는 느낌 302
완결 검색 124
외국어 319
외적 기억장치 140
외적 주의 72
외현적 기억 163
요소 모형 49
요점판단 과제 127
용량 82
용량 분배 83
용량 이론 74, 82
우발적 표절 438
우연 학습 90
우연 학습 과제 184, 184
우연 학습 집단 185
우편 규칙 422
운동부호 132
운동 영역 342
운동 표상 252
원자성 293
원형 250, 259
원형 규칙 261
원형 모형 259
위계구조 410
위계적 구조 315, 320
위계적 구조망 모형 280
위계적 구조 표상 411
위계적 조직 244, 274, 275, 314
유도관계 279
유도된 심상화 234
유사성 423, 425
유사성 평정 286
유아 319
유지 암송 183
유추 문제 392
유추법 403
유추 전이 409
유쾌/불쾌 185
유형 278
유형관계 278
은유 290
음소 123, 314
음소감시 과제 334
음소 변별 능력 318
음소 실수 321
음소 치환 321
음운 188
음운 루프 128
음운부호 132
음운부호화 186, 188
음운 저장고 128
음운처리 문제 187
음절 120
음주 연령 과제 424
음주 연령 문제 460
음향부호 107, 120
음향혼동 122
의도된 의미 334
의도적인 사고 442
의도적 학습 과제 184
의무 스키마 424
의문문 323
의미 314
의미기억 31, 167, 259, 274
의미론 326
의미망 275, 278, 424
의미망 모형 288
의미망의 효과성 279
의미부호 120, 176
의미부호화 186, 188
의미성 치매 251
의미 연결망 28, 253, 374
의미점화 효과 290
의미 지향 200
의미 처리 86, 317
의미파악 332
의미 확정 과제 300
의복 247
의사결정 31
의심 258
의자 246
의자의 종류 246
의학적 진단 243
이론기초 범주화 268
이론-기초 판단 153
이상형 257
이야기 모형 475
이야기의 구조 359
이야기의 진실성 판단 476
이야기 이해 476
이접법칙 241
이중도박 467
이중부호화 이론 214
이중-처리 모형 461
이차적 독특성 194
이해 126, 350
이해 감시 380
이해의 난이도 350, 366
이해 전략도 373
인간 정보처리론 19
인공지능 24
인과관계 222, 358, 361, 362, 423
인과 설명 267
인식기반 결정 479
인식형 어림법 480
인지 26, 481
인지과부하 118
인지과학 28
인지 교사 434
인지 기능 350
인지부하 이론 118
인지생태학 28
인지 시스템 73
인지신경과학 28
인지신경과학적 증거 226
인지심리학 18
인지 자원 432
인지적 면담 160
인지적 재생 전략 159
인지적 조작 28
인지혁명 26
인출 142, 155
인출계획 142
인출 단서 353
인출 속도 121
인출유창성 152
인출 작업 199
인출 전략 150
인출 조건 199
일기 접근법 156
일반적 검색법 419
일반적 문제해결자 398
일반적 스키마 406
일반적 전략 399, 429, 429
일반적 지식(스키마형 지식) 298
일반적 탐색 과정 427
일반적 프로시저 398
일상적 범주 256
일차 연상어 184
일차적 독특성 193
일화기억 167, 259
일회성 결정 477

읽기 94
읽기 속도 170, 350
읽기 전략 380
읽힘성 375
읽힘성 공식 375
임상진단 258
입방체 49
입속말 126, 127
입속말 억제 효과 126
입속말하기 126

자

자가 점검 150
자극 간 간격 40
자극–반응 접근법 22
자극 제시 간 간격 144
자기 감시 149
자기성 29
자기장 439
자동적 부호화 90
자동적 처리 89
자동종결 검색 124
자료 주도적 처리 166
자발적 인출 157
자발적 전이 411
자서전적 기억 302
자석 효과 319
자연발생적인 사고 442
자연적 범주 245
자연적 연구 156
자원 82
자폐증 258
작동/조작의 원리 423
작업기억 31, 107, 127, 265, 366
작업기억 용량 336
작업 목록 296
잔상 41
장기기억 21, 31, 140, 143
장기기억 저장고 176
장면 358
장애물 361
재독 151
재료의 친숙성 350
재부호화 115, 125
재생검사 143, 184
재생 능력 157
재연 340
재연 모형 401
재연 프로그램 395
재연 행동 342
재연 행동으로서의 제스처 342
재인검사 143, 166, 184
재인과정 24
재인기억의 이중–처리 이론 165
저–제약 문장 331
적개심 258
적응형 의사결정자 479
전기장 439
전두엽 29
전두피질 265
전문가 115, 249, 427
전문성 31, 418
전문성 반전 효과 120
전문성 습득 과정 418
전역적 통일성 358
전–운동 영역 342
전이 적절 처리 201
전자우편 62
전자장 439
전전두피질 302, 442
전–주의적 179
전진 작업 430
전진형 간섭 111
전진형 간섭으로부터의 해방 110, 112
전체–보고법 52
전체성 293
전형성 244, 254
전형성 효과 284, 289
전형적인 사건 361
전환 과정 350
절대 판단 과제 114
점화 170
점화자극 65
접두사 317
접미사 317
정교화 190
정교화 작업 193
정교화 전략 184
정교화하기 380
정동장애 258
정밀 정교화 192
정보 간 연관성 367
정보원 356, 436
정보의 가용성 366, 368
정보의 과부하 73
정보의 모양새 180
정보 인출 280, 364
정보 전이 143
정보 조직 350
정보처리 단계 30
정보처리 시스템 19
정보처리의 한계 31
정보처리 접근법 19
정서장애 258
정서적 기억 302
정서적 독특성 195
정신분열병(조현병) 235, 258
정신적 노력 74, 82
정위 39, 220
정의속성 284, 285
정체파악 57
정체파악 과정 24
정체확인 과제 166
정체확인 능력 157
정확성의 최대화 479
제스처(몸놀림) 342
제약 64
제약/구속 437
제약조건 408
제한된 용량의 지각 채널 76
조건추리 420
조음 224
조음억압 과제 231
조작 23, 397, 398
조직 274
조직화의 효과 277
종결 358, 359
종교 신자 257
종속측정치 145
종양 문제 403
좌반구 316
주관식 문제 279
주관적 가치 463
주관적 기대효용 465, 466
주관적 확률 465
주사 55, 55
주사 거리 217
주사과정 124
주사 시간 217
주의 21
주의 분할 효과 118
주의 용량 모형 134
주의 이론 31
주의 창 228
주의 할당 작업 134
주제 358, 359
중다기억 이론 167, 168
중다양식부호 131
중다양식 이론 86
중심 253
중앙 관리기 128
증상의 원인 267
지각과정 30
지각 과제 301
지각–기반 접근법 300
지각 기억 298
지각 기호 시스템 298
지각된 모험 수위 470
지각성 기호 시스템 339
지각성 자석 319

지각성 재연 275, 304, 305, 339
지각의 과정 24
지각의 한계 57
지각적 분류 능력 259
지각적 혼동 43
지각 표상 252
지각(확인)검사 166
지속 성향 84
지식 습득 150
지식의 구조 292
지식의 근원 358, 423
지식의 표상 30
지연 재생 152
지온 50
지침 281
지향 과제 178
직관적 해석 334
직접 기억검사 143, 163
진단용 범주 268
진단편람 258
진술문 274
진술의 진위 274
진술의 진위 확정 284
진술 확인 과제 274
진위 판단 속도 363
질량보존의 법칙 345
집단화 133
집중 74

차

차이 합산 모형 450
차폐 효과 65
참여자-주도적 정신활동 166
창의성 31, 419, 435
창의적인 인물 436
창조의 신기함 436
처리과정 167
처리과정 이론 168
처리 깊이 189
처리 독특성 196
처리-수준 178, 184
처리-수준 이론 181, 184
처리의 본질 423
천재성 436
청각기억폭 176
청각부호 132
청각적 요소 123
청각 정보 저장고 55
청자 313
체계적인 작업 442
체계적 접근법 442
체스 115
초기 선별 양식 87
초두 효과 146
초보 운전자 96
초보자 115, 427
촉발 170
촛불 문제 391
최단 이웃 규칙 260
최대 역량 82
최대 용량 74, 82, 113, 143
최면 159, 234
최면의 효과 159
최신 효과 146
추론 367, 368
추론하기 380
추리 248
추상명사 236
추상적인 관계 393
추상적인 속성 45
추상적인 스키마 406
추적 77
출력 함수 63
충분성 척도 396
충족 탐색 452
측두엽 29, 316
측두엽 내측 170
측두엽 전측 253
치환오류 321
친숙성 165

카

카드 선별 과제 424
카드 선별 문제 420
컴퓨터 교사 434
컴퓨터 프로그래밍 429
코메트릭스 377

타

탐구 전략 440
탐사 숫자 110
탐지법 58
통계학 원리 459
통제과정 144, 148
통제 전략 133, 180
통제 처리 182
통찰 389
통합 단계 372
투사 258
특수성 293
특징관계 279
특징속성 285

파

파지 간격 110
파지 기간 153, 180
파킨슨병 환자 265
편도체 195
편도체의 활동 302
편지 분류 과제 421
편집형 정신분열병 258
편파 효과 162, 162
평가성 촌평 378
평균 거리 규칙 261
평균 모습 250
평균 유사성 261
표기단어 318
표기법 95
표기법상 독특한 194
표면구조 325
표면적 구조 324
표본의 크기 459
표상 18
표상 방법 411
표상 전이 409
풍자화 46
프로그래머 430
피동문 323
피해망상증 258

하

하노이의 탑 400
하위목표 400, 429
하위목표 설정 400
하위발성 127
하위 범주 246
하향처리 21
학구적인 글 373
학습 144
학습 법칙 63
학습의 효과 201
학습 전략 149
학습 전략 선택 149
함축적 진술 321
합산 모형 449
해결책 발견 407
해결책 탐색 429
해마 170
해석기반 처리 이론 337
핵심적 작업 296
행동기반 결정과정 477, 449
행동의 재연 341
행렬 다이어그램 409
행위-피드백 루프 478

허락 스키마 424
허위 기억 235
허위/착각성 기억 234
현실적 규칙 421
혈류량 29
협상 전략 406
형태 36
형태소 314, 317
형태소 실수 321
형태소 치환 321
형태 재인 20, 36
형태 재인 능력 36
형태 재인 이론 30
형태주의 22, 389
형태주의 심리학 47, 389
형태주의 심리학자 389
형판 38
형판 이론 38
혼합 시스템 305
화자 313
화학적 성분 244
확률 448
확률 추정하기 454
환상 235, 258
환언 127
환언 과제 127
활성화 63
활성화 규칙 63
활성화 확산 275, 338
활성화 확산 모형 288
회전의자 246
회전의자의 종류 246
획득 비율 459
효용 463
후기-선별 모형 80
후기 선별 양식 87
후두엽 28, 100, 226, 265
후진적 해결법 400
후진형 간섭 111
훈련 프로그램 96
휴대전화 98
흥분성 연결 61
힘바 51
힘의 근원 481

기타

Atkinson-Shiffrin 모형 143, 182
Atkinson과 Shiffrin의 기억 모형 106
Baddeley의 작업기억 모형 127
Bayes의 공리 473
Broca 실어증 316
Deutsch-Norman의 기억 선별 모형 80
Kintsch의 이해 모형 368
Necker 육면체 48
Noam Chomsky 315
Piaget의 과제 345
Rumelhart의 모형 56
Sperling의 모형 53
S-R 이론 293
TOTE 25
Treisman의 약화 모형 77
U자형 재생 곡선 146
Wernicke 실어증 316